●収録内容一覧

■2025年度中学受験用

栄光学園中学校

10年間(＋3年間HP掲載)スーパー過去問

入試問題と解説・解答の収録内容

2024年度(令和６年度)	算数・社会・理科・国語 実物解答用紙DL
2023年度(令和５年度)	算数・社会・理科・国語 実物解答用紙DL
2022年度(令和４年度)	算数・社会・理科・国語 実物解答用紙DL
2021年度(令和３年度)	算数・社会・理科・国語
2020年度(令和２年度)	算数・社会・理科・国語
2019年度(平成31年度)	算数・社会・理科・国語
2018年度(平成30年度)	算数・社会・理科・国語
平成29年度	算数・社会・理科・国語
平成28年度	算数・社会・理科・国語
平成27年度	算数・社会・理科・国語
平成26～24年度(HP掲載) 「カコ過去問」 （ユーザー名）koe （パスワード）w8ga5a1o	問題・解答用紙・解説解答DL **◇著作権の都合により国語と一部の問題を削除しております。** ◇一部解答のみ（解説なし）となります。 ◇９月下旬までに全校アップロード予定です。 ◇掲載期限以降は予告なく削除される場合があります。

～本書ご利用上の注意～　以下の点について，あらかじめご了承ください。

★別冊解答用紙は巻末にございます。実物解答用紙は，弊社サイトの各校商品情報ページより，一部または全部をダウンロードできます。

★編集の都合上，学校実施のすべての試験を掲載していない場合がございます。

★当問題集のバックナンバーは，弊社には在庫がございません（ネット書店などに一部在庫あり）。

JN002482

合格を勝ち取るための
『スーパー過去問』の使い方

本書に掲載されている過去問をご覧になって,「難しそう」と感じたかもしれません。でも,多くの受験生が同じように感じているはずです。なぜなら,中学入試で出題される問題は,小学校で習う内容よりも高度なものが多く,たくさんの知識や解き方のコツを身につけることも必要だからです。ですから,初めて本書に取り組むさいには,点数を気にしすぎないようにしましょう。本番でしっかり点数を取れることが大事なのです。

過去問で重要なのは「まちがえること」です。自分の弱点を知るために,過去問に取り組むのです。当然,まちがえた問題をそのままにしておいては意味がありません。

本書には,長年にわたって中学入試にたずさわっているスタッフによるていねいな解説がついています。まちがえた問題はしっかりと解説を読み,できるようになるまで何度も解き直しをしてください。理解できていないと感じた分野については,参考書や資料集などを活用し,改めて整理しておきましょう。

このページも参考にしてみましょう！

◆どの年度から解こうかな　「入試問題と解説・解答の収録内容一覧」

本書のはじめには収録内容が掲載されていますので,収録年度や収録されている入試回などを確認できます。

※著作権上の都合によって掲載できない問題が収録されている場合は,最新年度の問題の前に,ピンク色の紙を差しこんでご案内しています。

◆学校の情報を知ろう‼「学校紹介ページ」

このページのあとに,各学校の基本情報などを掲載しています。問題を解くのに疲れたら息ぬきに読んで,志望校合格への気持ちを新たにし,再び過去問に挑戦してみるのもよいでしょう。なお,最新の情報につきましては,学校のホームページなどでご確認ください。

◆入試に向けてどんな対策をしよう？「出題傾向＆対策」

「学校紹介ページ」に続いて,「出題傾向＆対策」ページがあります。過去にどのような分野の問題が出題され,どのように対策すればよいかをアドバイスしていますので,参考にしてください。

◇別冊「入試問題解答用紙編」

本書の巻末には,ぬき取って使える別冊の解答用紙が収録してあります。解答用紙が非公表の場合などを除き,(注)が記載されたページの指定倍率にしたがって拡大コピーをとれば,実際の入試問題とほぼ同じ解答欄の大きさで,何度でも過去問に取り組むことができます。このように,入試本番に近い条件で練習できるのも,本書の強みです。また,データが公表されている学校は別冊の１ページ目に過去の「入試結果表」を掲載しています。合格に必要な得点の目安として活用してください。

本書がみなさんの志望校合格の助けとなることを,心より願っています。

株式会社　声の教育社　編集部

栄光学園中学校

所在地	〒247-0071 神奈川県鎌倉市玉縄4-1-1
電　話	0467-46-7711
ホームページ	https://ekh.jp/
交通案内	JR東海道線・横須賀線・根岸線「大船駅」より徒歩15分， 西口乗り場より大船駅西口～清泉女学院循環系統行きバス約2分「栄光学園前」下車

くわしい情報は
ホームページへ

トピックス

★2019年度入試より，インターネット出願になりました。
★出願資格に，通学区域や通学時間の制限があります（参考：昨年度）。

創立年
昭和22年

男子校

高校募集
なし

応募状況

年度	募集数	応募数	受験数	合格数	倍率
2024	180名	705名	662名	259名	2.6倍
2023	180名	816名	760名	259名	2.9倍
2022	180名	750名	685名	255名	2.7倍
2021	180名	811名	776名	254名	3.1倍
2020	180名	827名	780名	263名	3.0倍
2019	180名	882名	845名	263名	3.2倍
2018	180名	749名	711名	286名	2.5倍
2017	180名	713名	690名	259名	2.7倍

入試情報（参考：昨年度）

募集人員：180名
出願期間：2024年1月6日～21日
試験日時：2024年2月2日　午前8時集合
試験当日の持ち物：
　筆記用具（鉛筆・消しゴム・コンパス），
　受験票（本人控え用・学校提出用）
試験科目（時間・配点）：
　国語（50分・70点），社会（40分・50点）
　理科（40分・50点），算数（60分・70点）
合格発表：2024年2月3日午後2時（掲示・Web）
※合格者は，合格発表のページから入学金決済サイトに進み，2月4日正午までに入学金を納入すること。

本校の特色

《カトリック校として》

本校独自の教育課程として，「倫理」の時間を各学年に設けています。また，自発的な研究を希望する生徒には，課外活動として聖書研究の機会を週に1回設けています。さまざまな奉仕活動も行っています。

《発達段階に応じた指導》

6年間を初級・中級・上級に分けた2学年単位の指導計画を採用しています。

初級段階では，自律的な学習習慣を身につけること，基本的な生活習慣を体得することを目標にしています。

中級段階では，多様な体験学習を通じて，学んだことから自ら問題を見出し，それを深める意欲的な姿勢を身につけます。また，適切なときに声かけを行い，自ら判断して行動できるように促していきます。

上級段階では，学習を総合化して高度な学力を身につけるとともに，人間としての誠実さ，他者を大切にする心，なすべきことをなすべきときに果たす実行力も身につけます。

2023年度の主な大学合格実績

＜国公立大学＞

東京大，京都大，東京工業大，一橋大，東北大，北海道大，横浜国立大，横浜市立大

＜私立大学＞

慶應義塾大，早稲田大，上智大，東京理科大，明治大，立教大，中央大

編集部注―本書の内容は2024年3月現在のものであり，変更されている場合があります。正式な情報は，学校のホームページ等で必ずご確認ください。

算数　出題傾向＆対策

◆基本データ（2024年度）

試験時間／満点	60分／70点
問　題　構　成	・大問数…４題 　応用問題４題 ・小問数…15問
解　答　形　式	解答だけを書きこむ形式が基本だが，求め方をかかせる問題や表の完成もある。また，必要な単位などはあらかじめ印刷されている。
実際の問題用紙	Ａ４サイズ，小冊子形式
実際の解答用紙	Ａ４サイズ，両面印刷

◆過去10年間の出題率トップ５

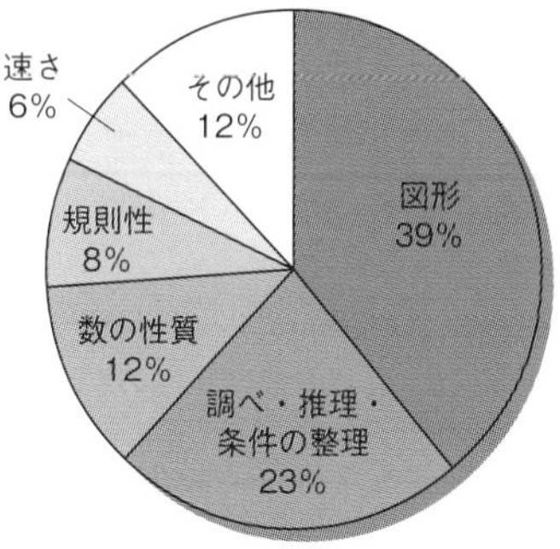

※　配点（推定ふくむ）をもとに算出

◆近年の出題内容

【 2024年度 】			【 2023年度 】		
大問	1	条件の整理，素数の性質	大問	1	平面図形－図形の移動，面積
	2	条件の整理		2	立体図形－分割，構成
	3	場合の数，調べ，条件の整理		3	数列，計算のくふう
	4	立体図形－分割，体積		4	立体図形－構成，条件の整理

◆出題傾向と内容

大問や小問が少なく，**一問一問にじっくり取り組ませようという意図がうかがえます**。よく考えられた問題が多いので，算数的なセンスを十分身につけておかないと，高得点は望めません。

内容的には，図形の問題が非常に多く，場合の数や数の性質からもよく出されています。これに対して，純粋な計算問題や特殊算などはあまり出されていません。これは本校の算数が量的な学力（計算力や暗記力）よりも，質的な学力（柔軟な思考力や応用力）を重視していることの現れといえます。

図形の問題では，立体図形がよく出されるのが特色のひとつです。展開図や平面で切断したときの切り口の形，表面積などが問われています。平面図形の面積問題も，ひとひねりしてあるものがよく見られます。また，場合の数の問題は，複雑なものがたびたび取り上げられています。比や割合については，直接そのまま出されたり，ほかの分野（図形や速さなど）の問題の中に混ぜて出されたりします。このほか，特殊算は速さの問題が見られるくらいです。

◆対策～合格点を取るには？～

本校の入試対策としては，まず何よりも算数の**全範囲にわたって基礎的なところをしっかりおさえておく**ことが大切です。基礎的な力なしでは，柔軟な思考力も応用力もけっして身につきません。みなさんは，まずこのことを肝に銘じておいてください。

十分に基礎力がついたうえで，特に，本校の出題の特ちょうである**図形と場合の数**のところをつっこんで勉強し，なれ親しんでおきましょう。立体図形については，平面で切断したときの切り口の見取り図をかいたり，いろいろな展開図をかいてみたり，表面積をうまく計算する方法を考えたり，図形を回転させるとどんな立体になるか実際にためしてみたりするなど，ふだんから探求心を持って練習を積んでおきましょう。いろいろな図形の面積の求め方，面積の比，体積の計算や比などについて，徹底的に解法研究をしなければならないのはもちろんです。場合の数については，効率的な書き出し方や，すべての場合を書き出すことなく計算するやり方（計算の省略のしかた）をよく研究しておきましょう。

算数 出題分野分析表

分野		2024	2023	2022	2021	2020	2019	2018	2017	2016	2015
計算	四則計算・逆算			○							
	計算のくふう		○								
	単位の計算										
和と差	和差算・分配算										
	消去算										
	つるかめ算						○				
	平均とのべ					○					
	過不足算・差集め算										
	集まり										
	年齢算										
割合と比	割合と比										●
	正比例と反比例										
	還元算・相当算										
	比の性質										
	倍数算										
	売買損益										
	濃度										
	仕事算										●
	ニュートン算										
速さ	速さ										
	旅人算			○							
	通過算									○	
	流水算										
	時計算					○					
	速さと比										
図形	角度・面積・長さ		○	◎	◎		○	○	○	○	●
	辺の比と面積の比・相似					○			○		
	体積・表面積										
	水の深さと体積	○						○			
	展開図				○		○		○		
	構成・分割	○	◎		○	○	○			○	○
	図形・点の移動		○	○	○		○	○	○	○	
表とグラフ											
数の性質	約数と倍数										
	N進数										
	約束記号・文字式										
	整数・小数・分数の性質	○		○	○			○	○	○	◎
規則性	植木算										
	周期算										
	数列		○			○					
	方陣算										
	図形と規則						○				○
場合の数		○						○	○	◎	
調べ・推理・条件の整理		●	○	◎	◎	○		◎	◎		
その他											

※ ○印はその分野の問題が１題，◎印は２題，●印は３題以上出題されたことをしめします。

社会　出題傾向＆対策

◆基本データ（2024年度）

試験時間／満点	40分／50点
問題構成	・大問数…６題 ・小問数…24問
解答形式	用語の記入と記号選択，記述問題で構成されている。記述問題は，１行で書かせる短文記述が複数あり，５行分のスペースで書かせる本格的なものも出題されている。
実際の問題用紙	Ａ４サイズ，小冊子形式
実際の解答用紙	Ａ３サイズ

◆過去10年間の分野別出題率

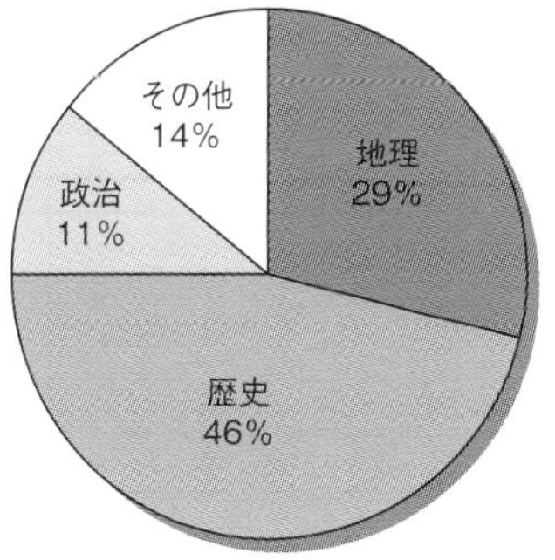

※　配点（推定ふくむ）をもとに算出

◆近年の出題内容

【 2024年度 】			【 2023年度 】		
大問	1	〔歴史〕縄文～平安時代の貨幣	大問	1	〔歴史〕牛乳と日本の関係
	2	〔総合〕平安～室町時代の貨幣		2	〔総合〕牛乳の販売を題材にした問題
	3	〔歴史〕戦国～安土桃山時代の貨幣		3	〔地理〕牛乳の生産についての問題
	4	〔歴史〕江戸時代の貨幣		4	〔地理〕酪農についての問題
	5	〔総合〕明治時代の貨幣		5	〔地理〕牛乳の加工についての問題
	6	〔総合〕日本と貨幣		6	〔総合〕牛乳と日本の関わりについての問題

◆出題傾向と内容

本校の社会は例年，**あるテーマをもとにした総合問題**の形式をとります。そして，問題の後半には，問題文や資料をもとにして自分なりに説明する問題があります。つまり，社会という科目を輪切りにしてとらえるのではなく，ひとつの大きな流れとして受験生にとらえさせようという，出題者の意図が強く感じられる問題構成となっています。

また，注目すべき特ちょうとして，**記述で答える問題が多い**ことがあげられます。原因や理由などを述べるものがもっとも多く見られますが，知識を整理して述べさせるものや，自分の考えを述べるものもあります。したがって，あたえられた字数，あるいは解答らんの範囲内で的確に文章を書くという力が必要になってきます。

取り上げられるテーマはさまざまですが，分野別では地理と歴史からの出題が多く，なかでも産業に関係する設問が目につきます。政治は，それらと関連させて問われることが多くなっています。歴史的なできごとや地形・気候・産業といった地理，あるいは現代の日本や世界の社会情勢と私たちの暮らしがどのように結びついているのかなどが，はば広く問われます。

◆対策～合格点を取るには？～

本校の社会では，断片的な細かい知識をひとつずつ覚えるだけではなく，あわせて**社会的なことがらについての思考力とそれをまとめる記述力を養う**ような学習法が大切です。まず基礎を土台として，徐々に応用力をつけていくのが確実な方法といえるでしょう。具体的には，教科書に書いてあることがらを正確に理解して覚えたあとで，それらのことがら同士の結びつきや全体の流れを，総合問題に取り組むなどしてつかむとよいでしょう。

また，各分野ごとの勉強のほかに，身近な新聞・テレビ・年鑑などを利用して時事問題に関心を持つことも必要です。そのさい，地図や年表などを手近に置くようにしましょう。

社会　出題分野分析表

分野＼年度			2024	2023	2022	2021	2020	2019	2018	2017	2016	2015
日本の地理		地図の見方			○							
		国土・自然・気候			○		○					○
		資源						○			★	
		農林水産業		★							○	○
		工業								○		○
		交通・通信・貿易	○		○	○		○			○	
		人口・生活・文化		○			○			○		○
		各地方の特色										
		地理総合				★						★
世界の地理												
日本の歴史	時代	原始～古代	○		○	○			○	○	○	
		中世～近世	○	○	○	○		○	○	○	○	○
		近代～現代	○	○		○	○	○	★	○	○	
	テーマ	政治・法律史							★			
		産業・経済史		★								
		文化・宗教史										
		外交・戦争史										
		歴史総合	★		★	★		★		★	★	
世界の歴史												
政治		憲法							○			
		国会・内閣・裁判所							★			
		地方自治										
		経済	○									
		生活と福祉					○					
		国際関係・国際政治										
		政治総合										
環境問題							○					
時事問題								○		○		
世界遺産												
複数分野総合			★	★	★	★	★	★	★	★	★	★

※　原始～古代…平安時代以前，中世～近世…鎌倉時代～江戸時代，近代～現代…明治時代以降

※　★印は大問の中心となる分野をしめします。

理科 出題傾向＆対策

◆基本データ（2024年度）

試験時間／満点	40分／50点
問題構成	・大問数…１題 ・小問数…14問
解答形式	計算結果の記入，記号選択の問題に加えて，記述や作図も出題されている。記述は，１～３行程度で書くものが数問ある。記号選択は択一式となっている。
実際の問題用紙	Ａ４サイズ，小冊子形式
実際の解答用紙	Ａ３サイズ

◆過去10年間の分野別出題率

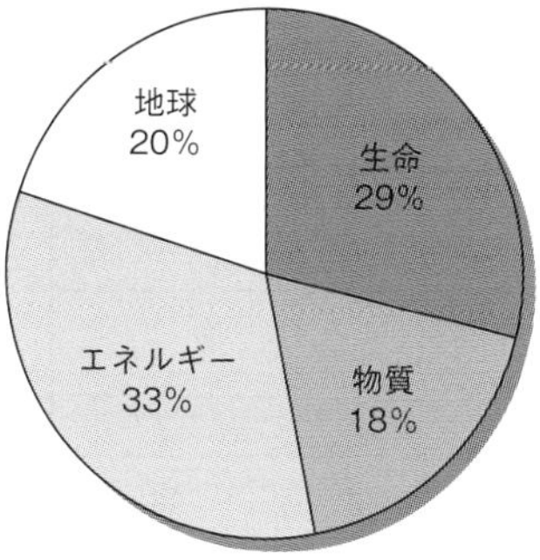

※　配点（推定ふくむ）をもとに算出

◆近年の出題内容

【 2024年度 】	【 2023年度 】
〔総合〕鉢植に関する実験	〔物質〕二酸化炭素の水へのとけ方

◆出題傾向と内容

長めの記述や思考力を要する問題など，時間がかかり，あやふやな考えでは解けないものがめだちますが，特に**注意すべきはグラフや図の作成**です。表の数値を単純にグラフ化するだけでなく，必要な数値をグラフから読み取り，そこから一つひとつ自分で計算してグラフ化しなくてはならないものや，細かい部分までかかせるものもあるので，試験時間の管理には注意を払いましょう。また，作成したグラフから考える問題も出されています。

●**生命**…テーマにそった系統だったものではなく，はば広い知識や日常の経験を必要とする雑問形式になっていることが多いようです。

●**物質**…物質の種類，金属の性質，二酸化炭素などが出題されています。

●**エネルギー**…力のつり合い（てこ・滑車），圧力などが出題されています。

●**地球**…太陽の動きなどの天体に関する問題が出されたほか，流水，岩石，地層も見られます。

年度によって中心となる分野が異なることに気をつけてください。

◆対策～合格点を取るには？～

まず，教科書・受験参考書の全範囲にわたって完全に理解し，覚えるべき事項は完全にマスターしましょう。また，日ごろから，実験や観察を重視した学習を心がける必要があります。理科における思考力とは，実験や観察をたんねんに行い，検討し，事実にもとづいて法則や結論を導き出す，そしてその法則や結論を応用してほかの問題にあたる力です。この力は，短い期間で身につくわけではありません。日ごろの学校の授業や実験を大切にし，疑問に思ったことや考えたりしたことを先生や友達と一緒に考えていくなかで養われるものです。そのさい，実験や観察の目的・方法・結果・わかったことなどを**ノートにきちんと整理しておく**ことが，内容を的確に理解していくためにも大切です。

「物質」「エネルギー」では，計算を要する問題は，数多くの問題にあたって練習を積み重ねるのがいちばんです。「生命」「地球」では，やや細かい知識にもふれておきましょう。

最後に，本校の問題には個性的なものがめだちますから，その対策について一言。市販されている入試問題集を買い求めて，文章で答えたり図やグラフなどを作成したりする問題を探し出して，答案練習をしておきましょう。結局，高度な入試問題を攻略するには，**解く問題量を多くして，練習を積み重ねるのが近道**ということです。

理科　出題分野分析表

分野		2024	2023	2022	2021	2020	2019	2018	2017	2016	2015
生命	植物	○		★		★	○	○	★		★
	動物										
	人体										
	生物と環境										
	季節と生物										
	生命総合									★	
物質	物質のすがた										
	気体の性質		★								
	水溶液の性質										
	ものの溶け方		○		○						
	金属の性質							○			
	ものの燃え方							○			
	物質総合					★					
エネルギー	てこ・滑車・輪軸					○					
	ばねののび方										
	ふりこ・物体の運動										
	浮力と密度・圧力						○				
	光の進み方										
	ものの温まり方					○					★
	音の伝わり方										
	電気回路										
	磁石・電磁石										
	エネルギー総合					★		○		★	
地球	地球・月・太陽系	○									
	星と星座										
	風・雲と天候										
	気温・地温・湿度	○			○						
	流水のはたらき・地層と岩石				○		○				
	火山・地震										
	地球総合								★		
実験器具											
観察											
環境問題											
時事問題											
複数分野総合		★			★		★	★	★		

※　★印は大問の中心となる分野をしめします。

国語　出題傾向＆対策

◆基本データ(2024年度)

試験時間／満点	50分／70点
問題構成	・大問数…３題 文章読解題２題／知識問題１題 ・小問数…20問
解答形式	記述問題が多いが，記号選択や書きぬきも見られる。記述問題には字数制限のあるものとないものがある。
実際の問題用紙	Ｂ５サイズ，小冊子形式
実際の解答用紙	Ｂ４サイズ

◆過去10年間の分野別出題率

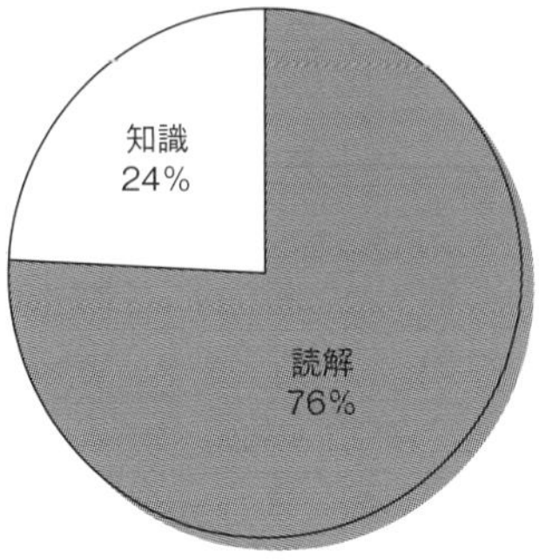

※　配点(推定ふくむ)をもとに算出

◆近年の出題内容

【 2024年度 】			【 2023年度 】		
大問	一	**〔説明文〕** 尹雄大『やわらかな言葉と体のレッスン』(約4800字)	大問	一	**〔説明文〕** 松本俊彦『世界一やさしい依存症入門―やめられないのは誰かのせい？』(約3200字)
	二	**〔小説〕** あんずゆき『アゲイン』(約3900字)		二	**〔小説〕** ウン・ソホル『５番レーン』(約5600字)
	三	**〔知識〕** 漢字の書き取り		三	**〔知識〕** 漢字の書き取り

◆出題傾向と内容

問題の大半が自由記述式なので，**読解力に加えて記述力が必要**な試験といえます。

●**読解問題**…取り上げられる文章のジャンルは小説・物語文と説明文・論説文です。小説・物語文では，受験生と同年代の少年少女が登場する作品がよく取り上げられています。外国の作品(を翻訳したもの)が多いのも特ちょうです。一方，説明文・論説文でよく出されるのは自然や動物をテーマとしたものですが，それらは小中学生向けに書かれたもので，一読しただけでも十分理解できる文章です。設問の大部分は内容の読み取りに関するものです。なかでも物語文では心情の読み取り，特に場面ごとの登場人物の心情の変化などに重点がおかれています。また，説明文・論説文では，書かれている内容を順序だてて整理し，理解する能力が問われます。

●**知識問題**…漢字の書き取りの大問があります。ほかに，読解問題の設問として語句の意味，助詞・助動詞の用法などが出されることもあります。

◆対策～合格点を取るには？～

まず，読む力をつけるために，物語文，随筆，論説文など，ジャンルは何でもよいですから**精力的に読書をし，的確な読解力を養いましょう**。新聞のコラムや社説を毎日読むのもよいでしょう。

そして，書く力をつけるために，**感想文を書いたり，あらすじをまとめたりする**とよいでしょう。ただし，本校の場合はつっこんだ設問が多いので，適切に答えるには相当な表現力が求められます。まず文脈や心情の流れをしっかりつかみ，次に自分の考えや感想をふまえて全体を整理し，そのうえで文章を書くことが大切です。うまく書く必要はありませんが，自分の頭でまとめたことがらを文章で正確に表現することを意識しましょう。

なお，ことばのきまり・知識に関しては，参考書を１冊仕上げておけばよいでしょう。また，漢字や熟語については，読み書きはもちろん，同音(訓)異義語，その意味についても辞書で調べておくようにするとよいでしょう。

国語 出題分野分析表

分野		年度	2024	2023	2022	2021	2020	2019	2018	2017	2016	2015
読解	文章の種類	説明文・論説文	★	★	★	★	★	★	★	★	★	★
		小説・物語・伝記	★	★	★	★	★	★	★	★	★	★
		随筆・紀行・日記										
		会話・戯曲										
		詩										
		短歌・俳句										
	内容の分類	主題・要旨		○		○		○				
		内容理解	○	○	○	○	○	○	○	○	○	○
		文脈・段落構成		○		○						
		指示語・接続語		○	○	○						
		その他		○				○	○		○	
知識	漢字	漢字の読み										
		漢字の書き取り	★	★	★	★	★	★	★	★	★	★
		部首・画数・筆順										
	語句	語句の意味		○		○	○	○	○		○	○
		かなづかい										
		熟語										
		慣用句・ことわざ										
	文法	文の組み立て										
		品詞・用法										
		敬語										
	形式・技法											
	文学作品の知識											
	その他											
	知識総合											
表現	作文											
	短文記述											
	その他											
放送問題												

※　★印は大問の中心となる分野をしめします。

2025年度 中学受験用

栄光学園中学校 10年間スーパー過去問

をご購入の皆様へ

お詫び

本書、栄光学園中学校の入試問題につきまして、誠に申し訳ございませんが、以下の問題は著作権上の都合により掲載することができません。設問と解説、解答は掲載してございますので、ご必要とされる方は原典をご参照くださいますよう、お願い申し上げます。

記

2022年度　国語　二　の問題文

以上

株式会社　声の教育社　編集部

2024 年度　栄光学園中学校

【算　数】（60分）〈満点：70点〉

（注意）鉛筆《えんぴつ》などの筆記用具・消しゴム・コンパス・配付された定規以外は使わないこと。

1　１段目に数をいくつか並べ，隣《とな》り合う２つの数の積を下の段に並べていきます。

例えば，１段目に左から**3**，**4**，**2**，**1**と並べると，右の図のようになります。

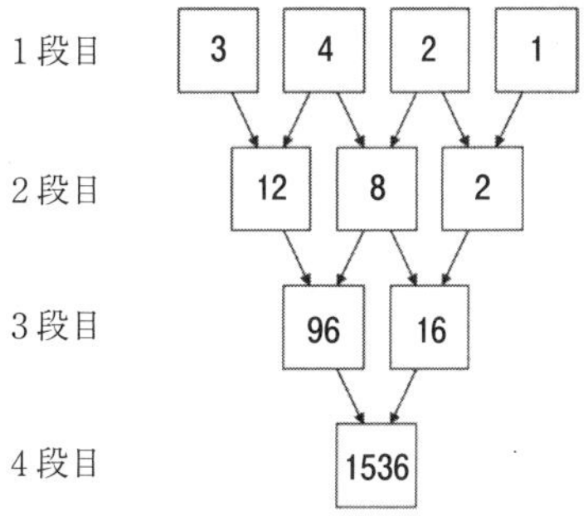

(1)　１段目に左から次のように並べるとき，４段目の数をそれぞれ答えなさい。

(ア)　**3**，**4**，**1**，**2**と並べるとき

(イ)　**3**，**2**，**4**，**1**と並べるとき

(2)　１段目に**1**から**6**までの数を１つずつ並べるとき，６段目の数が最も大きくなるのは１段目にどのように並べたときですか。並べ方を１つ答えなさい。

(3)　１段目に左から**3**，**5**，**4**，**2**，**1**，**6**と並べるとき，６段目の数は５で最大何回割り切れますか。例えば，75は５で最大２回割り切れます。

(4)　１段目に左から**1**，**2**，**3**，**4**，**5**，**6**と並べるとき，６段目の数は２で最大何回割り切れますか。

(5)　１段目に**1**から**8**までの数を１つずつ並べます。並べ方によって，８段目の数が２で最大何回割り切れるかは変わります。２で割り切れる回数が最も多いのは何回か答えなさい。

2　容積が100Ｌの水槽《すいそう》があり，給水用の蛇口《じゃぐち》Ａ，Ｂと排水《はいすい》用の蛇口Ｃ，Ｄがあります。蛇口から出る１分あたりの水の量はそれぞれ一定です。

また，水槽内の水量によって蛇口を開けたり閉めたりする装置①～④がついています。それぞれの装置の動作は次の通りです。

装置①：水槽内の水が20Ｌになったとき，Ｂが閉まっていたら開ける。
装置②：水槽内の水が70Ｌになったとき，Ｂが開いていたら閉める。
装置③：水槽内の水が80Ｌになったとき，Ｄが閉まっていたら開ける。
装置④：水槽内の水が40Ｌになったとき，Ｄが開いていたら閉める。

蛇口がすべて閉まっていて，水槽内の水が60Ｌである状態を『始めの状態』とします。『始めの状態』からＡ，Ｃを同時に開けると，７分30秒後にＢが開き，さらにその７分30秒後に水槽は空になります。一方，『始めの状態』からＢ，Ｄを同時に開けると，先にＤが閉まり，その後Ｂが閉まりました。Ｂ，Ｄを開けてからＢが閉まるまでの時間は15分でした。

(1)　Ｂが１分間に給水する量は何Ｌですか。

(2)　『始めの状態』からＡ，Ｂ，Ｃを同時に開けると，何分何秒後に水槽は空になりますか。

(3)　『始めの状態』からＡ，Ｃ，Ｄを同時に開けると，何分何秒後に水槽は空になりますか。

『始めの状態』からA，Bを同時に開けると，通常は水槽が水でいっぱいになることはありませんが，装置②が壊《こわ》れて動かなかったので水槽がいっぱいになりました。

(4)　Aが1分間に給水する量は何Lより多く何L以下と考えられますか。求め方も書きなさい。

3　100以上の整数のうち，次のような数を『足し算の数』，『かけ算の数』とよぶことにします。

『足し算の数』：一の位以外の位の数をすべて足すと，一の位の数になる

『かけ算の数』：一の位以外の位の数をすべてかけると，一の位の数になる

例えば，2024は2＋0＋2＝4となるので『足し算の数』ですが，2×0×2＝0となるので『かけ算の数』ではありません。また，2030は2＋0＋3＝5となるので『足し算の数』ではありませんが，2×0×3＝0となるので『かけ算の数』です。

(1)　『足し算の数』について考えます。

(ア)　3桁《けた》の『足し算の数』は全部でいくつありますか。

(イ)　最も小さい『足し算の数』は101です。小さい方から数えて60番目の『足し算の数』を答えなさい。

(2)　『かけ算の数』について考えます。

(ア)　3桁の『かけ算の数』は全部でいくつありますか。

(イ)　最も小さい『かけ算の数』は100です。小さい方から数えて60番目の『かけ算の数』を答えなさい。

(3)　『足し算の数』でも『かけ算の数』でもある数について考えます。

(ア)　一の位の数として考えられるものをすべて答えなさい。

(イ)　『足し算の数』でも『かけ算の数』でもある数はいくつあるか，一の位の数ごとに答えなさい。ただし，無い場合は空欄《くうらん》のままで構いません。

4　底辺が2cmで高さが2cmの二等辺三角形を底面とする，高さ2cmの三角柱を考えます。この三角柱を以下の図のように1辺の長さが2cmの立方体ABCD−EFGHの中に置きます。なお，角すいの体積は「(底面積)×(高さ)÷3」で求められます。

(1)　図1のように，三角柱の向きを変えて2通りの置き方をしました。これらの共通部分の立体Xの体積を答えなさい。

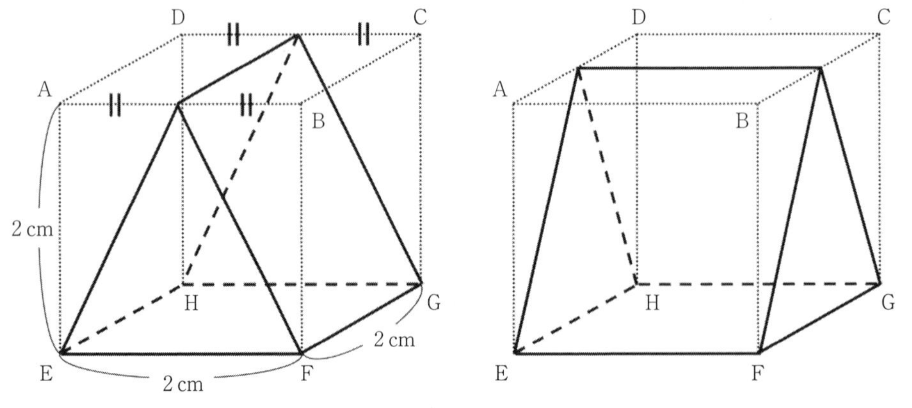

図1

(2)　図２のように，三角柱の向きを変えて２通りの置き方をしました。これらの共通部分の立体をＹとします。

(ア)　立体Ｙの面はいくつありますか。

(イ)　立体Ｙの体積を答えなさい。

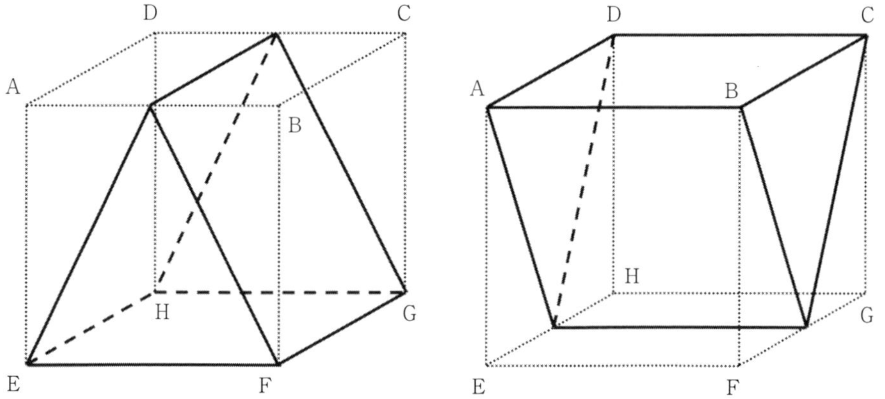

図２

(3)　図３のように，三角柱の向きを変えて２通りの置き方をしました。これらの共通部分の立体をＺとします。

(ア)　立体Ｚのそれぞれの面は何角形ですか。答え方の例にならって答えなさい。

（答え方の例）　三角形が３面，四角形が２面，五角形が１面

(イ)　立体Ｚの体積を答えなさい。

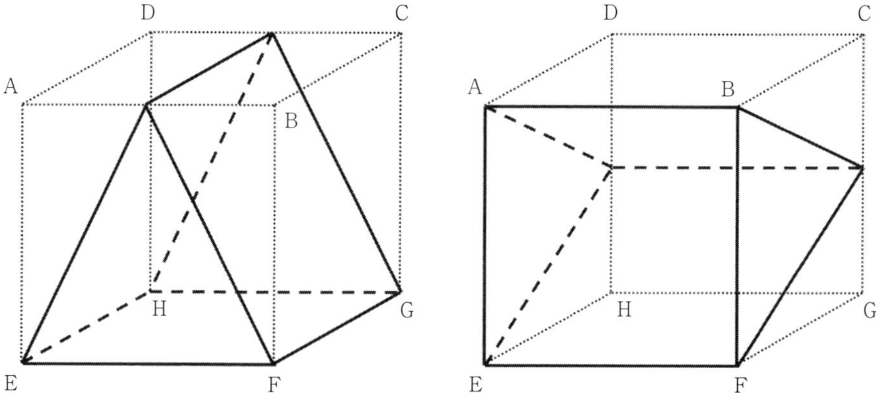

図３

【社　会】（40分）〈満点：50点〉

（注意）鉛筆《えんぴつ》などの筆記用具・消しゴム以外は使わないこと。

私たちは，ふだん財布《さいふ》の中にお金を入れて持ち歩き，さまざまなモノを買うときに紙幣《しへい》や硬《こう》貨《か》を出して支払《しはら》います。現在では，交通系ＩＣ《アイシー》カードや，スマートフォンを使って支払うことも増えました。また，特定の地域のみで使うことができる地域通貨や，インターネットの技術を利用したビットコインなどの仮想通貨も知られています。

ここでは，紙幣や硬貨などのお金を「貨幣《かへい》」とよぶことにします。日本で貨幣がどのように使われてきたのかを考えてみましょう。

1　次の文章を読んで，問に答えなさい。

まだお金がなかった大昔から，人びとは生活に必要なモノを他の地域から手に入れていました。①縄文《じょうもん》時代の遺跡《いせき》の調査をすると，限られた場所でしかとれないモノが，別の地域で数多く発掘《はっくつ》されることがあります。そのことから，この時代の人びとがモノとモノの交換《こうかん》を通じて，かなり遠くのむらとも交流を持っていたことがわかっています。

飛鳥《あすか》時代になると，中国にならい日本でも，朝廷《ちょうてい》によって，独自の「銭《ぜに》」とよばれる金属製の貨幣が造られるようになりました。主な原料の銅が国内で採掘《さいくつ》されたことをきっかけに，708年から造られはじめたのが図１の「和同開珎《わどうかいちん》」という青銅で造られた銭です。この銭は②ねん土などで作った型に，とかした銅やスズなどを流しこむ鋳造《ちゅうぞう》という技術でできています。朝廷は，平城京《へいじょうきょう》を造るために働いた人びとの賃金や，役人の給料を支払うときに，銭を使うことがありました。奈良《なら》時代には，都に設けられた市での商売に銭が使われるようになりました。一方で，朝廷は，地方から都に税を納めるためにやってきた農民たちに，銭を持ち帰らせて，各地に銭を流通させようとしました。しかし，モノの取り引きがさかんな都とその周辺以外では，銭を使うことはあまり広がりませんでした。平安《へいあん》時代の後半には，原料不足などから，朝廷が銭を造ることはなくなりました。銭が使われないときのモノの取り引きには，主に米や（　Ａ　）などの品物が用いられたと考えられています。

図１　和同開珎

日本銀行金融研究所貨幣博物館《にっぽんぎんこうきんゆうけんきゅうじょかへいはくぶつかん》
『貨幣博物館《かへいはくぶつかん》　常設展示目録《じょうせつてんじもくろく》』（2017年）より作成。
（大きさは実際のものとは異なります。）

問１　下線部①について，このようなモノを使ってできた道具を，次のア～エから１つ選びなさい。

ア　ニホンジカの骨でできたつり針　　イ　クリの木でできたくわ

ウ　鉄でできた剣《けん》　　エ　黒曜石《こくようせき》でできた矢じり

問2　下線部②について，このような鋳造の技術は，弥生《やよい》時代から用いられていました。弥生時代に鋳造技術を用いて造られ，祭りのときに鳴らして使われたと考えられている青銅でできた祭器を答えなさい。

問3　（A）は，律令《りつりょう》で定められた税である「庸《よう》」の支払いにも使われました。その品物を答えなさい。

2　次の文章を読んで，問に答えなさい。

平安時代の終わりごろになると，中国の（　B　）との貿易が，さかんに行われるようになりました。その輸入品のひとつとして，図2のような青銅で造られた中国銭が，大量にもたらされるようになりました。中国銭は，日本だけではなく，東南アジアなどにも広まっていたといわれています。中国銭は，まず貿易港のある博多《はかた》の町を中心に広まり，やがて平安京などでもモノの取り引きに使われるようになりました。はじめ天皇や多くの貴族たちは，中国銭を受け入れることに消極的でした。一方，①中国との貿易によって利益を得る人びとは，中国銭の輸入を重視し，銭を国内で流通させることにも積極的でした。

その後，鎌倉《かまくら》時代になると，朝廷や幕府《ばくふ》も中国銭の使用を認めるようになりました。このころから，それまで地方から米を運んで納められていた年貢《ねんぐ》が，米の代わりに銭でも納められるようになりました。また，つぼに入っている大量の銭が，土の中にうめられた形で見つかることがあります。さらに，中国銭はとかされて，②鎌倉に造られた大きな仏像の原料となったともいわれています。

室町《むろまち》時代のころには，各地の③農業生産力が高まるとともに，焼き物，紙すきなど，ものづくりの技術も発展しました。全国で特産品が作られて，港から各地へ運ばれて広がりました。東北地方から九州地方にいたるまで，人びとが多く集まる場所には，市が開かれるようになりました。港や市で行われた商売では，銭が広く使われるようになりました。室町幕府の3代将軍足利義満《あしかがよしみつ》は，中国の（　C　）との国交を開きました。この貿易でもたくさんの中国銭がもたらされました。

図2　中国銭

日本銀行金融研究所貨幣博物館
『貨幣博物館　常設展示目録』（2017年）より作成。
（大きさは実際のものとは異なります。）

問1　（B）・（C）に入る中国の王朝をそれぞれ答えなさい。

問2　下線部①について，このような勢力の代表が平 清盛《たいらのきよもり》でした。平清盛について述べた文としてまちがっているものを，次の**ア**～**エ**から1つ選びなさい。

ア　兵庫《ひょうご》の港を整備した。

イ　国ごとに守護《しゅご》，各地に地頭《じとう》を置いた。

ウ　厳島神社《いつくしまじんじゃ》を守り神とし保護した。

エ　武士としてはじめて太政大臣《だいじょうだいじん》となった。

問3　下線部②について，この仏像がある寺院を，次の**ア**～**エ**から１つ選びなさい。

ア　高徳院《こうとくいん》　**イ**　中尊寺《ちゅうそんじ》　**ウ**　東大寺《とうだいじ》　**エ**　平等院《びょうどういん》

問4　下線部③について，室町時代のころまでに開発された農法や農具について述べた文としてまちがっているものを，次の**ア**～**エ**から１つ選びなさい。

ア　同じ年にイネとムギを栽培《さいばい》する二毛作《にもうさく》が行われた。

イ　牛や馬にすきを引かせて，農地を耕した。

ウ　草木を焼いた灰やふん尿《にょう》を肥料として使った。

エ　備中《びっちゅう》ぐわを使って農地を深く耕した。

問5　米などの品物よりも，銭が貨幣として優《すぐ》れている理由を，**2**の文章から考え，２つあげて説明しなさい。

3

次の文章を読んで，問に答えなさい。

戦国《せんごく》時代になると，中国から日本に輸入される銭の量が減って，モノの取り引きに必要な銭が不足するようになりました。そこで中国銭をまねて国内でも銭が造られましたが，質の悪い銭もありました。①戦国大名のなかには，このような質の悪い銭でも，条件を設けて使用を認めることで，支配地域の商売がとどこおることを防ごうとする者もいました。一方，②金・銀の鉱山開発を進めて独自に貨幣を造る戦国大名もあらわれました。このころは，特に銀山の開発がめざましく，国内で銀を用いた取り引きが行われるとともに，輸出されるようになりました。戦国大名どうしが，鉱山の支配をめぐって，激しく争うこともありました。全国を統一して各地の鉱山を支配した豊臣秀吉《とよとみひでよし》は，③天正大判《てんしょうおおばん》とよばれる金貨を造りました。

問1　下線部①について，このような戦国大名のひとりに織田信長《おだのぶなが》がいます。織田信長について述べた文としてまちがっているものを，次の**ア**～**エ**から１つ選びなさい。

ア　安土城《あづちじょう》の城下町《じょうかまち》で人びとが自由に商売を行うことを認めた。

イ　商工業で栄えていた堺《さかい》を直接支配した。

ウ　ポルトガルやスペインとの貿易を行った。

エ　各地に関所《せきしょ》を設けて，通過する品物に税金を課した。

問2　下線部②について述べた次の文章を読んで，⑴・⑵に答えなさい。

> **戦国時代に開発された銀山のひとつに石見銀山《いわみぎんざん》があります。石見銀山では，灰吹法《はいふきほう》とよばれる技術が朝鮮《ちょうせん》半島から伝わり，大量の銀が生産されるようになりました。灰吹法は，採掘された鉱石から銀を取り出す方法です。**
>
> **この技術は，佐渡金山《さどきんざん》にも伝わり，鉱石から金を取り出すようになったといわれています。**

⑴　石見銀山と佐渡金山の場所を，７ページの**地図**の**ア**～**カ**からそれぞれ選びなさい。

⑵　下線部について，鉱石から金を取り出すようになる前は，金をどのように採取していた

か説明しなさい。

問 3　下線部③について，この金貨は，日常的なモノの取り引きに使われたものではありませんでした。どのような使われ方をしたと考えられるか，その例を1つあげなさい。

地図

4　次の文章を読んで，問に答えなさい。

江戸《えど》時代になると，徳川《とくがわ》幕府は，各地の主な鉱山に奉行所《ぶぎょうしょ》などを置いて直接支配をしました。そして，そこから産出された金・銀・銅などを使って，幕府は全国共通の①金貨・銀貨・銭の三貨《さんか》を流通させました。金貨は主に②江戸を中心に東日本で使われたのに対して，銀貨は③大阪や京都など西日本で使われました。使われる地域にちがいがあったため，幕府は金貨と銀貨を交換する比率《ひりつ》を定めました。また，江戸時代には足尾《あしお》などの銅山開発が進み，産出された銅は，銭の原料として使われました。江戸時代に造られた代表的な銭が，図5の「寛永通宝《かんえいつうほう》」です。④寛永通宝は，全国の庶民《しょみん》が日常的に使う貨幣となりました。

これらの三貨以外に，地方を支配していた⑤多くの大名が，「藩札《はんさつ》」とよばれる紙幣を発行しました。藩札はそれぞれの藩のなかで使われた紙幣です。この紙幣には⑥木版の技術が使われて，和紙に印刷されていました。藩札のなかには，すかしの技術や特殊《とくしゅ》な文字を使っているものもありました。図6は，大洲藩《おおずはん》（現在の愛媛県）で発行された藩札です。江戸時代には，このような藩札が地域ごとに流通していました。

図3　金貨

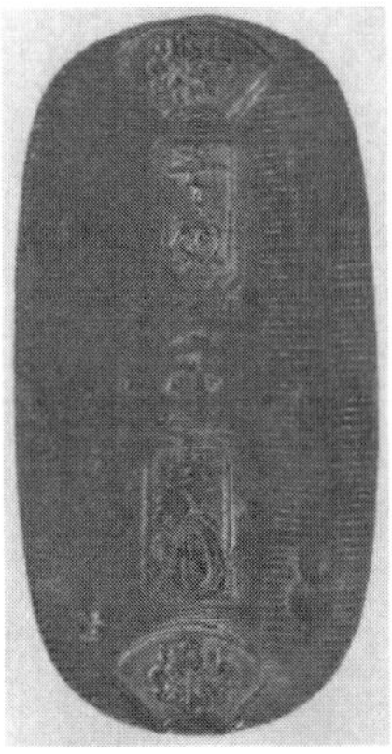

図4　銀貨

図5　寛永通宝

図6　藩札

図はすべて，日本銀行金融研究所貨幣博物館『貨幣博物館　常設展示目録』（2017年）より作成。
（大きさは実際のものとは異なります。）

問1　下線部①について，**図3**と**図4**は，それぞれ江戸時代に使われた金貨と銀貨です。金貨は「壱両《いちりょう》」などと貨幣の価値が刻まれていました。それに対して多くの銀貨は，**図4**のように形や大きさがまちまちで，貨幣の価値は刻まれていませんでした。銀貨はどのようにして支払われていたのか説明しなさい。

問2　下線部②について，江戸では，参勤交代《さんきんこうたい》で集まった武士の生活を支えるモノの取り引きが活発になりました。一方で参勤交代によって，江戸以外に東海道《とうかいどう》沿いの品川《しながわ》や小田原《おだわら》，中山《なかせん》道《どう》沿いの板橋《いたばし》や奈良井《ならい》などの町でも，商売がさかんになりました。これらの町を何というか答えなさい。

問3　下線部③について，江戸時代の大阪について述べた文としてまちがっているものを，次の**ア**～**エ**から１つ選びなさい。

ア　全国の大名が蔵屋敷《くらやしき》を置いて，米などを売りさばいた。

イ　北海道や東北地方の特産物が，日本海まわりの船で運ばれた。

ウ　高度な織物や焼き物などの手工業が発展した。

エ　「天下の台所」とよばれ，商人の町として栄えた。

問4　下線部④について，寛永通宝は，城下町の町人や農村の百姓《ひゃくしょう》にも広く使われました。一方，金貨や銀貨は主に武士などの身分の高い人などが使うものでした。江戸時代の町人や百姓の生活について述べた文としてまちがっているものを，次の**ア**～**エ**から１つ選びなさい。

ア　町人や百姓は，旅行が禁止されたため，有名な寺や神社にお参りすることができなかった。

イ　町人や百姓は，武士と同じようなぜいたくな着物を着ることをたびたび禁止された。

ウ　百姓は，酒や茶などを買って飲むことを禁止されることがあった。

エ　町人は，住む場所を決められ，町を整備するための費用を負担させられた。

問５　下線部⑤について，次のア～エは藩札を発行した藩です。このなかで「親藩《しんぱん》」とされた藩を１つ選びなさい。

ア　加賀《かが》（金沢《かなざわ》）藩　　イ　尾張《おわり》（名古屋《なごや》）藩　　ウ　土佐《とさ》（高知《こうち》）藩　　エ　肥前《ひぜん》（佐賀《さが》）藩

問６　下線部⑥について，江戸時代には，木版の印刷技術を使って，多色刷りの同じ絵が大量に作られました。この絵を何というか答えなさい。

5　次の文章を読んで，問に答えなさい。

明治《めいじ》時代になると，政府は1871年に「円《えん》」を基本の通貨単位にしました。欧米《おうべい》から新しい技術を学び，紙幣や硬貨が造られるようになり，人びとの間で使われるようになりました。また，①政府は税のしくみも，それまでの米で納める年貢から，土地の価格に応じて貨幣で納めるように変えました。

1882年に政府によって日本銀行《にっぽんぎんこう》が設立され，「日本銀行券《にっぽんぎんこうけん》」とよばれる紙幣が発行されました。その後，日清戦争《にっしんせんそう》で得た賠償金《ばいしょうきん》をもとにして，日本銀行は金との交換を約束した日本銀行券を発行しました。そのころ欧米では，それぞれの国の通貨は金と交換する比率が定められていました。日本もこのとき，金0.75グラムを１円と定めました。金1.5グラムは，２円となり，アメリカの通貨では，およそ１ドルでした。このようにすることで，外国との貿易をスムーズに行うことができるようになりました。その後，1930年代からは，円と金との交換の約束はなくなり，現在は，円と②ドルなど外国の通貨を交換する比率は，毎日変化するようになっています。

現在，紙幣は，一万円券，五千円券，二千円券，千円券の４種類の日本銀行券が発行され，2023年の終わりでは，185.4億枚，124.6兆円が流通しています。③紙幣は現在まで，同じ額面のものでもデザインが変更《へんこう》されてきました。近年では1984年，2004年と20年ごとに変更され，2024年にも新たな紙幣の発行が予定されています。一方，硬貨は，６種類が政府によって発行されています。１円硬貨は，（　D　）でできています。それ以外の５種類の硬貨は，ニッケル，亜鉛《あえん》，スズなどが含まれていますが，すべて銅が主な成分となっています。④銅は貨幣の主な原料として，日本では古くから使われてきました。なかでもスズを含む青銅は，現在も10円硬貨の材料となっています。

問１　下線部①について，このことを何というか答えなさい。

問２　下線部②について，現在，日本は，ドルを通貨単位とするアメリカとの貿易がさかんですが，日本との貿易額がアメリカよりも多い国を答えなさい。また，その国の通貨単位を答えなさい。

問３　下線部③について，紙幣のデザインの変更を行わないと，どのような問題がおこると考えられるか説明しなさい。

問４　（D）に入る金属を答えなさい。

問５　下線部④について，金属のなかで銅は，貨幣の原料として適していると考えられます。金や鉄と比べて，銅はどのような点で適しているのか，それぞれ説明しなさい。

6 日本で貨幣が広く使われるようになったことについて，これまでの問題文や問をふまえて，次の問に答えなさい。

問1 貨幣が造られるようになってから江戸時代まで，貨幣が使われる場所や地域は，どのように広がっていったか説明しなさい。

問2 貨幣が広く使われるようになるには，朝廷や幕府，政府などが大きな役割を果たしてきました。それは，どのような役割か説明しなさい。

【理　科】（40分）〈満点：50点〉

（注意）　鉛筆《えんぴつ》などの筆記用具・消しゴム・コンパス・配付された定規以外は使わないこと。

〈編集部注：実物の入試問題では，**図１**，**図４**，**図７**はカラー印刷です。〉

栄一君たちは，５月ごろから学校でいろいろな野菜を育ててきました。夏休みの間は，鉢《はち》に植えられた野菜を家に持ち帰り育てることになりました。栄一君はピーマンを選びました。

夏休みが近づき，鉢を置く場所や世話のしかたについてお父さんに相談しました。「鉢植えの場合には夏の暑さや水不足でかれてしまわないように気をつけなければいけないので，大きな鉢に植えかえて，西日の当たらないところに置くといいよ。」と教えてくれました。

栄一君が自分で調べてみると，鉢にはいろいろな種類があることがわかりました。その中でも，プラスチック製の鉢か，表面に何もぬられていない焼き物の鉢が，手軽で良さそうでした。ねん土を高温で焼いただけの，表面に何もぬられていない焼き物を素焼《すや》きというそうです。この後，プラスチック製の鉢を**プラ鉢**，表面に何もぬられていない焼き物の鉢を**素焼き鉢**と呼ぶことにします。

栄一君は植えかえる鉢をプラ鉢にするか素焼き鉢にするか決めるために，それぞれの鉢の特ちょうを調べてみることにしました。栄一君の家には，使われていないプラ鉢と素焼き鉢があったのでそれらを使って実験することにしました。２種類の鉢は形がよく似ていてどちらも高さが16cm，直径が20cm くらいです。鉢の底には余分な水が流れ出るように穴が開いています。

実験１

①　プラ鉢と素焼き鉢を２個ずつ，合計４個用意した。

②　プラ鉢と素焼き鉢１個ずつに，買ってきた乾《かわ》いた土をそれぞれ800ｇ入れた。（**図１**）

土の深さは12cm くらいになった。

③　土の真ん中あたりの温度をはかるために，深さ６cm あたりまで温度計を差しこんだ。

図１

④　プラ鉢と素焼き鉢それぞれに，鉢底の穴から余分な水が流れ出てくるまでたっぷり水を入れた。

⑤　残りのプラ鉢と素焼き鉢１個ずつに，②～③と同じように乾いた土を入れ，温度計を差しこんだ。

こちらの鉢には水を入れずにそのままにした。

──ここまでの準備は測定前日（７月10日）の夕方に行った──

⑥　測定当日（７月11日）の朝，４つの鉢を日なたに置いた。

⑦　４つの鉢の近くに，気温を測定するための温度計を設置した。

⑧　朝８時から夕方18時まで，30分ごとに土の中の温度と気温を記録した。

実験 1 の結果

実験 1 の結果をグラフにしたものが**図 2** と**図 3** です。水を入れたプラ鉢と素焼き鉢の結果を示したのが**図 2**，水を入れなかったプラ鉢と素焼き鉢の結果を示したのが**図 3** です。

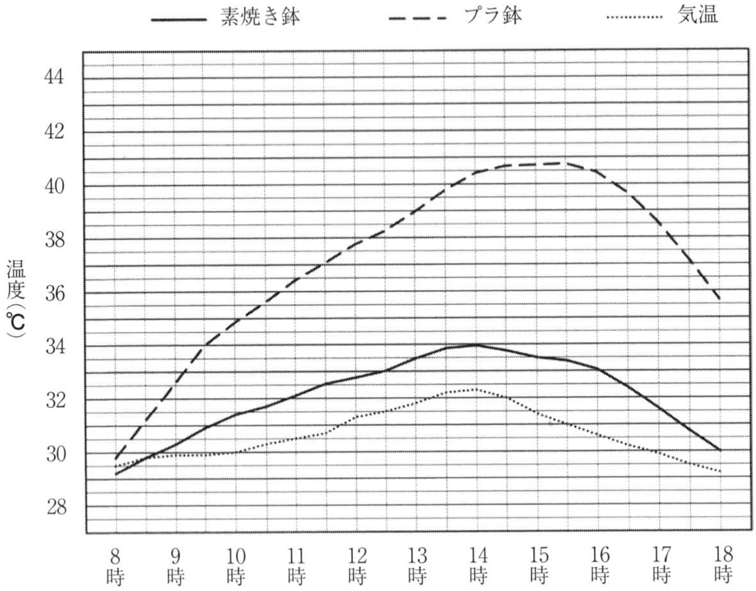

図 2　水を入れた場合の土の中の温度変化

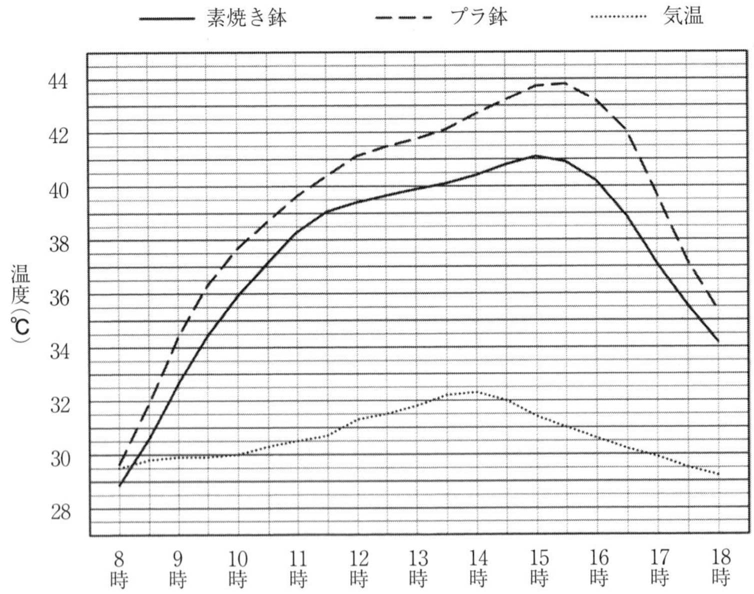

図 3　水を入れなかった場合の土の中の温度変化

問 1　気温をはかるための温度計を設置する場所の条件を次の**ア**～**カ**の中から三つ選び，記号で答えなさい。

ア．風通しの良いところ　　**イ**．風があたらないところ

ウ．なるべく地面に近いところ　　**エ**．地面から1.2mくらいの高さ

オ．温度計に日光があたるように日なた　　**カ**．温度計に日光があたらないように日かげ

問2　水を入れた場合の土の中の温度について，最も上がったときの温度と8時の温度の差は何度ですか。プラ鉢と素焼き鉢それぞれについて，**図2**から読み取り小数第1位まで答えなさい。

問3　水を入れなかった場合の土の中の温度について，最も上がったときの温度と8時の温度の差は何度ですか。プラ鉢と素焼き鉢それぞれについて，**図3**から読み取り小数第1位まで答えなさい。

水を入れた場合と水を入れなかった場合を比べると，水を入れたほうが土の中の温度が上がるのをおさえられるようです。これは，水は蒸発するときに周りの温度を下げる働きがあるためと考えられます。夏の暑さをやわらげるために家の前の庭や道路に水をまくことを打ち水といいますが，打ち水はこの働きを利用したものだといわれています。

水を入れた場合，プラ鉢と素焼き鉢では温度の上がりかたに大きな違《ちが》いがありました。栄一君は，プラ鉢と素焼き鉢では水が蒸発する量に違いがあるのではないかと考え，水の蒸発量を調べる実験をすることにしました。

実験2

① プラ鉢と素焼き鉢を1個ずつ，合計2個用意した。
② 鉢だけの重さをそれぞれはかった。
③ 乾いた土をそれぞれの鉢に800g入れた。
④ 鉢の中にたっぷり水を入れた。
　鉢底の穴から余分な水が流れ出てくるので，水が流れ出なくなるまで待った。
⑤ 鉢底の穴から水が流れ出なくなったら，鉢の重さ(鉢と土と水の合計)をはかった。
⑥ 昼間は日なたに鉢を置いておき，ときどき重さをはかった。
　7月15日の夕方に開始し，7月17日の朝まで測定を続けた。

実験2の結果

・ 実験を行った3日間は風が弱くよく晴れていて，7月16日の昼間も日光が雲にさえぎられることは一度もなかった。
・ ②の結果，プラ鉢の重さは137g，素焼き鉢の重さは1135gだった。
・ 水を入れて余分な水が流れ出なくなるまで待っている間に，素焼き鉢のほうは**図4**の**a**→**b**→**c**のように色が変わっていった。
　プラ鉢では色の変化は起きなかった。
・ ⑤の結果，プラ鉢の重さは1738g，素焼き鉢の重さは2888gだった。
　それぞれから水を入れる前の鉢と土の重さを引くと，プラ鉢は801g，素焼き鉢は953gとなり，これがたくわえられた水の重さと考えることができる。
・ 時間の経過とともにどちらの鉢も重さが減っていった。鉢や土の重さが減ることは考えられないので，重さが減った分だけたくわえられた水が蒸発したのだと考えられる。

図 4

図 5 が，たくわえられた水の重さの変化をグラフにしたものです。

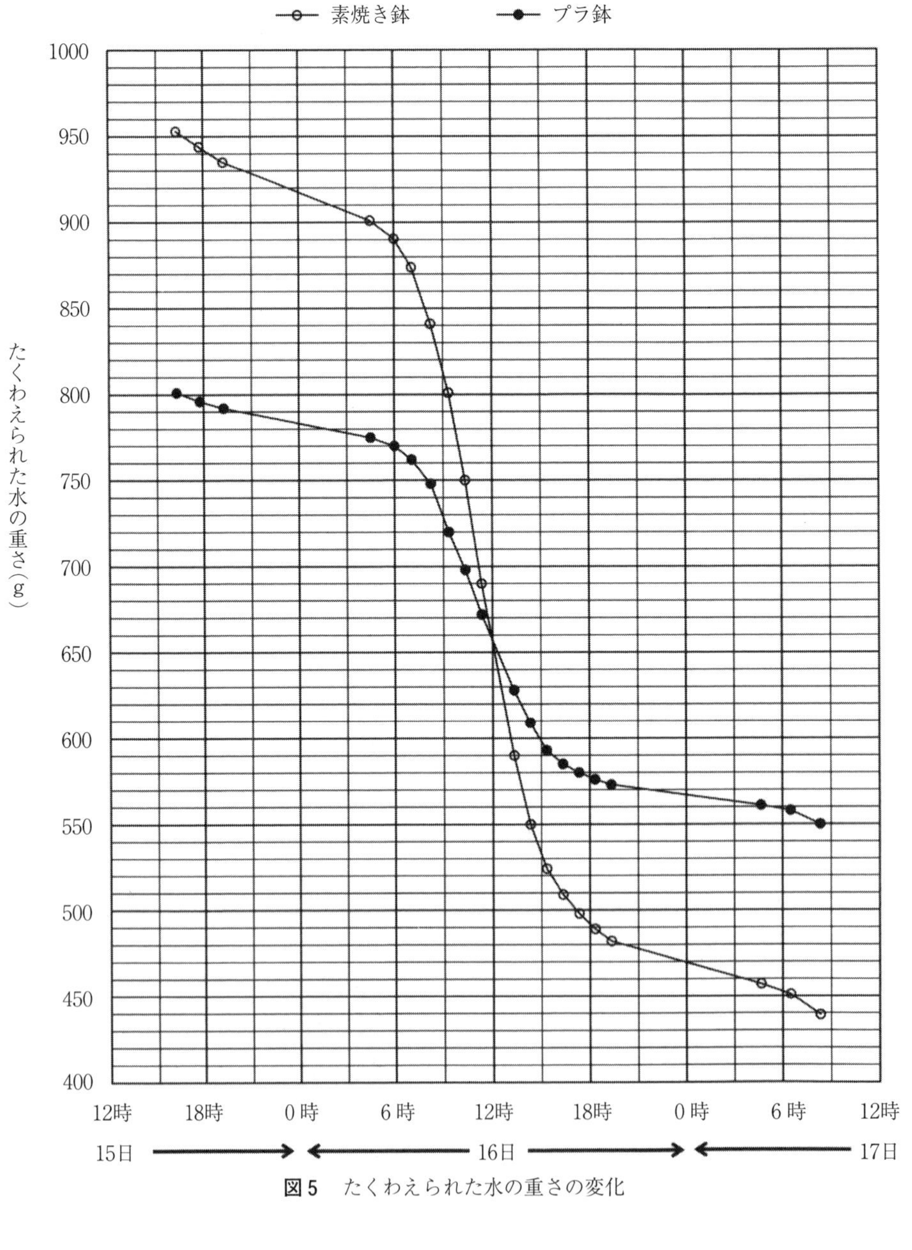

図 5　たくわえられた水の重さの変化

問4　はじめにたくわえられた水が素焼き鉢のほうが多かったのはなぜですか。**実験2**の結果から考えられる理由として，最もふさわしいものを次の**ア**～**エ**の中から一つ選び，記号で答えなさい。

ア．素焼き鉢のほうが重いから　　**イ**．素焼き鉢のほうが厚みがあるから

ウ．素焼き鉢は，鉢も水を吸うから　　**エ**．プラ鉢は水をよく通すから

問5　重さが減った分だけ，たくわえられた水が蒸発したと考えることにします。次の(1)～(3)に示した時間に，たくわえられた水が何g蒸発したかを，**図5**から読み取りなさい。プラ鉢と素焼き鉢それぞれについて整数で答えること。

(1)　7月15日の18時から7月16日の6時までの12時間

(2)　7月16日の6時から7月16日の18時までの12時間

(3)　7月16日の18時から7月17日の6時までの12時間

問6　**問5**の(1)，(2)，(3)に示した時間に，素焼き鉢にたくわえられた水が蒸発した量は，プラ鉢にたくわえられた水が蒸発した量の何倍ですか。正しいものを次の**ア**～**オ**の中から一つ選び，記号で答えなさい。

ア．(1)は約2倍，(2)は約3倍，(3)は約1倍　　**イ**．(1)と(3)は約1倍，(2)は約2倍

ウ．(1)と(3)は約1倍，(2)は約3倍　　**エ**．(1)と(3)は約2倍，(2)は約1倍

オ．(1)(2)(3)いずれも約2倍

問7　**実験2**の結果から，素焼き鉢のほうからたくさん水が蒸発していることがわかりました。プラ鉢では土の表面からしか蒸発していないのに，素焼き鉢は鉢の側面からも水が蒸発しているからと考えられます。

素焼き鉢の側面からも水が蒸発していることを確かめるためには，どんな実験をしたらよいですか。実験の方法を説明し，予想される結果を書きなさい。

問8　**実験2**では植物を植えませんでしたが，ピーマンを植えて同じ実験をしたら結果はどうなると予想しますか。次の**ア**～**エ**の中から一つ選び，記号で答えなさい。また，そのように考えた理由を書きなさい。

ア．プラ鉢も素焼き鉢も水の減り方が速くなる

イ．プラ鉢も素焼き鉢も水の減り方がおそくなる

ウ．プラ鉢は水の減り方が速くなり，素焼き鉢は水の減り方がおそくなる

エ．プラ鉢は水の減り方がおそくなり，素焼き鉢は水の減り方が速くなる

栄一君は実験の結果をもとに考えて，ひとまわり大きなプラ鉢に植えかえることにしました。

問9　プラ鉢と素焼き鉢を比べたときに，プラ鉢にはどのような特ちょうがあると考えられますか。**実験1**と**実験2**の結果をもとに書きなさい。

実験1でプラ鉢の土の中の温度は40℃をこえてしまうこともあることがわかりました。夏の暑い季節は，ずっと日の当たるところには置かないほうが良さそうです。午前は日なたに置いて午後は日かげに移動した場合と，午前は日かげに置いて午後は日なたに移動した場合の温度変化も調べてみました。**図6**がその結果をグラフにしたものです。

午前は日なたに置いて午後は日かげに移動した場合のほうが，温度はあまり高くならずにすみました。栄一君は，西日の当たらないところに置くと良いというのはこういうことなのかと思いました。

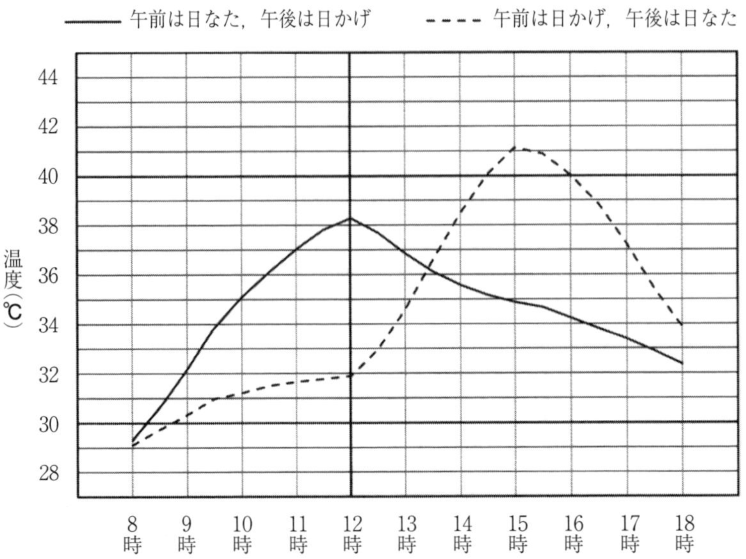

図6　鉢を移動させた場合の土の中の温度変化

栄一君はピーマンを植えた鉢を，８時から13時まではずっと日なたに，13時から日の入りまではずっと日かげになるところに置こうと思いました。そこで，時刻が変わるとかげの向きや長さがどうなるかを調べることにしました。

問10　栄一君は水平に置いた板の上に長さ15cmの棒を垂直に立てて，棒のかげの先端《せんたん》の位置を１時間ごとに記録しました。この測定は７月20日に神奈川県鎌倉《かまくら》市で行いました。栄一君が記録したものとして正しい図を次の**ア**～**エ**の中から一つ選び，記号で答えなさい。なお，軸《じく》に書かれた数字は棒からの距離《きょり》をcm単位で表したものです。また，棒のかげの先端がPの位置になった時刻を答えなさい。

ア

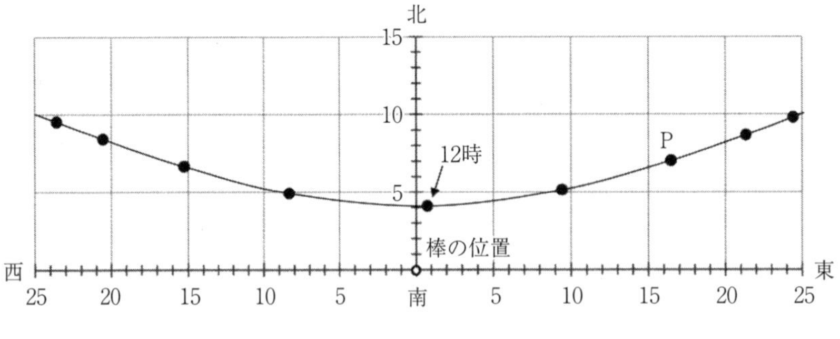

イ

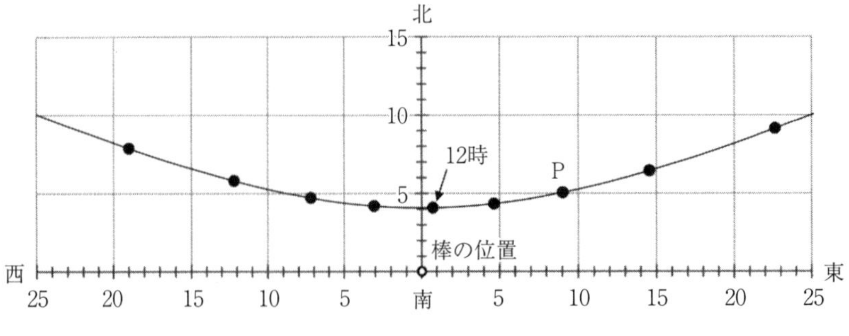

ウ

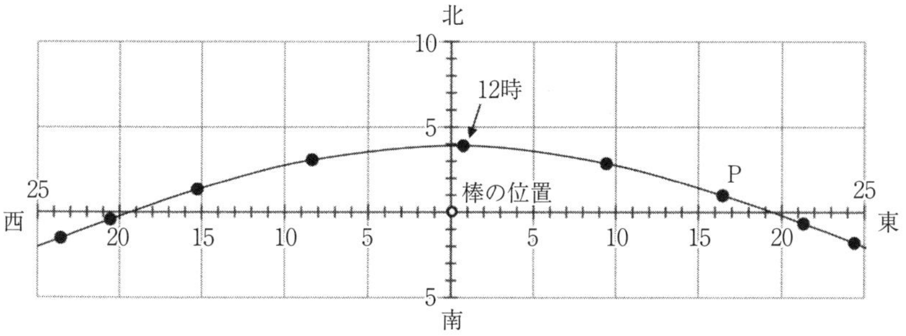

エ

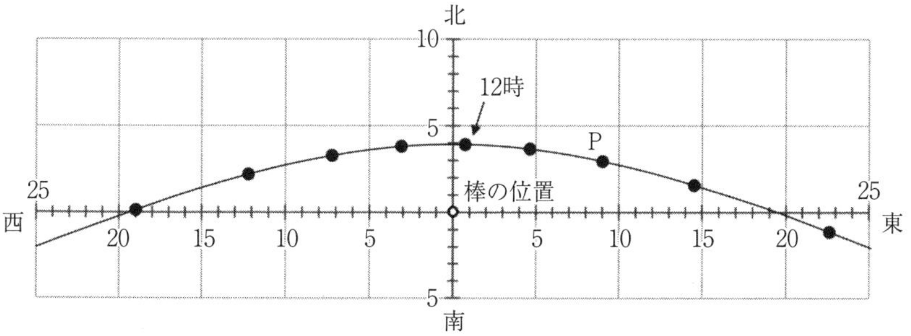

時刻とかげの位置の関係がわかったので，実際に栄一君の家の庭のどこに鉢を置けばよいのか考えることにしました。**図 7** は栄一君の家の庭で，図中の黒い(太い)方眼の間隔《かんかく》は，実際の長さの１mにあたります。また，青い(細い)方眼の間隔は，実際の長さの10cm にあたります。庭の東側，南側，西側は高さ1.5mの塀《へい》で囲まれています。以下の各問では，晴れた日について考えるものとします。

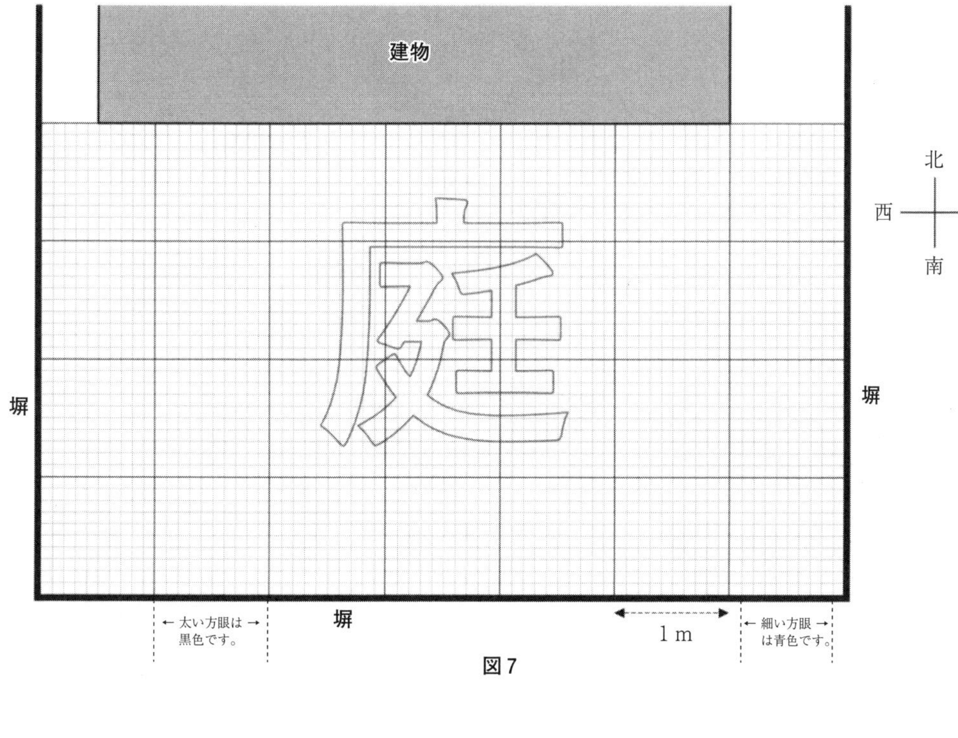

図 7

問11　８時の日なたと日かげの境を線で示しなさい。

問12　例にならって，８時から13時までずっと日なたになっている範囲《はんい》を示しなさい。

例

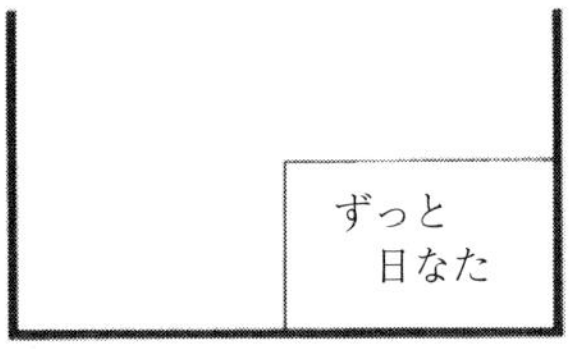

問13　例にならって，13時から太陽がしずむまでずっと日かげになっている範囲を示しなさい。

例

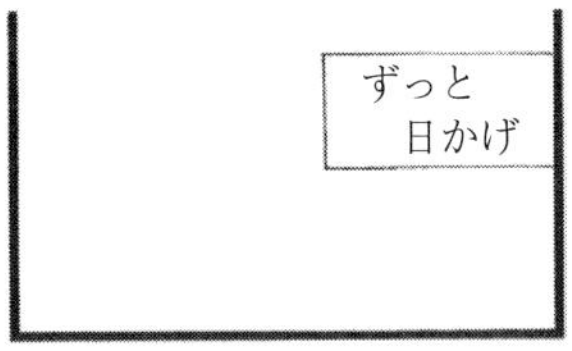

これらの結果から，栄一君は庭のどこに鉢を置けばよいのかがわかりました。

問14　次の各図は，ピーマンの実を輪切りにしたときの種子の位置を○の印で示したものです。正しいものを**ア**～**エ**から一つ選び，記号で答えなさい。

ア

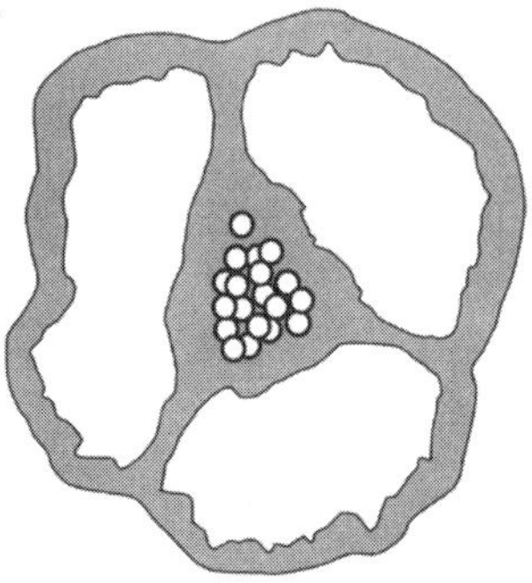

イ

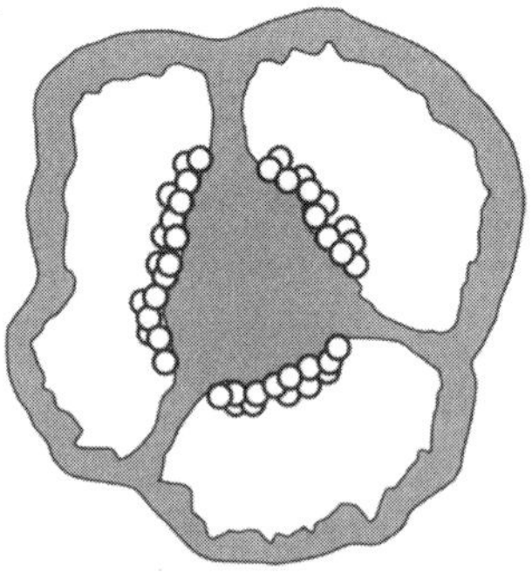

ウ

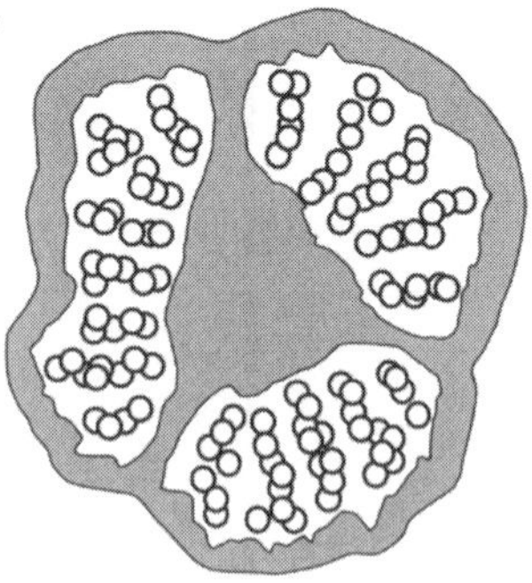

エ

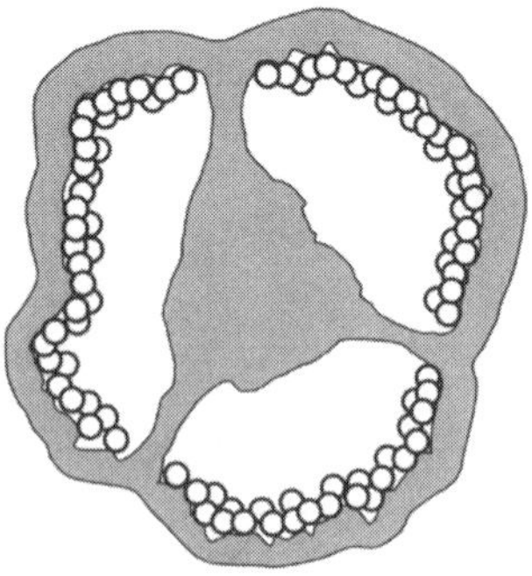

すが、それはなぜですか。

問四　傍線部④「あわてるカンナ」とありますが、なぜカンナは「あわて」たのですか。次の空欄に合うように七十字以内で答えなさい。(字数には句読点等もふくみます。)

［七十字以内］**ことによって、思いもよらず、アオイからとげのある反応を示されたから。**

問五　傍線部⑤「テーブルの上に百円玉をコトリと置く。」とありますが、このときのカンナの気持ちの説明として最も適当なものを次の中から選び、記号で答えなさい。

ア　アオイとは思った通りに話が運ばず、二人の仲をこじらせてしまったので、何もしないで仲直りはできないという思いがある。

イ　アオイの家庭も自分の家庭と同様に生活の状況が厳しいことを考えたことで、わずかであってもお金を払《はら》いたいという思いがある。

ウ　アオイとの環境《かんきょう》の違いを実感し、気持ちに隔《へだ》たりが生じたことで、一方的にごちそうされるわけにはいかないという思いがある。

エ　アオイとは別に、おいしいカレーをふるまってくれたアオイのお父さんには、せめてものお礼をさせてほしいという思いがある。

オ　アオイがおいしいカレーを毎日無料で食べられる恵《めぐ》まれた立場にあることを、はっきりわからせてやりたいという思いがある。

三

次のカタカナの部分を漢字に直しなさい。

1　道をさえぎっているショウガイを取りのぞく。
2　力士がドヒョウ入りをする。
3　職業はハイユウだ。
4　土地の争いをチョウテイする。
5　大阪までのリョヒを支払う。
6　都市がフッコウする。
7　人間のヨクボウはきりがない。
8　紙のウラに書く。
9　身のチヂむ思い。
10　空きかんをヒロう。

「ごめん。こんな気持ち、アオイにはわかんないよね」

え？　わたしにはわからない？

わたしにとって、カンナは大切な友だちだった。カンナの気持ちもわかっているつもりだった。けれど、カンナは――。

心のなかに、黒いあぶくがぷくりとういた。

「ふうん。そんなふうに、わたしのことを思ってたんだ」

「え。そうじゃないよ、そうじゃないけど」

④あわてるカンナを、わたしはふし目がちに見つめる。

ふっとカンナの顔つきが変わった。いつも教室で見ていた、あのツンとしたすまし顔。近寄りがたい雰囲気《ふんいき》……。

「うん、やっぱり、アオイにわかるわけがないんだよ」

カンナはポケットをさぐり、百円玉を一枚出した。

「だってアオイは、あたしから見たらとってもめぐまれてるもん」

ひと息にそう言って、⑤テーブルの上に百円玉をコトリと置く。

「こんだけしかないけど、タダで食べるのは気をつかうから」

ゆっくりと立ちあがり、よくひびく声で、「ごちそうさまでした！」と、お父さんに頭をさげる。

お父さんが、ぎこちない笑顔で声をかけた。

「カンナちゃん、またいつか、なっ」

「はい。ありがとうございました」

わたしを見ないまま、カンナはドアに向かう。

バタン。空気が小さくふるえた。

わたしは、だまってお皿を片づけた。お父さんはなにもきかない。わたしもなにも言わない。

百円玉だけが、テーブルの上にそのまま残っていた。

その夜、よくねむれなくて、何度も何度も寝返《ねがえ》りをうった。

窓はあけていても、風はほとんど入ってこない。

「ねえ、エアコンつけようよ」

たまらず、勉強中のお姉ちゃんに言った。

だけど、「だめ」と、お姉ちゃんが首を横にふる。

「電気をむだに使わない！」

「お姉ちゃんだって、暑いと頭に入んないでしょ」

「玉田カレー、休業中なんだよ、わかってる？」

「もう！」

タオルケットをけとばしながら、わたしはベッドをごろごろ転がった。

ほら、うちだって貧乏《びんぼう》じゃん。なにが、アオイはめぐまれてる、よ。

カンナだって、わたしのこと、ちっともわかってないくせに――。

心のなかでカンナに文句を言って、顔をごしごしこすった。

むしょうに泣きたかった。

わたしはカンナが大好きだったのに……。

やりきれなくて、はね起きた。そしてまた、ばたんと寝転がる。お姉ちゃんに、「うるさい！」とどなられながら、そんなことを何度もくり返した。

（あんずゆき『アゲイン』）

（注1）スキッパー　問題文よりも前に、「スキッパーは、今、人気ナンバーワンのボーイズグループだ。ガリ勉のお姉ちゃんでさえ、いつもその音楽をきいている」とある。

問一　傍線部①「あーあ、あーあ。」とありますが、このときアオイはどのような気持ちでしたか。

問二　傍線部②「気まずくて」とありますが、アオイが「気まずく」感じたのはなぜですか。

問三　傍線部③「それを見ていて鼻のおくがツンとした。」とありまそんなわたしの気持ちも考えないで、お父さんはぺらぺらとしゃべり続けた。

「カンナちゃんに言うのもなんだけど、お客が減っちゃってね。店をあけた分だけ赤字でさ。けど、あきらめてないよ。またイチからやり直すつもりで、ただいま研究中ってとこかな」

「イチからやり直すって、うちといっしょですね」

カンナとお父さんが笑顔を交《か》わす。

「そうだね。おたがいに、まっさらな気持ちで再出発だね」

「再出発できるの？」

わたしは、わざといじわるな言い方をした。

「そりゃあ、わからないけどさ」

お父さんは、けろりとそう答え、「そうだ」と手を打った。

「カンナちゃん。冷凍《れいとう》したお子さまカレーがあるから、食べてくか？」

「いいんですか？」

「もちろんだよ。店をしめた日に残ってたのを冷凍したから味は落ちるけど、ごはんもあるしね。ま、そのへんに座《すわ》って待っててよ」

お父さんがキッチンに入って、エプロンをつけ、オレンジのバンダナを巻いた。

③それを見ていて鼻のおくがツンとした。毎日、下校時にここにきて、お父さんとふたりですごした時間が、急によみがえってきた。

ああ、もう。せっかくカンナが訪ねてきてくれたのに、気持ちが暗いほうへ、暗いほうへと引きずられていく。

それをさとられないように、少しすまして、わたしはカンナと向かいあった。

カンナがゆっくりと口を開いた。

「あのさ、あたし、明日の朝、九時には出発しちゃうんだ。それで、アオイにだけは会っておきたくて」

わかっていても、心臓がドクンとはねた。

「う、うん。ありがと」

もっと言いたいことがあるはずなのに、頭のなかがまっ白だ。

「わたし、お水入れてくるね」

にげるようにキッチンに行くと、お父さんが、

「アオイ、ついでにカレーも運んでくれるか」

と言った。カレーの入った密閉容器が、電子レンジの光の下で、くるくる回っている。それを見ながら、笑顔でいなくちゃ、と自分に言い聞かせる。

チン！　と高い音がした。

「よし、できたぞ！」

お父さんが、ごはんをお皿にもって、カレーをそえた。それとお水もいっしょにトレーで運ぶ。

「さ、食べよっか」

「ありがと。いただきまーす」

なぜだか大好きなはずのお子さまカレーが、ちっともおいしくなかった。スプーンでくちゃくちゃまぜているだけで、なかなか減らない。

でも、カンナは、ぱくり、ぱくりとおいしそうに食べて、スプーンを置いた。

「ごちそうさま。あー、おいしかった。幸せー」

ふわーっと胸をそらし、それから両ひじをテーブルについて、食べあぐねているわたしに、はずんだ声で話しかける。

「あたしね、ほんっとに、ワクワクしてんだ。だって、じいちゃんちに行ったら、ふつうの暮らしができるんだよ。自分の部屋だって……」

わたしが暗い顔をしていたのだろうか、カンナが、ぷつっと話すのをやめた。

お父さんの分まで働く、と息まいていたお母さんはほとんど家にいなくて、夜はクタクタみたいだし、お姉ちゃんは、「塾《じゅく》、減らしたから、もっとがんばらないと」と、以前にもまして勉強するようになった。いつも（注1）スキッパーをききながら、ときどき新曲を口ずさんでいる。

『♪ずっとずっと暗やみのなかをかけていた。やっと見えたよ、ひとすじのあかり。あかりのなかにきっとある、ぼくの居場所――』

わたしの居場所は、どこにもない気がした。

十一時になって、お父さんが「そろそろ行くか」と声をかけてきた。急いで夏休みの宿題をバッグに入れ、店に向かう。

しめきった店内は、熱気がこもってムッとしていた。お父さんが窓をあけ、ドアもあけて、風を通す。

「やっぱり店はいいなあ」

そう言って、うーんとのびをする。

なにが、店はいいなあ、よ。店を再開してから言ってちょーだい――お母さんがここにいたら、きっとそう言う。

お父さんは電気をつけ、窓ガラスをふきはじめた。

しかたなく、わたしも店内のテーブルを全部ふき、おくのテーブルに宿題を広げた。

ノートに日づけを入れ、木曜日、と書いたとたんにドキドキした。

カンナの引っこしは、明日だ……。

もしかして、もう会えないかもしれない。会いにいきたいけれど、家を知らない。それに、きっと準備でいそがしくしているだろう、いきいきと、はりきって……。

①あーあ、あーあ。

らくがきをしたり、消しゴムをはじいたりしていると、コンコンとドアをたたく音がして、たちまちお父さんの声がひびいた。

「おお、いらっしゃい！」

以前のお客さんかな？　と顔をあげたら、カンナが笑顔《えがお》で立っていた。

「わっ、カンナ！」

はねるようにして、かけよった。

「休業中ってはってあって、あれ？　って思ったんだけど、ドアがあいてるし、のぞいたらアオイの頭が見えて」

「わー、会えてよかったー。引っこし、明日なのに、家を知らないから……」

「ありがと。もうね、家はダンボール箱の山。っていうほど、荷物ないけどね」

カンナが、ふふっと軽く笑う。どんよりしているわたしとちがって、ずいぶんすっきりした顔だった。

お父さんが、わざとか？　って思うくらいに大きな声で言った。

「カンナちゃんが引っこすからって、アオイがしょげちゃってさ」

「もう！　よけいなこと言わないでよ」

ほおをプッとふくらませて、きつく言ったのに、お父さんはそれを無視した。

「こんなあまったれとなかよくしてもらって、ありがとよ」

「あ、いえ、こちらこそ……」

カンナが店を見回して、「今、休業中なんですか？」ときいた。

「じつは、そうなんだ」

お父さんが頭をかく。カンナがわたしをちらりと見た。②気まずくて、小さくなった。

この前会ったとき、もう休業していたのに、休むかも、としか言えなかった。わたしなりに見栄《みえ》をはっていたのだ。

問三　傍線部③「でも、それは違うと気づいたのです。」とありますが、筆者は、山口さんの体験をどのようなものとして受け止めたのですか。

問四　傍線部④「ひどく混乱した状況を冷静に考える上で客観性はとても重要です。」とありますが、そう言えるのは筆者が「客観性」をどのようなものだと捉えているからですか。それが分かる一文の最初の五字を抜《ぬ》き出《だ》しなさい。（字数には句読点等もふくみます。）

問五　傍線部⑤「あれこれと迷って生きる」とは、どういうことですか。

二　次の文章を読んで、あとの問に答えなさい。

　小学六年生の玉田《たまだ》アオイは、席替《せきが》えで転校生八神《やがみ》カンナの隣《となり》になった。カンナが「子ども食堂」と呼ばれる無料の食事施設《しせつ》に入るのを偶然《ぐうぜん》見たことをきっかけに、ふたりは親しくなっていく。「子ども食堂」に頻繁《ひんぱん》に通うカンナには、厳しい貧困《ひんこん》という背景があることも、アオイは分かってきた。一方、感染《かんせん》症《しょう》流行の影響《えいきょう》で、アオイの父の店「玉田カレー」は客が激減し、一時休業を余儀《よぎ》なくされた。家計の悪化、姉の高校受験の問題などが重なり、不安定な日々を過ごすアオイであった。
　夏休み中のある日、カンナからアオイに一週間後に祖父のもとに引《ひ》っ越すことが唐突《とうとつ》に告げられた。急な別れにショックを受けるアオイであったが、一方のカンナは現状からの脱出《だっしゅつ》が可能になったことで、嬉《うれ》しくてたまらない様子であった。
　ちなみにカンナは、以前「玉田カレー」を訪れて、アオイお気に入りの「お子さまカレー」をごちそうされている。

　それから、あっという間に木曜日になってしまった。
　朝、寝《ね》ぼけまなこでキッチンに行くと、お父さんが洗いものの手を止めて、
「アオイ、今日店に行くけど、いっしょに行くか？」
と、きいた。
「えー。何時ごろ？」
　めんどくさいなあ、と思った。
　お父さんは、休業中のはり紙をしたあとも、ときどき店をのぞきにいく。お母さんに「もったいない」と言われながら、電気もガスも水道も止めていない。
「切っちゃったら、ほんとうにおしまいになりそうだから」
　そんなことを言っていた。
　でも、わたしをさそったのは初めてだ。
「何時でもいいよ。アオイも気分転換《てんかん》になるかな、と思ってさ」
　実際、わたしはすっかり落ちこんでいた。
　カレンダーを見るたびにため息をついて、でもなにもできない。
　家にいたって苦しいだけではあった。
「じゃあ、十一時ごろに行こ」
「オッケー。じゃあ、その予定で」
　お父さんは、また水道の蛇口《じゃぐち》をひねってから、思いだしたようにわたしに言った。
「そうだ、洗濯《せんたく》終わってんだった。ほしてくれるか？」
「うん、いいけど」
　また、めんどくさいな、と思いながら洗面所に行き、洗濯機のフタをあけた。
　お金持ちは、乾燥《かんそう》までやってくれる洗濯機を買うんだろうな。そう思って、はーっとため息をつく。

世界はいつも退《の》っ引《ぴ》きならない在りようで、本当なら自らの生を他人事にはできないはずです。もしかすると、客観的に語れてしまう「世界一般《いっぱん》というものがある」という考えが多くの不幸の始まりなのかもしれません。その不幸は主観は独善だと戒《いまし》め、客観性への(注8)信奉《しんぽう》をいつしか信仰《しんこう》に格上げし、そうして他人の思考に(注9)隷従《れいじゅう》し、隷従した同士がいがみ合う、という流れを生み出します。

　では、主観的に吹く風も客観的に咲く花もないとしたら、どうやって人はこの世界を知り、語ることができるのでしょう。

　それについての正解を僕は知りません。ただ客観的な正しさに行きつけないから、そこが行き止まりかというと、そんなことはないでしょう。むしろ「正解」を追ってしまうとき、新たな発見はなくなります。

　生きているものの眼から見ることは、物事を他人事にする安易さを許さない。「おまえはちゃんと立っているのか。おまえの立っている場所はどこなのだ？」と自らに問い、ハッと我に返るときにのみ世界は姿を表す。それは自分が正しいと客観を盾《たて》に独善を掲《かか》げるときにはまったく見えません。物事を見るとは、外の知識を通じて見るのではなく、ただ自分が観《み》ることであり、そして見る自分を観ることでもあるのでしょう。

（尹《ユン》・雄大《ウンデ》『やわらかな言葉と体のレッスン』）

問題作成にあたり、表記を改めたところがあります。

（注1）　可視化　目に見えるようにすること。
（注2）　怖気を震う　恐ろしくて体が震えること。
（注3）　阿鼻叫喚　非常にむごたらしい状態のこと。
（注4）　齟齬　物事がくいちがうこと、うまくかみ合わないこと。
（注5）　スポイルする　こわす、損《そこ》ねる、だめにする。
（注6）　ファクト　事実。
（注7）　エビデンス　証拠《しょうこ》、根拠《こんきょ》。
（注8）　信奉　かたく信じて従うこと。
（注9）　隷従　他に付き従って言いなりになること。

問一　空欄《くうらん》［①］に入る言葉として最も適当なものを次の中から選び、記号で答えなさい。

ア　一般性　イ　厳密性　ウ　消極性
エ　独善性　オ　楽観性

問二　傍線部《ぼうせんぶ》②「けれども、だから『恐ろしい』と思ったのではありません。」とありますが、筆者はなぜ「恐ろしい」と思ったのですか。最も適当なものを次の中から選び、記号で答えなさい。

ア　教師と子供たちの集団の様子が客観的な事実として受け取られるのではなく、彼らに遭遇した山口さんの、その時の体感そのままに筆者の中に浮かびあがってきたから。

イ　教師と子供たちの集団が一言も発さなかったという体験談から、山口さんの左耳の鼓膜が破れていたことがより鮮明《せんめい》に伝わって、原爆の悲惨さを改めて実感できたから。

ウ　教師と子供たちの集団だけでなく、川で溺れて亡《な》くなる人々も見たという生々しい体験談を聞いたことで、筆者も山口さんの経験をありありと感じることができたから。

エ　教師と子供たちの集団の様子は想像を絶するほど悲惨なものであり、山口さんが語る原爆の体験は客観的に捉えようとして理解できるものではないと気付かされたから。

オ　教師と子供たちの集団の様子や行動を、自身もひどい火傷を負って、体力も限界に近づいていた状態でも冷静に観察していた山口さんの姿勢に強い衝撃《しょうげき》を受けたから。

は主観でしかない」と言いたいわけではありません。④ひどく混乱した状況を冷静に考える上で客観性はとても重要です。だからこそ思うのは、そんな大事なものを独善的な言動や言い訳といった個人的な事情のために用いる必要はまったくない、ということなのです。

正直なところ、正しくあろうとして客観性を呼び出すことに僕らは疲《つか》れてはいないでしょうか。

一日の言動を振《ふ》り返《かえ》ると、ちゃんとした基準やきちんとしたルールに添《そ》えず、「ああ、前もって考えた通りできなかった」とか「あれほど言ったのになぜ間違えたのか?」と自他を責めることに忙《いそが》しい自分を発見できるでしょう。どれほどのエネルギーを割《さ》いても、つまるところ自分の正しさと誰かの正しさがあって、すり合わせようとすればするほど逸《そ》れていく。思《おも》い描《えが》いた正しさの数だけ(注4)齟齬《そご》が生まれる。客観的に正しくちゃんとしようとすればするほど、正しさをめぐる争いそれ自体は止《や》むことはありません。

おそらく客観性が大事なのは、それが広場のようなものだからで、そこに各人の思う「こういう事実があります」を置いて、その上で話し合える余裕《よゆう》をもたらすためにあるのではないかと思うのです。客観性は決して自分や他人を押《お》さえつける武器ではないのです。

そしてもうひとつ客観をめぐっての問題があると、最近とみに感じていることがあります。それは客観性を大事に取り扱うことと、寄りかかることとの違いがわからないため、僕らは自信をどんどん失っているということです。

いつしか自分の思いや感覚を他者の価値観と引き比べるようになり、自分が純粋《じゅんすい》に感じ取ったものを貶《おとし》めるようになっています。正しさは常に自分の外にあると思うならば、自分の感覚とそこから生まれた考えを(注5)スポイルするようになるのは自然の成り行きです。

「正解は常に自分の外にある」と思《おも》い込《こ》むようになって以来、自分の感覚に蓋《ふた》をするようになってしまったのです。

だから「何かおかしいな」と感じても、「いやいや、やはり(注6)ファクトがないと」「(注7)エビデンスがはっきりしない限り、何も言えない」と現に自分が率直《そっちょく》に感じたことを否定してまで「客観」にこだわろうとするのです。

自分の感覚をもとに考えるよりも、「客観的にはこう考えられる」というモードになってしまうのは、自分の中から生まれた考えよりも、他人に向けた正しさの表明というアリバイづくりを大事にしているからではないでしょうか。そこでの正しさは、他人の視線を気にするがゆえの「間違えたことを言えない」程度であり、本当にそうだと心から思っているわけでもない。

自分で考えるほどに正しさから外れるリスクが高まる。なおのこと自分で考えないで済むために、他人事《ひとごと》の客観に寄りかかっていく。そうなると活《い》き活《い》きと生きられなくなってしまいます。⑤あれこれと迷って生きることを常の姿にしたとき、その瞬間《しゅんかん》がもう二度と訪《おとず》れない、同じことの繰《く》り返《かえ》しがない現実に対し遅《おく》れてしか対応できないからです。

僕らの重用している客観は、どうも常に「いま・ここ」で起きている問題を他人事としてよそよそしく捉えてしまうほうに力を発揮しています。いわば、「いま・ここ」にいる生者の世界をわざわざ「この世に足場のない幽霊」の目で捉えようと努力している。自分が現にいま立っている事実を見失ってまで足場のないところを求めてしまう。

いまここで吹く風、いまここで咲《さ》く花以外に客観的に吹く風や咲く花があるでしょうか。

してきた人の熱を感じられたことが、僕にとって最大の喜びだったのです。でも、その喜びは(注2)怖気《おぞけ》を震《ふる》うような話を通じて得られたものでした。

一九四五年八月六日の朝、明るい夏の空はいつも通りの日中の暑さを感じさせ、そこに「もうひとつの太陽」と山口さんが表現した原爆《げんばく》の白光が炸裂《さくれつ》しました。爆風《ばくふう》に吹き飛《と》ばされ、気絶した山口さんが意識を取り戻した後、街を見回すと空の青さはかき消え、一転してのどす黒い空と黒い雨があたりを包んでいました。ひどい火傷を負った山口さんは港近くから街中の会社の寮《りょう》へと向けて歩き始めたそうです。

夏の夕刻であればまだ明るい。しかし、その日の広島は真っ暗で、焼ける家屋以外の灯《あか》りはまったくなかったといいます。闇《やみ》の中、川沿いを歩き続けたところ、向こうからひとりの大人を先頭にした子供の集団がやって来ました。おそらく小学校の教師と生徒たちだと山口さんは見当をつけました。

服と呼べるようなものは身につけておらず、布切れがまとわりついているのみ。幽霊《ゆうれい》のように手の甲《こう》をこちらに向け、指先からは腕《うで》の皮《ひ》膚《ふ》が手袋《てぶくろ》のように垂れ下がり、性別も定かではなかったそうです。「定かではなかった」と言い終えた後、目に留めたひとりの子供について、山口さんは「かろうじて膨《ふく》らんだ胸で女の子だとわかった」と続けました。そのとき僕は山口さんの眼《め》に映った少女の姿をはっきりと見たのです。

そして、恐《おそ》ろしいことに彼女《かのじょ》たちは「一言も話さず。悲鳴も漏《も》らさず」幽鬼《ゆうき》のような格好で、山口さんの右を静かに過ぎ、闇の中へ去って行ったというのです。山口さんの左手には川が流れ、燃える街の炎《ほのお》に水面は煌々《こうこう》と照らされ、口々に「熱い」「助けて」と叫《さけ》ぶ人たちが次々と水の中へ入っては沈《しず》んでいき、やがてぷかりと浮《う》かぶと流れていった。その様子は「筏《いかだ》のようだった」そうです。

「恐ろしいことに」といったのは、教師と子供たちの集団が一言も発していなかったからです。普通《ふつう》なら映画で見られるような(注3)阿鼻《あび》叫喚《きょうかん》の姿がリアルだと思ってしまいます。実際のところはそうではありませんでした。②けれども、だから「恐ろしい」と思ったのではありません。

山口さんは被爆した際、左耳の鼓膜《こまく》が破れました。史実を客観的に捉《とら》えようとする態度からすれば、体力も限界に近づいていた山口さんの「左側の川から聞こえた溺《おぼ》れる人の声というのが、実は右側をすれ違《ちが》った集団の呻《うめ》き声《ごえ》だったのではないか」と「実際」の状況を検分し、推論しようとするでしょう。③でも、それは違うと気づいたのです。

その日の広島のその時その場にいたのは、世界中でたったひとり山口さんだけでした。

山口さんが見聞きした以外に世界はなかった。

すれ違う彼女たちは一言も発さず、そして鼓膜の破れた左からは人々の悲鳴が聞こえた。それ以外の世界はなかったのです。

たったひとりで「一言も話さず。悲鳴も漏らさず」に闇へと歩み去る一団を見送ったその眼と耳の澄《す》ませ方に広島で起きた本当の恐ろしさが伝わってきました。

客観的になど語りようのない出来事が本当に起きたのだと、そのとき身震《みぶる》いとともに理解しました。むしろ頭ではなく、怖気を震うことのみで把握《はあく》したのです。

そのときの体感を通じて手渡《てわた》すしかない事実がそこにあった。僕にできるのは、その断片《だんぺん》をなんとかつかまえ、文字に焼き付けることでした。

こうしたエピソードから「客観性などあてにならない」とか「結局

2024年度

栄光学園中学校

【国　語】（五〇分）〈満点：七〇点〉

（注意）鉛筆《えんぴつ》などの筆記用具・消しゴム以外は使わないこと。

一　次の文章を読んで、あとの問に答えなさい。

正しくあろうとしてしまう態度に次いで、いまの世の中で大事だとされているのは、客観的なものの見方ではないでしょうか。知識も情報も客観的な考えに向かわなければ説得力がありません。だから、「あれはよいがこれは悪い」と人それぞれに唱える際、法律あるいは統計に代表される数値や科学的知見が「客観的事実」として持ちだされます。それらは「これ以上さかのぼることができないような事実」であり、それを参照しさえすれば確実なことが言える、と思われています。しかも、それらは目で確認《かくにん》でき、疑問の余地もないような明確な記述でなければいけません。というのは必ず誰《だれ》もが「確かにそうだ」と確認できるような「(注1)可視化」された形でないと客観的な認識は共有されないからです。

客観という言葉が含《ふく》む厳密さに人は安心します。多様な情報が溢《あふ》れる時代ならなおさらです。なぜなら「これ以上さかのぼることができないような事実」なので、迷ったときはそこに戻《もど》ればよいという安心感を与《あた》えてくれるからです。

しかし、この心の落ち着きは曲者《くせもの》です。というのは人間は楽なことが好きだからです。いつかの時点から安堵《あんど》が高じて「それに寄りかかりさえすれば大丈夫《だいじょうぶ》だ」と思い始め、「厳密な事実」を言い訳に使うようになるからです。物事を検証するのではなく、他者を責めるための取り回しのよい道具として扱《あつか》い始めます。「だから私は正しく、おまえは悪いのだ」と言うために客観性を用いるようになりさえする。

つまり客観的事実から［　①　］が生じてしまうわけです。事実がどうであるかよりも、自分が「これが現実だ、これが正しい」と思いたがっている事実のほうが大事になってくる。客観性を物事への問いかけではなく、答えにしたとき、自分が騙《だま》されてしまうという〝事実〟について見えなくなってしまうのです。

誰しも客観的なものの見方を大事にしているけれど、肝心《かんじん》の客観性とはいったい何なのだろう。そういうことについて考えるようになったきっかけは、戦争体験者への取材でした。

広島と長崎で二回被爆《ひばく》された山口彊《やまぐちつとむ》さんという方がいらっしゃいました。僕《ぼく》は山口さんの話の聴《き》き取《と》りを行い、自伝『生かされている命──広島・長崎「二重被爆者」、90歳《さい》からの証言』（講談社、現在は文庫として『ヒロシマ・ナガサキ　二重被爆』［朝日新聞出版］刊行）としてまとめるお手伝いをしました。

二重被爆した人は一六五人いると推定されています。実際のところどれだけの人が被爆したかは、それこそ客観的なデータがありません。

山口さんは長崎の三菱《みつびし》造船所に製図工として勤めており、出張先の広島で被爆しました。たいへんな火傷《やけど》を負いながらも、街が壊滅《かいめつ》した状況《じょうきょう》報告と安否を実家に知らせるために長崎に戻り、会社に出勤した直後、再び被爆しました。

話を聞く中で「山口さんに出会えて本当によかった」と思ったことがあります。もちろん稀有《けう》な体験をされた方に直《じか》に話をうかがえたこともありますが、それだけではありませんでした。

山口さんの話の中に織《お》り込《こ》まれた生々しい情感や感性に触《ふ》れることができた。どれほどの惨事《さんじ》に遭遇《そうぐう》しようとも、そのとき自分のできることに努め、ひたすら生きることに向けて歩みを進めてきた。生に徹《てつ》

2024年度

栄光学園中学校　▶解説と解答

算　数　(60分)＜満点：70点＞

解　答

1 (1) (ア) 384　(イ) 1536　(2) (例) 1, 3, 5, 6, 4, 2　(3) 5回　(4) 26回　(5) 217回　**2** (1) $2\frac{2}{3}$ L　(2) 22分30秒後　(3) 12分45秒後　(4) $5\frac{1}{3}$ Lより多く8L以下　**3** (1) (ア) 45個　(イ) 1157　(2) (ア) 32個　(イ) 1326　(3) (ア) 4, 6, 8, 9　(イ) 解説の図3を参照のこと。　**4** (1) $2\frac{2}{3}\text{cm}^3$　(2) (ア) 4面　(イ) $1\frac{1}{3}\text{cm}^3$　(3) (ア) 三角形が4面, 四角形が1面　(イ) 2 cm^3

解　説

1 **条件の整理, 素数の性質**

(1) 右の図1のようになるから, (ア)は384, (イ)は1536である。

図1

(ア)				(イ)			
3	4	1	2	3	2	4	1
12	4	2		6	8	4	
48	8			48	32		
384				1536			

(2) 1段目の数を左から順にA～Fとする。また, たとえばAを2個かけた数をA^2のように表し, さらに「×」を省いて書くと, 下の図2のようになる。よって, (C, D)→(B, E)→(A, F)の順に多くの個数をかけているので, 6段目を最も大きくするには, (C, D)に6と5, (B, E)に4と3, (A, F)に2と1を入れればよい。したがって, たとえば1, 3, 5, 6, 4, 2などがある。

図2

1段目	A	B	C	D	E	F
2段目	A^1B^1	B^1C^1	C^1D^1	D^1E^1	E^1F^1	
3段目	$A^1B^2C^1$	$B^1C^2D^1$	$C^1D^2E^1$	$D^1E^2F^1$		
4段目	$A^1B^3C^3D^1$	$B^1C^3D^3E^1$	$C^1D^3E^3F^1$			
5段目	$A^1B^4C^6D^4E^1$	$B^1C^4D^6E^4F^1$				
6段目	$A^1B^5C^{10}D^{10}E^5F^1$					

(3) 図2より, 1段目が3, 5, 4, 2, 1, 6のとき, 6段目は, 3を1個, 5を5個, 4を10個, 2を10個, 1を5個, 6を1個かけた数になるから, 5で5回割り切れる。

(4) 1段目が1, 2, 3, 4, 5, 6のとき, 6段目は, 1を1個, 2を5個, 3を10個, 4を10個, 5を5個, 6を1個かけた数になる。ここで, 2と6はそれぞれ2で1回, 4は2で2回割れるので, 2で割り切れる回数は, $1\times5+2\times10+1\times1=26$(回)と求められる。

(5) 各段の数について, それぞれの数をかける個数を図に表すと下の図3のようになる。これは, 両端《りょうはし》が1であり, となり合う数の和を下に書いたものと考えることができる。よって, 1段目の数を左から順にA～Hとすると, 8段目の数は, $A^1B^7C^{21}D^{35}E^{35}F^{21}G^7H^1$となることがわかる。

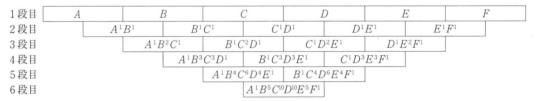

ここへ1～8を入れるとき，2と6は2で1回，4は2で2回，8は2で3回割れるから，2で割り切れる回数を最大にするには，たとえば，$D=8$，$E=4$，$C=2$，$F=6$とすればよい。このとき，2で割り切れる回数は，$3\times35+2\times35+1\times21+1\times21=217$(回)になる。

図3

2段目	1	1						
3段目	1	2	1					
4段目	1	3	3	1				
5段目	1	4	6	4	1			
6段目	1	5	10	10	5	1		
7段目	1	6	15	20	15	6	1	
8段目	1	7	21	35	35	21	7	1

2 条件の整理

(1) わかっていることをグラフに表すと，下の図1，図2のようになる。また，A，B，C，Dが1分間に給水または排水《はいすい》する量をそれぞれⒶ，Ⓑ，Ⓒ，Ⓓとすると，図1から，Ⓒ－Ⓐ＝$(60-20)\div7\frac{1}{2}=5\frac{1}{3}$(L)，Ⓒ－Ⓐ－Ⓑ＝$20\div7\frac{1}{2}=2\frac{2}{3}$(L)とわかる。よって，Ⓑ＝$5\frac{1}{3}-2\frac{2}{3}=2\frac{2}{3}$(L)と求められる。

(2) A，B，Cを開けると毎分$2\frac{2}{3}$Lの割合で減る。また，このときどの装置も動くことなく水槽《すいそう》が空になるから，空になるのは，$60\div2\frac{2}{3}=22\frac{1}{2}$(分後)と求められる。$60\times\frac{1}{2}=30$(秒)より，これは22分30秒後となる。

(3) 図2で，Bだけが開いていた時間は，$(70-40)\div2\frac{2}{3}=11\frac{1}{4}$(分)なので，ア＝$15-11\frac{1}{4}=3\frac{3}{4}$(分)とわかる。よって，Ⓓ－Ⓑ＝$(60-40)\div3\frac{3}{4}=5\frac{1}{3}$(L)より，Ⓓ＝$5\frac{1}{3}+2\frac{2}{3}=8$(L)と求められる。そこで，A，C，Dを開けると毎分，Ⓒ＋Ⓓ－Ⓐ＝Ⓓ＋(Ⓒ－Ⓐ)＝$8+5\frac{1}{3}=13\frac{1}{3}$(L)の割合で減るから，$(60-40)\div13\frac{1}{3}=1\frac{1}{2}$(分後)に装置④が動いてDが閉まる。すると，その後はAとCが開いているので毎分$5\frac{1}{3}$Lの割合で減り，$(40-20)\div5\frac{1}{3}=3\frac{3}{4}$(分後)に操作①が動いてBが開く。さらに，その後はAとBとCが開いているから毎分$2\frac{2}{3}$Lの割合で減り，$20\div2\frac{2}{3}=7\frac{1}{2}$(分後)に水槽が空になる。したがって，水槽が空になるのは，$1\frac{1}{2}+3\frac{3}{4}+7\frac{1}{2}=12\frac{3}{4}$(分後)と求められる。$60\times\frac{3}{4}=45$(秒)より，これは12分45秒後となる。なお，このときのようすをグラフに表すと下の図3のようになる。

図1

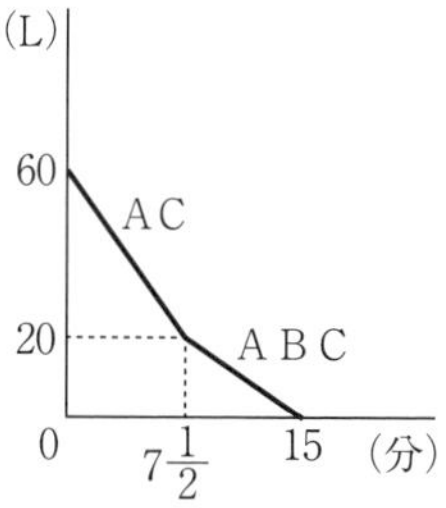

図2

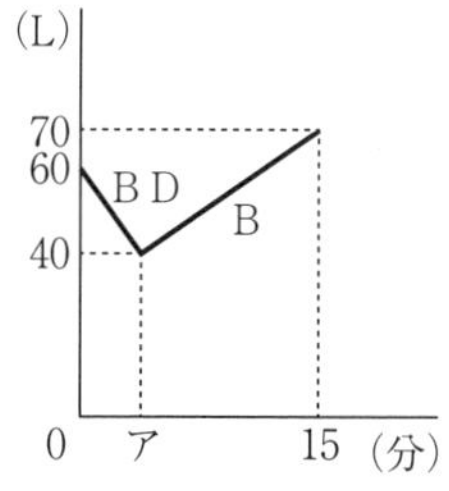

図3

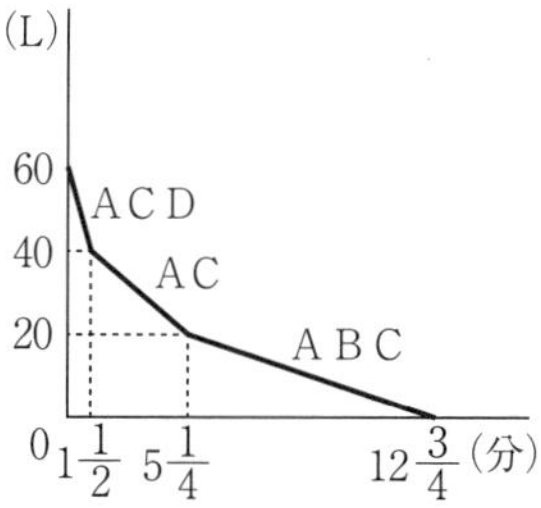

図4

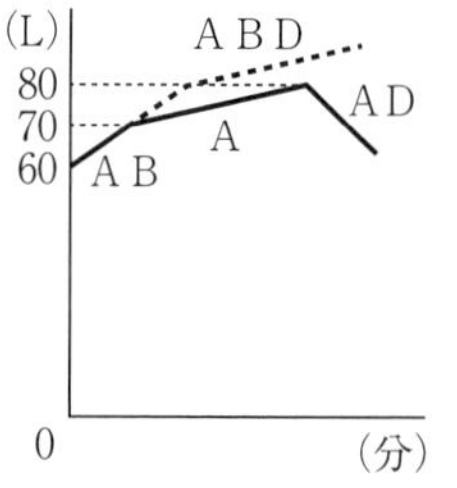

(4) 上の図4の実線のように，通常はA，Bを開けると，70Lになったときに装置②が動いてBが閉まる。すると，その後はAだけが開いているので水槽の中の水は増え，80Lになったときに装置③が動いてDが開く。すると，その後はAとDが開くことになるが，通常は水槽がいっぱいになることはないから，Ⓐ≦Ⓓとわかる。つまり，Ⓐ≦8Lである。次に，装置②が壊《こわ》れている場合，図4の点線のように，70LになってもBが閉まることはないので，80Lになったときに装置③が動いてDが開く。すると，その後はAとBとDが開くことになる。このとき，水槽はいっぱいになった

から，Ⓐ＋Ⓑ－Ⓓ＞０とわかる。よって，Ⓐ$+2\frac{2}{3}-8>0$，Ⓐ$>8-2\frac{2}{3}$より，Ⓐ$>5\frac{1}{3}$Ｌとなる。よって，Ａが１分間に給水する量は$5\frac{1}{3}$Ｌより多く８Ｌ以下である。

3 場合の数，調べ，条件の整理

(1) (ア)　３桁《けた》の数をABCとすると，足し算の数は，$A+B=C$になる。$C=1$となる$(A,\ B)$の組は（１，０）だけである。また，$C=2$となる$(A,\ B)$の組は，（２，０），（１，１）の２通りあり，$C=3$となる$(A,\ B)$の組は，（３，０），（２，１），（１，２）の３通りある。同様に考えると，$C=9$となる$(A,\ B)$の組は，（９，０），（８，１），…，（１，８）の９通りあるから，３桁の足し算の数は全部で，１＋２＋…＋９＝（１＋９）×９÷２＝45(個)あることがわかる。　(イ)　４桁の中で小さい方から数えて，60－45＝15(番目)の数を求めればよい。４桁の足し算の数を小さい順に並べると，上２桁が10の場合は，1001，1012，1023，…，1089の９個あることがわかる。よって，上２桁が11の場合の，15－９＝６(番目)なので，1102，1113，1124，1135，1146，1157より，1157とわかる。

(2) (ア)　３桁の数をABCとすると，かけ算の数は，$A\times B=C$となる。Cの値ごとに$(A,\ B)$の組の数を調べると下の図１のようになるから，３桁のかけ算の数は全部で，９＋１＋２×４＋３×２＋４×２＝32(個)あることがわかる。　(イ)　４桁の中で小さい方から数えて，60－32＝28(番目)の数を求めればよい。(1)の(イ)と同様に上２桁が小さい数から順に調べると下の図２のようになるので，小さい方から数えて28番目の数は1326とわかる。

図１

C	$(A,\ B)$の組
0	（１，０），（２，０），…，（９，０）
1	（１，１）
2	（１，２），（２，１）
3	（１，３），（３，１）
4	（１，４），（２，２），（４，１）
5	（１，５），（５，１）
6	（１，６），（２，３），（３，２），（６，１）
7	（１，７），（７，１）
8	（１，８），（２，４），（４，２），（８，１）
9	（１，９），（３，３），（９，１）

図２

上２桁が10	1000，1010，1020，……，1090（10個）
上２桁が11	1100，1111，1122，……，1199（10個）
上２桁が12	1200，1212，1224，1236，1248（５個）
上２桁が13	1300，1313，1326，1339　（４個）

図３

一の位	0	1	2	3	4
個数					１個
一の位	5	6	7	8	9
個数		６個		22個	10個

(3) (ア)　はじめに，一の位が０，１，２の場合について考える。足し算の数の一の位が０になることはない。また，足し算の数の一の位が１になるのは，10/1，100/1，1000/1，…であり，このとき/の左側の積は必ず０になる。さらに，足し算の数の一の位が２になる数のうち０が使われていないのは11/2だけであり，このとき/の左側の積は１になる。よって，足し算の数とかけ算の数の一の位が０，１，２で一致《いっち》することはない。次に，一の位が２以外の素数（３，５，７）の場合について考える。素数は１とその数のほかに約数がないから，かけ算の数の一の位が３になるのは，13/3，113/3，3111/3のように，/の左側に１個の３と何個かの１を並べた数になる。すると，/の左側の数の和が３になることはない。５，７の場合も同様なので，足し算の数とかけ算の数の一の位が３，５，７で一致することもない。よって，一の位の数として考えられるのは，４，６，８，９である。　(イ)　４＝２×２より，一の位の数が４の場合は{22/4}の１個ある。また，６＝２×３より，一の位が６の場合は１を補って{123/6}とすると，条件に合う。このとき，/の左側の並べ

方が，3×2×1＝6（通り）あるから，一の位が6になる数は6個ある。次に，8＝2×4＝2×2×2より，一の位が8の場合は1を補って，Ⅰ{1124/8}，Ⅱ{11222/8}とすると，条件に合う。このとき，/の左側の並べ方が，Ⅰの場合は，4×3＝12（通り），Ⅱの場合は，$\frac{5\times4}{2\times1}$＝10（通り）あるので，一の位が8になる数は，12＋10＝22（個）ある。最後に，9＝3×3より，一の位が9の場合は1を補って{11133/9}とすると，条件に合う。このとき，/の左側の並べ方がⅡと同様に10通りあるから，一の位が9になる数は10個ある。よって，上の図3のようになる。

4 立体図形—分割，体積

(1) 面ABCD上で2つの辺が交わる点をOとすると，立体Xは下の図①の四角すいO－EFGHである。よって，立体Xの体積は，2×2×2÷3＝$\frac{8}{3}$＝$2\frac{2}{3}$（cm^3）となる。

(2) (ア) 辺AB，辺DCの真ん中の点をそれぞれI，J，辺EH，辺FGの真ん中の点をそれぞれK，Lとすると，立体Yは下の図②の立体IJKLになる。この立体には，三角形IKL，JKL，IKJ，ILJの4つの面がある。　(イ) 三角柱BLC－AKDから，2個の四角すいL－BCJIとK－ADJIを取り除いた立体と考えることができる。三角柱の体積は，2×2÷2×2＝4（cm^3）であり，取り除いた四角すい1個の体積は，2×1×2÷3＝$\frac{4}{3}$（cm^3）だから，立体Yの体積は，4－$\frac{4}{3}$×2＝$\frac{4}{3}$＝$1\frac{1}{3}$（cm^3）と求められる。なお，IJを通り三角形BLCと平行な面を底面として，I，J，KLの平均を高さとした三角柱と考えて求めることもできる。このとき，平均の高さは，$\frac{0+0+2}{3}$＝$\frac{2}{3}$（cm）なので，立体Yの体積は，2×2÷2×$\frac{2}{3}$＝$1\frac{1}{3}$（cm^3）となる。

図①

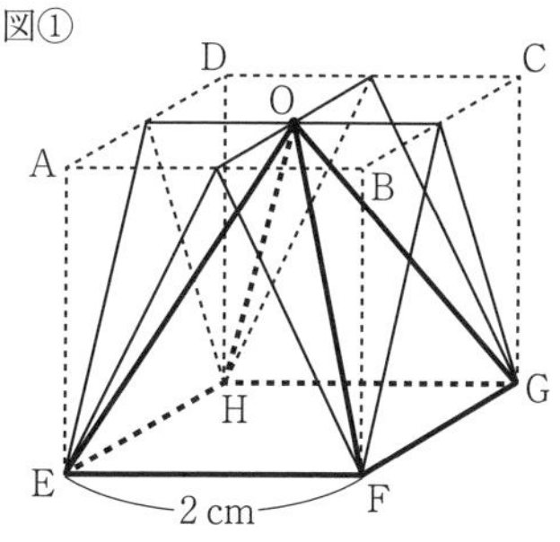

図②

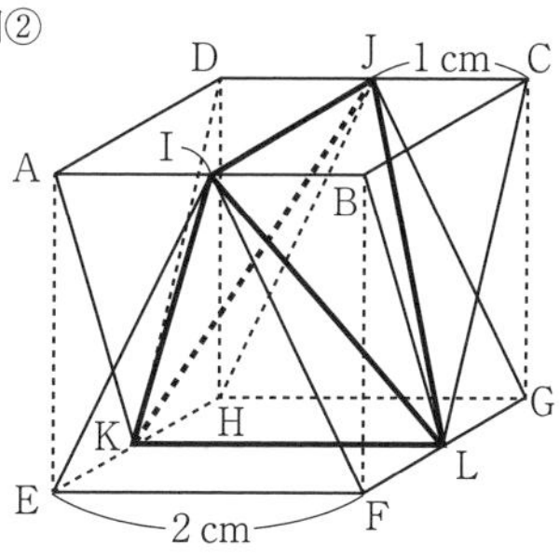

図③

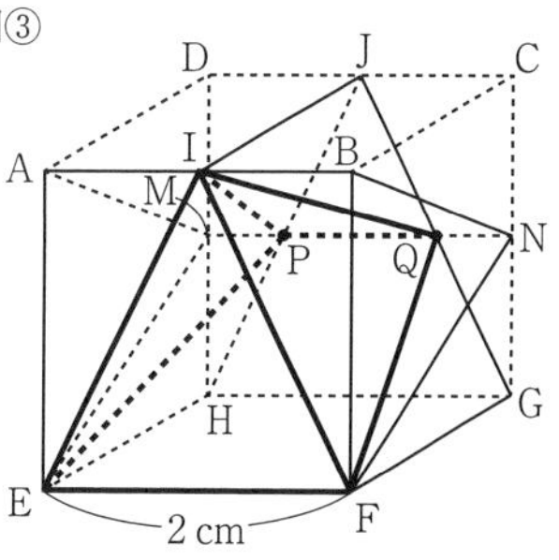

(3) (ア) 辺DH，辺CGの真ん中の点をそれぞれM，Nとする。また，面CDHG上で三角形JHGと辺MNが交わる直線をPQとすると，立体Zは上の図③の四角すいI－PEFQになる。この立体には，三角形が4面（IEF，IPQ，IEP，IFQ），四角形が1面（PEFQ）ある。　(イ) Iを通り三角形BFNと平行な面を底面，I，EF，PQの平均を高さとした三角柱と考えて求めることができる。PQの長さは，2×$\frac{1}{2}$＝1（cm）だから，平均の高さは，$\frac{0+2+1}{3}$＝1（cm）となり，立体Zの体積は，2×2÷2×1＝2（cm^3）と求められる。

社会 （40分）＜満点：50点＞

解答

1 問1 エ　問2 銅鐸　問3 布　　2 問1 B 宋　C 明　問2 イ

問3　ア　**問4**　エ　**問5**　(例)　持ち運びやすく，さまざまなものと交換できる。／虫に食われたり腐ったりしないので，財産として蓄えられる。　**3**　**問1**　エ　**問2**　(1)　**石見銀山**…ウ　**佐渡金山**…ア　(2)　(例)　河原などで砂金を採取していた。　**問3**　(例)　大名などへの贈り物として使った。　**4**　**問1**　(例)　銀貨の価値は重さで表されていたので，重さをはかって支払っていた。　**問2**　宿場町　**問3**　ウ　**問4**　ア　**問5**　イ　**問6**　錦絵(浮世絵版画)　**5**　**問1**　地租改正　**問2**　中国(中華人民共和国)，人民元　**問3**　(例)　偽造が行われ，偽札が出回りやすくなる。　**問4**　アルミニウム　**問5**　(例)　産出量が多く，安価であるため，手に入りやすい。／やわらかく，加工しやすい。　**6**　**問1**　(例)　奈良時代まで貨幣は都とその周辺で使われたが，平安時代末期になると中国銭が港や都で流通した。鎌倉時代には年貢として貨幣が使われるようになり，室町時代には港や市を通して全国に広まった。江戸時代には全国で使える三貨のほかに，各藩が発行した藩札も出回った。
問2　(例)　朝廷や幕府，政府は，貨幣をつくることや，輸入した中国銭を貨幣として認めることなどで貨幣制度を整え，年貢の支払いなどに貨幣を用いることができるようにした。また，貨幣が信用され，使われやすいように制度を調整する役割も果たした。

解　説

1　古代から平安時代までの貨幣《かへい》の歴史についての問題

問1　黒曜石は黒色透明《とうめい》の火山岩で，ガラス質で固く，加工しやすいことから，縄文時代には矢じりなどの石器の材料として用いられた。十勝《とかち》岳(北海道)や和田峠《とうげ》(長野県)，姫島(大分県)など黒曜石の産地は限られているが，各地の遺跡から出土することから，交易が行われていたことがわかる(エ…○)。なお，アの骨角器《こっかくき》も縄文時代に用いられたが，産地が限定されていたわけではない。イの木製のくわとウの鉄製の剣は弥生時代につくられるようになった道具である。

問2　弥生時代に祭りの道具として用いられたと考えられている青銅器は銅鐸《どうたく》である。大きさはさまざまで，表面に矢を射る人や高床倉庫などの絵が描《えが》かれているものもある。

問3　庸は成年男子に課せられた，都での労役の代わりとして布を納める税であり，特産物を納める調とともに，農民たちが都まで運んだ。古代には，布は米とともに貨幣の代わりとして取り引きの材料に用いられることがあった。

2　平安～室町時代の貨幣の歴史についての問題

問1　平安時代末期から鎌倉時代初期にかけて行われたのは日宋貿易(B…宋)，室町時代に行われたのは日明貿易(C…明)である。当時，日本では貨幣が発行されていなかったこともあり，宋や明との交易で輸入された宋銭や明銭は，国内で広く流通することとなった。

問2　1185年に後白河法皇にせまって，国ごとに守護，公領(朝廷の支配のおよぶ土地)や荘園ごとに地頭を置いたのは源頼朝である(イ…×)。

問3　一般《いっぱん》に鎌倉大仏と呼ばれるのは，鎌倉市長谷《はせ》にある高徳院の本尊である阿弥陀如来坐像《あみだにょらいざぞう》である。13世紀半ばにつくられ始めたと考えられているが，寺院の開山や大仏建立の経緯についてはよくわかっていない。

問4　田起こしなどに用いられる，土を深く掘《ほ》り起こすことのできる備中《びっちゅう》ぐわが普及《ふきゅう》したのは江戸時代のことである(エ…×)。

問5　文章に「中国銭は，日本だけではなく，東南アジアなどにも広まっていた」や「港や市で行われた商売で，銭が広く使われるように」なったとあるように，銭は米や家などの財産に比べて持ち運びやすい。また，同じ貨幣制度が整っていれば，どこでも自分の欲しいものを購入《こうにゅう》することができるという利点がある。さらに，「つぼに入っている大量の銭が，土の中にうめられた形で見つかる」とあるように，米などの食料のように虫に食《く》われたり腐《くさ》ったりしないため，財産として蓄《たくわ》えることができるという利点もある。

3 戦国時代～安土桃山時代の貨幣の歴史についての問題

問1　室町時代，幕府や各地の守護大名らは関所を設け，関銭などの交通税を徴収《ちょうしゅう》していた。しかし，織田信長は人の往来や物資の流通をさかんにするため，領地内の関所を廃止《はいし》した(エ…×)。

問2　(1)　石見《いわみ》銀山は島根県大田市にあった銀鉱山である。16世紀に多く産出したその銀は，南蛮貿易を通して世界各地に広まった。なお，2007年に「石見銀山遺跡とその文化的景観」としてユネスコ(国連教育科学文化機関)の世界文化遺産に登録された。佐渡金山は新潟県の佐渡島にあった金銀鉱山である。江戸時代には幕府の直轄《ちょっかつ》地となり，多くの金や銀を産出した。明治時代には官営の鉱山となった後，民間に払い下げられたが，産出量はしだいに減り，1989年に閉山した。　(2)　金は銀と同じように，鉱石を鉛《なまり》に溶かし込《こ》み，加熱するなどしてそこから抽出《ちゅうしゅつ》する灰吹《はいふき》法などの方法によって生産される。そうした方法が確立するまでは，砂金(砂状に細粒《さいりゅう》化した金)を採取することが広く行われていた。砂金は金鉱脈が河川の浸食《しんしょく》作用によって崩《くず》れ，川に流されて川岸や河口付近などに流れ着いたものであり，砂金の混じった砂を掘り起こし，流水で洗いながら金を選別して採取する。日本では東北地方に砂金の産地が多く，奥州藤原氏が繁栄《はんえい》した要因の1つとして，採取した砂金を背景とした経済力があったことはよく知られている。

問3　「天正大判」は全国統一を目前にした豊臣秀吉が鋳造《ちゅうぞう》させた金貨である。貨幣として市場に流通させることを目的としたものではなく，主に大名に贈《おく》ったり家臣にあたえたりする恩賞として用いられた。

4 江戸時代における貨幣の歴史についての問題

問1　江戸時代には，幕府が発行する小判などの金貨，丁銀や豆板銀などの銀貨，「寛永《かんえい》通宝」などの銭貨が市場で用いられた。このうち金貨と銭貨は計数貨幣であり，「両」や「文《もん》」などの数をかぞえる単位が存在したが，銀貨は重さで価値が決まる秤量《ひょうりょう》貨幣だったので，天秤《てんびん》ばかりなどで目方をはかって使用した。そのため，貨幣としての価値も重さの単位である「匁《もんめ》」で表された。

問2　江戸時代の1635年には参勤交代が制度化されたこともあり，五街道をはじめとした街道が整備された。街道沿いには大名一行のための本陣や，一般客のための旅籠《はたご》などの宿泊施設が集まる宿場が置かれ，その周辺ではさまざまな商売も行われて，多くの人でにぎわうようになった。こうしてできた町は宿場町と呼ばれる。なかでも，五街道を利用したさいの江戸への入口にあたる東海道の品川宿，甲州街道の内藤新宿，中山道の板橋宿，日光・奥州街道の千住宿は「四宿」と呼ばれ，宿場町として大いに栄えた。

問3　江戸時代の大阪には，諸藩の蔵屋敷が置かれ，北前船が就航した西廻《まわ》り航路などの海運で全国から品物が集まって売買されたため，「天下の台所」と呼ばれた。織物や焼き物などの手工業は，京都をはじめとしてさまざまな地域で発達した。

問4　江戸時代，百姓や町人が旅行に出かける場合には，身分証明書となる通行手形を持参することが必要であった。しかし，伊勢神宮に参拝する伊勢参《まい》りのような寺社への参拝《さんぱい》を目的とした場合には，手形の入手は比較的容易で，多くの人が伊勢参りに出かけたとされる(ア…×)。

問5　江戸幕府は大名を，徳川氏一門の親藩，早くから徳川氏に従っていた譜代《ふだい》大名，関ヶ原の戦い前後に徳川氏に従った外様《とざま》大名に分け，要地には親藩や譜代大名を配置した。また，幕府の役職に就《つ》くことができるのは，原則として親藩や譜代大名だけであった。尾張徳川家を藩主とする尾張(名古屋)藩は親藩で，水戸藩，紀伊藩とともに御三家の１つとされていた(イ…○)。なお，前田氏を藩主とするアの加賀藩，山内氏を藩主とするウの土佐藩，鍋島氏を藩主とするエの肥前藩は，いずれも外様大名の藩である。

問6　江戸時代につくられ，大量に印刷された木版画を錦絵(浮世絵版画)という。浮世絵は当時の流行や風俗などを描いたもので，絵師が描いた「肉筆画」と木版で印刷した「木版画」がある。江戸時代後半には錦絵と呼ばれる多色刷りの版画が広く出回り，庶民の間で親しまれた。

5　明治時代以降の貨幣の歴史についての問題

問1　明治政府は土地と税の仕組みを改め，全国の土地を調査して地価を定め，土地所有者に地価の３％にあたる税(地租)を現金で納めさせるようにした。1873年に始まったこの改革を地租改正という。それまでの年貢は米の収穫《しゅうかく》高によって納める量が異なっていたが，この改革により毎年決まった金額の税収が見込めるようになったため，政府の財政が安定した。

問2　日本の貿易相手国は，長い間，アメリカが輸出額・輸入額ともに１位であったが，2002年に中国(中華人民共和国)が輸入先の１位となり，2000年代後半からは貿易額(輸出額と輸入額の合計)で中国の１位が続いている。また，中国の通貨単位は人民元である。

問3　紙幣を発行する際に政府が気を付けることの１つは，偽札《にせさつ》が出回らないようにすることである。そのために，「透かし」を入れるなどの工夫がなされているが，同じデザインのものが長く使われていると，偽造《ぎぞう》されるおそれが高くなるため，一定期間が過ぎると，肖像画の人物もふくめてデザインが一新されることが多い。

問4　１円硬貨の材料はアルミニウムである。アルミニウムはボーキサイトを原料とする金属で，かつてはオーストラリアなどから輸入したボーキサイトからアルミニウムを生産していたが，精製するさいに大量の電気を使用するために採算がとれなくなり，現在はアルミニウムそのものを輸入している。

問5　貨幣の原料として，銅が金よりも適しているのは，金に比べて産出量が多く価格が安いため，製造にかかる費用が少なくて済み，安定して供給することができるという点である。また，銅が鉄よりも適しているのは，鉄に比べてやわらかく加工しやすいという点である。

6　貨幣の普及についての問題

問1　[1]の文章から，飛鳥時代や奈良時代には，朝廷が発行した貨幣は都とその周辺で使われるだけで，地方にはあまり広まらなかったことがわかる。[2]の文章から，平安時代末期になると，中国から輸入した貨幣が貿易港や都で流通するようになり，鎌倉時代には年貢として貨幣が使われるようになったこと，そして，室町時代には港や市を通して全国に貨幣が広がっていったことが読み取れる。[4]の文章から，江戸時代には幕府が管理する三貨(金貨，銀貨，銭貨)が広がり，各藩では藩内だけで流通する藩札が発行されたことがわかる。

問2　貨幣は，支払う人と受け取る人が貨幣を価値のあるものとして信用しなければ成り立たない。

貨幣が広く使われるために，朝廷や幕府，政府などが果たした役割として次の３つが考えられる。まず，貨幣をつくったり，輸入した中国銭を貨幣として認めたりすることで，貨幣制度を整えることである。そして，年貢として貨幣を納めることを認めるなど，貨幣制度を実際に運用することが２つ目の役割である。最後に，江戸幕府が金貨と銀貨の交換比率を定めたり，現代において日本銀行が紙幣を変更したりして，貨幣制度を時代に合うように調整する役割である。

理　科　(40分)＜満点：50点＞

解　答

問１　ア，エ，カ　**問２**　**プラ**…10.9℃　**素焼き**…4.8℃　**問３**　**プラ**…14.2℃　**素焼き**…12.3℃　**問４**　ウ　**問５**　(1)　**プラ**…25ｇ　**素焼き**…52ｇ　(2)　**プラ**…192ｇ　**素焼き**…399ｇ　(3)　**プラ**…19ｇ　**素焼き**…39ｇ　**問６**　オ　**問７**　(例)　**方法**…素焼き鉢の側面だけをラップでおおったものを使い，あとは実験２と同じことをして，実験２の素焼き鉢の結果と比べる。　**予想**…ラップでおおったほうの水の減り方が少ない。　**問８**　**予想**…ア　**理由**…(例)　植物が根から水を吸収して蒸散することで，水の減少量が増えるから。
問９　(例)　素焼き鉢より土の温度が高く，たくわえられた水の重さの変化が小さいことから，とり入れた熱や水を失いにくいといえる。　**問10**　**記号**…エ　**時刻**…14時　**問11**　解説の図①を参照のこと。　**問12**　解説の図②を参照のこと。　**問13**　解説の図③を参照のこと。
問14　イ

解　説

ピーマンの鉢《はち》植えに関する実験とその考察についての問題

※　グラフの読み取りを要する問題では，読み取った数値に若干《じゃっかん》の誤差が生じることがあるため，求めた数値が以下の解説の通りでなくても正解となる場合がある。

問１　気温は，風通しが良く，温度計に直射日光があたらない日かげで，地面から1.2～1.5ｍの高さの位置に温度計を置いて測定する。

問２　図２で，プラ鉢の場合，最も上がったときの温度は40.7℃，８時の温度は29.8℃と読み取れるので，温度の差は，40.7－29.8＝10.9(℃)となる。また，素焼き鉢の場合，最も上がったときの温度は34.0℃，８時の温度は29.2℃と読み取れるので，温度の差は，34.0－29.2＝4.8(℃)になる。

問３　図３で，プラ鉢の場合，最も上がったときの温度は43.8℃，８時の温度は29.6℃と読み取れるので，温度の差は，43.8－29.6＝14.2(℃)となる。また，素焼き鉢の場合，最も上がったときの温度は41.1℃，８時の温度は28.8℃と読み取れるので，温度の差は，41.1－28.8＝12.3(℃)になる。

問４　実験２で，図４のように素焼き鉢の色が変化したのは，土だけでなく素焼き鉢にも水が吸収されたからである。地面の土に水をかけると土の色が暗くなるのと同様に，素焼き鉢も水を吸収することで図４のように色が暗くなっていった。

問５　(1)　プラ鉢の場合，15日の18時は795ｇ，16日の６時は770ｇと読み取れるので，蒸発した水の量は，795－770＝25(ｇ)である。また，素焼き鉢の場合，15日の18時は942ｇ，16日の６時は890ｇと読み取れるので，蒸発した水の量は，942－890＝52(ｇ)とわかる。　(2)　プラ鉢の場合，16日の６

時は770 g，16日の18時は578 g と読み取れるので，蒸発した水の量は，770－578＝192(g)となる。また，素焼き鉢の場合，16日の6時は890 g，16日の18時は491 g と読み取れるので，蒸発した水の量は，890－491＝399(g)である。　(3)　プラ鉢の場合，16日の18時は578 g，17日の6時は559 g と読み取れるので，蒸発した水の量は，578－559＝19(g)になる。また，素焼き鉢の場合，16日の18時は491 g，17日の6時は452 g と読み取れるので，蒸発した水の量は，491－452＝39(g)となる。

問6　問5の(1)は，52÷25＝2.08(倍)になる。(2)は，399÷192＝2.078…より，2.08倍となる。(3)は，39÷19＝2.052…より，2.05倍である。したがって，いずれも約2倍であることがわかる。

問7　素焼き鉢の側面から水が蒸発しないような工夫をしたうえで同様の実験を行い，得られた結果を比べるとよい。側面から水が蒸発しないような工夫をしたほうが，たくわえられた水の重さの減り方が少なければ，素焼き鉢では側面からも水が蒸発していると考えられる。

問8　植物は根から水を吸収し，その水の一部を蒸散によって空気中に放出している。したがって，植物を鉢に植えて同じ実験をすると，蒸散による水の減少量が加わるので，プラ鉢でも素焼き鉢でも水の減り方が速くなる。なお，蒸散されてはじめて水が減るのだから，理由が根からの吸収だけでは不十分である。

問9　実験1の結果から，プラ鉢のほうが素焼き鉢よりも土の中の温度が高く，特に水を入れた場合には温度の差が大きくなることがわかる。また，実験2の結果から，プラ鉢のほうが素焼き鉢よりもとり入れた水を排出《はいしゅつ》しにくいことがわかる。したがって，プラ鉢は素焼き鉢よりもとり入れた熱や水をにがしにくいという性質があると考えられる。

問10　7月20日は夏至から秋分にいたる期間にあたり，この期間に太陽は真東よりも北寄りからのぼり，真西よりも北寄りにしずむ。したがって，朝夕の棒のかげは東西を結ぶ線より南側にのびる。そして，朝夕は太陽高度が低いので棒のかげは長くのび，かげの先端《せんたん》の移動量は大きくなり，真昼のころは棒のかげが短くなるので，かげの先端の移動量は小さくなる。以上のことから，かげの先端の位置を記録した図としてはエがふさわしい。また，かげは西から東へ向かって動くので，Pの位置は12時から2時間後の位置で，14時の記録である。

問11　問10のエの図で，8時のかげの先端は棒の位置から真西に19cmはなれた位置にあり，このとき，(棒の長さ)：(かげの長さ)＝15：19となる。そして，太陽は真東の方向にあるので，庭には東側の塀《へい》のかげだけがのびている。高さ1.5mの塀のかげの長さは，$1.5\times\frac{19}{15}\times100=190$(cm)になるから，日なたと日かげの境は，右上の図①のように東側の塀から190cmはなれた位置で南北にのびる直線となる。

図①

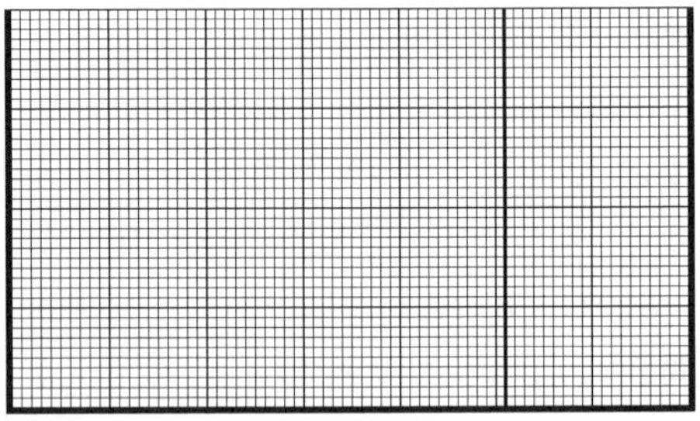

問12　まず，東側の塀について考えると，8時に真東にある太陽はこれから南に向かってのぼっていき，かげはしだいに短くなっていくので，ずっと日なたになっているのは問11で示した直線より西側である。次に，南側の塀について考える。問10のエの図を見ると，太陽が南中したときにかげが北方向に最大で4 cmまで

図②

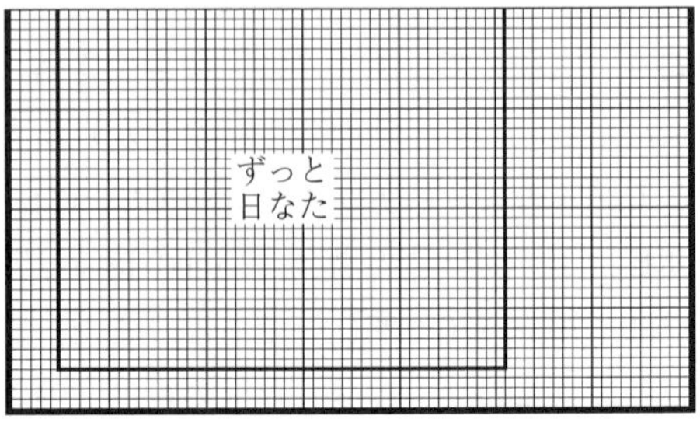

のびている。このとき，（棒の長さ）：（かげの長さ）＝15：４なので，南側の塀から，$1.5\times\frac{4}{15}\times100=$ 40(cm)はなれた位置で東西にのびる直線より北側がずっと日なたになる。最後に，西側の塀について考えると，西側の塀から庭へのびるかげは太陽が南中したあとにでき，庭に最も長くのびるのは13時となる。問10のエの図では，13時の棒のかげの先端の位置は棒の位置から東方向へ約4.8cmはなれている。したがって，西側の塀から，$1.5\times\frac{4.8}{15}\times100=48$(cm)はなれた位置で南北にのびる直線より東側がずっと日なたになる。上の図②のように，以上の３つの条件を満たす範《はん》囲《い》が，８時から13時までずっと日なたになっている。

問13　13時から太陽がしずむまでについて，その間には太陽が真西にくるときがあり，このときは西側の塀によるかげだけができる。よって，13時以降にずっと日かげになっているのは，西側の塀によるかげがずっとできる範囲である。西側の塀によるかげは，13時が最も短く，それ以降は太陽が低くなっていくにつれてのびていく。よって，ずっと日かげになっている範囲は，右上の図③のように，問12で考えた13時のときの西側の塀のかげの部分だけとなる。

図③

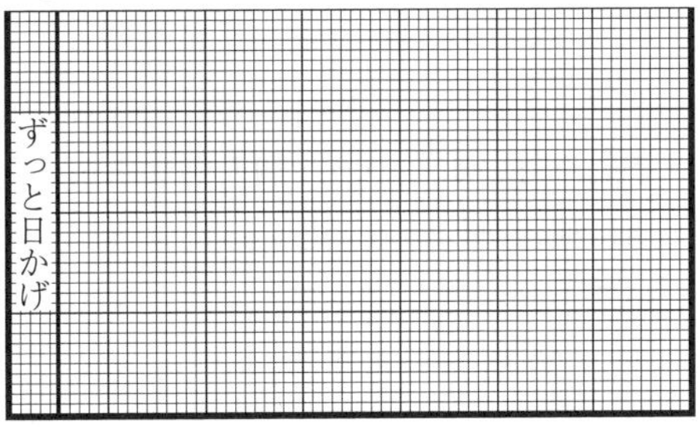

問14　ピーマンの種子は，ふつう３つに分かれた各部屋の中で，実の中央部分に集まってくっついている。

国　語　（50分）＜満点：70点＞

解　答

一　**問1**　エ　**問2**　ア　**問3**　（例）　客観的に語ることのできない，生に徹してきた人ならではの熱が感じられるもの。　**問4**　おそらく客　**問5**　（例）　他人の視線を気にするあまり，自分の率直な思いを否定し，ふに落ちないまま客観的なものにしたがって生きること。

二　**問1**　（例）　会いたいのに会えないもどかしさと，別れをおしむ自分をよそに引っこしに胸をおどらせているカンナへの不満が入りまじり，もんもんとしている。　**問2**　（例）　見栄をはって店の休業をかくしていたことがばれ，後ろめたくなったから。　**問3**　（例）　休業前に毎日，父と店で過ごしていた思い出がよみがえり，そうした時間がもどってくるのがいつになるのかを考えると切なくなったから。　**問4**　（例）　祖父の家に行くことで貧しい暮らしからぬけ出せ，ふつうの暮らしができると胸をおどらせている自分の気持ちは，アオイにはわからないと言った(ことによって，思いもよらず，アオイからとげのある反応を示されたから。)　**問5**　ウ

三　下記を参照のこと。

●漢字の書き取り

三　1　障害　2　土俵　3　俳優　4　調停　5　旅費　6　復興　7　欲望　8　裏　9　縮(む)　10　拾(う)

解　説

一　**出典：尹雄《ユンウン》大《デ》『やわらかな言葉と体のレッスン』**。筆者は客観的なものの見方について説明したうえで，客観性に寄りかかりすぎて，「自分が観《み》る」ということの大切さを忘れてしまうことへの懸念《けねん》を述べている。

問1　「多様な情報が溢《あふ》れる」現代において，人々に「安心感」(説得力を持たせ，「確実なことが言える」という意味で)をもたらす「客観的事実」が，「物事を検証するのではなく，他者を責めるための取り回しのよい道具」となってしまう危《あや》うさがあることを，筆者は指摘《してき》している。そうなると「事実がどうであるか」を考えるよりも，「自分が『これが現実だ，これが正しい』と思いたがっている事実のほうが大事になってくる」のだから，“ひとりよがりに自分だけが正しいと考える性質”を表す，エの「独善性」があてはまる。ほかにも，「そんな大事なもの(客観性)を独善的な言動や言い訳といった個人的な事情のために用いる必要はまったくない」，「自分が正しいと客観を盾《たて》に独善を掲《かか》げる」といったように，筆者が「客観性」と「独善」とを結びつけ，たびたび論じていることも参考になる。

問2　筆者は「客観性」について考えるきっかけとなった，「戦争体験者への取材」について語っている。広島で被爆《ひばく》した山口さんが見たという，「幽霊《ゆうれい》のように手の甲《こう》をこちらに向け，指先からは腕《うで》の皮膚《ひふ》が手袋《てぶくろ》のように垂れ下が」ったまま歩く，物言わぬ教師と子供たちの集団の話は，「生々しい情感や感性」，「生に徹《てっ》してきた人の熱」をともなって，「怖気《おぞけ》」とともに筆者の胸に強く迫《せま》ってきたのである。山口さんの話を聞いた筆者はこのとき，「体感を通じて手渡《てわた》すしかない事実」，「客観的になど語りようのない出来事」が確かにあると感じたのだから，アがふさわしい。

問3　広島での出来事を語る山口さんの話を受け，彼《かれ》の左耳の鼓膜《こまく》が破れたことを手がかりとして客観的に「『実際』の状況《じょうきょう》を検分し，推論しようとする」態度は「違《ちが》う」(取るべきではない)と，筆者は述べている。問2でみたとおり，この体験は「生に徹してきた人」の話だからこそ「熱」とともに胸に迫ってくるのであって，決して「客観的になど語りようのない」ものなのだから，以上をふまえ，「客観的には語り得ない，体験した当事者の生々しい情感にあふれたもの」，「客観的には語りようがなく，山口さんの体感を通じて手渡すしかない体験」のようにまとめる。

問4　「ひどく混乱した状況」とは，続く部分で述べられているとおり，「自分の正しさと誰《だれ》かの正しさ」の衝突《しょうとつ》，いわば「正しさをめぐる争い」がいたるところで生じている事態を指す。そのようななか，「客観性」を前提としたうえで，「各人の思う『こういう事実があります』」をあげていけば「冷静」に，「余裕《よゆう》」を持って話を進めていけるのではないかと筆者は述べている。つまり，各々の「正しさ」を主張するための下地(基準)の役割をはたすものとして，筆者は「客観性」を重要視しているのだから，三つ後の段落にある，「おそらく客」がぬき出せる。

問5　少し前で筆者は，「いつしか自分の思いや感覚を他者の価値観と引き比べるようになり，自分が純粋《じゅんすい》に感じ取ったものを貶《おとし》めるようになっ」た(「自分の感覚に蓋《ふた》をするようになっ」た)人々が，生きていくなかで「何かおかしいな」と感じながらも，自信のなさから結局は「他人事の客観に寄りかかっていく」事態に陥《おちい》っている，と指摘している。「本当にそうだと心から思っているわけでもない」なか，悩《なや》んだ結果，物事の判断を「客観性」にゆだねるといった生き方を「常の姿」にすると，「その瞬間《しゅんかん》がもう二度と訪《おとず》れない，同じことの繰《く》り返しがない現実に対し遅《おく》れてしか対応でき」ず，人は「活き活きと生きられなくなってしま」うと筆者が述べていることをおさえ，「他人の視線を気にすることによる自信のなさから，自分の感覚をもとに考えるのではなく，他人事の客観に寄りかかって生きてしまうこと」のような趣旨《しゅし》でまとめる。

二　出典：あんずゆき『アゲイン』。仲のよかったカンナから引っこしすることになったことを唐突《とうとつ》に告げられ，さびしい気持ちでいるアオイ(わたし)と，引っこしによって今の貧しい暮らしから解放されることを喜ぶカンナの姿が描《えが》かれている。

問1　仲のよいカンナの引っこしを明日にひかえ，アオイは「もしかして，もう会えないかもしれない。会いにいきたいけれど，家を知らない。それに，きっと準備でいそがしくしているだろう，いきいきと，はりきって……」と思い，「あーあ，あーあ」と嘆《なげ》いている。つまり，最後に一目会いたいと願いながらも，住所がわからないためにそれがかなわないもどかしさと，別れを悲しく，つらく思っている自分の気持ちなど知らず，貧しい現状から脱出《だっしゅつ》できる喜びで舞《ま》い上がっているカンナへの不満が心のなかで入りまじり，アオイは悩んでいると推測できる。

問2　「玉田カレー」がじつは休業していたと知ったカンナから「ちらりと」目を向けられたアオイは，「気まずく」なっている。続く部分にあるとおり，父の店について，すでに休業していながら「休むかも」と「見栄《みえ》をはって」かくしていたことをカンナから冷ややかにとらえられているのではないかと思い，アオイはやましさで居心地が悪くなったと考えられるので，「本当はすでに休業していたのに見栄をはっていたことが後ろめたかったから」のようにまとめる。

問3　休業中の店の「キッチンに入って，エプロンをつけ，オレンジのバンダナを巻いた」父の姿に，アオイは感傷的な気分になっている。「毎日，下校時にここにきて，お父さんとふたりですごした時間が，急によみがえってきた」ものの，その大切にしていた時間がいつもどってくるのかわからないことを思うと，アオイは切なくなったのである。

問4　少し前でカンナは「あたしね，ほんっとに，ワクワクしてんだ。だって，じいちゃんちに行ったら，ふつうの暮らしができるんだよ。自分の部屋だって……」と，「はずんだ声」でアオイに話している。「暗い顔」をしていたアオイを見たカンナは，夢中になって自分の話ばかりしてしまったことを謝《あやま》るつもりで「ごめん。こんな気持ち，アオイにはわかんないよね」と言ったが，「ふうん。そんなふうに，わたしのことを思ってたんだ」というアオイの反応から，はからずも自分の言葉が突《つ》き放すような意味合いでアオイにとらえられたと気づき，誤解を解こうと「あわて」たのである。

問5　問4でみたとおり，いったんは誤解を解こうと「あわて」たものの，冷静になってみれば「とってもめぐまれてる」立場のアオイが，自分の気持ちなどわからないのは本当のことだと思ったカンナは，自らがアオイとは相容《あいい》れないところにいることをあらためて感じている。「テーブルの上に百円玉を」置き，「タダで食べるのは気をつかうから」と言ったのは，貧しいながらも意地を通したことを示すとともに，アオイとの仲のよい間柄《あいだがら》から，カンナが一歩距離《きょり》を置いたことを意味していると考えられるので，ウがふさわしい。

三　漢字の書き取り

1　ものごとの進行や達成のさまたげとなるもの。　**2**　すもうの競技場。　**3**　舞台《ぶたい》やテレビ，映画などで，演技することを職業としている人。　**4**　対立しているものどうしの間に立って争いをやめさせること。　**5**　旅行にかかる費用。　**6**　一度おとろえたものが，もう一度もとのさかんな状態にもどること。　**7**　何か満たされないものを満たそうと強く思うこと。

8　音読みは「リ」で,「脳裏」などの熟語がある。　**9**　音読みは「シュク」で,「縮図」などの熟語がある。　**10**　音読みは「シュウ」「ジュウ」で,「拾得」「拾円」などの熟語がある。

2023年度 栄光学園中学校

【算　数】（60分）〈満点：70点〉

（注意）鉛筆《えんぴつ》などの筆記用具・消しゴム・コンパス・配付された定規以外は使わないこと。

1　3辺の長さが3cm，4cm，5cmの直角三角形ABC(図1)と1辺の長さが2cmの正方形(図2)があります。正方形の対角線の交点を点Oとします。まず，図3のように点OがAと重なるように正方形をおきます。

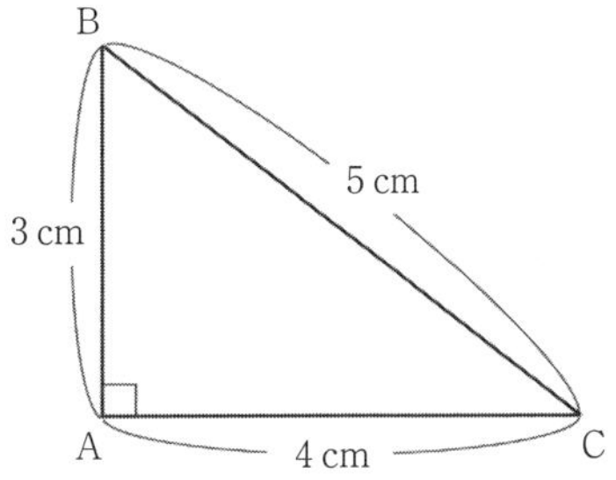

図1

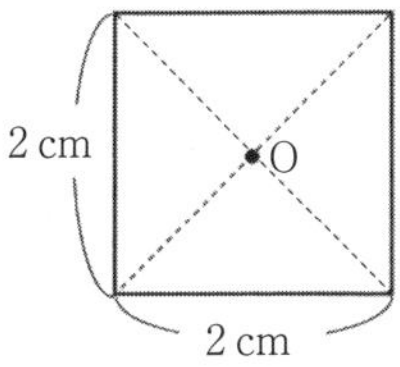

図2

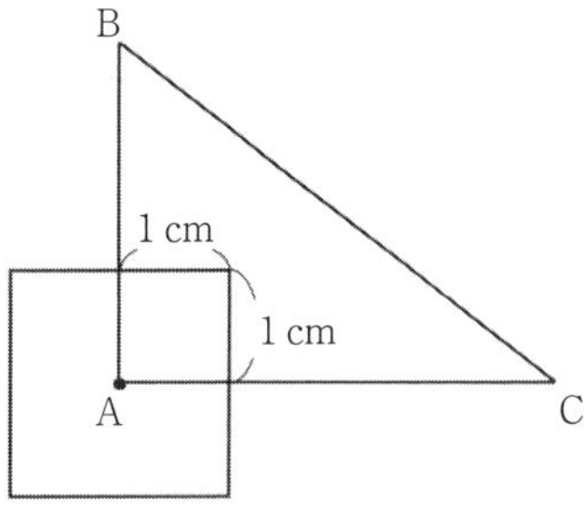

図3

この状態から正方形を，向きを保ったまま(回転することなく)動かします(図4)。点Oは，直角三角形の辺上をA→B→C→Aの順に毎秒1cmで動き，再びAに戻《もど》ってきたら止まります。

以下の問では，直角三角形と正方形が重なっている部分の面積(図4の斜《しゃ》線部)について考えます。

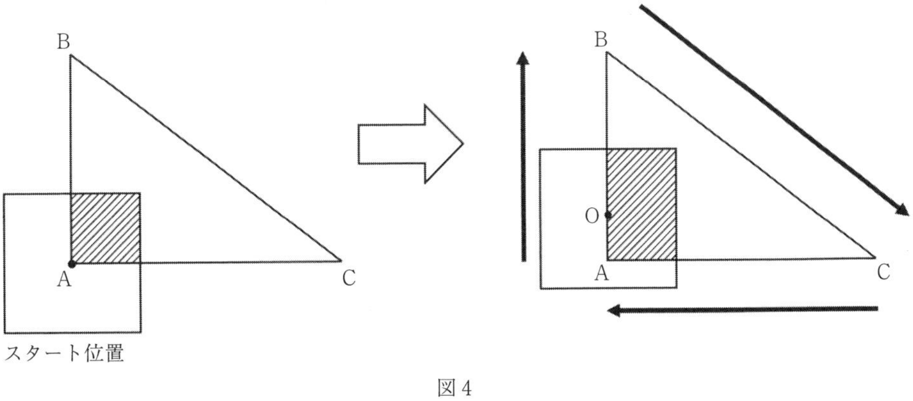

図4

(1)　次のときの重なっている部分の面積をそれぞれ答えなさい。

(ア)　スタートしてから3秒後

(イ)　スタートしてから4秒後

(ウ)　スタートしてから5秒後

(2)　重なっている部分の面積が2 cm^2 であるのは，スタートしてから何秒後ですか。答え方の例にならって，すべて答えなさい。

例：$\frac{1}{2}$秒後から2秒後の間と3秒後のとき　　（答え方）$\frac{1}{2}$～2，3秒後

(3)　重なっている部分の面積が $\frac{32}{75}$ cm^2 であるのは，スタートしてから何秒後ですか。すべて答えなさい。

2　1辺の長さが1 cm の小立方体72個を下の図の直方体になるように積み上げます。この直方体の1つの頂点に集まっている3辺の長さは3 cm，3 cm，8 cm です。直方体の頂点を下の図のようにA～Hとするとき，以下の問に答えなさい。

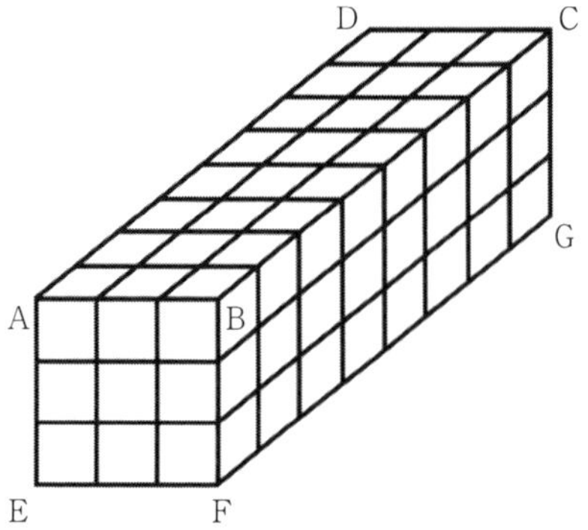

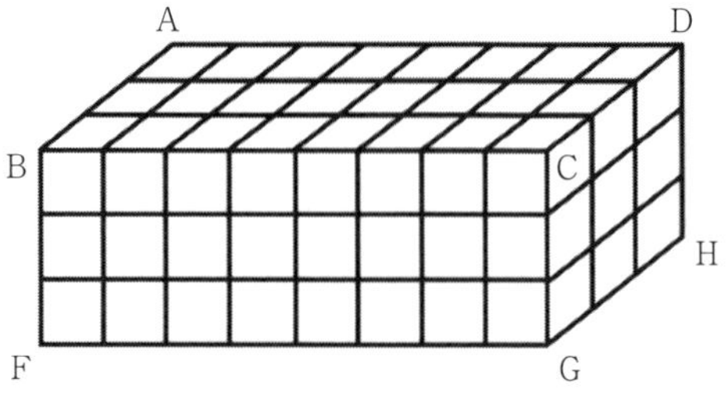

(1)　3点A，B，Gを通る平面で直方体を切断したとき，

(ア)　切られていない小立方体の個数を答えなさい。

(イ)　体積が1 cm^3 未満の立体の個数を答えなさい。

(2)　(1)の切断に加えて，さらに，3点A，D，Fを通る平面で直方体を切断したとき，

(ア)　切られていない小立方体の個数を答えなさい。

(イ)　体積が1 cm^3 未満の立体の個数を答えなさい。

(3)　(1)と(2)の切断に加えて，さらに，3点B，C，Eを通る平面で直方体を切断したとき，

(ア)　切られていない小立方体の個数を答えなさい。

(イ)　体積が1 cm^3 未満の立体の個数を答えなさい。

3　2以上の整数に対して，以下の操作を行います。

操作：偶数《ぐうすう》ならば2で割り，奇数《きすう》ならば1を足す

2以上の整数 A に対して，この操作をくり返し，結果が1になるまでの操作の回数を[A]とします。さらに，[2]，[3]，[4]，…，[A]の和を≪A≫とします。

例えば，5に対して操作をくり返すと，

5→6→3→4→2→1

になり，5回の操作で1になるので，[5]=5になります。同様に，[2]=1，[3]=3，[4]=2になるので，

$$\ll \mathbf{5} \gg = [2]+[3]+[4]+[5] = 1+3+2+5=11$$

になります。

(1)　[2023]を求めなさい。

(2)　$[A]=5$ になるような2以上の整数 A をすべて答えなさい。

(3)　[6]～[30]を求めて，解答欄《らん》の表に書き入れなさい。

【下書き用】

	[2]	[3]	[4]	[5]	[6]	[7]	[8]	[9]	[10]
	1	3	2	5					
[11]	[12]	[13]	[14]	[15]	[16]	[17]	[18]	[19]	[20]
[21]	[22]	[23]	[24]	[25]	[26]	[27]	[28]	[29]	[30]

(4)　以下の計算式の $\boxed{\text{ア}}$，$\boxed{\text{イ}}$ に当てはまる整数をそれぞれ答えなさい。

$$\begin{aligned}\ll \mathbf{64} \gg &= [2]+[3]+[4]+[5]+[6]+[7]+[8]+\cdots+[61]+[62]+[63]+[64]\\ &= [2]+[4]+[4]+[6]+[6]+[8]+[8]+\cdots+[62]+[62]+[64]+[64]+\boxed{\text{ア}}\\ &= [2]+([4]+[6]+[8]+\cdots+[62]+[64])\times 2+\boxed{\text{ア}}\\ &= [2]+([2]+[3]+[4]+\cdots+[31]+[32]+\boxed{\text{イ}})\times 2+\boxed{\text{ア}}\\ &= [2]+(\ll \mathbf{32} \gg+\boxed{\text{イ}})\times 2+\boxed{\text{ア}}\\ &= 1+\ll \mathbf{32} \gg\times 2+\boxed{\text{イ}}\times 2+\boxed{\text{ア}}\end{aligned}$$

(5)　$\ll \mathbf{128} \gg$ を求めなさい。

4　正方形のマス目と，向かい合う面の目の和が7の立方体のさいころがあり，最初は左上のマスにさいころが図1の向きでおかれています。以下の問では，すべてこの向きから始めます。

このさいころを右下のマス（図1においては斜線のマス）に止まるまで，右のマスまたは下のマスに1マスずつ転がします。このとき，各マスにおけるさいころの上面に出た目とそれらの和について考えます。

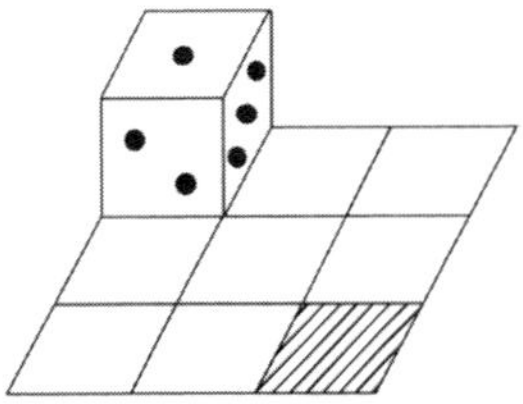

図1

例えば，3×3のマス目（縦3マス，横3マスのマス目）において，図2の経路でさいころを転がすと図3のようになります。出た目は最初の1を含《ふく》めて順に「1→4→5→3→6」となるので，出た目の和は，

$$1+4+5+3+6=19$$

となります。

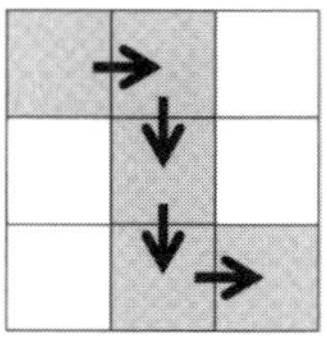

図２

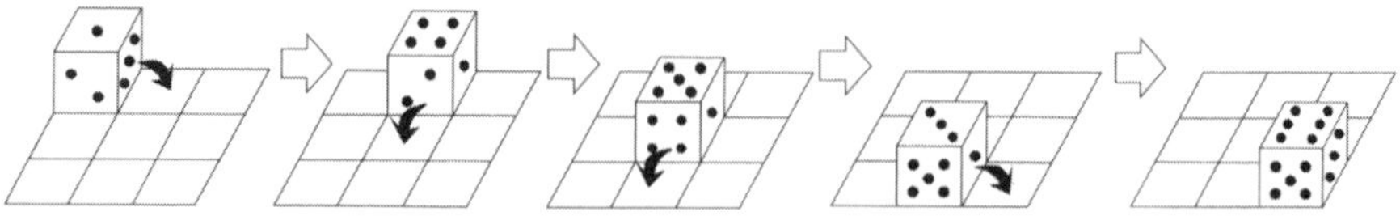

図３

⑴　4×4 のマス目において，図４の経路でさいころを転がしたとき，出た目の和を答えなさい。

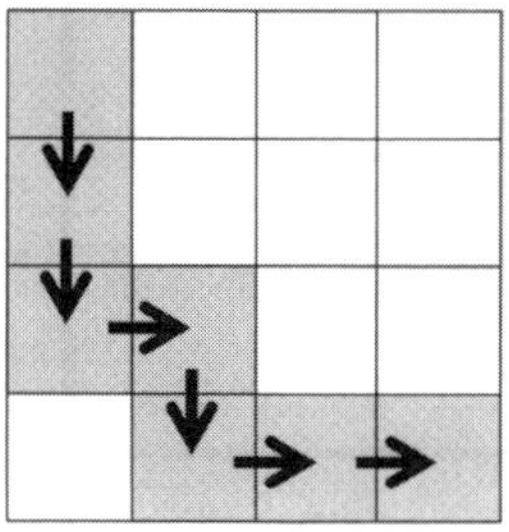

図４

⑵　100×100のマス目において，㋐　図５の経路，㋑　図６の経路でさいころを転がしたとき，出た目の和をそれぞれ答えなさい。ただし，㋐は解答欄に途中《とちゅう》式も記入すること。

㋐　右上のマスに到着《とうちゃく》するまで右に転がし，その後，下に転がす。

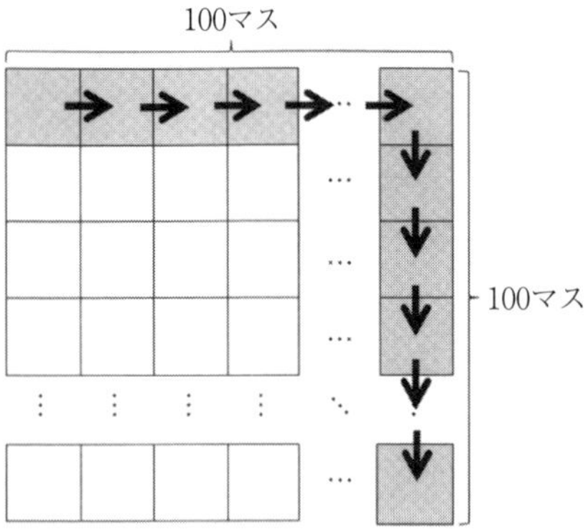

図５

㋑　奇数回目は右に，偶数回目は下に転がす。

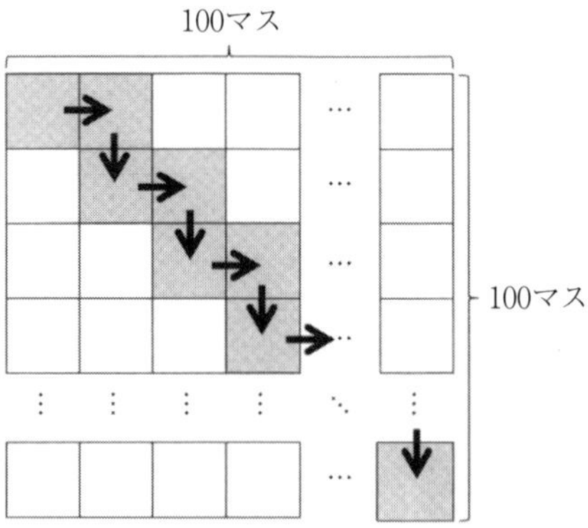

図６

⑶　100×100のマス目において，さいころを転がしたとき，

㋐　最初に左上のマスで出たものを含めて，１の目が30回出ました。このとき，６の目が出た回数として考えられるものをすべて答えなさい。

㋑　２の目が40回出ました。このとき，５の目が出た回数として考えられるものをすべて答えなさい。

⑷　100×100のマス目において，さいころを転がしたとき，出た目の和として考えられるものをすべて答えなさい。

【社　会】（40分）〈満点：50点〉

（注意）鉛筆《えんぴつ》などの筆記用具・消しゴム以外は使わないこと。

以下の文章を読み，問に答えなさい。

みなさんは家庭で，また学校の給食で牛乳を飲む場面があると思います。牛乳は牛の乳から作られます。みなさんの中には，乳搾《しぼ》りの体験をしたことがある人もいるでしょう。この搾った牛の乳を「**生乳(せいにゅう)**」とよびます。

しかし，みなさんがふだん飲んでいる牛乳は，牛から搾った生乳そのままではありません。生乳にはさまざまな菌《きん》が混じっているので，そのまま飲むと腹をこわしてしまうことがあります。そこで，工場で生乳から脂肪分などを取り除いたり，殺菌《さっきん》をしたりするなどして，安全に飲めるようにしたものが「**牛乳**」です。

また，生乳を利用してバターやチーズ，ヨーグルトなどが作られます。このような製品を「**乳製品**」とよびます。

日本ではどのように牛乳を生産してきたか，どこで生産されてきたかを考えてみましょう。

1　江戸《えど》時代以前には，一般《いっぱん》の人々に牛の乳を飲む習慣はありませんでした。そのことは，当時の外国人の残した記録からもわかります。ただし，鎖国《さこく》をしていた江戸時代に，長崎《ながさき》の①出島《でじま》では，外国人が牛を飼って牛乳を利用していました。

乳製品については，戦国《せんごく》時代にヨーロッパ人がバターやチーズを伝えて以来，日本人に知られてはいました。江戸時代にも出島では食用にしていました。また，蘭学《らんがく》者の書いた書物にも紹介《しょうかい》されていました。

実際に牧場を設けた例としては，徳川吉宗《とくがわよしむね》が今の千葉県にひらいた嶺岡牧場《みねおかぼくじょう》をあげることができます。しかし，江戸時代には乳製品は一般の人が口にするような食品ではなく，将軍家など一部の身分が高い人が，薬の代わりとして食べる特別なものでした。

牛乳や乳製品が広まっていくのは，開国以降のことでした。②1860年代に日本人が横浜《よこはま》で牛を飼って牛乳を搾って売りはじめ，その後，東京にも広まっていきました。一般の人々の間に広まっていったことには，③海外に渡《わた》った日本人の中に牛乳や乳製品を現地で口にした者がいたり，日本でも欧米《おうべい》人の食生活を見聞きする機会がふえたこと，書物などで牛乳や乳製品の効用が説かれるようになったことなどが影響《えいきょう》しているようです。

問1　下線部①で幕府から貿易を許されていた国を答えなさい。

問2　下線部②について，横浜でこのような商売が始まった理由を，開国との関係を考えて答えなさい。

問3　下線部③について，アメリカに渡って帰国したあと，当時の欧米の様子を紹介した『西洋《せいよう》事情《じじょう》』や，『学問のすゝめ《がくもんのすすめ》』を書いた人を答えなさい。

2　牛乳はとても腐《くさ》りやすいので，安全に飲むために，明治《めいじ》時代のはじめから行政による監視《かんし》や指導が行われていました。東京で1873年に知事から出された文書では，あまり人がいない静かな場所で搾乳《さくにゅう》することが勧《すす》められていたり，1878年に警視庁から出された規則では，器具の衛生的な取りあつかい方法が定められていたりします。

明治時代に，まず牛乳の普及《ふきゅう》が進んだのは病院でしたが，明治後半になると都市を中心に，家庭でも少しずつ飲まれるようになっていきました。当初は牛乳の販売《はんばい》店が④少量の牛乳を毎日配達するという形が多かったようです。また，はじめは**【資料１】**のように大きな金属製の缶《かん》に入れた牛乳を，ひしゃくですくって配っていたものが，しだいに**【資料２】**のような⑤びんに牛乳を入れて配るようになりました。びんは回収されて繰《く》り返し使われました。さらに1928年，東京では配達用の牛乳には無色透明《とうめい》のびんを使うように定められました。

【資料１】

【資料２】

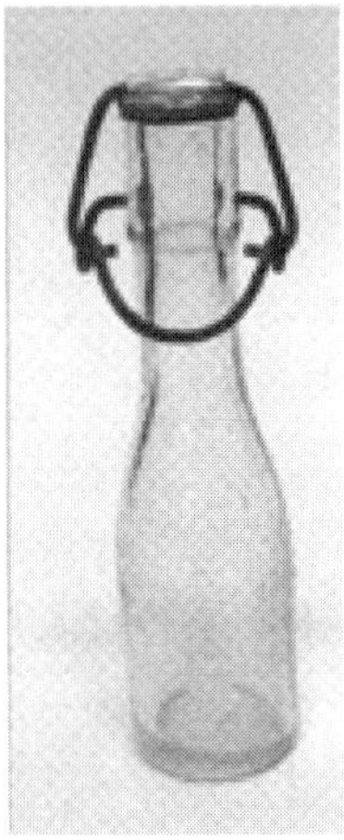

武田尚子《たけだなおこ》『ミルクと日本人』

一般社団法人全国牛乳流通改善協会ホームページ（https://zenkaikyou.or.jp）より引用

問１　下線部④について，少量の牛乳を毎日各家庭に配達するという方法がとられた理由を考えて説明しなさい。

問２　下線部⑤について，牛乳をびんに入れて配ることが，ひしゃくを使って配ることに比べて，衛生面でどのような利点があるか説明しなさい。

3　「牛乳」はどこで生産されているのでしょうか。これを考えるにはまず「生乳」がどこで生産されているかということに着目しなければなりません。「生乳」は乳牛から搾られますが，乳牛を飼育しているのは酪農《らくのう》家です。すなわち酪農がどこで行われているかということに着目することになります。

東京都を例にしてみていくと，明治時代に牛乳の生産がはじめられたころは，⑥東京の中心部に牧場付きの牛乳販売店が増えていきました。ところが人家の密集したところに牧場があるのは衛生面で問題があるということから，1900年に政府が規制をはじめ，しだいに牧場は郊外《こうがい》へ移っていきました。さらに20世紀後半には，東京都全体から業者の数が減っていくという変化をたどりました。

問１　下線部⑥のように，人口の多い東京の中心部に牧場があったのは，どのような良い点があったからでしょうか。考えられることを答えなさい。

問2　下の**ア～オ**は，1901年・1927年・1954年・1980年・2010年のいずれかで，東京都内のどこに乳搾りをする業者があったか，地区ごとに業者の戸数をあらわしたものです。**ア～オ**を，年代の古い順に並べると，どのような順番になるか答えなさい。

ア

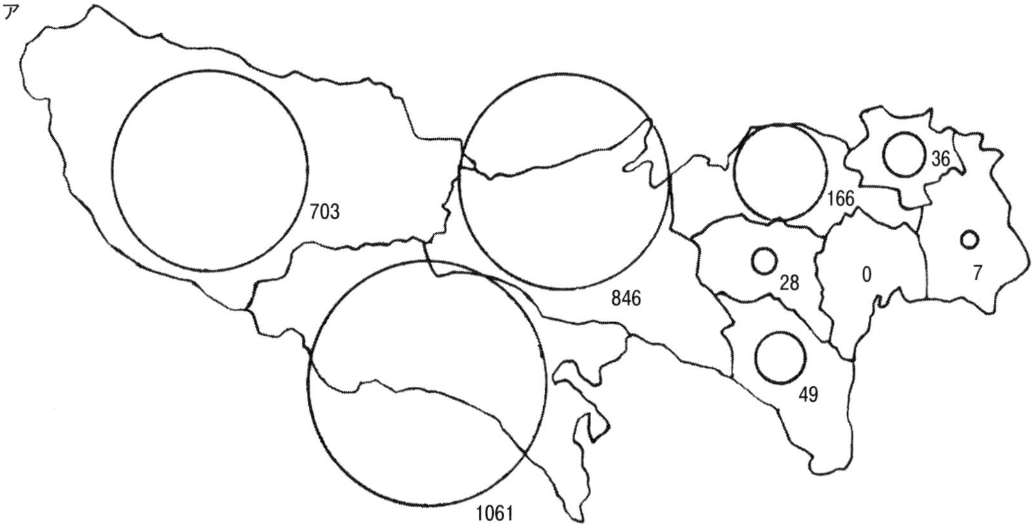

イ

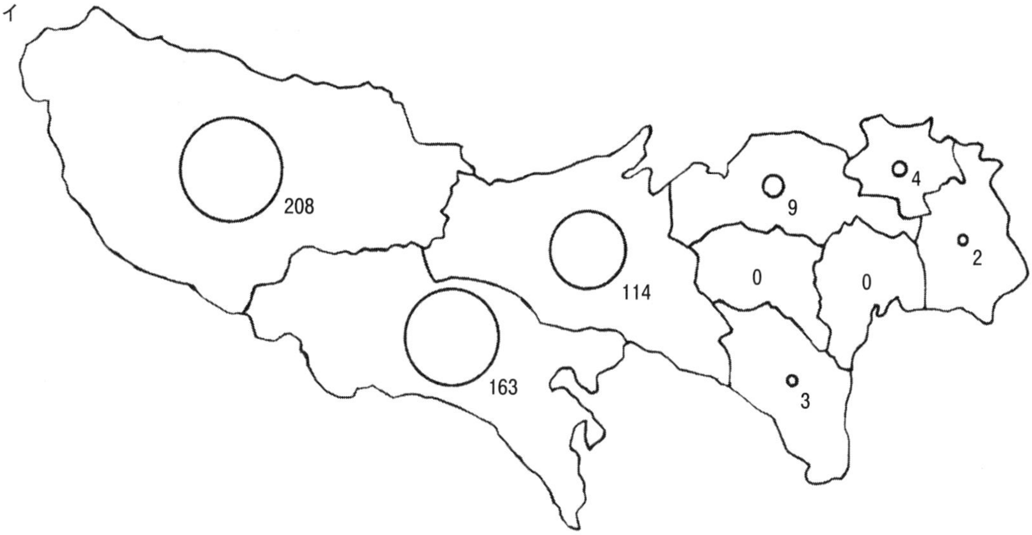

ウ

エ

オ

前《まえ》田《だ》浩史《ひろふみ》・矢《や》澤《ざわ》好幸《よしゆき》『東京ミルクものがたり』をもとに作成

海岸線は1889年当時の位置を推定したものです

4　つぎに，第二次世界大戦《だいにじせかいたいせん》が終わってから現在までの，日本の生乳生産量と，生乳が日本のどこで生産されてきたかということを見てみましょう。**【グラフ１】**は全国の生乳の生産量と，地方別の生産量の移り変わりをあらわしたものです。**【グラフ２】**は，北海道および神奈川県の乳牛頭数と酪農家戸数の移り変わりをあらわしたものです。これらを見てあとの問に答えなさい。なお**【グラフ２】**の北海道と神奈川県のグラフでは，縦の目盛りの値が違《ちが》っているので，注意してください。

【グラフ1】

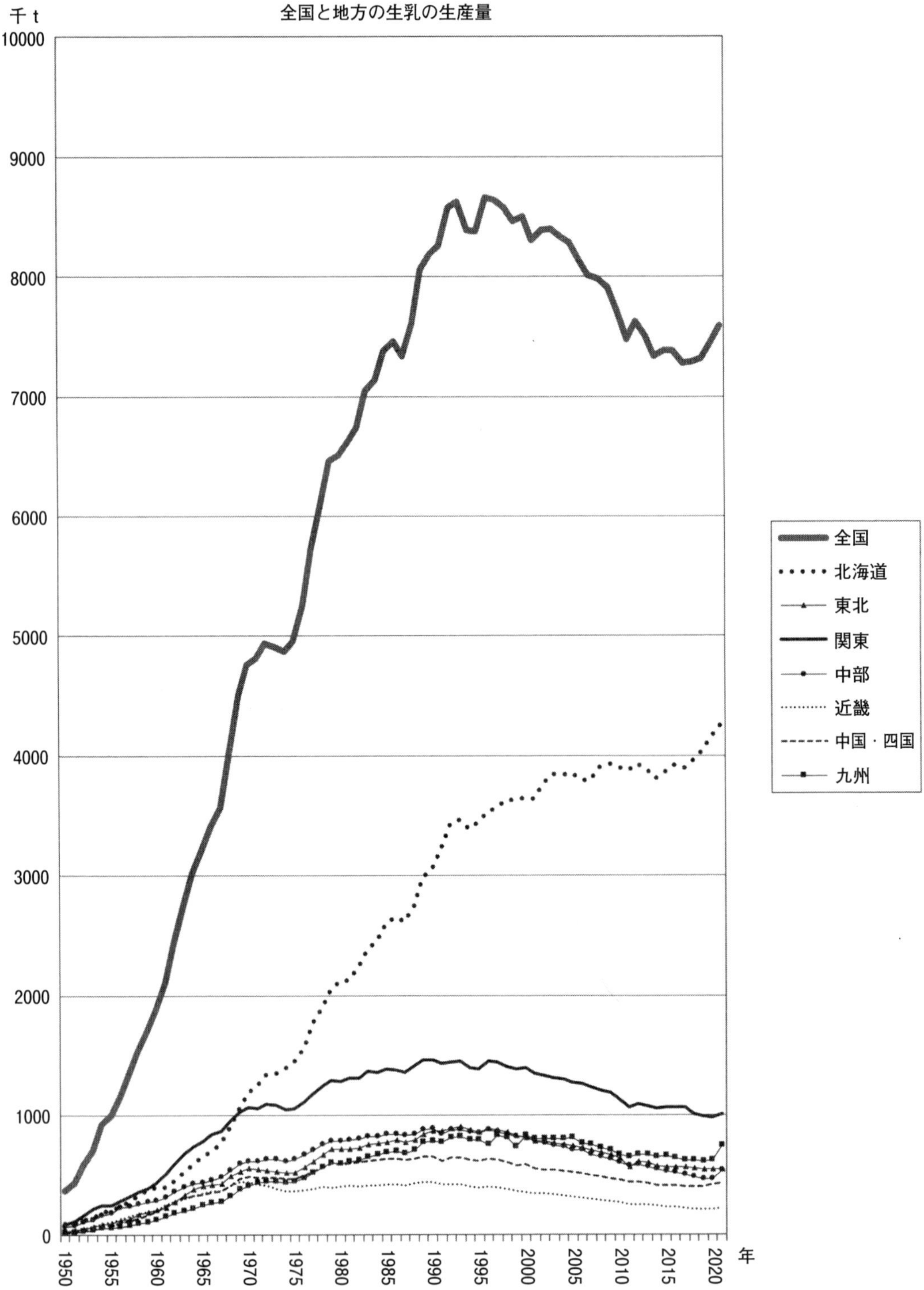

『日本国勢図会』『牛乳・飲用牛乳・乳製品の生産消費量に関する統計』
『牛乳・乳製品統計』をもとに作成

【グラフ２】

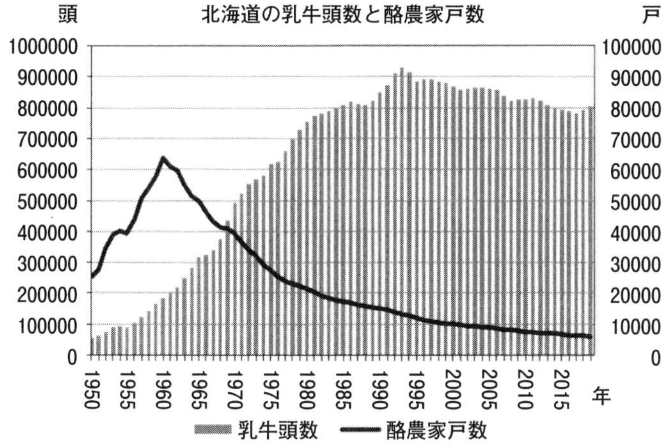

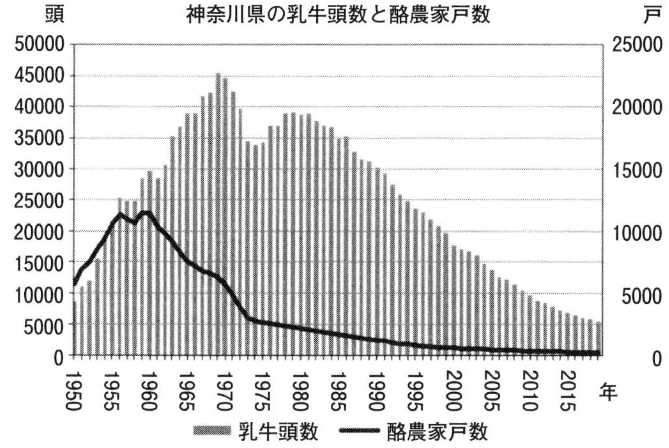

注：酪農家戸数には乳牛を飼っている農家を含む

『牛乳・飲用牛乳・乳製品の生産消費量に関する統計』『畜産統計』

『e-stat 長期累計』『北海道農林水産統計年報』をもとに作成

問１　**【グラフ１】**について，1950年ごろから1990年ごろまで約40年間で，全国の生乳生産量の変化とあわせて起きていたと考えられることがらとして，**ア**～**エ**から適切なものを１つ選びなさい。

ア　１人あたりの牛乳消費量はあまり変わらなかった。

イ　食生活が変化し，牛乳だけでなく乳製品の消費も増えた。

ウ　外国へ輸出される牛乳が増えた。

エ　廃棄《はいき》される生乳の量が大幅に増えた。

問２　**【グラフ１】**について，北海道と他の地域の生乳の生産量の変化を比べて，次の(1)・(2)に答えなさい。

(1)　1990年まではどのように変化しているか説明しなさい。

(2)　1990年以降はどのように変化しているか説明しなさい。

問３　**【グラフ２】**について，1960年ごろから1990年ごろにかけての酪農のやり方の変化として，北海道と神奈川県で，ともに起こったことを答えなさい。またそのことについて，北海道と神奈川県を比べるとどのような違いがあるか，**【グラフ２】**からわかることをもとに説明しなさい。

5　地域ごとの「生乳」の利用方法を調べていくと，「牛乳」に加工するときに「生乳」を他の都道府県から運んで「牛乳」に加工することも少なくありません。また「牛乳」に加工するだけではなく，乳製品の原料とすることもあります。下の**【表】**は，2019年に「生乳」の生産量が１位～３位，「牛乳」の生産量が１位～３位だった都道府県について，以下の①～⑥をまとめたものです。

①　都道府県内での「生乳」生産量
②　他の都道府県へ運ばれた「生乳」の量
③　他の都道府県から運ばれた「生乳」の量
④　都道府県内で「牛乳」に加工するために利用された「生乳」の量
⑤　都道府県内での「牛乳」生産量
⑥　都道府県内で乳製品へ加工するために利用された「生乳」の量

【表】　　単位はトン

	①	②	③	④	⑤	⑥
北海道	4,048,197	529,547	なし	556,498	546,980	2,939,035
栃木県	330,598	179,591	8,151	156,902	150,673	706
神奈川県	30,947	なし	294,223	306,570	291,784	18,167
愛知県	160,406	27,300	83,933	205,705	188,925	10,634
熊本県	252,941	92,297	17,630	119,669	118,692	57,890

『日本国勢図会 2021/22年版』，『牛乳乳製品統計2019年版』をもとに作成

北海道は「生乳」・「牛乳」とも生産量が１位で，神奈川県は「牛乳」の生産量が２位になっています。なお，ここでの「牛乳」には，成分を調整したものなども含みます。
「生乳」と「牛乳」の違いに注意して，あとの問に答えなさい。

問１　**【表】**からわかる北海道の「生乳」の生産および利用のしかたの特色について，**4**で考えてきたことも参考にして，その理由として考えられることとあわせて説明しなさい。

問２　**【表】**からわかる神奈川県の「生乳」および「牛乳」生産の特色について説明しなさい。

問３　神奈川県で「牛乳」の生産量が多いことについて，どのような技術の進歩に支えられていると考えられるか説明しなさい。

6　日本で牛乳の普及が進んだ明治時代から現在まで，「生乳」の生産地と「牛乳」の生産地はどのように変わってきたでしょうか。生産地と消費地という点と，現在までに起きた生産のしかたの変化に着目してまとめなさい。

【理　科】（40分）〈満点：50点〉

（注意）鉛筆《えんぴつ》などの筆記用具・消しゴム・コンパス・配付された定規以外は使わないこと。

栄一君は炭酸水が大好きです。しかし，炭酸水は開けてから時間がたつとだんだん気がぬけておいしくなくなっていきます。栄一君は，このような気がぬけた炭酸水を元のおいしい炭酸水に戻《もど》したいと考え，まずは気がぬけていくようすを学校の実験室で観察することにしました。なお，実験はすべて25℃程度の室温や水温で行いました。

【実験１】

お店で買ってきたペットボトルの炭酸水のふたを開け，重さを量りました。以降ふたを開けたまま放置し，30分ごとに重さを量って，重さが変化していくようすを調べました。同じペットボトルに大体同じ量の水を入れたものでも実験しました。結果を**表１**に示し，**表１**をグラフにしたものを**図１**に示します。

表１　炭酸水と水の重さの変化

実験開始からの時間(分)	炭酸水(g)	水(g)
0(開けた直後)	505.24	503.22
30	505.01	503.21
60	504.73	503.20
90	504.51	503.19
120	504.36	503.18
150	504.20	503.18
180	504.09	503.17
210	503.99	503.16
240	503.90	503.15
270	503.84	503.14

※ペットボトルとふたの重さは除いてある。

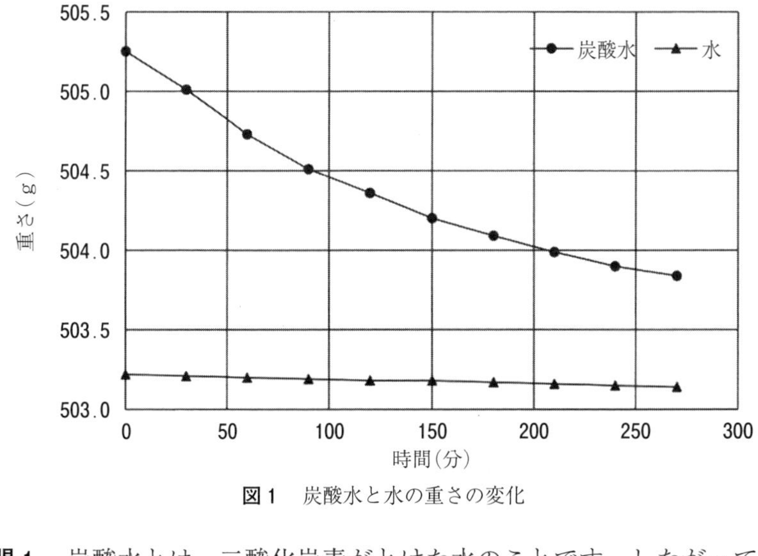

図１　炭酸水と水の重さの変化

問１　炭酸水とは，二酸化炭素がとけた水のことです。したがって，気がぬけるとはとけている二酸化炭素がぬけていくことと考えられますが，ぬけていく気体が二酸化炭素なのかどうかを確かめる方法として正しいものを，次の**ア**～**エ**の中から一つ選び，記号で答えなさい。

ア　炭酸水からぬけた気体を集めた容器に，火のついたろうそくを入れる。

イ　炭酸水からぬけた気体を集めて，石灰水に通す。

ウ　炭酸水からぬけた気体を集めて，においをかぐ。

エ　炭酸水からぬけた気体を集めて，ムラサキキャベツ液に通す。

問2　栄一君は，炭酸水だけではなく，水のペットボトルでも同じ実験を行っています。水のペットボトルで同じ実験を行う理由を説明しなさい。

問3　ペットボトルを開けた直後から270分間でこの炭酸水からぬけた二酸化炭素の重さを答えなさい。

インターネットで調べたところ，水にクエン酸と重そうを入れると二酸化炭素が発生し，一部が水にとけて炭酸水ができる，という記事を発見しました。そこで栄一君はお店で食用のクエン酸と重そうを買ってきて，次のような実験をしました。

【実験2】

図2のような装置を作りました。三角フラスコの中に水とクエン酸と重そうを入れてすぐにガラス管の通ったゴム栓《せん》をつけると，発生した二酸化炭素のうち，水にとけなかった分がガラス管やゴム管を通ってメスシリンダーにたまるという仕組みです。メスシリンダーは最初水で満たしておきます。メスシリンダーには目盛りがついていて，気体がたまると水位が下がるので，気体の体積を測定することができます。三角フラスコの下の機械はマグネチックスターラー(かくはん器)というもので，棒状の磁石を回転させることで三角フラスコ内の液体をよくまぜ，クエン酸や重そうのとけ残りを防ぎます。この装置を使って，100 g の水に様々な重さのクエン酸や重そうをとかして4分間反応させ，メスシリンダーに集まった二酸化炭素の体積を量りました。体積はメスシリンダーを動かし，中の水面と水そうの水面を同じ高さにしてから量りました。結果の一部を**表2**に示します。

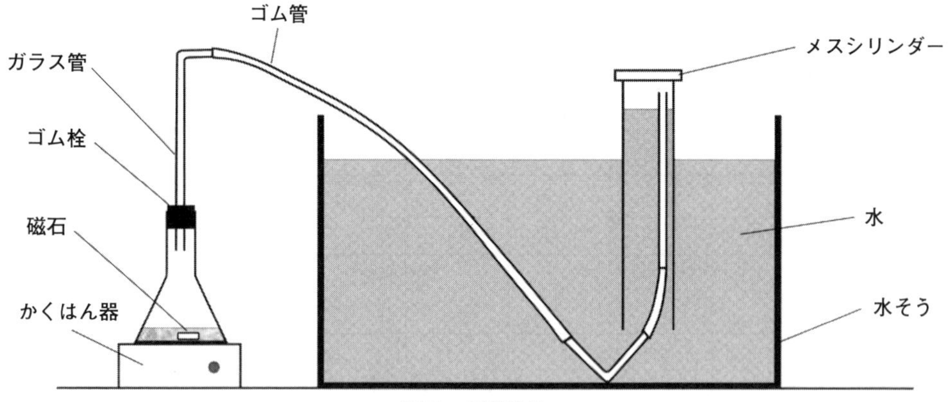

図2　実験装置

表2　水100gにクエン酸と重そうをとかして集まった二酸化炭素の体積

クエン酸の重さ(g)	重そうの重さ(g)	集まった二酸化炭素の体積(mL)
0.75	0.25	42
	0.50	81
	0.75	126
	1.00	158
	1.25	160
	1.50	160

問4　栄一君が最初に作った実験装置は**図3**のようなものでした。しかしある問題点に気づき，この装置の1か所を**図2**の装置のように改良して，実験をしました。栄一君が気づいた問題点とはどのようなことだと思いますか。

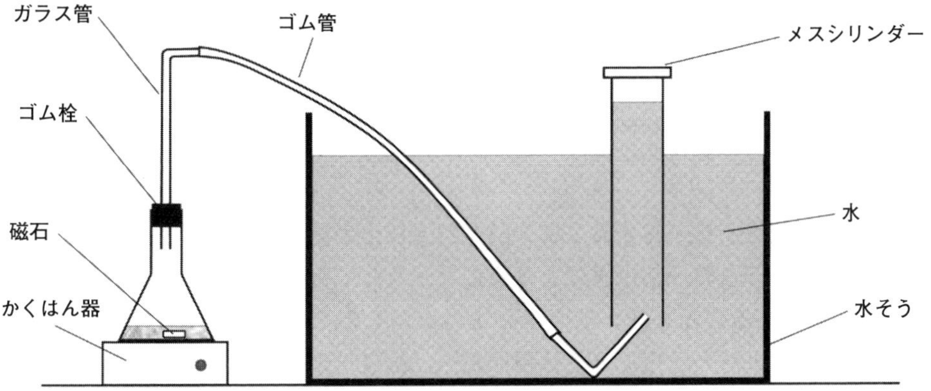

図3　最初に作った装置

図4は**表2**の結果をグラフにしたものです。とかしたクエン酸の重さは0.75gで変えずに，重そうの重さだけ様々に変えて実験しています。栄一君は先生にこのグラフを見せました。先生は「**16gのクエン酸がなくなるまで反応させるには21g以上の重そうが必要**です。このグラフはその性質をよく表していますね。」と話してくれました。

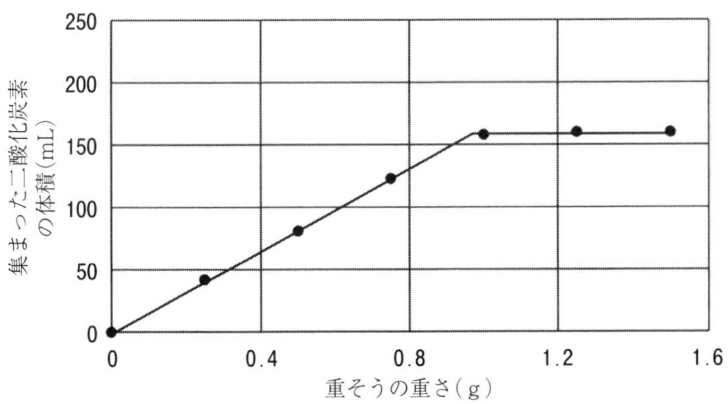

図4　とかした重そうの重さと，集まった二酸化炭素の体積の関係

問5　栄一君は**図2**の装置を使って，とかした重そうの重さは0.75gで変えずに，クエン酸の重さだけ変える実験もしました。その結果を，横軸《じく》に「クエン酸の重さ(g)」，縦軸に「集まった二酸化炭素の体積(mL)」をとってグラフにしたものとして，最も適当なものを次の**ア**～**エ**の中から一つ選び，記号で答えなさい。

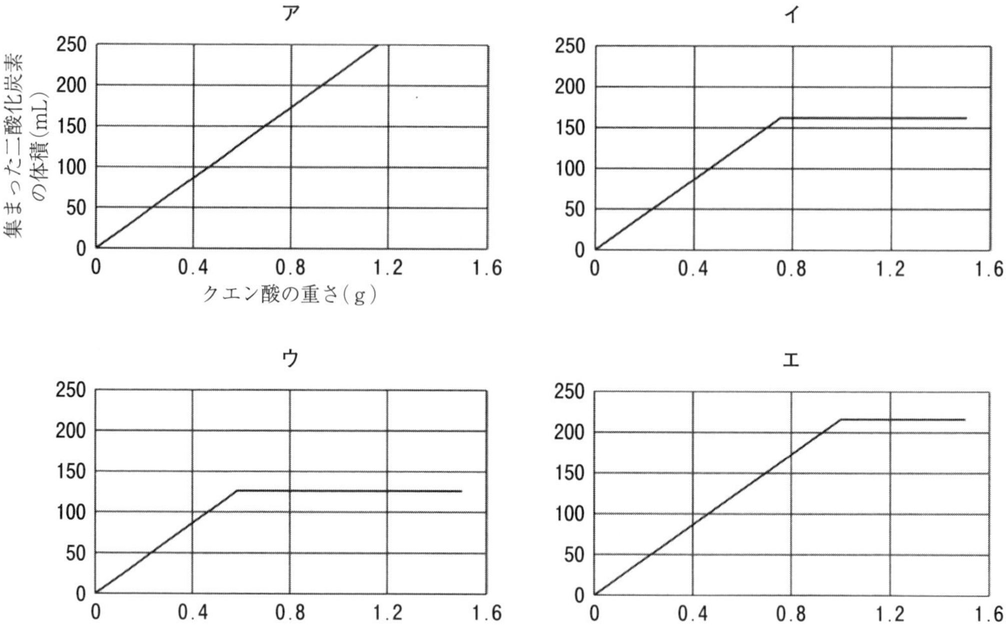

さらに栄一君は先生から，**16gのクエン酸と21g以上の重そうを水にとかすと，二酸化炭素が11g発生し，そのうちの一部が水にとけること**，そして**気体の二酸化炭素1Lの重さが，25℃程度では1.8gであること**を教えてもらいました。そこで栄一君は，とかしたクエン酸や重そうの重さと，集まった二酸化炭素の体積から，二酸化炭素がどの程度水にとけたのかを求めることにしました。

問6　クエン酸と重そうを0.75gずつ，100gの水にとかして発生した二酸化炭素のうち，何%が水にとけたかを求める考え方を述べた次の文をよく読んで，(1)にはクエン酸または重そうのどちらかを入れなさい。次に(2)と(3)に入る適当な数値を，小数第三位を四捨五入して，小数第二位まで求めなさい。最後の(4)に入る数値は，下の**【数値】ア～エ**の中から最も適当なものを選び，記号で答えなさい。

> クエン酸16gに対して重そうは21g反応するので，クエン酸と重そうを0.75gずつ反応させると(　1　)のほうがすべて反応してなくなる。よって，発生する二酸化炭素の重さは(　2　)gとなる。**表2**より，そのうち126mLが水にとけず集まったので，水にとけたのは(　3　)gとなる。これは発生した二酸化炭素のおよそ(　4　)%である。

(4)の**【数値】**　**ア**　10　　**イ**　25　　**ウ**　40　　**エ**　55

問7　開けた直後から270分間放置して少し気がぬけてしまった炭酸水100gを，開けた直後の炭酸水と同じ重さの二酸化炭素がとけている状態に戻すのに必要な，クエン酸と重そうの最低限の重さを求める考え方を述べた次の文をよく読んで，(1)～(3)に適当な数値を入れなさい。

> **表1**より，開けた直後から270分間でおよそ500 gの炭酸水からぬけた二酸化炭素は（ **問3**の答え ）gとわかる。100 gの炭酸水で考えるときには，この値を5で割ればよい。**問6**の**【数値】**で選んだ，発生した二酸化炭素のうち水にとける割合の値を使うと，全部で（ 1 ）gの二酸化炭素が発生すればよいことになるので，必要なクエン酸の最低限の重さは（ 2 ）gで，重そうの最低限の重さは（ 3 ）gとわかる。

栄一君はこれらの結果をもとに，少し気がぬけた炭酸水に，適当と思われる重さのクエン酸と重そうを入れてみました。すると，気泡がたくさん出てきました。期待して飲んでみましたが，思ったほど炭酸を強く感じませんでした。クエン酸や重そうを水にとかすのと，炭酸水にとかすのとでは，同じようにはいかないのかもしれません。そこで，今度は炭酸水を使って次の実験をすることにしました。

【実験3】

3つの三角フラスコそれぞれに開けた直後の炭酸水を100 g入れました。このうち2つのフラスコはふって炭酸水の気をぬき，ふらなかったフラスコの炭酸水も含めて，炭酸水A，炭酸水B，炭酸水Cとしました。

炭酸水A：ふらなかった(開けた直後の炭酸水のまま)。

炭酸水B：1分間ふって少し気をぬき，0.23 g軽くした。

炭酸水C：3分間ふってたくさん気をぬき，0.40 g軽くした。

それぞれのフラスコにクエン酸と重そうを0.75 gずつ入れ，**図2**の装置を使って4分間かくはんし，集まった二酸化炭素の体積を量りました。結果を**表3**に示します。

表3　炭酸水にクエン酸と重そうを0.75 gずつとかして集まった二酸化炭素の体積

	炭酸水A	炭酸水B	炭酸水C
集まった二酸化炭素の体積(mL)	365	260	161

水にとかしたときと比べて，集まった二酸化炭素の体積が多かったので，栄一君は炭酸水にとけていた二酸化炭素がふくまれているのではと思い，さらに実験をしました。

【実験4】

実験3と同じ3種類の炭酸水をもう一度100 gずつ用意して，今度はクエン酸と重そうを入れずに，**図2**の装置を使って4分間かくはんし，集まった二酸化炭素の体積を量りました。結果を**表4**に示します。

表4　炭酸水から集まった二酸化炭素の体積

	炭酸水A	炭酸水B	炭酸水C
集まった二酸化炭素の体積(mL)	180	95	11

問8　**実験3**と**実験4**の結果をまとめた次の文をよく読んで，（1）～（3）に適当な数値を入れなさい。

実験 4 より，クエン酸と重そうを入れなくても，かくはんすると二酸化炭素が炭酸水からぬけることがわかる。こうしてぬける二酸化炭素の量が**実験 3** の条件でも変わらないとすると，**表 3** の値から**表 4** の値を引けば，**実験 3** で集まった二酸化炭素のうち，クエン酸と重そうが反応して発生した量を求められる。炭酸水Ａでは（　1　）mL，炭酸水Ｂでは（　2　）mL，炭酸水Ｃでは（　3　）mL となる。

問 9　栄一君が買ってきた炭酸水は25℃程度のとき，開けた直後で100ｇあたり0.8ｇの二酸化炭素がとけているようです。このことと，今までの実験の結果をまとめて，**表 5** を作ることにしました。作成途中《とちゅう》のこの表を参考に，横軸に「水または炭酸水100ｇにもともととけている二酸化炭素の重さ（ｇ）」，縦軸に「クエン酸と重そうが反応すると発生するはずの二酸化炭素のうち水または炭酸水にとけた割合（％）」をとった折れ線グラフを作りなさい。グラフに示す値は ○ でかきなさい。なお，16ページにあるように，16ｇのクエン酸がなくなるまで反応させるには21ｇ以上の重そうが必要で，このとき二酸化炭素が11ｇ発生します。そして気体の二酸化炭素１Ｌの重さは，25℃程度では1.8ｇです。

表 5　クエン酸と重そうを0.75ｇずつ反応させた結果

	炭酸水Ａ	炭酸水Ｂ	炭酸水Ｃ	水
水または炭酸水100ｇにもともととけている二酸化炭素の重さ（ｇ）	0.80	0.57	0.40	0.00
実験で集まった二酸化炭素の体積（mL）	365	260	161	126
上の値のうち，クエン酸と重そうが反応して発生した二酸化炭素の体積（mL）	**問 8**（１）	**問 8**（２）	**問 8**（３）	126
クエン酸と重そうが反応すると発生するはずの二酸化炭素の重さ（ｇ）		左と同じ	左と同じ	左と同じ
上の値のうち，水または炭酸水にとけた割合（％）				

問10　**問 9** でかいたグラフからわかることをまとめたものとなるように，次の文を完成させなさい。

クエン酸と重そうが反応すると発生するはずの二酸化炭素のうち水または炭酸水にとけた割合は，（　　　　　）。

問11　開けた直後から270分間放置して少し気がぬけてしまった炭酸水100ｇを，開けた直後の炭酸水と同じ重さの二酸化炭素がとけている状態に戻すには，最低何ｇのクエン酸と重そうを入れればよいですか。**問 9** と**問10**を参考にしなさい。答えは小数第三位を四捨五入して，小数第二位まで求めなさい。

栄一君は今度こそと思って，少し気がぬけた炭酸水に，適当と思われる重さのクエン酸と重そうを入れて飲んでみました。すると今度は，炭酸を強く感じることができました。

こうして栄一君は，気がぬけた炭酸水を元のおいしい炭酸水に戻す術《すべ》を身につけることができました。

はない。なのに毎日早起きするのも、真冬にがまんしてプールに行くのも、心臓がバクバクしているうちにまたスタートするのも、腕と足がズキズキ痛くてもなわとびを決まった回数までとぶのも、けっきょく試合で勝つためではなかったか。ナルは水泳で勝つこと以外に、どんな意味があるのかがわからなかった。ただ楽しむだけなら、こんなに苦しまなくていいはずだ。

（ウン・ソホル 作　すんみ 訳『5番レーン』鈴木出版）

（注1）ナル　漢江《ハンガン》小学校に通う六年生。水泳部の女子部員であり、チームのエース。サラン、セチャン、スンナム、ドンヒも同じ水泳部に所属している。

（注2）キム・チョヒ　ナルとは別の小学校に通う六年生。水泳部の女子部員であり、ナルのライバル。

（注3）スンナム　漢江小学校に通う六年生。水泳部の部長をつとめる男子部員。

問一　傍線部《ぼうせんぶ》a「おじけづいている」、b「無鉄砲に」の意味として最も適当なものをあとの中から選び、それぞれ記号で答えなさい。

a「おじけづいている」

ア　落ちこんでいる　イ　緊張《きんちょう》している
ウ　あきらめている　エ　こわくなっている
オ　覚悟《かくご》を決めている

b「無鉄砲に」

ア　礼儀《れいぎ》もわきまえずに　イ　あとさきを考えずに
ウ　自信に満ちあふれて　エ　かざり気のない態度で
オ　自分の都合を優先して

問二　傍線部①「メンタルの強さだけで勝てないときだってありますよね」とありますが、このような言い方でナルが本当に主張したいことは何ですか。

問三　傍線部②「がっかりしたようないら立ち」とありますが、スンナムはナルのどのような態度に対して「がっかりしたようないら立ち」を感じたのですか。

問四　傍線部③「申し訳ないと思う気持ち」とありますが、ナルがスンナムに対して申し訳ないと思うのはどうしてですか。六十字以内で答えなさい。

問五　傍線部④「よくわかりません」とありますが、コーチの言葉を理解することができないのは、ナルがどのような考えを抱《いだ》いているからですか。解答欄《かいとうらん》に合うように十五字以内で答えなさい。

三　次のカタカナの部分を漢字に直しなさい。

1　カンソな生活をおくる。
2　アッカンの演技。
3　今後の方針をキョウギする。
4　年功ジョレツ。
5　月の表面をタンサする。
6　イニン状を渡す。
7　キュウトウ器が壊《こわ》れる。
8　しずくがタれる。
9　日がクれる。
10　キヌの名産地。

部員たちは、ありえない話だと口をそろえていったが、内心、新しい仲間ができるかもしれないという期待で、なんとなくウキウキしていた。

「シッ、静かに」

セチャンはさっきからドアに耳を当てて、テヤンとコーチの会話にきき耳を立てている。何もきこえないだろうに、ドアに耳を当てているだけで何かつかんだような気がするのか、目がキラキラとかがやいている。

「もう運動しに行こうよ」

スンナムが真ん中に立って、その両側から部員たちが向き合うように輪になった。一、二、三、四と号令に合わせて準備運動を始めた。

ナルは、テヤンが本当に水泳部の部室をおとずれるとは、思ってもいなかった。数日前に、テヤンから入部したいときいたときは、「水泳部を甘《あま》く見るな！」といいたいのをぐっとこらえた。授業中だからがまんできたわけで、休み時間だったらきっととがめ立てただろう。

ナルは、泳ぎにちょっと自信があるという男子から舞《ま》いこんでくる挑《ちょう》戦状《せんじょう》に、うんざりしていた。テヤンがどういう考えで来たのかは知らないが、どうせコーチが受け入れるはずはない。ナルはコーチが水泳にかんしては甘くないということを、だれよりもよく知っていた。

ナルがキム・チョヒの水着を疑ったことだって、コーチはあっさりと解決してくれた。国際水泳連盟に承認《しょうにん》されている水着モデルのリストから、キム・チョヒの水着を見つけてくれたのだ。有名メーカーの新商品でキラキラがついているだけの、変わったところのない水着だった。

「すみません」

じつは、ナルも知っていた。水着の問題じゃないと。キム・チョヒは、ナルより速いだけなのだ。でも、それをみとめてしまうと、このまま負け続けてしまいそうで怖《こわ》かった。どんないいわけをしてでも、この状況《じょうきょう》から逃《に》げ出《だ》したかった。でも、コーチがわざわざそこまでして、ナルの目の前で確認《かくにん》をしたのは、これ以上逃げてはいけないという警告なのかもしれない。

「きのうお母さんから電話があったよ。かなり心配されているようだった」

ナルはここ数日間、見苦しいところばかり見せていた自分が、はずかしくなった。お母さんにも、スンナムにも、③申し訳ないと思う気持ちが満ち潮のように押しよせてきた。

「ナル、わたしは勝ち負けだけが水泳じゃないと思うんだ」

「でも、試合は勝つためにやるものじゃないですか。アタシ、勝ちたいんです」

コーチが軽くため息をついた。

「ナルのいうとおりだ。でも試合で一生勝ち続ける選手なんてひとりもいない。だれにだって負けるときがあるんだよ。もしかしたらどう負けるかが、どう勝つかより大切かもしれない」

コーチは、ナルには理解できないことをいうときがある。このあいだは気持ちを整理しろといって、今日は負けるのが勝つよりも大切だといっている。ナルが知るかぎりで、そんな試合はない。

「④よくわかりません」

「どうして水泳をやっているのか、一度自分でちゃんと考えてみるといいよ」

ナルは試合がなくても、月曜日から金曜日まで毎朝一時間、ひとりで練習をする。それから授業が終わると、水泳部で二時間、今日みたいに陸上トレーニングか水中トレーニングをする。特訓期間中には、週末も休まない。ナルは好きでしているけれど、いつも楽しいわけでナルの心は、整理どころかぽっきり折れてしまった。ナルとスンナムは六歳《さい》（韓国《かんこく》は生まれたときを一歳とする数え年）のときにＹＭＣＡの子どもスポーツ団で初めて会った。ふたりとも鼻から水が入ってコホンコホンとせきこんだ瞬間から、ひとりは漢江《ハンガン》小水泳部のエースになり、もうひとりは部長になったいままで、ふたりの水泳歴はそっくりそのまま重なっている。

水の中でも外でも、うれしいときもつらいときも、ナルのとなりにはスンナムがいた。そんなスンナムが、初めてナルに背を向けた。ナルはさびしさのあまり、自分がスンナムをどれほど傷つけたかについては考えられなかった。ナルが切実に優勝を願うように、スンナムだって自分の決勝進出を心から望んでいる。そんなことを知らないはずはなかった。これだけはスンナムも怒《いか》りがおさまらないのか、ナルからうんと離《はな》れたまま立っていた。八年の友情に危機がおとずれた。

ふたりのあいだに冷たい風が吹きこみ、水泳部の空気も冷えてしまった。そのおかげでというべきか、練習ではだれひとりふざけることなく、すっかりまじめな雰囲気《ふんいき》で行われた。

テヤンが部室にやってきたのは、それから二日後のことだった。

「こんにちは」

水泳部の全員が、ちょうど部室に集まっていた。テヤンはナルと目が合うと、こっそり手をふった。ナルとテヤンを交互《こうご》に見る部員たち。ナルは「何も知らない」と伝えるために肩をすくめてみせた。スンナムがテヤンを上から下までじろじろながめた。自分より背が高いのに、ほっそりした体つき。顔は……スンナムはそれとなく鏡のかわりにスマホの画面に自分をうつして髪《かみ》をいじった。

「あっ、二組の転校生、チョン・テヤンでしょ？」

サランが声をかけると、ぎこちなく立っていたテヤンがうなずいた。

「そうなのか。なんの用事？　だれかのお使いか？」

コーチがきいた。テヤンはコーチの前に行って、あらためて深ぶかと頭をさげた。

「こんにちは。六年二組のチョン・テヤンです。水泳部に入りたいです」

とつぜんの申し入れに、部員たちがおどろいた。水泳部には、ふつう放課後の水泳教室でずばぬけた実力の子がすいせんで入るか、両親とコーチの話し合いで低学年のときから入るか、がほとんどだった。テヤンのようにｂ無鉄砲《むてっぽう》に押し入ってきて、入部を申し入れるケースは、見たことがない。でも、思いのほかコーチはうれしそうにテヤンを迎《むか》えた。

「そうか。チョン・テヤン、よく来たな。スンナム、みんなをジムに連れていって運動を始めて」

コーチがスンナムにトレーニング日誌を手わたした。部員たちはそのまま部室に残って、どんな話をするのかききたかったが、コーチの目つきに押されてだまって外へ出ていった。

「何？　アイツ、水泳やってるの？」

サランがびっくりした声でいった。びっくりしたのはナルも同じだけれど、おどろいたそぶりは見せなかった。

「選手登録してる子なら、コーチは転校してくる前から知ってたはずだろ」

スンナムのいうとおりだ。大会の成績がぜんぜんよくなかったとしても、選手ならコーチが知らないはずはない。全国の小学校の競泳選手が千五百人以上いたとしても、コーチどうしはみんな知り合い同然なのだ。

「じゃあ、いまからやるつもりなのかな」

「え？　六年生なのに、いまさら？」

いのに、そんな自分とたえず闘《たたか》わなければならない。

ナルはコーチからそうアドバイスされると、悲しさを通り越してくやしくなった。いまコーチがちゃんと見なければいけないのは、ナルではなくキム・チョヒなのに。わかっているくせにわからないふりをしているのか、本当にわからないのか、ナルはどうしても確かめたかった。

「①メンタルの強さだけで勝てないときだってありますよね」

「なんの話だ」

コーチがきいた。こうなった以上、話をやめるわけにはいかなかった。ナルはついに自分から切り出した。

「相手が反則をおかしたとしたら？」

「反則？　きのうだれか失格（ＤＱ）したっけ？」

ずっとよそ見していたセチャンが、反則の話に興味がわいたのか、割りこんできた。

「先生はへんだと思いませんか？　キム・チョヒって、もともとそんなに速い子でもなかったのに。あの子って絶対何かあるはずです。水着だってあの子だけ目立ってるじゃないですか。あれってほんとに競技用ですか？」

ナルは、キム・チョヒがあやしいということを説明するこの瞬間《しゅんかん》でさえ、キム・チョヒが速いという事実をみとめなければいけないのがイヤだった。

「キム・チョヒの水着がどうしたの？」

部員たちが画面に近づいて、キム・チョヒの水着をじろじろと見つめた。でも、コーチは画面ではなくナルにじっと目を向けていた。

「ほんとだ。あの子の水着だけめっちゃキラキラしてる」

サランがとなりでナルの肩《かた》を持った。

「そんなバカな」

だまっていた（注3）スンナムがいった。

「身につけたら超能力《ちょうのうりょく》が出るスパイダーマンのスーツじゃあるまいし。水着のせいで負けたなんて、話に無理があるだろ？」

スンナムの声から②がっかりしたようないら立ちが伝わってきた。セチャンとドンヒはスパイダーマンの話に反応して、おたがいに手首からクモの糸を放ち合うふりをし始めた。そのようすを見ていた後輩たちも、ふたりの悪ふざけにクスクスと笑い始めた。けっきょくサランが、空気の読めないじゃまものたちを外に連れ出した。ナルはこの絶体絶命のピンチにも、自分の味方になってくれないスンナムがにくらしかった。

「全身水着を着たらタイムがちぢまるって話、知らないの？　あやしい薬を飲んだのが、あとからバレることだってあるし。あの子だって何かあるかもしれないといってるだけなのに何よ！」

スンナムも引きさがらなかった。

「ナルがいったとおり、あれが特殊《とくしゅ》な水着だとしよう。じゃあ、あれを着たら、タイムがどれくらいちぢまるの？」

「どれくらいちぢまるかの問題じゃないでしょ？　決勝ではちょっとのちがいが致命的《ちめいてき》なの！　あんたにはそれがわからないだろうけど」

スンナムの眉《まゆ》がピクッとした。

「カン・ナル、ちょっと言葉がひどくないか？」

「ふたりともそこまでにしなさい」

見かねたコーチがふたりのケンカを止めた。ふたりは顔をそらした。

「あれが問題のある水着だったら、キム・チョヒは試合に出られなかったはずだ」

ナルはまだ何かをいいはりたいと思ったが、何もいうことが見つからなかった。

「ナルは、少し気持ちを整理したほうがよさそうだね」

な顔か見てみたい」

　サランが後ろの戸口から教室をきょろきょろと見回した。ナルはサランのリュックを引っぱった。

「カッコいいってだれが？　早く部室に行こうよ」

　ナルは廊下《ろうか》を走りながら、頭の中でテヤンのことを思《おも》い浮《う》かべた。カッコいいといわれているらしい顔は浮かばなかったが、長い腕《うで》ははっきり覚えている。体育会系で何よりも重要なのは顔ではなく体だ。

　ナルとサランが部室に入ると、コーチと部員たちがふたりを待っていた。後輩《こうはい》たちの顔を見て、すでにaおじけづいているのがわかった。しかたない。今日は大会の反省会がある日だから。反省会は、試合の映像を見ながら、これからもっと力を入れるべきことについて考える集まりで、大会に引けを取らないくらい大切な時間だった。でも、それはコーチの考えであって、部員たちにとっては、けっきょく怒《おこ》られる時間にすぎなかった。大会の経験が多い六年生だって、反省会の日は部室に来たくないのに、初めて全国大会に参加した後輩ならなおさらだろう。

　楽しくない反省会だったが、ナルは内心期待しているところがあった。あのキラキラのかがやき。きのうの試合映像を見れば、コーチだって(注2)キム・チョヒの水着があやしいということに気づくはずだった。

　あれは規定の水着じゃないだろう。水泳連盟に連絡《れんらく》してメダルを取り消さないと。

　そこまではしないにしても、コーチならただじゃおかないはずだった。ナルはそう思うだけでもこれまでの屈辱感《くつじょくかん》が吹《ふ》き飛《と》ぶような気がした。

「わかったか？　いまの話を忘れないで、練習のときに生かすようにしよう。それじゃ、最後の映像を見ようか」

　ナルの番が来た。コーチがナルの試合映像を画面にうつした。ナルは胸をドキドキさせながらだまってコーチの表情をうかがった。でも、コーチは最後までちっとも表情を変えずに、落ち着いて画面をじっと見ていた。

「もう一回ゆっくり見てみようか」

　コーチは映像をスローで再生した。画面の中のキム・チョヒは、ナルより1メートルも後ろにいる。だが、少しずつピッチをあげると、やがてナルをぬいた。自分を追《お》い越《こ》していくキム・チョヒの姿がありありと目に浮かぶようだった。いま思っても、手から力がぬけて、こぶしが握《にぎ》れないほどだ。コーチが一時停止ボタンを押《お》した。

「ナル、ここから急に体勢がくずれるな。どうした？　ローリングがぜんぜんできてない」

　静止画面にうつっている自分のポーズが笑えた。手足の動きがバラバラで、助けてくれと、もがいているようだった。

「テンポを失いました」

「なんで？　キム・チョヒにぬかれたから？」

　ナルは何度も経験していることなのに、いざコーチからそういわれると、プライドが傷ついた。

「それならもっとキックを強くするなりなんなりして、前に出ようとしないと。こうやってくじけちゃだめだよ。水泳はメンタルの勝負なんだから」

　ナルも知っていた。競泳はどの種目より集中力が必要だと。自分には、息ぴったりのチームメートもいなければ、体の弱点をおぎなう特別な技術なんてものもない。信じられるのは、もっぱら自分と水だけ。でも、ときには、水さえ自分の味方ではない。選手になってから痛いほど思い知ったことなのに、体が思うように動かないと、どうしても孤独《こどく》な気持ちがしてしまう。試合が始まったら、自分しか信じられな会がもっとあったらいいのにと考えています。みなさんにも、ぜひそういう人に会ってもらいたいです。学校で行われている薬物乱用防止教育では、「ダメ。ゼッタイ。」というキャッチコピーのもと、一度でも薬物に手を染めたら人生が台なしになるかのように伝えられています。しかし、事実は違《ちが》います。こうしたやり方は、依存症とは縁《えん》のない子に差別や偏見の種を植えつけます。一方で、自分は依存症ではないかと不安になっている子、すでに依存症になっている子を深く傷つけます。

依存症には、ならないほうがいい。その理由は、この本の中でくり返し伝えてきたつもりです。ただ、依存症になったからといって、人生おしまいではありません。人は失敗することがある。だけど、そこから立ち直ることもできる。③そういう希望を持てる社会のほうが、ずっといいと思いませんか？

（松本俊彦《まつもととしひこ》『世界一やさしい依存症入門』）

（注1）リバウンド　投薬を突然《とつぜん》やめたとき、急激に症状が悪化すること。

（注2）シンナー　前の章で筆者は「シンナーとは有機溶剤《ようざい》（塗装《とそう》や洗《せん》浄《じょう》などに使われる有機化合物）の一種で、脳の働きを抑制《よくせい》する薬物です。当時の不良たちはこれをビニール袋《ぶくろ》に入れ、気化したものを吸っていました」と説明している。

（注3）リスペクト　尊敬。

（注4）自助グループ　同じ問題を抱える人たちが集まり、相互《そうご》理解や支援をし合うグループ。

問一　傍線部《ぼうせんぶ》①「僕は、そうは思いません」とありますが、それはどういうことですか。解答欄《かいとうらん》に合うように四十五字以内で答えなさい。

問二　本文には、次の【　】の文章が抜《ぬ》けています。【　】の文章が入るところとして最も適当なものを、文中の空欄【A】～【E】から選び、記号で答えなさい。

【考えてもみてください。依存症として問題視されているものとされていないものの線引きって、どこにあるのでしょうか。】

問三　傍線部②「こうした負の連鎖」とありますが、それはどのようなことですか。

問四　傍線部③「そういう希望を持てる社会」とありますが、筆者はどのような社会をつくるのがよいと考えていますか。

問五　本文の内容と一致《いっち》するものを次の中から選び、記号で答えなさい。

ア　一般の人と依存症から回復した人とがかかわりあう機会を増やすことが、日本では積極的に行われている。

イ　がんなどの激しい痛みを和《やわ》らげるために医療用麻薬を使い続ける患者も、依存症として扱うことができる。

ウ　昔は問題視されず、治療に使われていた物質が、現在は依存性の高い物質として問題視されることがある。

エ　違法薬物を使い依存症になることで一番傷ついているのは、それを使用した本人ではなくその家族である。

オ　ストレスのかかる状況をやりすごし、気をまぎらわせるためのものを初めて発見したのは、現代人である。

二　**次の文章を読んで、あとの問に答えなさい。**

「あんたのクラスに転校生が来たって？」

サランが（注1）ナルの教室の前で待っていた。

「そう、となりの席だよ」

ナルがぶっきらぼうな返事をした。

「ほんと？　みんなカッコいいっていってたけど、どこどこ？　どん

【 C 】 現代では依存性物質とされているタバコは、かつて儀《ぎ》式《しき》や治療に使われるものでした。大勢の人が日常的に楽しんでいるアルコールが、違法《いほう》だった時代もあります。大麻《たいま》が違法とされる国もあれば、合法とされる国もある。ゲーム依存は問題になるのに、どれだけ本を読んでも問題にならないのはなぜでしょう？ その時代、大人たちが気にくわないものを依存と称《しょう》して突《つ》き放《はな》しているようなきらいさえあります。1日10時間以上勉強して、勉強以外のことがおろそかになったとしても「勉強依存」とはいいませんしね。１９８０年代、あれほど多かった（注2）シンナー依存は、不良文化の衰退《すいたい》とともに激減しました。インターネットができればインターネット依存が生まれ、スマホが浸透《しんとう》すればスマホ依存が問題になります。

【 D 】 結局、「○○依存」と名前をつけて問題になるものの総量は、どんな社会でも、どんな時代でも、それほど変わらないのかもしれません。ある依存症がなくなったところで、別の依存症が生まれるだけ。だとしたら、何に依存しているかということよりも、根本にある生きづらさのほうに目を向けて、それを生み出す社会のあり方を疑問視するべきです。

【 E 】 違法薬物を使うことを「被害者《ひがいしゃ》なき犯罪」と表現することがあります。では、依存症によって傷つく人はいないのでしょうか？ そんなことはありません。十中八九、家族は大変な思いをするでしょう。中高生なら、先生や友達に迷惑《めいわく》をかけるかもしれません。働いている人なら仕事に影響《えいきょう》が出て、周囲の人を困らせたりもするでしょう。しかしながら、一番傷ついているのは、おそらく依存症になった本人ではないでしょうか。もともと歪んだ人間関係の中で悩《なや》みや苦しみ、心の痛みを抱えていたのです。そのうえ依存症によって健康を害し、生活が壊《こわ》れ、場合によっては差別すらされてしまうのですから。違法薬物の場合は、とりわけ厳しい差別や偏見《へんけん》にさらされます。人とつながることができなくて、孤立《こりつ》しているから依存症になったのに、依存症になったことでますます孤立を深め、回復から遠ざかっていくのです。

②こうした負の連鎖《れんさ》を少しでも減らしていくためには、根本的な問題に向き合わなければなりません。虐待《ぎゃくたい》やいじめをなくしていくことはもとより、暴力や支配の背景には、貧困《ひんこん》や失業、過激な受験戦争や少子化などがあります。貧困家庭を支援《しえん》したり、経済格差を正したり、社会のしくみから見直すべきなのだろうと思います。

そうやってできるだけの工夫《くふう》を重ねたうえで、気をまぎらわせるツール、すなわち薬物やゲームやギャンブルといったものを撲滅《ぼくめつ》するのではなく、うまくつきあっていく。そうできたらいいなと思います。もちろん、度を越《こ》して使ってしまう人はゼロにはならないでしょう。どんなによりよい社会になろうとも、それは難しい。であれば、そういう人が出てくることをあらかじめ想定したうえで、社会をつくっておけばいいのです。切《き》り離《はな》し、辱《はずかし》め、排除《はいじょ》するのか。それとも心の痛みに寄《よ》り添《そ》い、回復を支援し、もう一度迎《むか》え入《い》れるのか。僕は、後者のような社会でなければ、依存症になった人に限らず、みんなが幸せになれないように思います。

アメリカでは、アルコール依存症や薬物依存症から回復して社会に復帰した人たちは、人々から（注3）リスペクトされます。有名な俳優やミュージシャンたちが依存症からの回復を公表し、（注4）自助グループにも積極的に参加しています。そのことが、依存症への誤解や差別を減らし、また回復の途中《とちゅう》にある人を勇気づけています。

僕は、日本でも、依存症から立ち直った人が一般《いっぱん》の人に触《ふ》れ合《あ》う機

2023年度

栄光学園中学校

【国　語】〈五〇分〉〈満点：七〇点〉

（注意）鉛筆《えんぴつ》などの筆記用具・消しゴム以外は使わないこと。

一 **次の文章を読んで、あとの問に答えなさい。**

時代が移り変わり、価値観が変化する中で、依存症《いぞんしょう》という病気のとらえ方もまた大きく変わりつつあります。依存症という呼び方すら変わる可能性があります。実際、アメリカの医学界は、すでに薬物依存については「依存」という言葉を使うのをやめ、「物質使用障害」と呼ぶようになりました。

依存という言葉は、「依存性のある薬物をくり返し摂取《せっしゅ》すると、馴《な》れが生じ、同じ効果を得るために必要な量がどんどん増えていく。そして、急にやめると離脱症状《りだつしょうじょう》（注1）リバウンドのような症状）が出る」という現象を指しています。ただし、これは、動物実験でわかったことにすぎません。これだけでは説明のつかないことがあるのです。

例えば、がんの激しい痛みをしずめるために医療用麻薬《いりょうようまやく》を使うことがあります。けれども、その患者《かんじゃ》が依存症になり、病院から麻薬を盗《ぬす》んだ、もしくは売人から不法に入手したなどという話は聞いたことがありません。医療用麻薬は、症状によってはかなりの量をある程度の期間使いつづけます。だから、馴れも生じるし、量も増えていきます。それでも、医療用麻薬を使っている患者を依存症とは呼びません。アトピー性皮膚炎《ひふえん》などの治療《ちりょう》に使われるステロイドという薬もまた、使いつづけるうちに馴れが生じるものの一つです。内服薬として継続《けいぞく》的《てき》に使っていた場合、急にやめることは難しく、ゆっくりと少しずつ量を減らしていかなければなりません。しかし、だからといってこの薬を使っている患者が依存症として扱《あつか》われることはありません。

第3章に書いたように、依存症のしくみは脳のメカニズムにあります。それはそれで、理解しておくべき事実です。しかし、複雑な社会の中で生きる僕《ぼく》たち人間は、それだけですべてを説明しきれるほど単純なものでしょうか。①僕は、そうは思いません。脳のしくみを解明するだけでは、依存症という病気の核心《かくしん》にはたどり着けません。歪《ゆが》んだ人間関係の中で心に痛みを抱《かか》え、それを放置したまま薬物あるいは特定の行為《こうい》で一時しのぎをつづけ、いつしかコントロールできなくなって生活が破綻《はたん》してしまう。これが依存症の全貌《ぜんぼう》です。つまり、依存症という病気は、僕たちがどんな人間関係を築き、どんな社会をつくっていくのかということと直結しているのです。

【　Ａ　】僕は、依存症がこの世からなくなることはないだろうと考えています。絶望的になっているわけではなくて、人間は、どんな時代も、何かしらよりかかるものを必要としているような気がするのです。

【　Ｂ　】面倒《めんどう》な単純作業をしなければならないとき、昔聞いた歌をいつのまにか頭の中でぐるぐるとループしていること、ありませんか？　それから、授業がどうにもつまらないときに、ノートを取っているふりをしながらラクガキしたり、わけもなく図形を塗《ぬ》りつぶしたり。多くの人は身に覚えがあるでしょう。人間は、ストレスを感じる状況《じょうきょう》に置かれたとき、それをやりすごすために気をまぎらわせようとするものなのです。そして、僕たちの祖先は、そうやって気をまぎらわせるのにうってつけのものを見つけました。アルコールやカフェインをはじめとする薬物です。やがて社会が複雑化したとき、それを乱用する人が出てきてしまったわけですが、何かで気をまぎらわせるという行為は、僕たち人間の知恵《ちえ》でもあります。

2023年度

栄光学園中学校

▶解説と解答

算　数　(60分) <満点：70点>

解　答

1 (1) (ア) $\frac{5}{8}$cm² (イ) $1\frac{133}{200}$cm² (ウ) 2 cm² (2) $1\sim1\frac{1}{4}$, $4\frac{1}{4}\sim6\frac{1}{3}$, $10\frac{1}{3}\sim11$秒後 (3) $7\frac{11}{12}$, $8\frac{1}{15}$秒後 **2** (1) (ア) 42個 (イ) 60個 (2) (ア) 28個 (イ) 108個 (3) (ア) 18個 (イ) 160個 **3** (1) 14 (2) 5, 12, 14, 15, 32 (3) 解説の図2を参照のこと。 (4) ア…31, イ…31 (5) 1090 **4** (1) 24 (2) (ア) 697 (イ) 694 (3) (ア) 29, 30回 (イ) 40, 41回 (4) 694, 696, 697, 698

解　説

1 平面図形―図形の移動，面積

(1) スタートしてから3秒後，4秒後，5秒後には，それぞれ下の図①のようになる(単位はcm)。3秒後の図で，$a=1-\frac{3}{4}=\frac{1}{4}$(cm)だから，重なっている部分の面積は，$\left(\frac{1}{4}+1\right)\times1\div2=\frac{5}{8}$(cm²)となる。また，4秒後の図で，$b=1-\frac{3}{4}=\frac{1}{4}$(cm)なので，重なっている部分の面積は，$\left(\frac{1}{4}+\frac{3}{5}+1\right)\times\left(1+\frac{4}{5}\right)\div2=\frac{333}{200}=1\frac{133}{200}$(cm²)と求められる。さらに，5秒後の図では辺BCで正方形の面積が2等分されるから，重なっている部分の面積は，$2\times2\div2=2$(cm²)となる。

図①

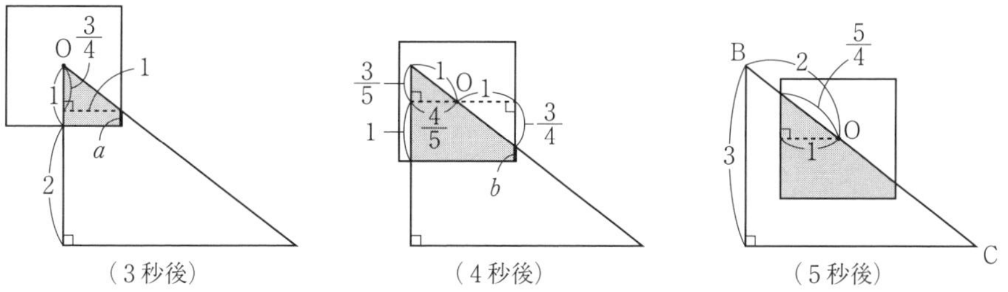

(2) 重なっている部分の面積が正方形の面積の半分になるときなので，下の図②で，❶から❷までの間，❸から❹までの間，❺から❻までの間の3回ある。それぞれの状態になるまでに点Oが動いた長さを求めると，❶までは1cm，❷までは，$3-\left(\frac{3}{4}+1\right)=1\frac{1}{4}$(cm)，❸までは，$3+\frac{5}{4}=4\frac{1}{4}$(cm)，❹までは，$3+5-\frac{5}{3}=6\frac{1}{3}$(cm)，❺までは，$3+5+\frac{4}{3}+1=10\frac{1}{3}$(cm)，❻までは，$3+5+4-1=11$(cm)となる。よって，$1\sim1\frac{1}{4}$，$4\frac{1}{4}\sim6\frac{1}{3}$，$10\frac{1}{3}\sim11$秒後の3回である。

(3) $\frac{32}{75}$cm²=0.42…cm²であり，これは3秒後に重なっている部分の面積よりも小さいから，スタートしてから❹のようになるまでと，❺からもとに戻《もど》るまでの間は条件に合わない。また，点Oが頂点Cを通過する前後の面積を求めると下の図③のようになるので，点Oが頂点Cを通過する前後に1回ずつあることがわかる。このとき，どちらの場合も重なっている部分は下の図④のような直角

図②

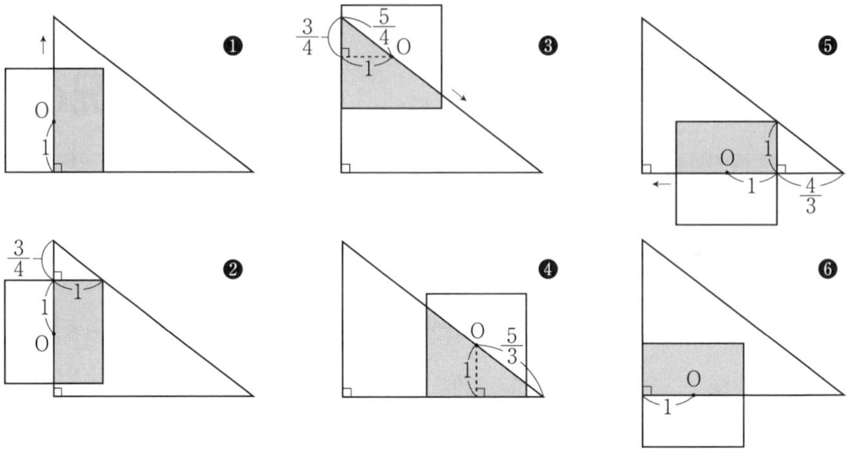

三角形になるから，$(4\times□)\times(3\times□)\div 2=\frac{32}{75}$，$□\times□\times 6=\frac{32}{75}$，$□\times□=\frac{16}{225}=\frac{4}{15}\times\frac{4}{15}$より，$□=\frac{4}{15}$とわかる。つまり，重なっている部分は下の図⑤のような三角形である。よって，点Oが頂点Cを通過する前は下の図⑥，通過した後は図⑦のようになる。図⑥までに点Oが動いた長さは，$3+5-\left(\frac{4}{3}-\frac{5}{4}\right)=7\frac{11}{12}$(cm)であり，図⑦までに点Oが動いた長さは，$3+5+\left(\frac{16}{15}-1\right)=8\frac{1}{15}$(cm)だから，スタートしてから$7\frac{11}{12}$秒後と$8\frac{1}{15}$秒後である。

図③

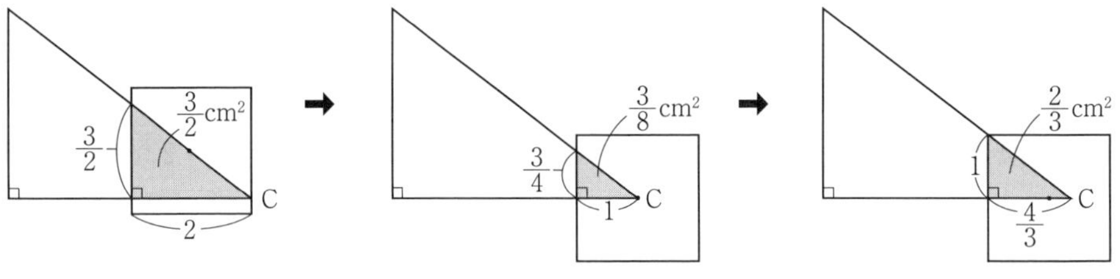

図④　図⑤　図⑥　図⑦

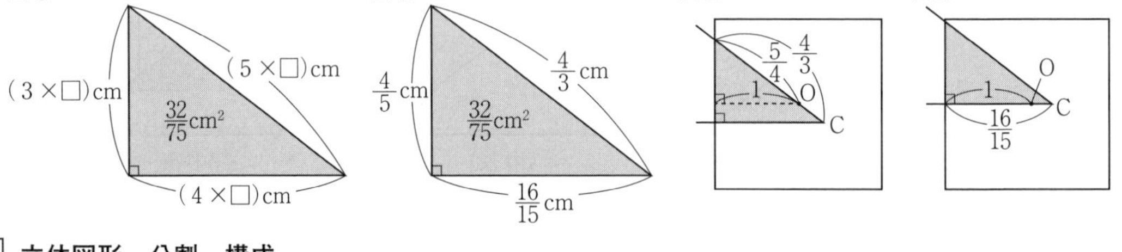

2 立体図形―分割，構成

(1)　(ア)　正面から見ると，切り口は右の図1の太線のようになり，かげをつけた10個の小立方体が切断される。これが3列あるから，切断される小立方体の個数は，$10\times3=30$(個)となり，切断されない小立方体の個数は，$72-30=42$(個)と求められる。　(イ)　図1でかげをつけた30個の小立方体は，それぞれ体積が1 cm³未満の立体2個に分かれるので，体積が1 cm³未満の立体の個数は，$2\times30=60$(個)である。

図1　図2

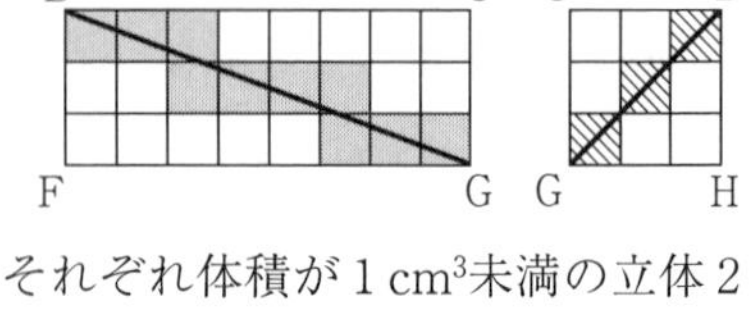

(2)　(ア)　真横から見ると，切り口は右上の図2の太線のようになり，斜線《しゃせん》をつけた3個の小立方体が切断される。よって，これまでに切断されたようすを段ごとに表すと，下の図3のようになる。

したがって，切断されていない小立方体(かげや斜線がついていない部分)は，上段と下段に10個ずつと中段に8個あるから，全部で，10×2＋8＝28(個)とわかる。　(イ)　図3で，かげと斜線の両方がついている，3×2＋4＝10(個)の小立方体は，それぞれ4個に分かれる。また，かげだけがついている，6×2＋8＝20(個)の小立方体と，斜線だけがついている，5×2＋4＝14(個)の小立方体は，それぞれ2個に分かれる。よって，体積が1 cm^3未満の立体の個数は，4×10＋2×(20＋14)＝108(個)と求められる。

図3

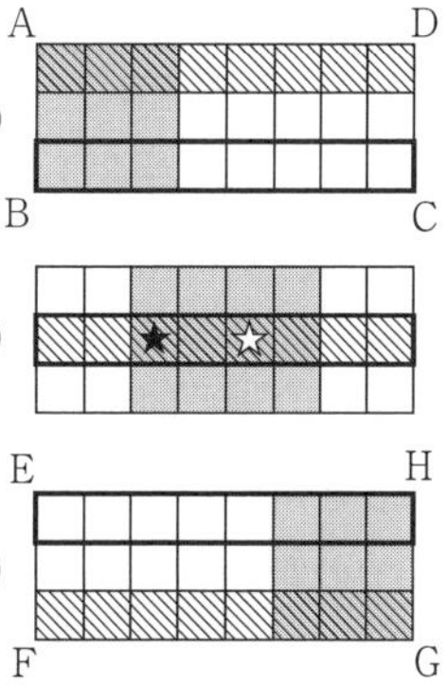

(3)　(ア)　これまでの切断に加えて，図3の太線で囲んだ小立方体が切断される。よって，切断されていない小立方体は，上段と下段に5個ずつと中段に8個あるので，全部で，5×2＋8＝18(個)とわかる。　(イ)　かげ，斜線，太線がすべてついている4個の小立方体は，下の図4，図5のように7個に分かれる(図4は★印の小立方体，図5は☆印の小立方体を切断したようすを表している)。また，かげ，斜線，太線のうち2つがついている，6×2＋4＝16(個)の小立方体は4個に分かれ，1つだけがついている，13×2＋8＝34(個)の小立方体は2個に分かれる。よって，体積が1 cm^3未満の立体の個数は，7×4＋4×16＋2×34＝160(個)と求められる。

図4

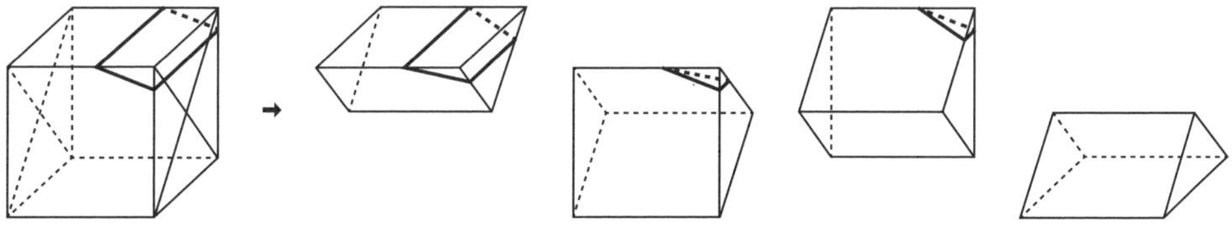

図5

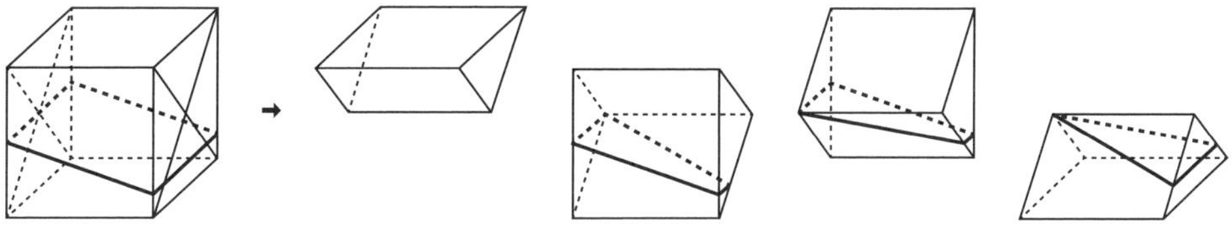

3　数列，計算のくふう

(1)　操作にしたがって計算すると，2023→2024→1012→506→253→254→127→128→64→32→16→8→4→2→1となるから，[2023]＝14とわかる。

(2)　1から順にさかのぼると，下の図1のようになる。よって，[A]＝5となる A の値は{5，12，14，15，32}の5個である。

図1

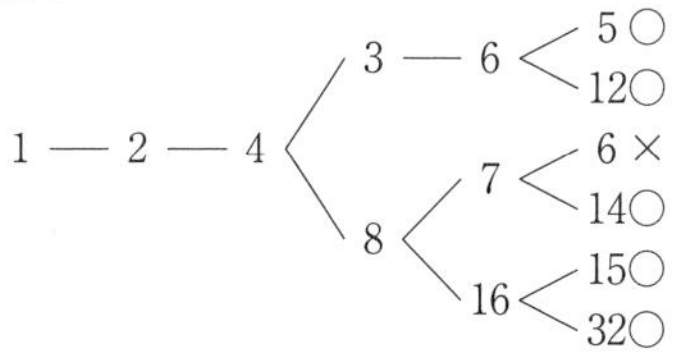

図2

	[2]	[3]	[4]	[5]	[6]	[7]	[8]	[9]	[10]
	1	3	2	5	4	4	3	7	6
[11]	[12]	[13]	[14]	[15]	[16]	[17]	[18]	[19]	[20]
6	5	6	5	5	4	9	8	8	7
[21]	[22]	[23]	[24]	[25]	[26]	[27]	[28]	[29]	[30]
8	7	7	6	8	7	7	6	7	6

(3)　A が偶数《ぐうすう》のとき，1回操作をすると $\dfrac{A}{2}$ になるので，[A]の値は $\left[\dfrac{A}{2}\right]$ の値よりも1大きくなる。

また，Aが奇数《きすう》のとき，1回操作をすると(A＋1)となり，もう1回操作をすると$\frac{A+1}{2}$になるから，[A]の値は$\left[\frac{A+1}{2}\right]$の値よりも2大きくなる。たとえば，[6]の値は[3]の値よりも1大きいので，[6]＝3＋1＝4と求められ，[7]の値は[4]の値よりも2大きいから，[7]＝2＋2＝4と求められる。同様に考えると，上の図2のようになる。

(4) 図2のように，[奇数]，[偶数]の順に2つずつ組にすると，どの組の差も1になるので，[3]＋[4]＝[4]＋[4]＋1，[5]＋[6]＝[6]＋[6]＋1，…，[63]＋[64]＝[64]＋[64]＋1となることがわかる。よって，下の図3の①の式は②のように書き直すことができる。また，4から64までの偶数の個数は，(64－4)÷2＋1＝31(個)だから，②の式にあらわれる「＋1」の個数も31個であり，③，④のように書き直すことができる。次に，Aが偶数のとき，[A]の値は$\left[\frac{A}{2}\right]$の値よりも1大きくなるので，[4]＝[2]＋1，[6]＝[3]＋1，[8]＝[4]＋1，…，[64]＝[32]＋1となり，⑤のように書き直すことができる。さらに，⑤の式にあらわれる「＋1」の個数も31個だから，⑥のようになる。また，⑥のかげをつけた部分は《32》なので，⑦，⑧のように書き直すことができる。したがって，ア，イに当てはまる数はどちらも31である。

図3

《64》＝[2]＋[3]＋[4]　＋[5]＋[6]　＋[7]＋[8]＋　…＋[61]＋[62]　＋[63]＋[64]　①
　＝[2]＋[4]＋[4]＋1＋[6]＋[6]＋1＋[8]＋[8]＋1…＋[62]＋[62]＋1＋[64]＋[64]＋1　②
　＝[2]＋[4]＋[4]　＋[6]＋[6]　＋[8]＋[8]　…＋[62]＋[62]　＋[64]＋[64]＋31　③
　＝[2]＋([4]＋[6]＋[8]＋…＋[62]＋[64])×2＋31　④
　＝[2]＋([2]＋1＋[3]＋1＋[4]＋1＋…＋[31]＋1＋[32]＋1)×2＋31　⑤
　＝[2]＋([2]＋[3]＋[4]＋…＋[31]＋[32]＋31)×2＋31　⑥
　＝[2]＋(《32》＋31)×2＋31　⑦
　＝1＋《32》×2＋31×2＋31　⑧

(5) はじめに，図2の[2]から[30]までの和を求めると，167になる。また，[31]＝[16]＋2＝6，[32]＝[16]＋1＝5だから，《32》＝167＋6＋5＝178とわかる。よって，図3の⑧の式から，《64》＝1＋178×2＋31×2＋31＝450と求められる。次に，図3で64を128に置きかえて同様に考えると，4から128までの偶数の個数は，(128－4)÷2＋1＝63(個)なので，⑧の式は，《128》＝1＋《64》×2＋63×2＋63となる。ここへ，《64》＝450を当てはめると，《128》＝1＋450×2＋63×2＋63＝1090と求められる。

4 立体図形―構成，条件の整理

(1) 上面の目を中心に，側面の目をそれぞれ端《はし》に書くと，下の図①のようになる。よって，出た目の和は，1＋5＋6＋4＋2＋1＋5＝24と求められる。

図①

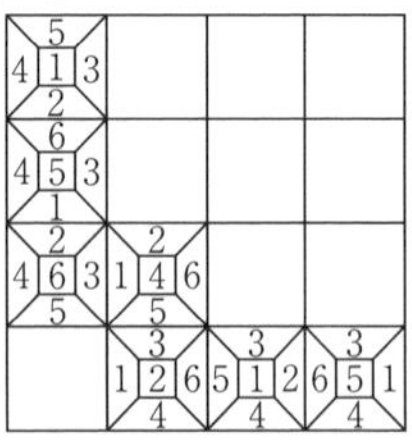

図②

図③

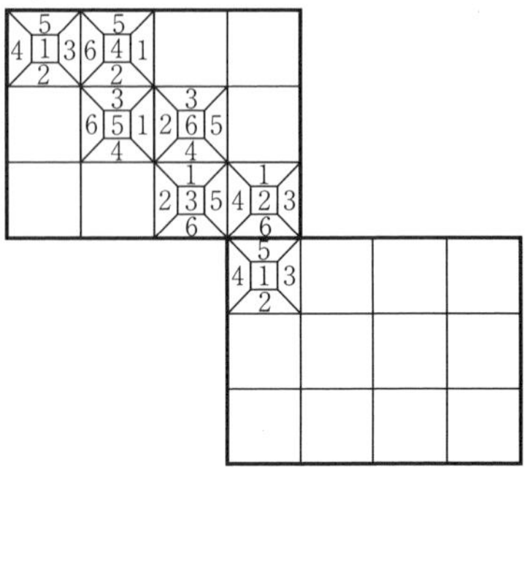

⑵　㋐　上の図②のように，右方向に連続して転がすときは{1，4，6，3}がくり返され，100÷4＝25より，右上のマスの目は3になることがわかる。また，下方向に連続して転がすときは{3，5，4，2}がくり返され，右方向と同様にして右下のマスの目は2になることがわかる。よって，右上のマスの3を重複して計算すると，右方向の和は，（1＋4＋6＋3）×25＝350，下方向の和は，（3＋5＋4＋2）×25＝350となるから，出た目の和は，350＋350－3＝697と求められる。　㋑　上の図③のように，6回転がすごとにはじめと同じ状態になる。また，さいころが転がるマスの数は全部で，100＋100－1＝199(個)なので，199÷6＝33余り1より，これが33回くり返され，最後に1の目で終わることがわかる。よって，出た目の和は，（1＋4＋5＋6＋3＋2）×33＋1＝694となる。

⑶　㋐　さいころは右または下にだけ転がすから，ある目が出てから再びその目が出る前に，必ず向かい合う目が1度だけ出る必要がある。よって，右の図④のように1が30回出たとき，1と1の間に6が29回出たことになる。さらに，30回目の1の後に6が出る可能性もあるので，6が出た回数として考えられるのは29回，30回である。　㋑　最初の状態を見ると，2よりも先に5が出ることがわかる。よって，2と5の回数は，同じであるか5の方が1回多くなるから，5が出た回数として考えられるのは40回，41回である。

図④

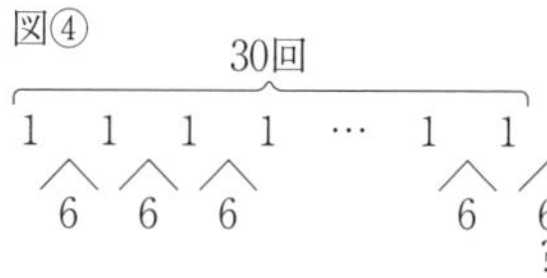

⑷　⑶と同様に考えると，3よりも4の方が先に出るので，3と4の回数は，同じであるか4の方が1回多くなる。よって，回数が少ない可能性がある6の回数をP回，2の回数をQ回，3の回数をR回とすると，1～6の回数は右の図⑤の8通りの場合が考えられる。ⓐの場合，1～6が出た回数の合計は，$P\times2+Q\times2+R\times2=(P+Q+R)\times2$(回)となるが，これは偶数だから199回になることはない。同様に，ⓓ，ⓕ，ⓖの回数の合計も偶数になるので，考えられるのはⓑ，ⓒ，ⓔ，ⓗである。ⓑの場合，$(P+Q+R)\times2+1=199$より，$P+Q+R=(199-1)\div2=99$(回)と求められる。また，4が3よりも1回多く出た分を除くと，1と6はP回ずつ，2と5はQ回ずつ，3と4はR回ずつ出ているから，これらの目の和は，$7\times P+7\times Q+7\times R=7\times(P+Q+R)=7\times99=693$と求められる。これに4が1回多い分を加えると，693＋4＝697となる。同様に，ⓒの場合は5が1回多い分を加えて，693＋5＝698，ⓔの場合は1が1回多い分を加えて，693＋1＝694となる。さらに，ⓗの場合は，$(P+Q+R)\times2+3=199$より，$P+Q+R=(199-3)\div2=98$(回)と求められるので，$7\times(P+Q+R)=7\times98=686$とわかる。これに，1，5，4が1回ずつ多い分を加えると，686＋1＋5＋4＝696となる。したがって，考えられる目の和は，694，696，697，698である。

図⑤

6	1	2	5	3	4	
P回	P回	Q回	Q回	R回	R回	ⓐ
P回	P回	Q回	Q回	R回	$R+1$回	ⓑ
P回	P回	Q回	$Q+1$回	R回	R回	ⓒ
P回	P回	Q回	$Q+1$回	R回	$R+1$回	ⓓ
P回	$P+1$回	Q回	Q回	R回	R回	ⓔ
P回	$P+1$回	Q回	Q回	R回	$R+1$回	ⓕ
P回	$P+1$回	Q回	$Q+1$回	R回	R回	ⓖ
P回	$P+1$回	Q回	$Q+1$回	R回	$R+1$回	ⓗ

社　会　(40分) ＜満点：50点＞

解　答

[1] **問1**　オランダ　**問2**　(例)　開港地の横浜には，外国人の居留地があったため。　**問3**　福沢諭吉　[2] **問1**　(例)　当時は冷蔵庫が一般的ではなかったため，1日で消費できる量を配達しなければならなかったから。　**問2**　(例)　密閉性が高いびんを使えば，牛乳が空気にふれ，雑菌の入る機会が少なくてすむから。　[3] **問1**　(例)　消費地に近く，搾りたての生乳を販売することができる。　**問2**　オ→エ→ア→イ→ウ　[4] **問1**　イ　**問2**　(1)　(例)　北海道も他の地域も，生産量が大きく増えている。　(2)　(例)　北海道は増加を続けているが，ほかの地域は減少傾向にある。　**問3**　(例)　どちらも酪農家戸数が減っているが，搾乳機の導入などにより乳牛頭数は増えている。また，北海道は酪農家が大規模経営化したのに対し，神奈川県では縮小していった。　[5] **問1**　(例)　北海道では生産した生乳の多くを，道内で乳製品に加工している。その理由として，食生活の変化によって乳製品の消費が増えたことや，大消費地から遠いため，保存のきく乳製品に加工したほうが出荷しやすいことが考えられる。　**問2**　(例)　神奈川県は生乳の生産量は多くないが，ほかの都道府県から運んだ生乳を利用して，多くの牛乳を生産している。　**問3**　(例)　冷蔵技術の進歩と交通網の発達により，生乳を新鮮なまま運ぶことができるようになった。　[6] (例)　冷蔵技術が未発達だった明治時代には，生乳や牛乳の生産地は消費地に近い東京の中心部だったが，都市化の進行にともない，生産地はしだいに郊外に移動した。戦後，牛乳や乳製品の消費が増えると，生乳・牛乳の生産地は全国に広がったが，大消費地から遠い北海道では，乳製品に加工して出荷することが多い。1960年代以降，冷蔵技術の進歩や交通網の発達によって生乳をより遠くまで運べるようになると，神奈川県のように大消費地に近い地域では，ほかの産地から運んだ生乳を利用して牛乳を生産することがさかんになった。

解　説

[1] 牛乳を題材とした江戸～明治時代の外交と人物についての問題

問1　江戸幕府は，キリスト教の禁止などを目的として，外国との交流を厳しく制限する鎖国政策をとった。こうした中にあって，キリスト教の布教をしなかったオランダだけが，ヨーロッパの国では唯一《ゆいいつ》，幕府との貿易を認められ，取り引きは長崎港内の人工島である出島に置かれたオランダ商館で行われた。

問2　1858年，江戸幕府はアメリカ・イギリス・フランス・ロシア・オランダとの間で通商条約を結び，すでに開かれていた函館(北海道)に加え，神奈川(横浜)・新潟・兵庫(神戸)・長崎を開港して貿易を行うことを認めた。開港地には外国人居留地が設けられ，日本最大の貿易港となった横浜には特に多くの外国人が滞在《たいざい》するようになったため，外国人相手の商売が行われるようになった。横浜周辺で，日本人の食習慣になかった牛乳が販売されるようになったのも，こうした背景があったからだと考えられる。

問3　福沢諭吉は，江戸時代末～明治時代に活躍《かつやく》した思想家・教育家で，豊前《ぶぜん》中津藩(大分県)の藩士の子として大坂(大阪)で生まれ，緒方洪庵《おがたこうあん》の開いた適塾《てきじゅく》で学んだ。3回にわたる欧米への渡航で得た見聞をもとにして『西洋事情』や『学問のすゝ《(す)》め』などを著し，人々に大きな影響《えいきょう》を与えた。また，慶應義塾の創始者としても知られる。

2 日本で牛乳が普及《ふきゅう》する過程について考える問題

問１ 明治時代には，低温で食品を保存する冷蔵庫のような道具が一般的ではなかった。本文にあるように「牛乳はとても腐《くさ》りやすい」ので，１日で消費できる分量の牛乳を，毎日各家庭に配達するという方法がとられていた。

問２ 金属製の缶に入った牛乳をひしゃくですくって別の容器に入れていくという方法では，牛乳が長時間，空気にふれていることになる。また，作業中に手に牛乳がついたり，ひしゃくがほかのものにあたったりしてしまうおそれもあり，衛生面での不安がある。一方，密閉性の高いびんにいれて配達することには，より衛生的で，配達もしやすいという利点がある。

3 東京都における生乳の生産の歴史についての問題

問１ 1の問１でみたように，明治時代には冷蔵のしくみが発達していなかったことから，生乳や牛乳を販売《はんばい》できるのは，搾《しぼ》りたてのものを出荷できる産地の近くに限られていた。そのため，人口が多く牛乳の需要《じゅよう》も多い東京の中心部に，多くの牧場と酪農家が存在したのである。

問２ オの地図で164戸となっている地域が，おおむね現在の中央区・千代田区・港区にあたり，「東京の中心部」といえる。本文から，この地域に乳搾りをする業者が集中していた時期は，５つの中で最も時代の古い1901年だとわかる。このあと，政府の規制によって中心部の業者数が減り，「牧場は郊外へ移って」いくのだから，中心部に２戸残っているエが1927年で，さらに郊外の西部で業者数が急増しているアが1954年となる。「20世紀後半には，東京都全体から業者の数が減って」いったのだから，イが1980年で，そこからさらに数が減ったウが2010年と判断できる。

4 日本における生乳の生産地と生産量の移り変わりについての問題

問１ 【グラフ１】にある生産量の急増の要因として，牛乳や乳製品の消費量の増加が考えられる。第二次世界大戦後，高度経済成長期にかけて，日本では生活の洋風化が進み，それにともなって国民の食生活も変化した。これによって消費量が大きく増えたのだと考えられる。

問２ (1)，(2) 【グラフ１】から，1990年ごろまでは，北海道をふくめて全国で生乳の生産量が増加傾向《けいこう》にあったことがわかる。ところが，1990年代に入ると，北海道では増加傾向を維持しているのに対し，ほかの地域ではやや減少傾向に転じている。

問３ 【グラフ２】から，1960年ごろから1990年ごろにかけて，北海道も神奈川県も酪農家数が大きく減っていることがわかる。この期間，北海道では乳牛頭数が増え続けているが，神奈川県では増加のあと減少に転じ，そのまま減り続けていった。広い土地が得やすい北海道では，少なくなった酪農家が作業の機械化などの効率化を進めて経営規模を拡大したため，１戸あたりの飼育頭数が大きく増えた。一方で，大きな土地を確保しにくい神奈川県では，規模を広げることができないので，酪農家の戸数の減少に応じて，乳牛の頭数も減っていったのだと推測できる。

5 地域による生乳の生産と利用のしかたの違いについての問題

問１ 【表】によると，北海道の生乳の生産量は飛びぬけて多いが，ほかの都府県に運ばれる量や道内で牛乳に加工するために利用される量はともに約１割で，７割以上は道内で乳製品に加工するために利用されている。北海道は東京などの大消費地から遠いため，鮮度が求められる生乳を出荷するよりも，乳製品に加工して出荷したほうが効率的であったためだと考えられる。また，4の問

1でみたように，食生活の変化によって，牛乳だけではなく，チーズやバター，ヨーグルトといった乳製品の消費が増えたことも，北海道の生乳の利用の仕方に影響していると考えられる。

問2　【表】と問題文から，神奈川県は生乳の生産量はそれほど多くないが，ほかの都道府県から大量に受け入れていることや，そうした生乳の大部分を牛乳に加工していることがわかる。また，その結果として，牛乳の生産量が北海道についで全国第2位と，非常に多いことも読み取れる。つまり，神奈川県は，ほかの都道府県から受け入れた生乳を利用して，多くの牛乳を生産しているのだといえる。

問3　神奈川県で牛乳の生産量が多いのは，冷蔵技術の進歩や，交通網《もう》の整備によって，鮮度が求められる生乳を低温に保ったまま，比較的短い時間でほかの地域から輸送できるようになったからだと考えられる。

6　明治時代から現在までの生乳と牛乳の生産地の変化についての問題

冷蔵技術が未発達で，搾りたての生乳や牛乳を販売していた明治時代には，生乳・牛乳の生産地は消費地に近い東京の中心部だったが，都市化の進行によって，生乳・牛乳を生産する牧場や酪農家はしだいに東京の郊外に分布するようになった。第二次世界大戦後には，国民の食生活の変化によって，牛乳や乳製品の消費量が増えていった。また，生乳・牛乳の産地は全国に広がるようなり，特に広い牧場がつくりやすい北海道で生乳の生産量が大きく増えたが，北海道は大消費地から遠いため，生乳を乳製品に加工して出荷する量が多い。1960年代以降は，冷蔵技術の進歩と交通網の発達により，生乳を低温に保ったまま短い時間に遠くまで輸送できるようになり，大消費地の周辺ではほかの産地から運ばれた生乳を，牛乳に加工して出荷することがさかんに行われるようになった。1～5で考えたり読み取ったりしたこれらのことをまとめればよい。

理　科　(40分)＜満点：50点＞

解　答

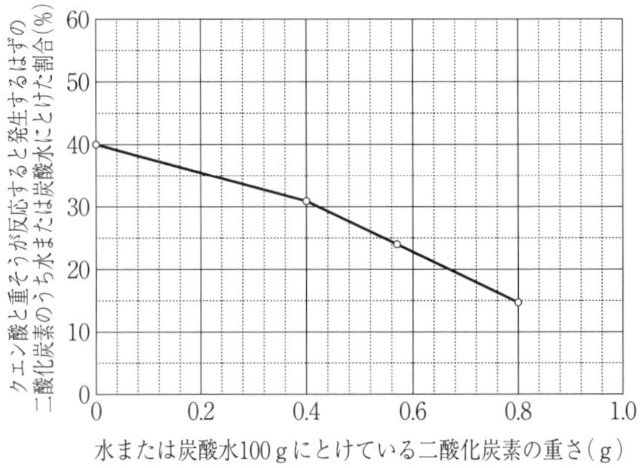

問1　イ　**問2**　(例)　炭酸水の重さの減少分のうち，二酸化炭素がぬけたことによる減少分を求めるため。　**問3**　1.32g　**問4**　(例)　図3の装置では，発生した二酸化炭素がメスシリンダーに集まるとき，その一部が水にとけてしまいやすいため，体積の測定値が発生量より小さくなること。　**問5**　ウ　**問6**　**1**　重そう　**2**　0.39　**3**　0.16　**4**　ウ　**問7**　**1**　0.66　**2**　0.96　**3**　1.26　**問8**　**1**　185　**2**　165　**3**　150　**問9**　右上の図　**問10**　(例)　(クエン酸と重そうが反応すると発生するはずの二酸化炭素のうち水または炭酸水にとけた割合は，)水または炭酸水100gにもともととけている二酸化炭素の重さが小さいほど大きくなる。　**問11**　**クエン酸**…1.54g　**重そう**…2.02g

解 説

二酸化炭素の水へのとけ方についての問題

問1　二酸化炭素を石灰水に通すと，石灰水が白くにごるため，気体が二酸化炭素かどうかを確認するには，石灰水を用いる。なお，ろうそくの火が消えたからといって，その気体が二酸化炭素だとは限らない。

問2　炭酸水の重さが減少していく原因として，二酸化炭素がぬけていくこと以外に，水が蒸発していくことが考えられる。よって，水のペットボトルで同じ実験を行い，水の減少分(蒸発量)を調べれば，炭酸水の重さの減少分から水の減少分を引くことで，炭酸水からぬけた二酸化炭素の重さを求めることができる。

問3　270分間で，炭酸水のペットボトルでは，505.24－503.84＝1.40(ｇ)減少し，水のペットボトルでは，503.22－503.14＝0.08(ｇ)減少したので，炭酸水からぬけた二酸化炭素の重さは，1.40－0.08＝1.32(ｇ)とわかる。

問4　図２と図３を比べると，栄一君はメスシリンダーの底まで達する長いガラス管を追加したことがわかる。二酸化炭素は水に比較《ひかく》的とけやすい気体であり，水上置換《ちかん》法を用いた図２や図３の装置では，発生した二酸化炭素が水にふれてしまうため，メスシリンダーに集まった二酸化炭素の体積が，実際に発生した二酸化炭素の体積よりも少なくなる。図３の装置の場合，ガラス管の口から出た二酸化炭素が水中を上昇《じょうしょう》するため，それだけ二酸化炭素が水とふれ，一部がとけてしまいやすくなる。図２の装置に改良すれば，二酸化炭素が水とふれる機会が減り，それだけ水にとける二酸化炭素の体積が小さくなる。

問5　16ｇのクエン酸と過不足なく反応する重そうの重さが21ｇなので，0.75ｇの重そうと過不足なく反応するクエン酸の重さは，16×0.75÷21＝0.571…より，0.57ｇである。したがって，クエン酸の重さが0.57ｇ以下では，クエン酸の重さと集まった二酸化炭素の体積が比例し，0.57ｇ以上では，0.75ｇの重そうがすべて反応して，表２より，集まった二酸化炭素の体積が126mLのまま一定となる。

問6　**1**　0.75ｇの重そうと過不足なく反応するクエン酸の重さは0.57ｇなので，クエン酸と重そうを0.75ｇずつ反応させると，重そうがすべて反応し，クエン酸が一部残る。　**2**　21ｇの重そうが反応すると，二酸化炭素が11ｇ発生するので，0.75ｇの重そうがすべて反応することで発生する二酸化炭素は，11×0.75÷21＝0.392…より，0.39ｇである。　**3**　二酸化炭素１Ｌ(＝1000mL)の重さは1.8ｇだから，126mLの重さは，1.8×126÷1000＝0.226…より，0.23ｇである。よって，水にとけた二酸化炭素の重さは，0.39－0.23＝0.16(ｇ)となる。なお，計算の仕方によっては0.17ｇになる場合もある。　**4**　0.16÷0.39×100＝41.0…より，ウの40％が最も近い数値である。

問7　**1**　問３より，270分間でおよそ500ｇの炭酸水からぬけた二酸化炭素は1.32ｇなので，100ｇの炭酸水で考えるときには，1.32÷５＝0.264(ｇ)となる。よって，発生した二酸化炭素のうち，その40％が水にとけるので，元の状態に戻《もど》すには，0.264÷0.4＝0.66(ｇ)の二酸化炭素が発生すればよいことになる。　**2**　0.66ｇの二酸化炭素を発生させるために必要なクエン酸の最低限の重さは，16×0.66÷11＝0.96(ｇ)とわかる。　**3**　0.66ｇの二酸化炭素を発生させるために必要な重そうの最低限の重さは，21×0.66÷11＝1.26(ｇ)である。

問8　表３の値から表４の値を引けば求められるので，炭酸水Ａでは，365－180＝185(mL)，炭酸水Ｂでは，260－95＝165(mL)，炭酸水Ｃでは，161－11＝150(mL)となる。

問9　クエン酸と重そうを0.75ｇずつ反応させたときに発生するはずの二酸化炭素の重さは，問６の２より，0.39ｇであり，この体積は，1000×0.39÷1.8＝216.6…より，217mLである。このうち水または炭酸水にとけた割合は，炭酸水Ａで，(217－185)÷217×100＝14.7…(％)，炭酸水Ｂで，(217－165)÷217×100＝23.9…(％)，炭酸水Ｃで，(217－150)÷217×100＝30.8…(％)，問６の４より，水で40％である。これらの値をもとに折れ線グラフを作ると，解答のようになる。

問10　かいたグラフを見てもわかるように，水または炭酸水100ｇにもともととけている二酸化炭素の重さが小さいほど，発生するはずの二酸化炭素のうち水または炭酸水にとけた割合が大きくなっている。

問11　開けた直後から270分間で100ｇの炭酸水からぬけた二酸化炭素の重さは，問７の１より，0.264ｇなので，このとき炭酸水にとけている二酸化炭素の重さは，0.80－0.264＝0.536(ｇ)となる。よって，この炭酸水にクエン酸と重そうを加えて二酸化炭素を発生させたとき，水にとける割合は問９で作ったグラフより，25％と読み取れる。発生させた二酸化炭素の25％がとけることで炭酸水にとけている二酸化炭素の重さが0.264ｇ増え，はじめの0.80ｇになればよいので，発生させるべき二酸化炭素の重さは，0.264÷0.25＝1.056(ｇ)である。したがって，必要なクエン酸は最低，16×1.056÷11＝1.536より，1.54ｇとわかる。また，必要な重そうは最低，21×1.056÷11＝2.016…より，2.02ｇになる。なお，計算の仕方やグラフの読み取り方によって，これらよりも少しずれた数値が導き出される場合もある。

国　語　(50分)＜満点：70点＞

解　答

□一 **問１**　(例)　脳のメカニズムを解明するだけで，依存症のすべてを説明できるぐらい人間は単純なものである(と筆者は思っていないということ。)　**問２**　Ｃ　**問３**　(例)　もともと歪んだ人間関係の中で孤立し，依存症になった人が，厳しい差別や偏見にさらされることで，ますます孤立を深め，回復から遠ざかること。　**問４**　(例)　依存症になる人が出ることを想定したうえで，依存症になった人を排除せずに，心の痛みに寄り添い，回復を支援し，もう一度迎え入れることができる社会。　**問５**　ウ　□二 **問１**　ａ　エ　ｂ　イ　**問２**　(例)　自分が全国大会でキム・チョヒに負けたのは，キム・チョヒが規定に反した水着を着ていたからだということ。　**問３**　(例)　自分の負けを素直に認めず，水着のせいにしようとする見苦しい態度。　**問４**　(例)　決勝進出への思いの強さを知りながら，苦楽をともにしてきたスンナムを見下すような発言をして友情に危機を招いてしまったから。　**問５**　(例)　試合は勝たなければ意味がない(という考え。)　□三 下記を参照のこと。

●漢字の書き取り

□三 1　簡素　2　圧巻　3　協議　4　序列　5　探査　6　委任　7　給湯　8　垂(れる)　9　暮(れる)　10　絹

解　説

□一 **出典は松本俊彦《まつもととしひこ》の『世界一やさしい依存症《いぞんしょう》入門―やめられないのは誰《だれ》かのせい？』による。**脳のしくみを解明するだけでは核心《かくしん》にたどり着けない「依存症」について，筆者は社会のあり方に着目し，説明している。

問１　依存性のある薬物をくり返し摂取《せっしゅ》することで馴《な》れが生じ，同じ効果を得るために必要な量が増加していく一方で，やめるとなると離脱《りだつ》症状が生じる現象を「依存(症)」というが，そのしくみを単に「脳のメカニズム」にあるとして考えてしまうのはいささか疑問だと筆者は述べている。つまり，歪《ゆが》んだ人間関係が絡《から》み合う複雑な社会の現状を考慮《こうりょ》せず，脳のしくみを解明するだけでは，真に依存症をとらえることなどできないというのだから，「複雑な社会に生きる人間は，脳のメカニズムだけで依存症のすべてを説明できるほど単純だ(と筆者は思っていないということ)」のようにまとめる。

問２　もどす文では，依存症かどうかの「線引き」について述べられている。【C】に入れると，タバコやアルコール，大麻《たいま》，ゲーム，本などを例に，時代や地域，あるいは大人の感情次第《しだい》でそれらの扱《あつか》われ方が異なるのだから，よしあしについての絶対的な線引きをするのは難しいというつながりになり，文意が通る。

問３　「こうした」とあるので，前の部分に注目する。ストレスを感じる状況《じょうきょう》に置かれたとき，何かをよりどころに気をまぎらわせようとするのは人間の生きる知恵《ちえ》だが，現代の社会がそれを許容しないと筆者は述べている。歪んだ人間関係のもとで孤立した人々は，苦悩《くのう》から逃《のが》れようと薬物に頼《たよ》り依存症となるが，そこで「健康を害し，生活が壊《こわ》れ」るばかりか場合によっては「厳しい差別や偏見《へんけん》にさらされ」，「ますます孤立《こりつ》を深め」て「回復から遠ざか」る「負の連鎖《れんさ》」におちいるのである。

問４　問３でみた「負の連鎖」を少しでも減らすには，「根本的な問題」と向き合う，つまり「依存症」自体を問題視するのではなく，そもそも人々の「生きづらさ」を生み出す「社会のあり方」を改善すべきだと筆者は述べている。依存症になる「人が出てくることをあらかじめ想定したうえで」，「切り離《はな》し，辱《はずかし》め，排除《はいじょ》する」のではなく，「心の痛みに寄り添《そ》い，回復を支援《しえん》し，もう一度迎《むか》え入れる」ような社会をつくっていけば，一度失敗したとしても立ち直ることができる，という「希望」が持てるのだから，「依存症になる人がいることをあらかじめ想定し，そういう人の心の痛みに寄り添い，回復を支援し，もう一度迎え入れるといったシステムがある社会」のような趣《しゅ》旨《し》でまとめる。

問５　問２で検討した内容をおさえる。「現代では依存性物質とされているタバコ」が，「かつて儀《ぎ》式《しき》や治療《ちりょう》に使われるもの」だったように，「問題視」されるかどうかは時代等によって異なるのだから，ウがふさわしい。

二　**出典はウン・ソホル作，すんみ訳の『５番レーン』による。**漢江《ハンガン》小学校の水泳部のエースである「ナル」という女子生徒を中心に，水泳部員のようすが描《えが》かれている。

問１　**a**　「大会の反省会」は，部員たちにとって「怒《おこ》られる時間」でしかないのだから，後輩《こうはい》たちの顔はおそれから強張《こわば》っていたものと想像できる。よって，エが選べる。　**b**　水泳部には，ふつう放課後の水泳教室でずばぬけた実力のある子がすいせんで入るか，あるいは両親とコーチの話し合いで低学年のときから入るかがほとんどなのに，それを知ってか知らずか，テヤンは部室に来るなり「水泳部に入りたいです」と申し出ている。テヤンのこの無茶なようすには，イが合う。

問２　反省会で，コーチが「キラキラ」していたキム・チョヒの水着についてふれることを期待したものの，自分の至らない点ばかり指摘《してき》してきたことにくやしさを覚えたナルは，「メンタルの強さだけで勝てないときだってありますよね」と食ってかかっている。あえて遠回しに言うことで，全国大会で自分が負けたのは，規定に反した水着を着ていたキム・チョヒの「反則」によるものだと伝えようとしたのである。

問3　キム・チョヒの反則をコーチに主張し続けるナルのようすを見た部長のスンナムは，「水着のせいで負けたなんて，話に無理がある」と話している。「漢江小水泳部のエース」である「ナル」が，自分の負けを素直《すなお》に認めず，相手の水着のせいにするという見苦しい態度を見せたことにいらだち，がっかりしたのである。

問4　全国大会で負けたのは「水着の問題」ではなく，純粋《じゅんすい》にキム・チョヒのほうが速かったからだと気づいていながら，それを認めることで負け続けてしまうのではないかと怖《おそ》れていたナルは，「水着のせいで負けたなんて，話に無理がある」と指摘してきたスンナムに対し，「決勝ではちょっとのちがいが致命《ちめい》的なの！　あんたにはそれがわからないだろうけど」と，彼《かれ》の決勝進出に対する思いをふみにじるようなひどい言葉をぶつけている。実力不足であるという事実から目を背《そむ》けようとした結果，これまでつねに寄り添ってくれていたスンナムを傷つけ，「八年の友情に危機」を招いてしまったことに，ナルは深い後悔《こうかい》と申し訳なさを感じていると想像できる。

問5　「勝ち負けだけが水泳」ではなく，「どう負けるかが，どう勝つかより大切かもしれない」と話すコーチに対し，ナルは「よくわかりません」と言っている。「試合は勝つためにやるものじゃないですか」と発言したとおり，ナルは試合に勝たなければ意味がないという考えを持っているので，コーチの言葉に納得《なっとく》がいかなかったのだと考えられる。

三　漢字の書き取り

1　かざり気がなく質素なこと。　**2**　劇や本などのうち，全体の中で最もすぐれた部分。　**3**　みんなで集まって相談すること。　**4**　順序をつけて並べること。　**5**　未知のことについて調べること。　**6**　ほかの人にものごとを任せること。　**7**　湯を供給すること。　**8**　音読みは「スイ」で，「垂直」などの熟語がある。　**9**　音読みは「ボ」で，「歳暮《せいぼ》」などの熟語がある。　**10**　蚕のまゆからとった糸のこと。また，その糸で織った織物。

Dr.福井の

入試に勝つ！ 脳とからだのウルトラ科学

勉強が楽しいと，記憶力も成績もアップする！

みんなは勉強が好き？　それとも嫌い？――たぶん「好きだ」と答える人はあまりいないだろうね。「好きじゃないけど，やらなければいけないから，いちおう勉強してます」という人が多いんじゃないかな。

だけど，これじゃダメなんだ。ウソでもいいから「勉強は楽しい」と思いながらやった方がいい。なぜなら，そう考えることによって記憶力がアップするのだから。

脳の中にはいろいろな種類のホルモンが出されているが，どのホルモンが出されるかによって脳の働きや気持ちが変わってしまうんだ。たとえば，楽しいことをやっているときは，ベーターエンドルフィンという物質が出され，記憶力がアップする。逆に，イヤだと思っているときには，ノルアドレナリンという物質が出され，記憶力がダウンしてしまう。

要するに，イヤイヤ勉強するよりも，楽しんで勉強したほうが，より多くの知識を身につけることができて，結果，成績も上がるというわけだ。そうすれば，さらに勉強が楽しくなっていって，もっと成績も上がっていくようになる。

でも，そうは言うものの，「勉強が楽しい」と思うのは難しいかもしれない。楽しいと思える部分は人それぞれだから，一筋縄に言うことはできないけど，たとえば，楽しいと思える教科・単元をつくることから始めてみてはどうだろう。初めは覚えることも多くて苦しいときもあると思うが，テストで成果が少しでも現れたら，楽しいと思えるきっかけになる。また，「勉強は楽しい」と思いこむのも一策。勉強が楽しくて仕方ない自分をイメージするだけでもちがうはずだ。

Dr.福井（福《ふく》井《い》一成《かずしげ》）…医学博士。開成中・高から東大・文Ⅱに入学後，再受験して翌年東大・理Ⅲに合格。同大医学部卒。さまざまな勉強法や脳科学に関する著書多数。

Memo

2022年度　栄光学園中学校

〔電　話〕(0467) 46－７７１１
〔所在地〕〒247－0071　神奈川県鎌倉市玉縄４－１－１
〔交　通〕JR各線─「大船駅」より徒歩15分

【算　数】（60分）〈満点：70点〉

（注意）鉛筆《えんぴつ》などの筆記用具・消しゴム・コンパス・配付された定規以外は使わないこと。

1　１から10までの10個の整数を１つずつ下の□に入れて，分数のたし算の式を作ります。

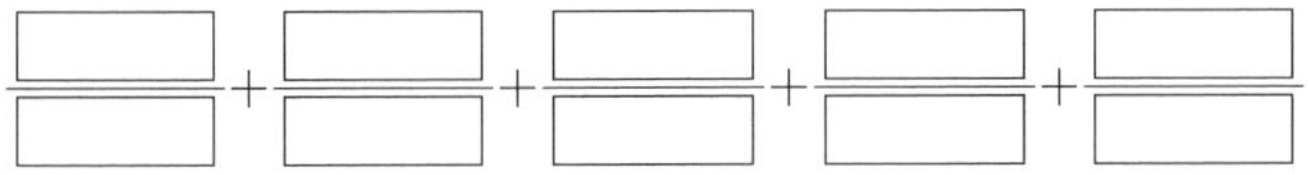

(1)　次のように式を作ったときの計算結果を，これ以上約分できない分数で答えなさい。

$\frac{2}{1}+\frac{4}{3}+\frac{6}{5}+\frac{8}{7}+\frac{10}{9}$

(2)　計算結果が$\frac{9}{5}$より小さくなる式を１つ作りなさい。また，その計算結果をこれ以上約分できない分数で答えなさい。

(3)　計算結果が７以下の整数になる式を１つ作りなさい。また，その計算結果の整数を答えなさい。

次に，１から10までの10個の整数を１つずつ下の□に入れて，分数のかけ算の式を作ります。

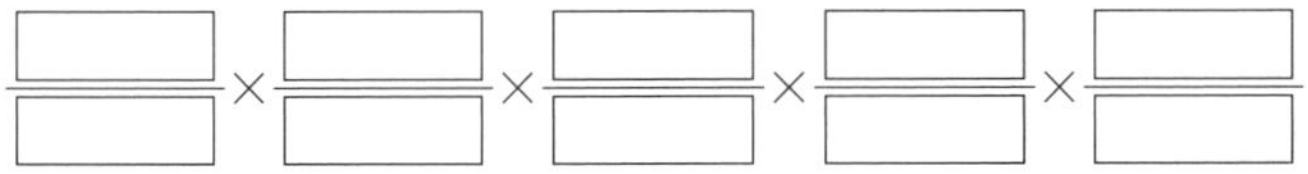

(4)　計算結果が整数になる式のうち，最も小さい整数となるものを１つ作りなさい。また，その計算結果の整数を答えなさい。

(5)　計算結果が整数になる式について，考えられる計算結果の整数をすべて答えなさい。

2　図１のようなすごろくと，１，２，３，４のいずれかの目が出るルーレットがあります。

図１

スタートにあるコマを，以下のルールで，ゴールにぴったり止まるまで動かします。

- ルーレットを回して出た目の数だけ右に動かします。
- ゴールにぴったり止まれない場合は，ゴールで折り返して，余った分だけ左に動かします。
- 折り返した後も，次にルーレットを回したとき，まずは右に動かします。
- 一度止まった①～④のマスは「スタートに戻《もど》る」マスになり，次以降にそのマスに止まった場合は，コマをスタートに戻します。

例えば，ルーレットの目が１，３，４の順に出たとき，コマは①マス，④マスの順に止まった後，ゴールで折り返して②マスに止まります（図２）。

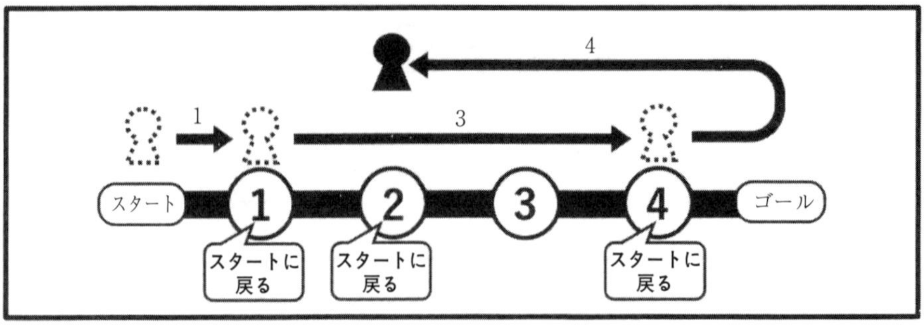

図2

続いて，ルーレットの目が1，1の順に出ると，コマは③マス，④マスの順に止まり，④マスはすでに「スタートに戻る」マスになっているので，スタートに戻ります（図3）。これ以降，ルーレットでどの目が出てもスタートに戻ることになり，ゴールできません。

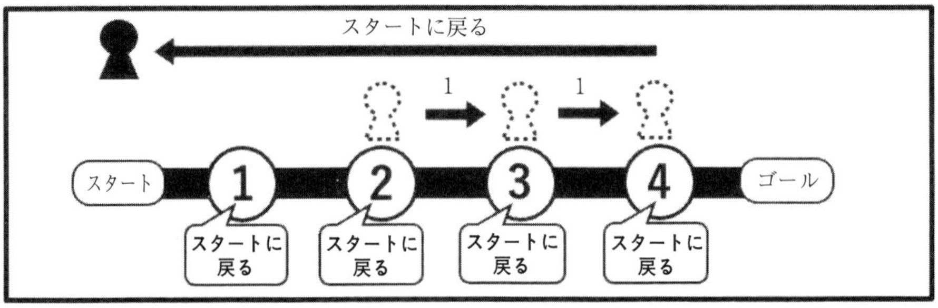

図3

(1) ルーレットで3と4の目が出ることなくゴールしました。

(ア) スタートに戻ることなくゴールしたとき，考えられる目の出方は何通りありますか。

(イ) ゴールするまでに出た目の和として考えられるものを，小さい方から3つ答えなさい。

(2) ルーレットで1と2の目が出ることなくゴールしました。

(ア) スタートに戻ることなくゴールしたとき，ゴールするまでに出た目の和として考えられるものをすべて答えなさい。

(イ) ゴールするまでに出た目の和が2022のとき，何回ルーレットを回しましたか。

(3) スタートに戻ることなくゴールしました。このとき，ゴールするまでに出た目の和として考えられるものをすべて答えなさい。

(4) ゴールしたとき①～④のすべてのマスが「スタートに戻る」マスになっていて，ゴールするまでに出た目の和は12でした。このとき，考えられる目の出方は何通りありますか。

3 1周300mの池の周りを，A君とB君は同じ地点Xから同時にスタートし，左回り（反時計回り）に走ります。A君は分速200m，B君は分速250mで走りますが，自分の前10m以内に相手がいるときは速さが1.2倍になります。

例えば，スタート直後は，A君の前10m以内にB君がいるので，A君は分速240mで走ることになります。一方，B君は分速250mで走ることになります。また，B君が1周分の差をつけてA君に追いつく直前では，B君の前10m以内にA君がいるので，A君は分速200m，B君は分速300mで走ることになります。

(1)　A君とB君が初めて10m離《はな》れるまでに，A君が走る距離《きょり》は何mですか。

(2)　B君がちょうど1周分の差をつけてA君に追いつくまでに，A君が走る距離は何mですか。

(3)　A君が10周してスタート地点Xに戻《もど》ってくるまでにかかる時間は何分何秒ですか。

今度は，A君とB君にC君を加えて，3人で池の周りを左回りに走ります。3人は同時にスタートしますが，C君だけはスタートする地点が違《ちが》います。また，C君の走る速さは，B君と同じ分速250mで，3人とも自分の前10m以内に誰《だれ》かがいるときは速さが1.2倍になります。

(4)　C君のスタートした地点が，他の2人のスタート地点Xから左回りに150mのところでした。

(ア)　B君がちょうど1周分の差をつけてA君に追いつくまでに，A君が走る距離は何mですか。

(イ)　A君が10周してスタート地点Xに戻ってくるまでの時間は，(3)で求めた時間より何秒短くなりますか。

(5)　A君が10周してスタート地点Xに戻ってくるまでの時間が，(3)で求めた時間より7秒短くなりました。また，B君とC君が10m以内に近づくことはありませんでした。このとき，C君がスタートした地点は，他の2人のスタート地点Xから左回りに何mのところでしたか。

4　図1のような円すいがあります。この円すいの側面を直線XAに沿って切りひらくと，円の4分の1であるおうぎの形になります。また，円すいの底面の円には，すべての頂点が円周上にあるような正方形ABCDが書いてあります。正方形ABCDの1辺の長さは10cmです。

(1)　XAの長さは底面の円の半径の長さの何倍ですか。

この円すいの表面上を動く点Pと点Qを考えます。

点Pは，図2のように，Aを出発して円すいの側面を最短距離《きょり》で左回りに1周してAに戻《もど》ってきます。一方，点Qは，図3のように，Aを出発して正方形ABCDの辺上を左回りに1周してAに戻ってきます。点Pと点Qは同時にAを出発して，それぞれ一定の速さで動きます。点Pの速さは点Qの速さの4倍です。このとき，円すいを真上から見ると，点Pは図4の実線部分に沿って動いていました。

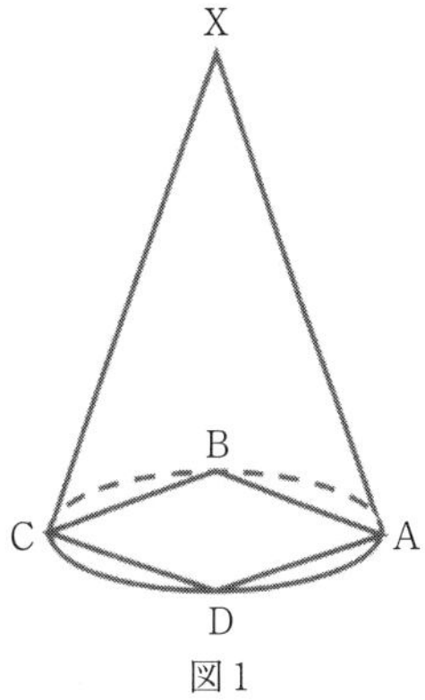

図1

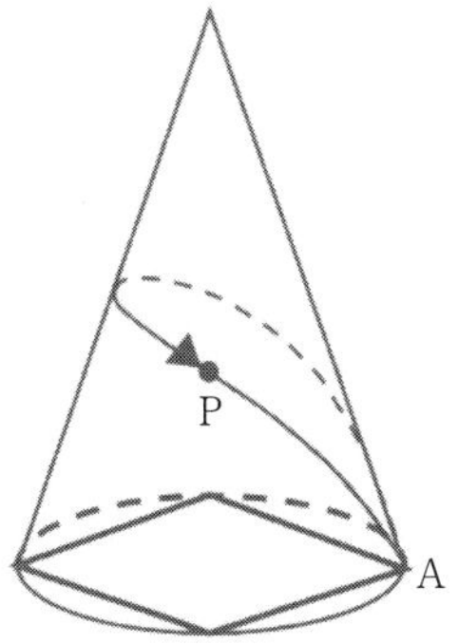

図2

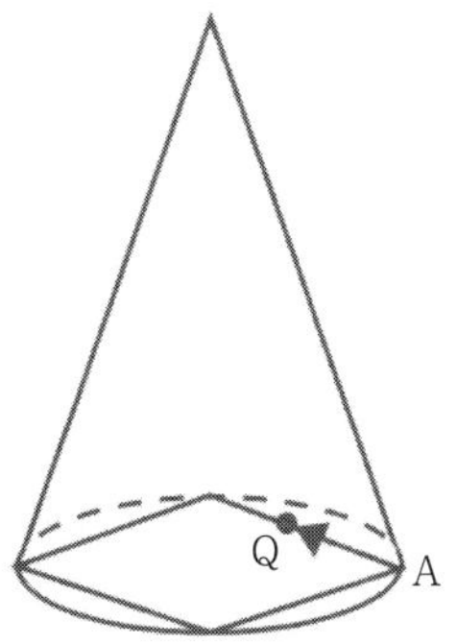

図3

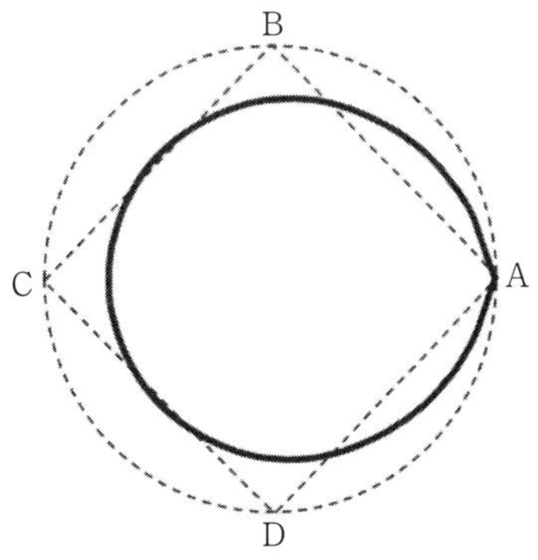

図4

(2)　点PがAを出発してから，再びAに戻るまでに移動した距離を答えなさい。また，点PがAに戻ったときの点Qの位置を，次の①～⑧の中から選び，番号で答えなさい。

①　A　　②　AとBの間　　③　B　　④　BとCの間

⑤　C　　⑥　CとDの間　　⑦　D　　⑧　DとAの間

(3)　図5は，あるときに円すいを真上から見た図で，3点C，P，Xは一直線上にありました。

このとき，実際のXPの長さ（円すいの頂点から点Pまでの長さ）と，図5のXPの長さ（真上から見たときのXPの長さ）を答えなさい。

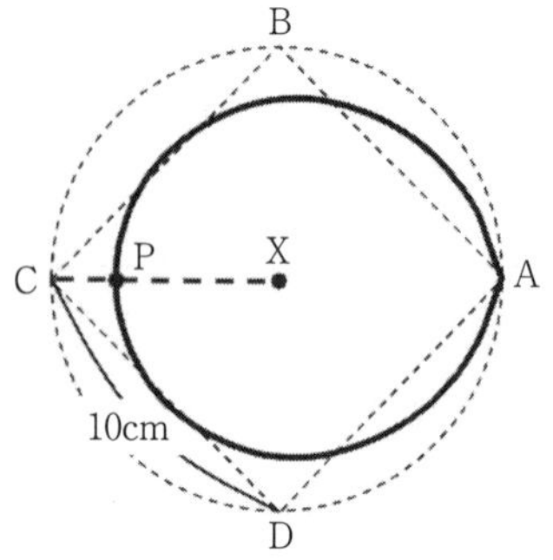

図5

(4)　図6は，あるときに円すいを真上から見た図で，3点B，P，Xは一直線上にありました。

(ア)　Aを出発してからこのときまでにかかった時間は，点Pが1周する時間の$\frac{1}{4}$倍の時間と比べて，長いですか，短いですか，同じですか。次の①～③の中から選び，番号で答えなさい。

①　長い　　②　短い　　③　同じ

(イ)　図6のあの角度を答えなさい。

(ウ)　図6のXPの長さは，図6のXQの長さと比べて，長いですか，短いですか，同じですか。次の①～③の中から選び，番号で答えなさい。また，その理由も書きなさい。

①　長い　　②　短い　　③　同じ

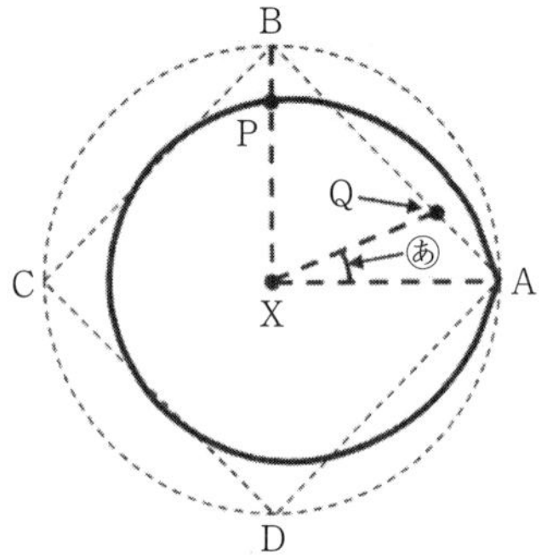

図6

(5)　図7は，あるときに円すいを真上から見た図で，点Pは辺AB上にありました。図7のいの角度を答えなさい。

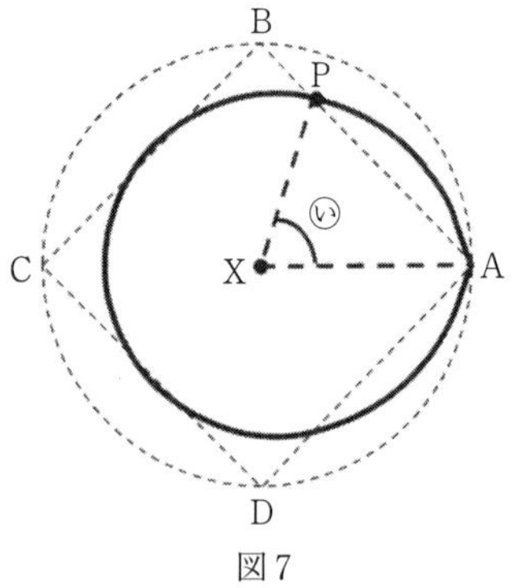

図7

【社　会】（40分）〈満点：50点〉

（注意）鉛筆《えんぴつ》などの筆記用具・消しゴム以外は使わないこと。

＜編集部注：実物の入試問題では，**図Ｂ～Ｆ**と測量器具の写真はカラー印刷です。＞

みなさんは，ふだん地図を見ますか。街歩き用の絵地図，住宅地図，地形を知るための地図など，さまざまな地図がありますが，日本のすがたを一目で見ることができる日本図は，学校や家の壁《かべ》にはってあることも多いかもしれません。ここでは，江戸《えど》時代までの日本図に着目してみましょう。

1　日本のすがたをえがこうとした日本図に，「行基図《ぎょうきず》」と呼ばれるものがあります。これは奈《な》良《ら》時代の僧侶《そうりょ》である行基《ぎょうき》がつくったとされますが，行基図と呼ばれる地図はたくさんあることから，長い期間にわたって書き写されてきたと考えられています。**図Ａ**は，江戸時代初期に書物に載《の》せられていた，行基図のひとつをもとにした図です。これを見て，あとの問に答えなさい。

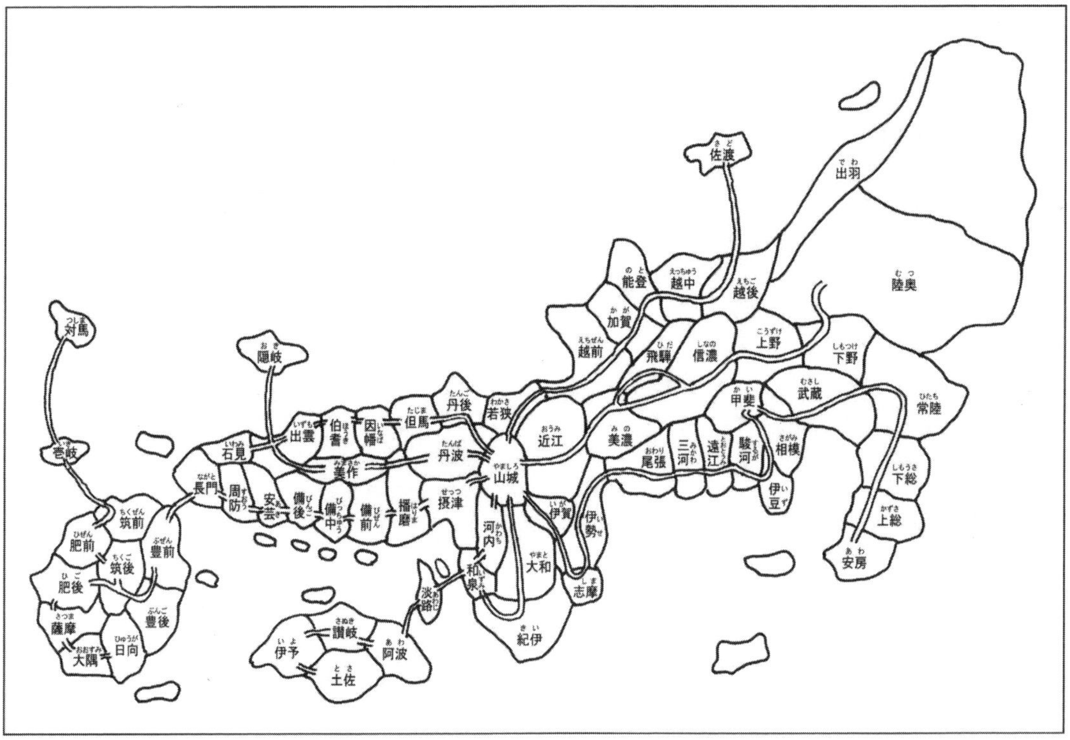

図Ａ　行基図の全体　注：元の図にある旧国名のみを，現代の漢字で入れてある。

問１　**図Ａ**には，「山城《やましろ》」という場所から日本各地に道が通じていることを示す線があります。「山城」は山城国のことですが，山城国は，河内《かわち》国，和泉《いずみ》国，摂津《せっつ》国，大和《やまと》国とともに「五《ご》畿《き》」と呼ばれました。河内国，大和国，山城国は，それぞれ現在のどこの都道府県にありますか。正しい組み合わせを示しているものを，次の**ア**～**エ**から１つ選びなさい。

ア　河内国―京都府，大和国―奈良県，山城国―大阪府

イ　河内国―大阪府，大和国―奈良県，山城国―京都府

ウ　河内国―大阪府，大和国―京都府，山城国―奈良県

エ　河内国―奈良県，大和国―京都府，山城国―大阪府

問２　奈良時代には大和国から，平安《へいあん》時代には山城国から各地に道が通じていました。それはどうしてなのか，そのころの農民が納めた調《ちょう》や庸《よう》のしくみから考えて説明しなさい。

問３　山城国，近江《おうみ》国，美濃《みの》国，信濃《しなの》国，上野《こうずけ》国を結ぶ道は，「東山道《とうさんどう》」と呼ばれていたことがあります。これらの国ぐにを通って，江戸に向かう街道が江戸時代に整備されました。この街道を何といいますか。

問４　**図Ａ**を見ると，中国《ちゅうごく》地方と中部《ちゅうぶ》地方には国名に**前**，**中**，**後**の文字が入っている国があります。これらの国ぐにがどのような順にならんでいるか，２つの地方に共通することを説明しなさい。

2　次の文章を読んで，あとの問に答えなさい。

図Ｂは，18世紀の後半に水戸藩《みとはん》の学者であった長久保赤水《ながくぼせきすい》がつくった日本図で，「赤水図《せきすいず》」と呼ばれています。江戸時代のおわりまでに，①地域が色分けされて複製された赤水図は，人びとのあいだに広まっていきました。

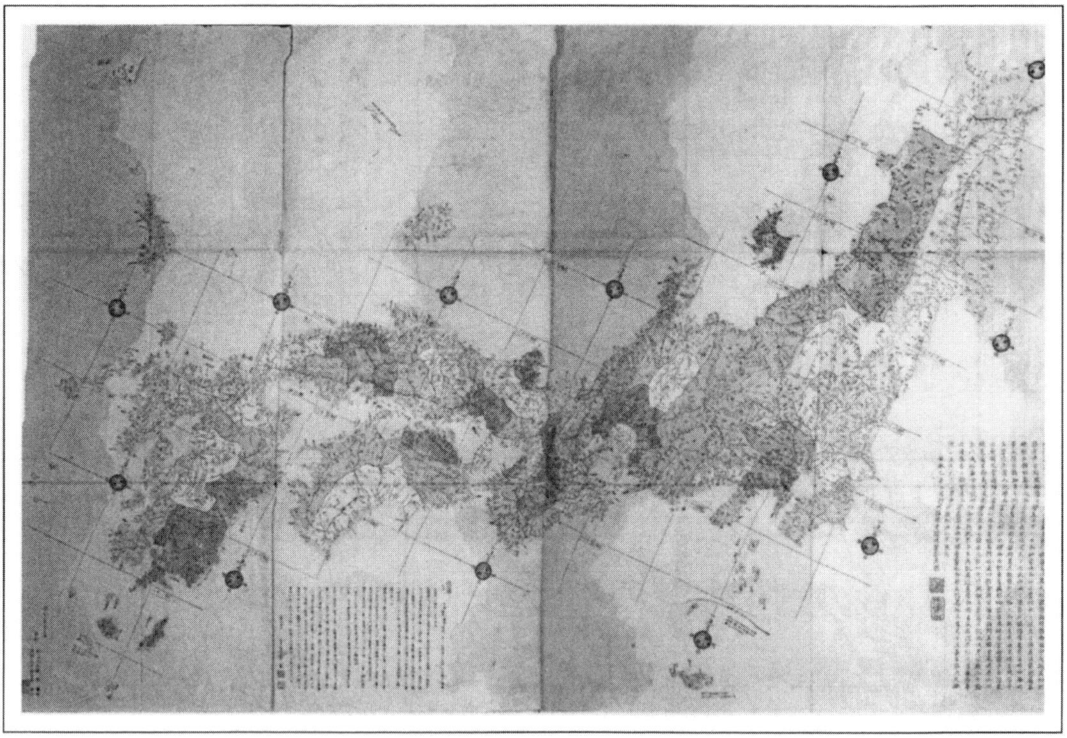

図Ｂ　赤水図の全体

一枚の赤水図には，全部で4000か所以上の地名が記されています。しかし，房総《ぼうそう》半島と伊豆《いず》半島の形や位置が実際とちがっていたり，隠岐島《おきのしま》や佐渡島《さどがしま》が実際よりも目立ってえがかれていたりしています。

赤水図以前に，幕府《ばくふ》は1604年以降たびたび②全国の大名《だいみょう》に国ごとの地図の作成と提出を命じました。そうしてつくられた地図を「国絵図《くにえず》」といい，赤水は赤水図をつくるのにこれらを利用しました。幕府は地図とともに，③各地の米の収穫《しゅうかく》量についての資料も提出させました。国絵図にも，それに関する数値が記入されています。

図Cは，赤水図の一部を拡大したものです。この図を見ると，地名や④川筋が細かくかかれています。

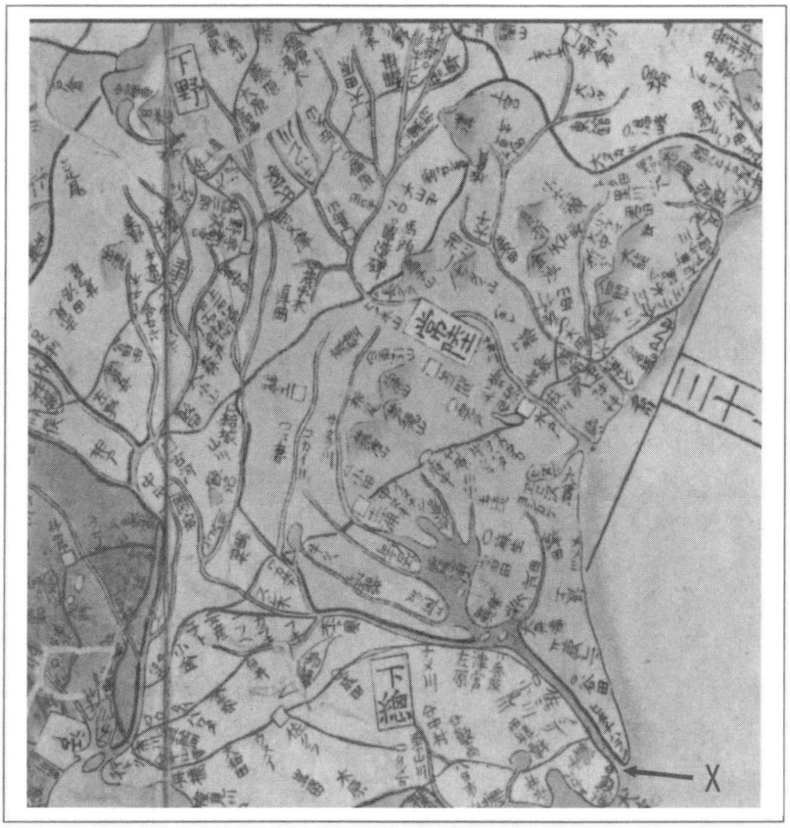

図C　赤水図の一部　注：図中のXは，問のために書き加えた。

問1　下線部①のように複製した技術は浮世絵《うきよえ》にも使われていますが，それはどのような技術ですか。

問2　下線部②について，幕府がこのように命じて実際に地図の作成と提出をさせることができた理由を，1600年と1603年のできごとを取り上げて説明しなさい。

問3　下線部③を知るために，田畑の面積を測量したり土地の良しあしなどを調べたりしたことを何といいますか。

問4　下線部④について，**図C**で，←Xは現在の何という川の河口を示していますか。川の名を答えなさい。

3　18世紀後半の地図づくりには，江戸時代にみられた学問の発達が大きく関わっていました。伊能忠敬《いのうただたか》の地図づくりもそのひとつです。このことについて，次の文章を読んで問に答えなさい。

17世紀前半に，幕府は日本人が海外に行くことを禁じ，①他の国や地域との貿易や交流を制限するしくみをつくりました。これを「鎖国《さこく》」と呼んでいます。鎖国の時代には，漢文に訳されたヨーロッパの書物の輸入を制限していました。

その後，18世紀前半に将軍の徳川吉宗《とくがわよしむね》は，鎖国を続けながら，それまで輸入を禁じていた書物のうち②一部を除いて許可し，海外の文化や技術の導入につとめました。この政策によって発達した学問のひとつが天文学です。

天文学は暦《こよみ》づくりに必要で，幕府では天文方《てんもんがた》をつとめる役人が天文学を用いて暦をつくっていました。天文方の高橋至時《たかはしよしとき》は，漢文に訳されたヨーロッパの書物に学んで1797年に「寛政《かんせい》暦《れき》」をつくり，それまでの暦を修正することができました。至時はさらに正確な暦をつくろうと，オランダ語の天文学書の研究をしているうちに亡《な》くなりました。このように，直接ヨーロッパ，とくにオランダ語の書物を読んで研究する学問を③蘭学《らんがく》といいます。

伊能忠敬が高橋至時の弟子となったのは，至時が寛政暦の作成にとりかかったころです。忠敬は至時から天文学や測量を学び，④緯度《いど》差１度の距離《きょり》を知りたくなりました。それには，天体観測を行いながら，長い距離を測る必要がありました。至時が幕府にはたらきかけたことにより，忠敬は江戸から蝦夷地《えぞち》までの距離を測ったり天体観測をしたりしただけでなく，蝦夷地の南側の海岸線の地図もつくることができました。そのころ，北方から（ Y ）の船が蝦夷地周辺に現れ，鎖国を続ける幕府に対して貿易を求めていました。

伊能忠敬の測量は，その後，蝦夷地だけでなく日本の各地で行われました。天文学の知識を使うことで，観測地点が地球上のどの位置にあるかを知ることができました。

問１ 下線部①について，次の文章(1)～(4)は鎖国の時代の日本と他の国や地域との関係について述べたものです。文章の空らん（ a ）～（ d ）にあてはまる言葉を，あとの**ア**～**カ**からそれぞれ１つずつ選びなさい。

(1) オランダとは長崎の出島《でじま》と呼ばれるうめ立て地で，（ a ）の監視《かんし》の下で貿易が行われた。オランダ商館長は江戸の将軍を訪ね，海外のできごとを記した報告書を提出した。

(2) 朝鮮《ちょうせん》からは朝鮮通信使《ちょうせんつうしんし》と呼ばれる使節が，将軍がかわるごとに日本に送られた。また，（ b ）がプサンに船を送って朝鮮との間で貿易を行った。

(3) 琉球《りゅうきゅう》王国は17世紀はじめに（ c ）に攻《せ》められ，政治を監督《かんとく》されるとともに年貢《ねんぐ》を取り立てられたり，国王や将軍がかわるごとに使節を送らされたりした。

(4) 北海道のアイヌの人びとは（ d ）と交易を行っていたが，不正な取引に対する不満を高めたアイヌの人びとが戦いをおこして敗れた。

ア 佐賀《さが》藩　**イ** 薩摩《さつま》藩　**ウ** 対馬《つしま》藩　**エ** 長州《ちょうしゅう》藩　**オ** 幕府　**カ** 松前《まつまえ》藩

問２ 下線部②について，この時に輸入が認められなかったのはどのような内容の書物ですか。幕府が鎖国のしくみをつくった目的を考えて答えなさい。

問３ 下線部③の中で，大きく発達したもののひとつは医学でした。小浜《おばま》藩（福井県）の医師であった杉田玄白《すぎたげんぱく》たちは，オランダ語で書かれた解剖書《かいぼうしょ》の図の正確さを知り，その翻訳《ほんやく》書を1774年に出版しました。これについて(1)，(2)に答えなさい。

(1) 杉田玄白たちは，どのようにして，この解剖書の図の正確さを知ることができたのか，説明しなさい。

(2) 杉田玄白たちが出版した翻訳書を何といいますか。

問４ 下線部④について，緯度差１度の距離は約何kmですか。次の**ア**～**エ**からもっとも近いものを１つ選びなさい。なお，地球の半径は6370km，円周率《えんしゅうりつ》は3.14とします。

ア 55km　**イ** 111km　**ウ** 222km　**エ** 333km

問５ 空らん（Y）に入る国名を，次の**ア**～**エ**から１つ選びなさい。

ア　アメリカ　　**イ**　スペイン　　**ウ**　ポルトガル　　**エ**　ロシア

4　伊能忠敬の地図（「伊能図」）がつくられた手順について，次の文章を読んであとの問に答えなさい。

実際の測量は，街道などの道や海岸線に沿って行われました。曲がりくねった道や海岸線を正確にあらわすために，少しずつまっすぐな区間に区切りました。そして区間ごとの距離を測り，その区間がどのような方位になるか，北からの角度で測りました。忠敬たちは，地球が球体であると考え，①さまざまな器具を使って正確に測量を行いました。地上の角度や距離を測定しただけではなく，北極星《ほっきょくせい》などの天体も観測し，地球上における測量した場所の位置を確定するということも行いました。さらに，測量した場所の周りの風景をスケッチして記録に残しました。忠敬たちは，これらの作業を地道にくりかえしました。

測量の結果をもとに地図をあらわしていきます。どのような大きさであらわすか，まず②縮尺を決めます。最初に３万6000分の１の地図がつくられました。測量した区間ごとに縮尺に応じた直線をえがいて下書きをつくります。この作業でえがかれたものの例が**図D**です。こうしてえがかれた図を，清書用の大きな紙に順番に写し取ると，街道や海岸線をあらわす図ができあがります。そしてこの図に，測量したところで実際に見た風景をえがき，歩いた村などの地名をいれて，地図を仕上げました。地図にあらわしたのは，実際に測量を行った場所やそのまわりの風景だけで，想像でえがいたところはありません。街道に城がある場合は城の絵をえがき，大名の名前もいれました。このようにしてつくられた３万6000分の１の地図をもとに，地図上の長さを６分の１に縮めて③21万6000分の１の縮尺の地図が，さらにこれを半分に縮めて43万2000分の１の地図がつくられました。

図D　伊能図の下書きの例

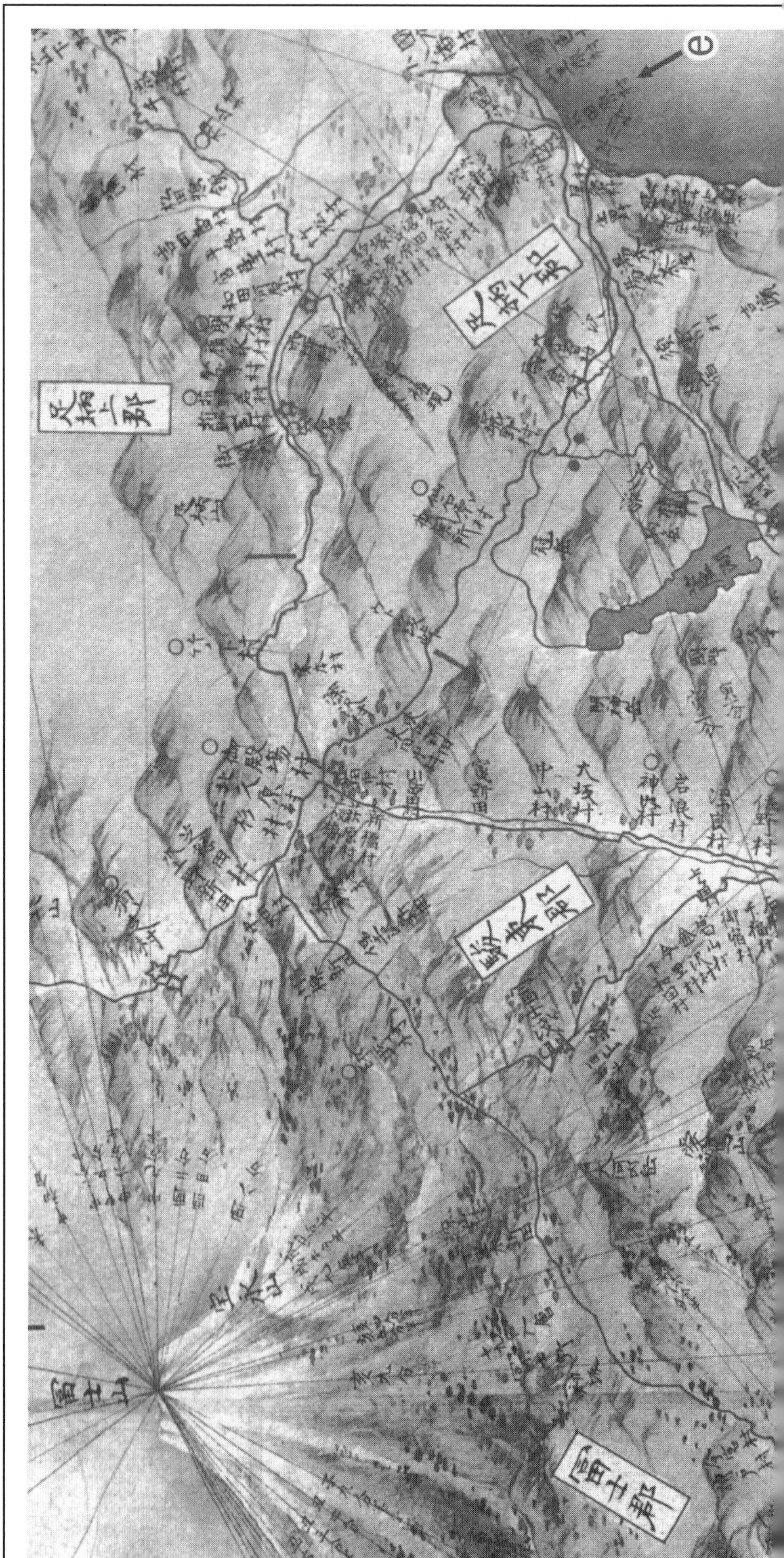
e
足柄上郡
駿東郡
富士郡
富士山

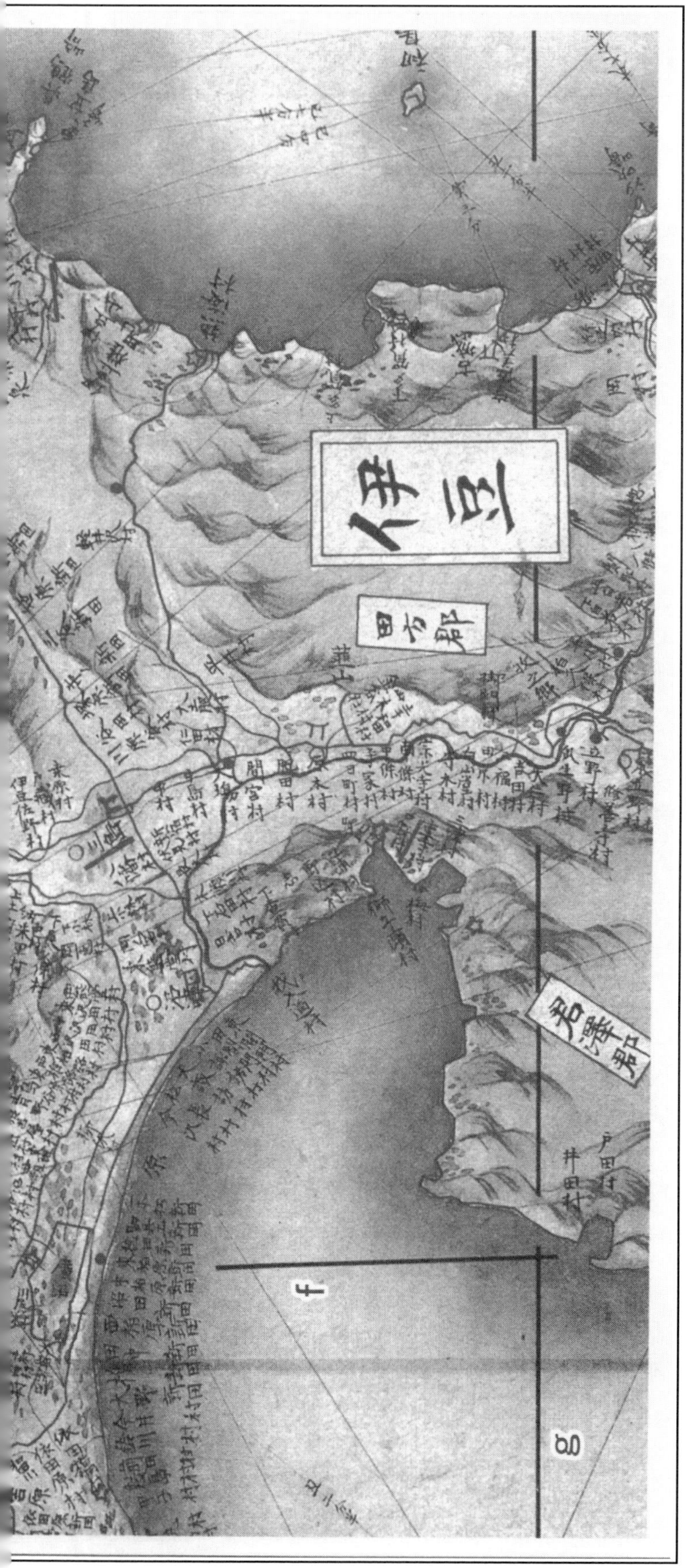

図E　伊能図の一部
注：実物と同じ大きさであらわしてある。
図中のe，f，gは，問のために書き加えた。

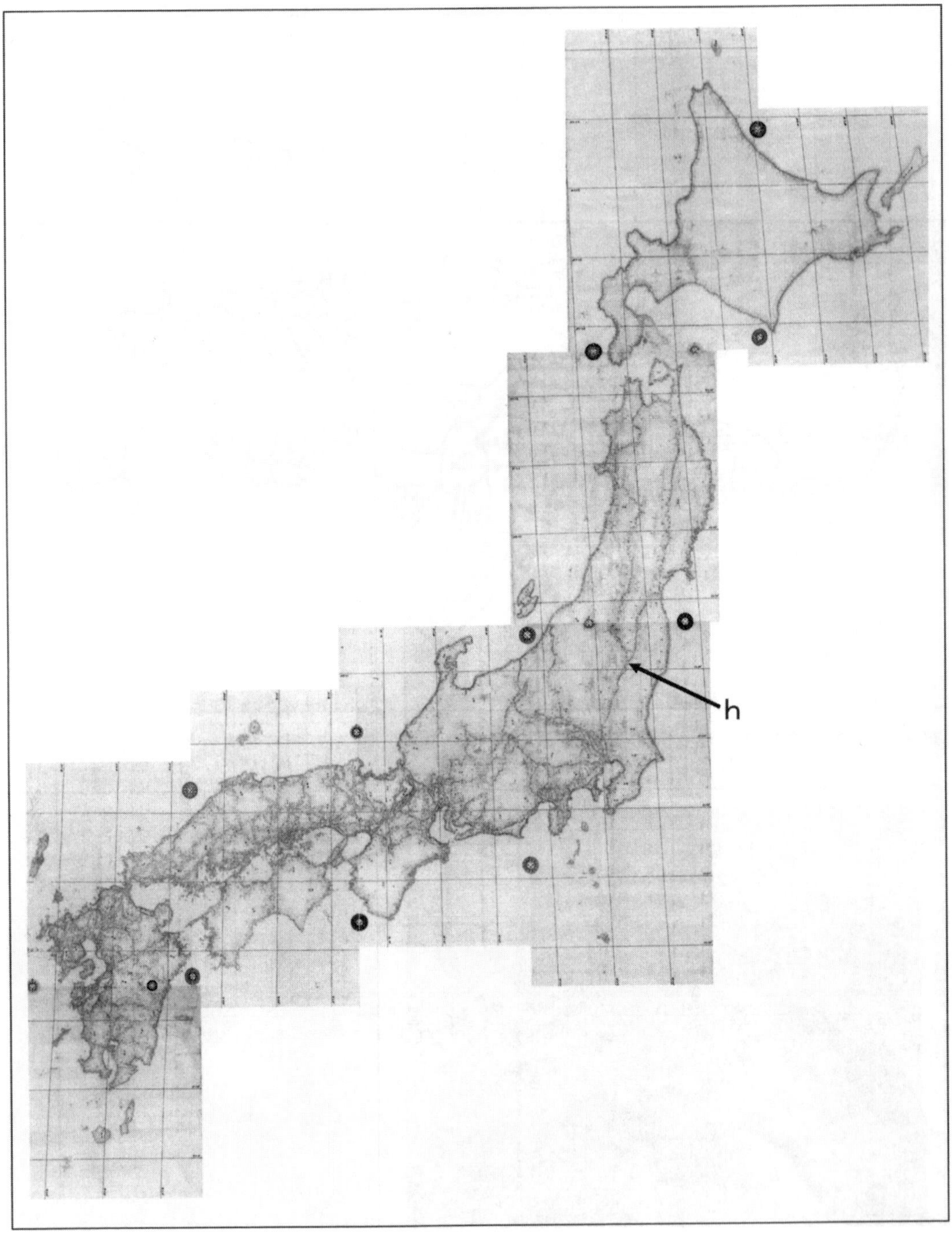

図Ｆ　伊能図をつなげたもの　注：図中のｈは，問のために書き加えた。

図Ａ，Ｂ，Ｄ：海田俊一《かいだとしかず》 著『流宣図《りゅうせんず》と赤水図《せきすいず》』(2017)より作成。
図Ｃ，Ｆ：神戸市立博物館《こうべしりつはくぶつかん》 編集『伊能図上呈《いのうずじょうてい》200年記念特別展《ねんきねんとくべつてん》「伊能忠敬《いのうただたか》」』(2021)より作成。
図Ｅ：日本国際地図学会《にほんこくさいちずがっかい》・伊能忠敬研究会《いのうただたかけんきゅうかい》 監修《かんしゅう》，清水靖夫《しみずやすお》・長岡正利《ながおかまさとし》・渡辺一郎《わたなべいちろう》・武揚堂《ぶようどう》 編著『伊能図』(2002)より作成。

10・11ページの**図E**は，21万6000分の１の地図の一例です。この地図では，現在ふつうに使われているものとは少しちがいますが④地図記号も使われ，城・大きな神社・港・⑤天体観測をした地点などがえがかれています。そして21万6000分の１の縮尺でつくられた地図を８枚つなぎ合わせたものが12ページの**図F**です。つまり⑥伊能忠敬の日本図は，最初から日本全体をえがく地図としてつくられたのではなく，部分図をつなぎ合わせて日本全体の図になっているのです。

問１　下線部①について，測量ではいろいろな器具が使われましたが，次の写真**１**～**４**の器具について説明したものを，それぞれ下の文**ア**～**エ**から選びなさい。同じ記号を２度用いてはいけません。

1

2

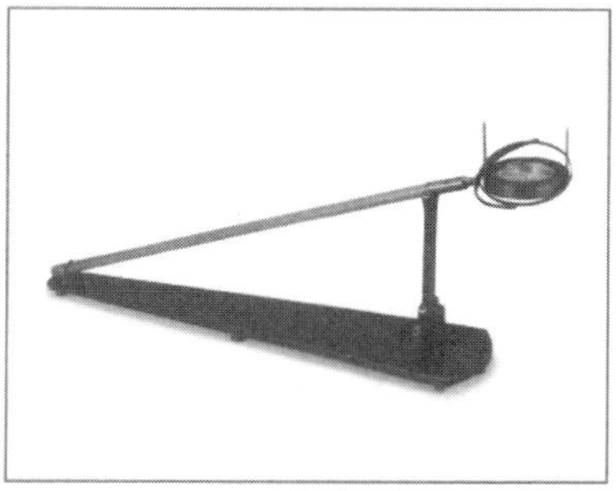

3

4

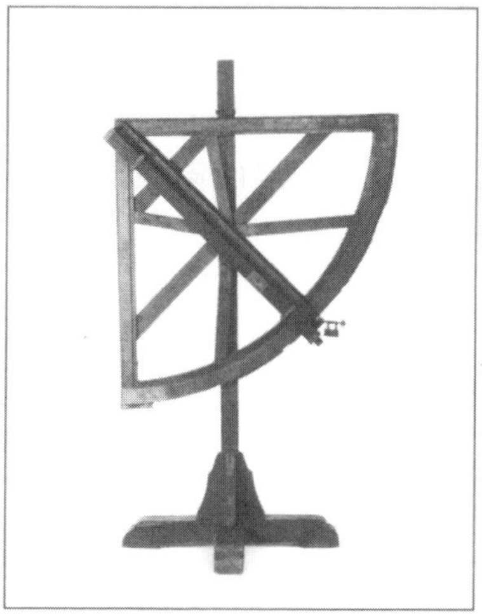

酒井《さかい》一輔《かずほ》，北風《きたかぜ》美恵《みえ》，宮西《みやにし》英洋《ひでひろ》 編集『国宝《こくほう》　伊能忠敬《いのうただたか》　関係資料《かんけいしりょう》』(2018)より作成。

ア　車輪の回転で内部の歯車が回り，連動する目盛りが距離を示すようにしたもの。

イ　水平に置いて，星の高さを細かい角度まで測れるようにしたもの。

ウ　杖《つえ》の先につけられた方位磁石が常に水平になるようにしたもの。

エ　望遠鏡の接眼部につけて，日食《にっしょく》や月食《げっしょく》を観測できるようにしたもの。

問２　下線部②について，伊能忠敬の地図で用いられた縮尺のうち，同じ大きさの用紙を使った場合，もっとも広い範囲《はんい》をあらわすことができるのはどれですか。次の**ア～ウ**から１つ選びなさい。

ア　３万6000分の１　　**イ**　21万6000分の１　　**ウ**　43万2000分の１

問３　下線部③について，21万6000分の１の地図の場合，地図上での１cmは実際の距離では何mになりますか。

問４　下線部④について答えなさい。

図Ｅでは ← ｅで示したところに小田原《おだわら》がえがかれています。３万6000分の１の地図とはことなり，小田原には赤い線で四角形（□）がえがかれています。この四角形は城をあらわす記号です。このように，城を記号であらわしている理由を説明しなさい。

問５　下線部⑤について，天体観測などによってわかったこととして，**図Ｅ**に太く記された黒い線ｆ，ｇがあります。これらの線を何といいますか。次の**ア～エ**からそれぞれ１つずつ選びなさい。

ア　緯線《いせん》　　**イ**　経線　　**ウ**　国境線　　**エ**　等高線

問６　下線部⑥について，**図Ｆ**には，伊能忠敬たちが測量をして歩いたおもな街道があらわされています。これらのうち，← ｈで示した場所を江戸からの終点とする街道を何といいますか。

５　これまでの問題で読んだ文章や問，**図Ａ～図Ｆ**を見返して，次の問に答えなさい。

伊能忠敬は，それまでの行基図や赤水図とくらべて，日本のすがたを正確にあらわした日本図をつくることができました。それはどのような考え方をもって，どのように地図づくりを行ったからですか。江戸時代の後半に発達した学問や，伊能忠敬が行ったことをもとにしてまとめなさい。

【理　科】（40分）〈満点：50点〉

（注意）鉛筆《えんぴつ》などの筆記用具・消しゴム・コンパス・配付された定規以外は使わないこと。

栄一君の家では，庭でいろいろな野菜を育てています。庭では野菜の花も咲《さ》きます。栄一君は水やりなどの手伝いをしています。

問1　キュウリの花は何色ですか。次の**ア**～**オ**の中から正しいものを選び，記号で答えなさい。

ア　白　**イ**　黄　**ウ**　緑　**エ**　むらさき　**オ**　赤

問2　大きくなった根を主に食べる野菜を，次の**ア**～**オ**の中からすべて選び，記号で答えなさい。

ア　ニンジン　**イ**　ダイコン　**ウ**　レンコン　**エ**　ジャガイモ　**オ**　サツマイモ

あるとき，栄一君は水やりを２日間忘れてしまいました。この２日間，雨は降りませんでした。３日目に気がついて，あわてて様子を見に行くと，土の表面はかわいていて，野菜の葉がしおれていました。心配になった栄一君は水をたっぷりやりました。次の日，野菜を見ると，葉はしっかりしていて，いつもの元気を取りもどしていました。「植物ってすごいなぁ。どのくらいしおれると，元にもどらなくなるのだろう？」栄一君は疑問に思ったので，実験してみることにしました。

【実験１】

お店で豆苗《とうみょう》（エンドウマメの苗《なえ》）を買ってきました。ふくろの中にたくさんの苗が入っていて根がからまっている（**写真１**）ので，根を傷つけないように１本ずつ取り外しました。苗には豆（種子）がついているのでそれを取り外し（**写真２**），根をアルミ箔《はく》で包みました（**写真３**）。この状態で豆苗を置いておくと，豆苗はだんだんと乾燥《かんそう》していきます。午前８時にそれぞれの苗の重さを量り，以降４時間ごとに重さを量りました。栄一君がねている間の記録はありません。結果を**表１**に示し，**表１**をグラフにしたものを**図１**に示します。アルミ箔の重さは除いてあります。

写真１

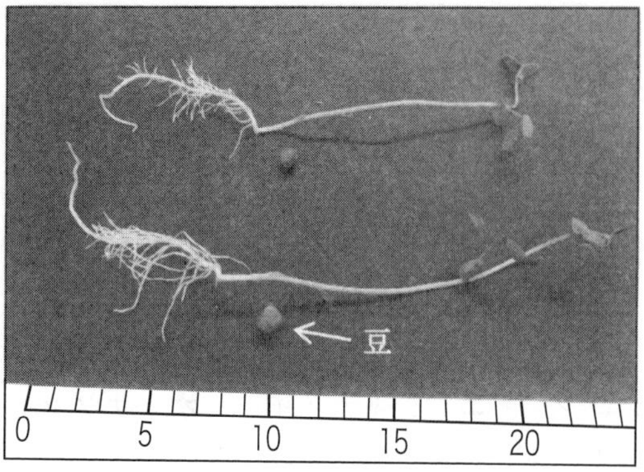

写真 2

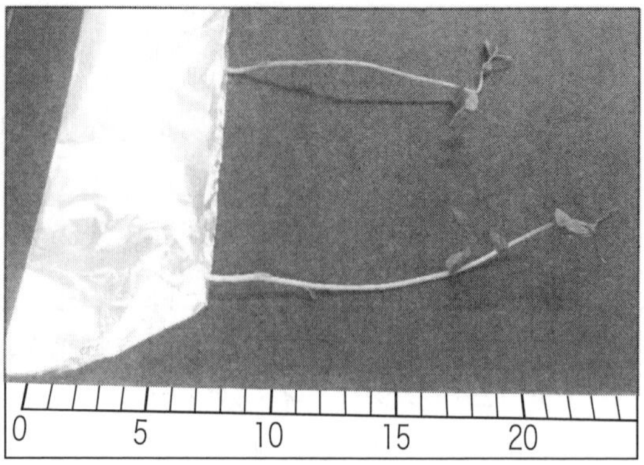

写真 3

(ものさしの単位はcm)

表 1　豆苗の重さの変化

実験開始からの時間(時間)	豆苗A	豆苗B	豆苗C	豆苗D
0	1.45	1.30	1.01	1.12
4	0.97	1.00	0.71	0.88
8	0.69	0.79	0.57	0.74
12	0.60	0.70	0.49	0.67
16				
20				
24	0.40	0.45	0.33	0.48
28	0.35	0.41	0.29	0.39
32	0.29	0.36	0.25	0.33
36	0.25	0.31	0.21	0.28
40				
44				
48	0.21	0.25	0.17	0.23

(重さの単位はｇ)

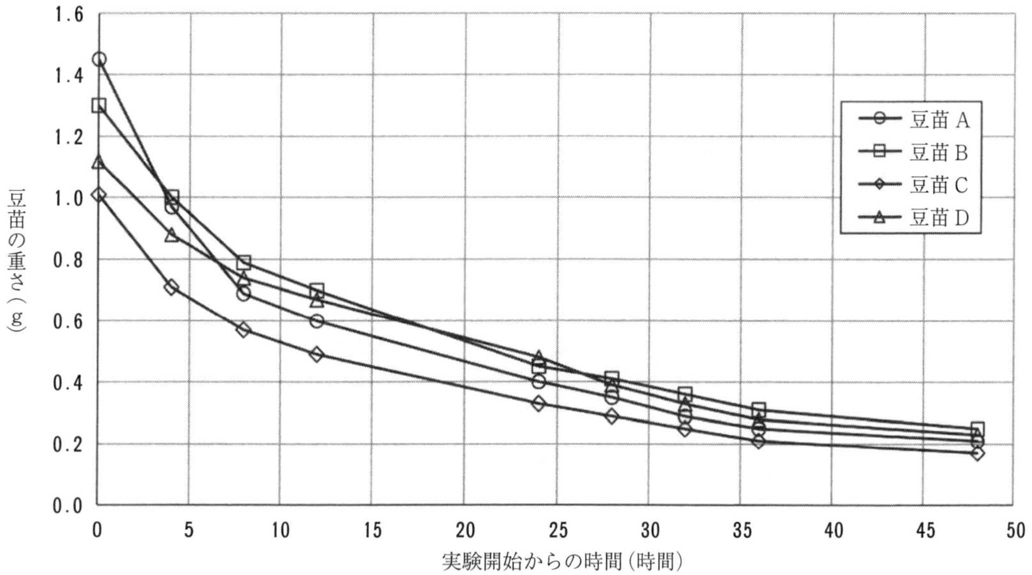

図1　豆苗の重さの変化

問3　**表1**や**図1**からわかることをまとめた次の文章を読み，空らんに適当な数字や語句を入れなさい。

豆苗Aの重さは，はじめの4時間で(　1　)g減少し，32時間後から36時間後までの4時間では(　2　)g減少している。豆苗A以外の苗も，はじめの4時間に比べて32時間後から36時間後までの4時間のほうが減少量は(　3　)くなった。

4本の苗は実験開始時の重さがちがうので，重さの減り方のちがいについては，**表1**や**図1**からではわかりにくいです。そこで栄一君は，それぞれの苗の最初の重さを100として，重さの変化を比率で表すことにしました。それが**表2**です。また，**表2**の豆苗A，豆苗B，豆苗Cについてグラフにしたものが**図2**です。

表2　最初の重さを100としたときの，豆苗の重さの変化

実験開始からの時間(時間)	豆苗A	豆苗B	豆苗C	豆苗D
0	100	100	100	100
4	67	77	70	79
8	48	61	56	66
12	41	54	49	あ
16				
20				
24	28	35	33	43
28	24	32	29	35
32	20	28	25	29
36	17	24	21	い
40				
44				
48	14	19	17	21

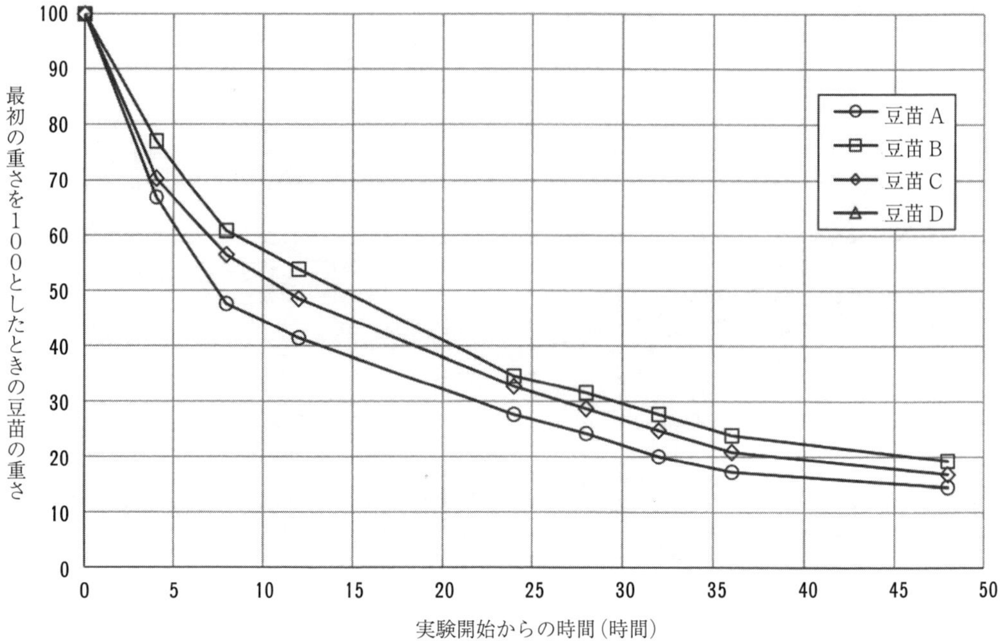

図2　最初の重さを100としたときの，豆苗の重さの変化

問4　**表2**の空らん［あ］と［い］に入る数値を，小数第一位を四捨五入して，整数で答えなさい。

問5　豆苗Dについてのグラフを，解答らんの図にかきいれなさい。グラフの点は △ で示しなさい。

問6　最初の重さを100としたときの豆苗の重さについて述べた，次の**ア**～**ウ**の文について，正しいものには〇，まちがっているものには×を書きなさい。

ア． 実験開始直後と比べて，実験開始4時間後の重さが最も軽くなった豆苗も，実験開始48時間後の重さが最も軽くなった豆苗も，豆苗Cである。

イ． 重さの変化を比率で表したとき，豆苗Aと豆苗Dでは，数値が100から70になるまでにかかった時間は，数値が70から40になるまでにかかった時間の半分以下である。

ウ． 重さの変化を比率で表したとき，それぞれの時刻の値が最も大きい豆苗と値が最も小さい豆苗を比べると，実験開始4時間後よりも8時間後のほうが値の差が大きくなっている。しかし，24時間後を過ぎると差は小さくなり始め，48時間後には8時間後よりも差は小さくなっている。

栄一君は，根をアルミ箔で包まなかった場合にどうなるかも調べました。**表3**は，根をアルミ箔で包まずに乾燥させた豆苗Eの重さの変化です。最初の重さを100として，重さの変化を比率で表しています。

問7　豆苗A～豆苗Dの結果と豆苗Eの結果を比べて，根をアルミ箔で包まなかった場合，どのようなことが起こったのか，あなたの考えを説明しなさい。なお，豆苗は根を包む以外は同じ環境《かんきょう》で乾燥させたとします。

表3　最初の重さを100としたときの，
豆苗Eの重さの変化

実験開始からの時間(時間)	豆苗E
0	100
4	58
8	40
12	32
16	
20	
24	23
28	20
32	18
36	17
40	
44	
48	11

下の**写真4**は乾燥を始めた直後の苗のようす，**写真5**，**写真6**は乾燥を始めてから24時間後と48時間後の苗のようすです。

写真4
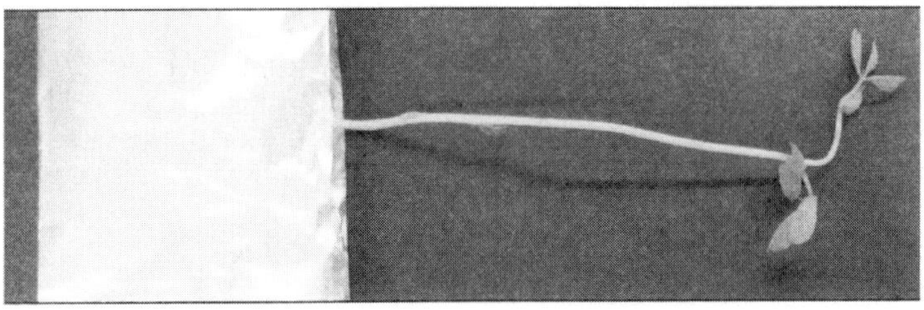

写真5
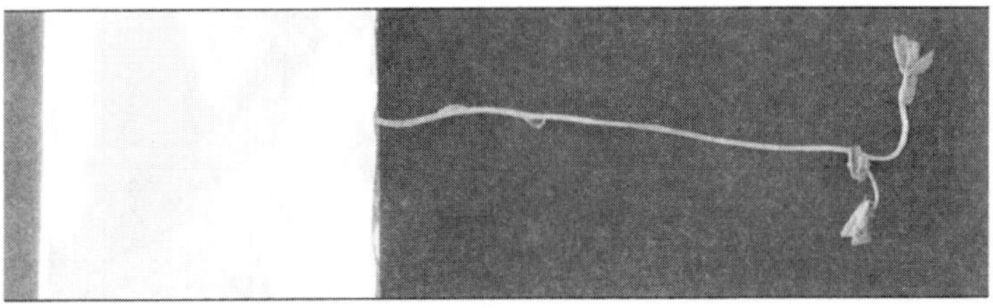

写真6
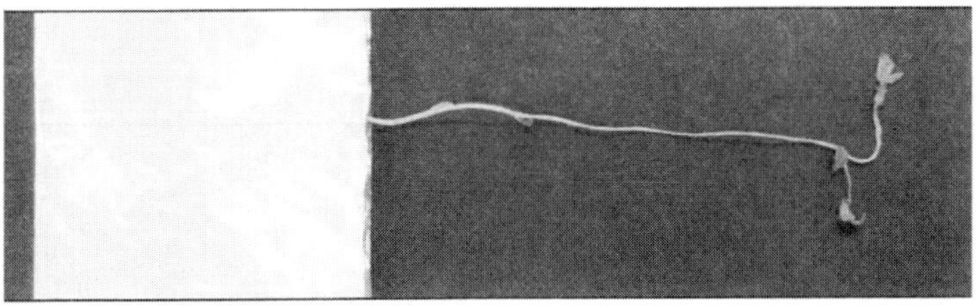

豆苗が乾燥していくようすを観察できたので，次に栄一君は，乾燥した豆苗に水をあたえて，しおれた豆苗の重さがどの程度もどるのか，重さを量ってその変化を調べようと思いました。

栄一君は教科書を参考にして，水を入れた三角フラスコに乾燥させた苗を立てて水を吸わせようとしましたが，問題が生じてうまくいきませんでした。そこで栄一君は水の吸わせ方を工夫して，48時間乾燥させた豆苗にも，根から水を吸わせることに成功しました。

問8　下線部の「問題」とはどんなことだと思いますか。**写真4～6**を参考にして答えなさい。また，この問題を解決して根から水を吸わせるために，あなたならどのような工夫をするか説明しなさい。三角フラスコ以外の道具を使ってもかまいません。必要なら図をかいてもよいです。

【実験2】

【実験1】と同じように1本ずつ取り外した苗を，たくさん用意しました。すべての苗の豆(種子)を取り外し，重さを量ったあと根をアルミ箔で包んで，しばらく乾燥させました。乾燥時間は豆苗ごとに変えました。乾燥を終えた豆苗は，アルミ箔を外して再度重さを量った後，根を水につけて，これ以上重さが増えなくなるまで十分に吸水させ，重さを量りました。結果の一部を**表4**に示します。

表4　豆苗の重さの変化

	豆苗①	豆苗②	豆苗③	豆苗④	豆苗⑤	豆苗⑥	豆苗⑦	豆苗⑧	豆苗⑨	豆苗⑩
最初の重さ(g)	1.24	1.34	1.28	1.09	1.24	1.16	1.14	1.38	1.21	1.29
乾燥後の重さ(g)	0.78	0.73	0.61	0.37	0.39	0.30	0.27	0.29	0.22	0.18
吸水後の重さ(g)	1.24	1.29	1.22	0.91	0.95	0.76	0.62	0.71	0.62	0.58

表4には10本分の値しか示されていませんが，実際には90本ほどの苗を量りました。すべての苗の結果を，横軸《じく》に乾燥後の重さを最初の重さで割った値，縦軸に吸水後の重さを乾燥後の重さで割った値をとって図に表したものが**図3**です。

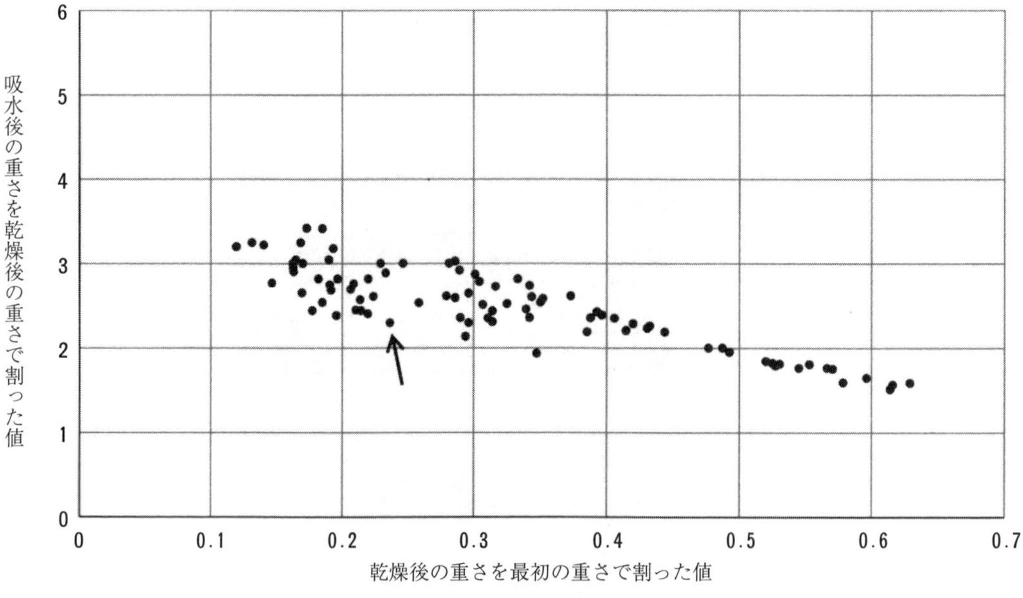

図3　**【実験2】**の結果

問9　**図3**中の矢印で示した値は，**表4**の豆苗①～⑩のうちのどれかです。どの豆苗のものか，番号で答えなさい。

問10　**図3**について，乾燥後に吸水して完全に最初の重さにもどった場合のグラフはどのような曲線になりますか。解答らんの図にかきいれなさい。

栄一君がこの実験を始めたきっかけは，水やりを忘れて野菜をしおれさせてしまったことでした。あわてて水をあげると，次の日には葉がしっかりして元気を取りもどしていました。植物の生命力におどろくとともに，いったいどこまでたえられるのかという疑問がわいたのでした。もう一日水やりを忘れていたら枯《か》れてしまったのかもしれません。

植物がしおれるのは，乾燥して水分が減ったからです。しおれてしまっても再び水をやれば，水を吸って元通りに回復することもあるのです。乾燥させすぎれば，元にはもどらないこともあります。

問11　栄一君の「どのくらい乾燥させると元にもどらなくなるのか，どれくらいまでなら元にもどるのか。」という疑問に対して，**図３**と**問10**でかきいれた曲線を参考にして答えなさい。

思う。」とありますが、「あたし」が「おばちゃんが現れる」ことを「期待してたわけじゃない」のに、「奇跡がおこるんじゃないかって希望をもてた」のはなぜですか。

問二　傍線部③「どういうわけかこのときのほうが、おばちゃんのほんとのお葬式のときよりももっとしみじみとして、本物らしく思えた。」とありますが、それはお葬式のとき二人がどうだったからですか。解答欄《らん》に合うように六十字以内で答えなさい。

問三　傍線部④「おじちゃんとあたしを社交界の名士みたいにしてしまった。」とありますが、どのようなことを表現していますか。最も適当なものを次の中から選び、記号で答えなさい。

ア　二人が、みんなから距離《きょり》を置かれる存在になったということ。

イ　二人が、みんなから尊敬される存在になったということ。

ウ　二人が、みんなからうらやましがられる存在になったということ。

エ　二人が、みんなから煙《けむ》たがられる存在になったということ。

オ　二人が、みんなから注目される存在になったということ。

問四　傍線部⑤「……メイおばさんのおかげだな」とありますが、クリータスが言っているのはどういうことですか。六十字以内で答えなさい。

問五　傍線部⑥「あたしは、まいった！　って思った。」とありますが、サマーはどうしてそのように思ったのですか。最も適当なものを次の中から選び、記号で答えなさい。

ア　おじちゃんの作る風舞が単なるかざりではなく芸術作品であるということが理解できるクリータスにひきかえ、自分には芸術的なセンスがなく、将来、物書きになるような才能はないと、あきらめの気持ちを抱《いだ》いたから。

イ　サマーがどう言い返そうと、クリータスは言葉につまることもなく、こちらの言いたいことに先回りしてうまく切り返すことができるので、クリータスの頭の回転の良さには到底《とうてい》かなわないと思ったから。

ウ　クリータスがおじちゃんの人間性を深く理解していることだけでもすごいと思うのに、それに加えて、サマーの心のうちまで、当の本人も驚《おどろ》くほど的確に指摘《してき》してのけたことに、びっくりさせられたから。

エ　おばちゃんの死後、サマーはどうしてもおじちゃんの気持ちをなぐさめることができなかったのに、クリータスはほんのわずかな時間で、おじちゃんの気持ちをなぐさめることができるなんてすごいと感じたから。

オ　クリータスはサマーのどんな発言も受け止め、そのすべてを肯定《こうてい》してはげましてくれるので、クリータスに冷たくしてきた自分よりも、クリータスのほうが心の広い立派な人間だと思い知ったから。

三　**次のカタカナの部分を漢字に直しなさい。**

1　自然をサンビする。
2　費用をセッパンする。
3　原案にイゾンはない。
4　港のゼイカンを通る。
5　シュクテキをたおす。
6　シフクのひとときを過ごす。
7　飛行機をソウジュウする。
8　ハタイロが悪い。
9　用事をスます。
10　具体例をアげる。

(注1) シアーズ　アメリカ合衆国の百貨店。カタログによる通信販売で知られていた。

(注2) トレーラーハウス　自動車につないで運ぶことのできる、生活するための設備を備えた住居。

(注3) 物書きってのは……　本文より前の箇所《かしょ》に「あたしがいつも、レイシー先生から作文をほめられてる」という記述がある。

(注4) 風舞　「訳者あとがき」によれば、「原文ではwhirligigという言葉で『くるくる回るもの』のこと」。「動物の手足や翼《つばさ》の根元のほうに風を受けるための羽根がついていて、この羽根が風を受けると、手足や翼がくるくる回る仕組みになってい」る。

問一　傍線部①「それほど期待してたわけじゃない。」、傍線部②「あたしたちは、奇跡がおこるんじゃないかって希望をもてたんだと

（注6）ライトヴァース　日常的な出来事を平易な言葉でつづった軽《けい》妙《みょう》な形式の詩のこと。

（注7）マゾヒスティック　苦痛を受けることで満足する傾向《けいこう》のある様子。

（注8）スタンス　物事に対する心情的・思想的な立場や態度。

問一　傍線部《ぼうせんぶ》①「それだけでしょうか。」とありますが、「それ」の指す内容として**あてはまらない**ものを次の中から二つ選び、記号で答えなさい。

ア　軽快なリズムで進行して体にしっくりくるということ。

イ　非日本語圏の人にも発音しやすい音であるということ。

ウ　理解しやすい言葉だけで詩を形成しているということ。

エ　文の組み立てがわかりやすく、そして短いということ。

オ　詩で使われている言葉がすべてひらがなだということ。

カ　おならというテーマが身近で親しみやすいということ。

問二　傍線部②「最後の『ぴょ』だけはちょっとちがう。」とありますが、どういうことですか。六十字以内で答えなさい。

問三　傍線部③「『ふたり』という語の意外性」とありますが、なぜ意外なのですか。

問四　傍線部④「仕掛け」とありますが、ここで言う「仕掛け」とはどのようなものですか。

二　**次の文章を読んであとの問に答えなさい。**

幼くして両親を亡くした「あたし」（サマー）を引き取り、大切に育てたオブおじちゃんとメイおばちゃんは、深い愛情で結ばれていた。しかし、六ヶ月ほど前の夏、おばちゃんは庭で植物の世話をしている最中に亡くなってしまう。おじちゃんは最近、おばちゃんの気配を感じると言い始め、「あたし」の同級生（中学一年生）であるクリータスと意気投合するようになった。クリータスには、亡くなった祖父の存在を感じ取った体験があり、その話を聞いたおじちゃんは、おばちゃんからのメッセージを通訳してもらうために、後日クリータスを庭へと連れ出した。以下、問題文は三人が冬枯《が》れの庭に立つ場面から始まる。

〔編集部注：課題文は著作権上の問題により掲載しておりません。作品の該当箇所につきましては次の書籍を参考にしてください〕

・C・ライラント 著、斎藤倫子 訳『メイおばちゃんの庭』（株式会社あかね書房　一九九三年一一月初版発行）

五九ページ一一行目～七一ページ一〇行目

す。だって、ばかばかしいというけど、みなさんはけっこう本気でびっくりするからです。「ふたり」とか「ぴょ」とか言われて、言葉にならないくらいどきっとした。最初からいかにもばかばかしそうな詩を読ませておいて、それでもどきっとさせるなんて、谷川俊太郎という人はほんとうに人が悪い。

　では、この「どきっ」はいったい何だったのでしょう。おそらくそれは「そうでないもの」への入り口だったのです。「詩」でないもの。「私」でないもの。谷川俊太郎の「おち」が「おちへの階段」を登った末にたどり着かれるものではないとはそういうことです。たしかに出発点には「詩」や「私」が設定されているのですが、彼はそれをぜんぶひっくり返してその外に出てしまうのです。テイヤ！　とばかりにぜんぶ転覆《てんぷく》させる。「詩」につきまとう「ひそやかな私」をひっくり返し、「こんなのジョークだよ」という（注6）ライトヴァース的な安心感もひっくり返す。

　今の例からも明らかなように、谷川俊太郎の「わかりやすさ」の根本にあるのは「わからなさ」なのです。最後に「ぴょ」というわからなさに行き当たるからこそ、私たちは「なるほど！」と思う。何とも変な話です。あれ？　あれ？　と戸惑うおかげで、かえってわかった気になるなんて、なんと（注7）マゾヒスティックな。でも、先にも言ったように、人間というのはほんとに面倒臭《くさ》い生き物なのです。人が「わかる」と感じるためには、どこかで「わからなさ」とぶつかったり、それを横目で見たり、乗り越えたりしないといけないようなのです。

　そもそも「わかりやすい」などということを話題にした時点で、私たちは谷川俊太郎的世界に足を踏《ふ》み入れているのかもしれません。一《いっ》般《ぱん》に現代詩では「わかる」などということはそれほど問題にならない。この本でも「詩がわかる」という言い方は極力避《さ》けてきました。「わかるかどうか？　頭でわかる必要なんかないさ。そんなの、知ったこっちゃないよ」というのが現代詩人の（注8）スタンスです。現代詩では、論理や慣習といった通常のわかり方を飛び越えた言葉の使い方をするのが、むしろ当たり前なのです。

　これに対し私たちは谷川の詩を読むとき、自分でも気づかないうちに、わかろうとしている。それはいったいどうしてでしょう。そこには④仕掛《しか》けがある。たとえば「おならうた」の「いもくって　ぶ」は、「いも」と「ぶ」からなっています。そこには、「問：『いも』ときたらなんと解く？」「答：『ぶ』です！」という問答の形がひそんでいる。私たちは知らず知らずのうちに、問いに答えようとしているのです。「じゃ、くりの場合は？」「すかしは？」という問いがいちいち私たちの前に立ちあがってきて、私たちは忙《せわ》しくそれに対する答えをさがしつつも、結局は詩人に先をこされて「なるほど」と相づちを打つわけです。この〝なるほど感〟のおかげで、私たちは「わかった」と思うのではないか。

　それだけではありません。「ぶ」ときたら、次は何だろう？　あ、「ぼ」か。じゃ、「ぼ」の次は？……というふうな問いも連鎖《れんさ》しています。このように「次はいったいどうくるんだろう？」という「見えない問い」の連鎖を仕組むことを谷川俊太郎は得意としています。

（阿部《あべ》公彦《まさひこ》『詩的思考のめざめ　心と言葉にほんとうは起きていること』）

（注1）　構文　文・文章の組み立て。
（注2）　術中　相手のしかけた計略のなか。
（注3）　メカニズム　物事の仕組み。
（注4）　第5章でも……　「第5章　恥じる」には「恥ずかしさ」と「詩を書くこと」について書いてある。
（注5）　感慨　心に深く感じるしみじみとした思い。

り、この偽《にせ》の「おならうた」には「それで」が欠けている。もう少し平たい言葉でいうと「おち」や「イミ」がわからない。何を読んだのかがわからない。

　ひるがえって谷川俊太郎による本物の「おならうた」を見てみると、たしかに「おち」や「イミ」は豊富です。もっとも目につくのは最後の「ふたりで　ぴょ」というところでしょう。それまでの「ぶ」「ぼ」「へ」「ば」「ぽ」「す」「ぷ」は、まあ、「おならはこんな音がするものだ」という私たちの予想の範囲《はんい》におさまるものです。でも、②最後の「ぴょ」だけはちょっとちがう。「ぴょっていうかなあ？」と思わせる。でも、ひょっとするとそういう音が聞こえるかもしれない。ある種のおならは「ぴょ」かもしれない。あるいはふたりでいっぺんにおならをすると共鳴するということもあるのでしょうか。それとも、ふたりでいっぺんにおならしてしまって、びっくりして「ぴょ」となるのか。「げ」「あら」「どき」というような、いわば心理の音が「ぴょ」なのかもしれない。いや、仲のいい友達や恋人《こいびと》同士が親密な空気の中にいると、どんな音も「ぴょ」というかわいらしい響《ひび》きに包まれてしまうのかもしれない。

　……なんていうことを考えるだけで私たちはすでに詩人の(注2)術中にはまっています。谷川は「おち」の達人です。いろんな技《わざ》をもっています。とりわけ彼《かれ》がすごいのは、通常の「謎《なぞ》を提示してそれを解決してみせる」という「おち」の型とはひと味ちがう形で落としどころをつくれること、それから、目にもとまらぬスピードで「おち」をつけられることです。この「おならうた」でもその辺がとてもうまく行われています。

　その(注3)メカニズムをもう少し詳しく確認してみましょう。「いもくって　ぶ／くりくって　ぼ……」という連続を読んでいるうちに、いつの間にか私たちは「自分」という枠《わく》をこしらえてしまいます。それはこういうことです。みなさん同意してくださると思いますが、「おなら」という生理現象はできれば他人には聞かれたくないものです。公《おおやけ》の場で堂々とおならを鳴らせるのは、相当な大人物です。だから、おならというだけで、私たちは「こっそりやるもの」という先入観がある。実際、六行目には「こっそり　す」ともあります。

　そういう意味ではこれはとても「詩らしい詩」だと言えます。日本語の現代詩は、何より「ひそやかな自分」と結びついてきた。公の言葉になる以前の、個人の心の底にあるもやもやしたもの、黒くて気持ちが悪いもの、ひりひりする切実なものを、恥《は》ずかしさを乗り越《こ》えてやっと口にするのが詩というものだった。これは(注4)第5章でも説明しました。

　それで私たちは無意識のうちに「ひそかにおならにこだわる『私』」なるものをここに読んでしまうのです——そうとは知らずに。ところが最後の行にきて、いきなり「ふたりで」とあってびっくりする。ここで私たちは、③「ふたり」という語の意外性に打《ぶ》ちあたることで、そもそも自分が「おなら」と「私」とを深く結びつけていたことを今さら思い知って、二重の意味でびっくりするわけです。

　しかも、その音が「ぴょ」ときている。今までのおならの音は、それなりに写実的でした。おならをする状況《じょうきょう》や、お尻《しり》の感触《かんしょく》も想像できた。しかし、「ぴょ」というのはどういう音か？　写実的なのか？　心理主義か？　あるいはファンタジーだろうか？　と私たちは戸惑《とまど》う。混乱する。

　しかし、次の瞬間《しゅんかん》、私たちはしてやられたことに気づくのです。そうだ、そうだ、とうなずく。そもそもこの詩は冗談《じょうだん》なのだ、まじめにとりあうだけばかばかしい。「ぴょ」なんてまったくふざけた、漫画《まんが》みたいな音じゃないか。子供だましもいいところだ、と。

　ところがこんな(注5)感慨《かんがい》もまた詩人の術中にはまっているわけで

二〇二二年度 栄光学園中学校

【国　語】（五〇分）〈満点：七〇点〉

（注意）鉛筆《えんぴつ》などの筆記用具・消しゴム以外は使わないこと。

一　次の文章は谷川《たにかわ》 俊太郎《しゅんたろう》の詩を論じています。読んであとの問に答えなさい。

なぜ谷川の作品はわかりやすいのか。それを例をあげながら順番に確認《かくにん》していきましょう。まず次の詩を読んでみてください。

おならうた

いもくって　ぶ
くりくって　ぼ
すかして　へ
ごめんよ　ば
おふろで　ぽ
こっそり　す
あわてて　ぷ
ふたりで　ぴょ

言うまでもなくこの詩のわかりやすさは、言葉の平易さからきています。わかりやすい語と単純な(注1)構文だけで書かれていて漢字もなくぜんぶ平仮名《ひらがな》だから、小さな子供や日本語にそれほど詳《くわ》しくない非日本語圏《けん》の人でもわかるでしょう。しかもすごく短い。これなら集中力ももつ。

もちろんリズムも大事です。音読してみればわかるように、「いもくって、ぶ！　くりくって、ぼ！」という進行感は実に軽快で、覚えようとしなくてもいつの間にか覚えてしまうほど、こちらの舌や口や手足ともなじみがいい。頭でわかる前に、まず体が言葉をわかってしまう。

しかし、①それだけでしょうか。「わかる」というのは意外とやっかいなことです。人間というのは面倒《めんどう》くさい生き物で、簡単ならわかるというものではない。簡単すぎてかえってわからないということもある。そのことを確認するために、ちょっとした実験をしてみましょう。たとえば、この「おならうた」が次のように書かれていたらどうでしょう。よりわかりやすくなるでしょうか？

いもくって　ぶ
いもくって　ぶ
いもくって　ぶ
いもくって　ぶ
いもくって　ぶ
いもくって　ぶ

言葉の種類がより少ないからより簡単になったかというと、そんなことはない。おそらく「おならうた」というタイトルの詩がこのようなものであったら、多くの人は「よくわかんないなあ～」という感想を持つのではないでしょうか。

でも、こんなに簡単な言葉で書かれているのに、どうして「よくわかんないなあ～」なのでしょう。おそらく「よくわかんないなあ～」とつぶやく人は、「それで？」という思いを持っているのです。つま

2022年度

栄光学園中学校 ▶解説と解答

算　数　(60分)＜満点：70点＞

解　答

1 (1) $6\frac{248}{315}$　(2) (例) **式**…$\frac{5}{10}+\frac{4}{9}+\frac{3}{8}+\frac{2}{7}+\frac{1}{6}$／**計算結果**…$1\frac{389}{504}$　(3) (例) **式**…$\frac{5}{10}+\frac{3}{9}+\frac{4}{8}+\frac{7}{6}+\frac{1}{2}$／**計算結果**…3　(4) (例) **式**…$\frac{2}{1}\times\frac{5}{3}\times\frac{7}{4}\times\frac{8}{6}\times\frac{9}{10}$／**計算結果**…7　(5) 7，28，63，112，175，252　**2** (1) (ア) 8通り　(イ) 5，11，13　(2) (ア) 11，13　(イ) 673回　(3) 5，7，9，11，13　(4) 10通り　**3** (1) 240m　(2) 1380m　(3) 14分24秒　(4) (ア) 1580m　(イ) 12秒　(5) 25mのところ　**4** (1) 4倍　(2) **点Pが移動した距離**…40cm，**点Qの位置**…③　(3) **実際のXPの長さ**…20cm，**図5のXPの長さ**…5cm　(4) (ア) ①　(イ) 22.5度　(ウ) **記号**…③，**理由**…(例) 解説を参照のこと。　(5) 72度

解　説

1 四則計算，整数の性質

(1) $\frac{2}{1}+\frac{4}{3}+\frac{6}{5}+\frac{8}{7}+\frac{10}{9}=2+1\frac{1}{3}+1\frac{1}{5}+1\frac{1}{7}+1\frac{1}{9}=6+\frac{105}{315}+\frac{63}{315}+\frac{45}{315}+\frac{35}{315}=6+\frac{248}{315}=6\frac{248}{315}$

(2) 計算結果が小さくなるようにするから，1，2，3，4，5を分子に，6，7，8，9，10を分母に使うことにする。すると，たとえば右の図1のような式ができる。

図1

$\frac{5}{10}+\frac{4}{9}+\frac{3}{8}+\frac{2}{7}+\frac{1}{6}=1\frac{389}{504}$ (＝1.77…)

$\frac{5}{10}+\frac{4}{9}+\frac{3}{8}+\frac{1}{7}+\frac{2}{6}=1\frac{401}{504}$ (＝1.79…)

(3) 7を分母にはできないことに気をつけると，たとえば右の図2のような式ができる。

図2

$\frac{5}{10}+\frac{3}{9}+\frac{4}{8}+\frac{7}{6}+\frac{1}{2}=3$

$\frac{5}{10}+\frac{6}{9}+\frac{8}{4}+\frac{7}{3}+\frac{1}{2}=6$

(4) 1以外の整数を素数の積で表すと右下の図3のようになるので，2が8個，3が4個，5が2個，7が1個あることがわかる。よって，計算結果を最も小さい整数にするには，分子と分母に2が4個ずつ，3が2個ずつ，5が1個ずつあり，7を分子にすればよいことがわかる。したがって，たとえば，$\frac{2}{1}\times\frac{5}{3}\times\frac{7}{4}\times\frac{8}{6}\times\frac{9}{10}=7$のような式ができる。

図3

2	3	4	5	6	7	8	9	10
2	3	2×2	5	2×3	7	2×2×2	3×3	2×5

(5) (4)で作った式から，同じ素数の個数が分母の方に多くならないように，分子と分母を交換《こうかん》することを考える。たとえば，分子の2と分母の4を交換すると，計算結果を，(4÷2)×(4÷2)＝4(倍)にすることができる。同様に考えると，右の図4のような交換の仕方が考えられる。よって，考えられる計算結果は，7，7×4＝28，7×9＝63，7×16

図4

㋐	2と4	➡ 2×2＝4(倍)
㋑	2と6	➡ 3×3＝9(倍)
㋒	2と10	➡ 5×5＝25(倍)
㋓	5と10	➡ 2×2＝4(倍)
㋔	㋐および㋓	➡ 4×4＝16(倍)
㋕	㋑および㋓	➡ 9×4＝36(倍)

＝112，７×25＝175，７×36＝252である。

2 条件の整理，調べ

(1) (ア) もし，４に止まっている状態で２が出るとスタートに戻《もど》ってしまうから，ゴールで折り返すことはない。よって，条件に合うのは出た目の和が５になる場合なので，考えられる目の組み合わせは，(１，１，１，１，１)，(２，１，１，１)，(２，２，１)である。目が出る順番はそれぞれ，１通り，４通り，３通りだから，全部で，１＋４＋３＝８(通り)とわかる。 (イ) (ア)の場合の和はすべて５である。また，スタートに戻るときは，右の図Ⅰのような進み方が考えられる。(A)の場合の和は，２＋２＋２＋１＋２＋２＝11，(B)の場合の和は，２＋２＋２＋２＋１＋２＋２＝13なので，小さい方から，５，11，13とわかる。なお，図Ⅰの点線はスタートに戻ることを表している。

図Ⅰ

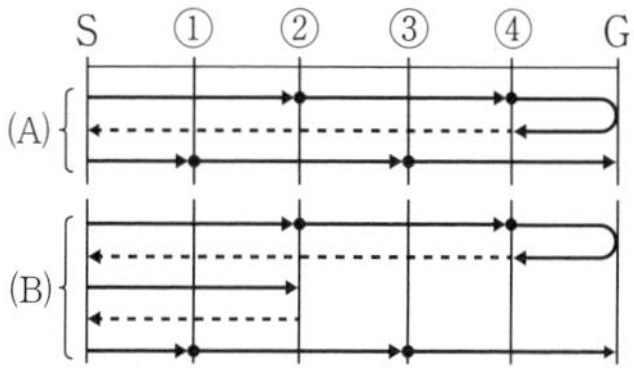

(2) (ア) 下の図Ⅱのような進み方が考えられる。(C)の場合の和は，３＋３＋４＋３＝13，(D)の場合の和は，４＋４＋３＝11だから，考えられる和は11，13である。 (イ) 下の図Ⅲのように，★の部分でくり返し３が出てスタートに戻ったことになる。つまり，３→４→３→３→３→…→４→４→３と進んだことになる。このとき，４は３回出て，出た目の和が2022なので，３が出た回数は，(2022－４×３)÷３＝670(回)と求められる。よって，全部で，670＋３＝673(回)ルーレットを回したとわかる。

(3) (1)の(ア)の場合は５，(2)の(ア)の場合は11，13であり，これ以外に，たとえば下の図Ⅳのような進み方が考えられる。(E)の場合の和は，３＋３＋１＝７，(F)の場合の和は，４＋３＋２＝９だから，５，７，９，11，13となる。

図Ⅱ

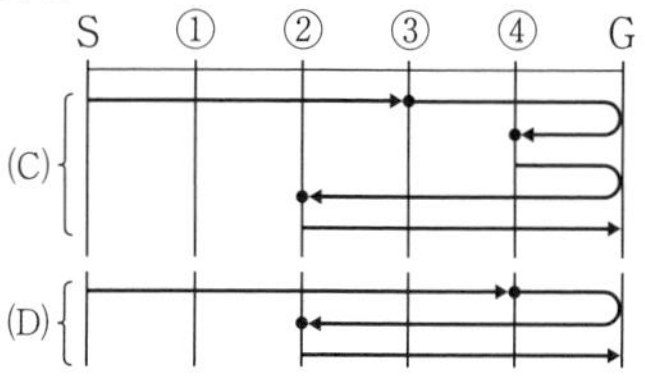

図Ⅲ

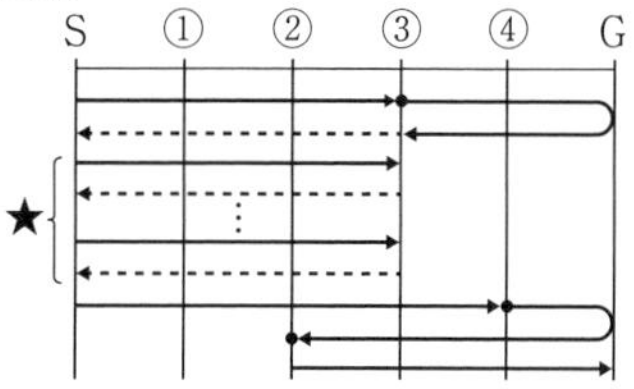

図Ⅳ

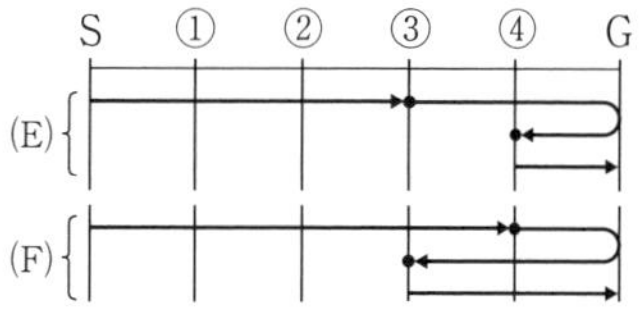

(4) 12÷５＝２余り２より，スタートとゴールの間を２回ずつ進み，２つの区間だけはさらにもう１回進んだことになるので，下の図Ⅴ～図Ⅶの３つの進み方が考えられる。これらの図で，xとyの部分は何回で進むかわからない。また，図Ⅶで，①でスタートに戻るためには最初に①で止まる必要があるから，スタートから④まで１回で行く場合はない。xとyの部分の進み方を調べるとそれぞれ下の図Ⅴ′～Ⅶ′のようになるので，全部で，４＋３＋３＝10(通り)と求められる。

図Ⅴ

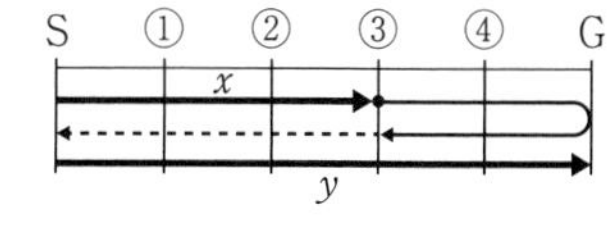

図Ⅵ

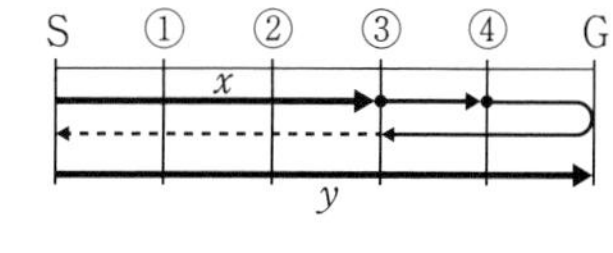

図Ⅶ

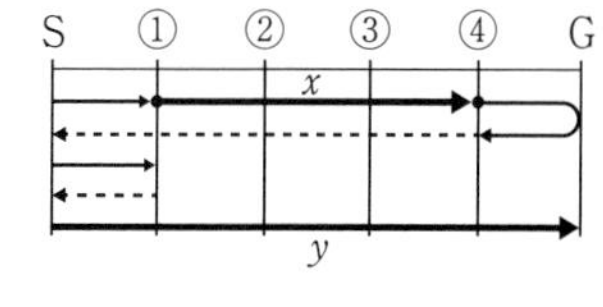

図Ⅴ′

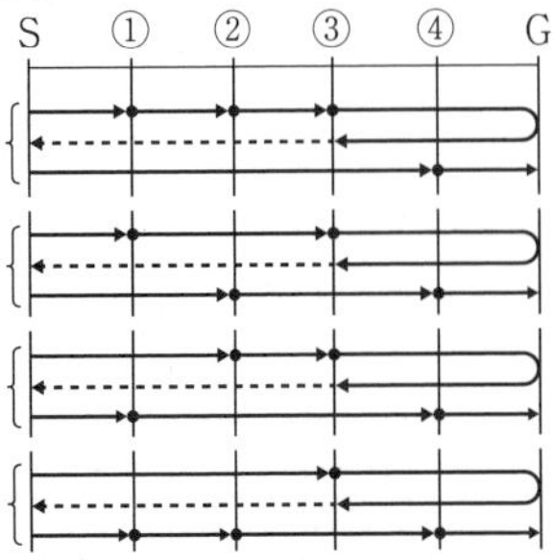

図Ⅵ′

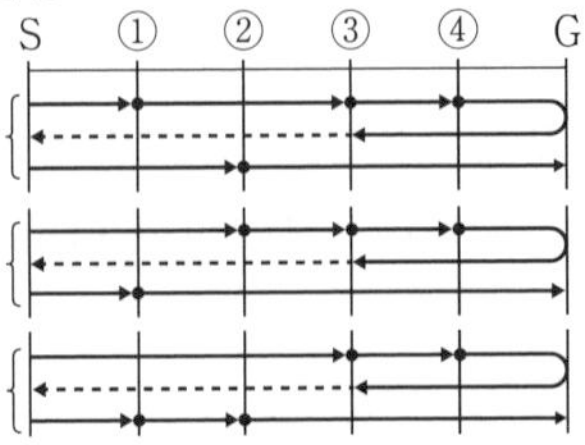

図Ⅶ′

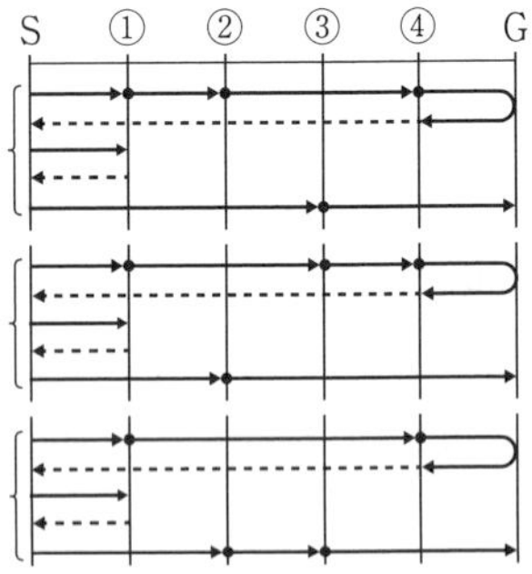

3 旅人算

⑴　スタート直後の速さは，Ａ君が分速240m，Ｂ君が分速250mだから，Ｂ君がＡ君の10m前方にくるまでの時間は，10÷(250－240)＝１(分)である。よって，その間にＡ君が走る距離《きょり》は，240×１＝240(m)とわかる。

⑵　⑴の後，Ｂ君はＡ君の，300－10＝290(m)後方にいると考えることができる。また，⑴の後の速さは，Ａ君が分速200m，Ｂ君が分速250mなので，Ｂ君がＡ君の10m後方にくるまでの時間は，(290－10)÷(250－200)＝5.6(分)とわかる。また，この後のＢ君の速さは分速300mになるから，Ｂ君がＡ君に追いつくまでの時間は，10÷(300－200)＝0.1(分)と求められる。よって，Ｂ君がＡ君に追いつくまでに，Ａ君は分速240mで１分と，分速200mで，5.6＋0.1＝5.7(分)走るので，このときＡ君が走る距離は，240×１＋200×5.7＝1380(m)とわかる。

⑶　1380÷300＝４余り180より，⑵で求めた距離は４周と180mとわかる。これを１セットと考えると，２セットは，４×２＝８(周)と，180×２＝360(m)になる。さらに，360－300＝60(m)より，これは，８＋１＝９(周)と60mになる。よって，Ａ君が10周するのは，３セット目に入ってから，300－60＝240(m)走ったときである。⑴から，Ａ君はセットのはじめの１分で240m走ることがわかる。また，１セットの時間は，１＋5.7＝6.7(分)だから，Ａ君が10周するのにかかる時間は，6.7×２＋１＝14.4(分)と求められる。60×0.4＝24(秒)より，これは14分24秒となる。

図１

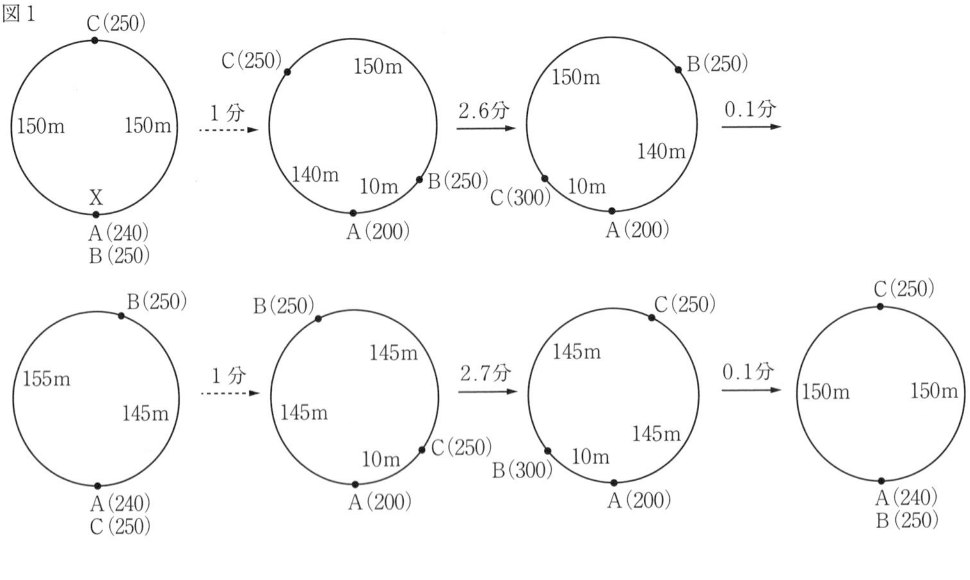

(4) (ア) A君の位置は変えずに，3人の位置関係だけを図に表すと，上の図1のようになる(カッコ内はそのときの分速を表し，点線の矢印はA君の速さが速くなるときを表す)。B君がA君に追いつくまでに，A君は分速240mで，$1\times2=2$(分)と，分速200mで，$2.6+0.1+2.7+0.1=5.5$(分)走るので，このときA君が走る距離は，$240\times2+200\times5.5=1580$(m)とわかる。 (イ) $1580\div300=5$余り80より，(ア)で求めた距離は5周と80mとわかる。これを1セットと考えると，2セットは，$5\times2=10$(周)と，$80\times2=160$(m)になるから，A君が10周するのは，2セットを終える160m手前である。図1から，A君はセットの終わりの，$2.7+0.1=2.8$(分)は分速200mで走ることがわかるので，最後の160mを走るのにかかる時間は，$160\div200=0.8$(分)と求められる。また，1セットの時間は，$2+5.5=7.5$(分)だから，A君が10周するのにかかる時間は，$7.5\times2-0.8=14.2$(分)である。これは(3)で求めた時間より，$14.4-14.2=0.2$(分)，$60\times0.2=12$(秒)短い。

(5) A君が，$300\times10=3000$(m)走るのにかかる時間は，14分24秒－7秒＝14分17秒なので，右の図2のようにまとめることができる。分速200mで14分17秒走ったとすると，実際に走った距離よりも，$3000-200\times14\frac{17}{60}=\frac{430}{3}$(m)短くなるから，分速240mで走った時間は，$\frac{430}{3}\div(240-200)=\frac{43}{12}=3\frac{7}{12}$(分)とわかる。ここで，A君が分速240mで走るのは図1の点線の矢印の部分なので，下の図3のように，4回目の点線の矢印の途《と》中《ちゅう》でA君が3000m走ったことになる。また，図3のアの距離は，$(250-240)\times\frac{7}{12}=\frac{35}{6}=5\frac{5}{6}$(m)である。次に，14分17秒のうち，C君が分速300mで走った時間は，$0.1\times2=0.2$(分)，分速250mで走った時間は，$14\frac{17}{60}-0.2=14\frac{1}{12}$(分)だから，C君が走った距離は，$300\times0.2+250\times14\frac{1}{12}=3580\frac{5}{6}$(m)とわかる。よって，C君はA君よりも，$3580\frac{5}{6}-3000=580\frac{5}{6}$(m)多く走ったことになる。したがって，C君がスタートした地点を下の図4のように表すと，A君が10周する間にA君とC君が走った距離の差は，$\square+300+5\frac{5}{6}=\square+305\frac{5}{6}$(m)となる。これが$580\frac{5}{6}$mなので，$\square=580\frac{5}{6}-305\frac{5}{6}=275$(m)となり，C君がスタートしたのは地点Xから左回りに，$300-275=25$(m)のところとわかる。

図2

分速200m ⎫ 合わせて
分速240m ⎭ 14分17秒で3000m

図3

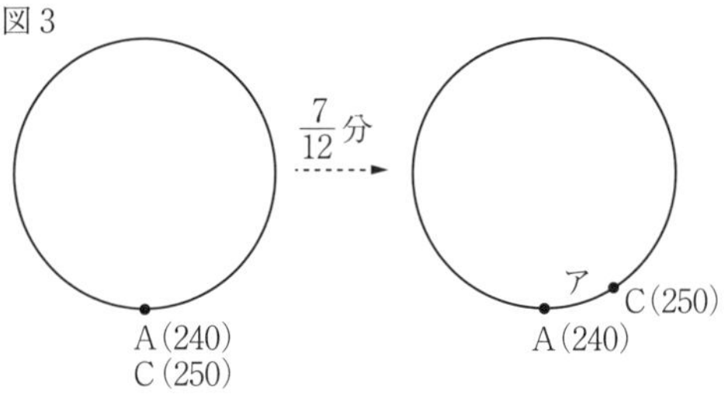

図4

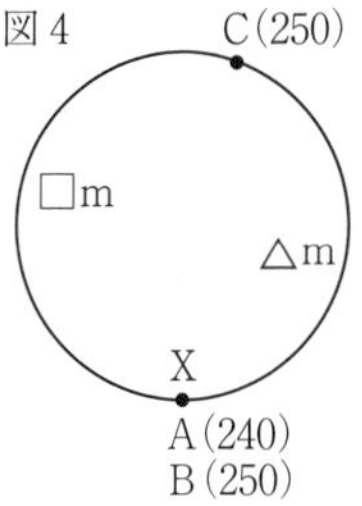

4 立体図形―図形上の点の移動，長さ，角度

(1) $\frac{(\text{底面の円の半径})}{(\text{母線})}=\frac{90}{360}=\frac{1}{4}$となるから，XA(母線)の長さは底面の円の半径の4倍である。

(2) 側面の展開図は下の図Ⅰのようになる。また，底面の円の中心をOとすると，底面は下の図Ⅱのようになる。図Ⅰと図Ⅱで，点Pと点Qはそれぞれ太線部分を動く。また，かげをつけた2つの三角形は相似であり，相似比は4：1なので，点Pが移動する距離は，$10\times\frac{4}{1}=40$(cm)とわかる。さらに，点Pと点Qの速さの比は4：1だから，点Pが40cm動く間に点Qは，$40\times\frac{1}{4}=10$(cm)動く。つまり，点PがAに戻ったとき，点QはBにある。

(3) 点Pが図ⅠのP_2の位置にあるときである。三角形XP_2Aは直角二等辺三角形なので，XP_2の長さは，$40\div2=20$(cm)とわかる。つまり，実際のXPの長さは20cmである。よって，このときのようすを正面から見ると，下の図Ⅲのようになる。図Ⅲで，三角形XCOと三角形XP_2Yは相似だから，$XP_2：P_2Y＝4：1$となり，P_2Yの長さは，$20\times\frac{1}{4}＝5$(cm)と求められる。つまり，真上から見たときのXPの長さは5 cmである。

図Ⅰ

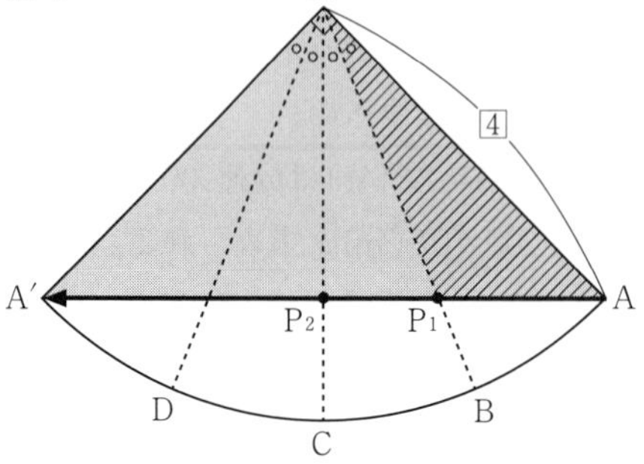

図Ⅱ

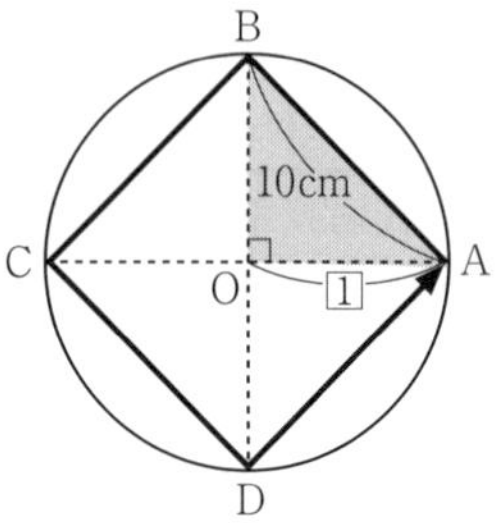

図Ⅲ

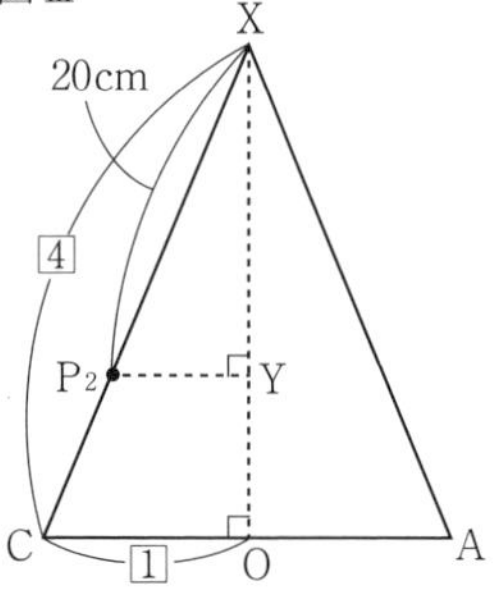

⑷ ㋐ 点Pが図ⅠのP_1の位置にあるときである。AからP_1までの長さはP_1からP_2までの長さよりも長いので，AからP_1までにかかる時間は，AからA′までにかかる時間の$\frac{1}{4}$倍よりも長くなる。

㋑ 右の図Ⅳの斜線《しゃせん》部分の三角形と図Ⅰの斜線部分の三角形について考える。点PがAからP_1まで動く間に，点QはAからQまで動く。また，点Pと点Qの速さの比は4：1だから，AP_1とAQの長さの比も4：1になる。さらに，図Ⅰと図ⅣのXAの長さの比も4：1であり，角XAP_1と角XAQの大きさはどちらも45度で等しいので，この2つの三角形は相似とわかる。よって，図Ⅳの角AXQの大きさは図Ⅰの角AXP_1の大きさと等しく，90÷4＝22.5(度)と求められる。 ㋒ 真上から見たときのXPとXQの長さを比べればよい。図Ⅰと図Ⅳの斜線部分の三角形の相似から，実際のXPと真上から見たときのXQの長さの比は4：1とわかる。また，図Ⅲと同様に考えると，実際のXPと真上から見たときのXPの長さの比は4：1になる。よって，真上から見たときのXPとXQの長さは同じになる。

図Ⅳ

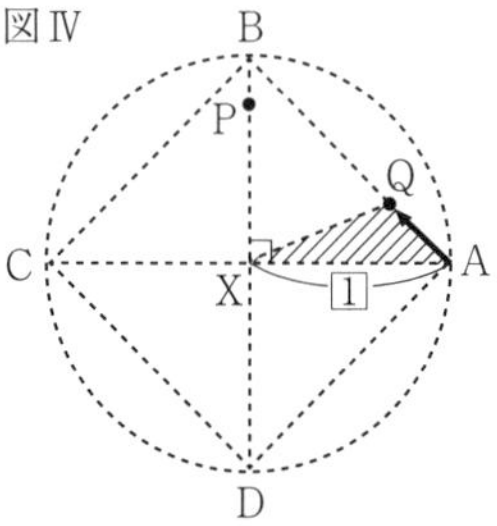

⑸ 下の図Ⅴのように，XPを延長した直線が弧《こ》AA′と交わる点をP′，OQを延長した直線が弧ABと交わる点をQ′とすると，おうぎ形XAP′とおうぎ形OAQ′も相似だから，弧AP′と弧AQ′の長さの比も4：1になる。次に，⑷より，点Pが図Ⅳの位置まで動く間は，真上から見たときのXPとXQの長さは常に同じになるので，点Pが辺AB上にあるときの点Qの位置は下の図Ⅵのようになる。図Ⅵで，三角形XQPは二等辺三角形だから，角XQAと角XPBの大きさは等しい。さらに，角XAQと角XBPの大きさも等しいので，角AXQと角BXPの大きさも等しくなり，弧AQ′と弧BP′の

図Ⅴ

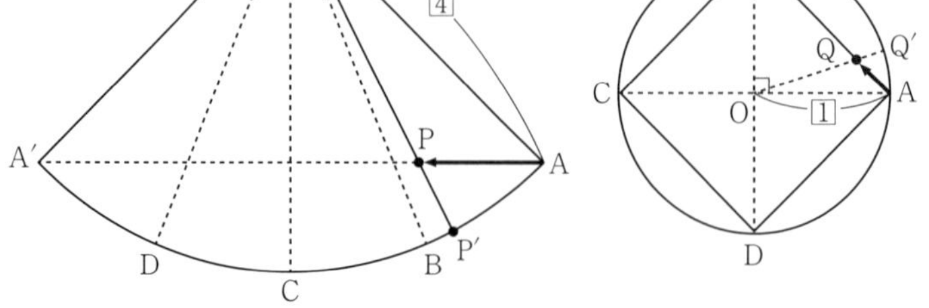

図Ⅵ

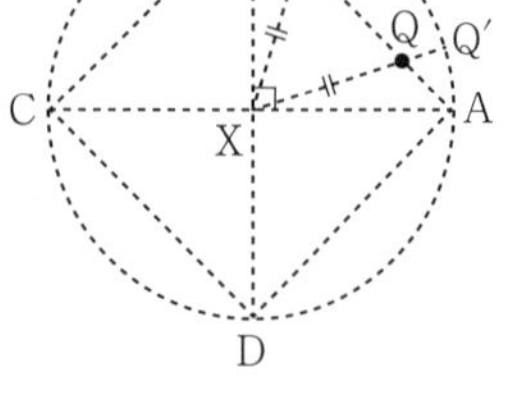

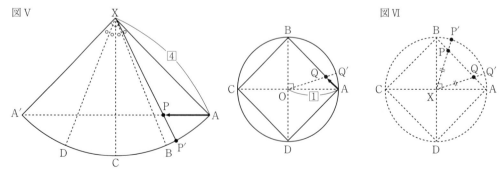

長さは等しくなることがわかる。また，弧AP′と弧AQ′の長さの比は4：1なので，角AXP′の大きさは，$90\times\frac{4}{4+1}=72$(度)と求められる。

社 会 (40分)＜満点：50点＞

解 答

1 **問1** イ　**問2** (例) 地方の農民が調や庸などの税を都まで運ぶときに利用したから。 **問3** 中山道　**問4** (例) もともと一つの国であったものを三つに分け，都から近い順に前・中・後の名を国名につけた。　**2** **問1** (例) 色ごとに異なる版木を使い，色を重ねながら刷っていく多色刷りの技術。　**問2** (例) 1600年の関ヶ原の戦いに勝利し，政治の実権をにぎった徳川家康は，1603年に江戸幕府を開き，全国の大名を家臣として支配したから。 **問3** 検地　**問4** 利根川　**3** **問1** (a) オ　(b) ウ　(c) イ　(d) カ　**問2** (例) キリスト教に関連する書物　**問3** (1) (例) 罪人の解剖に立会い，持参したオランダ語の医学解剖書の図と実際の人体のようすを見比べた。　(2) 解体新書　**問4** イ　**問5** エ　**4** **問1** 1 エ　2 ウ　3 ア　4 イ　**問2** ウ　**問3** 2160(m)　**問4** (例) 縮尺の分母が大きい地図は，より広い範囲をあらわせる一方で細かい場所をあらわすのには不向きで，記号を用いたほうがわかりやすくしめせるから。　**問5** f イ　g ア　**問6** 奥州街道(奥州道中)　**5** (例) 江戸時代後半には天文学をふくむ蘭学が発達し，これを学んだ伊能忠敬は，知識にもとづいた正確な測量を行おうという考え方のもと，さまざまな器具を用いて地道な作業をくりかえしながら，地球上における自分たちの位置と，実地で実際に測量した結果などを総合し，縮尺の大きいくわしい地図をつくった。こうしてつくられた正確な地図を縮めてつなぎ合わせたことで，日本のすがたを正確に表した日本図をつくることができた。

解 説

1 **「行基図」を題材にした古代の歴史についての問題**

問1 河内《かわち》国は大阪府南東部，大和《やまと》国は奈良県，山城国は京都府南部にあたる。これに，大阪府南西部にあたる和泉《いずみ》国と，大阪府北西部・兵庫県南東部にあたる摂津《せっつ》国を合わせた五つが「五畿」とよばれた。なお，古代には山城国は「山背国」と表記された。また，和泉国は8世紀に河内国から分かれて成立した。

問2 奈良時代には大和国に平城京が，平安時代には山城国に平安京が置かれており，都と地方を行き来する農民や役人のために道が整備された。律令制度のもとで農民は，地方の特産物を納める調，都で10日間労役につく代わりに布などを納める庸《よう》という税が課されたが，これらは成年男子がみずから都まで運んで納めなければならなかった。彼らはこれを納めるため，都に続く道を利用した。また，役人のためには駅制というしくみが整えられ，主要な道の30里(約16km)ごとに駅家が置かれ，馬や役人が配置された。

問3 東山道は古代の行政区分と，これらを結ぶ街道のよび名のひとつで，近江《おうみ》国(滋賀県)・美濃《みの》国(岐阜県南部)・飛驒《ひだ》国(岐阜県北部)・信濃《しなの》国(長野県)・上野《こうずけ》国(群馬県)・下野《しもつけ》国(栃木県)にあたる。江戸時代に整備された中山道は，江戸日本橋を起点として下野国をのぞくこれらの国を通り，下諏訪《しもすわ》(長野県)で甲州街道と，草津(滋賀県)で東海道と合流して京都に至った。

問４　古代の国の名前には「前・中・後」や「上・下」がつくものがいくつかあるが，これらはすべて，都から近い順に「前・中・後」あるいは「上・下」と並んでいる。中国地方にはもともと吉《き》備《び》国が置かれており，これを三つに分けたさい，都に近い順に備前国(岡山県東部)・備中国(岡山県西部)・備後《びんご》国(広島県東部)とした。また中部地方にもともとあった越国《こしのくに》は，都から近い順に越《えち》前《ぜん》国(福井県北東部)・越中国(富山県)・越後国(新潟県)の三つに分けられた。なお，千葉県中部が上総《かずさ》国，北部が下総《しもうさ》国となっているのは，古代，房総《ぼうそう》半島へ向かうさいには南から海路で渡るのが一般的だったためだとされている。

2 「赤水図」を題材とした問題

問１　江戸時代後半には，絵師が絵や図を描《か》き，それを彫師《ほりし》が木に彫って版木をつくり，刷師《すりし》が色を重ねて刷るという過程でつくられる多色刷り版画の技法が確立された。こうしてつくられた絵は錦絵《にしきえ》とよばれ，絵の複製が容易になって大量生産が可能になったことから，人気絵師の浮世絵が人びとの娯楽として楽しまれるようになった。

問２　徳川家康は1600年の関ヶ原の戦いで豊臣方の大名を破って政治の実権をにぎると，1603年に朝廷から征夷《せいい》大将軍に任じられ，初代将軍として江戸幕府を開いた。大名は徳川将軍家と主従関係を結ぶことで領地をあたえられ，幕府の命令にそむくと領地を減らされたり取り上げられたりしたため，幕府の命令には従わざるを得なかった。

問３　田畑の面積を測量し，土地の生産力などを明らかにする作業を検地という。1582年から豊臣秀吉が始めた検地(太閤検地)では，それまでばらばらだったものさしやますが統一され，米の収穫量が石高《こくだか》で表されるようになった。

問４　図Ｃで大きくえがかれている「常陸《ひたち》」が現在の茨城県にあたり，その南部に霞ヶ浦《かすみがうら》と考えられる湖が広がっていることなどから，利根川の河口にあたると判断できる。利根川は江戸時代に流路の変更が行われ，常陸国と下総国(地図中の「下總」)の境界を通るようになった。

3 江戸時代の学問と伊能忠敬の地図を題材とした問題

問１　(a)　長崎は江戸時代の鎖国中，幕府と外国の唯一《ゆいいつ》の貿易港があったことから，幕府が直接治めた。オランダとの貿易は出島とよばれるうめ立て地で行われ，オランダ商館長は「オランダ風説書」という海外事情の報告書を幕府に提出することが義務づけられた。　(b)　対馬《つしま》(長崎県)を治めた宗《そう》氏は長く朝鮮と日本のかけ橋となり，江戸時代には対馬藩として朝鮮貿易をになった。朝鮮との貿易は，朝鮮のプサン(釜山)に設けられた倭館《わかん》に貿易船を派遣するという方法で行われた。
(c)　琉球《りゅうきゅう》王国は17世紀はじめに薩摩藩(鹿児島県)の侵攻《しんこう》を受け，その支配下に入った。琉球王国からは，江戸幕府の将軍がかわるごとに慶賀使，琉球王がかわるごとに謝恩使という使節が江戸に派遣された。　(d)　江戸時代，蝦夷《えぞ》地(北海道)の先住民であるアイヌの人びとは松前藩と交易を行っていたが，不正な取引に対する不満からたびたび反乱を起こした。1669年に起こったシャクシャインの戦いはその最大のものだったが，松前藩によってしずめられた。

問２　江戸幕府は，貿易の利益を独占し，キリスト教禁止を徹底《てってい》するため，鎖国政策をとった。これによって西洋の書物の輸入も禁止されたが，江戸幕府の第８代将軍徳川吉宗は，みずからが取り組んだ享保の改革の中で，キリスト教に関係のない漢訳洋書(漢文に翻訳《ほんやく》された西洋の書物)の輸入を認めた。これ以降，西洋の知識や技術を学ぶことができるようになり，蘭学《らんがく》がさかんになった。

問３　⑴，⑵　小浜藩（福井県）の藩医だった杉田玄白《げんぱく》や，中津藩（大分県）の藩医だった前野良沢《りょうたく》らは，幕府の小塚原刑場で罪人の腑分《ふわ》け（解剖《かいぼう》）に立ち会ったさい，持参していたオランダ語の医学解剖書『ターヘル・アナトミア』の図版の正確さに驚き，これを翻訳しようと決意した。苦心のすえに翻訳された書物は，1774年に『解体新書』として出版された。

問４　地球の半径を6370kmとすると，直径はその２倍の12740kmとなるので，地球の円周は，12740×3.14＝40003.6（km）となる。緯度は南北に90度ずつあり，円周全体では360度ぶんになるので，40003.6÷360＝111.1…より，緯度差１度の距離は約111kmとわかる。

問５　18世紀後半から19世紀前半にはロシア船がたびたび蝦夷地に来航し，幕府との貿易を求めた。鎖国体制を維持したい幕府は沿岸警備のため，最上徳内に蝦夷地や千島列島の調査を命じたり，伊能忠敬に蝦夷地の測量を命じたりした。

4 「伊能図」の作成を題材とした問題

問１　**１**　細長い円筒状のものがついていて，そこに細い穴が開いていることから，「望遠鏡の接眼部につけて」とあるエだと推測できる。これは，測食定分儀とよばれる道具である。　**２**　細い棒の先に器具が取りつけられるようになっているので，「杖《つえ》の先」に方位磁石をつけて用いるとあるウだとわかる。この道具は，わんか羅鍼《らしん》あるいは杖先方位盤などとよばれる。　**３**　車輪がついた箱状のものなので，「車輪の回転」で箱の「内部の歯車」が回るというアだとわかる。これは量程車とよばれる道具で，これを引きながら歩いて距離を測った。　**４**　半分にした分度器状のものがついているので，「星の高さを細かい角度まで」測る道具だと判断できる。この道具は象《しょう》限儀《げんぎ》とよばれ，望遠鏡が取りつけられている。

問２　縮尺の分母が大きいほど，地図上では実際の距離がより短く，実際の大きさがより小さく表される。したがって，同じ大きさの用紙を使った場合，縮尺の分母が大きい地図のほうが，表せる範囲《はんい》がより広くなる。

問３　実際の距離は，（地図上の長さ）×（縮尺の分母）で求められるので，地図上の１cmの長さは，１×216000＝216000（cm），つまり，2160mと求められる。

問４　問題文に，３万6000分の１の地図では「街道に城がある場合は城の絵をえがき，大名の名前もいれました」とある。このように，３万6000分の１の地図は比較《ひかく》的縮尺が大きい（縮尺の分母が小さい）ため，よりくわしく地名などを表すことができる。しかし，縮尺が小さい（縮尺の分母が大きい）21万6000分の１の地図では，より広い範囲をしめせる一方で，細かい情報を記入するのが難しくなるため，記号を用いて施設を表したのだと考えられる。

問５　**ｆ**，**ｇ**　地図上に引かれた線のうち，縦の線を経線，横の線を緯線という。経線は北極と南極を結ぶ線で，イギリスの首都ロンドンにある旧グリニッジ天文台を基準（０度）として東西に180度ずつ引かれている。緯線は経線と直角に交わる横線で，赤道を０度として南北に90度ずつ引かれている。各地点の緯度や経度は，伊能忠敬が行ったように，星の角度や太陽の動きを観測することで求められる。

問６　奥州街道（奥州道中）は江戸時代に整備された五街道の一つで，江戸日本橋とｈの白河（福島県）を結んでいた。なお，奥州街道は，宇都宮（栃木県）までは日光街道と経路を共有していた。

5 「伊能図」の特色についての問題

[3]の問題文から，伊能忠敬の測量が「緯度差１度の距離」を知りたいという気持ちから始まったとわかる。そのためには「天体観測を行いながら，長い距離を測る必要」があった。忠敬がこういう気持ちになり，かつ，それを行動に移せたのは，この時代に天文学をふくむ蘭学が発達したからであった。また，[4]の問題文にあるように，忠敬らは，「地球上における測量した場所の位置」を天文学の知識をいかして確定するなど，「さまざまな器具」によって測量を「正確に」かつ「地道に」くりかえしていった。その手段としてまず，「想像で」えがくようなことはせず，細かい場所まで正確に測って大きな地図をつくった。そして，それを縮めることで大きな場所を表し，最終的に日本全体の地図ができあがるようにしていった。伊能忠敬のつくった正確な日本地図は，天文学の知識にもとづく正確なものをつくろうという考え方のもと，地球上の自分の位置という大きな視点と，実地での測量という細かい視点を総合し，ひとつひとつの作業を地道にくりかえしつづけていったことの成果であるといえる。

理　科　(40分)＜満点：50点＞

解　答

問１　イ　**問２**　ア，イ，オ　**問３**　**１**　0.48　**２**　0.04　**３**　少な(小さ)　**問４**　**あ**　60　**い**　25　**問５**　解説の図Ⅰを参照のこと。　**問６**　**ア**　×　**イ**　○　**ウ**　○　**問７**　(例)　豆苗全体の乾燥が早く進むが，時間が十分たったときの重さの変化の比率は，根をアルミ箔で包んだときとほぼ同じになる。　**問８**　(例)　**問題点**…豆苗がしおれて細くなりすぎ，三角フラスコに立てることができなかったこと。　**解決方法**…根をだっし綿でくるんで水をふくませ，バットに苗をねかせて置く。　**問９**　⑦　**問10**　解説の図Ⅱを参照のこと。　**問11**　(例)　最初の重さを100とするとき，乾燥させて40ほどの重さになったものまでは元にもどるが，それより軽くなるまで乾燥させたときには元にもどりにくい。

解　説

豆苗《とうみょう》の乾燥《かんそう》と回復についての問題

問１　キュウリはウリ科の植物で，お花とめ花の２種類の花をつける。花びらの色はどちらも黄色い。

問２　ニンジンやダイコンは，おもに根に栄養分がたくわえられたものを食用としている。サツマイモのイモも，根に栄養分がたくわえられたものである。なお，レンコンやジャガイモは地下の茎《くき》に栄養分がたくわえられたものを食用としている。

問３　表１より，豆苗Ａの重さは，はじめの４時間に，1.45－0.97＝0.48(ｇ)減少し，32時間後から36時間後までの４時間に，0.29－0.25＝0.04(ｇ)減少している。図１で，豆苗Ａ～Ｄはいずれもグラフのかたむき(減り方)が，はじめの４時間よりも，32時間後から36時間後までのほうがゆるやかである。グラフのかたむきがゆるやかなことは，豆苗の重さの減少量が少ない(小さい)ことを意味している。

問４　表１より，豆苗Ｄは最初の重さが1.12ｇ，12時間後の重さが0.67ｇなので，最初の重さを100とすると，12時間後の重さは，0.67÷1.12×100＝59.8…より，60である。同様に，36時間後の重さを表すと，0.28÷1.12×100＝25になる。

問5　表2と問4より，(実験開始からの時間，豆苗の重さ)が，(0，100)，(4，79)，(8，66)，(12，60)，(24，43)，(28，35)，(32，29)，(36，25)，(48，21)の各点に△を記入し，となり合う△を直線で結び折れ線グラフをかくと，右の図Ⅰのようになる。

図Ⅰ

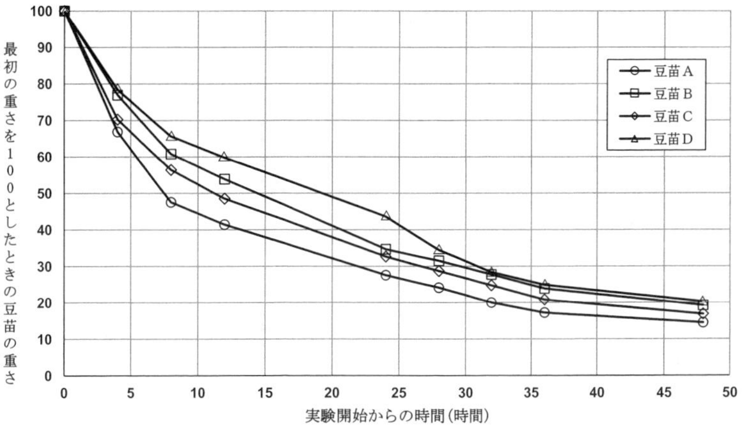

問6　**ア**　図Ⅰで，実験開始4時間後と48時間後のどちらも，印が一番下に位置していて，重さが最も軽いのは豆苗Aである。**イ**　図Ⅰを見ると，最初の重さを100としたときの豆苗の重さが100から70になるまでの時間は，豆苗Aが4時間より少し前，豆苗Dが約6～7時間になっている。また，最初の重さを100としたときの豆苗の重さが70から40になるまでの時間は，豆苗Aがおよそ，13－4＝9(時間)，豆苗Dがおよそ，25－7＝18(時間)である。よって，どちらの豆苗も，重さの変化を比率で表したとき，数値が100から70になるまでの時間は，70から40になるまでの時間の半分以下になっているとわかる。　**ウ**　どの時刻でも，値が最も大きいのは豆苗D，最も小さいのは豆苗Aである。この2つについて値の差を求めると，4時間後は，79－67＝12，8時間後は，66－48＝18となっていて，8時間後のほうが大きい。この差は24時間後を過ぎるとしだいに小さくなり，48時間後には，21－14＝7となり，8時間後よりも小さくなっている。

問7　表3より，豆苗Eの4時間後の数値は豆苗A～Dのいずれの豆苗よりも小さくなっているので，根をアルミ箔《はく》で包まない場合にははじめの重さからの減少量が大きく，乾燥が早く進むことがわかる。しかし，24時間を過ぎると，豆苗A～Dと数値の差が小さくなり，重さの変化の比率はほぼ同じになる。

問8　写真4～6より，乾燥した豆苗はしおれて細くなり，強度も低下しているように見える。そのため，根を下にして三角フラスコ内に立てることが難しかったと考えられる。この場合，根の部分を，水をふくませただっし綿で包んで，バットなどにねかせて置くと，根から水を吸わせることができる。

図Ⅱ

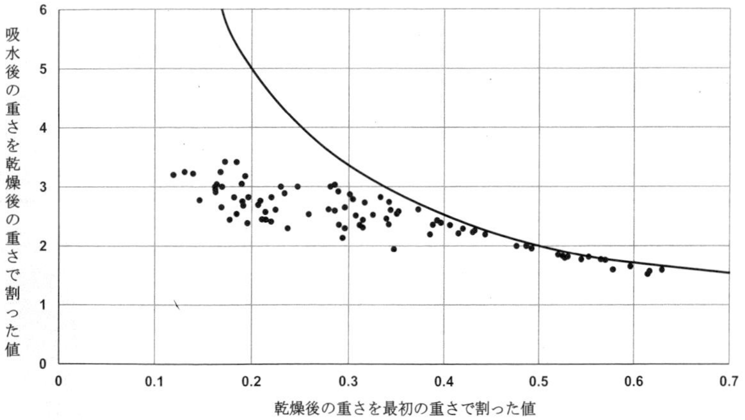

問9　図3の矢印で示した値は，乾燥後の重さを最初の重さで割った横軸《じく》の値が約0.24，吸水後の重さを乾燥後の重さで割った縦軸の値が約2.3と読み取れる。豆苗①～⑩のぞれぞれにつ

いて，計算して(横軸の値，縦軸の値)を求めるとおよそ，豆苗①が(0.63，1.6)，豆苗②が(0.54，1.8)，豆苗③が(0.48，２)，豆苗④が(0.34，2.5)，豆苗⑤が(0.31，2.4)，豆苗⑥が(0.26，2.5)，豆苗⑦が(0.24，2.3)，豆苗⑧が(0.21，2.4)，豆苗⑨が(0.18，2.8)，豆苗⑩が(0.14，3.2)となる。したがって，図３の矢印で示した値は豆苗⑦のものである。

問10　豆苗が乾燥後に吸水して完全にはじめの重さにもどった場合には，(乾燥後の重さを最初の重さで割った値)×(吸水後の重さを乾燥後の重さで割った値)＝１，つまり，(横軸の値)×(縦軸の値)＝１になる。したがって，グラフは，上の図Ⅱのように，(0.2，５)や(0.4，2.5)，(0.5，２)などの点を通る曲線となる。

問11　問10でかいた曲線のグラフは，乾燥させた植物が吸水した後に元通りに回復した場合を示していて，図Ⅱでこの曲線のグラフと点の集まりがほぼ重なっているところは，吸水して元通りに回復した豆苗を表している。一方，曲線のグラフと離《はな》れている点の集まりは，吸水しても元通りにはもどらなかった豆苗になる。グラフと点の集まりが大きく離れ始めているのは，横軸の値が0.4を少し下回ったあたりなので，最初の重さを100としたとき，およそ40の重さになるまで乾燥したものは元にもどるが，それより軽くなるまで乾燥させると元にはもどらないと読み取れる。

国　語　(50分)　<満点：70点>

解　答

□一 **問１**　イ，カ　**問２**　(例)「ぴょ」は，おならの音として，論理や慣習といった通常のわかり方を越えた，現代詩特有の言葉の使い方であるということ。　**問３**　(例)　私たちには，おならはひとりで「こっそりやるものだ」という先入観があるから。　**問４**　(例)　詩の中に問答の形をひそませて，私たちが「わかった」と思うようにしむけ，さらに「見えない問い」の連鎖を仕組んで，私たちを詩の世界に引きこもうとするもの。　□二 **問１**　(例)　おじちゃんは，ものすごくいれこんで奇跡がおきると本気で信じていたし，おばちゃんは，生きているときにあたしたちの期待をぜったいに裏切ることがなかったから。　**問２**　(例)　(お葬式のときのおじちゃんとサマーは)大勢の外部の人たちが望むふつうのやり方で悲しむという型にはめられてしまい，自分たちの思うとおりに悲しむことができなかった(から。)　**問３**　オ　**問４**　(例)　おじちゃんが才能を発揮して芸術品をつくれたのは，おばちゃんがおじちゃんの豊かな想像力を受け入れたおかげだということ。　**問５**　ウ　□三 下記を参照のこと。

●漢字の書き取り

□三 １　賛美　２　折半　３　異存　４　税関　５　宿敵　６　至福　７　操縦　８　旗色　９　済(ます)　10　挙(げる)

解　説

□一 **出典は阿部公彦《あべまさひこ》の『詩的思考のめざめ　心と言葉にほんとうは起きていること』による。**谷川《たにかわ》俊太郎《しゅんたろう》の「おならうた」という詩を分析《ぶんせき》し，その魅力《みりょく》を解説しながら，詩を読むときに我々の心の中で起こっているはたらきについて述べている。

問１　谷川俊太郎の「おならうた」という詩は，「平易」な言葉と「単純な構文」，かつ「漢字もなくぜんぶ平仮名」で書かれているほか，「頭でわかる前に，まず体が言葉をわかってしまう」ような軽快な「リズム」で進行することから，「わかりやすい」のだと述べられている。よって，イとカがふさわしくない。

問２　「ぶ」「ぼ」「へ」「ば」「ぼ」「す」「ぷ」は，おならの音として「予想の範囲《はんい》におさまるもの」だが，「ぴょ」という音はそうではないため，「どういう音か？　写実的なのか？　心理主義か？　あるいはファンタジーだろうか？」などと混乱させられ，戸惑《とまど》うと述べられている。つまり，ふいに「ぴょ」と聞かされたことで，「私たち」は「わからなさ」に直面するが，「わかる」と感じるには「わからなさ」とぶつかることも必要であり，また現代詩では，「わかる」ことはさほど問題にならない。「現代詩では，論理や習慣といった通常のわかり方を飛び越えた言葉の使い方をするのが，むしろ当たり前」であり，この「ぴょ」も，ここまでの表現と違って，こうした表現の一つと考えられる。

問３　「できれば他人には聞かれたくないもの」である「おなら」に対し，「私たち」は「こっそりやるもの」だという先入観を抱《いだ》いている。だから，「ふたりで」と見たとき「意外」に思えるのである。

問４　続く部分で，「問答の形がひそんで」いる「おならうた」を見た我々は，「知らず知らずのうちに，問いに答えようと」してしまうと述べられている。加えて，そうした「見えない問い」は「連鎖《れんさ》」的に仕組まれているので，「私たち」は谷川の詩をつい「わかろうと」し，その世界に引きこまれていくのである。

二　**出典はシンシア・ライラント作，斎藤倫子《さいとうみちこ》訳の『メイおばちゃんの庭』による。**オブおじちゃんは，亡《な》くなったメイおばちゃんからのメッセージを受け取ろうと，「あたし」（サマー）の同級生であるクリータスを庭に連れ出す。

問１　オブおじちゃんは，亡くなったメイおばちゃんが自分たちのところに来てくれるという「奇《き》跡《せき》」を本気で信じこんでいたので，「あたし」は「ほんの少しだけ」期待を抱いたし，思えば生きていたころのメイおばちゃんは，「いてほしいって思うところにはかならず現れた」ように，自分たちをがっかりさせることなど「ぜったいに」なかった。だから，「あたし」は「奇跡がおこるんじゃないかって希望をもてた」のだろう。

問２　直後に「外部の人たち，たとえば葬儀《そうぎ》屋さんや牧師さんがいったん入ると，残された家族の悲しみが型にはめられてしまうように思える」とあることに着目する。メイおばちゃんを亡くしたとき，「あたし」とオブおじちゃんは，ただただ「トレーラーハウスの中でおたがいにしがみついて何日も何日も」泣いていたかったが，葬式では「まわりの人たちが，ふつうのやり方で悲しむことを望んで」いたので，自分たちのしたいように「髪《かみ》をかきむしって泣きわめく」ことなどできなかった。だから，ささいなものであってもオブおじちゃんが「思い出の中で大切にして」いたできごとを存分に話すのを，クリータスと二人でじっと聞いている今のほうが「ほんとのお葬式のときよりももっとしみじみとして，本物らしく思えた」のである。

問３　葬式の場では「大勢の親類やそれまで会ったこともなかった人たち」が「つくってくれた食事を食べ，だまって肩《かた》を抱《だ》かれてなきゃならなかった」うえ，「悲しみのあまりおかしくなってやしないか」と，自分たちの「顔をみつめる」周囲のようすを，「ただみてなきゃならなかった」と「あたし」が感じていることに注目する。つまり，「あたし」とオブおじちゃんは，あわれむべき人たちとして注目される存在になっていたのだから，オが選べる。

問4　続く部分でクリータスは，目にみえるものに関心がないオブおじちゃんのつくる風舞《かぜまい》は，自分たちがぱっとみて理解できるようなものではない「芸術品」だと語っている。そうしたオブおじちゃんの豊かな想像力を受け入れていたメイおばちゃんによって，彼《かれ》が才能を存分に発揮できたのだろうという意味で，クリータスは「メイおばさんのおかげだな」と言ったのである。

問5　クリータスは，「豊かな想像力」を備え，「みえないものをみる力」のあるオブおじちゃんが，メイおばちゃんの「気配を感じたこと」を信じている。そのうえで，同じ力を持ちながら「いつもそれを追いはらおうと」する「あたし」の姿勢を指摘《してき》している。オブおじちゃんの人となりを正しく理解しているばかりでなく，自分の内面まで言いあてられた「あたし」は，本質をするどくみぬく目をもったクリータスにはとうていかなわないと思い，心の中で「まいった！」と言ったのだから，ウがふさわしい。

三　漢字の書き取り

1　ほめたたえること。　**2**　半分ずつに分けること。　**3**　ある考えに対する反対意見や異なる考え。　**4**　空港や港などで，外国から出入りする品物を調べたり，それに税金をかけたりする役所。　**5**　ずっと以前からの敵。　**6**　このうえもないほどの幸せ。　**7**　機械や乗り物などを思いのままにあやつり動かすこと。　**8**　戦いや試合などでの勝敗の形勢。　**9**　音読みは「サイ」で，「返済」などの熟語がある。　**10**　音読みは「キョ」で，「挙手」などの熟語がある。

2021年度　栄光学園中学校

〔電　話〕　(0467) 46－7711
〔所在地〕　〒247－0071　神奈川県鎌倉市玉縄4－1－1
〔交　通〕　JR各線－「大船駅」より徒歩15分

【算　数】（60分）〈満点：70点〉

（注意）　鉛筆《えんぴつ》などの筆記用具・消しゴム・コンパス・配付された定規以外は使わないこと。

1　立方体の各面に，下のような１～６の目がかかれたシールを１枚ずつ貼《は》り，さいころを作りました。

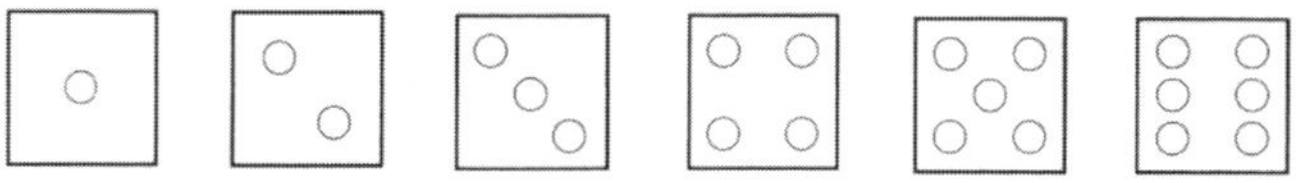

このとき，さいころの向かい合う面の目の和が７になるようにしました。

(1)　このさいころを２の目を上にして，ある方向から見ると図１のように見えました。また，１の目を上にして，ある方向から見ると（図２），見えた目は図１で見えた目とはすべて異なりました。手前の面（斜線《しゃせん》が引かれた面）の目を算用数字で答えなさい。

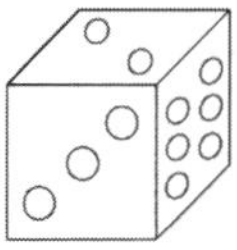

図１

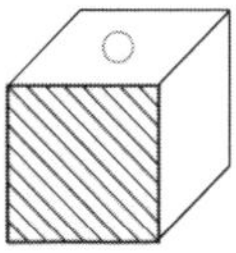

図２

(2)　下の図はこのさいころの展開図です。と，と，との目の向きの違《ちが》いに注意して，展開図を完成させなさい。

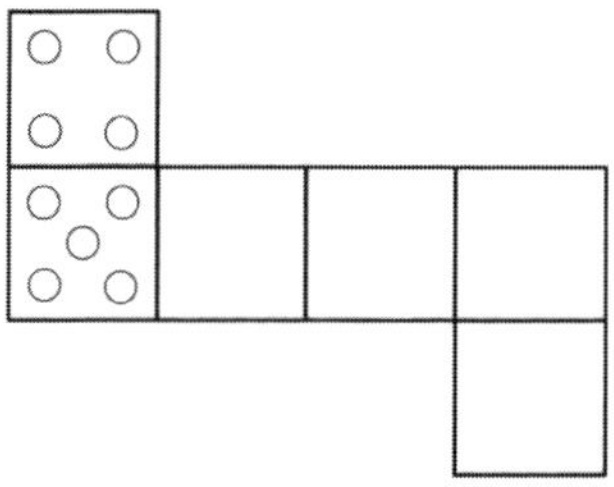

(3)　このさいころを４回ふったところ，出た目（上面の目）は大きくなっていきました。また，手前の面（斜線が引かれた面）の目はすべて２でした。またはを正しくかきいれなさい。

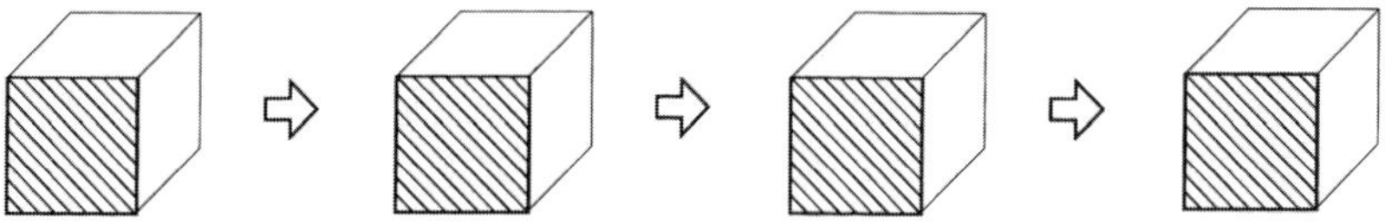

１回目　２回目　３回目　４回目

(4)　このさいころを３回ふったところ，出た目は大きくなっていきました。また，手前の面は下の図のようになりました。

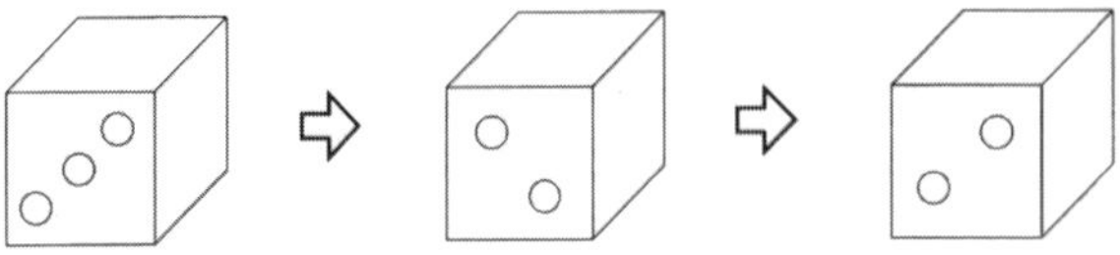

１回目　　　２回目　　　３回目

出た目として考えられる組み合わせを，答え方の例にならってすべて答えなさい。

【答え方の例】　1，　2，　3の順に出た場合……（1，　2，　3）

2　次の問に答えなさい。ただし，円周率は3.14とします。

半径が10 cmの円と一辺の長さが15 cmの正方形について考えます。

(1)　円を，正方形から離《はな》れないように正方形の周りを一周転がしたとき，円が通過する範囲《はんい》の面積を求めなさい。

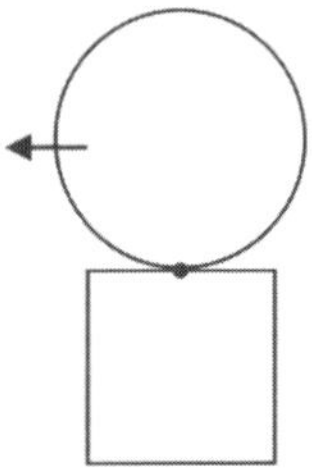

(2)　正方形を，向きを保ったまま(回転することなく)，円から離れないように円の周りを一周動かすと，下の図のようになります。

①　正方形が通過する範囲の外周(右はじの図の太線部)の長さを求めなさい。

②　正方形が通過する範囲の面積を求めなさい。

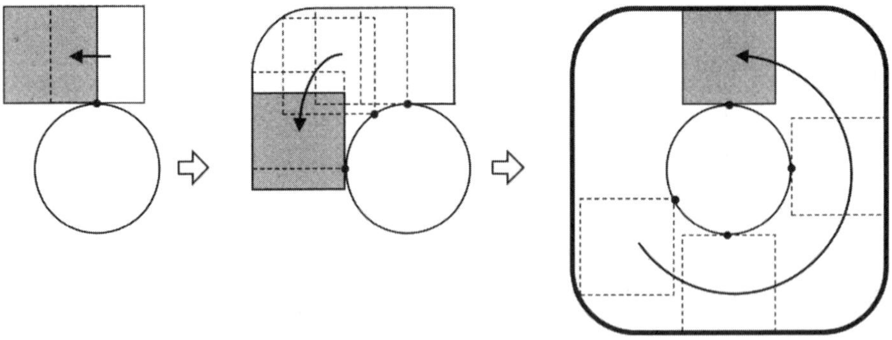

(3)　円の半径は10 cmのままで，正方形の一辺の長さを変えました。(1)のように円を動かしたときに円が通過する範囲の面積と，(2)のように正方形を動かしたときに正方形が通過する範囲の面積が等しくなりました。このとき正方形の面積を求めなさい。

次に，半径が10 cmの円と一辺の長さが15 cmの正三角形について考えます。

(4) 正三角形を，向きを保ったまま（回転することなく），円から離れないように円の周りを一周動かしたとき，正三角形が通過する範囲の外周の長さを求めなさい。

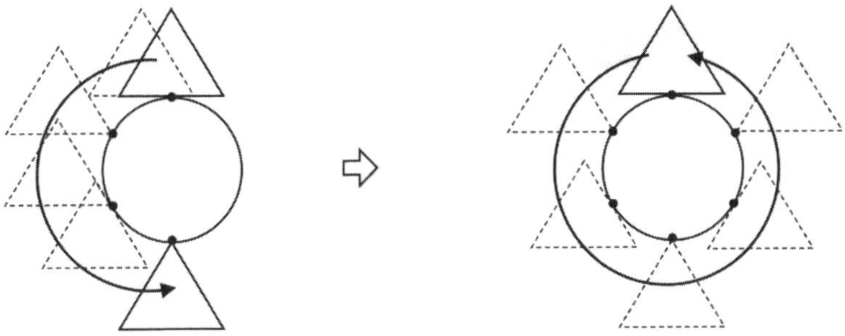

3 図のように，ある一定の長さの黒い部分と，長さ1 cmの透明《とうめい》な部分が交互《こうご》になっているテープA，Bがあります。テープAの黒い部分の長さは4 cmです。テープBの黒い部分の長さは分かりません。

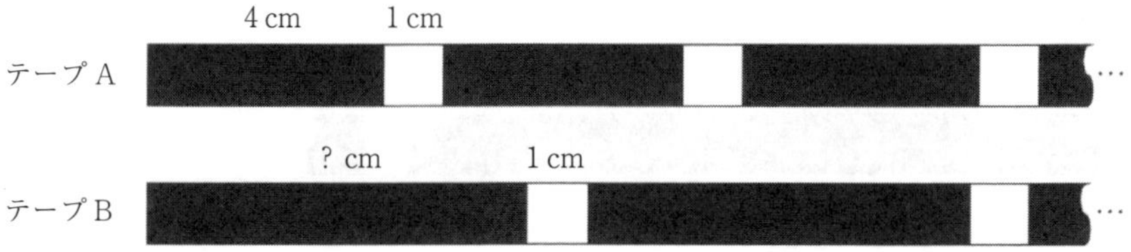

この2つのテープを，左はじをそろえて重ねたときの見え方について考えます。ただし，透明な部分と黒い部分が重なると黒く見えるものとします。

例えば，テープBの黒い部分が1 cmのとき，図のように，最初の黒い部分が9 cm，その隣《となり》の透明な部分が1 cmになります。

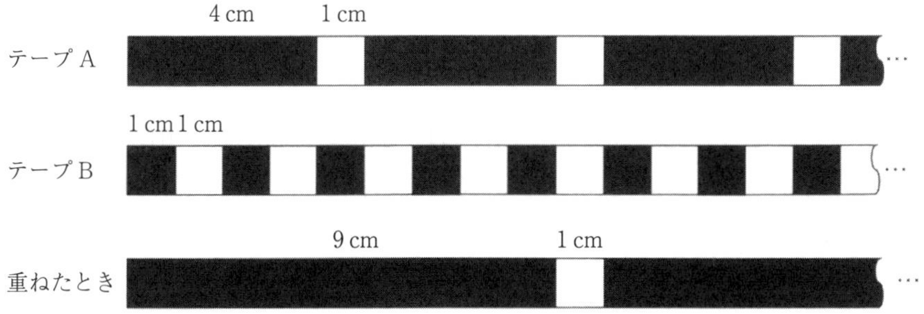

(1) 図のように，テープBの黒い部分が$\frac{5}{2}$cmのとき，テープA，Bを重ねると，最初の黒い部分とその隣の透明な部分の長さはそれぞれ何cmになりますか。

(2)　テープA，Bを重ねたとき，図のように，最初の黒い部分が9cm，その隣の透明な部分が1cmになりました。テープBの黒い部分の長さは何cmですか。上の例であげた1cm以外で考えられるものをすべて答えなさい。

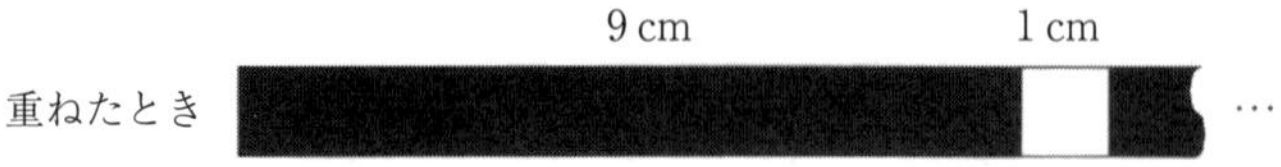

(3)　テープA，Bを重ねたとき，図のように，最初の黒い部分が9cm，その隣の透明な部分が$\frac{2}{3}$cmになりました。テープBの黒い部分の長さは何cmですか。考えられるものをすべて答えなさい。

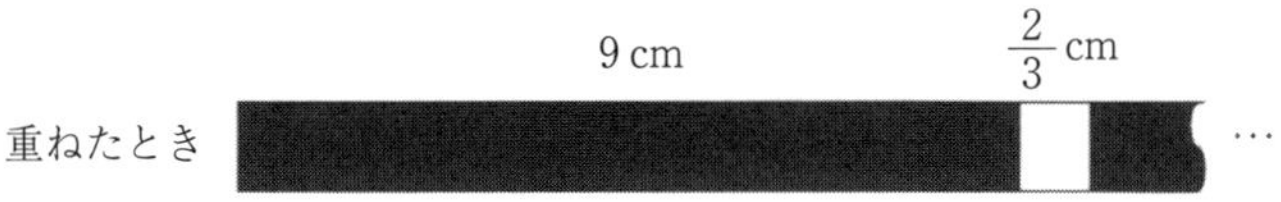

(4)　テープA，Bを重ねたとき，図のように，最初の黒い部分が14cmになり，その隣の透明な部分が1cm未満になりました。テープBの黒い部分の長さはどの範囲にあると考えられますか。答え方の例にならって，その範囲をすべて答えなさい。

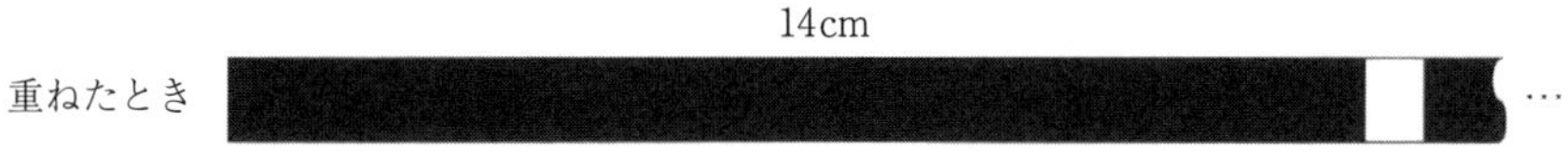

【答え方の例】

2cmより長く4cmより短い範囲と，$\frac{11}{2}$cmより長く8cmより短い範囲が答えの場合……(2～4)，$\left(\frac{11}{2}\sim 8\right)$

4　1とその数自身のほかに約数がない整数を素数といいます。ただし，1は素数ではありません。

素数を小さい順に並べていくと，次のようになります。

2，3，5，7，11，13，17，19，23，29，31，37，41，43，47，53，59，61，67，71，73，79，83，89，97，101，103，107，109，113，127，131，137，139，149，151，157，163，167，173，179，181，191，193，197，199，211，223，227，229，233，239，241，251，257，263，269，271，277，281，283，293，……

異なる2つの素数の積となる数を『素積数』と呼ぶことにします。

例えば，2021＝43×47となり，43も47も素数であるから，2021は『素積数』です。

素数は『素積数』ではありません。素数以外にも，次のような数は『素積数』ではありません。

・121(＝11×11)や169(＝13×13)のような，同じ素数の積となる数

・105(＝3×5×7)や117(＝3×3×13)のような，3つ以上の素数の積となる数

(1)　偶数の『素積数』のうち，小さい方から7番目の数を答えなさい。

連続する整数と『素積数』について考えます。例えば，33，34，35はすべて『素積数』です。

⑵　連続する４つの整数がすべて『素積数』であるということはありません。その理由を説明しなさい。

⑶　100以下の整数のうち，連続する３つの整数がすべて『素積数』であるような組がいくつかあります。上の例で挙げた33，34，35以外の組を，答え方の例にならってすべて答えなさい。

【答え方の例】（33，34，35）

⑷　連続する７つの整数のうち６つが『素積数』であるような組を，答え方の例にならって１つ答えなさい。

【答え方の例】 31～37の連続する７つの整数が答えの場合……(31～37)

【社　会】（40分）〈満点：50点〉

（注意）鉛筆《えんぴつ》などの筆記用具・消しゴム以外は使わないこと。

〈編集部注：実物の入試問題では，**図１**はカラー印刷です。〉

いま，日本の路上でよく使われている**くるま**（車輪がついた乗り物）には，自動車，自転車，オートバイがあります。３つの**くるま**のうち，日本でもっとも古くから使われていて，いちばん台数が多かったのは自転車です。ここでは，自転車を中心にして人が乗る**くるま**のことを考えることにします。

Ⅰ　下の**表**は，ある都市を①～⑦の地域に分け，それぞれの地域で通勤・通学者が用いる交通手段の割合（％）を表したものです。①～④の地域は，**図１**の①～④にあたります。なお，**図１**は灰色が濃《こ》いところほど，地表面の傾《かたむ》きが急であることを表しています。これらの**表**と**図１**をみて，あとの問に答えなさい。

問１　**表**と**図１**をみて，**表**の①～④について利用交通手段と地表面の傾きの関係をよく表している交通手段を１つ取り上げ，その関係を説明しなさい。

問２　**表**の⑤～⑦は，**図１**の**ア**～**ウ**のうち，それぞれどの地域にあたりますか。**問１**で考えたことをもとに答えなさい。

表　ある都市の通勤・通学者が用いる交通手段の割合　（％）

地域／利用交通手段	①	②	③	④	⑤	⑥	⑦
徒歩のみ	7	7	7	8	8	6	6
鉄道（他の交通手段との組合せを含む）	64	60	67	53	40	60	67
バス	1	5	1	6	7	3	4
自動車・タクシー	8	12	5	8	10	8	11
オートバイのみ	3	5	2	3	3	3	3
自転車のみ	8	4	11	14	21	10	2
※その他	7	9	7	9	12	9	7

2010年国勢調査《こくせいちょうさ》をもとに作成。

（注）　四捨五入したため，合計が100にならないことがある。

※鉄道以外の交通手段を２種類以上組み合わせた場合など。

図1　ある都市の地表面の傾き

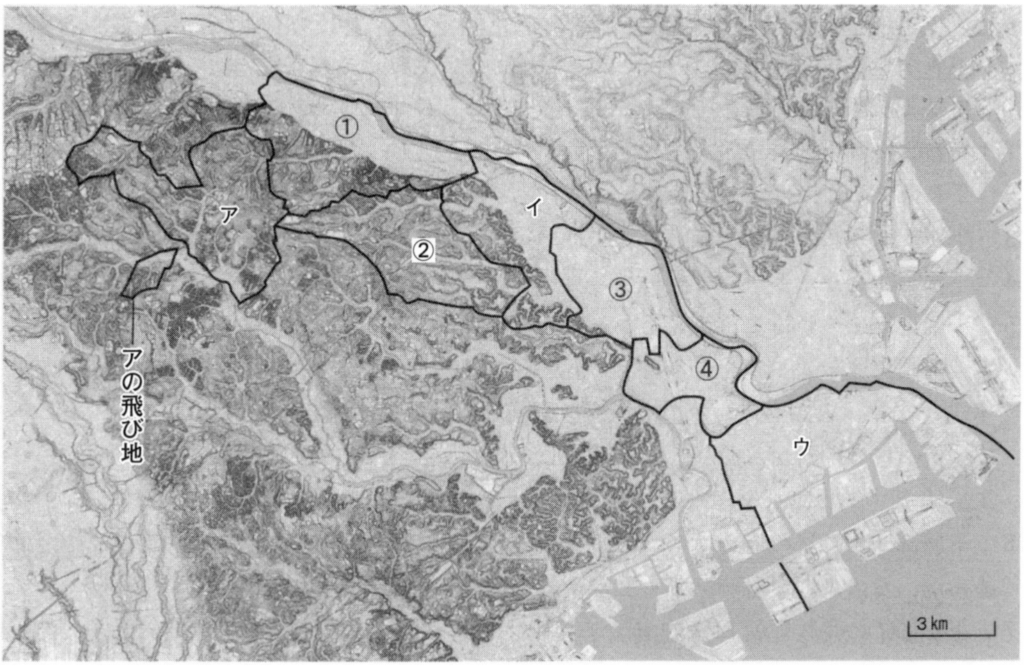

地理院地図《ちりいんちず》より作成。（注）　水色のところは川や海を表す。

II　次の文章を読んであとの問に答えなさい。

ここでは，自転車が使われるまでの乗り物の歴史をふりかえってみましょう。

日本でもっとも古い**くるま**は牛車《ぎっしゃ》で，平安《へいあん》時代から貴族《きぞく》が乗るようになりました。牛車は，①人を乗せる**くるま**を牛に引かせたものです。貴族たちが牛車に乗る様子は，②『枕草子《まくらのそうし》』などの文学作品に書かれています。身分の低い者は，牛車に乗ることを禁じられていました。

貴族のほかにも，鎌倉幕府《かまくらばくふ》や，室町《むろまち》幕府の将軍《しょうぐん》は牛車に乗りました。しかし，室町時代，③将軍のあとつぎをめぐる争いに有力な武士《ぶし》たちも加わった大きな戦いによって京都が荒廃《こうはい》すると，牛車はすたれました。それから長い間，日本で**くるま**が使われることはめっきりと減りました。

江戸《えど》時代には④人がかついで運ぶ乗り物が使われました。これは町の中だけでなく，⑤街道を往来するのにも使われました。この乗り物は武士のほか，百姓《ひゃくしょう》や町人《ちょうにん》も使いました。ただし，身分の高い武士のものは豪華《ごうか》につくられていて，外からは中に乗っている人がわからないようになっていました。

くるまの利用が目につきはじめるのは，開国《かいこく》以後です。外国人が日本に馬車を持ち込《こ》んで走らせるようになりました。

馬は⑥縄文《じょうもん》時代には日本にいましたが，人が馬に乗るようになったのは⑦古墳《こふん》時代からでした。武士の時代には，⑧武士にとって馬はなくてはならないものでした。牛車は平安時代から使われていましたが，日本で**くるま**を馬に引かせる馬車が走ることは開国するまでありませんでした。

明治維新《めいじいしん》後の1869年から，乗客を運ぶ乗合《のりあい》馬車が横浜《よこはま》—東京間を走りました。人々は運賃を払《はら》いさえすれば，馬車で横浜—東京間を，徒歩よりも短い時間で行けるようになりました。⑨1871年には，政府が平民《へいみん》に馬に乗ることを許しています。そのころ，馬車にヒントを得て⑩日本人が新しい**くるま**を発明し，人々の足として大歓迎《かんげい》されました。

問1　牛は下線部①や荷物を運ぶほかに，どのような仕事に使われていましたか。重要なことを１つ答えなさい。

問2　下線部②の作者は誰《だれ》ですか。

問3　下線部③の戦いをなんといいますか。

問4　下線部④をなんといいますか。

問5　下線部⑤についてまちがっているものを，**ア**～**エ**から１つ選びなさい。

ア　荷物を運ぶ人や旅をする人で，宿場町《しゅくばまち》が栄えた。

イ　大名《だいみょう》は，参勤交代《さんきんこうたい》のために街道を行列して領地と江戸とを往来した。

ウ　街道には関所《せきしょ》がおかれ，「入《い》り鉄砲《でっぽう》と出女《でおんな》」をきびしく取りしまった。

エ　朝廷《ちょうてい》のある京都を起点にして，五街道《ごかいどう》が整備された。

問6　下線部⑥の時代の遺跡《いせき》では，馬の歯や骨のほかに，食べ物の残りが発見される場合がありますが，そのような遺跡をなんといいますか。

問7　下線部⑦の時代に朝鮮《ちょうせん》や中国《ちゅうごく》から来日して，乗馬の技術や新しい土器や織物の製作方法などを伝えた人々をなんといいますか。

問8　下線部⑧について，鎌倉時代の御家人《ごけにん》が馬に乗ってつとめた奉公《ほうこう》にはどのようなことがありますか。

問9　下線部⑨から西南戦争《せいなんせんそう》までの間に政府が平民について定めたこととしてまちがっているものを，**ア**～**エ**から１つ選びなさい。

ア　自由に刀を身に付けることを認めた。

イ　苗字《みょうじ》を名乗ることを認めた。

ウ　軍隊に入ることを義務付けた。

エ　子どもを小学校に行かせることにした。

問10　下線部⑩について，この新しい**くるま**をなんといいますか。

問11　Ⅱの問題文や問に答えたことをもとに，江戸時代までと明治維新以降で，身分によって利用できる乗り物がどのように変化したか，まとめなさい。

III　自転車は，日本では開国以後に使われはじめ，日本の自転車の台数は1896年から記録に残っています。その年には１万9000台の自転車があり，割合にして2000人に１台もありませんでした。それ以後の**くるま**の台数と人口の移りかわりを示した**図２**をみて，あとの問に答えなさい。

図２　日本の自転車・オートバイ・自動車の台数と人口の移りかわり

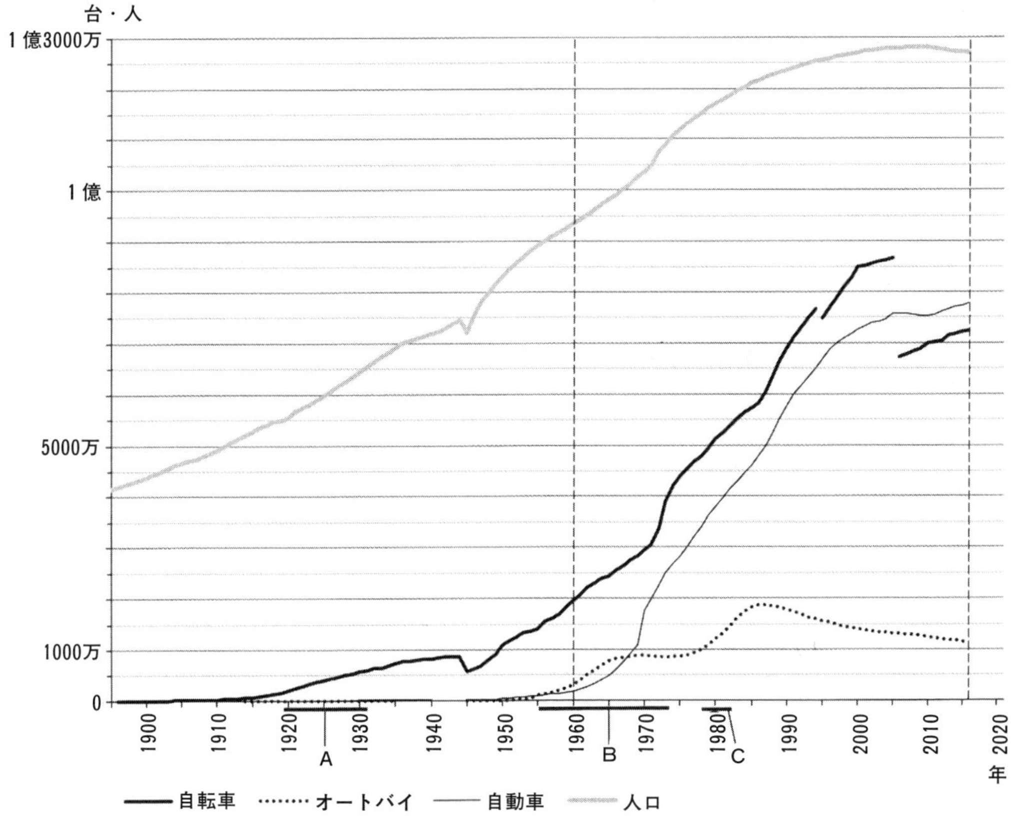

『日本帝国統計年鑑《にほんていこくとうけいねんかん》』，『日本帝国統計全書《にほんていこくとうけいぜんしょ》』，『世界歴史統計《せかいれきしとうけい》』，『日本自動車産業史《にほんじどうしゃさんぎょうし》』および自動車工業会資料，『自転車《じてんしゃ》の一世紀《いっせいき》』，『自転車統計要覧《じてんしゃとうけいようらん》』，『数字《すうじ》でみる日本《にほん》の100年《ねん》』をもとに作成。1995年以後の自転車の台数は，調査ごとにわけて示しているため，グラフに途切《とぎ》れているところがある。

問１　次の文章の空らんにあてはまる言葉を答えなさい。

図２のAのころには，人が乗る**くるま**のほかに荷物を運ぶために人や動物が引く荷車が220万台から260万台あり，**くるま**も荷車も全国でいまのような（ a ）通行をすることになりました。交差点には（ b ）が設置されはじめ，それまでの人による交通整理からかわっていきました。歩行者も（ a ）通行と決められていましたが，こちらはのちに（ c ）通行にかえられていまにいたっています（歩道と車道の区別がある場合などをのぞく）。

問２　1960年にはおよそ何人に１台の割合で自転車があったことになりますか。**図２**をみて，正しいものを**ア～エ**から１つ選びなさい。

ア　２～３人に１台

イ　４～５人に１台

ウ　６～７人に１台

エ　８～９人に１台

問3　**図2**の**B**のころについて，(1)と(2)に答えなさい。

(1)　このころの出来事についてまちがっているものを，**ア**～**エ**から１つ選びなさい。

ア　東京と大阪の間にはじめての新幹線が開通した。

イ　滋賀県と兵庫県の間にはじめての高速道路が開通した。

ウ　郊外《こうがい》の団地に住む人が増え，朝の時間に都会にむかう通勤電車の混雑が激しくなった。

エ　工業だけでなく農業もさかんになり，農業で働く人の数が大きく増えた。

(2)　このころから，下の**写真**のような，歩行者が道を渡《わた》るための施設《しせつ》がつくられるようになりました。これをなんといいますか。

写真

問4　**図2**の**C**のころから，駅前などの放置自転車が問題になりました。この問題への対策として増やされた施設をなんといいますか。

問5　最近の自転車について，2016年にはおよそ何人に１台の割合で自転車があったことになりますか。**図2**をみて，正しいものを**ア**～**エ**から１つ選びなさい。

ア　１～２人に１台　　**イ**　３～４人に１台

ウ　５～６人に１台　　**エ**　７～８人に１台

Ⅳ　次の文章を読んであとの問に答えなさい。

日本で使われはじめたころの自転車は，欧米《おうべい》からの輸入品でした。①欧米との不平等条約によって自由に関税をかけることが出来ないころでも，自転車は値段が高くて一般《いっぱん》の人には買えませんでした。

やがて日本でも，輸入品を真似《まね》て自転車がつくられるようになります。1881年に東京で国内の博覧会が開かれたときに，はじめて日本人が自分でつくった自転車を出品しました。この博覧会は，政府が②国内の産業をさかんにするためにはじめた催物《もよおしもの》です。1900年ごろには大阪府の③堺市《さかいし》で自転車部品を製造する工業がはじまっていました。しかし欧米の自転車にはかなわず，自転車を輸入に頼る時代が続きました。

ところが，④第一次世界大戦《だいいちじせかいたいせん》がおこると，日本国内で自転車の生産が進みました。日本製の自転車は，国内で売れただけでなく中国や東南《とうなん》アジアにも輸出されました。

日本の自転車生産台数がはじめてわかるのは1923年です。その年には６万9000台を生産し，輸入自転車の約７倍になっていました。以後しばらくの間，日本は自転車を輸入に頼ることはありませんでした。

問1　下線部①についてまちがっているものを，**ア**～**エ**から１つ選びなさい。

ア　イギリスは，陸奥《むつ》宗光《むねみつ》との交渉《こうしょう》で治外法権《ちがいほうけん》を廃止《はいし》した。

イ　イギリスは，日露戦争《にちろせんそう》がはじまる直前に日本に関税自主権《かんぜいじしゅけん》を認めた。

ウ　アメリカは，小村寿太郎《こむらじゅたろう》との交渉で日本に関税自主権を認めた。

エ　アメリカは，岩倉使節団《いわくらしせつだん》と条約改正の交渉を行った。

問2　下線部②の政策をなんといいますか。

問3　下線部③で自転車の製造業がさかんになりましたが，その理由として正しいものを，**ア**～**エ**から１つ選びなさい。

ア　古くから商業がさかんで，鉄砲や刀などの金属加工の技術を持った人が多かった。

イ　古くから銀の産地で，銀貨をつくる職人が集まっていた。

ウ　江戸時代の末に日米修好通商条約《にちべいしゅうこうつうしょうじょうやく》で開港地となり，海外から金属加工技術が採り入れられた。

エ　明治時代に政府が戦争で得た賠償金《ばいしょうきん》を使って製鉄所を建て，鉄鋼の生産をさかんに行った。

問4　下線部④について，その理由を説明しなさい。

V　**図3**は，日本の自転車生産台数と輸入台数の移りかわりを示したものです。**図4**は，日本で1957年から1973年までの間に生産された自転車の車種別割合の移りかわりを示したものです。これらの図をみて，あとの問に答えなさい。

図**3**

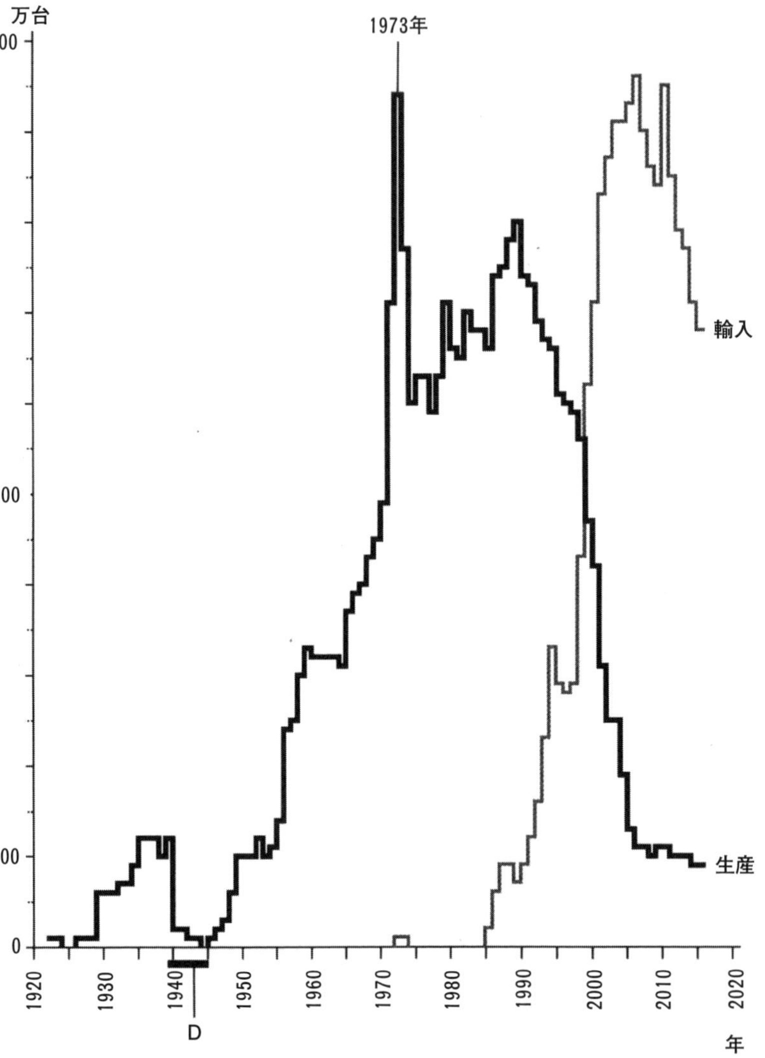

『自転車の一世紀』，『自転車統計要覧』をもとに作成。

図4　日本の自転車生産台数の車種別割合の移りかわり

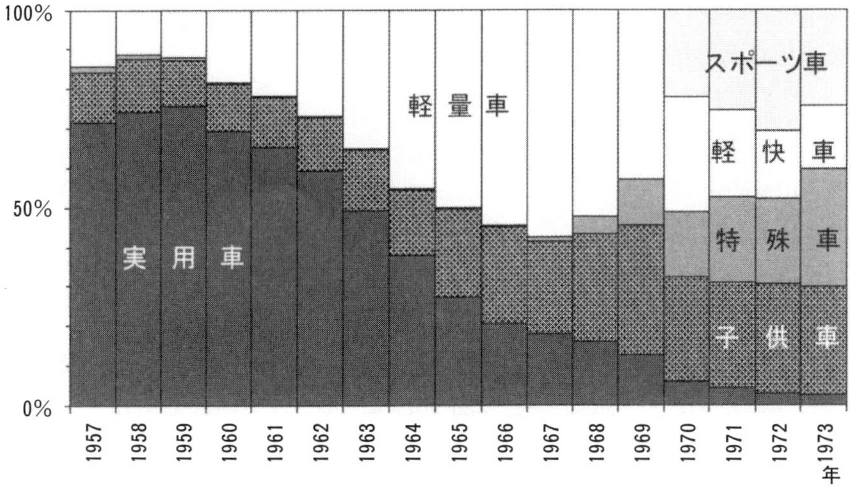

(注)　1970年以後，軽量車は軽快車とスポーツ車に分けられた。

実用車：交番で使用されるものや，郵便物などの運搬に使われるもので重い。

子供車：小学生などの子供用につくられたもの。

スポーツ車：サイクリング，レジャー，その他のスポーツ用で軽い。

軽快車：通勤，通学，買い物用などで軽い。

特殊車《とくしゅしゃ》：軽快車よりも車輪の小さい大人用自転車，三輪自転車など。

『自転車統計要覧』をもとに作成。

問1　図**3**の**D**のころに生産台数が落ち込んだのは，自転車工場が軍需品《ぐんじゅひん》をつくるようになったためでもあります。軍需品をつくる工場には女学生や中学生も動員されるようになりましたが，それはなぜですか。理由を説明しなさい。

問2　図**3**と図**4**をみて，1960～73年における自転車生産台数と車種別の割合の変化を説明しなさい。

問3　図**3**のように，1980年代の後半から自転車の輸入台数が増えています。人々が輸入自転車を買うようになったのはどうしてですか。おもな理由を答えなさい。

Ⅵ　9ページのⅢ以降の問題文や，問に答えたことをもとに，自転車が明治時代から今日までどのように広まってきたか，自転車の生産・輸入，自転車の使われ方の移りかわりとあわせて説明しなさい。

【理　科】（40分）〈満点：50点〉

（注意）鉛筆《えんぴつ》などの筆記用具・消しゴム・コンパス・配付された定規以外は使わないこと。

栄一くんは学校の理科の授業で，次のような実験をしました。

実験１

方法　1．高さ30cmの透明《とうめい》な容器に砂・白いビーズ（細かいガラスの粒《つぶ》）・泥《どろ》を入れ，水で満たし，ふたをした。

2．容器を何度かひっくり返して，中のものをよく混ぜた。（**図１**）

3．容器を平らな台の上に立てて置き，しばらくそのままにした。

結果　砂・ビーズ・泥が沈《しず》んで水は透明になり，容器の底に下から順に砂・ビーズ・泥が分かれて積もり，しまもようができた。（**図２**）

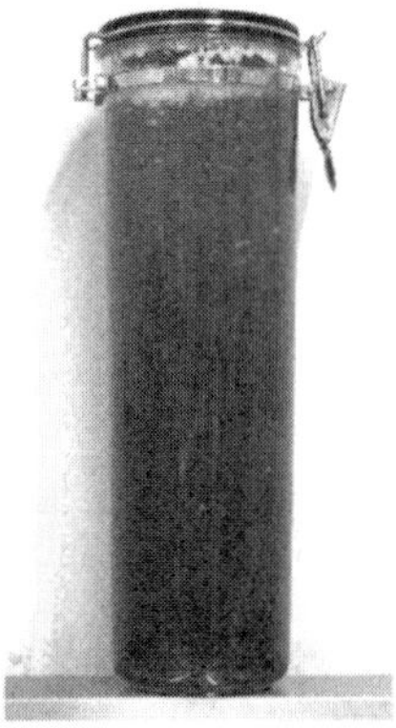

図１　混ぜたところ

図２　砂・ビーズ・泥が積もったようす

栄一くんは，この実験で観察した砂・ビーズ・泥のしまもようが，旅行のときにがけで観察した大地のしまもよう(**図3**)によく似ていることに気がつきました。

図3　大地のしまもよう

問1　**図3**のような大地のしまもようを何といいますか。漢字で答えなさい。

「なぜこのようなしまもようができるのだろう？」

そう疑問に感じた栄一くんは，友達といっしょに，さらに実験をやってみることにしました。

実験2

目的　いろいろな大きさの消しゴムの粒を使って，それぞれの粒が一定の深さの水に沈むのにかかる時間を測定する。

予想　粒の大きさがちがうと沈むのにかかる時間もちがう。

材料と道具　消しゴム・水・カッターナイフ・ものさし・虫めがね・ピンセット・深い水槽《すいそう》・ストップウォッチ

方法　1．消しゴムをカッターナイフで切って，いろいろな大きさの立方体の粒を作った。立方体は一辺の長さが10mm，5mm，4mm，3mm，2mm，1mm，0.5mmの7種類で，5個ずつ作った。小さいものは虫めがねで見ながら切った。

2．水槽に水を入れた。

3．一人がピンセットを使って粒を1個つまみ，水槽の水面で静かに放した。

4．別の一人が，粒が沈み始めてから水槽の底につくまでの時間をストップウォッチではかり記録した。

5．作ったすべての粒について，3．～4．を行い，平均を求めた。

立方体の粒の一辺の長さを「一辺の長さ」，粒が水面から底まで沈むのにかかった時間を「沈む時間」と呼ぶことにする。

結果

いろいろな大きさの消しゴムの粒が水の中で沈むのにかかる時間

一辺の長さ(mm)	沈む時間(秒)					
	1個目	2個目	3個目	4個目	5個目	平均
10	2.06	2.25	[あ]	1.90	2.15	2.10
5	2.72	2.99	3.01	2.74	3.14	2.92
4	3.09	3.20	3.31	3.23	3.12	[い]
3	3.58	3.74	3.72	3.77	3.44	3.65
2	4.61	4.22	4.90	4.24	4.53	4.50
1	7.32	7.04	7.21	7.48	7.00	7.21
0.5	15.45	14.37	14.00	16.55	14.63	15.00

問2　**実験2**の結果の表の空欄《くうらん》[あ]・[い]のそれぞれにあてはまる小数第2位までの数値を1つずつ答えなさい。

問3　**実験2**の結果の平均を折れ線グラフにしなさい。値《あたい》を○で示しなさい。

問4　**実験2**の結果からわかることを述べた次の文章の空欄[う]～[け]を埋《う》めなさい。[か]～[く]は**問3**でかいたグラフを参考にして，実験結果の表の数値から計算して求めなさい。小数第3位を四捨五入して小数第2位まで答えなさい。

(1)　大きさが[う]ほど沈む時間が長く，大きさが[え]ほど沈む時間が短い。沈む時間が長いということは，沈む速さが[お]ということである。

(2)　一辺の長さが0.5mmちがうものどうしで沈む時間の差を比べてみると，たとえば，0.5mmと1mmとでは[か]秒，2.5mmと3mmとでは[き]秒，9.5mmと10mmとでは[く]秒の差である。つまり，[け]。

問5　**実験1**で使った砂・ビーズ・泥を顕微鏡《けんびきょう》で観察した写真を**図4**に示します。これらの写真と**実験2**の結果をもとに，**実験1**のようなしまもようができたしくみを説明しなさい。

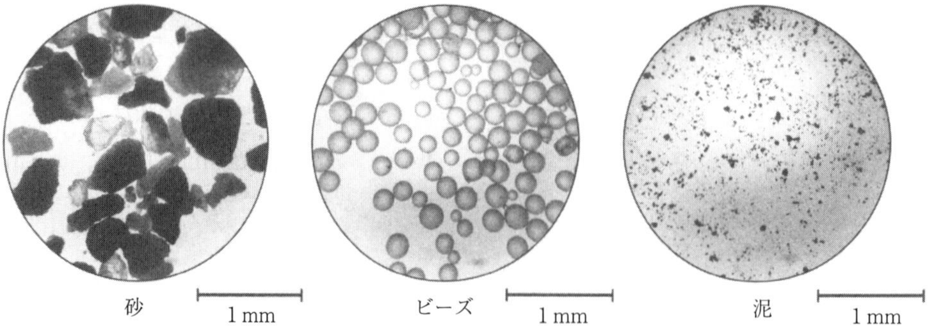

図4　**実験1**で使った砂・ビーズ・泥を顕微鏡で観察した写真

栄一くんたちは，ここまで考えて，あることに気がつきました。

「大地のしまもようは主に海の底で作られると学校で学んだね。海の中でも本当に**実験 1** と同じことが起こるだろうか？」

「そうだね，そうういえば，海水は塩水だ。塩水の中では物が浮《う》きやすいと聞いたことがあるよ。それなら，小さい粒は塩水の中だとますます沈みにくくなるのではないかな。」

栄一くんたちは，次の**実験 3** を考えて，やってみました。

実験 3

目的　いろいろな大きさの消しゴムの粒を使って，それぞれの粒が一定の深さの食塩水に沈むのにかかる時間を測定する。

予想　食塩水の中では沈む時間が水より長くなる。さらに，粒の大きさのちがいによる沈む時間の差が水より大きくなる。

材料と道具　**実験 2** で使ったものと 食塩

方法　1．水に食塩を入れて，食塩水を作った。

2．水槽に**実験 2** と同じ深さまで食塩水を入れた。

3．**実験 2** の 3．～5．と同じことを行った。

結果

いろいろな大きさの消しゴムの粒が食塩水の中で沈むのにかかる時間

一辺の長さ (mm)	沈む時間の平均 (秒)
10	2.70
5	3.76
4	4.04
3	4.69
2	6.19
1	11.50
0.5	23.69

栄一くんは，食塩水を作るときに，水や食塩の量を測らずに容器に入れてしまいました。このような場合でも，使った水と食塩の量を知る方法があります。

食塩水の同じ体積あたりの重さは，食塩水の重さに対する食塩の重さの割合によって変わります。**図 5** は，「食塩水の重さに対する食塩の重さの割合」と「食塩水100mLの重さ」との関係を表したグラフです。食塩水100mLをとって重さを測ると，**図 5** を使ってその食塩水の重さに対する食塩の重さの割合がわかります。その結果を使えば，食塩水に含《ふく》まれる水と食塩の量を求めることができます。

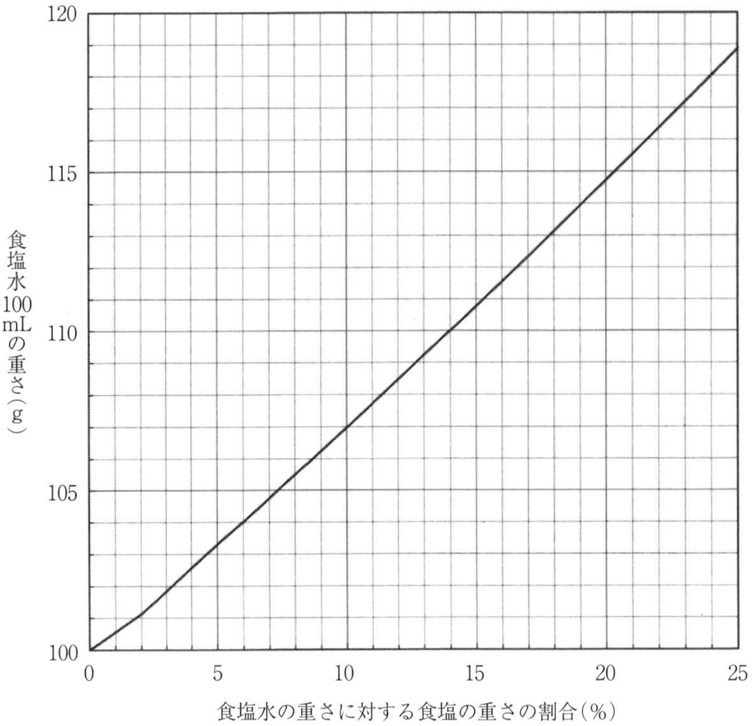

図5　「食塩水の重さに対する食塩の重さの割合」と「食塩水100mLの重さ」の関係

問6　作った食塩水を500 mLとって重さを測ると，550 gでした。この食塩水の，食塩水の重さに対する食塩の重さの割合は何%ですか。

問7　この食塩水を作るのに使った水がちょうど1 Lだったとすると，使った食塩は何gだったと考えられますか。小数第1位を四捨五入して整数で答えなさい。

実験3の結果を整理し，まとめます。

問8　**実験3**の結果を折れ線グラフにしなさい。値を□で示しなさい。**問3**と同じ解答欄に記入しなさい。

問9　**問3**と**問8**でかいたグラフから言えることを，次の**ア**～**オ**の中からすべて選び，記号で答えなさい。

ア． 同じ大きさの粒の沈む時間は，水に比べて，食塩水でのほうが長い。

イ． 沈む時間が同じになる粒の大きさは，水に比べて，食塩水でのほうが大きい。

ウ． 食塩水と水とでの沈む時間の差は，粒が大きいほど大きい。

エ． 粒の大きさのちがいによる沈む時間の差は，食塩水では，粒が大きいほど大きい。

オ． 一辺の長さが4 mm以下の粒では，栄一くんたちの予想(**実験3**の予想の二重線をつけた部分)は正しい。

栄一くんたちは，さらに考えを広げました。

「**図3**の大地のしまもようも**実験1**と同じようにしてできたと思ってきたけれども，よく考えてみると，そうではないかもしれない。」

「**実験1**では，砂・ビーズ・泥は，最初に1回入れただけだ。そのあとは，静かな水の中でただ沈んでいくだけだった。」

「海には，川によって砂や泥が次々と運ばれてくる。水だって，次々と流れこんでくる。川の流れは，海に出ても急に止まるわけじゃないだろうから，海の中にも，川から続く水の流れがあるはずだ。」

「水の流れによって沈む時間は変わるのかな。水を横向きに流したら，どうなると思う？」

「横向きに水が流れていたって，上から下へ沈む動きとは関係がないから，変わらないんじゃないかな。」

「そうかな。流れにおされて動きが速くなるから，より短い時間で沈むかもしれないよ。」

栄一くんたちは，次の**実験4**を考えて，やってみました。

実験4

目的　流れていない水の中と流れている水の中で，粒が沈む時間を測定する。

予想　流れている水の中では，流れていない水の中よりも沈む時間が短くなる。

材料と道具

実験2で作った消しゴムの粒・水

円形の水槽(高さ15cm，直径30cm)

プラスチックの板

ホース・ガムテープ

図6　プラスチック板で水路をつけた水槽

方法　1．水槽の中に筒形《つつがた》にしたプラスチックの板をガムテープで固定して，**図6**のような装置を作った。

プラスチックの板より外側の部分を「水路」と呼ぶことにする。

2．水槽を水で満たし，水が流れていない状態で，**実験2**と同じように粒が沈む時間を測った。1mmと4mmの2種類の大きさの粒で行った。

3．水槽に水道からつないだホースを入れ，水を流して水路を回る水流を作った。そして，**実験2**と同じように粒が沈む時間を測った。1mmと4mmの2種類の大きさの粒で行った。

4．水の流れを強くして3．を行った。

結果

水の流れと消しゴムの粒が沈む時間

一辺の長さ(mm)	流れ	沈む時間の平均(秒)
4	なし	1.23
4	弱い	2.22
4	強い	測れなかった
1	なし	3.12
1	弱い	5.34
1	強い	測れなかった

沈むときの様子

弱い流れのときには，沈みながら水路を半周から1周ほど進んだ。

強い流れのときには，粒が底に沈んでも止まらずに流されて転がり続けたり，底に沈みそうだと思っても水流でうき上がったりしたので，沈む時間をうまく測れなかった。その場合には，粒はかなり長い時間，底にとどまることなく流され続けた。

実験４の結果を整理します。

問10　一辺の長さ４mmの粒と１mmの粒のそれぞれについて，流れがないときに比べて，弱い流れがあるときには，沈む時間は何倍になりましたか。小数第２位を四捨五入して小数第１位まで答えなさい。

「おどろいたなぁ。予想とちがって，弱い流れがあると，沈む時間が長くなったね。」

「ただ，流れていないときと流れているときの沈む時間の比は，１mmの粒と４mmの粒とであまり変わらなかったね。」

「でも，流れていないときと流れているときの沈む時間の差は，［　こ　］。とても小さい粒は，流れがあるとかなり長い時間沈まないということが言えそうだ。」

「それに，粒が沈んでも転がり続けたり，浮き上がったりするというのも予想しなかったことだよ。」

問11　文中の下線部に注意して，空欄［こ］に入る適切な文を答えなさい。

流れていない水の中に，大きさのちがう粒が混ざったものを一度に入れると，分かれて底に積もりますが，少しずつ長い時間をかけて入れると，分かれずに混ざったまま積もり，しまもようにはなりません。

しかし，栄一くんたちの実験を参考にすると，大きさのちがう粒が混ざったものを，少しずつ長い時間をかけて入れても，粒の大きさごとに分かれて積もるような方法が考えられます。

問12　一辺の長さ４mmの消しゴムの粒と１mmの消しゴムの粒がたくさんあるとします。この２種類の大きさの消しゴムの粒を混ぜたものを，少しずつ長い時間をかけて水に入れたとき，それらが分かれて積もるようにするには，どのような方法が考えられますか。ただし，実験室で，直方体の水槽１つとその他の必要な材料や道具を用いて行うことにします。その方法と結果の予想を図で示し，簡単な語句を加えて説明しなさい。

エ　気になることがあって、落ち着かない様子

オ　納得《なっとく》のいかないことがあって、不満げな様子

問二　傍線部《ぼうせんぶ》①「さっきより少しやわらいだ表情をしていた。」とありますが、それはなぜですか。

問三　傍線部②「ふーん、と曇った返事をする」とありますが、ここから梓のどのような気持ちが読み取れますか。

問四　傍線部③「梓は朔を見て、視線をさげた。」とありますが、それはなぜですか。最も適当なものを次の中から選び、記号で答えなさい。

ア　自分が朔のことを、手助けしてあげなければならない対象として見ていたことに気がついて、気まずくなったから。

イ　盲学校のボランティアであるならば障がい者を深く理解するべきだと決めつけていたことを、恥《は》ずかしく思ったから。

ウ　久しぶりの二人きりの外出であるのに、自分がもちかけた話題で暗い雰囲気《ふんいき》になってしまったと、後悔《こうかい》したから。

エ　ボランティアの境野の方が自分よりも良き理解者であると朔が考えていることが分かり、がっかりしているから。

オ　自分が朔のことを思って発言した意見に対して、批判的なことを言ってくるので、じわじわと憎《にく》しみを感じたから。

問五　傍線部④「滝本君！」と声をかけられたことで、朔は境野の存在に気づきます。この後の文中に、境野が視覚障がい者一般《いっぱん》に対して必要な配慮《はいりょ》を示している箇所《かしょ》があります。そのふるまいが描《えが》かれた一文を抜き出し、最初の五文字を答えなさい。（字数には句読点等もふくみます。）

問六　傍線部⑤「じゃあ、これも食べてみる？」とありますが、「じゃあ」の部分を、その内容がはっきりするように、分かりやすく言いかえなさい。

三　**次のカタカナの部分を漢字に直しなさい。**

1　エンガンで漁業を営む。
2　台風で屋根がハソンした。
3　被災地《ひさいち》にトイレをカセツする。
4　ザッシを毎月買っている。
5　店のカンバンをかたづける。
6　ユウビン局で葉書《はがき》を買う。
7　母のキョウリは岩手県である。
8　ヨウジ教育にかかわる。
9　親族のケイズを調べる。
10　シフクを肥やす。
11　ムネが苦しい。
12　セーターをアむ。
13　入学をイワう。
14　ほめられてテれる。
15　締《し》め切りをノばす。

習付き合うよ」
「でも、練習会があるならそのときに」
「今月はもう終わっちゃったんだよね。代々木公園ではほかの団体も練習会をやってるから、そこに参加してもいいんだけど……。最初は僕のほうが気兼《きが》ねないだろ？」
「それは、はい」
「なら日曜日、ふたりで来なよ。言っておくけど、(注4)レクチャーを受けないまま練習を始めさせるわけにはいかないからね」
境野の口調は柔らかいけれど、ことばには毅然《きぜん》とした厳しさが混じっていた。
「伴走者には資格もなければ、特別な技術が必要なわけでもない。それでも視覚障がい者についての基礎的《きそてき》な知識や、伴走にあたっての注意点を知らないまま練習をスタートするのは、僕は認めないからね」
「わかりました。よろしくお願いします」
境野は「おう」と応えてカップを口に運んだ。
小一時間ほど話をしたあと、境野は一足先に店を出た。梓は苺《いちご》のパフェを追加で注文してから、視線をあげた。
「新ちゃんのため？」
「ん？」
「ブラインドマラソン」
「そういうわけじゃないよ」
「じゃあどういうわけ？」
朔は水滴《すいてき》のついたグラスに指を当てた。
「べつに。なにか始めてみたいと思って」
「でも、走るの好きじゃないでしょ。なにか始めてみたいっていうのは、わかるんだけど、マラソンって朔っぽくないよ」
「だからだよ」
「だから？」
そう、と朔はひと言言って冷めた珈琲を口に含《ふく》んだ。
「いままでのオレとは違うことをしてみたいんだ。どうせ始めるなら、見えていたときのオレなら絶対にしていなかったことをしたい」
「…………」
お待たせしました、とウエートレスがパフェを運んできた。
梓は生クリームをスプーンですくって、いたずらそうな笑みを浮かべて朔の顔に近づけた。
「⑤じゃあ、これも食べてみる？」
甘《あま》いクリームの匂いに朔は苦笑した。
「それはいいや」
「なーんだ、つまんない」と梓はクリームをぱくりとした。

（いとうみく『朔と新』）

(注1) 白杖＝視覚に障がいのある人が歩行する際、使用する白い杖《つえ》。
(注2) ブラインドマラソン＝視覚に障がいのある人が走るマラソン。
(注3) マッチング＝組み合わせること。
(注4) レクチャー＝説明。

問一 波線部a「閉口した」、b「おずおずと」の意味として最も適当なものを後の中から選び、それぞれ記号で答えなさい。

a 「閉口した」
ア 疲《つか》れ果《は》ててしまった　イ 飽《あ》き飽きしてしまった
ウ 怒《いか》りで心を閉ざした　エ あわれみの情がわいた
オ 困り果ててしまった

b 「おずおずと」
ア ごく自然なふるまいで、さりげない様子
イ おそるおそる、ためらいながら行動する様子
ウ あわてず、ゆっくりと静かにふるまう様子

梓の声に、境野が驚《おどろ》いたように顔をあげた。

「あ、すみません。ちょっとびっくりしちゃって」

そう言って梓はちらと朔を見た。

お待たせしました、とウエートレスが珈琲カップをテーブルにのせて向こうへ行くと、朔は背筋を伸ばした。

「スポーツって小学校の頃《ころ》にやってたくらいで、走るのも得意じゃないし、正直言うと体力とか自信ないんですけど」

境野はうんうんと頷いて、イスの背からからだを離《はな》した。

「体力云々《うんぬん》っていうのは気にしなくてもいいと思うよ。そんなのはトレーニングしていけば自然とついていくしね。それにマラソンっていったっていきなり四十二・一九五キロ走らなきゃいけないなんてことはないんだから。大会にしたってハーフもあるし、五キロとか十キロなんていうレースもあるから。僕《ぼく》としてはランナーが増えてくれるっていうのは嬉しい」

「あの、境野さんって」

b おずおずと梓が口を挟《はさ》むと、朔が口角をあげた。

「盲学校の先生でブラインドマラソンをやってる人がいて、境野さんはその先生の伴走者《ばんそうしゃ》。で、陸上部のコーチもやってくれてる」

「コーチっていっても月に一、二度行けるかどうか、って程度なんだけどね」

境野は額をこすりながら、まあ僕のことはどうでもいいんだけどと眉《まゆ》を動かした。

「滝本君がやってみたいっていうなら、もちろん協力はするよ。まずは練習だけど、日曜に代々木公園で練習会をやってるから、そこに参加してみたらどうだろう」

「代々木公園ですか」

「毎月第一日曜にやってるから」

「でも、いきなりそんなところへ行って大丈夫？」

梓が朔の表情をうかがうように言うと、境野はにっと笑った。

「ウォーキングの人もいるし、走力に応じて練習するから心配はないよ。走れる格好だけしてきてくれれば、伴走者もそのときに（注3）マッチングするし」

「伴走者ですけど」

「ん？」

「練習会に、伴走者も一緒に参加することはできますか？」

「え、もう決まってるの？」

驚いたように言う境野に、「はい」と朔は頷いた。

「あ、もしかして上城さん？」

「わたし？」

「じゃないです」と朔はかぶりを振った。

「弟に、頼《たの》むつもりです」

梓はことばを呑《の》み込むようにして、朔の横顔を見た。

「弟クンかぁ、いまいくつ？」

「高校一年で、もうすぐ十六になります」

境野は低くうなりながらカップを口に運んだ。

「高校生は、ダメですか？」

「ダメっていうことはないんだよ」

カチャッと音を立ててカップをソーサーの上に戻した。

「でも」

「でも？」

「兄弟っていうのは、なかなか難しいと思うよ」

「それでも、オレは弟に伴走してもらいたいんです」

境野は朔をじっと見て、ゆっくり頷いた。

「それなら今度の日曜日、代々木公園に来られる？　僕が君たちの練込《こ》んできた。白杖を握《にぎ》る手が汗《あせ》ばむ。すっと息を吸い、白杖を握り直したとき、うしろからどんと誰《だれ》かが肩にぶつかった。

バランスを崩《くず》す。一瞬《いっしゅん》、朔は立っている方向を見失った。

「朔、大丈夫？」

梓の手を背中に感じて首肯《しゅこう》したけれど、声が出なかった。前から横からうしろから、あらゆる方向に人が行きかう。へたに白杖を動かすとはじかれそうになる。梓は朔の左腕をつかんでぴたりとからだを寄せた。

「エスカレーター、点検中だ。階段で行くけど」

「大丈夫」

階段の前で梓が足を止めると、うしろの男が舌打ちして抜《ぬ》かしていった。足の裏で丸い点字ブロックをとらえる。

「手すり持ったほうがいいでしょ」

梓が右側に移って背中に手を当てた。

階段の高さや幅《はば》を白杖で確かめて、朔は足を上げた。わきが汗ばみ、呼吸が浅くなる。

「あともう少し」

梓の声の直後、手すりが水平になり足元にまた点字ブロックを感じた。

梓が左側に立つと、朔は反射的に梓の腕をつかんだ。

新宿駅は何度も利用したことのある駅だ。ホームから改札口までの構造もだいたい頭に入っている。そのつもりだったのに、立っている方向がわからなくなった途端、すべてが飛んだ。

「ごめん」

「なに？」と首を傾げる梓に、ううん、と朔はかぶりを振った。

待ち合わせの店は、駅から徒歩五分ほどのところにあるカフェだった。

入り口のドアを開けると、カランコロンとカウベルが音を立て、珈《コー》琲《ヒー》の香《こう》ばしい匂《にお》いがした。

「④滝本《たきもと》君！」

店の奥《おく》から声が聞こえると、朔はほっと息をついて声のほうにからだを向けた。梓が同じほうに顔を向けると、窓際《まどぎわ》の席で四十歳《さい》くらいの細身の男が右手をあげていた。

「元気そうだね」

「境野さんも」

「なんとかね。えっと、彼女《かのじょ》は？」

境野は梓のほうに目をやって、どうもと笑《え》みを浮《う》かべた。

「上城《かみしろ》梓です。初めまして」

「こんにちは。なんだ滝本君は彼女いたのか。ちっともそんな話しないからさ」

「聞かれてませんし、言いませんよ、わざわざ」

朔は苦笑した。

「まあ座ろう。ここの珈琲美味《おい》しいんだよ。滝本君、珈琲好きだろ。上城さんはなににする？」

境野はメニューを広げて梓のほうに向けた。

「じゃあ、わたしも同じもので」

境野は珈琲を三つ注文すると、「水の入ったグラスは正面、その左におしぼり置くよ」と、グラスを朔の前に、左側におしぼりを置いた。

「どうも」と朔はグラスに手を伸《の》ばして、口を湿《しめ》らせると顔をあげた。

「それで、電話でお話ししたことなんですけど」

「ああ、(注2)ブラインドマラソンのことだよね」

「やってみたいんです、オレ」

「えっ！」

はいはいと頷《うなず》きながら朔は（注1）白杖《はくじょう》を手にして玄関《げんかん》のドアを押《お》した。

朔が家に戻《もど》って一ヵ月になる。これまで、近所の店や公園に出かけることはあったけれど、電車を使っての外出は今日が初めてだ。

「母さん、まだこっち見てるんじゃない？」

まさか、と振《ふ》り返った梓が「わっ」と声を漏《も》らした。

「さすが朔、お見通しだね」

「二十年近く、息子《むすこ》をやってるんで」

なるほどーと、うなる梓に朔は苦笑《くしょう》した。

最寄《もより》駅から東京行きの快速に乗ると、梓は朔の腕《うで》を引いて座席に座《すわ》った。

「空いててよかったね」

顔を向けると、朔は①さっきより少しやわらいだ表情をしていた。

外を歩くときの朔は、口数も少なく、表情もかたい。隣《となり》を歩いていても、緊張《きんちょう》しているのがわかる。

「平日の昼間だからなあ」

「でも少し時間がずれると、けっこう学生がいるよ」

話しながら梓が正面に顔を向けると、前の座席に座っている中年の女が白杖に視線をとめて、朔を見ていた。梓がその女を見返していると、ふいに目が合い、女はまばたきをしながら視線をそらして目をつぶった。

「どうかした？」

「え？　ううん。それよりいまから会う人って、盲学校の先生なんでしょ？」

「境野《さかの》さんね。先生じゃなくて、月に一、二度学校に来る人」

「ボランティアさん？」

「そんな感じ」

②ふーん、と曇《くも》った返事をする梓に「ん？」と朔が首を傾《かし》げると、梓は肩《かた》をあげた。

「だったら、もう少し気を遣《つか》ってくれたっていいのに」

「気を遣う？」

「最寄駅まで来てくれるとか」

梓は窓の外に目を向けた。

「それは、違《ちが》うんじゃないかな」

「えっ？」

「だってオレから連絡《れんらく》して、都合つけてもらってるわけだし」

「それはそうかもしれないけど」

梓の不満気な声に朔は鼻をこすった。

「アズは、オレが視覚障がい者だから、境野さんは気を遣うべきだって思ってるんじゃない？」

③梓は朔を見て、視線をさげた。

「オレは嬉《うれ》しかった。境野さんが新宿でって言ってくれて」

「…………」

「て言っても、結局アズに迷惑《めいわく》かけちゃってるんだけど」

「迷惑なんて思ってないよ」

「うん……。ありがとう」

「ありがとうとかもいらない。ふたりで出かけるのって久しぶりだし、わたしだって嬉しいし」

梓が言うと、朔は柔《やわ》らかく口角をあげた。

三十分ほどして新宿駅に着いた。車内は空いていたけれど、新宿駅は平日の日中でも大勢の人が足早に行きかっている。

ホームに降りた途端《とたん》、発車を知らせるメロディーや構内放送、行きかう人の足音に話し声……、あらゆる音が洪水《こうずい》のように朔の耳に流れは大きな疑問を感じる人間です。」とありますが、筆者がそのように言うのはなぜですか。本文中の言葉を使って答えなさい。

問三　傍線部③「この遠回りの行為」とありますが、それはどういうことですか。解答欄《らん》に合うように二十字以内で答えなさい。（字数には句読点等もふくみます。）

問四　傍線部④「戦争を止めることが飢えをなくすために必要です。」とありますが、筆者は「戦争を止める」以外に、どうすることで「飢え」を減らせると考えていますか。

問五　本文の内容と一致《いっち》するものを次の中から一つ選び、記号で答えなさい。

ア　食べものの未来について人々が真剣《しんけん》に考え始めたなかで、特に若者が食事に関心を持つことは重要である。

イ　ゼリーやムースは、アメリカの軍人のために独自に開発された、戦争と密接なつながりを持つ食品である。

ウ　現在コンビニで安く入手できるゼリー食品と、十九世紀にアメリカで普及した流動食とは、無関係である。

エ　『二〇〇一年宇宙の旅』のために開発された宇宙食は、食事から歯ごたえをなくす流れの一つの例である。

オ　大企業による流通のコントロールを利用しさえすれば、食べものを無料で提供することは実現可能である。

問六　この文章を五つの段落にまとめるとすると、次のどの組み合わせがよいですか。最も適当なものを次の中から選び、記号で答えなさい。

ア　1―2 3 4 5 6 7 8 9 10―11 12―13―14 15 16

イ　1―2 3 4 5 6 7 8 9 10 11 12―13―14 15―16

ウ　1 2―3 4 5 6―7 8 9 10 11 12―13―14 15 16

エ　1 2―3 4 5 6 7 8 9 10―11 12―13―14 15 16

オ　1 2 3 4 5 6―7 8 9 10 11 12―13―14 15―16

カ　1 2 3 4 5 6―7 8 9 10―11 12―13―14 15 16

二　次の文章を読んで、あとの問に答えなさい。

　朔《さく》は高二の冬、高速バスの事故にあって視力を失った。同じバスに乗っていた弟の新《あき》は軽傷ですんだものの、兄の失明に責任を感じ、将来を期待されていたマラソンをやめた。ケガの治《ち》療《りょう》後、盲学校《もうがっこう》で過ごしていた朔は、一年ぶりに帰宅し、ガールフレンドの梓《あずさ》を通じて新がマラソンをやめたことを知る。

「本当に大丈夫《だいじょうぶ》なの？　お母さん、車で送ってあげようか」

　昨日から何度も同じことを繰《く》り返す母親に、いい加減、朔もa閉口した。

「もしなにかあったら」

「母さん、オレいくつだと思ってんの？　アズも一緒《いっしょ》なんだし、心配ないから」

　朔がため息をつく横で、梓は笑顔《えがお》を見せた。

「おばさん、この時間なら電車も混んでないし、絶対に無理はしませんから」

　梓が言うと、加子《かこ》は大きく息をついた。

「それじゃあ気を付けてね。そうだ、向こうに着いたら電話してちょうだ」

「母さんっ」

「わかったわよ。梓ちゃんよろしくお願いね」

「はい」

「じゃあ、行ってくるから」

「気を付けてね」

車ではありません。できるだけスムーズに栄養が体内に注入されることは、人間を自動車にするようなものだと思っています。しかし、人間は噛みます。脳内に血が巡《めぐ》ります。しかしそれだけではありません。噛むと食事中に時間が生まれます。この時間が、食事に、「共在感覚」、つまり「同じ場所に・ともに・いる」気持ちを生み出すのです。③この遠回りの行為が、給油のように直接消化器官に栄養補給しないことが、人間を人間たらしめているように思えます。たとえば、食材である生きものやそれを育ててくれた農家や漁師のみなさん、あるいは、料理をしてくれた人に対して感謝の気持ちをもつことも、人間ならではの感覚だと思うのです。

13 食べものが一日一回で済むクッキーのようなものになること、栄養素満点のゼリーやムースになること。どちらの未来もすでに進行中の話です。では、以上の二つの未来とは違った未来はどのように描けるでしょうか。これをみなさんと一緒《いっしょ》に考えていきたいのですが、そのまえにわたしの考えていることを少しお話させてください。

14 それは、歯ごたえがあって、おいしい食べものが、全部無料になる未来です。いまは、食べものの流通は一部の大企業《だいきぎょう》によってコントロールされており、そうである以上、そんなことは絶対に不可能だ、と言う方もおられるでしょう。しかし、実は実現できないこともない、というのがわたしの実感です。というのも、実際に、わたしの家の近くの中華《ちゅうか》料理屋では、皿洗いを手伝えば代金は無料になります。もちろん、使用済みのお皿を何枚も洗わなければなりませんから「タダ」ではありませんが、それでもお金に困ったときにこういうお店があると、ちょっとほっとするような気持ちになるのはわたしだけでしょうか。最近は「子ども食堂」といって、夜に家族とご飯を食べることができない子どもたちが自由に入って、信じられないくらい安い値段でおいしい食事をすることができます。かならずしも無料ではありませんが、自由に入って食べられる空間は、いたるところに出てきています。

15 インドのシク教徒の寺院には、足を洗い、頭にターバンを巻けば、宗教、性別、(注4)門地、国籍《こくせき》を問わず、誰《だれ》でも入れる無料食堂があります。だいたいナンとカレーですが、寺院のヴォランティアと職員さんが、毎日カレーをつくり、無償《むしょう》で提供しています。現在、食糧《しょくりょう》はつくりすぎの傾向《けいこう》にあり、企業や国の倉庫で眠《ねむ》っています。こんな食堂が世界中に広がれば、その食糧をそこで利用するだけで飢餓《きが》はかなり減らせることができます。二〇一六年の国連の統計では、現在飢餓の状態にある人は八億一五〇〇万人と言われ、増加傾向にあるとされています。地球上の一一パーセントが飢《う》えているのです。

16 もちろん、その半分以上は紛争《ふんそう》地帯ですから、④戦争を止めることが飢えをなくすために必要です。それは、とても困難な歩みです。ただ、宗教や国籍を問わないで誰でも受け入れる無料食堂の試みは、そういった歩みの難しさをちょっとずつ軽減してくれるように思います。

(藤原辰史《ふじはらたつし》『食べるとはどういうことか』)

(注1) 言語聴覚士=言語や聴覚、食べものの飲みこみに関する障がいがある人に対して、指導や支援《しえん》をする資格を持つ人。

(注2) サプリメント=健康の維持《いじ》増進に役立つ成分を濃縮《のうしゅく》し、錠剤《じょうざい》やカプセル状にしたもの。

(注3) プロテインバー=タンパク質を主にふくんだ棒状の食品。

(注4) 門地=家柄《いえがら》。

問一 傍線部《ぼうせんぶ》①「これ」とありますが、「これ」の指している内容はどのようなことですか。

問二 傍線部②「わたしは食べることをやめて、もっと勉強時間を増やす、とか、人類の文化をより高尚なものにするとかいうことに

6 (注1)言語聴覚士《ちょうかくし》という仕事をしている古くからの親友がこんなことを教えてくれました。鳥取《とっとり》の病院で働く彼《かれ》は、病気になってご飯を飲み込《こ》むことが難しいお年寄りにつきそって、ご飯を噛《か》んで飲み込むためのお手伝いをしています。彼が言うには、胃に穴をあけて、そこからご飯を流し込む「胃ろう」という装置にするよりも、頑張《がんば》って口からご飯を食べられるようになったときの患者《かんじゃ》さんはいつもより生き生きとしていた、と。それで彼は、ギターを持って高齢者《こうれいしゃ》のまえで歌をうたったりしながら、いい雰囲気《ふんいき》をつくることにも労力を割《さ》いたと聞いて、自分はいい友だちをもったな、と、とても感激しました。食べることは、実は、人間が人間であるための根源的な行為だと思うのです。けれども、こういう未来はどんどん現実化しています。(注2)サプリメントの誕生や、(注3)プロテインバーなどの携帯食《けいたいしょく》の発達です。ちなみに、『戦争がつくった現代の食卓《しょくたく》―軍と加工食品の知られざる関係』(アナスタシア・マークス・デ・サルセド 著、白揚《はくよう》社《しゃ》、二〇一七年)という本に書いてありますが、プロテインバーは、アメリカの軍人のために軍隊が開発したもので、戦争と密接に関《かか》わっている食品であることを補足しておきましょう。

7 二つ目に、こんな未来も描けるかもしれません。できるだけ早く食事が済むように、おいしい味や香《かお》りのするムースやゼリーがどんどん開発され、売られていく、という未来です。これだと、手軽だし、消化も早く、胃腸への負担も少なくなってよいかも、と思う人もおられるかもしれません。実際に、現在、すぐに食べきれるゼリー食品は薬局やコンビニなどで安く手に入れることができます。

8 実は、こうした未来は、すでにアメリカで求められて来ました。日本語で『家政学の間違《まちが》い』(ローラ・シャピロ 著、晶文社《しょうぶんしゃ》、一九九一年)と訳された英語の歴史書があります。

9 この本は一九八六年に出版され、現在も読み継《つ》がれています。わたしも『ナチスのキッチン』という本を書くとき、参考にした本です。一九世紀から二〇世紀にかけての世紀転換期《てんかんき》で料理の合理化、効率化《こうりつか》が進んでいくという内容。アメリカで、胃腸の消化を助けるために、今後はできるだけ細かく刻んでドロドロとした、噛む時間があまり必要ないレシピを開発すべきだ、という考えが、一九世紀に流行したと書かれてあります。この考えは一定の評価を得て、流動食のような食べものが普及《ふきゅう》するのを助けました。

10 歯ごたえをなくす動きです。実は、こうした流れもすでにあります。歯ごたえのある食べものは嫌《きら》われるようになり、噛み切りやすいもの、すぐに飲み込めるものが求められています。それがもっと進んでいくと、食べものはすべてゼリーやムースになってしまうかもしれません。

11 ここで思い出すのは、いまから五〇年前の一九六八年、アメリカで公開された映画『二〇〇一年宇宙の旅』です。この映画では、「ハル」という名前の人工知能のようなものが宇宙船の全システムを制御《せいぎょ》しているのですが、いま見ても本当に面白《おもしろ》いです。この映画に、宇宙旅行中に宇宙食を食べるシーンがあります。無重力状態で食べものが浮《う》かないように、さまざまな色彩《しきさい》のムースみたいな食べものがプラスチックの皿にくっついていて、それをスプーンで削《そ》ぎ落として食べるのです。お世辞にもおいしそうとは言えませんが、白くてさっぱりとしたツルツルの宇宙船の船内のイメージにぴったりとあっていました。実は、この食事は、ＮＡＳＡ(アメリカ航空宇宙局)が映画製作のために独自に開発したものだったようです。みなさんはいかがでしょうか。

12 食べものから噛みごたえがなくなっていく未来。わたしは望ましいものではないと思います。噛むということは、飲み込むことでは得られない栄養を体内に取り込むために必要な行為でありますが、わたしはもっと重要な意味合いがあると思います。人間は給油される自動

二〇二一年度 栄光学園中学校

【国　語】（五〇分）〈満点：七〇点〉

（注意）鉛筆《えんぴつ》などの筆記用具・消しゴム以外は使わないこと。

一

次の文章を読んで、あとの問に答えなさい。（1～16は段落番号を表しています。）

1　未来のことを考えるのは、とても心が躍《おど》る楽しいことです。たとえば、月に住むことができるだろうか、とか、リニアモーターカーの次の世代の乗りものはどんなものだろう、とか、スカイツリーよりも高い建てものはいつ、どうやってできるだろうか、とか、がんを根治する薬はいつできるのだろうか、とか、とてもワクワクしますね。

2　でも、食べるという行為《こうい》が今後どのように変わっていくのか、そんな未来の予想はあまりなされません。「食べもの」は、「乗りもの」や「建てもの」と比べて地味な印象があるかもしれません。あるいは、人間は食べないと生きていけないから、そんなに変わることはないのでは、と思う人もいるでしょう。けれども、食べものの未来を考えることも、とくに若い人たちにとってはとても重要です。なぜなら、未来が自分たちの望むとおりに変化してくれればよいのですが、必ずしもそうではない可能性があるからです。

3　たとえば、こんな未来だって思い描《えが》くことができます。一日一回、小さな食べものを食べて、それで一日分の栄養補給ができるという世の中です。ある食品会社の広報部の方が、池袋《いけぶくろ》の本屋さんでのトークショーのあと、わたしにこんなことを教えてくれました。これさえ食べられれば一日の栄養を賄《まかな》える食品を開発したけれども、いざ試食をしてみると、とてもまずかった、と。ただし、①これを理想だと考える人がいることも事実です。知人から聞いたのですが、ある集まりで、食べる体験をヴァーチャルリアリティなどの力を借りて、できるだけリアルにしようと考えている人が、その目的として「食べるという煩《わずら》わしいことから人間を解放するために」と言ったそうです。食べることが「煩わしい」と考える人がいることに、わたしはとても驚《おどろ》きました。そして、この話を聞いて気づきました。もっと仕事をするためには、もっと経済成長するためには、ご飯の時間を削《けず》って働いてくれたほうがよい、と考える人には、こうした技術が完成するのはありがたいことなのかもしれない。人間が食べる時間を節約できれば、もっと人類の文化芸術の発展に役立つと考える人にとっても、やはり素《す》晴《ば》らしい話なのかもしれません。食べることが数秒で終わってしまう未来。その代わり、食べる時間を、映画、読書、ショッピングなど、別の楽しいことに充《あ》てることができる未来。みなさんはいかがでしょうか。

4　②わたしは食べることをやめて、もっと勉強時間を増やす、とか、人類の文化をより高尚《こうしょう》なものにするとかいうことには大きな疑問を感じる人間です。

5　なぜかといいますと、一つは、食事みたいな楽しいことが人びとの暮らしからなくなってしまうのは、もったいないと思うからです。この楽しみを失ってまで到達《とうたつ》すべき高尚な文化などあるのでしょうか。たしかに、わたしだって、食べることを忘れて仕事に没頭《ぼっとう》することもあります。だけれども、その仕事が終わったあとに食べるご飯はまた格別のおいしさです。わたしが単純に食いしん坊《ぼう》だけなのかもしれませんが、こんなに楽しいことができなくなるなんて、とてもつらいことだと思います。現に病気で食べることが難しくなって元気がなくなる人はたくさんおられます。

2021年度

栄光学園中学校

▶解説と解答

算　数　(60分)＜満点：70点＞

解　答

1 (1)　4　　(2)　解説の図④を参照のこと。　　(3)　解説の図⑥を参照のこと。　　(4)　(2，3，6)，(2，4，6)　　**2** (1)　2456cm^2　　(2)　①　182.8cm　　②　2100cm^2　　(3)　314cm^2　　(4)　152.8cm　　**3** (1)　**黒**…$\frac{19}{2}$cm，**透明**…$\frac{1}{2}$cm　　(2)　$\frac{7}{3}$cm，9 cm　　(3)　$\frac{20}{9}$cm，$\frac{26}{3}$cm　　(4)　$\left(\frac{8}{3}\sim\frac{11}{4}\right)$，$\left(6\sim\frac{13}{2}\right)$，(13～14)　　**4** (1)　38　　(2)　(例)　解説を参照のこと。　　(3)　(85，86，87)，(93，94，95)　　(4)　(例)　(213～219)

解　説

1 **立体図形—展開図，構成**

(1)　問題文中の図1では{2，3，6}の3つの目が見えているから，問題文中の図2では{1，4，5}の3つの目が見えている。上面の目を真ん中に，側面の4つの目をそのまわりに表すと，問題文中の図1は下の図①のアのようになる。アを正面から見て90度右にたおすとイのようになり，さらに，イを真上から見て180度回転するとウのようになる。すると，見えている面を{1，4，5}にしたときの手前の面の目の数は4とわかる。

図①

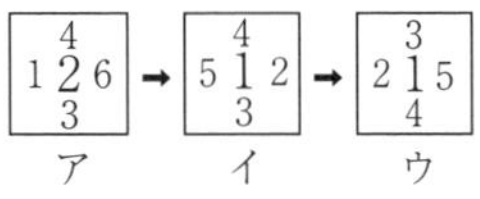

図②

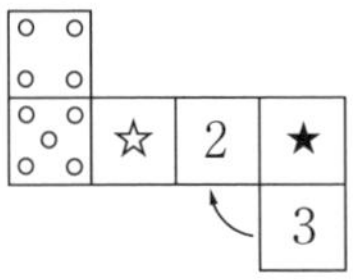

図③

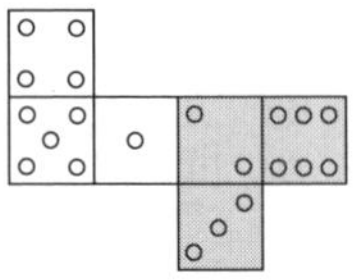

図④

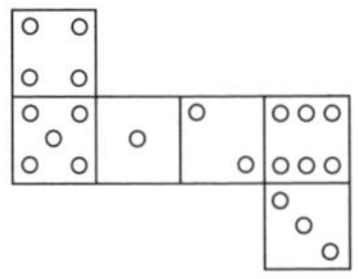

(2)　はじめに，向かい合う面の目の和が7になるので，2と3の位置は上の図②のようになる。次に，3を矢印のように移動し，さらに，問題文中の図1を展開することにより，★の目は6であり，目の向きは上の図③のようになることがわかる。最後に，3をもとの位置に移動すると，上の図④のようになる。

(3)　手前の面が2のとき，向かい合う面は5だから，右の図⑤のように，1→3→4→6の順に出たことになる。また，図④から，1，3，4，6の目が出たときの2の向きは，それぞれ右の図⑥のようになる(上の面をかく必要はない)。

図⑤

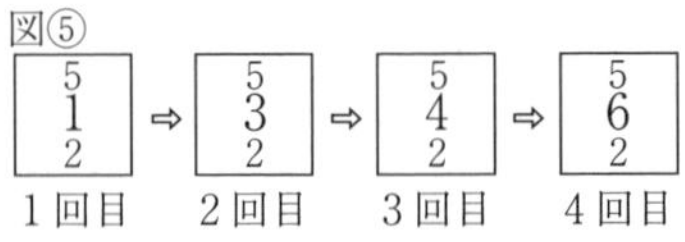

図⑥

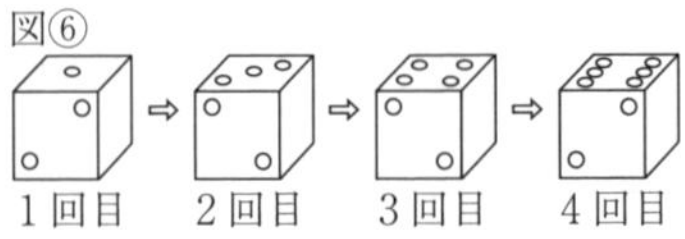

(4)　右の図⑦の1回目について，図③から，出た目として2が考えられる。さらに，それを正面から見て180度回転すると，3の向きは変わらずに出た目は5になるから，1回目に出た目は2または5である。また，図⑥から，2回目に出た目は3ま

図⑦

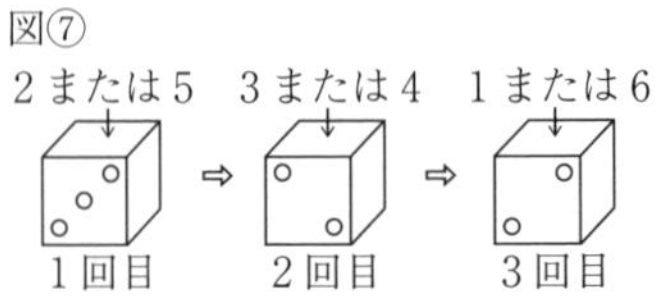

たは4，3回目に出た目は1または6とわかる。よって，出た目が大きくなる組み合わせは，（2，3，6）と（2，4，6）である。

2 平面図形―図形の移動，長さ，面積

(1) 円は下の図1のように動く。よって，円が通過する範囲《はんい》は，半径が，$10\times2=20$(cm)の四分円4個(つまり円1個)と，たてが20cm，横が15cmの長方形4個を合わせたものになるから，面積は，$20\times20\times3.14+20\times15\times4=1256+1200=2456$(cm^2)と求められる。

図1

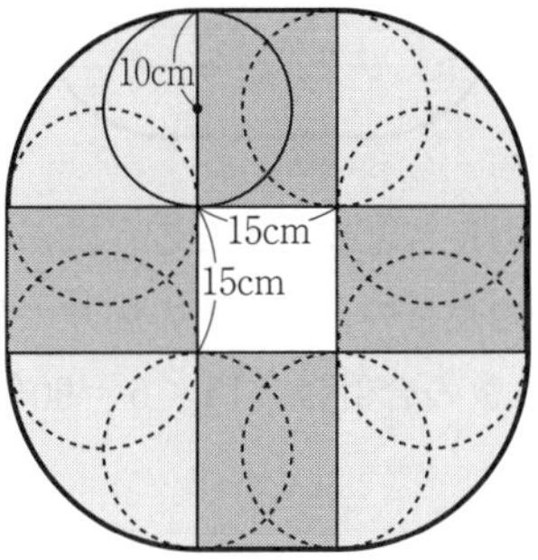

図2

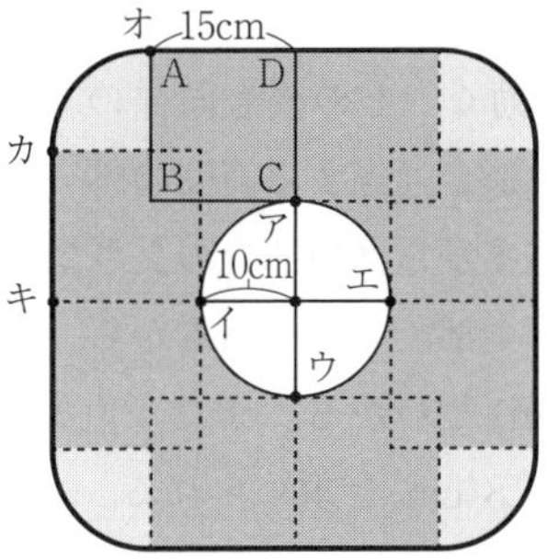

図3

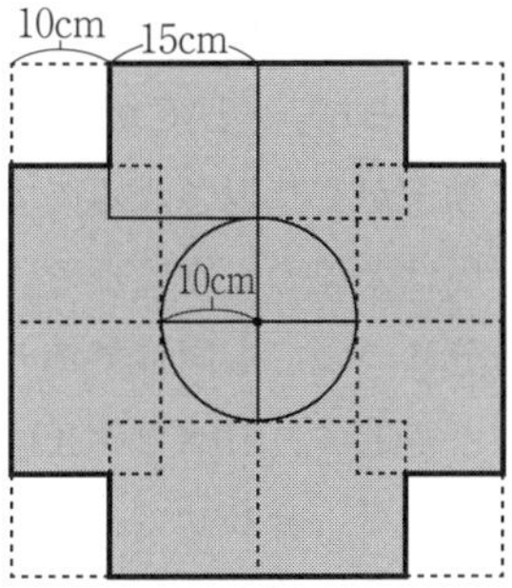

(2) ① 上の図2のように，円周を4等分する点をア～エとする。また，正方形の頂点をA，B，C，Dとする。はじめに，頂点Cがアからイまで動くのにともなって，頂点Aがオからカまで動く。その後は頂点Dがイと重なるまで，辺CDが円周にそって動く。その後も同様の動きがくり返されるので，正方形が通過する範囲の外周は太線のようになる。このうち，曲線部分を集めると半径が10cmの円になるから，曲線部分の長さの合計は，$10\times2\times3.14=62.8$(cm)とわかる。また，直線部分の長さの合計は，$15\times2\times4=120$(cm)なので，合わせると，$62.8+120=182.8$(cm)と求められる。　② 図2で，四隅《よすみ》の四分円の半径と円の半径は等しいから，上の図3のように，四隅の四分円を円の中に移動しても面積は変わらない。よって，正方形が通過する範囲の面積は，一辺の長さが，$(15+10)\times2=50$(cm)の正方形の面積から，1辺が10cmの正方形の面積4個分をひいたものと等しくなるので，$50\times50-10\times10\times4=2100$(cm^2)とわかる。

(3) 図1で，正方形の一辺の長さを15cmから□cmに変えると，円が通過する範囲の面積は，$20\times20\times3.14+20\times□\times4=1256+□\times80$(cm^2)と表すことができる。また，図2で，正方形の一辺の長さを変えても四隅の四分円の半径は円の半径と同じになるので，正方形が通過する範囲の面積は図3のかげをつけた部分の面積と等しくなる。よって，右の図4のかげをつけた部分の面積が$(1256+□\times80)$cm^{2}になることがわかる。ここで，図4の斜線《しゃせん》部分の面積の合計は，$10\times(□\times2)\times4=□\times80$(cm^2)と表すことができるから，正方形PQRSの面積は，$1256+□\times80-□\times80=1256$(cm^2)となる。

図4

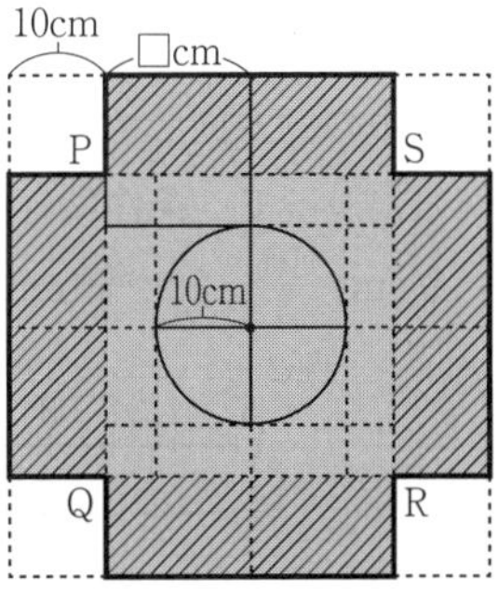

また，正方形PQRSの面積は，求める正方形4個分の面積にあたるので，正方形1個の面積は，$1256\div4=314$(cm^2)とわかる。なお，正方形の1辺の長さが円の半径よりも短い場合も同様に考えることができる。

(4) 下の図5のように，円周を6等分する点をア～カとする。また，正三角形の頂点をA，B，C

とする。はじめに，頂点Cがアからイまで動くのにともなって，頂点Aがキからクまで動く。このとき，円の中心とイを結ぶ直線Pが辺ABと垂直に交わるので，その後は直線Pを軸《じく》として線対称《せんたいしょう》になるように動く。つまり，頂点Cがイからウまで動くのにともなって，頂点Bがケからコまで動く。すると，円の中心とウを結ぶ直線Qが辺ACと垂直に交わるから，その後は直線Qを軸として線対称になるように動く。つまり，頂点Aがウと重なるまで，辺ACが円周にそって動く。その後も同様の動きがくり返されるので，正三角形が通過する範囲の外周は太線のようになる。このうちキからクの部分の長さは，弧《こ》アイの長さと等しくなる。ほかの部分についても同様であり，これが全部で6か所あるから，曲線部分の長さの合計は円の周りの長さと等しく，10×2×3.14＝62.8(cm)とわかる。また，直線部分の長さの合計は，15×6＝90(cm)なので，合わせて，62.8＋90＝152.8(cm)と求められる。

図5

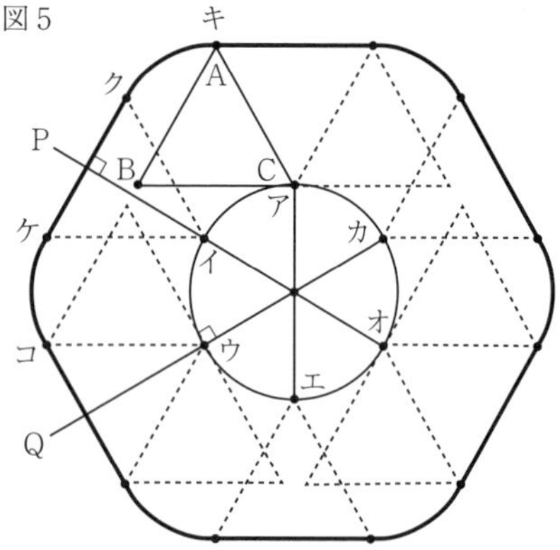

3 条件の整理

⑴　Bの黒い部分が$\frac{5}{2}$cmのときは，右の図1のようになる。よって，最初の黒い部分の長さは，$9+\frac{1}{2}=\frac{19}{2}$(cm)，その隣《となり》の透明《とうめい》な部分の長さは$\frac{1}{2}$cmとわかる。

図1

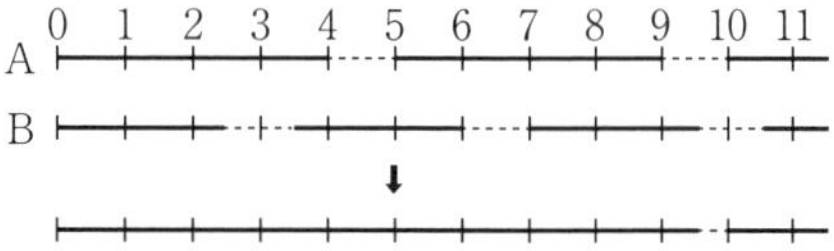

⑵　最初の黒い部分が9cm，その隣の透明な部分が1cmになるためには，Bの4～5cmの部分は黒，9～10cmの部分は透明になる必要がある。よって，Bの黒い部分の長さは1cm以上とわかる。また，Bの黒い部分1か所と透明な部分1か所を合わせたものを周期と考えると，周期が何個か集まったものの長さが10cmになる。下の図2のように，周期の個数が1個の場合の黒い部分の長さは9cmである。また，周期の個数が2個の場合はAと同じものだから，4～5cmの部分が透明になる。次に，周期の個数が3個の場合，1つの周期の長さは，$10\div3=\frac{10}{3}$(cm)なので，図2のようになる。すると，4～5cmの部分は黒になるから条件に合う。同様に，周期の個数が4個の場合，1つの周期の長さは，$10\div4=\frac{5}{2}$(cm)なので図2のようになり，4～5cmの部分が透明になる。さらに，周期の個数が5個の場合は問題文中の例と同じものであり，周期の個数を6個以上にすると黒い部分の長さが1cm未満になる。したがって，条件に合うのは周期の個数が1個と3個の場合であり，黒い部分の長さはそれぞれ，9cm，$\frac{10}{3}-1=\frac{7}{3}$(cm)となる。

図2

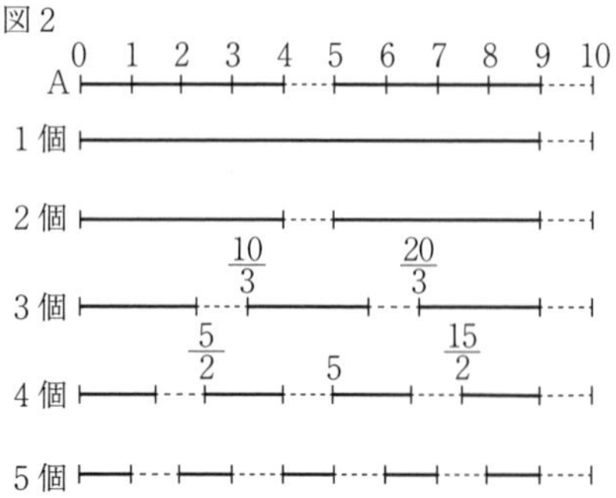

図3

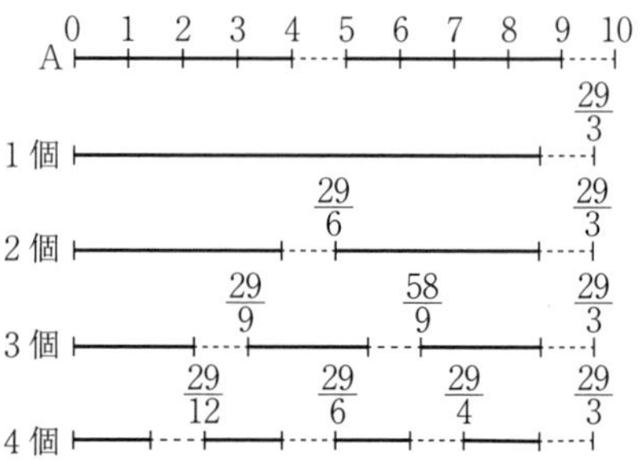

(3) (2)と同様に考えると，Bの黒い部分の長さは1cm以上になる。また，Bの黒い部分1か所と透明な部分1か所を合わせたものを周期とすると，周期が何個か集まったものの長さが，$9+\frac{2}{3}=\frac{29}{3}$(cm)になる。ここで，図2より，周期の個数を5個以上にすると黒い部分の長さが1cm未満になることがわかる。よって，周期の個数が1個から4個の場合について，各周期の終わりの部分までの長さを調べると，それぞれ上の図3のようになる。このうち，4～5cmの部分が透明にならないのは周期の個数が1個と3個の場合であり，黒い部分の長さはそれぞれ，$\frac{29}{3}-1=\frac{26}{3}$(cm)，$\frac{29}{9}-1=\frac{20}{9}$(cm)と求められる。

(4) これまでと同様に，Bの黒い部分1か所と透明な部分1か所を合わせたものを周期とすると，周期が何個か集まったものの長さが14cmより長く15cmより短くなる。このとき，15÷(1＋1)＝7余り1より，周期は最も多くて7個とわかるから，周期の個数が1個から7個の場合について，各周期の終わりの部分までの長さを調べると，それぞれ右の図4のようになる。周期の個数が1個と2個の場合は，黒い部分の長さがどの範囲にあっても条件に合う。また，周期の個数が3個の場合は，⬇の直前の透明な部分が必ず4～5cmの部分に入るので，条件に合わない。次に，周期の個数が4個の場合，⇩の部分が11cm以上になる必要がある。つまり，1つの周期の長さが，$11\div3=\frac{11}{3}$(cm)以上になる必要がある。さらに，周期の個数が5個，6個，7個の場合は，3個の場合と同様に⬇の部分の条件が合わない。よって，条件に合うのは，周期の個数が1個，2個，4個の場合である。それぞれの場合の黒い部分の長さは，1個の場合は，14－1＝13(cm)より長く，15－1＝14(cm)より短くなり，2個の場合は，7－1＝6(cm)より長く，$\frac{15}{2}-1=\frac{13}{2}$(cm)より短くなる。また，4個の場合は，$\frac{11}{3}-1=\frac{8}{3}$(cm)以上，$\frac{15}{4}-1=\frac{11}{4}$(cm)より短くなる。

図4

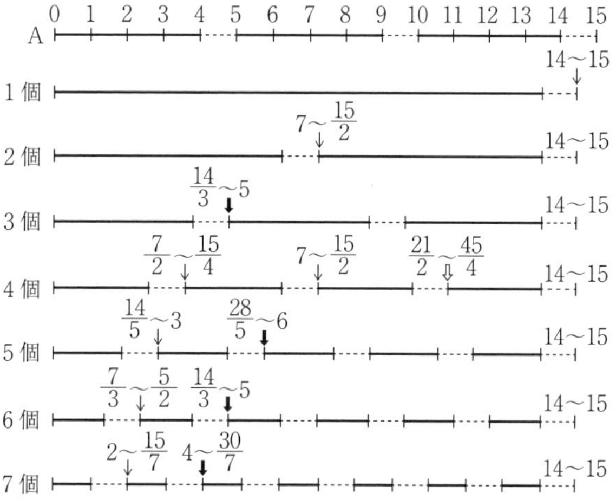

4 素数の性質，調べ

(1) (奇数《きすう》)×(奇数)＝(奇数)だから，積が偶数《ぐうすう》になるためには，少なくとも一方が偶数である必要がある。また，偶数の素数は2だけなので，偶数の素積数は，2×(2以外の素数)と表すことができる。2以外の素数は小さい順に{3，5，7，11，13，17，19，…}だから，偶数の素積数で小さい方から7番目の数は，2×19＝38とわかる。

(2) 連続する4つの整数の中には，必ず4の倍数が含《ふく》まれる。4の倍数は，2×2×□(□は整数)と表すことができ，同じ素数が2個含まれているので，素積数ではない。よって，連続する4つの整数がすべて素積数であるということはありえない。

(3) 右の図1のように，連続する3つの素積数をア，イ，ウとすると，ア，イ，ウの中には4の倍数が含まれないから，その前後の数が4の倍数になる。すると，アは奇数なのでイは偶数の素積数であり，イ＝2×

図1

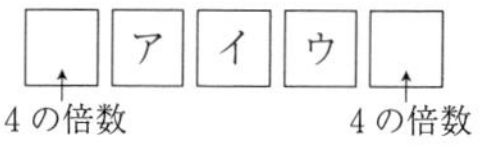

(2以外の素数)と表すことができる。そこで，100以下の整数について調べると，下の図2のようになる。このうち，素積数であるのは□の数だから，連続する3つの整数がすべて素積数であるような組は，(33，34，35)以外では，(85，86，87)，(93，94，95)の2通りある。

図2

イ	ア，イ，ウ
2×3＝6	5，$\boxed{6}$，7
2×5＝10	9，$\boxed{10}$，11
2×7＝14	13，$\boxed{14}$，$\boxed{15}$
2×11＝22	$\boxed{21}$，$\boxed{22}$，23
2×13＝26	25，$\boxed{26}$，27
2×17＝34	$\boxed{33}$，$\boxed{34}$，$\boxed{35}$
2×19＝38	37，$\boxed{38}$，$\boxed{39}$

イ	ア，イ，ウ
2×23＝46	45，$\boxed{46}$，47
2×29＝58	$\boxed{57}$，$\boxed{58}$，59
2×31＝62	61，$\boxed{62}$，63
2×37＝74	73，$\boxed{74}$，75
2×41＝82	81，$\boxed{82}$，83
2×43＝86	$\boxed{85}$，$\boxed{86}$，$\boxed{87}$
2×47＝94	$\boxed{93}$，$\boxed{94}$，$\boxed{95}$

図3

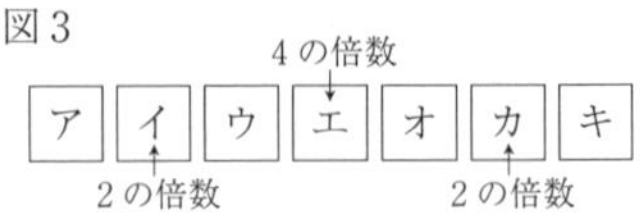

図4

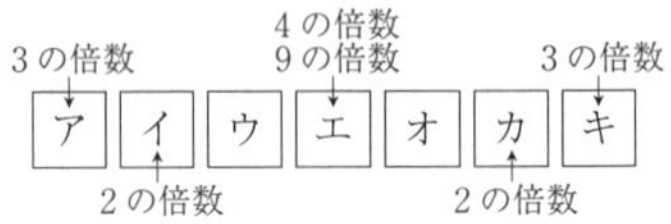

(4) 上の図3のように，連続する7つの整数をア～キとすると，この中には4の倍数が1個または2個含まれている。もし，4の倍数が2個含まれているとすると素積数が6つになることはないので，図3のように，エだけが4の倍数とわかる。すると，イとカは偶数の素積数になるから，どちらも3の倍数ではない。よって，ア，エ，キの3個が3の倍数になることがわかる。また，連続する3個の3の倍数の中の1個は，3×3＝9の倍数になるが，アとキは素積数なので，9の倍数になるのはエと決まる。したがって，上の図4のように，エは4と9の公倍数だから，4×9＝36の倍数である。そこで，エを中心とする7つの整数について調べると，右の図5のようになる。このうち，素積数であるのは□の数なので，連続する7つの整数のうち6つが素積数であるような組として，(213～219)を見つけることができる。

図5

エ	ア，	イ，	ウ，	エ，	オ，	カ，	キ
36×1＝36	$\boxed{33}$，	$\boxed{34}$，	$\boxed{35}$，	36，	37，	$\boxed{38}$，	$\boxed{39}$
36×2＝72	$\boxed{69}$，	70，	71，	72，	73，	$\boxed{74}$，	75
36×3＝108	105，	$\boxed{106}$，	107，	108，	109，	110，	$\boxed{111}$
36×4＝144	$\boxed{141}$，	$\boxed{142}$，	$\boxed{143}$，	144，	$\boxed{145}$，	$\boxed{146}$，	147
36×5＝180	$\boxed{177}$，	$\boxed{178}$，	179，	180，	181，	182，	$\boxed{183}$
36×6＝216	$\boxed{213}$，	$\boxed{214}$，	$\boxed{215}$，	216，	$\boxed{217}$，	$\boxed{218}$，	$\boxed{219}$

社　会 (40分) ＜満点：50点＞

解　答

Ⅰ **問1** (例) 自転車は，通勤・通学者が用いる交通手段として，地表面の傾きがゆるやかな地域で用いられる割合が高く，傾きが急な地域では用いられる割合が低くなっている。 **問2** ⑤ ウ　⑥ イ　⑦ ア　Ⅱ **問1** (例) 田畑の耕作　**問2** 清少納言　**問3** 応仁の乱　**問4** かご　**問5** エ　**問6** 貝塚　**問7** 渡来人　**問8** (例) 戦いのとき，一族を率いて将軍のために戦う。 **問9** ア(イ)　**問10** 人力車　**問11** (例) 江戸時代までは，牛車は貴族のため，馬は武士のための乗り物であったように，身分によって利用できる乗り物が分かれていた。これに対し，明治維新以降は，乗合馬車や人力車の登場をきっかけに，乗り物が身分にかかわりなく利用できるものになっていった。 Ⅲ **問1** a 左側　b 信号(信号機)　c 右側　**問2** イ　**問3** (1) エ　(2) (横断)歩道橋　**問4** 駐輪場　**問5** ア　Ⅳ **問1** イ　**問2** 殖産興業　**問3** ア　**問4** (例) ヨーロッパ諸国からの輸入がとだえたため。 Ⅴ **問1** (例) 若い男性の多くが徴兵され，労働力不足となったため。　**問２**　(例)　1960年から1973年にかけて，自転車の生産台数は約３倍に増えた。また，当初多かった実用車の割合は減少し，軽量車や子供車，特殊車の割合が増えていった。　**問３**　(例)　国内産の自転車よりも価格が安いから。　Ⅵ　(例)　明治時代の自転車は大部分が輸入品で価格も高く，限られた人だけが使えるものであった。大正時代になり国内でも生産されるようになったが，生産量が大きくのびたのは高度経済成長期で，使われ方も，それまでの警察や郵便などの実用のものから，通勤・通学，買い物，レジャーなどの生活用のものが中心となった。また，近年は海外から安い自転車が輸入されるようになり，国内の生産量は減ってきている。

解　説

Ⅰ　交通手段についての資料の読み取りと考察

問１　図１で「ある都市」のそれぞれの地域の特徴《とくちょう》をみると，①は半分以上が傾斜《けいしゃ》地，②はほぼ全体が傾斜地，③は少し傾斜地がある程度，④はほとんど傾斜地がない。これをふまえて表をみると，②は「鉄道」についで割合が高いのが「自動車・タクシー」であるのに対し，③と④では「自転車のみ」になっている。また，②では，「自転車のみ」の割合が各項目の中で最も低い。ここから，利用交通手段と地表面の傾《かたむ》きの関係を最もよく表しているのが自転車で，地表面が傾いている地域ほどその利用率が減り，地表面がゆるやかな地域ほど利用率が高いという関係を読み取ることができる。なお，図１の「ある都市」は神奈川県川崎市である。

問２　問１でみたように，「自転車のみ」を用いる人の割合は，平らな地域ほど高く，傾きの急な場所が多い地域ほど低い。これをもとにすると，「自転車のみ」の割合が特に高い⑤は，傾斜地がない臨海地域にあるウだと判断できる。一方，「自転車のみ」の割合が特に低い⑦には，全域が傾斜地となっているアがあてはまる。残った⑥がイで，各項目の割合が，同じように傾斜地と平らな場所が混在する①と似たような構成になっている。

Ⅱ　乗り物を題材とした歴史的なことがらについての問題

問１　平安時代の日本では，牛は牛車《ぎっしゃ》を引いて身分の高い人を運ぶ，荷車を引いて荷物を運ぶといった仕事のほか，乳をとるのに使われていた。貴族から武士へと政治の中心が移ると，貴族の食卓に上がっていた乳の需要《じゅよう》が減り，かわりに鋤《すき》や鍬《くわ》を引かせて田畑を耕す仕事に用いられるようになった。牛や馬を耕作に用いる牛馬耕は，鎌倉時代から室町時代にかけて全国に広まっていった。

問２　清少納言は，一条天皇の中宮定子に仕えた平安時代中期の宮廷女官で，宮廷生活におけるさまざまなできごとや季節の移り変わりなどをするどい観察眼と繊細《せんさい》な感性でとらえ，随筆『枕草子』を著した。

問３　1467年，室町幕府の第８代将軍足利義政のあとつぎをめぐる争いに有力守護大名の勢力争いなどがからんで，応仁の乱が始まった。1477年まで11年にわたって続いた戦乱で主戦場となった京都は荒廃《こうはい》し，将軍の権威《けんい》は失われて，各地で大名らが勢力争いをくり広げる戦国時代へと入っていった。

問４　江戸時代には，交通手段としてかご(駕籠)が広く用いられた。これは，長い棒の中央に台座のようなもの，あるいは中に人が座れるようになっている箱状のものをつるした乗り物で，複数の人足が棒の前後をかついで運んだ。

問5　江戸時代には幕府によって東海道・中山道・甲州街道・日光街道・奥州街道という五街道が整備され，いずれも江戸の日本橋が起点とされた。

問6　貝塚は縄文時代の人々のごみ捨て場で，貝殻が層をなしてみつかるほか，土器や石器，骨角器，魚やけものの骨なども出土し，当時の人々の生活のようすを知る手がかりとなる。

問7　４世紀から７世紀ごろにかけて朝鮮や中国から日本に移り住んだ人々は，渡来人とよばれる。渡来人は漢字や儒教《じゅきょう》，仏教，須恵器《すえき》づくりや養蚕・機織りの技術など大陸の進んだ文化を伝え，日本の社会に大きな影響をあたえた。

問8　鎌倉時代，将軍と御家人は土地を仲立ちとする御恩と奉公の関係で結ばれていた。将軍は御家人に対し，先祖伝来の領地を保障し，功績に応じて新たな領地をあたえるなどの御恩をあたえた。これに対し御家人は，戦いのさいに将軍のため一族を率いて戦う，平時は京都・鎌倉の警護を行うなどといった奉公によって，将軍の御恩に報いた。

問9　明治時代になると武士は身分制度上は士族と分類されたが，次々と特権を奪《うば》われ，平民と変わらないあつかいを受けるようになった。こうした中，1876年には廃刀令が出され，儀式《ぎしき》のときや，制服を着た軍人・警察官を除き，刀を持つことが禁じられた。西南戦争は，この翌年の1877年に起こった。なお，1870年には庶民《しょみん》が刀を持つことが禁止されている。また，イは1870年，ウ(徴兵令の公布)は1873年，エ(学制の公布)は1872年のできごと。

問10　明治時代初期，新たな乗り物として人力車が発明された。人力車は，人を乗せた二輪の台車を車夫が走って引くもので，東京で開業して各地に広まったが，鉄道や自動車の普及《ふきゅう》にともなってすたれていった。現在では，観光地などでみることができる。

問11　平安時代に用いられた牛車は貴族など身分の高い人でなければ乗れなかったこと，鎌倉時代以降，馬は武士にとって大切な乗り物であったこと，江戸時代にはかごが普及したが，身分の高い武士などは豪華なつくりのものを使用していたことなどからわかるように，江戸時代までは身分によって異なる乗り物を利用していた。これに対し，明治時代初期に登場した乗合馬車や人力車はだれでも利用できる乗り物であり，これはそのあとに登場した鉄道や自動車などについても同じであったといえる。

Ⅲ　乗り物の普及を題材とした問題

問1　**a**　「いまのような」くるま(自動車)の通行の仕方なので，「左側」があてはまる。　**b**　「それまでの人による交通整理」にかわるものとして交差点に設置されたので，「信号(信号機)」と判断できる。　**c**　aとは異なる方向で，歩行者が歩く方向なので，「右側」があてはまる。現在の道路交通法では，歩行者は右側通行，自動車は左側通行をすることが定められている。

問2　図２より，1960年の時点で人口は約9300万人，自転車の台数は約2000万台となっているので，およそ４～５人に１台の割合で自転車があったことになる。

問3　(1)　Bで示された1950年代後半から1970年代前半までは，高度経済成長期にあたる。この時代には農林水産業にあたる第１次産業に従事する人が減少する一方で，工業や建設業などの第２次産業，商業やサービス業などの第３次産業に従事する人が大きく増えていった。よって，エがまちがっている。なお，ア(東海道新幹線の開通)は1964年，イ(名神高速道路の一部開通)は1963年のできごと。　(2)　写真には，はばの広い道路をまたぐ歩道橋(横断歩道橋)が写っている。歩道橋は，自動車が広く普及するようになった1960年代以降，都市部を中心に各地でさかんにつくられるようになったが，近年は老朽《ろうきゅう》化などによって撤去《てっきょ》されているところもある。

問4　1980年代以降，鉄道の駅周辺では，駅まで自転車で来て，駅前の道路や店先などに無断で自転車をとめ，そのまま電車に乗って通勤・通学する人が多くいたことから，放置自転車が問題となった。そのため，駅前に駐輪場がつくられ，自転車をとめる場所が確保されるようになった。また，地方自治体の中には，条例を定めて指定区域内にあった放置自転車を撤去し，有料で返還するという対策をとっているところもある。

問5　図２より，2016年の時点で人口は約１億2600万人，自転車の台数は約7300万台となっているので，およそ１～２人に１台の割合で自転車があったことになる。

Ⅳ　自転車の生産を題材とした近代の歴史についての問題

問1　1904～05年の日露戦争で戦勝国となった日本は，国際的な地位を高めた。こうしたことを受け，1911年，外務大臣の小村寿太郎《じゅたろう》がアメリカとの間で日米通商航海条約を結び，関税自主権を回復したことによって，江戸時代末に欧米諸国との間で結ばれた不平等条約の改正が達成された。よって，イがまちがっている。

問2　明治政府は，欧米諸国に追いつくため，国家の近代化と国力の強化を急いだ。そのため，地租改正や徴兵令などによって，国を富ませ兵力を強くしようという富国強兵政策と，官営模範《もはん》工場の建設などによって近代産業を育成しようという殖産興業政策がおし進められた。

問3　大阪府堺市で自転車の生産がさかんになった背景としては，堺が中世以来，商業都市として栄えたこと，伝統的に刀や鉄砲の生産がさかんで，刀鍛冶《かじ》や鉄砲鍛冶をはじめとする金属加工の技術を持った職人が数多くいたこと，近代になってからも多くの町工場があり，自転車のような製品の生産には適した環境であったことなどがあげられる。したがって，アが正しい。

問4　第一次世界大戦ではヨーロッパが主戦場となったため，ヨーロッパ諸国の貿易が停滞《ていたい》した。その結果，それまで輸入に頼っていた自転車の国内生産が進み，さらにはヨーロッパ製品にかわって日本製品が中国や東南アジアなどへ輸出されるようになった。

Ⅴ　自転車の生産と輸入についての資料の読み取りと考察

問1　第二次世界大戦中には多くの男性が徴兵されて戦場に送られたことから，国内では労働力不足となった。これを補うため，女学生や中学生などを軍需工場に動員する勤労動員が行われた。

問2　図３をみると，1960年には300万台ほどだった日本の自転車生産台数は，その後，増加を続け，1973年にはおよそ３倍の950万台近くに増えた。また，図４をみると，1960年には日本で生産される自転車の７割近くが「実用車」であったが，その後，「実用車」の割合は低下を続け，かわってスポーツ車や軽快車などの「軽量車」と「子供車」の割合が増えていった。1970年代に入ると，三輪自転車などの「特殊車」の割合も増加していった。

問3　1980年代後半以降，中国などから価格の安い自転車が輸入されるようになった。これに対抗《たいこう》するため，国内の自転車メーカーも人件費の安いアジア諸国などに生産拠点《きょてん》を移すようになり，その結果，国内の自転車生産台数は大きく減少した。近年は，国内産の自転車でも部品は海外から輸入されたものである場合が多くなっている。

Ⅵ　自転車の普及についての問題

　自転車は日本では明治時代に利用されるようになったが，当時はほとんどが輸入品で，価格も高く，限られた人にしか使われなかったこと，大正時代に国内でもさかんにつくられるようになったこと，戦後の高度経済成長期に生産量が大きくのび，車種も，それまでは警察官や郵便配達員が用いる実用車が中心であったものが，サイクリング用のスポーツ車や通勤・通学，買い物などに用いる軽快車などの軽量車，さらに子供車の割合が多くなっていったこと，近年は価格の安い輸入自転車が増え，国内生産量が減少していることなどをまとめればよいだろう。

理　科　(40分)＜満点：50点＞

解　答

問1　地層　**問2**　**あ**　2.14　**い**　3.19　**問3**　右の図　**問4**　**う**　小さい　**え**　大きい　**お**　おそい　**か**　7.79　**き**　0.43　**く**　0.08　**け**　(例)　粒が小さいほど，大きさのちがいによって沈む時間が大きく変わる　**問5**　(例)　粒の大きい砂は速く沈むので先に下に積もり，次に粒の大きいビーズがその上に積もった。粒が最も小さい泥はゆっくり沈むためいちばん上に積もり，全体として粒の大きさに分かれて層になった。　**問6**　14％　**問7**　163 g　**問8**　右の図　**問9**　ア，イ，オ　**問10**　**4 mmの粒**…1.8倍　**1 mmの粒**…1.7倍　**問11**　(例)　1 mmの粒のほうが4 mmの粒よりも大きかったね　**問12**　解説を参照のこと。

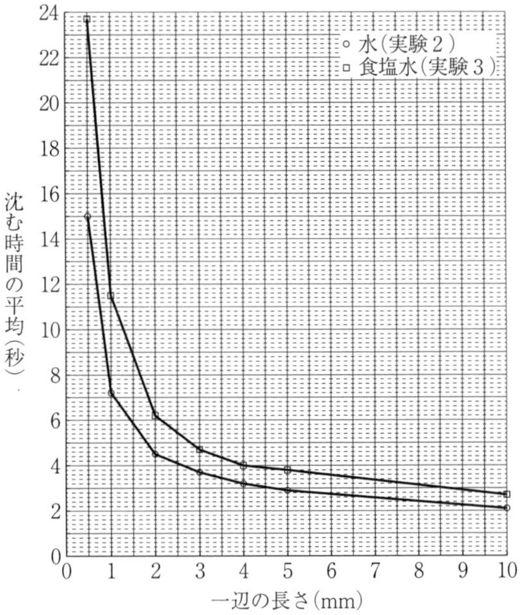

解　説

流水のはたらきと地層についての問題

問1　土砂が海底などで粒《つぶ》の大きさによって分かれて積もり，それがいくつも積み重なったものを地層という。地層のしまもようは，大地の動きによって陸地になったときに，がけなどに現れる。

問2　**あ**　ほかの4個の合計値は，2.06＋2.25＋1.90＋2.15＝8.36なので，2.10×5－8.36＝2.14である。　**い**　5個の合計値は，3.09＋3.20＋3.31＋3.23＋3.12＝15.95だから，15.95÷5＝3.19と求められる。

問3　縦軸《じく》の1目もりは0.2秒であることに注意して，沈《しず》む時間の平均を丸印(○)を打って表す。折れ線グラフだから，それぞれの丸印は直線で結ぶ。

問4　**う，え**　結果の表によると，一辺の長さが短く，大きさが小さい粒ほど，沈む時間が長くなっている。逆に，一辺の長さが長く，大きさが大きい粒ほど，沈む時間が短くなっている。　**お**　沈む距離《きょり》(水面から底までの距離)は一定だから，沈む時間が長いということは，沈む速さがおそい(ゆっくりである)ことを示している。　**か**　一辺の長さが0.5mmの粒が沈む時間は15.00秒，1 mmの粒が沈む時間は7.21秒であるから，その差は，15.00－7.21＝7.79(秒)になる。　**き**　2.5mmの粒が沈む時間は，問3で作成したグラフより，2mmの粒と3mmの粒の沈む時間のちょうど真ん中の値と考えられる。よって，(4.50＋3.65)÷2＝4.075(秒)とわかる。これと3mmの粒との時間の差は，4.075−3.65＝0.425より，0.43秒である。　**く**　問3で作成したグラフより，一辺の長さが5〜10mmでは沈む時間が規則的に変化すると見なすと，1mmあたりの沈む時間の変化量は，(2.92−2.10)÷(10−5)＝0.164(秒)なので，9.5mmと10mmとの時間の差は，0.164×(10−9.5)＝0.082より，0.08秒と考えられる。　**け**　問3で作成したグラフを見てもわかるように，粒の大きさが小さくなるほど，0.5mmあたりの沈む時間の変化量が大きくなっている。

問5　図4より，砂・ビーズ・泥《どろ》はともに大きさが1mmより小さいが，問4でも考えたように，粒の大きさが小さいと，わずかな大きさのちがいでも沈む時間に大きな差が生じる。そのため，粒が最も大きい砂が先に下に積もり，続いてその上に砂より粒の小さいビーズが積もり，いちばん粒が小さい泥が最も上に積もる。その結果，下から砂の層，ビーズの層，泥の層が積み重なった状態となり，しまもようとなって見える。

問6　食塩水500mLの重さが550gのとき，100mLあたりの重さは，$550\times\frac{100}{500}$＝110(g)なので，図5のグラフで縦軸の値が110gのときに対応する横軸の値を読むと，14%と読み取れる。

問7　14%の食塩水に含《ふく》まれる水の割合は，100−14＝86(%)だから，使った水が1L(＝1000mL)，つまり1000g(図5のグラフで0%の重さが100gであることからわかる)のとき，使った食塩の重さは，1000÷0.86×0.14＝162.7…より，163gと求められる。

問8　問3のときと同じようにして，グラフを作成する。

問9　ア，イ　食塩水で行った実験3のグラフは，水で行った実験2のグラフよりも右側かつ上側にあるから，正しいといえる。　ウ　食塩水と水での沈む時間の差は，粒が小さいほど大きくなっている。　エ　粒の大きさのちがいによる沈む時間の差は，食塩水でも水でも粒が小さいほど大きくなっている。　オ　沈む時間の差を食塩水のときと水のときで比べると，一辺の長さが0.5mmと1mmの場合，1mmと2mmの場合，2mmと3mmの場合，3mmと4mmの場合のいずれも食塩水のほうが水よりも大きくなっているので，正しい。

問10　一辺の長さが4mmの粒の場合は，2.22÷1.23＝1.80…より，1.8倍になる。また，1mmの粒の場合は，5.34÷3.12＝1.71…より，1.7倍となる。

問11　水が流れていないときと流れているとき(弱い流れのとき)の沈む時間の差は，4mmの粒では，2.22−1.23＝0.99(秒)，1mmの粒では，5.34−3.12＝2.22(秒)となっていて，1mmの粒のほうが4mmの粒よりも大きい。

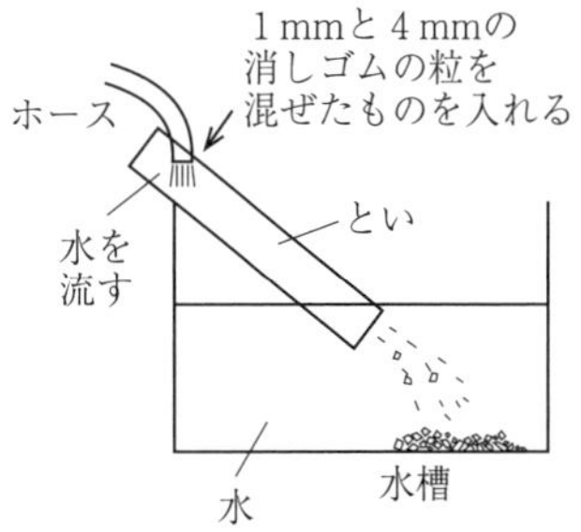

問12　たとえば，右の図のように，水を満たした水槽《すいそう》にといを伝わらせて，ホースで水を流して弱い流れをつくり，といの上のほうから1mmの粒と4mmの粒を混ぜたものを少しずつ入れて流す。このとき，といに近いほうに4mmの粒，遠いほうに1mmの粒が沈んで積もっていく。

国 語 （50分）＜満点：70点＞

解 答

□一 **問1** （例） 一日一回，小さな食べものを食べれば，一日分の栄養補給ができること。 **問2** （例） 食事は人間が人間であるための根源的な行為であり，食べる行為の時間のなかで，共在感覚や感謝の気持ちなどの，人間を人間たらしめる感覚を持てるから。 **問3** （例） 食べものを，時間をかけて噛んで食べる(こと。) **問4** （例） 企業や国の倉庫で眠っている食糧を利用して，宗教や国籍を問わず誰でも受け入れる無料食堂の試みを広げること。 **問5** エ **問6** ウ □二 **問1** a オ b イ **問2** （例） 電車の座席に座れたことで，外を歩くときの緊張から解放されたから。 **問3** （例） 盲学校でボランティアをしている人ならば，最寄駅まで来てくれるなど視覚障がい者の朔にもう少し気を遣ってもいいのではないかと不満に思う気持ち。 **問4** ア **問5** 境野は珈琲 **問6** （例） 目が見えていたときの自分なら絶対にしていなかったことをしたいと言うなら □三 下記を参照のこと。

●漢字の書き取り

□三 1 沿岸 2 破損 3 仮設 4 雑誌 5 看板 6 郵便 7 郷里 8 幼児 9 系図 10 私腹 11 胸 12 編(む) 13 祝(う) 14 照(れる) 15 延(ばす)

解 説

□一 **出典は藤原辰史《ふじわらたつし》の『食べるとはどういうことか―世界の見方が変わる三つの質問』による。**「食べる」という行為《こうい》が，人間にとってたんなる栄養補給ではなく，人間が人間であるための根源的な行為であることを説明したうえで，「食べる」ことの未来について考えることの重要性を説《と》いている。

問1 少し後で，筆者は食べることを「煩《わずら》わしい」と考える人がいるのに驚《おどろ》いたと述べている。つまり，そうした人たちにとって「一日一回，小さな食べものを食べて，それで一日分の栄養補給ができる」ことは「理想」だというのである。

問2 続く部分で，「食べることをやめて，もっと勉強時間を増やす，とか，人類の文化をより高《こう》尚《しょう》なものにする」という流れに否定的な筆者の考えが二つ述べられている。一つは，「人間が人間であるための根源的な行為」である「食べる」楽しみを失ってまで到達《とうたつ》すべき高尚な文化など存在しないという考え。もう一つは，食べる煩わしさから解放されるために生まれた「歯ごたえをなくす動き」が浸透《しんとう》することで，本来「噛《か》む」行為の中で得られていた，農家や漁師，あるいは料理をしてくれた人たちとともに自分はあるといった「共在感覚」や彼らに対する感謝の気持ちが失われてしまうという考えである。これをもとに，「食事は人間が人間であるための根源的な行為であるうえ，食べ物を噛む時間のなかで人々は共在感覚や感謝の思いをいだいていたから」のようにまとめる。

問3 「遠回りの行為」と，「食べものから噛みごたえ」が失われ，「できるだけスムーズに栄養が体内に注入されること」とは対照的な関係にあることをおさえる。問2でみたように，食べものを時間をかけて「噛む」場合，そこには「共在感覚」，つまり「同じ場所に・ともに・いる」気持ちや「食材である生きものやそれを育ててくれた農家や漁師のみなさん，あるいは，料理をしてくれた人」に対する「感謝の気持ち」が生まれる。筆者は，食べ物を「飲み込《こ》」まずに時間をかけて「噛む」という「遠回りの行為」こそ，このように「人間を人間たらしめている」というのである。

問4　⓮段落以降で，「おいしい食べ物が，全部無料になる未来」について述べられていることをおさえる。筆者の家の近くには，皿洗いを手伝えば代金が無料になる中華料理屋があるほか，最近では夜に家族とご飯を食べることができない子どもたちのための「子ども食堂」など，「自由に入って食べられる空間」がいたるところに出てきていたり，インドのシク教徒の寺院には，誰《だれ》でも入れる無料食堂が置かれたりしていることが説明されている。一方，筆者はつくりすぎた食糧《しょくりょう》が現在「企業《きぎょう》や国の倉庫で眠《ねむ》って」いることを指摘《してき》し，それを「無料食堂」で「利用するだけで飢餓《きが》はかなり減らせる」とも述べている。筆者はこうした無料食堂の試みが広がることを望んでいるのだから，「企業や国の倉庫で眠っている食料を利用し，無料もしくは安い値段で，自由に入って食事ができる空間を世界中に広げていくこと」のようにまとめる。

問5　ア 「食べものの未来について人々が真剣《しんけん》に考え始めた」が正しくない。筆者は❷段落で，「食べるという行為が今後どのように変わっていくのか，そんな未来の予想はあまりなされ」ないと指摘している。　　イ 「ゼリーやムース」が「戦争と密接なつながりを持つ食品」としている点が合わない。❻段落で示されているように「戦争と密接に関わっている食品」は「プロテインバー」である。　　ウ 「ゼリー食品と十九世紀にアメリカで普及した流動食とは，無関係」としている点がふさわしくない。❾段落に「アメリカで，胃腸の消化を助けるために，今後はできるだけ細かく刻んでドロドロとした，噛む時間があまり必要ないレシピを開発すべきだ，という考え」をもとに，食べものから「歯ごたえをなくす動き」が進められたと述べられている。この流れが「コンビニ」などで「ゼリー食品」を「安く手に入れ」られるという状況《じょうきょう》に結びついたのである。オ 「大企業による流通のコントロールを利用しさえすれば，食べものを無料で提供することは実現可能」だとしている点が合わない。大企業はつくりすぎた食べものを「コントロール」しているために，食糧が「企業や国の倉庫で眠って」いるのであって，このコントロールをやめさせることが食べものの無料提供につながると述べられている。

問6　❶，❷段落は話題の導入部にあたり，食べものの未来について考えることは，「とくに若い人にとってはとても重要」だと述べられている。❸～❻段落では，食べものが一日一回で済むクッキーのようなものになる未来について語られ，❼～⓬段落では「二つ目」の未来として「食べものから噛みごたえがなくなっていく未来」について述べられている。そして，⓭段落で前後の段落の内容をつなぎ，⓮～⓰段落で筆者は「二つの未来とは違《ちが》った未来」について提示したうえで，「現在飢餓の状態にある人」を救うためにも，「宗教や国籍を問わないで誰でも受け入れる無料食堂の試み」が重要であると説いている。

二　**出典はいとうみくの『朔《さく》と新《あき》』による。**「朔」がブラインドマラソンを始めようとする場面である。

問1　**a**　“相手の勢いにおされて言葉につまる”“ひどく困らされる”という意味。　　**b**　相手をおそれ，ためらいながら何かをするようす。

問2　直後に「外を歩くときの朔は，口数も少なく，表情もかたい。隣《となり》を歩いていても，緊張《きんちょう》しているのがわかる」と書かれていることをおさえる。後の場面で，新宿駅に降りた「朔」が，自身の「立っている方向がわからなくなった途端《とたん》，すべてが飛んだ」ことからもわかるように，彼《かれ》にとって外の世界は緊張の連続である。つまり，ここでは自分の所在を見失う心配がない電車の座席に座《すわ》ることができたため，安心して表情がやわらいだものと想像できる。

問3　これから会いに行く境野《さかの》さんが盲《もう》学校のボランティアだと知った梓《あずさ》は，「朔」を迎えに「最寄駅まで来てくれ」てもいいのではないかと話している。「視覚障がい者」である「朔」への気遣いが足りないことを不満に思っているのだから，「先生でなくボランティアだとしても，視覚障がい者と待ち合わせるならば，最寄り駅まで来てくれるくらいはしてもいいのではないかと，境野の対応を不満に思う気持ち」といった趣旨《しゅし》でまとめる。

問4　問３でみたように，梓は境野さんの対応を不満に思っていたが，「オレが視覚障がい者だから，境野さんは気を遣うべきだって思ってるんじゃない」かと言われたことで，「朔」を周囲から守られるべき弱者としてあつかっていた自分のほうにこそ問題があったと気づいている。梓は「朔」の心を傷つけたかもしれないという気まずさから「視線をさげた」ものと考えられるので，アが選べる。

問5　視覚障がい者である「朔」のために，境野は「水の入ったグラス」や「おしぼり」の位置を声に出して教えている。ここからは，何がどこにあるかということを「朔」が理解できるよう配慮《はいりょ》する境野のようすがうかがえる。

問6　「朔」から，せっかく始めるのならば「見えていたときのオレなら絶対にしていなかったことをしたい」という思いを打ち明けられた梓は，からかうように「じゃあ，これも食べてみる？」とパフェをすすめたが，「それはいいや」と断られている。つまり，「朔」はいままでと違うことをしたいとは言ったものの，苦手な甘いものには拒否《きょひ》反応を示したのだから，ここでの「じゃあ」は，「見えていたときの自分なら絶対にしていなかったことをしたいと言うなら」という内容を意味しているものとわかる。

三　漢字の書き取り

1　海や川，湖などの陸地に近い水面。　**2**　物がこわれていたむこと。　**3**　一時的に設置すること。　**4**　雑多な記事や写真がのった，定期的に出される本。　**5**　人の注意を引くため，店名や商品名などを書いて店先などにかかげておくもの。　**6**　手紙や品物を送り先に届ける制度。　**7**　生まれ育った土地。故郷。　**8**　おさない子ども。　**9**　先祖から家の代々の人名を書き連ね，血のつながりを示した図。　**10**　自分の利益，財産。「私腹を肥やす」は，“立場を利用して不当に利益を得る”という意味の慣用句。　**11**　音読みは「キョウ」で，「胸囲」などの熟語がある。訓読みには「むな」がある。　**12**　音読みは「ヘン」で，「編集」などの熟語がある。　**13**　音読みは「シュク」「シュウ」で，「祝日」「祝言」などの熟語がある。**14**　音読みは「ショウ」で，「照明」などの熟語がある。　**15**　音読みは「エン」で，「延期」などの熟語がある。

Dr.福井の 入試に勝つ！ 脳とからだのウルトラ科学

歩いて勉強した方がいい？

みんなは座って勉強しているよね。だけど，暗記するときには歩きながら覚えるといいんだ。なぜかというと，歩いているときのほうが座っているときに比べて，心臓が速く動いて（脈はくが上がって）脳への血のめぐりがよくなるし，歩いている感覚が背骨の中を通って脳をつつくので，頭が働きやすくなるからだ（ちなみに，運動による記憶力アップについては，京都大学の久保田名誉教授の研究が有名）。

具体的なやり方は，以下のとおり。まず，机の上にテキストを広げ，1ページぐらいをざっと読む。そして，部屋の中をゆっくり歩き回りながら，さっき読んだ内容を思い出す。重要な語句は，声に出して言ってみよう。その後，机にもどってテキストをもう一度読み直し，大切な部分を覚え忘れてないかをチェック。もし忘れている部分があったら，また部屋の中を歩き回りながら覚え直す。こうしてひと通り覚えることができたら，次のページへ進む。あとはそのくり返しだ。

さらに，この“歩き回り勉強法”にひとくふう加えてみよう。それは，なかなか覚えられないことがら（地名・人名・漢字など）をメモ用紙に書いてかべに貼っておくこと。ドンドン貼っていくと，やがて部屋中がメモでいっぱいになるハズ。これらはキミの弱点集というわけだが，これを歩き回りながら覚えていくようにしてみよう！　このくふうは，ふだんのときにも自然と目に入ってくるので，知らず知らずのうちに覚えることができてしまうという利点もある。

歴史の略年表や算数の公式などを大きな紙に書いて貼っておくのも有効だ。

Dr.福井（福《ふく》井《い》一成《かずしげ》）…医学博士。開成中・高から東大・文Ⅱに入学後，再受験して翌年東大・理Ⅲに合格。同大医学部卒。さまざまな勉強法や脳科学に関する著書多数。

Memo

2020年度　栄光学園中学校

〔電　話〕　(0467) 46－７７１１
〔所在地〕　〒247－0071　神奈川県鎌倉市玉縄４－１－１
〔交　通〕　JR各線―「大船駅」より徒歩15分

【算　数】（60分）〈満点：70点〉

（注意）　鉛筆《えんぴつ》などの筆記用具・消しゴム・コンパス・配付された下じき以外は使わないこと。

1　１からある数までのすべての整数の中から１つだけ取り除き，残った整数を考えます。例えば，１から７までの整数から３を取り除くと，

１，２，４，５，６，７

が残ります。

次の問に答えなさい。

(1)　１から100までの整数の中から１つだけ取り除きました。残った整数の平均は，$\frac{554}{11}$になりました。取り除いた整数を答えなさい。求め方も書きなさい。

(2)　１からある数までの整数の中から１つだけ取り除きました。残った整数の和は，600になりました。取り除いた整数を答えなさい。

(3)　１からある数までの整数の中から１つだけ取り除きました。残った整数の平均は，$\frac{440}{13}$になりました。取り除いた整数を答えなさい。

2　時針(短針)・分針(長針)・秒針がすべてなめらかに動く時計があります。この時計の針と針のなす角について，次の問に答えなさい。

ただし，針と針のなす角とは，２本の針が作る角のうち，その大きさが180度以下のものを指します。

例えば，右の図において，時針と分針のなす角とは，印をつけた角のことです。

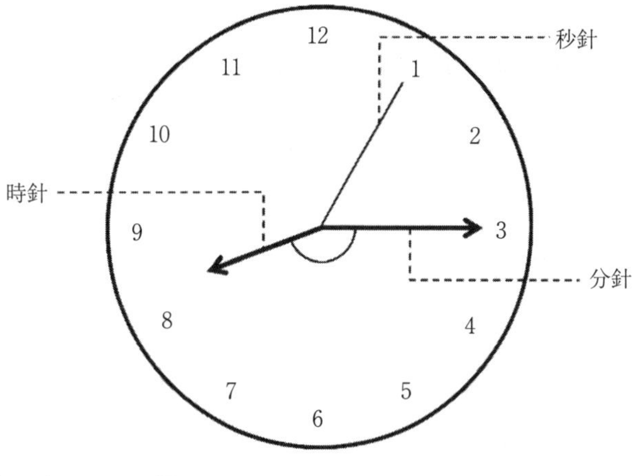

(1)　１時23分45秒での，時針と秒針のなす角の大きさを答えなさい。

(2)　12時０分０秒に，時針・分針・秒針の３本はぴったり重なります。この次に時針と分針がぴったり重なる時刻について考えます。

①　12時０分０秒からこの時刻までに，時針は何度動きましたか。

②　この時刻での，時針と秒針のなす角の大きさを答えなさい。

(3)　時針・分針・秒針の３本がぴったり重なるとき以外で，時針と分針がぴったり重なるときを考えます。これらの時刻の，時針と秒針のなす角のうち，最も小さいものの大きさを答えなさい。

(4) 時針・分針・秒針の3本がぴったり重なるとき以外で，いずれか2本がぴったり重なるときを考えます。これらの時刻の，重なっている2本の針ともう1本の針とのなす角のうち，最も小さいものの大きさを答えなさい。

3 図1のような1辺の長さが1cmの正六角形ABCDEFの内部を，まっすぐ進む点Pの道すじを考えます。点Pは辺に到達《とうたつ》すると，図2のようにはね返ります。ただし，頂点に到達した場合は，そこで止まります。

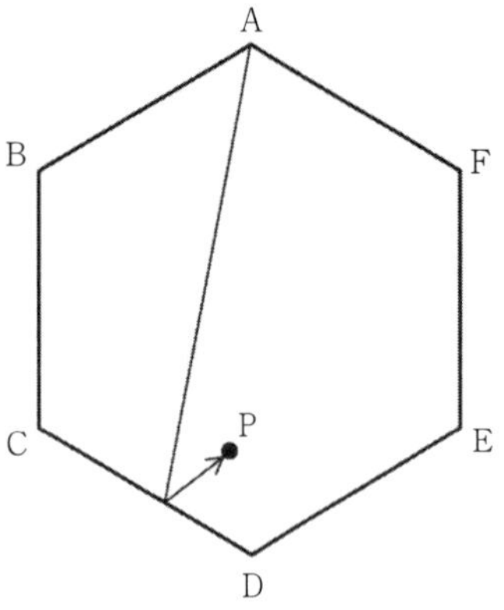

図1

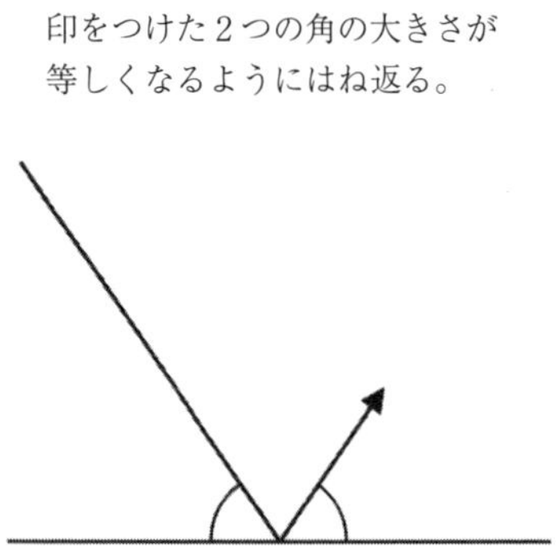

図2

点Pは頂点Aから出発して，はじめに辺CD上のどこかではね返りました。次の問に答えなさい。

(1) はじめに辺CDではね返った後，次に到達する辺として考えられるものをすべて答えなさい。

(2) はじめに辺CD上の点Xではね返り，次に到達する辺でもう1回はね返って，頂点Dに到達しました。CXの長さを答えなさい。

(3) はじめに辺CD上の点Yではね返り，さらにもう2回はね返って，頂点Dに到達しました。CYの長さを答えなさい。

(4) はじめに辺CDではね返り，さらにもう1回はね返った後，次に到達する辺または頂点を考えたとき，到達できない部分があります。その部分の長さの合計を答えなさい。

4 図1のような，16枚のパネルと8つのボタンA，B，C，D，E，F，G，Hがあります。最初は，すべてのパネルに「○」が表示されています。

ボタンA，B，C，Dはそれぞれのボタンの下に並ぶ縦4枚のパネルに対応し，ボタンE，F，G，Hはそれぞれのボタンの右に並ぶ横4枚のパネルに対応しています。各パネルは，対応するボタンが押《お》されるたびに，○→△→×→○→△→×→○→……と，表示されている記号が変化していきます。

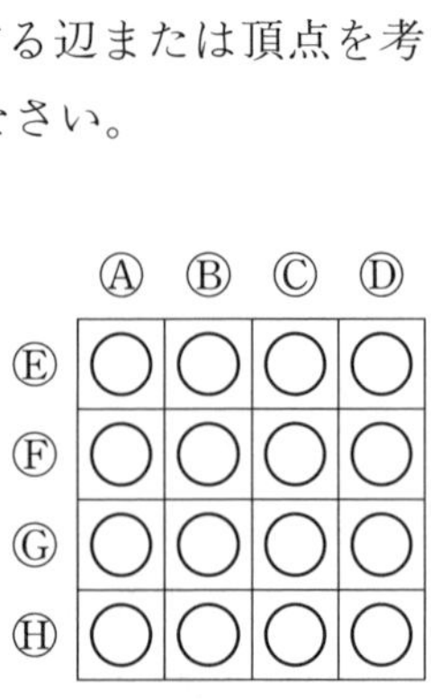

図1

例えば，最初の状態から，ボタンAを押すと次のページの図2のようになり，さらにボタンE，ボタンAの順番で押すと，図3，図4のように変化します。

	Ⓐ	Ⓑ	Ⓒ	Ⓓ
Ⓔ	△	○	○	○
Ⓕ	△	○	○	○
Ⓖ	△	○	○	○
Ⓗ	△	○	○	○

図2

	Ⓐ	Ⓑ	Ⓒ	Ⓓ
Ⓔ	×	△	△	△
Ⓕ	△	○	○	○
Ⓖ	△	○	○	○
Ⓗ	△	○	○	○

図3

	Ⓐ	Ⓑ	Ⓒ	Ⓓ
Ⓔ	○	△	△	△
Ⓕ	×	○	○	○
Ⓖ	×	○	○	○
Ⓗ	×	○	○	○

図4

(1) 最初の状態から，ボタンを次のような順番で押すと，どのようになりますか。パネルに表示される記号を解答用紙の図にかき入れなさい。

① Aを1回，Bを1回，Cを2回，Eを2回，Fを2回，Hを1回

② Aを3回，Cを2回，Dを5回，Eを2回，Gを3回，Hを4回

	Ⓐ	Ⓑ	Ⓒ	Ⓓ
Ⓔ	○	○	△	×
Ⓕ				
Ⓖ				
Ⓗ				

図5

(2) 最初の状態から何回かボタンを押したところ，一番上の4枚のパネルに表示されている記号は，図5のようになりました。このとき，ボタンA，B，C，Dはそれぞれ何回押しましたか。以下の答え方にならって，考えられる組み合わせをすべて答えなさい。ただし，それぞれのボタンを押した回数は，最大で2回とします。

【答え方】（　）の中に，A，B，C，Dの順に押した回数を記入する。

例えば，Aを1回，Cを2回押し，B，Dを押さなかった場合，（1，0，2，0）と書く。

(3) 最初の状態から何回かボタンを押したところ，いくつかのパネルに表示されている記号は次の図のようになりました。記号のかかれていないパネルのうち，記号が1つに決まるパネルにはその記号を，決まらないパネルには「？」をかき入れなさい。

①

	Ⓐ	Ⓑ	Ⓒ	Ⓓ
Ⓔ	○	○	△	×
Ⓕ		△	×	
Ⓖ				△
Ⓗ				

②

	Ⓐ	Ⓑ	Ⓒ	Ⓓ
Ⓔ		△	○	○
Ⓕ				
Ⓖ	×	×		
Ⓗ				○

(4) 最初の状態から，ボタンA，Bは1回も押さず，ボタンCは1回，ボタンDは2回押しました。EからHのボタンはどのように押したか分からないとき，○が表示されているパネルの枚数として考えられるものをすべて答えなさい。

(5) 最初の状態から何回かボタンを押したとき，○が表示されているパネルの枚数として考えられるものをすべて答えなさい。

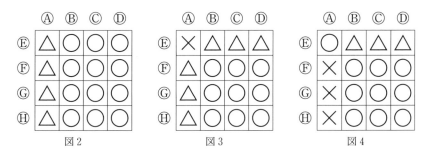

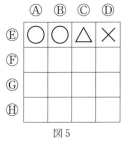

【社　会】（40分）〈満点：50点〉

（注意）　配付されたもの以外の下じき・用紙は使わないこと。

〈編集部注：実物の入試問題では，**図1**はカラー印刷です。〉

私たちが生活すると，必ずごみが出ます。ごみは，私たちが「必要ない」と思って捨てるものです。ごみはどこに行くのでしょうか。

清掃《せいそう》工場は，ごみを焼却《しょうきゃく》する施設《しせつ》のことをいいます。ここでは，焼却施設と呼ぶことにします。ごみを焼却することは，ごみ処理の方法のひとつです。しかし，すべてのごみが焼却されるわけではありません。

以下，家庭や学校，会社の事務所などから出るごみ(工場などから出るごみはのぞく。)について，考えてみましょう。

Ⅰ　**表1**や次のページの**図1**を見て，問に答えなさい。

問1　**表1**は，2017年に出されたごみの総量を都道府県別にまとめ，その上位6つとそれぞれの人口を示したものです。**表1**の(**A**)と(**B**)にあてはまる道府県を次の**ア～オ**からそれぞれ選び，記号で答えなさい。

ア　愛知県

イ　神奈川県

ウ　京都府

エ　福岡県

オ　北海道

表1　おもな都道府県で出されたごみの総量(2017年)

都道府県	出されたごみの総量	人口
東京都	441.7万 t	1362.7万人
大阪府	305.4万 t	885.5万人
（ A ）	287.3万 t	917.2万人
（ B ）	252.2万 t	754.7万人
埼玉県	230.4万 t	735.9万人
千葉県	207.5万 t	629.9万人
全　国	4289.4万 t	12771.8万人

環境省《かんきょうしょう》環境再生《かんきょうさいせい》・資源循環局《しげんじゅんかんきょく》『日本《にほん》の廃棄物処理《はいきぶつしょり》(平成29年度版)』をもとに作成。

問2　**図1**は，2017年に東京23区で集められたごみのおもなゆくえや，それぞれの量を長方形で示そうとしたものです。**図1**中の[**1**]は，集められたごみの量とその内わけを表しています。[**2**]は，焼却施設とそれ以外の施設で処理されたごみの量を表しています。[**3**]は，ごみが最後にどのような量になるのかを表そうとしたものです。ここでは，ごみの量をくらべやすいように，[**1**]～[**3**]それぞれの図の縦の長さをそろえてあります。

図中に示した数字を見て，うめ立てられたごみと資源に変えられたごみの量がそれぞれわかるように，[**2**]のかき方にならって，[**3**]の図のつづきをかいて長方形を完成させなさい。

問3　問2で完成させた**図1**を見て，焼却施設に運ばれた可燃ごみの量と，焼却施設から出されたごみの量をくらべて，その差がどのようにして生まれるのか，説明しなさい。

問4　**図1**中の「**粗大《そだい》ごみ**」について，次の(1)(2)に答えなさい。

(1)　粗大ごみは「**焼却施設以外の処理施設**」でどのように処理されますか。**図1**を参考にして答えなさい。

(2)　かつておもに粗大ごみとして出されていたテレビ，冷蔵庫，エアコン，洗たく機は，現在は法律により，販売店《はんばいてん》などによって回収されることになっています。この法律を答えなさい。

図1　東京23区で集められたごみのおもなゆくえ

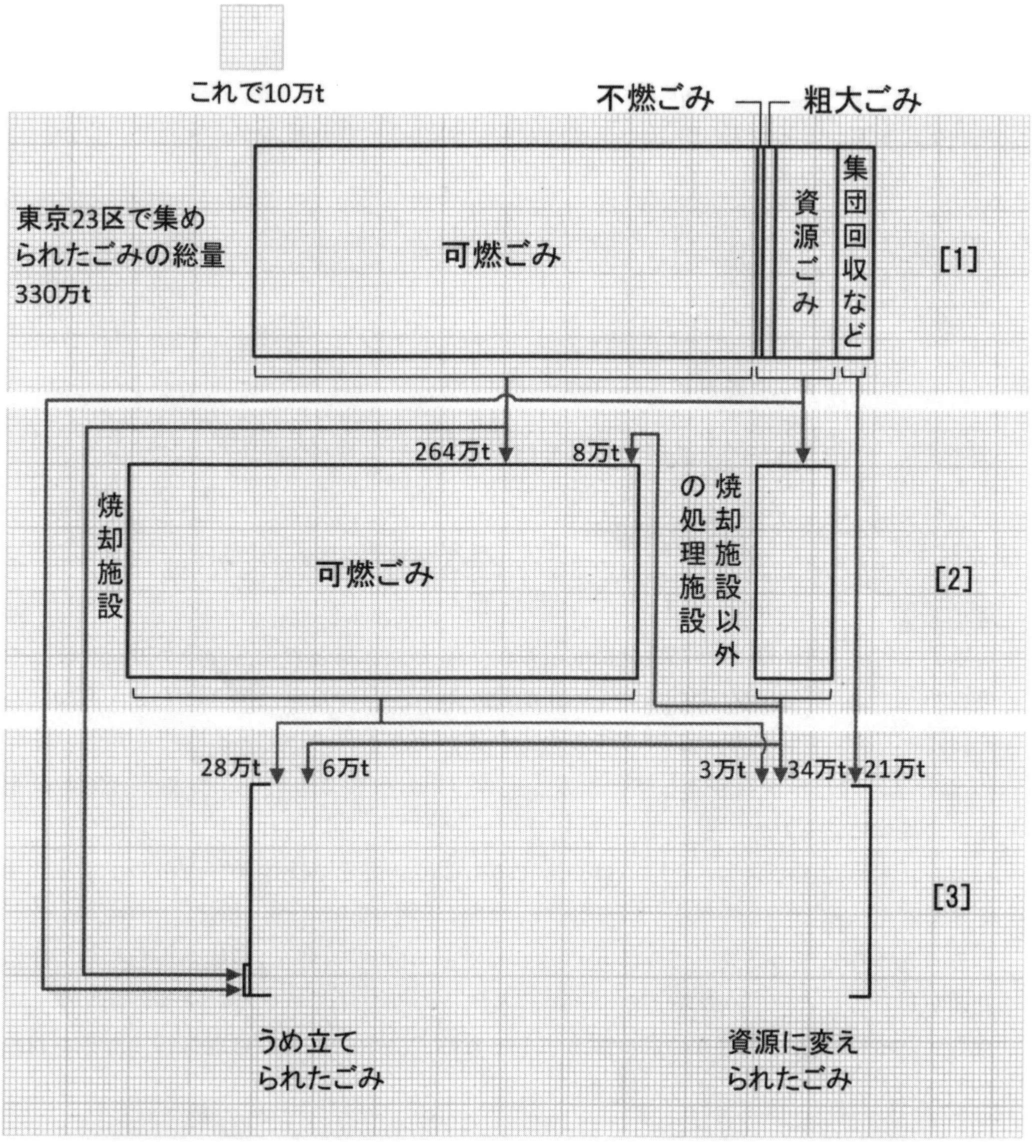

東京都環境局《かんきょうきょく》『東京都区《く》市町村《しちょうそん》清掃《せいそう》事業年報《じぎょうねんぽう》　平成29年度実績《じっせき》』をもとに作成。

※「可燃ごみ」には，紙，生ごみ，プラスチックなどがふくまれる。「不燃ごみ」「粗大《そだい》ごみ」「資源ごみ」には，金属・ガラス・焼き物，ふとんや家具，缶《かん》などがふくまれる。また，「集団回収」とは，資源として地域などのグループで自主的に集めて出されたもののことをいう。

問5　**図1**中の「**資源ごみ**」について，次の文章を読んで，後の(1)(2)(3)に答えなさい。

資源ごみのうち，スチール缶は，とかされて鉄製品に生まれ変わります。（ **C** ）は，たとえば洋服や定規，卵のパックなどに生まれ変わります。①さまざまな種類の紙も，いろいろな製品に再生されています。家具などは，別の人が再利用することもあります。

このように，ごみを資源に変えること（リサイクル）や，ものをくりかえし使うこと（リユース）は，私たちが地球環境のためにできることを表す「３Ｒ」にふくまれています。しかし，資源にしきれないごみや再利用できないごみもあり，くり返し使うことにも限度があることから，②「リデュース」が不可欠であるといえるでしょう。

(1)　文中の（**C**）にあてはまるものを答えなさい。

(2)　文中の下線部①について，紙のリサイクルでは，古紙の種類によって異なる紙の原料になります。このうち，牛乳パックはおもに何に再生されますか。次の**ア**～**ウ**から１つ選び，記号で答えなさい。

ア　新聞紙　　**イ**　段ボール　　**ウ**　トイレットペーパー

(3)　文中の下線部②について，ここでいう「リデュース」とはどのようなことか，答えなさい。

Ⅱ　次の文章を読んで，後の問に答えなさい。

都市から発生したごみをうめ立てることは，古くから行われていました。東京では江戸時代《えどじだい》以来，町で発生したごみのほとんどは東京湾の近くの低い土地や，人工的に造られた島に運ばれて，そのままうめられてきました。

ごみの処理方法について，ごみの量が特に多い東京23区を例にしながら，もう少し考えてみましょう。

第二次世界大戦《だいにじせかいたいせん》が終わり高度経済成長期に入ると，人びとの生活も豊かになりました。特に東京23区では，①急激な人口増加や都市開発が進み，昼間東京に働きにくる人も増加しました。それにともなって，②生じるごみの量もそれまでよりもはるかに多くなりました。そうした中，昭和《しょうわ》のはじめころから使用していた人工島（８号地）へのごみのうめ立てが1962年に完了し，さらに沿岸に造られた「夢《ゆめ》の島《しま》」（14号地）のうめ立てが進められました。しかしこのころになっても，東京23区で発生したごみは，生ごみもふくめてその大半がまだそのままうめ立てられていました。

このような処理の結果，ごみのうめ立て地やその周辺では，③地域の人たちの健康を害する問題が起きました。ごみが増えたことで，人びとの暮らしに多くの悪影響《あくえいきょう》が出てきたため，東京都は直接うめ立てるごみの量を減らすとともに，衛生的にごみ処理を行うことを目指しました。そのための方法が，ごみの焼却です。

この時期にはごみの種類も多様になりました。中でも特に量が増えたのがプラスチックのごみでした。それまで使われていた木材や紙などに代わって，容器や包装《ほうそう》，おもちゃなどの用途《ようと》に，軽くてじょうぶなプラスチックが使われるようになったためです。しかし，④ごみとなったプラスチックは，これまでとちがう新たな問題を引き起こすことがありました。

同じころ，⑤東京都は各区に焼却施設を新設しようとしましたが，これは計画通りには進みませんでした。その後1970年代になると，都は「自分の区で出たごみは自分の区で処理する」

という原則をおし進め，焼却施設は増えていきました。現在では多くの区に焼却施設ができており，これらの施設では⑥かつての焼却施設にあったような問題点を解消するためのくふうがなされています。また，⑦ごみを燃やすことによって発生するものをさまざまな形で利用しています。

一方，ごみのうめ立ては現在でも行われています。うめ立てられるごみ自体が完全になくなることはないのです。ですから，今使用しているうめ立て処分場も，このままではいずれいっぱいになってしまいます。

問１　下線部①について，下の**図２**は，東京23区の1955年から1972年にかけての建物の用途別床《ゆか》面積を表したものです。図中の**D**が示しているものを，次の**ア**～**エ**から１つ選び，記号で答えなさい。

ア　工場

イ　倉庫

ウ　店，旅館，ホテル，事務所，銀行

エ　劇場，映画館，病院，浴場

図２　東京23区の建物の用途別床面積

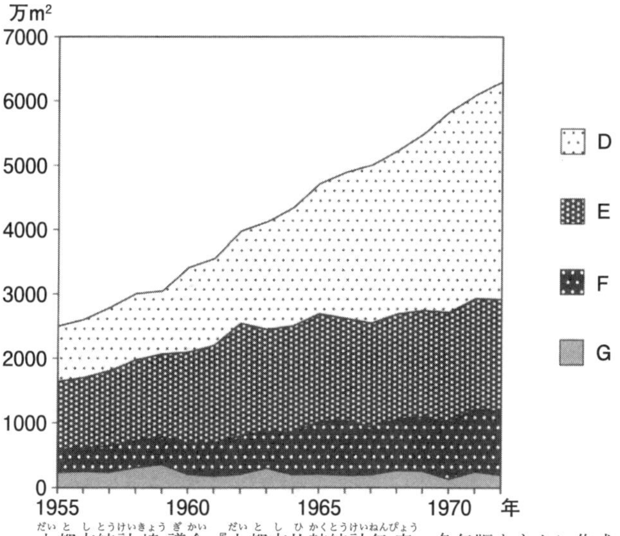

大都市統計協議会《だいとしとうけいきょうぎかい》『大都市比較統計年表《だいとしひかくとうけいねんぴょう》』各年版をもとに作成。

問２　下線部②について，高度経済成長期に東京23区で生ごみなどに混ざって捨てられたものの中で，もっとも増えたものを次の**ア**～**エ**から１つ選び，記号で答えなさい。

ア　衣類　　**イ**　紙　　**ウ**　ガラス　　**エ**　缶

問３　下線部③について，これはどのような問題か，１つ答えなさい。

問４　下線部④について，プラスチックをごみとして処理する際，環境に悪影響を与える点を，「そのままうめ立てる」場合と「焼却する」場合について１つずつあげなさい。

問５　下線部⑤について，東京都はいくつかの区で建設計画を立てましたが，近隣《きんりん》の住民からは反対の声があがりました。これらの中には，焼却施設そのものについての反対だけでなく，周囲の交通への影響に対する心配の声もありました。これはどのような影響か，考えて答えなさい。

問6　下線部⑥について，このような問題点を解消するためのくふうの例を1つあげなさい。

問7　下線部⑦について，焼却施設で発生するものを2つあげ，それぞれの利用例を答えなさい。

III　右の**表2**は，東京23区におけるごみ処理の内わけを示したものです。**表2**と5ページの**図1**を見て，次の問に答えなさい。

表2　東京23区におけるごみ処理の内わけ（万t）

	集められたごみの総量	うめ立てられたごみの量	焼却されたごみの量	資源に変えられたごみの量
1961年	158	134	17	0
1975年	516	297	240	0
1989年	557	303	297	4
2003年	400	78	300	55
2017年	（ a ）	（ b ）	（ c ）	（ d ）

東京都清掃局《せいそうきょく》『清掃局年報《せいそうきょくねんぽう》』および東京都環境局『東京都区市町村清掃事業年報』をもとに作成。

問1　**図1**を見て，**表2**の（a）～（d）にあてはまる数字を答えなさい。

問2　**1961年から1989年にかけて**の東京23区でのごみ処理の変化について，**表2**から読み取れることを説明した文として誤りのあるものを，次の**ア～エ**から1つ選び，記号で答えなさい。

ア　集められたごみの総量は，3倍以上に増加した。

イ　集められたごみの総量に対するうめ立てられたごみの量の割合は，増加を続けている。

ウ　うめ立てられたごみの量は3倍に達していないが，焼却されたごみの量は15倍以上になった。

エ　集められたごみの総量に対する資源に変えられたごみの量の割合は，1989年でも1％未満である。

問3　**1989年から2017年にかけて**の東京23区でのごみ処理の変化とその背景を，これまでの問題や**表2**をふまえてまとめなさい。

IV　次のページの**図3**と**表3**は，東京23区で集められたごみのおもなうめ立て処分場を示したものです。これらを見て，次の問に答えなさい。

問1　**図3**および**表3**中の（**X**）にあてはまる地名を答えなさい。

問2　うめ立て地の場所はどのように変化してきたか，**図3**と**表3**からわかることを答えなさい。

問3　**図3**および**表3**中の❷❸の14号地・15号地と，❺中央防波堤外側埋立処分場《ちゅうおうぼうはていそとがわうめたてしょぶんじょう》とでは，うめ立ての期間にちがいがあります。その理由を，うめ立てられるものの変化に注目して，5ページの**図1**や**表2**をもとに説明しなさい。

図3　東京23区のごみのおもなうめ立て処分場

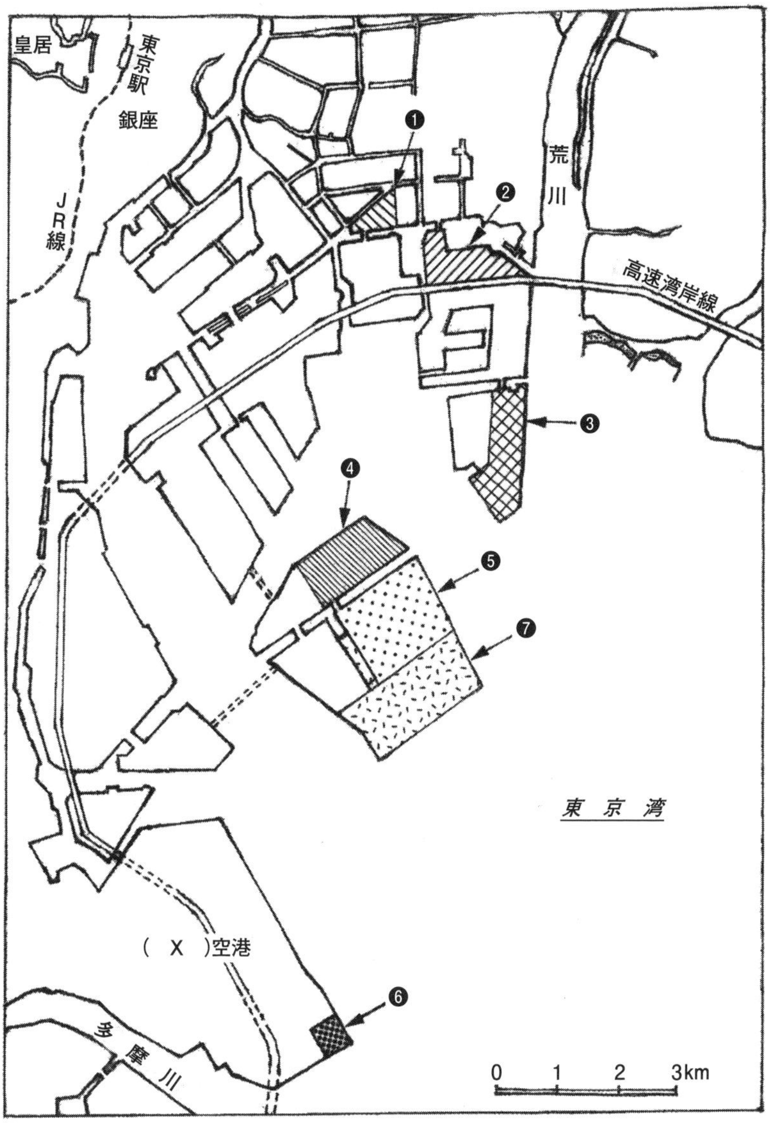

国土地理院《こくどちりいん》5万分の1地形図《ちけいず》（平成17年および平成19年発行），東京都清掃局『東京ごみ白書《はくしょ》』をもとに作成。

表3　東京23区のごみのおもなうめ立て処分場

	処分場	うめ立て量	うめ立て期間
❶	8号地	約371万ｔ	1927～1962年度
❷	14号地	約1034万ｔ	1957～1966年度
❸	15号地	約1844万ｔ	1965～1974年度
❹	中央防波堤内側埋立地《ちゅうおうぼうはていうちがわうめたてち》	約1230万ｔ	1973～1986年度
❺	中央防波堤外側埋立処分場《ちゅうおうぼうはていそとがわうめたてしょぶんじょう》	約5471万ｔ 2016年度末現在	1977年度～（うめ立て中）
❻	（ X ）沖《おき》	約168万ｔ	1984～1991年度
❼	新海面処分場《しんかいめんしょぶんじょう》	約777万ｔ 2016年度末現在	1998年度～（うめ立て中）

東京都環境局ホームページをもとに作成。

【理　科】（40分）〈満点：50点〉

（注意）配付されたもの以外の下じき・用紙は使わないこと。

必要ならば以下の値を使ってもよい。

1.28×1.28	＝約1.64
1.28×1.28×1.28×1.28	＝約2.68
1.45×1.45	＝約2.10
1.45×1.45×1.45×1.45	＝約4.42
1.68×1.68	＝約2.82
1.68×1.68×1.68×1.68	＝約7.97
1.85×1.85	＝約3.42
1.85×1.85×1.85×1.85	＝約11.7
2.78×2.78	＝約7.73
2.78×2.78×2.78×2.78	＝約59.7
3.14×3.14	＝約9.86
3.14×3.14×3.14×3.14	＝約97.2

1　次に示した植物**A**～**D**の名前を後の**ア**～**エ**から１つずつ選び，記号で答えなさい。図の縮尺は同じとは限りません。

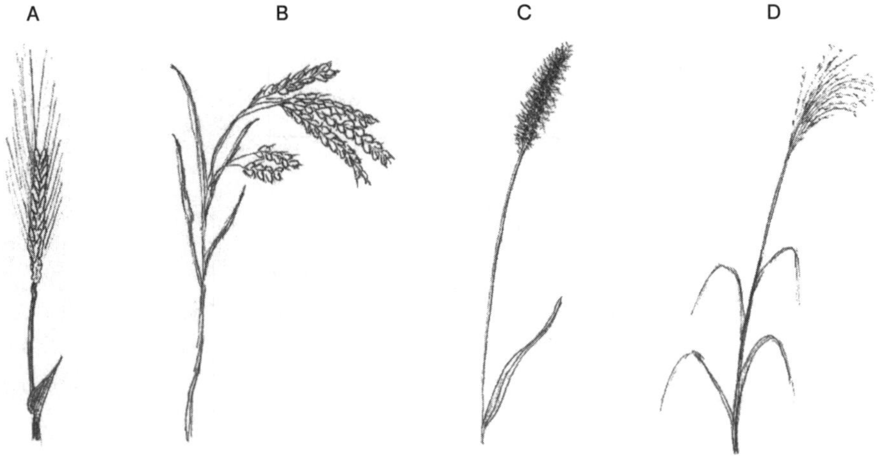

ア． イネ
イ． ススキ
ウ． コムギ
エ． エノコログサ

2 小麦粉にはデンプンが多くふくまれていますが，他の成分もふくまれています。スパゲッティの材料となる小麦粉に水を加えてねり混ぜるとグルテンができます。水の中でもみ洗いすると，デンプンが外に流されてグルテンを取り出せます。グルテンはスパゲッティの「こし」の強さのもとになります。

問1 デンプンは，おもにエネルギーのもとになる栄養素です。この栄養素の種類として，最も適当なものを次の**ア**～**エ**から１つ選び，記号で答えなさい。

ア．炭水化物　**イ．**脂質《ししつ》　**ウ．**たんぱく質　**エ．**ビタミン

問2 グルテンについて説明した次の文の空欄《くうらん》①に入る栄養素の種類として，最も適当なものを後の**ア**～**エ**から１つ選び，記号で答えなさい。

「グルテンは，［　①　］の一種です。［　①　］はおもに体をつくるもとになる栄養素です。」

ア．炭水化物　**イ．**脂質　**ウ．**たんぱく質　**エ．**ビタミン

3 栄一君は乾燥《かんそう》したスパゲッティの強さに興味を持ち，スパゲッティの太さや長さと，強さの関係を調べることにしました。

図1　スパゲッティの例

ふつうのスパゲッティは細長い円柱形をしています。まず，直径1.68mmのスパゲッティを100本とり，まとめて重さをはかりました。結果は82.5gでした。次に，この100本から１本ずつとって長さを測りました。結果は右の**表1**のようになりました。

表1　直径1.68mmのスパゲッティの長さと本数

長さ(mm)	本数
240	0
241	0
242	0
243	2
244	2
245	4
246	15
247	26
248	24
249	19
250	7
251	1
252	0
253	0
254	0
255	0
計	100

問1 直径1.68mmのスパゲッティの平均の長さは何mmですか。小数第１位まで求めなさい。

スパゲッティをわずかに曲げて両端《りょうはし》をおさえるように持ち，少しずつ力をかけて曲げていくと，はじめのうちはしなり(力を受けて曲がること)が大きくなりますが，ある強さの力になるとスパゲッティは急にくだけて数本のかけらになります。このときの力の強さとスパゲッティの太さや長さの関係を調べてみることにしました。

直径1.28mm，1.45mm，1.68mm，1.85mmの４種類のスパゲッティを用意しました。各直径のスパゲッティを100mm，120mm，140mm，160mm，180mmの長さに10本ずつ切断しました。１本ずつについて以下の操作をしました。

1．キッチンスケール(はかり)の上に軽いゴム板とスパゲッティ1本をのせ，このときに表示の値が0になるように調整した。
2．ゴム板の上にスパゲッティを垂直に立て，スパゲッティの上の端を手でおさえた。
3．はじめスパゲッティを少しだけ横向きにしならせてから，折れるまで，下に向かって力を少しずつかけていった。
4．スパゲッティが折れる直前にキッチンスケールで表示されていた重さの値(単位g)を，スパゲッティが折れる力として記録した。

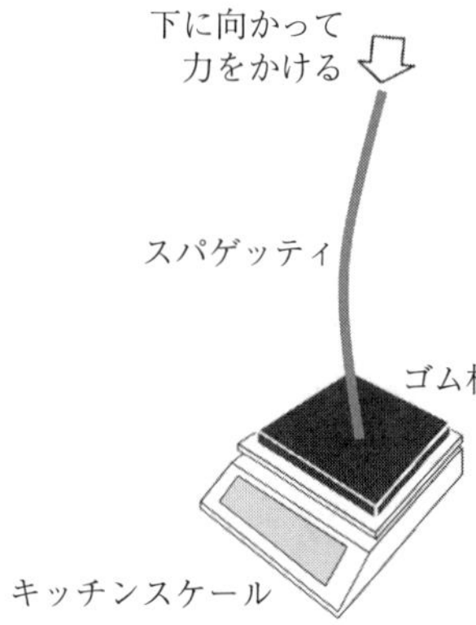

図2　折れる力の測定

太さと長さが同じスパゲッティ10本の折れる力の平均値をそれぞれ求めました。結果は**表2**のようになりました。

表2　スパゲッティが折れる力

長さ(mm)	折れる力(g)			
	直径1.28mm	直径1.45mm	直径1.68mm	直径1.85mm
100	53	90	150	239
120	40	64	115	167
140	28	47	86	128
160	21	36	68	98
180	18	30	54	78

問2　直径1.68mmのスパゲッティと直径1.85mmのスパゲッティは，成分も長さの平均値も同じであるとします。直径1.85mmのスパゲッティ1本の重さは，直径1.68mmのスパゲッティ1本の重さの何倍ですか。小数第1位まで求めなさい。

問3　横軸《よこじく》をスパゲッティの長さ，縦軸をスパゲッティが折れる力として，4種類のスパゲッティの測定の結果をグラフに表しなさい。直径のちがいが分かるように示しなさい。

問4　横軸をスパゲッティの直径，縦軸をスパゲッティが折れる力として，長さ100mm，140mm，180mmのスパゲッティの測定の結果をグラフに表しなさい。長さのちがいが分かるように示しなさい。

栄一君は，ブカティーニという，スパゲッティに似たものがお店で売られているのを見つけ，買って家に帰りました。

ブカティーニは全体としてストローのような形をしており，断面の中心には**図4**のように円

図3　ブカティーニの例

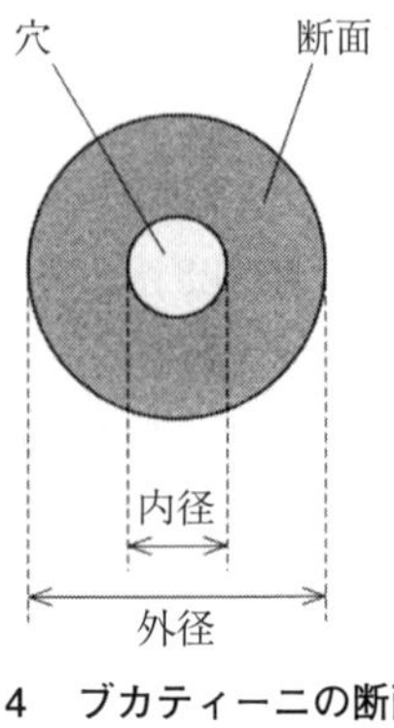

図4　ブカティーニの断面

形の穴があいています。1本あたりの平均値は，長さが257.6mm，重さが2.07gでした。またブカティーニの外径は2.78mmでした。ブカティーニの成分はスパゲッティと同じであるとみなします。

今までの結果から，ブカティーニの重さは，同じ長さで直径1.68mmのスパゲッティの約2.4倍だと計算できます。

問5　次の式は，同じ長さで比べた場合に，ブカティーニの重さが直径1.68mmのスパゲッティの何倍かを求めるものです。空欄**A**～**D**にあてはまる数をそれぞれ，今までの問題文中の数値や解答欄の数値から選んで答えなさい。

[A]÷[B]×[C]÷([D]÷100)

スパゲッティと同じ方法でブカティーニが折れる力をはかり，ブカティーニの長さと折れる力の関係をグラフにしたところ，**表3**および**図5**のようになりました。

表3　ブカティーニが折れる力

長さ(mm)	折れる力(g)
100	833
120	679
140	570
160	486
180	418

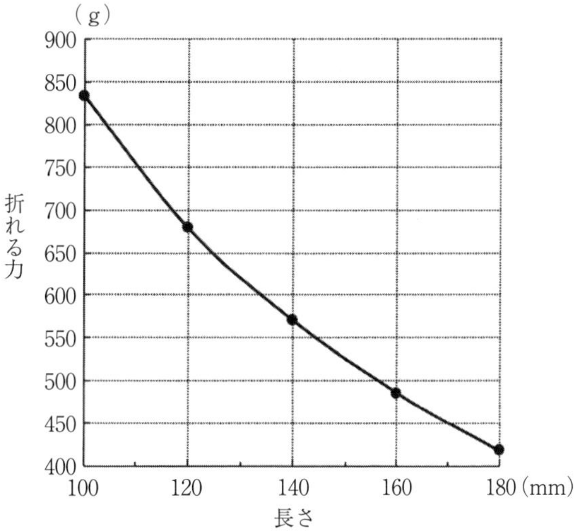

図5　ブカティーニの長さと折れる力の関係

栄一君はこれらの実験結果から，スパゲッティやブカティーニの折れる力について次のように考えました。

［1］　スパゲッティの折れる力は，同じ長さで比べたときは[①]，同じ太さで比べたときは[②]ことが分かった。

［2］　スパゲッティの太さと折れる力の強さの間には決まった関係がありそうだ。学校の先生のアドバイスから，すでにかいた長さ140mmのスパゲッティの「直径と折れる力の関係」のグラフ(**問4**の答)の他に，

「直径に直径をかけた値と折れる力の関係」(**図6**)，

「直径に直径を2回かけた値と折れる力の関係」(**図7**)，

「直径に直径を3回かけた値と折れる力の関係」(**図8**)，

「直径に直径を4回かけた値と折れる力の関係」(**図9**)，

のグラフをそれぞれかいてみた。

これらのグラフを比べて見た結果，どの直径のスパゲッティでも「直径に直径を3回かけた値」と折れる力の比はほぼ一定だということが分かった。直径が1mmのとき

に折れる力は約［③］g，直径が2mmのときに折れる力は約［④］gである。

［3］　長さ140mmのブカティーニは約［E］gで折れる。ブカティーニの外径2.78mmと同じ直径のスパゲッティの場合では，［2］で見つけた比が成り立つとして計算すると，約［F］gで折れるはずである。また，ブカティーニの断面の面積と同じ面積のスパゲッティの場合では，約［G］gで折れるはずである。これらのことから，ブカティーニが折れる力の強さは，［⑤］。

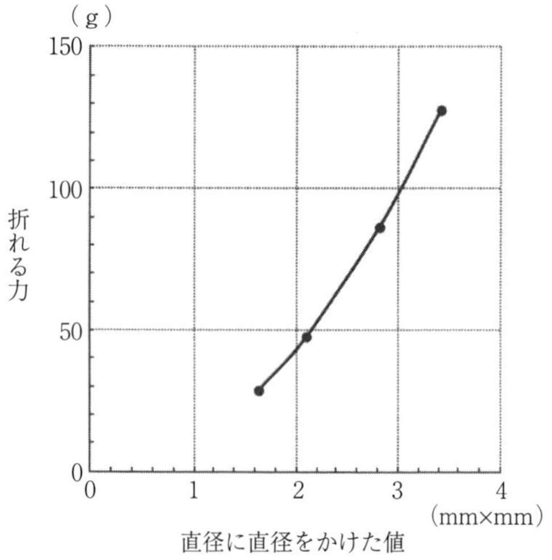

図6

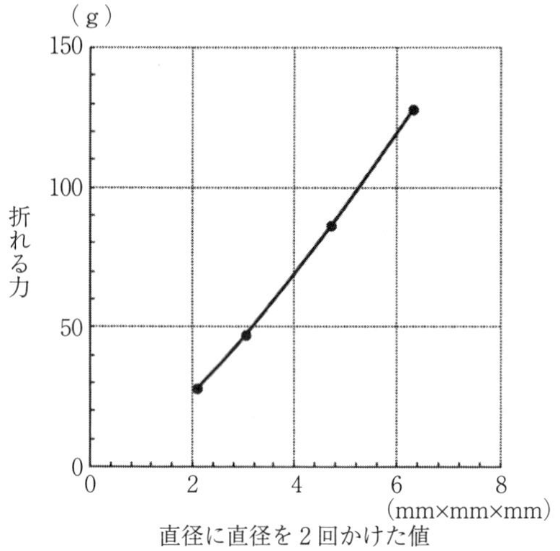

図7

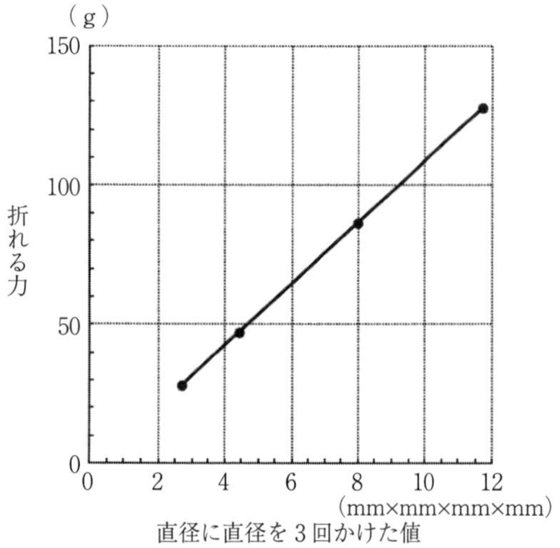

図8

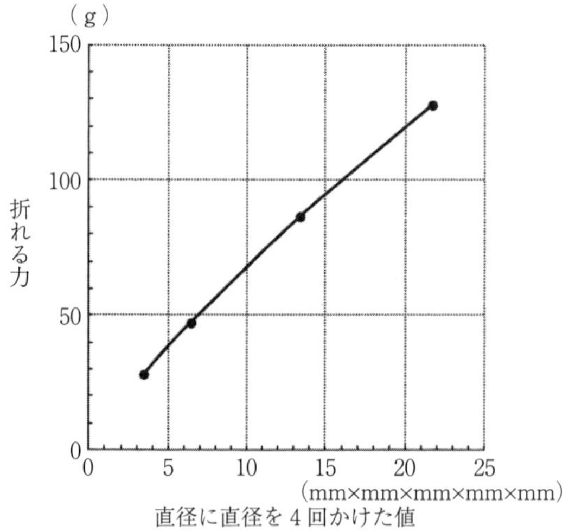

図9

問6　栄一君が考えたことの文章が正しい内容になるように，空欄①，②を埋《う》めなさい。

問7　栄一君が考えたことの文章が正しい内容になるように，空欄③，④にあてはまる最も近い数を，それぞれの選択肢《せんたくし》から1つずつ選び，記号で答えなさい。

空欄③の選択肢　**ア．** 7　**イ．** 11　**ウ．** 18
エ． 33　**オ．** 61

空欄④の選択肢　**ア．** 22　**イ．** 55　**ウ．** 100
エ． 180　**オ．** 4100

問 8　栄一君が考えたことの文章が正しい内容になるように，空欄**E**～**G**にあてはまる数を，それぞれ四捨五入して**10の倍数**で答えなさい。

問 9　栄一君が考えたことの文章が正しい内容になるように，空欄⑤にあてはまるものを次の**ア**～**ク**から１つ選び，記号で答えなさい。

ア． 同じ外径のスパゲッティより強い

イ． 同じ外径のスパゲッティと変わらない

ウ． ブカティーニの内径と同じ値の直径のスパゲッティと変わらない

エ． 断面の面積が同じスパゲッティと同じである

オ． 同じ外径のブカティーニと比べると，内径が大きいほど強くなる

カ． 同じ外径のスパゲッティと比べると，より少ない量の材料で同じ強さとなる

キ． 同じ長さのスパゲッティと比べると，より少ない量の材料で同じ強さとなる

ク． 長さや外径と無関係に，使われている材料の量が同じであれば同じ強さである

イ　足になじんだ
ウ　価値があがった
エ　役に立たなくなった
オ　使い古した

問二　傍線部①「医者のいるグレンモーラの町までは、近道を行って八キロくらいだったが、今日はとてつもなく長い旅に思えた」とありますが、「とてつもなく長」く感じられたのは、なぜですか。

問三　傍線部②「ガンボが煮えてるの。おいしいわよ」とありますが、このとき、「母さん」はどのような気持ちで言ったのですか。

問四　傍線部③「なんだかほっとした」とありますが、それはなぜですか。

問五　傍線部④「顔をあげるのがこわかった」とありますが、それはなぜですか。

三　**次のカタカナの部分を漢字に直しなさい。**

1　面会シャゼツ。
2　ショウフクしかねる条件。
3　選挙のコウホ者。
4　神社のトリイをくぐる。
5　さじカゲンが分からない。
6　負傷者をキュウゴする。
7　キンセイのとれた体つき。
8　きびしいカンパにおそわれる。
9　コウゴウ陛下のお召《め》し物《もの》。
10　情報をテイキョウする。
11　荷物をアズかる。
12　よくコえた土地を耕す。
13　新聞紙をタバねる。
14　大学で学問をオサめる。
15　アツく切ったステーキ肉。

学校が終わると、マール・ヘンリーはいつものようにスクールバスへ向かった。そのとき、だれかが呼んだ。

「マール・ヘンリー！」

母さんが駐車場《ちゅうしゃじょう》でトラックの前に立っていた。かなり遠いので、悲しそうな顔をしているのか、そうでないか、よくわからない。見えたのはただ、風になびく母さんの褐色《かっしょく》の髪《かみ》と、大きなおなかをおおっている花柄《はながら》のエプロンだけだった。

マール・ヘンリーはゆっくりと母さんのほうへ歩いていった。どうして母さんが迎えにきたんだろうと考えると、不安でたまらなかった。母さんはもう知ってるんだ。(注4)ポッサムおじさんのことを伝えにきたときと同じじゃないか。だけど、たとえ同じでも、今日はソフトクリームを食べる気にはぜったいになれない。わなにミンクやフクロネズミやリスがかかっていようがいまいが、どうでもいい。もう、森には二度と入りたくない。

マール・ヘンリーは母さんの前までくると、母さんのbくたびれた靴《くつ》の先を見つめた。④顔をあげるのがこわかった。

母さんはマール・ヘンリーのあごに手をあてて顔をあげさせ、ふわっと笑いかけた。キャメイ石けんのいいにおいがした。

「さあ、いらっしゃい」母さんはマール・ヘンリーの肩を抱《だ》いた。

マール・ヘンリーはもう十三歳《さい》だったが、おとなしく母さんに肩を抱かれて、トラックの助手席側のドアまで行った。こんなところをだれに見られていようと構わなかった。

母さんがドアをあけると、座席に段ボールがおいてあった。

えっ何、これ？　もしかして？

「ブルー！」

マール・ヘンリーは大声をあげて、体をかがめ、ブルーにふれた。ブルーはマール・ヘンリーの手をなめ、尻尾《しっぽ》を振った。箱の縁《ふち》にパタパタあたっている。けがをした左脚の残った部分が、白い包帯でぐるぐる巻きにされている。

マール・ヘンリーは母さんを見上げた。母さんの顔にはほほえみが大きく広がり、歯がのぞいた。

（キンバリー・ウィリス・ホルト 作　谷口由美子《たにぐちゆみこ》 訳　『ローズの小さな図書館』）

(注1)『黄色い老犬』＝以前にマール・ヘンリーが読んだ本の名前。

(注2)ゴーディ＝マール・ヘンリーの兄。マール・ヘンリーと同じ学校に通っている。

(注3)ガンボ＝とろみのあるスープ。アメリカ南部の家庭料理のひとつ。

(注4)ポッサムおじさん＝「母さん」の弟。マール・ヘンリーにわなの仕かけ方を教えた。マール・ヘンリーはおじさんのことが大好きだったが、若くして亡《な》くなってしまう。亡くなった当日、「母さん」は隣町《となりまち》ルコントにある〈ホイップディップ・アイスクリーム〉という店にマール・ヘンリーを連れて行き、おじさんをしのんでソフトクリームを食べた。

問一　傍線部《ぼうせんぶ》a「うなだれた」、b「くたびれた」の意味として最も適当なものを後の中から選び、それぞれ記号で答えなさい。

a「うなだれた」

ア　大きくうなずいた

イ　力なく下を向いた

ウ　苦しげな声をもらした

エ　必死に涙《なみだ》をこらえた

オ　思わずしゃがみこんだ

b「くたびれた」

ア　形が変わった

だと思いたかったが、やっぱり悪いのは自分だとわかっていた。

話を聞いていた父さんのこめかみがぴくぴく動き、あごの線がきっとはりつめた感じになった。マール・ヘンリーは、てっきりお尻《しり》をぶたれると思った。

「バーンズがなんと言っただと？」父さんはどなり声をあげた。

「おれたちを野暮《やぼ》連中と言ったんだ。男どもは毎晩、ウィグ・ワム酒場で飲んだくれてるって」

「落ち着いて、ルーサー」母さんが割って入った。「知ってるでしょ、あの人は自分がニューオーリンズ出だと言って、いばってるのよ。でも、それはちがうの。わたしは知っているわ。あの人は郊外《こうがい》のシャルメット出よ。ニューオーリンズなんかじゃない」

母さんの言葉は父さんの耳には入らなかった。父さんは、今にも噴《ふん》火《か》しそうな顔をしている。

ほんの一瞬《いっしゅん》、マール・ヘンリーは、父さんがバーンズ先生のことでかっかしているのを見て、③なんだかほっとした。だが、ブルーのことがまたひどく気になってきた。ブルーがいなくなったら、代わりの者なんか、この世にはいない。

「マール・ヘンリー、お風呂《ふろ》を用意してあげるわ。食事が終わって、みんなが台所から出たらね」と、母さんが言った。

父さんが椅子《いす》をひいて、テーブルを立った。

「ちょっと出てくる」

次の瞬間、玄関のドアがバタンと閉まった。マール・ヘンリーは、母さんが「まあ、どうしましょう！」と叫《さけ》んだのを聞いた。

その晩遅《おそ》くまで、ベッドに横になったまま、マール・ヘンリーはうちに電話があればよかったのに、と思っていた。やがて、電話があってもどうしようもないことに気づいた。医者は犬のことくらいで夜中に電話などしてこないのだから。

次の日、マール・ヘンリーは学校へ行きたくなかった。だが、母さんが行きなさいと言った。

「行くまえに、一緒《いっしょ》にフェイの家へ行って、ハリソン先生に電話をかけさせてもらいましょう」

「まだ早すぎるよ。診療所はあいてない」

ふと、マール・ヘンリーは父さんが台所にいないことに気づいた。だが、トラックは前庭にある。

「父さんはどこ？」

そのとき、寝室《しんしつ》から大きないびきが聞こえてきた。

母さんは顔をしかめた。

「いつもの頭痛よ。ゴーディに、もうバスが来るから行きなさい、と言ってちょうだい」

マール・ヘンリーは寝室へ行こうとした。すると、母さんが言った。

「ちょっと待って」

マール・ヘンリーは振り向いた。

母さんはふうっとため息をついた。

「人生には、自分がしでかしたことの代償《だいしょう》を払わなくちゃならないときがあるの。それを昨日、あなたは学んだのよ」

マール・ヘンリーはａうなだれた。

「わかってるよ、母さん」

体育の時間になって、バーンズ先生が休みだとわかった。ウィグ・ワム酒場で、田舎の人間とやりあって負けたのだそうだ。そういえば、昨日の夜、父さんが出かけていったっけ……。ふだんなら、父さんがバーンズ先生をぶんなぐっているところを想像して、得意な気持ちになっただろうが、今日はそれどころではなく、ただブルーのことが気になってしかたがなかった。

遠のいていった。ハリソン先生の診療所《しんりょうじょ》に着くと、ちょうど先生はドアの前にいて、鍵をかけているところだった。

すぐにゴーディがトラックからとびおりた。

「先生、怪我《けが》をした犬がいるんです。診《み》てくれませんか？」

ハリソン先生は、血だらけのシャツで包んだブルーをかかえて、トラックからおりてきたマール・ヘンリーを見た。

「なんてことだ。車にひかれたのか？」

「いいえ、わなにかかったんです。おれがしかけたわなです」マール・ヘンリーが答えた。

先生はいったん鍵を閉めたドアをあけてくれた。

「入りなさい。わたしは獣医《じゅうい》じゃないが、できるだけやってみよう」

数分後、先生はブルーに注射をうってくれた。ブルーが眠《ねむ》たくなっておとなしくなると、先生は脚にがっちり食い込んだわなをはずしにかかった。診察台の上でのびているブルーを見て、マール・ヘンリーは、後脚の下の部分が体からとれそうになっているのに気づいた。

先生が言った。

「ゴーディ、弟を連れて帰りなさい。どうなるかわからないから、期待しないでほしい。状態はかなり悪い」

ゴーディはマール・ヘンリーの腕《うで》をつかんだ。

「行こう」

マール・ヘンリーは動かなかった。最高の友だちのそばを離《はな》れたくなかったのだ。ハリソン先生は顔をしかめた。

「ここにいたって、きみには何もできない。明日、知らせるから」

「こちらから電話しなくちゃなりません。うちには電話がないんで」とマール・ヘンリーが言った。

黙《だま》りこくって家に帰る車の中で、ダッシュボードによりかかり、マール・ヘンリーは思った。ああ、ゴーディみたいな本好きで、わな猟なんかやらずに、家で本を読んでいればよかったのにな。

ゴーディが家の前にトラックをとめたとき、マール・ヘンリーははっとして喉が詰《つ》まった。ごくんと飲みこむと、ゴーディにきいた。

「なあ、兄さん、先生はブルーを撃《う》つつもりかな？」

ゴーディは首を横に振《ふ》った。

「いや、先生は、動物をずっと眠らせる薬を持ってるよ」

「ずっと？」

「ああ、永遠にさ」

なんとなく、マール・ヘンリーは、ゴーディが言っているのがぜんぶほんとうだとは思えなかったが、ただ、もしブルーが戻ってこなかったら、永遠に楽しい夢を見たままでいてほしいと願った。

ポーチの階段をのぼるマール・ヘンリーの足は重たかった。玄関《げんかん》で、母さんが腕を大きく広げて迎《むか》えてくれた。マール・ヘンリーは母さんの胸にとびこんで、泣いた。母さんの肩《かた》ごしに、父さんが背を向けて、部屋を出ていくのが見えた。マール・ヘンリーは言った。

「父さんはわなを早くどかせと言ったんだ。だけど、おれはそうはしなかった。おれが悪かったんだ」

母さんはマール・ヘンリーの背中をぽんぽんとやさしくたたき、言ってくれた。

「②(注3)ガンボが煮《に》えてるの。おいしいわよ」

だが、マール・ヘンリーはまったく食べられなかった。罪の意識が体じゅうに巣くっていたからだ。

とうとう、マール・ヘンリーは言わなきゃいけなかったことを両親に打ち明けた。学校でバーンズ先生に罰《ばつ》を受けたことをだ。バーンズ先生が田舎《いなか》に住む自分たちのことをあざわらう口まねをやって、見つかってしまったからだ、と話した。それがブルーの身に起こったことと関係している気がした。マール・ヘンリーは、バーンズ先生のせい

二　次の文章を読んで、あとの問に答えなさい。

誕生日に猟犬《りょうけん》のブルーを買ってもらったマール・ヘンリーは、毎朝学校に行く前、仕かけたわなをブルーと森まで見に行くのを日課としていた。あるとき、学校でバーンズ先生の口まねをして先生を怒《おこ》らせたマール・ヘンリーは翌朝早く学校に来るように命じられた。次の日の朝、学校に向かうマール・ヘンリーのあとについてきたブルーをマール・ヘンリーは森の入り口に置き去りにしてしまう。その日の午後、マール・ヘンリーは森に仕かけたわなに引っかかって脚《あし》を血まみれにしたブルーを発見した。

マール・ヘンリーが森を出て、道に戻《もど》り、傷ついたブルーがこれ以上痛みで苦しまないように、ゆっくり歩いて行く間、ブルーはずっと低いうなり声をあげていた。わなからぶらさがったチェーンが揺《ゆ》れて、一足ごとに、マール・ヘンリーの脚にぶつかってくる。冷気が、はだかの胸と、びしょぬれのズボンにつきささる。

だが、マール・ヘンリーは気にしなかった。喉《のど》に大きなかたまりがこみあげてきた。(注1)『黄色い老犬』を思い出さないように必死だった。この事故をちゃんと片づけて、あの話のような悲しい最後にならないようにしなくてはならない。

家の前に、父さんのトラックがとまっていた。(注2)ゴーディが前庭で薪《まき》割《わ》りをしていた。マール・ヘンリーが家の前の小道によろよろやってきたのを見たゴーディは、斧《おの》をとりおとし、ポーチのほうへ走っていった。

「母さん！　父さん！」ゴーディは、ポーチの階段からどなった。

マール・ヘンリーがトラックのところへ着いたときには、みんなが外へ出てきていた。

「ぼくがハリソン先生のところへ連れていこうか？」ゴーディが言った。

「医者に払《はら》う金なんかない。これから赤《あか》ん坊《ぼう》のことで金がかかるんだから」と、父さんが言った。

「父さん、おれが払うよ」

マール・ヘンリーは、わな猟でもうけたお金を貯《た》めていたし、床《ゆか》そうじやペンキ塗《ぬ》りの仕事もできるようになっていた。

父さんはゴーディにトラックの鍵《かぎ》を渡《わた》した。

「医者に連れてってもどうにもならんだろうが、とにかく行ってこい」

マール・ヘンリーは、自分のシャツにブルーの血がべっとりついているのを見て、父さんがどうにもならんだろうと言った意味がわかった。

母さんは片手で口をおおい、もう一方の手をおなかにおいていた。ゴーディがトラックのエンジンをかけた。父さんたちがマール・ヘンリーのそばへやってきた。

「さあ、ブルーをかかえてやるから、乗れ」

父さんが、シャツにくるまれたブルーをかかえた。それから、トラックに乗《の》り込《こ》んだマール・ヘンリーにブルーを渡すと、母さんが車の中へ体を入れて、ブルーの頭をなでた。母さんの耳にはさんでいた鉛《えん》筆《ぴっ》が落ちた。母さんは「ひゃっ」と声をあげ、ブルーの上に落ちるまえにそれをつかんだ。

①医者のいるグレンモーラの町までは、近道を行って八キロくらいだったが、今日はとてつもなく長い旅に思えた。マール・ヘンリーは初めて、兄さんが無口な人で助かったと思った。何があったのか、うるさくたずねられるのがいちばんつらいからだ。車は泥道《どろみち》を進み、やがて、背の高い松の木立が茶色と緑色のもやがかかったようになり、

たとえば京都の（注11）桂離宮《かつらりきゅう》に行くと、その場所でどこを見るべきかというまなざしの行方《ゆくえ》までもが計算されていることに気づきます。人の行動をいざなう「道」が随所《ずいしょ》に仕掛《しか》けられているわけです。実際に訪《おとず》れてみて、桂離宮というのはまるで（注12）舞踏譜《ぶとうふ》のようだなとしきりに感心しました。

桂離宮ではひとつの道が明瞭《めいりょう》に引かれていますが、都市においては無数の道が縦横無尽《じゅうおうむじん》に引かれています。しかもその多くは、人の欲望に強く訴《うった》えてくる。真夏のかんかん照りの道にコーラの看板があれば飲みたくなってしまうし、「本日三割引き」ののぼりを見ればついスーパーに入って余計な買い物をしてしまう。その欲望がもともと私の中にあったかどうかは問題ではありません。視覚的な刺激《しげき》によって人の中に欲望がつくられていき、気がつけば「そのような欲望を抱《かか》えた人」になっています。

（注13）資本主義システムが過剰《かじょう》な視覚刺激を原動力にして回っていることは言うまでもないでしょう。それを否定するのは簡単ではないしするつもりはありませんが、都市において、④私たちがこの振り付け装置に踊《おど》らされがちなのは事実です。最近ではむしろ、パソコンのデスクトップやスマートフォンの画面上に、こうしたトリガーは増殖《ぞうしょく》しているかもしれません。仕事をするつもりでパソコンを開いたら買い物をしていた……よくあることです。私たちは日々、軽い記憶喪失《きおくそうしつ》に見舞《みま》われています。いったい、私が情報を使っているのか、情報が私を使っているのか分かりません。

（伊藤亜紗《いとうあさ》『目の見えない人は世界をどう見ているのか』）

（注1）　木下路徳さん＝一九七九年生まれ。生まれつき弱視で十六歳《さい》のときに失明。現在は全く目が見えない。
（注2）　大岡山＝東京都の地名。
（注3）　分節化＝切り分けること。区別すること。
（注4）　俯瞰＝高所から見おろしてながめること。
（注5）　三次元的＝立体的ということ。
（注6）　サークル＝趣味《しゅみ》を同じくする人の集まり。
（注7）　シャットアウト＝閉め出すこと。
（注8）　白杖＝目の不自由な人が歩行する際、使用する白い杖《つえ》。
（注9）　ビジョン＝展望。
（注10）　トリガー＝引き金。ある物事を引き起こすきっかけになるもの。
（注11）　桂離宮＝京都にあるたてものと庭園。江戸《えど》時代のはじめにつくられた。
（注12）　舞踏譜＝舞踏の動きを文字や記号を用いて記録したもの。
（注13）　資本主義システム＝経済のしくみのひとつ。

問一　傍線部《ぼうせんぶ》①「彼らは『道』から自由だと言えるのかもしれません」とありますが、「彼らは『道』から自由だ」とは、どういうことですか。

問二　傍線部②「見えない人はある意味で余裕がある」とは、木下さんによれば、どういうことですか。

問三　傍線部③「環境に振り付けられながら行動している」とは、どういうことですか。解答欄《かいとうらん》に合うように本文中から三十字以内で抜《ぬ》き出《だ》し、その最初と最後の五文字を答えなさい。（字数には句読点等もふくみます。）

問四　傍線部④「私たちがこの振り付け装置に踊らされがちなのは事実です」とありますが、「この振り付け装置に踊らされ」るとは、どういうことですか。解答欄に合うように四十字以内で答えなさい。（字数には句読点等もふくみます。）

としても、音の反響《はんきょう》や（注8）白杖《はくじょう》の感触《かんしょく》を利用して道の幅《はば》や向きを把握《はあく》しています。しかし、目が道のずっと先まで一瞬にして見通すことができるのに対し、音や感触で把握できる範囲《はんい》は限定されている。道から自由であるとは、予測が立ちにくいという意味では特殊《とくしゅ》な慎《しん》重《ちょう》さを要しますが、だからこそ、道だけを特別視しない俯瞰的な（注9）ビジョンを持つことができたのでしょう。

全盲《ぜんもう》の木下さんがそのとき手にしていた「情報」は、私に比べればきわめて少ないものでした。少ないどころか、たぶん二つの情報しかなかったはずです。つまり「大岡山という地名」と「足で感じる傾《かたむ》き」の二つです。しかし情報が少ないからこそ、それを解釈《かいしゃく》することによって、見える人では持ち得ないような空間が、頭の中に作り出されました。

木下さんはそのことについてこう語っています。「たぶん脳の中にはスペースがありますよね。見える人だと、そこがスーパーや通る人だとかで埋《う》まっているんだけど、ぼくらの場合はそこが空いていて、見える人のようには使っていない。でもそのスペースを何とか使おうとして、情報と情報を結びつけていくので、そういったイメージができてくるんでしょうね。さっきなら、足で感じる『斜面を下っている』という情報しかないので、これはどういうことだ？　と考えていくわけです。だから、②見えない人はある意味で余裕があるのかもしれないね。見えると、坂だ、ということで気が奪われちゃうんでしょうね。きっと、まわりの風景、空が青いだとか、スカイツリーが見えるとか、そういうので忙《いそが》しいわけだよね」。

まさに情報の少なさが特有の意味を生み出している実例です。都市で生活していると、目がとらえる情報の多くは、人工的なものです。大型スクリーンに映し出されるアイドルの顔、新商品を宣伝する看板、電車の中吊《なかづ》り広告……。見られるために設《しつら》えられたもの、本当は自分にはあまり関係のない＝「意味」を持たないかもしれない、純粋《じゅんすい》な「情報」もたくさんあふれています。視覚的な注意をさらっていくめまぐるしい情報の洪水《こうずい》。確かに見える人の頭の中には、木下さんの言う「脳の中のスペース」がほとんどありません。

それに比べて見えない人は、こうした洪水とは無縁《むえん》です。もちろん音や匂《にお》いも都市には氾濫《はんらん》していますが、それでも木下さんに言わせれば「頭のなかに余裕がある」。さきほど、見えない人は道から自由なのではないか、と述べました。この「道」は、物理的な道、つまりコンクリートや土を固めて作られた文字通りの道であると同時に、比喩《ひゆ》的《てき》な道でもあります。つまり、「こっちにおいで」と人の進むべき方向を示すもの、という意味です。

人は自分の行動を一〇〇パーセント自発的に、自分の意志で行っているわけではありません。知らず知らずのうちにまわりの環境《かんきょう》に影《えい》響《きょう》されながら行動していることが案外多いものです。

「寄りかかって休む」という行為《こうい》ひとつとっても、たいていは寄りかかろうと思って壁《かべ》を探すのではなくて、そこに壁があるから寄っかかってしまう。子どもの場合は特にその割合が高くなります。「いたずら」とはたいていそうしたものです。ボタンがあるから押《お》したくなるし、台があるからよじ登ってしまう。環境に埋め込まれたさまざまなスイッチが（注10）トリガーになって、子どもたちの行動が誘発されていきます。

いわば、人は多かれ少なかれ③環境に振《ふ》り付《つ》けられながら行動している、と言えるのではないでしょうか。

あるトリガーから別のトリガーへとめまぐるしく注意を奪われながら、人は環境の中を動かされていきます。人の進むべき方向を示す「道」とは、「こっちに来なさい、こっちに来てこうしなさい」と、行為を次々と導いていく環境の中に引かれた導線です。

二〇二〇年度　栄光学園中学校

【国　語】（五〇分）〈満点：七〇点〉

（注意）　配付されたもの以外の下じき・用紙は使わないこと。

一　**次の文章を読んで、あとの問に答えなさい。**

見えない人が「見て」いる空間と、見える人が目でとらえている空間。それがどのように違《ちが》うのかは、一緒《いっしょ》に時間を過ごす中で、ふとした瞬間《しゅんかん》に明らかになるものです。

たとえば、先ほども登場していただいた（注1）木下路徳《きのしたみちのり》さんと一緒に歩いているとき。その日、私と木下さんは私の勤務先である東京工業大学（注2）大岡山《おおおかやま》キャンパスの私の研究室でインタビューを行うことになっていました。

私と木下さんはまず大岡山駅の改札で待ち合わせて、交差点をわたってすぐの大学正門を抜《ぬ》け、私の研究室がある西9号館に向かって歩きはじめました。その途中《とちゅう》、一五メートルほどの緩《ゆる》やかな坂道を下っていたときです。木下さんが言いました。「大岡山はやっぱり山で、いまその斜面《しゃめん》をおりているんですね」。

私はそれを聞いて、かなりびっくりしてしまいました。なぜなら木下さんが、そこを「山の斜面」だと言ったからです。毎日のようにそこを行き来していましたが、私にとってはそれはただの「坂道」でしかありませんでした。

つまり私にとってそれは、大岡山駅という「出発点」と、西9号館という「目的地」をつなぐ道順の一部でしかなく、曲がってしまえばもう忘れてしまうような、空間的にも意味的にも他の空間や道から（注3）分節化された「部分」でしかなかった。それに対して木下さんが口にしたのは、もっと（注4）俯瞰的《ふかんてき》で空間全体をとらえるイメージでした。

確かに言われてみれば、木下さんの言う通り、大岡山の南半分は駅の改札を「頂上」とするお椀《わん》をふせたような地形をしており、西9号館はその「ふもと」に位置しています。その頂上からふもとに向かう斜面を、私たちは下っていました。

けれども、見える人にとって、そのような俯瞰的で（注5）三次元的なイメージを持つことはきわめて難しいことです。坂道の両側には、（注6）サークル勧誘《かんゆう》の立て看板が立ち並んでいます。学校だから、知った顔とすれ違うかもしれません。前方には混雑した学食の入り口が見えます。目に飛《と》び込《こ》んでくるさまざまな情報が、見える人の意識を奪《うば》っていくのです。あるいはそれらをすべて（注7）シャットアウトしてスマホの画面に視線を落とすか。そこを通る通行人には、自分がどんな地形のどのあたりを歩いているかなんて、想像する余裕《よゆう》はありません。

そう、私たちはまさに「通行人」なのだとそのとき思いました。「通るべき場所」として定められ、方向性を持つ「道」に、いわばベルトコンベアのように運ばれている存在。それに比べて、まるでスキーヤーのように広い平面の上に自分で線を引く木下さんのイメージは、より開放的なものに思えます。

物理的には同じ場所に立っていたのだとしても、その場所に与《あた》える意味次第《しだい》では全く異なる経験をしていることになる。それが、木下さんの一言が私に与えた驚《おどろ》きでした。人は、物理的な空間を歩きながら、実は脳内に作り上げたイメージの中を歩いている。私と木下さんは、同じ坂を並んで下りながら、実は全く違う世界を歩いていたわけです。

①彼《かれ》らは「道」から自由だと言えるのかもしれません。道は、人が進むべき方向を示します。もちろん視覚障害者だって、個人差はある

2020年度

栄光学園中学校

▶解説と解答

算 数 (60分)＜満点：70点＞

解 答

1 (1) 64　(2) 30　(3) 11　**2** (1) $131\frac{7}{8}$度　(2) ① $32\frac{8}{11}$度　② $130\frac{10}{11}$度　(3) $32\frac{8}{11}$度　(4) $\frac{360}{719}$度　**3** (1) 辺AF，辺EF　(2) $\frac{1}{3}$cm　(3) $\frac{5}{7}$cm　(4) $2\frac{1}{3}$ cm　**4** (1) ① 解説の図アを参照のこと。　② 解説の図イを参照のこと。　(2) (0，0，1，2)，(1，1，2，0)，(2，2，0，1)　(3) ① 解説の図エを参照のこと。　② 解説の図カを参照のこと。　(4) 4，5，6，7，8枚　(5) 0，1，2，3，4，5，6，7，8，9，10，12，16枚

解 説

1 **数列，平均とのべ**

(1) 1から100までの整数の中から1個を取り除いたから，残った整数の個数は，100－1＝99(個)である。また，(平均)＝(和)÷(個数)より，(和)＝(平均)×(個数)となるので，残った99個の整数の和は，$\frac{554}{11}$×99＝4986とわかる。さらに，1から100までの整数の和は，1＋2＋…＋100＝(1＋100)×100÷2＝5050だから，取り除いた整数は，5050－4986＝64と求められる。

(2) 1からNまでの和は，1＋2＋…＋N＝(1＋N)×N÷2と表すことができる。また，取り除く前の和は600よりも大きいので，ある整数をNとすると，(1＋N)×N÷2＞600となる必要がある。よって，600×2＝1200より，(1＋N)×N＞1200となり，35×34＝1190，36×35＝1260だから，Nにあてはまる最小の数は35とわかる。つまり，1から35までの和が，1260÷2＝630なので，ここから，630－600＝30を取り除くと，残った整数の和を600にすることができる。したがって，取り除いた整数は30である。なお，1から36までの和は，630＋36＝666なので，1個を取り除いて和を600にすることはできない。

(3) たとえば，1から100までの整数の中から1を取り除いたときの平均は，(5050－1)÷99＝51となり，100を取り除いたときの平均は，(5050－100)÷99＝50となる。このように，1個を取り除いたときの平均は，取り除く前の数列の中央の値に近くなる。よって，$\frac{440}{13}$×2＝$\frac{880}{13}$＝$67\frac{9}{13}$より，取り除く前の数列の最大の数は67前後であると予想できる。また，(残った整数の和)÷(残った整数の個数)の値が$\frac{440}{13}$になるから，残った整数の個数は13の倍数である。したがって，残った整数の個数は，13×5＝65(個)と予想できる。このとき，取り除く前の整数の個数は，65＋1＝66(個)であり，1から66までの和は，(1＋66)×66÷2＝2211となる。さらに，残った65個の和は，$\frac{440}{13}$×65＝2200なので，取り除いた整数は，2211－2200＝11と求められ，これは条件に合う。

2 **時計算**

(1) それぞれの針の動き方をまとめると，下の図1のようになる。1時23分45秒には，下の図2の

ように，時針は「１」と「２」の間を指していて，秒針は「９」を指している。ここで，時針が１時からの23分45秒で動いた角の大きさは，$\frac{1}{2}\times 23\frac{45}{60}=\frac{95}{8}=11\frac{7}{8}$(度)だから，アの角の大きさは，$30+11\frac{7}{8}=41\frac{7}{8}$(度)とわかる。よって，１時23分45秒に時針と秒針のなす角の大きさは，$90+41\frac{7}{8}=131\frac{7}{8}$(度)と求められる。

図１

	時針	分針	秒針
１時間	$\frac{360}{12}=30$度	360度	
１分間	$\frac{30}{60}=\frac{1}{2}$度	$\frac{360}{60}=6$度	360度
１秒間	$\frac{1}{2}\div 60=\frac{1}{120}$度	$\frac{6}{60}=\frac{1}{10}$度	$\frac{360}{60}=6$度

図２

図３

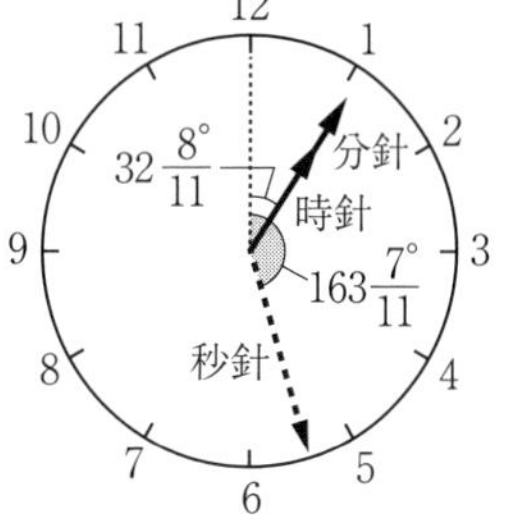

⑵　①　時針と分針がぴったり重なるのは，分針が時針よりも360度多く動いたときである。また，分針は時針よりも１分間に，$6-\frac{1}{2}=\frac{11}{2}$(度)多く動くので，360度多く動くのにかかる時間は，$360\div\frac{11}{2}=\frac{720}{11}=65\frac{5}{11}$(分)とわかる。よって，その間に時針が動く角の大きさは，$\frac{1}{2}\times\frac{720}{11}=\frac{360}{11}=32\frac{8}{11}$(度)である。　②　秒針は１分間で１周するから，秒針が$65\frac{5}{11}$分後にいる位置は，$\frac{5}{11}$分後にいる位置と同じになる。よって，秒針は「12」から，$360\times\frac{5}{11}=\frac{1800}{11}=163\frac{7}{11}$(度)動いたところにいるから，上の図３のようになる。したがって，このとき時針と秒針のなす角の大きさは，$163\frac{7}{11}-32\frac{8}{11}=130\frac{10}{11}$(度)とわかる。

⑶　時針と分針がぴったり重なる間に時針が移動する角の大きさは$\frac{360}{11}$度であり，これは１周の$\frac{1}{11}$にあたる。また，時針と分針がぴったり重なる間に秒針が移動する角の大きさは$\frac{1800}{11}$度であり，これは時針が移動する角の大きさの，$\frac{1800}{11}\div\frac{360}{11}=5$(倍)なので，１周の$\frac{5}{11}$にあたる。つまり，時針と分針がぴったりと重なるとき，時針は円周を11等分する位置を１つずつ移動し，秒針は円周を11等分する位置を５つずつ移動することになる。よって，１時と２時の間，２時と３時の間，…，10時と11時の間の時針の位置をそれぞれ$\boxed{1}$〜$\boxed{10}$，秒針の位置をそれぞれ❶〜❿とすると，上の図４のようになる。図４から，時針と秒針のなす角の大きさが最も小さくなるのは，$\boxed{3}$と❸(３時と４時の間)または，$\boxed{8}$と❽(８時と９時の間)であり，その大きさは，$\frac{360}{11}=32\frac{8}{11}$(度)とわかる。

図４

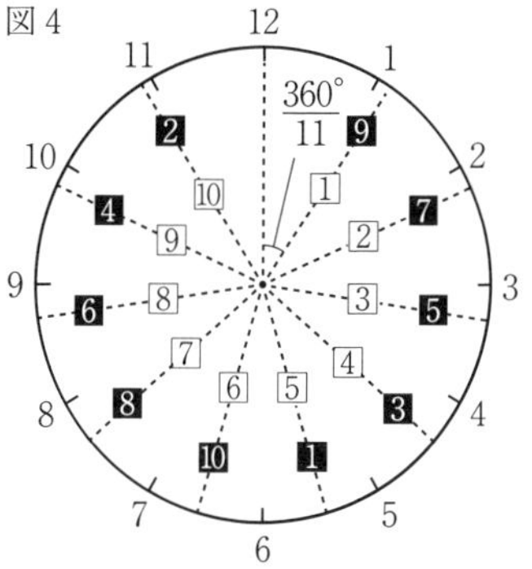

⑷　たとえば，時針と分針が$\boxed{8}$，秒針が❽にいる状態を考える。この後，秒針が時針に追いついたときの時針と分針のなす角の大きさが，条件にあてはまる最も小さいものになる。秒針は時針よりも１秒間に，$6-\frac{1}{120}=\frac{719}{120}$(度)多く動くから，秒針が時針に追いつくのは，$\frac{360}{11}\div\frac{719}{120}=\frac{43200}{7909}$(秒後)となる。また，分針は時針よりも１秒間に，$\frac{1}{10}-\frac{1}{120}=\frac{11}{120}$(度)多く動くので，秒針が時針に追いついたとき，時針と分針のなす角の大きさは，$\frac{11}{120}\times\frac{43200}{7909}=\frac{360}{719}$(度)と求められる。

3 平面図形─構成，相似

(1) 辺CDを軸《じく》として正六角形を折り返すと，右の図①のようになる。図①で，Aを出発し，折り返した正六角形の辺AF上の点アに到達《とうたつ》する道すじを考える。すると，実際には辺CDではね返り，もとの正六角形の辺AF上の点ア′に到達することになる。このように考えると，辺CDではね返った後に到達できる辺は，右の図②の太実線部分(辺AFと辺EF)である。

図①

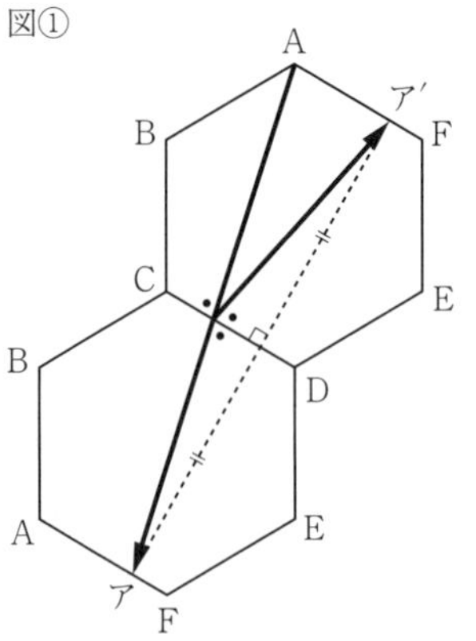

図②

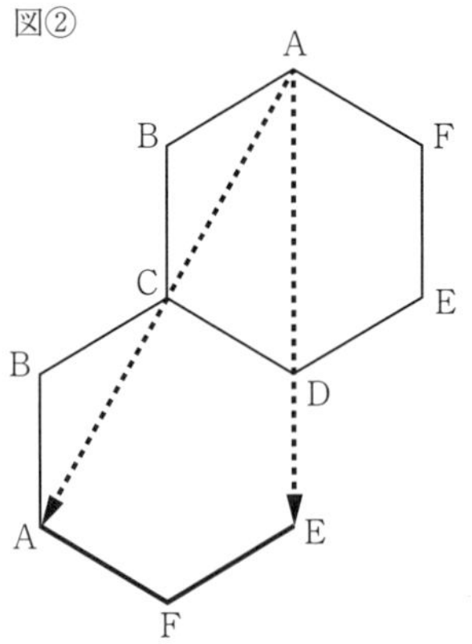

(2) (1)より，辺CDではね返った後に到達できるのは辺AFと辺EFなので，1回目に辺CDで折り返した後，2回目に辺AFと辺EFで折り返すと，下の図③のように正六角形ⅠとⅡができる。また，図③のようにAとⒹを結ぶと，辺CD上のXと辺AF上のX′ではね返り，Dに到達することがわかる。さらに，斜線《しゃせん》をつけた三角形とかげをつけた三角形は相似であり，相似比は1：3だから，CXの長さは，$1\times\frac{1}{3}=\frac{1}{3}$(cm)と求められる。なお，Aと🅓を結ぶと辺CDを通らないので，条件に合わない。

図③

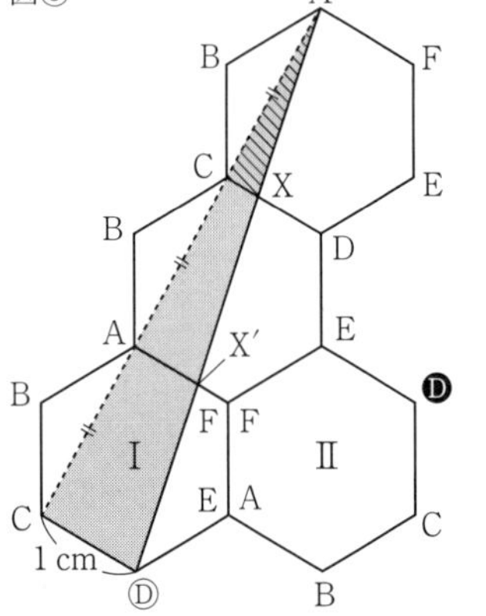

図④

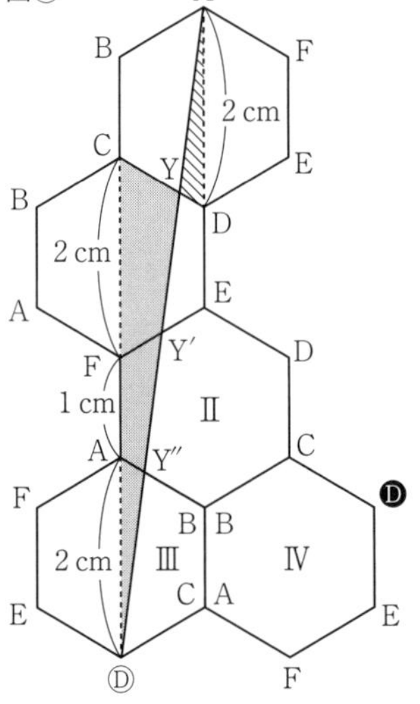

図⑤

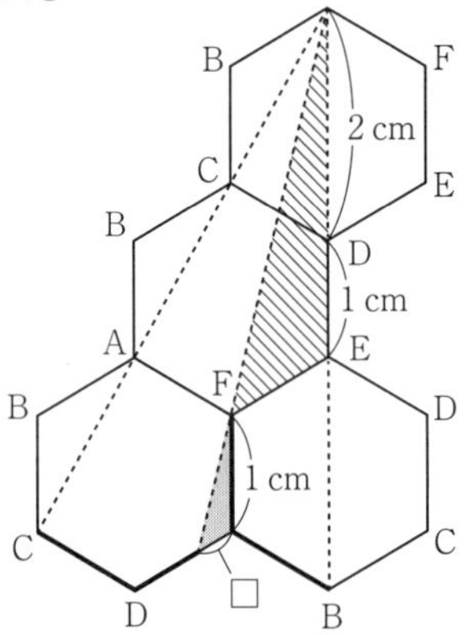

(3) 正六角形Ⅰを折り返しても条件に合う点Dを作ることはできないから，正六角形Ⅱを辺ABと辺BCで折り返すと，上の図④のように正六角形Ⅲ，Ⅳができる。図④で，AとⒹを結ぶと，辺CD上のY，辺EF上のY′，辺AB上のY″ではね返り，Dに到達することがわかる。また，斜線をつけた三角形とかげをつけた三角形は相似であり，相似比は，2：(2＋1＋2)＝2：5なので，CYの長さは，$1\times\frac{5}{2+5}=\frac{5}{7}$(cm)とわかる。

(4) 到達できるのは上の図⑤の太線部分である(かげをつけた部分は通らないことに注意)。図⑤で，斜線をつけた三角形とかげをつけた三角形は相似であり，相似比は，(2＋1)：1＝3：1だから，□の長さは，$1\times\frac{1}{3}=\frac{1}{3}$(cm)とわかる。よって，太線部分(到達できる部分)の長さの合計は，1

$\times 4-\frac{1}{3}=\frac{11}{3}$(cm)なので，到達できない部分の長さの合計は，$1\times 6-\frac{11}{3}=2\frac{1}{3}$(cm)と求められる。

4 条件の整理

⑴　たとえば，左上のパネル(ＡとＥが交差する部分)は，ＡとＥを押《お》した回数の合計に応じて変化する。このとき，押した回数の合計が３の倍数(または０)の場合は○，３で割って１余る数の場合は△，３で割って２余る数の場合は×になる。よって，①の場合は右の図ア，②の場合は右上の図イのようになる(パネル内の数は押した回数の合計を表す)。

図ア

	1回Ⓐ	1回Ⓑ	2回Ⓒ	0回Ⓓ
2回Ⓔ	3○	3○	4△	2×
2回Ⓕ	3○	3○	4△	2×
0回Ⓖ	1△	1△	2×	0○
1回Ⓗ	2×	2×	3○	1△

図イ

	3回Ⓐ	0回Ⓑ	2回Ⓒ	5回Ⓓ
2回Ⓔ	5×	2×	4△	7△
0回Ⓕ	3○	0○	2×	5×
3回Ⓖ	6○	3○	5×	8×
4回Ⓗ	7△	4△	6○	9○

⑵　左から順に{○○△×}となっているから，Ｅを何回押したとしても，Ａを押した回数を３で割った余りと，Ｂを押した回数を３で割った余りは同じになる。また，Ｃを押した回数を３で割った余りはそれよりも１大きくなり，Ｄを押した回数を３で割った余りは，Ｃよりもさらに１大きくなることがわかる(余りが２より１大きい場合は０になる)。よって，２回以内では，㋐(０，０，１，２)，㋑(１，１，２，０)，㋒(２，２，０，１)の３通り考えられる。

⑶　①　Ｅの列に並ぶ記号は⑵と同じだから，＿＿と同様のことが言える。また，これはＦ，Ｇ，Ｈを押しても言えることなので，Ａ～Ｄの列のパネルを３で割った余りは下の図ウのようになり，それにともなって，○→△→×の順に記号が変わる。すると，下の図エのようになることがわかる。

②　下の図オで，Ｇの列からＡとＢの関係がわかり，Ｅの列からＢとＣとＤの関係がわかる。よって，下の図カのようになる。

図ウ

	Ⓐ	Ⓑ	Ⓒ	Ⓓ
Ⓔ	○	○	△	×
Ⓕ		△	×	
Ⓖ				△
Ⓗ				

＋0　＋1　＋1

図エ

	Ⓐ	Ⓑ	Ⓒ	Ⓓ
Ⓔ	○	○	△	×
Ⓕ	△	△	×	○
Ⓖ	×	×	○	△
Ⓗ	？	？	？	？

＋0　＋1　＋1

図オ

	Ⓐ	Ⓑ	Ⓒ	Ⓓ
Ⓔ		△	○	○
Ⓕ				
Ⓖ	×	×		
Ⓗ				○

＋0　＋2　＋0

図カ

	Ⓐ	Ⓑ	Ⓒ	Ⓓ
Ⓔ	△	△	○	○
Ⓕ	？	？	？	？
Ⓖ	×	×	△	△
Ⓗ	△	△	○	○

＋0　＋2　＋0

⑷　３で割ったときの余りは，Ａの列とＢの列は同じであり，Ｃの列はそれよりも１大きく，Ｄの列はＣの列よりも１大きいから，Ｅ～Ｈの列は右の図キのいずれかになる。よって，Ｅ～Ｈの列にある○の個数は１個か２個なので，○が表示されているパネルの枚数は，$1+1+1+1=4$(枚)，$1+1+1+2=5$(枚)，$1+1+2+2=6$(枚)，$1+2+2+2=7$(枚)，$2+2+2+2=8$(枚)のいずれかである。

図キ

Ⓐ	Ⓑ	Ⓒ	Ⓓ
○	○	△	×
△	△	×	○
×	×	○	△

＋0　＋1　＋1

⑸　Ｅ～Ｈのどの列においても，ＡとＢ，ＢとＣ，ＣとＤの関係が同じになる。また，ある列の○の個数が４個の場合，他の列の○の個数は０個か４個にしかならないことに注意すると，たとえば下の図クのような場合が考えられる。よって，○が表示されているパネルの枚数は，０，１，２，３，４，５，６，７，８，９，10，12，16枚のいずれかである。

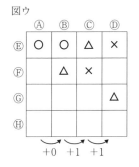

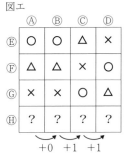

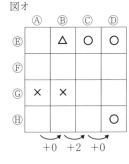

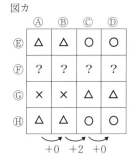

図ク

0枚

△	△	△	△
△	△	△	△
△	△	△	△
△	△	△	△

+0 +0 +0

1枚

○	×	×	×
×	△	△	△
×	△	△	△
×	△	△	△

+2 +0 +0

2枚

○	○	×	×
×	×	△	△
×	×	△	△
×	×	△	△

+0 +2 +0

3枚

○	○	○	×
×	×	×	△
×	×	×	△
×	×	×	△

+0 +0 +2

4枚

○	○	○	○
×	×	×	×
×	×	×	×
×	×	×	×

+0 +0 +0

5枚

○	○	○	△
×	×	×	○
×	×	×	○
△	△	△	×

+0 +0 +1

6枚

○	○	○	△
○	○	○	△
△	△	△	×
△	△	△	×

+0 +0 +1

7枚

○	○	○	△
○	○	○	△
×	×	×	○
△	△	△	×

+0 +0 +1

8枚

○	○	○	△
○	○	○	△
×	×	×	○
×	×	×	○

+0 +0 +1

9枚

○	○	○	×
○	○	○	×
○	○	○	×
×	×	×	△

+0 +0 +2

10枚

○	○	○	×
○	○	○	×
○	○	○	×
△	△	△	○

+0 +0 +2

12枚

○	○	○	○
○	○	○	○
○	○	○	○
△	△	△	△

+0 +0 +0

16枚

○	○	○	○
○	○	○	○
○	○	○	○
○	○	○	○

+0 +0 +0

社　会　(40分) ＜満点：50点＞

解　答

Ⅰ **問1**　A　イ　B　ア　**問2**　(例)　右の図

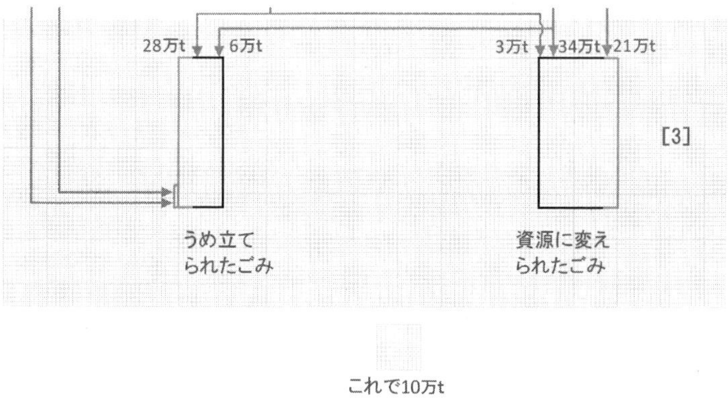

問3　(例)　可燃ごみを焼却して灰にすることで，ごみの体積と重さが大きく減ったため。　**問4**　(1)　(例)　再利用できるものは資源とし，燃やせるものは焼却施設に送り，燃やせないものはうめ立てる。
(2)　家電リサイクル(法)　**問5**　(1)　ペットボトル　(2)　ウ　(3)　(例)　ごみの量を減らす(こと。)　Ⅱ **問1**　ウ　**問2**　イ　**問3**　(例)　悪臭が発生する。(ハエなどが大量発生する。)　**問4**　**そのままうめ立てる場合**…(例)　分解されず，そのまま残る。　**焼却する場合**…(例)　強い毒性を持つダイオキシンが発生する。　**問5**　(例)　多くのごみ収集車が出入りするため，交通渋滞が起きる。　**問6**　(例)　ごみを高温で焼却し，ダイオキシンが発生しないようにする。(フィルターなどを利用し，ばい煙にふくまれる有害物質を取り除く。)　**問7**　熱，発電(温水プール)／灰，レンガ(タイル)　Ⅲ **問1**　a　330　b　35　c　272　d　58　**問2**　イ　**問3**　(例)　高性能の焼却施設が増え，焼却されたごみの量が増加したことにともない，うめ立てられたごみの量が減少した。また，人々の意識の高まりを背景に，ごみの総量は減少し，資源として再利用されたごみの量が増加した。　Ⅳ **問1**　羽田　**問2**　(例)　沿岸部から，沖合に移動してきている。　**問3**　(例)　以前はごみをそのままうめ立てていたため，うめ立て処分場がいっぱいになるまでの期間が短かったが，ごみを焼却して灰にしてからうめ立てるようにし，焼却できるごみの量も増えたことで，うめ立て処分場

を使用できる期間が長くなったから。

解　説

Ⅰ　ごみの処理を題材とした問題

問１　2017年の都道府県別人口は，多い順に東京都，神奈川県，大阪府，愛知県，埼玉県となっているので，Ａには神奈川県，Ｂには愛知県があてはまる。

問２　あたえられた方眼は縦10マス，横10マスで10万ｔを表し，［３］は縦が33マスとられているので，横に１マスとると3.3万ｔになる。「うめ立てられたごみ」の量は，28＋６＝34(万ｔ)で，34÷3.3＝10.3…より，縦33マス，横10マスの長方形で表される。また，「資源に変えられたごみ」の量は，３＋34＋21＝58(万ｔ)で，58÷3.3＝17.5…より，縦33マス，横18マスの長方形で表される。

問３　焼却《しょうきゃく》施設に運ばれた可燃ごみの量は，264＋８＝272(万ｔ)だが，焼却施設から出されたごみの量は，28＋３＝31(万ｔ)と，およそ９分の１に減っている。これは，ごみを焼却して灰にしたことで，ごみの体積と重さが大幅に減ったからである。

問４　(1)　図１からわかるように，粗大ごみは一部がそのままうめ立てられるが，大部分は不燃ごみや資源ごみとともに「焼却施設以外の処理施設」に運ばれ，その後，「可燃ごみ」「うめ立てられたごみ」「資源に変えられたごみ」に分けて処理されている。つまり，粗大ごみのうち，資源として利用できるものは再資源化される。一方，資源とならないもののうち，燃やせるものは焼却施設に運ばれ，燃やせないものはそのままうめ立てられて，それぞれ処分されると考えられる。　(2)　家電リサイクル法は正式には「特定家庭用機器再商品化法」といい，1998年に制定，2001年に施行された。家電リサイクル法では，テレビ，冷蔵庫(2004年に冷凍庫も追加)，エアコン，洗たく機(2009年に衣類乾燥機も追加)の４品目について，消費者がリサイクルに必要な費用を負担し，販売店などを通じてメーカーが製品の回収とリサイクルをすることが義務づけられている。

問５　(1)　どのようなものが資源ごみに分類されるかは地方自治体によって異なるが，びん・缶・ペットボトル・古紙については資源ごみに分類されているところが多い。このうち，ペットボトルは，きれいに洗い，細かくくだいたのち，洋服や定規，卵のパックなどにリサイクルされる。

(2)　上質の紙でつくられている牛乳パックは，回収されて工場へ運ばれたあと，紙を包んでいるラミネート(ビニールの膜《まく》)と厚紙に分けられる。厚紙部分は，とかすとともに印刷されたインクなどを取り除き，再びパルプにしてから，トイレットペーパーやティッシュペーパーなどにリサイクルされる。なお，新聞紙の原料としてはおもに新聞紙の古紙が，段ボールの原料としては雑誌や段ボールの古紙などが利用される。　(3)　３Ｒの１つとされる「リデュース」とは，むだなごみの量をできるだけ出さないようにすることで，買う量や使う量を減らす，ものを長く使うといったくふうによって実行できる。本文にもあるように，リユースやリサイクルできるものは種類が限られているので，地球環境の保全のためには，リデュースが不可欠だといえる。

Ⅱ　ごみのうめ立てを題材とした問題

問１　「1955年から1972年にかけて」の時期は，高度経済成長期にあたる。また，「床面積」とは，建物の各階の床の面積の合計のことを指す。土地が限られ，地価の高い東京23区では，土地を有効活用する必要があるため，せまい土地に高層ビルを建てることでこれを実現することになる。高度経済成長期には商業がめざましく発展し，特に東京23区ではホテルやデパート，あるいは多くの企業の事務所が入るような高層ビルの建築が進んだため，床面積が大きく増えたと考えられる。よって，ウがあてはまる。なお，アについて，高度経済成長期には工場も増えたと考えられるが，東京23区では工場にできる場所も限られており，湾岸部に広がる京浜工業地帯は戦前から発達していたので，この時期に床面積が2倍以上になるとは考えられない。イやエのような施設について，床面積をとるような大型のものを東京23区につくるのは非効率的で，多くは郊外につくられる。

問2　高度経済成長期には企業活動が活発になったため，多くの企業がある東京23区では，書類などの紙類がごみとして大量に捨てられたと考えられる。また，消費活動も活発になったことから，商品の容器や包装紙などに使われた多くの紙製品もごみになったと推測できる。

問3　下線部③は，直前の段落の最後の「ごみは，生ごみもふくめてその大半がまだそのままうめ立てられて」いたことによって起きた問題を指す。生ごみがそのまま捨てられた場合，くさって悪《あく》臭《しゅう》を放ったり，ハエや蚊《か》などが大量に発生したりする。また，ハエや蚊がばい菌《きん》や病原菌を運ぶことによって，病気が広がることも考えられる。

問4　プラスチックをそのままうめ立てた場合，分解されて土に返ることがないので，長期間にわたって地中に残り続ける。地中に残ったプラスチックから有害な物質がとけだすようなことがあると，これが地面や地下水，海水などを汚染するおそれもある。また，焼却する場合，石油を原料とするプラスチックは非常に発熱量が高く，高温になるため，焼却施設をいためてしまう。また，低温で焼却すると，強い毒性を持つ化学物質であるダイオキシンが発生する。

問5　焼却施設には多くのごみ収集車が出入りするため，これが原因で交通渋滞《じゅうたい》が起こる可能性がある。

問6　問4でみたように，ダイオキシンはプラスチックを低温で焼却したときに多く発生する。そのため，1990年代にダイオキシンが大きな問題となった日本では，法整備と焼却炉《ろ》の改良が進められ，800℃以上の高温で焼却してダイオキシンの発生をおさえるようにしている。また，かつては工場の煙突《えんとつ》から出るばい煙とともに有害物質が排出《はいしゅつ》されることがあったが，そうした問題を防ぐため，フィルターなどの装置をつけて有害物質を除去するしくみが取り入れられている。

問7　ごみの焼却施設では，焼却するさいに発生する熱を利用して発電を行ったり，温水プールを設けたりしている。また，焼却によって生じる灰から，レンガやタイルなどがつくられている。

Ⅲ ごみ処理の内わけについての問題

問1　**a**　「集められたごみの総量」は，330万ｔである。　**b**　「うめ立てられたごみの量」は，28＋6＝34(万ｔ)に，あらかじめかかれている5マスぶんの5000ｔを加えた34.5万ｔとなる。ほかの数値が整数でかかれていることから，ここでは小数点以下を四捨五入して35万ｔとする。　**c**　焼却施設に運ばれた可燃ごみが「焼却されたごみの量」にあたるので，264＋8＝272(万ｔ)となる。　**d**　「資源に変えられたごみの量」は，3＋34＋21＝58(万ｔ)となっている。

問2　ア　集められたごみの総量は，1961年が158万ｔ，1989年が557万ｔなので，557÷158＝3.5…より，3倍以上に増加している。　イ　集められたごみの総量に対するうめ立てられたごみの量の割合は，1961年が，134÷158×100＝84.8…，1989年が，303÷557×100＝54.3…で，減少している。よって，誤っている。　ウ　1961年から1989年にかけて，うめ立てられたごみの量は，303÷134＝2.2…で3倍に達していないが，焼却されたごみの量は，297÷17＝17.4…で，15倍以上になっている。　エ　1989年において，集められたごみの総量に対する資源に変えられたごみの量の割合は，4÷557×100＝0.7…より，1％未満である。

問3　1989年以降，「焼却されたごみの量」が増加したのにともない，「うめ立てられたごみの量」が減少している。これは，焼却施設が増え，性能も向上したことにより，ごみをそのままではなく，焼却して灰にしてからうめ立てることが一般的になったからだと考えられる。また，ごみの総量が減るとともに，「資源に変えられたごみの量」が増えている。これは，ごみをできるだけ出さないようにするとともに，ごみの分別やリサイクルに努めるなど，ごみや環境問題に対する人々の意識が高まったことによるものと考えられる。

Ⅳ　ごみのうめ立て処分場についての問題

問1　東京23区にあり，「空港」に続くので，「羽田」があてはまる。羽田空港は，正式には東京国際空港という名称だが，東京都大田区にあった羽田町に建設された飛行場から発展したため，その地名をとってこのようによばれる。

問2　図3と表3から，かつて東京湾の沿岸部につくられていたうめ立て処分場が，1970年代以降，より沖合に建設されていったとわかる。これは，沖合にうめ立て地を築いたほうが，より広い用地を得られるからである。また，沿岸部の再開発が進み，オフィスビルや商業施設などが増えたことで，うめ立て処分場が建設しにくくなってきたことも影響していると考えられる。

問3　うめ立て期間が，「14号地」は約20年間，「15号地」は約10年間であるのに対し，「中央防波堤外側埋立《うめたて》処分場」は，1977年度から40年以上たった現在でも「うめ立て中」となっている。Ⅱの文章にあるように，かつてはごみをそのままうめ立てていたため，短期間でうめ立て処分場がいっぱいになってしまった。しかし，1970年代以降はごみの大半を占《し》める可燃ごみを焼却し，灰にしてからうめ立てるようにした。また，2000年代に入ってからは，集められたごみの多くを焼却するようになったため，うめ立てにまわすごみの量が大きく減った。そのため，いっぱいになるまでの期間が長くなったのだと考えられる。

理　科　(40分)＜満点：50点＞

解　答

1　**A**　ウ　**B**　ア　**C**　エ　**D**　イ　**2**　**問1**　ア　**問2**　ウ　**3**　**問1**　247.5mm　**問2**　1.2倍　**問3**　解説の図①を参照のこと。　**問4**　解説の図②を参照のこと。　**問5**　**A**　2.07　**B**　257.6　**C**　247.5　**D**　82.5　**問6**　①　(例)　太さが太いほど大きく　②　(例)　長さが短いほど大きい　**問7**　③　イ　④　エ　**問8**　**E**　570　**F**　660　**G**　510　**問9**　キ

解　説

1　イネ科の植物についての問題

Aはコムギで，種子から小麦粉がつくられる。Bはイネで，その種子を精米すると白米になる。Cはエノコログサで，穂《ほ》の部分を動かしてネコを遊ばせることからネコジャラシともいう。Dはススキで，日当たりのよい野原などに群生する。なお，A～Dはすべてイネ科の植物である。

2　栄養素についての問題

問１　デンプンや砂糖，ブドウ糖などのように，炭素と水素をおもな成分とする物質を炭水化物といい，生物のエネルギーのもとになる。

問２　グルテンはタンパク質の一種である。タンパク質はおもに生物の体をつくるもとになる栄養素で，アミノ酸という物質が多数つながってできている。

３　スパゲッティの強さに関する実験についての問題

問１　(長さ)×(本数)の和を求め，それを100で割ると平均を求めることができるが，計算が大変なので工夫をするとよい。まず，26本と最も本数が多い247mmの長さをもとにして，それより短いものと長いものについて，(長さの差)×(本数)の和をそれぞれ求める。次に，それぞれの和の差を求め，その値の100本についての平均を求める。最後に，247mmよりも長い方が多い場合には，その平均値を247mmに加え，逆の場合には247mmから引くと，平均の長さが求められる。247mmより短い方の(長さの差)×(本数)の和は，(247－243)×２＋(247－244)×２＋(247－245)×４＋(247－246)×15＝37，247mmより長い方の(長さの差)×(本数)の和は，(248－247)×24＋(249－247)×19＋(250－247)×７＋(251－247)×１＝87で，長い方が多いことがわかる。その差は，87－37＝50なので，100本についての平均は，50÷100＝0.5となる。したがって，平均の長さは，247＋0.5＝247.5(mm)と求められる。

問２　成分も長さも同じであれば，スパゲッティ１本の重さと断面積(太さ)は比例するとしてよい。断面積は(直径)×(直径)に比例するので，問題の最初で与《あた》えられている値を使って，1.85×1.85÷(1.68×1.68)＝3.42÷2.82＝1.21…より，1.2倍となる。

問３　４種類の直径のそれぞれについて，印を変えて表２の値をグラフ上に記し，それらをなめらかな曲線で結ぶと下の図①のようになる。それぞれのグラフのすぐ近くに，直径の値を書いておく。グラフはいずれも右に下がる曲線で，直径が小さいときはどの長さでも小さな力で折れるが，長さの変化に伴《ともな》って，折れる力の大きさが変化する割合は小さい。直径が大きいほど折るには大きな力が必要で，折れる力の大きさが変化する割合は大きくなっている。

図①

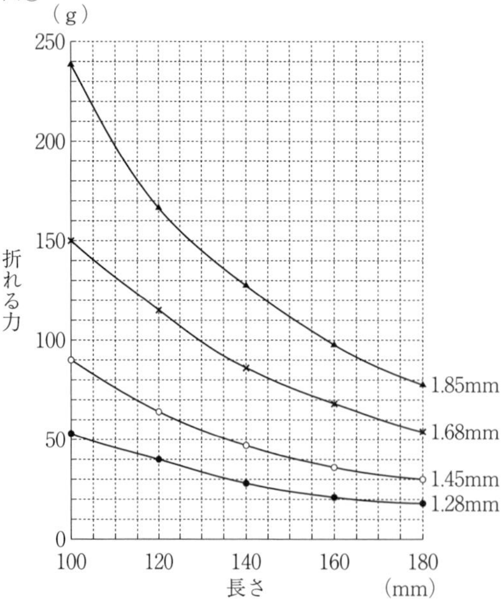

図②

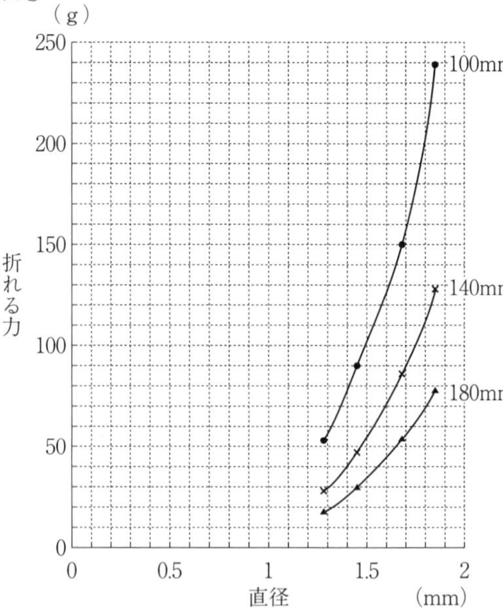

問4　長さ100cm，140cm，180cmについて印を変えて表2の値をグラフ上に記し，それらをなめらかな曲線で結ぶと上の図②のようになる。どの場合も，直径が長くなると折れる力の大きさは大きく増えているが，長さが短いほど折れる力の大きさが変化する割合は大きい。

問5　直径が1.68mmのスパゲッティ100本の重さは82.5ｇなので，１本あたりの平均の重さは，82.5÷100(ｇ)であり，問１より，その長さの平均値は247.5mmとわかっている。ブカティーニ１本あたりの平均の長さは257.6mm，平均の重さは2.07ｇなので，247.5mmのブカティーニならば１本あたりの重さは，2.07÷257.6×247.5(ｇ)となる。したがって，同じ247.5mmの長さで比べた場合，ブカティーニの重さは直径1.68mmのスパゲッティの重さの，2.07÷257.6×247.5÷(82.5÷100)＝2.41…より，2.4倍と求められる。

問6　①　表２および問３のグラフ(図①)より，同じ長さで比べた場合，太さが太いほど(直径が大きいほど)折れる力は大きくなっていることがわかる。　②　表２および問４のグラフ(図②)より，同じ太さで比べたときは，長さが短いほど折れる力は大きくなっていることがわかる。

問7　図８のグラフより，直径に直径を３回かけた値と折れる力の大きさの比はほぼ一定となっている。表２で長さが140cmのときについて，(折れる力)÷(直径に直径を３回かけた値)を各直径について求めると，直径1.28mmでは，28÷2.68＝10.4…，直径1.45mmでは，47÷4.42＝10.6…，直径1.68mmでは，86÷7.97＝10.7…，直径1.85mmでは，128÷11.7＝10.9…となっている。したがって，直径が１mmのときは，１×１×１×１×10.4＝10.4から，１×１×１×１×10.9＝10.9くらいまでの値に，直径が２mmのときは，２×２×２×２×10.4＝166.4から，２×２×２×２×10.9＝174.4くらいまでの値になると考えられる。よって，③にはイの11を，④にはエの180を選ぶ。

問8　**E**　表３より，長さ140mmのブカティーニが折れる力は570ｇとわかる。　**F**　問７の③で答えた，直径が１mmの場合の折れる力11ｇの値を用いると，直径2.78mmで長さが140mmのスパゲッティが折れる力は，2.78×2.78×2.78×2.78×11＝59.7×11＝656.7となり，10の倍数として660ｇと答える。　**G**　重さの比は断面積の比と等しいので，問５より，ブカティーニの断面積は直径1.68mmのスパゲッティの断面積の約2.4倍となる。ブカティーニの断面積と同じ断面積のスパゲッティの直径を□mmとすると，(1.68÷２)×(1.68÷２)×2.4＝(□÷２)×(□÷２)となる。よって，□×□＝1.68×1.68×2.4であり，□×□×□×□＝1.68×1.68×2.4×1.68×1.68×2.4＝7.97×5.76＝45.90…となるので，このスパゲッティが折れる力は，45.9×11＝504.9(ｇ)と求められる。ここで，10の倍数として答えるために一の位を四捨五入すると500ｇとなるが，500ｇでは折れないので，切り上げて510ｇと答える。

問9　問８のＥとＧの値より，同じ長さ，同じ断面積で折れる力を比べると，スパゲッティよりもブカティーニの方が折れにくいことがわかる(570＞510)。つまり，同じ量の材料で作った場合はブカティーニの方が折れにくいので，言いかえると，より少ない量の材料で同じ長さのスパゲッティと同じ強さにすることができるということになる。

国語 (50分) ＜満点：70点＞

解答

一 **問1** (例) 見えない人は，物理的な「道」にしばられず，想像力を働かせて空間全体をとらえ，さらに，周囲の環境の影響を受けず，自分の意志で行動できるということ。 **問2** (例) 見えない人は，ぼう大な視覚情報に支配されず，少ない情報を解釈しながら結びつけていくため，見える人ではなしえない自由な想像ができるということ。 **問3** 知らず知ら～動している(ということ。) **問4** (例) (コーラの看板や「本日三割引き」ののぼりといった視覚刺激によって)自分の意志とは無関係に欲望が作られ，その欲望を満たすための行動に導かれてしまう(ということ。) 二 **問1** a イ b オ **問2** (例) 自分のしかけたわなで傷ついたブルーを，早く医者にみせたいとあせっていたから。 **問3** (例) 罪の意識にさいなまれている息子の苦悩を受け止め，いたわろうとする気持ち。 **問4** (例) 父さんの怒りがバーンズ先生に向けられたものであるとわかり，自分の罪を責められずにすむと思ったから。 **問5** (例) 母さんから，ブルーが助からなかったことを告げられるかもしれないと思ったが，自分のおかした罪の重さを受け止める覚悟ができていなかったから。 三 下記を参照のこと。

●漢字の書き取り

三 1 謝絶 2 承服 3 候補 4 鳥居 5 加減 6 救護 7 均整 8 寒波 9 皇后 10 提供 11 預(かる) 12 肥(えた) 13 束(ねる) 14 修(める) 15 厚(く)

解説

一 **出典は伊藤亜紗《いとうあさ》の『目の見えない人は世界をどう見ているのか』による。**「見えない人が『見て』いる空間と，見える人が目でとらえている空間」とがどのように違《ちが》うのかということについて，筆者の体験をもとに説明している。

問1 四つ後の段落で，「道」とは「物理的な道」であると同時に，「人の進むべき方向を示すもの」という，比喩《ひゆ》的な意味を持つと述べられていることをおさえる。「見える人」は，「目に飛び込《こ》んでくるさまざまな情報」によって「道」をとらえるほか，ぼう大な情報のあふれる環境《かんきょう》にさらされることで，無意識に行動を規定されてしまう。一方，「木下さん」のような「見えない人」は，わずかな情報をもとに「俯瞰《ふかん》的で空間全体をとらえるイメージ」を構築していくことに加え，「見える人」とは異なり，自己の「行為《こうい》を次々と導いていく」情報の「洪水《こうずい》」とは無縁《むえん》であるため，「まわりの環境」からの影響《えいきょう》を受けず，「自分の意志」にもとづいて行動ができる。だから，「見えない人」は「『道』から自由だ」というのである。

問2 「見える人」と「見えない人」の「情報」への対し方を比較《ひかく》して考える。「見える人」は，「視覚的な注意をさらっていくめまぐるしい情報」を追うことにとらわれがちだが，「見えない人」は，わずかな「情報」を「解釈《かいしゃく》」し，それらを結びつけながら自由に想像するため，むしろ「見える人では持ち得ないような空間が，頭の中に作り出され」ると述べられている。そのことを指して「木下さん」は，「見える人」に対して「見えない人」のほうが「ある意味で余裕《よゆう》がある」のだと言っている。

問3　少し前に，「人は自分の行動を一〇〇パーセント自発的に，自分の意志で行っているわけでは」ないと書かれていることに注目する。たとえば，「壁《かべ》があるから寄っかかって」しまったり，「ボタンがあるから押《お》したく」なったり，「台があるからよじ登って」しまったりするといったように，「自分の意志」ではなく「環境に埋《う》め込まれたさまざまなスイッチ」によって行動が誘発《ゆうはつ》される。つまり，人々が「知らず知らずのうちにまわりの環境に影響されながら行動して」しまうということが，筆者のいう「環境に振《ふ》り付けられながら行動している」ことの言いかえにあたる。

問4　少し前で，具体例として「コーラの看板があれば飲みたくなってしまうし，『本日三割引き』ののぼりを見ればついスーパーに入って余計な買い物をしてしまう」ことをあげたうえで，「視覚的な刺激《しげき》によって人の中に欲望がつくられていき」，その欲望を満たすための行動を「知らず知らずのうちに」取ってしまうのだと筆者は指摘《してき》している。これをふまえ，「(コーラの看板や『本日三割引き』ののぼりといった視覚刺激によって)自分の中に欲望が作られていき，気づけばそうした欲望につき動かされ行動してしまう(ということ)」のようにまとめる。

二　**出典はキンバリー・ウィリス・ホルト作，谷口由美子《たにぐちゆみこ》訳の『ローズの小さな図書館』による。**自分の不注意から猟犬《りょうけん》のブルーをわなにかけてしまい，大けがをさせてしまったことに傷つき，自責の念に苦しむマール・ヘンリーという少年のようすがえがかれている。

問1　**a**　「うなだれる」は，がっかりしたり元気をなくしたりして，力なくうつむくこと。

b　「くたびれる」は，ここでは“衣服などの物品が使い古されて，みすぼらしくなる”という意味。

問2　マール・ヘンリーが，自分の「しかけたわな」のせいでブルーに大けがをさせてしまったということをおさえる。続く部分に，「兄さんが無口な人で助かったと思った。何があったのか，うるさくたずねられるのがいちばんつらいからだ」とあることから，マール・ヘンリーはブルーをけがさせてしまったことに対して罪悪感を抱《いだ》いているものとわかる。また，一刻も早くブルーを医者にみせたいと必死な思いでいるために，いつもとちがって「とてつもなく長い旅」に思えたのだろうと想像できる。

問3　マール・ヘンリーが，「わなにかかったんです。おれがしかけたわなです」と医者に話していることや，「ああ，ゴーディみたいな本好きで，わな猟なんかやらずに，家で本を読んでいればよかった」と思っていることから，彼《かれ》は愛犬のブルーに大けがをさせたことで，強く自分を責めているものとわかる。また，彼が玄関《げんかん》で「腕《うで》を大きく広げて迎《むか》えてくれた」「母さんの胸にとびこんで，泣いた」ことからも，こみ上げてくる後悔《こうかい》と自責の念を自分自身で受け止めきれなくなったようすが読み取れる。「母さん」が彼の「背中をぽんぽんとやさしくたたき」，「ガンボが煮《に》えてるの。おいしいわよ」と言ったのは，そんな息子《むすこ》の苦悩《くのう》を受け止め，やさしくなぐさめようとしたからだろうと推測できる。

問4　マール・ヘンリーが「言わなきゃいけなかったことを両親に打ち明け」ていることに注目する。「学校でバーンズ先生に罰《ばつ》を受け」たマール・ヘンリーは，自分が罰を受けるようなことをしたことが「ブルーの身に起こったことと関係している気が」していた。だから，話を聞いていた父さんが怒《いか》りに満ちた表情を見せたとき，自分がしかられると思ったのである。しかし，父さんが「かっかしている」のは，田舎に住む人のことをあざ笑ったバーンズ先生に対してであることを知った彼は，「ほんの一瞬《いっしゅん》」，自分のおかした罪と向き合うことから逃《のが》れられたように感じ，「なんだかほっとした」のだろうと想像できる。

問５　学校まで迎えにきた母さんを見たマール・ヘンリーが，「ポッサムおじさんのことを伝えにきたときと同じ」だと考えたことをおさえる。つまり，ポッサムおじさんが亡くなったと伝えられたときと同じように，ブルーも死んでしまったということを告げられるのではないかと思った彼は，その死に対する罪を背負う覚悟《かくご》ができていなかったため，母さんがどんな表情をしているのかを見るのがこわかったのである。

三　漢字の書き取り

1　相手の願いや申し入れを断ること。　**2**　相手のいうことを承知してしたがうこと。　**3**　選ばれる対象としてあげられている人やもののこと。　**4**　神社の入り口に建てられた門。　**5**　適度に調節すること。　**6**　困っている人を救うこと。　**7**　全体的につり合いがとれていること。　**8**　寒い空気のかたまり。　**9**　天皇の妻。　**10**　物品やお金などを相手に役立ててもらうためにさしだすこと。　**11**　音読みは「ヨ」で，「預金」などの熟語がある。　**12**　音読みは「ヒ」で，「肥料」などの熟語がある。訓読みにはほかに「こえ」がある。　**13**　音読みは「ソク」で，「約束」などの熟語がある。　**14**　音読みは「シュウ」「シュ」で，「修理」「修行」などの熟語がある。　**15**　音読みは「コウ」で，「温厚」などの熟語がある。

2019年度　栄光学園中学校

〔電　話〕（0467）46－7711
〔所在地〕〒247－0071　神奈川県鎌倉市玉縄4－1－1
〔交　通〕JR各線－「大船駅」より徒歩15分

【算　数】（60分）〈満点：70点〉

（注意）鉛筆《えんぴつ》などの筆記用具・消しゴム・コンパス・配付された下じき以外は使わないこと。

1　次の問に答えなさい。ただし，円周率は3.14とします。

(1)　半径10cmの円の内部に，1辺の長さが10cmの正三角形ABCが図1のようにあります。点Aをつけたまま，点Bが円周につくまで，正三角形を回転させます（図2）。

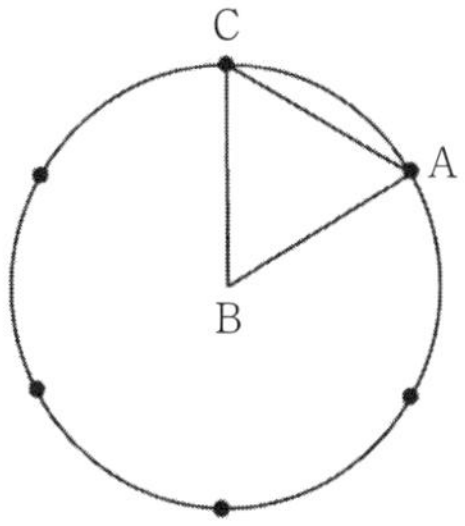

図1

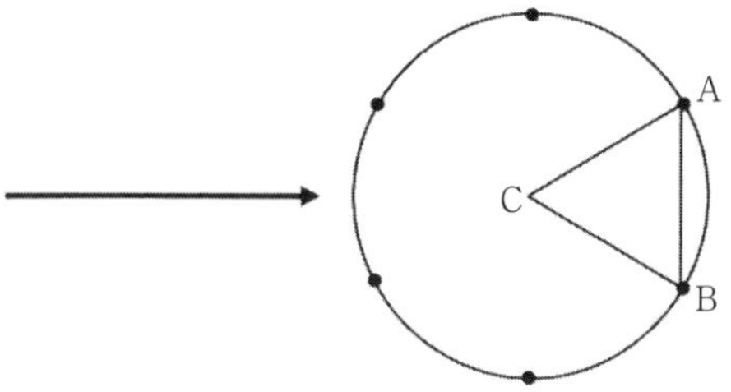

図2

次に，点Bをつけたまま，点Cが円周につくまで回転させます。このような回転を同じ向きに繰《く》り返していきます。

図1の位置からもとの位置に戻《もど》ってくるまで回転を6回繰り返したとき，点Bの動いた道すじの長さを，四捨五入して小数第2位まで求めなさい。

(2)　半径10cmの円の内部に，1辺の長さが10cmの正方形ABCDが図3のようにあります。点Aをつけたまま，点Bが円周につくまで，正方形を回転させます（図4）。

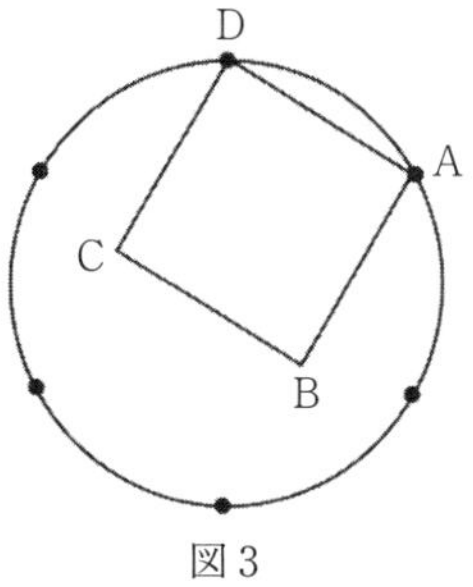

図3

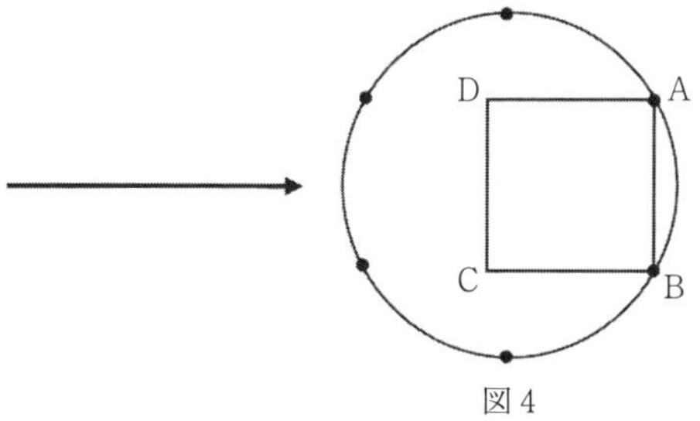

図4

(1)と同じように，図3の位置からもとの位置に戻ってくるまで回転を6回繰り返します（点A～Dの位置は元に戻るとは限りません）。点Bの動いた道すじの長さを，四捨五入して小数第2位まで求めなさい。ただし，この正方形の対角線の長さは14.1cmとします。

途《と》中の式も書きなさい。

2　立体のいくつかの辺を切って開いたときの展開図について考えます。

例えば，図1の立方体において，太線で示した7つの辺を切って開くと，図2のような展開図になります。

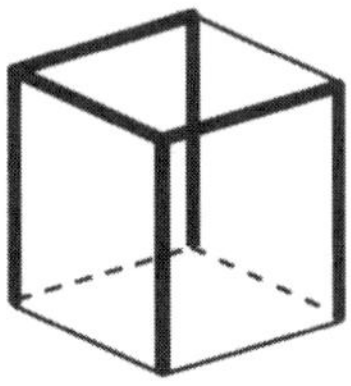

図1

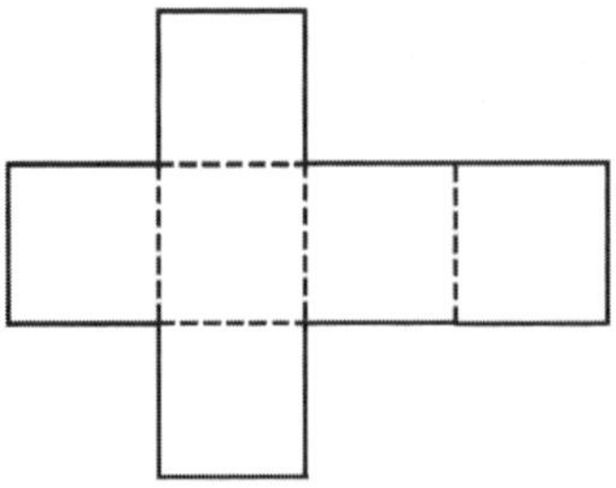

図2

(1)　図3は正三角形4面で囲まれた立体です。いくつかの辺を切って開いて図4のような展開図を作るためには，どの辺を切ればよいですか。解答欄《らん》の図に太線で示しなさい。

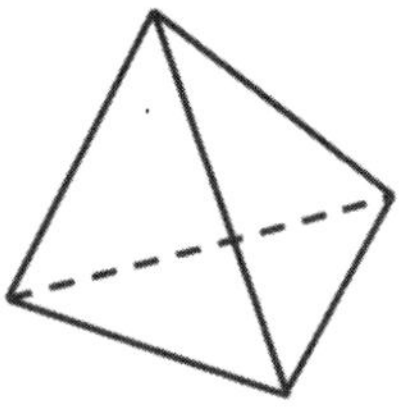

図3

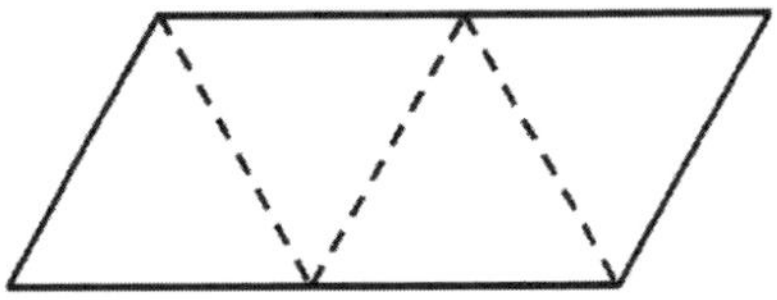

図4

(2)　図5の立方体において，太線で示した辺を切って開くと，どのような展開図になりますか。その展開図をかきなさい。

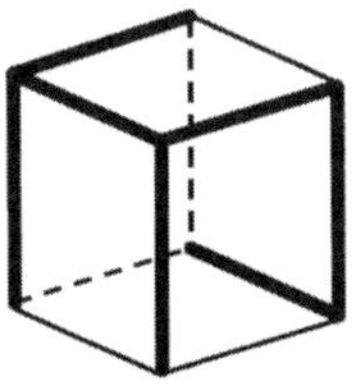

図5

(3)　立体の辺を切って展開図を作るときの，切った辺の本数とその長さの合計を考えます。例えば，(2)の立方体の1辺の長さを10cmとした場合，切った辺の本数は7本，長さの合計は70cmです。

図6のような角柱のいくつかの辺を切って展開図を作ります。角柱の底面は1辺の長さが10cmの正五角形で，高さは15cmです。

① 切った辺の長さの合計が最大になるときの，切った辺の本数とその長さの合計を答えなさい。

② 切った辺の長さの合計が最小になるときの，切った辺の本数とその長さの合計を答えなさい。

(4)　図7は正五角形12面で囲まれた立体です。何本の辺を切れば展開図を作ることができますか。

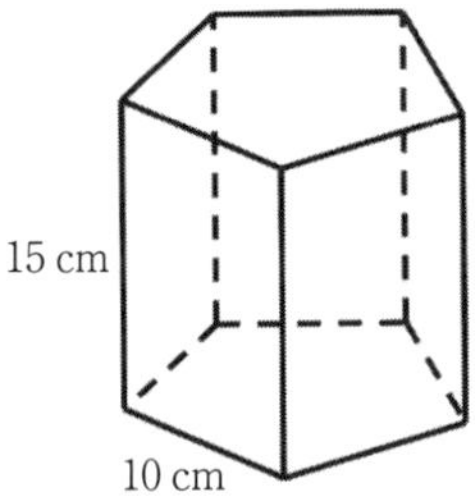

図6

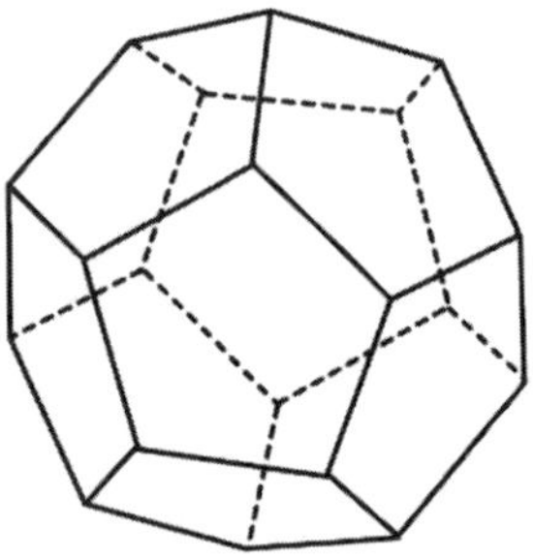

図7

3　何枚かのオセロのコマ(片面が白，もう片面が黒のコマ)が白黒混ざった状態で円形に並べてあります。このコマに対して，以下の[作業]を，裏返すコマがなくなるまで繰《く》り返します。

[作業]　両隣《どなり》の色が自身の色とは異なるコマをすべて選び，それらを同時に裏返す。

例えば，図1のようにコマが並んでいる場合，まず，☆印のついた5つのコマを選び，裏返して図2のようにします。さらに，※印のついた1つのコマを選び，裏返して，図3のようにします。図3には，両隣の色が自身の色とは異なるコマはないので，ここで[作業]の繰り返しは終了になります。

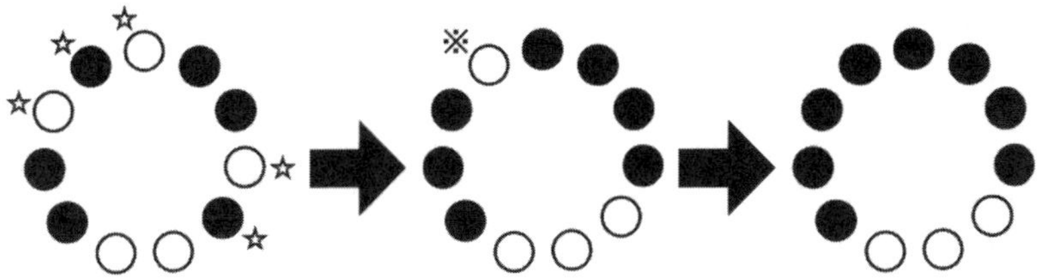

図1　　　　図2　　　　図3

(1)　図4のように並んでいるコマに対して，裏返すコマがなくなるまで[作業]を繰り返したとき，最後まで1度も裏返されることのなかったコマをすべて選び，丸で囲みなさい。

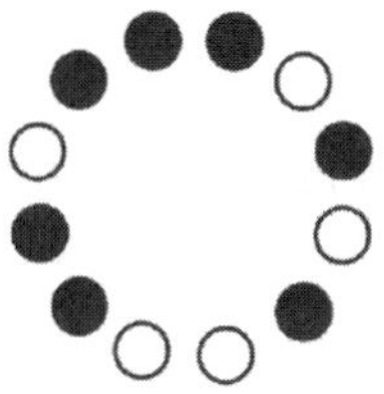

図4

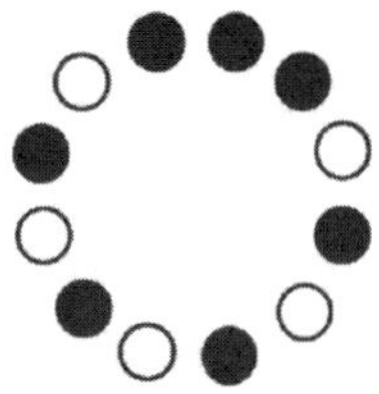

図5

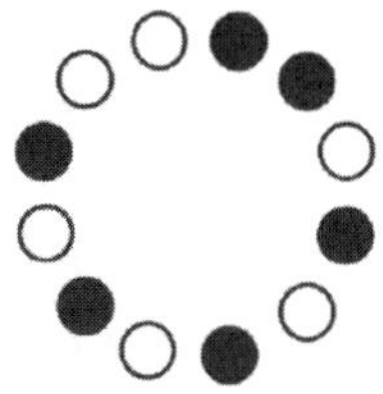

図6

(2)　図5，図6のように並んでいるコマに対して，それぞれ裏返すコマがなくなるまで[作業]を繰り返したとき，最後の並び方はどうなりますか。解答欄の図に示しなさい。

(3)　20枚のコマが図7のように並んでいます。これに対して，裏返すコマがなくなるまで[作業]を繰り返したとき，最後に黒は何枚になりますか。

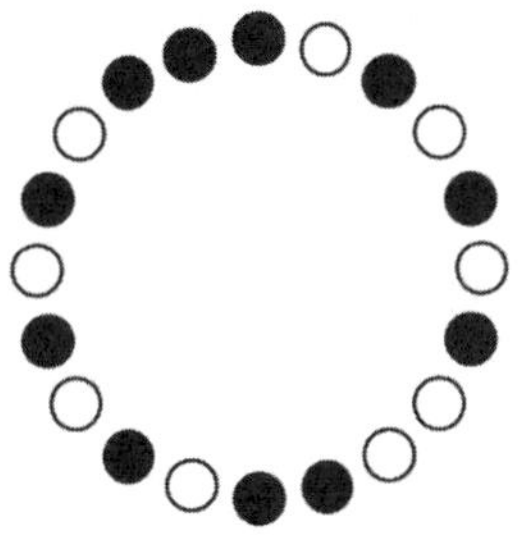

図7

(4)　31枚のコマを，白が16枚，黒が15枚になるように，好きな順番で円形に並べ，[作業]を繰り返します。最後に黒は何枚になりますか。最も多いときと最も少ないときの枚数を答えなさい。

4　紙を折ってツルとカメを作ります。

Ａ君はツルを１個折るのに130秒，カメを１個折るのに90秒かかります。

Ｂ君はツルを１個折るのに160秒，カメを１個折るのに120秒かかります。

(1)　Ａ君とＢ君が２人合わせてツルを20個折りました。Ａ君が折っていた時間とＢ君が折っていた時間の合計は2990秒でした。Ａ君が折ったツルの個数を答えなさい。

(2)　Ａ君とＢ君が同時に折りはじめ，２人合わせてツルを10個，カメを10個折りました。Ａ君が折っていた時間とＢ君が折っていた時間の合計は2500秒でした。

①　Ａ君はツルとカメを何個ずつ折りましたか。考えられる組み合わせを，下の例にならってすべて答えなさい。

（例）　ツルを１個，カメを３個折った場合……（１，３）

②　①の答えの組み合わせの中で，折りはじめてから完成するまでにかかった時間が最も短くなる組み合わせと，そのときにかかった時間を答えなさい。

例えば，Ａ君が2000秒，Ｂ君が500秒折っていた場合は，完成するまでに2000秒かかったことになります。

(3)　Ａ君とＢ君が同時に折りはじめ，２人合わせてツルを10個，カメを10個折るとき，完成するまでにかかる時間は最も短くて何秒ですか。また，そのとき，Ａ君はツルとカメを何個ずつ折りましたか。(2)の例にならって，考えられる組み合わせをすべて答えなさい。

【社　会】（40分）〈満点：50点〉

（注意）　配付されたもの以外の下じき・用紙は使わないこと。

　私たちは，自然界に存在するさまざまなエネルギー資源を利用して生活をしています。なかでも「石炭」は，私たちの生活にかかせないものとして，長く利用されてきました。石炭がどのように利用されてきたか考えてみましょう。

Ⅰ　文章を読んで，問に答えなさい。

　石炭は，江戸《えど》時代にはすでに使われていました。この時代に貝原益軒《かいばらえきけん》という学者が著《あらわ》した『①筑前国続風土記《ちくぜんのくにぞくふどき》』という書物に，石炭についての記述があります。それによると，「燃石（もえいし）」といわれた石炭は，家庭などで薪《まき》のかわりとして使われていました。その後，石炭は，瀬戸内《せとうち》地方で盛《さか》んであった製塩業でも使われました。

　江戸時代のおわりの1853年に「黒船」が浦賀《うらが》沖に現れました。「黒船」は，蒸気船でした。蒸気船は，石炭を燃料として，蒸気を発生させて，蒸気のもつエネルギーを動力とする蒸気機関を利用していました。②アメリカ合衆国《がっしゅうこく》の使節ペリーは，開国を求める大統領からの手紙を持ってきました。③1854年，日米和親条約《にちべいわしんじょうやく》が結ばれ，下田《しもだ》と函館《はこだて》の2港が開港し，1858年に日米修好通商条約《にちべいしゅうこうつうしょうじょうやく》が結ばれると，横浜《よこはま》や長崎《ながさき》などが開港しました。④江戸幕府《ばくふ》の役人であった勝海舟《かつかいしゅう》は，オランダ製の蒸気船の咸臨丸《かんりんまる》で，条約手続きのためアメリカに渡《わた》りました。

問1　下線部①について，筑前国とは，おおむね現在のどの県にあたるのか，次の**ア**～**エ**から1つ選びなさい。

ア　岡山県　　**イ**　福井県　　**ウ**　福岡県　　**エ**　宮城県

問2　下線部②について，まちがっているものを次の**ア**～**エ**から1つ選びなさい。

ア　ペリーは，琉球《りゅうきゅう》(沖縄)に立ち寄ってから来た。

イ　ペリーの乗った黒船には，大砲《たいほう》が備えられていた。

ウ　アメリカは，船に石炭や食料を補給するための基地が必要であった。

エ　アメリカは，中国《ちゅうごく》の明《みん》と貿易をするための港が必要であった。

問3　下線部③について，次の表は，1867年の函館港，横浜港，長崎港で取り引きされた主要輸出品の輸出額の順位をあらわしたものです。このうち**イ**はどの港か，答えなさい。

	第1位	第2位	第3位
ア	生糸《きいと》類	蚕卵紙《さんらんし》	茶
イ	茶	石炭	人参《にんじん》
ウ	昆布《こんぶ》	蚕卵紙	乾燥《かんそう》ナマコ

※石井孝《いしいたかし》『幕末貿易史《ばくまつぼうえきし》の研究《けんきゅう》』をもとに作成。

問4　下線部④について，勝海舟とともに咸臨丸に乗船し，アメリカに渡った人物がいました。その中で，後に『西洋事情《せいようじじょう》』や『学問《がくもん》のすゝめ』を著した人物を答えなさい。

　明治《めいじ》時代になると，蒸気機関を用いた乗り物が利用されるようになり，⑤1872年に鉄道が開通しました。この鉄道は「蒸気車」や「陸蒸気《おかじょうき》」などと呼ばれていました。その後，鉄道は全国に広がり，旅客だけでなく貨物の輸送でも大きな役割を果たしました。

　やがて，蒸気船や鉄道は，石炭を燃料としないように変化していきました。⑥日露《にちろ》戦争では蒸気機関を使った軍艦《ぐんかん》が活躍《かつやく》しましたが，第二次世界大戦《だいにじせかいたいせん》のころには，新しい軍艦などは，

〔 ⑦ 〕を燃料とするようになりました。

一方，多くの鉄道は，1950年代まで石炭を燃料としていました。第二次世界大戦より前から鉄道に電力を使う技術はありましたが，発電や送電のための施設《しせつ》が攻撃《こうげき》を受けると鉄道輸送ができなくなる可能性があるため，軍が反対していたといわれています。戦後，日本国有鉄道《にほんこくゆうてつどう》(国鉄《こくてつ》)では利用客や貨物の増加に対して，列車の速度を上げることで輸送力を増やそうとしました。そして，⑧現在のような電車を中心とした輸送方法に変わっていきました。

問５　下線部⑤について，この時，鉄道はどことどこの間に開通したのか，次の**ア**～**エ**から１つ選びなさい。

ア　新橋《しんばし》と品川《しながわ》　**イ**　横浜と新橋　**ウ**　横浜と高崎《たかさき》　**エ**　新橋と高崎

問６　下線部⑥について，この戦争では石炭を燃料とする軍艦が使われ，ロシアの艦隊は，石炭の補給に苦労したといわれています。石炭の補給の妨害《ぼうがい》をした日本の同盟国を次の**ア**～**エ**から１つ選びなさい。

ア　アメリカ　**イ**　イギリス　**ウ**　ドイツ　**エ**　フランス

問７　〔⑦〕にあてはまる燃料を答えなさい。

問８　下線部⑧について，蒸気機関車より電車のほうが，速度を上げられるという利点があります。蒸気機関車とくらべて，電車には他にどのような利点があるか，１つあげて具体的に説明しなさい。

石炭は，工場でも使われました。1872年に⑨群馬県の〔 ⑨ 〕に官営の製糸場が建てられました。この場所に建てられた理由のひとつに，機械を動かす蒸気機関の燃料となる石炭が，高崎など近いところから手に入れられることがあったといわれています。

⑩石炭は，鉄を作る製鉄の原料としても使われました。石炭を蒸《む》し焼きにしたものをコークスといいます。このコークスを鉄鉱石といっしょに燃やして，高温の炉《ろ》のなかで鉄を取り出します。さらにこの鉄をねばり強い鋼《はがね》にし，さまざまな形の鉄鋼製品を作ります。文明開化《ぶんめいかいか》の時代から，鉄は，建物や鉄道などさまざまなものに利用されてきました。1901年には⑪八幡《やはた》製鉄所が開業し，日露戦争後には，造船や機械などの重工業が発達していきました。第一次世界大《だいいちじせかいたい》戦《せん》のころになると，機械を動かすために電気を使う工場が増えていきました。このころ工場の集まる大都市では，石炭を燃料とした火力発電が中心でした。一方，大都市から離《はな》れた山岳《さんがく》地帯で大規模に〔 ⑫ 〕発電を行い，送電することもこのころから盛んになっていきました。

問９　下線部⑨について，(1)と(2)に答えなさい。

(1)　〔⑨〕にあてはまる地名を答えなさい。

(2)　この製糸場の建設を指導した人物は，どこの国の技術者か，次の**ア**～**エ**から１つ選びなさい。

ア　イギリス　**イ**　中国　**ウ**　フランス　**エ**　ロシア

問10　下線部⑩について，日本では，石炭を使って製鉄を行う以前は，木炭を原料として使っていました。鉄で作られた刀剣《とうけん》などが各地の遺跡《いせき》から出土しています。「ワカタケル大王」の名前が刻まれた鉄剣が出土した遺跡はどこか，次の**ア**～**エ**から１つ選びなさい。

ア　稲荷山古墳《いなりやまこふん》　**イ**　大森貝塚《おおもりかいづか》
ウ　三内丸山《さんないまるやま》遺跡　**エ**　吉野ヶ里《よしのがり》遺跡

問11　下線部⑪について，まちがっているものを次の**ア**～**エ**から１つ選びなさい。

ア　八幡製鉄所では，近くの炭田から手に入れた石炭が使われた。

イ　八幡製鉄所では，中国などから輸入した鉄鉱石が使われた。

ウ　八幡製鉄所は，日清《にっしん》戦争の賠償金《ばいしょうきん》などを使って建てられた。

エ　八幡製鉄所は，ロシアに鉄鋼製品を輸出するために建てられた。

問12　〔⑫〕にあてはまる語句を次の**ア**～**エ**から１つ選びなさい。

ア　原子力　　**イ**　水力　　**ウ**　太陽光　　**エ**　地熱

文明開化の時代，輸送や工場の蒸気機関の燃料としてだけでなく，石炭は灯《あか》りの原料にもなりました。この時代にガス事業が開始され，1872年には横浜にガス灯がともりました。ガス灯は，石炭から作られたガスを使っていました。⑬ガス灯は，街灯だけでなく，室内でも使われました。やがて灯りは，電球などの開発が進み，ガス灯から電灯へとかわっていきます。

その後，石炭から作ったガスは，おもに熱源として利用されるようになっていきます。ガスを使った調理器具や湯沸《ゆわ》かし器などが使われるようになりました。1882年に立憲改進党《りっけんかいしんとう》をつくった〔　⑭　〕の家の台所には，イギリスから取り寄せたガスレンジがあったそうです。近年，⑮台所，風呂《ふろ》などで使う都市ガスは，石炭から作られなくなってきています。

問13　下線部⑬について，1883年に明治政府は，東京に外国人を招いて舞踏会《ぶとうかい》を開くための洋館を建て，その室内にもガス灯がともされていました。明治政府によって建てられたこの洋館の名前を答えなさい。

問14　〔⑭〕にあてはまる人物を答えなさい。

問15　下線部⑮について，現在，都市ガスの多くは，天然ガスから作られています。石炭からガスを作っていた工場は，使われなくなりました。石炭ガス工場の跡地《あとち》が，さまざまな形で利用されています。2018年に築地《つきじ》から移転した市場のある場所もそのひとつです。その場所はどこか，地名を答えなさい。

II　**表**や**グラフ**を見て，問に答えなさい。

問１　次の**表１**は，日本国内で産出した石炭量と輸入された石炭量を示しています。「**原料炭**《げんりょうたん》」は，おもに製鉄の原料となる石炭です。また「**一般炭**《いっぱんたん》」は，発電の燃料などに使用される石炭です。解答用紙の**グラフ**の例を参考にして，国内産の石炭と輸入された石炭の量がわかるように**グラフ１**を完成させなさい。また，原料炭と一般炭の量がわかるように**グラフ２**を完成させなさい。

表１　国内産の石炭と輸入された石炭の量の移り変わり　単位（100万トン）

	1955年	1965年	1975年	1985年	1995年	2005年	2015年
国内原料炭	7	13	9	4	0	0	0
国内一般炭	35	38	9	12	6	1	1
輸入原料炭	3	16	61	69	65	82	73
輸入一般炭	0	1	2	25	59	96	118

※資源エネルギー庁『エネルギー白書』，および『石炭・コークス統計年報』などをもとに作成。一般炭には無煙炭《むえんたん》などをふくむ。

問２　**グラフ１**から読み取れることをいくつかあげて説明しなさい。

問３　現在，日本がもっとも多くの石炭を輸入している国を次の**ア**～**エ**から１つ選びなさい。

ア　アメリカ　　**イ**　オーストラリア　　**ウ**　サウジアラビア　　**エ**　中国

問4　右の**グラフ3**は鉄鋼(粗鋼《そこう》)生産量の移り変わりをあらわしています。**グラフ3**と問1で作成した**グラフ**から読み取れることを次の**ア**～**エ**から1つ選びなさい。

ア　鉄鋼生産量の移り変わりは，輸入された石炭量の合計と関係がある。

イ　鉄鋼生産量の移り変わりは，国内産の石炭量の合計と関係がある。

ウ　鉄鋼生産量の移り変わりは，国内産と輸入された原料炭の量の合計と関係がある。

エ　鉄鋼生産量の移り変わりは，一般炭と原料炭の量の合計と関係がある。

グラフ3　鉄鋼(粗鋼)生産量の移り変わり

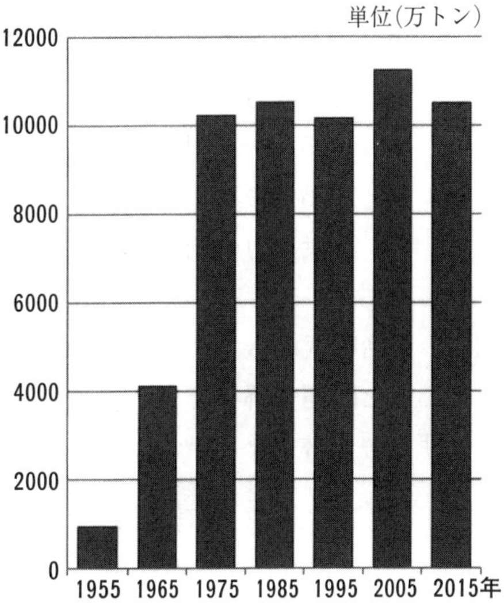

※『日本国勢図会《にほんこくせいずえ》』をもとに作成。

問5　次の**表2**は，電力会社の発電量の移り変わりを示したものです。**グラフ4**は，**表2**をもとに作成したものです。これらを見て，次の問に答えなさい。

表2　電力会社の発電量の移り変わり　　単位(億キロワット時)

		1955年	1965年	1975年	1985年	1995年	2005年	2015年
水力		425	691	785	807	854	813	871
火力	石炭	108	430	153	572	1,172	2,529	3,551
	天然ガス	0	2	204	1,267	1,918	2,339	4,253
	石油など	6	506	2,482	1,592	1,661	1,072	1,024
原子力		0	0	251	1,590	2,911	3,048	94
新エネルギーなど		0	0	1	13	42	88	618
合計		539	1,630	3,876	5,840	8,557	9,889	10,412

※資源エネルギー庁『エネルギー白書』をもとに作成。

(1)　石油火力の発電量が占《し》める割合は，1985年には小さくなっています。これは，1970年代に起きたある大きな出来事がきっかけとなって，石油以外のいろいろなエネルギーが見直されたことが原因だと考えられます。きっかけとなった出来事を答えなさい。

グラフ4　電力会社発電量の移り変わり

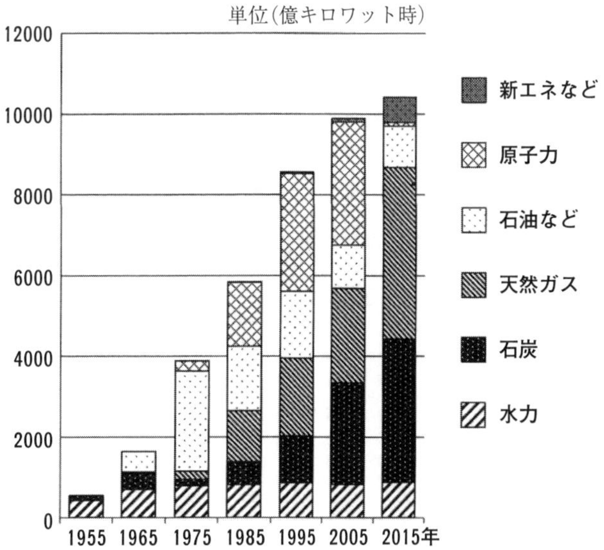

(2)　原子力による発電は，1965年にはありませんでしたが，その後，発電量を大きくしていき，1995年には，3割以上の割合を占めるまでになりました。ところが，原子力発電の発電量は，2015年には落

ち込んでいます。落ち込んだ原因として考えられることを説明しなさい。

問６　石炭火力の発電について，これまでに見た**表**や**グラフ**から読み取れることとしてまちがっているものを次の**ア**～**エ**から１つ選びなさい。

ア　石炭火力の発電量は，1975年から2015年まで拡大し続けた。

イ　1975年から国内産の石炭量の増加にともなって，石炭火力の発電量が拡大し続けた。

ウ　1975年の石炭火力の発電量が占める割合は，1955年の割合を下回っていた。

エ　石炭火力の発電量が占める割合は，2015年には３割を超《こ》えている。

III　明治時代から現在まで，石炭の使いみちは，どのように変わってきましたか。これまで解いてきた問題や解答をもとに説明しなさい。今はなくなった使いみちと，今もある使いみちをあげながら書きなさい。

【理　科】（40分）〈満点：50点〉

（注意）配付されたもの以外の下じき・用紙は使わないこと。

〈編集部注：実物の入試問題では，**図15**の方眼紙はカラー印刷です。〉

栄一君の家の近くに，山をけずって道を通した切り通しがあります。切り通しの両側のがけには，土がくずれるのを防ぐために，**図１**のように「石積み」がされています。石は長方形に近い形で，石と石の間にはモルタル（コンクリート）がつめられていますが，ところどころ割れたり欠けたりしていて，石のすき間からいろいろな草が生えています。

図１

栄一君は，石積みに生えている植物の種類を調べてみました。

図１のような石積みがされている場所で，まず，石積みをはしから長さ２mごとに分けて，順に「区画１」，「区画２」，……と呼ぶことにしました。そして，石積みを「区画１」から順に観察して，それぞれの区画で見つけた植物の種類と生えている位置をすべて記録しました。「区画１」から「区画38」まで調べた結果，全部で22種類の植物が見つかりました。その中には，ススキ，ヤマグワ（クワ），タンポポなどがありました。

横軸《じく》に区画の番号，縦軸に「区画１」からその区画までの間に生えていた植物の種類の数をとってグラフをかくと，**図2**のようになりました。

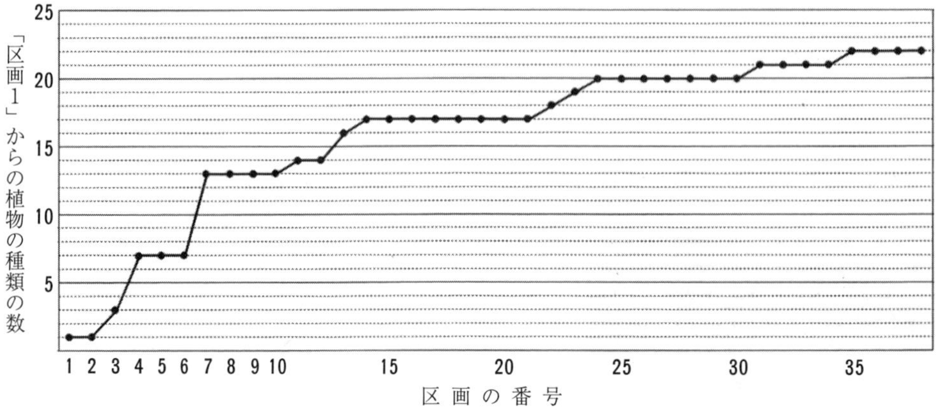

図2

問1　栄一君が調べた石積みに，植物はどのように生えていたでしょうか。「区画１」から「区画８」までに生えている植物を表す図として適当なものを次の**ア**～**エ**の中から１つ選び，記号で答えなさい。図の中のアルファベットは，それぞれ異なる植物の種類を表します。

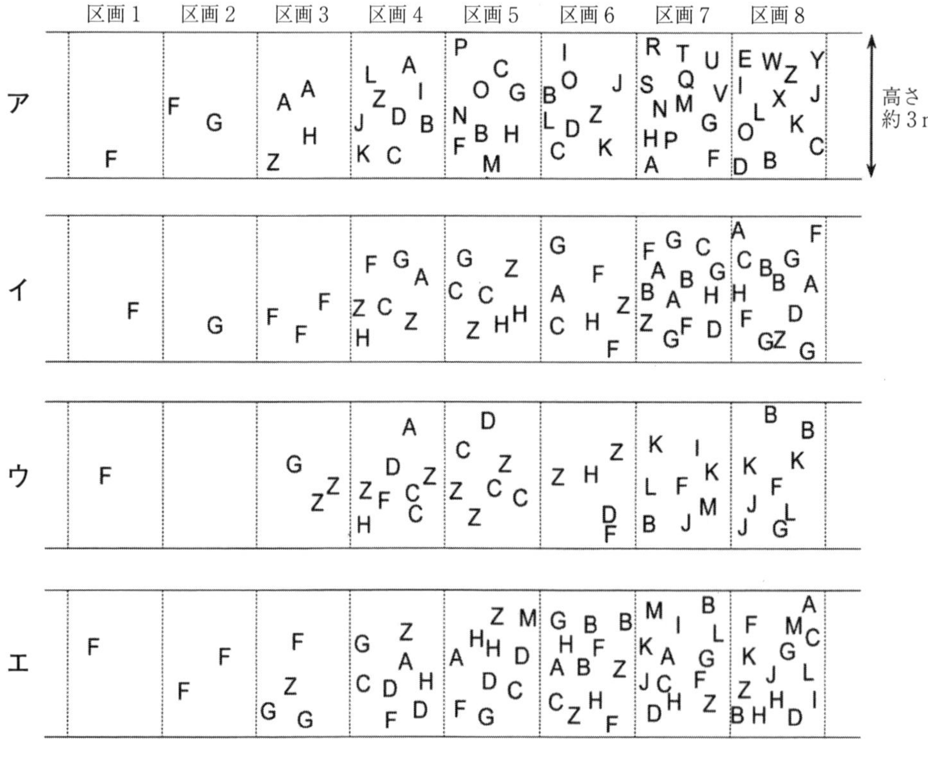

図3は，ススキの穂《ほ》です。**図4**は，ススキの花の１つ１つがよく見えるように広げたものです。

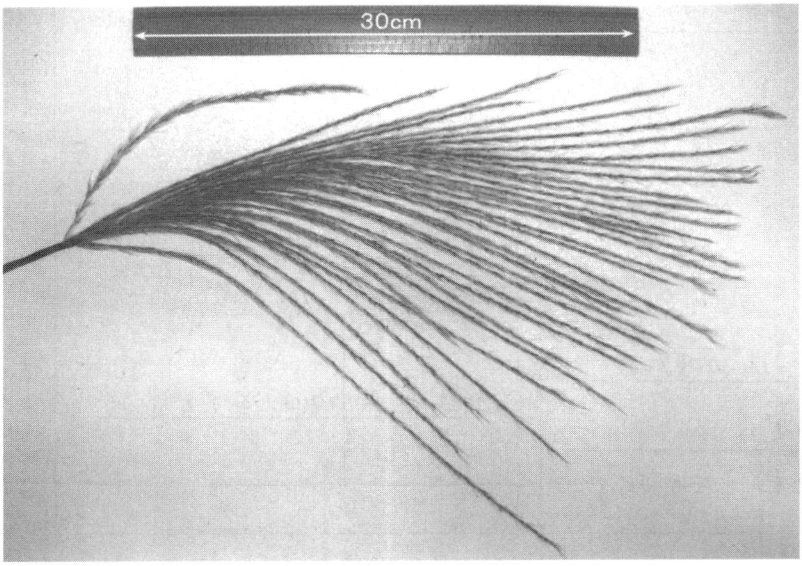

図3

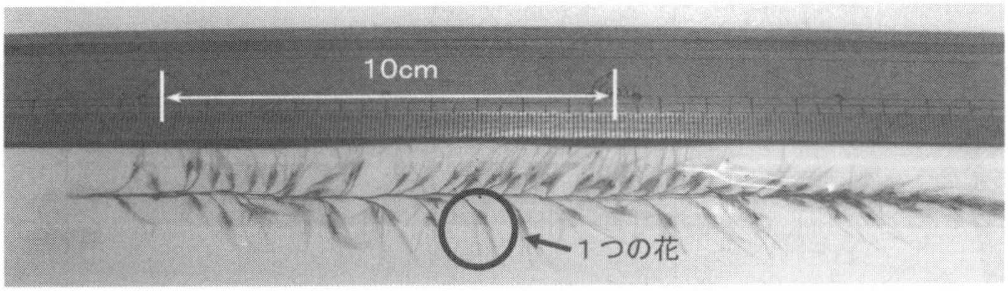

図4

問2　**図3**のススキの穂には，種子が何個できると推定できますか。最も適当なものを，次の**ア**～**カ**の中から１つ選び，記号で答えなさい。１つの花から１つの種子ができるものとします。

ア　10個未満　　**イ**　10個～100個　　**ウ**　100個～1000個

エ　1000個～10000個　　**オ**　10000個～100000個　　**カ**　100000個以上

問3　切り通しのまわりには，ススキ，ヤマグワ，タンポポなどの石積みで見られたものと同じ植物が生えています。また，コナラなどのドングリがなる木も生えていますが，ドングリのなる木は，石積みには生えていません。**図5**は，栄一君がいろいろな季節に作った観察カードです。これを参考にして，石積みに生えるのに有利な植物の実の特徴《とくちょう》を２つあげなさい。また，それぞれについて，有利になる理由を書きなさい。

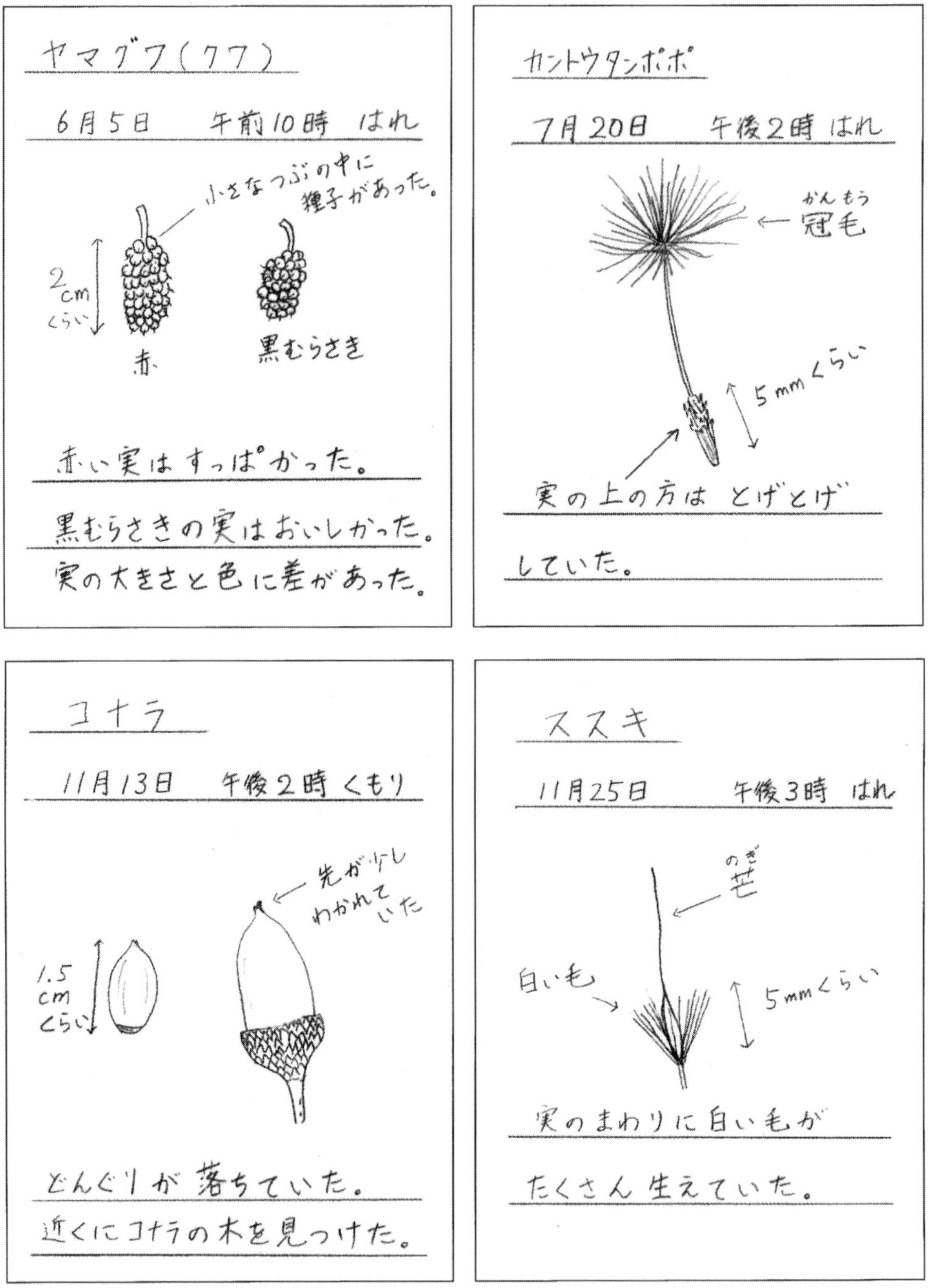
ヤマグワ（クワ）
6月5日 午前10時 はれ
小さなつぶの中に種子があった。
2cmくらい
赤
黒むらさき
赤い実はすっぱかった。
黒むらさきの実はおいしかった。
実の大きさと色に差があった。
カントウタンポポ
7月20日 午後2時 はれ
冠毛《かんもう》
5mmくらい
実の上の方はとげとげしていた。
コナラ
11月13日 午後2時 くもり
先が少しわかれていた
1.5cmくらい
どんぐりが落ちていた。
近くにコナラの木を見つけた。
ススキ
11月25日 午後3時 はれ
芒《のぎ》
白い毛
5mmくらい
実のまわりに白い毛がたくさん生えていた。

図5

図6は，**図1**の一部です。栄一君は，石積みは**図7**のような積み方が多いのかと思っていましたが，注意してみると，**図6**のような積み方をしている場所も多いことに気づきました。**図8**のような積み方の石積みを見かけることもあります。

図6

図7

図8

いろいろな積み方があって面白いと思ったので，このことを先生に話してみると，次のように教えてくれました。

「**図7**の積み方は，形や大きさのそろった石を用意できれば，規則的に積んでいけばよいので，積むのが簡単です。いっぽう，**図8**の積み方は，石と石の境の線が一直線にならないので，**図7**の積み方よりもじょうぶでくずれにくいのですが，形や大きさのそろっていない石をすき間なくきちんと積み上げることがとても難しいのです。」

問4　**図6**の積み方は，**図7**や**図8**にくらべてどのような点が良いか，説明しなさい。

栄一君は，**図6**を見ながら，石はどうやって積まれたのだろうと考えてみました。まず，**図1**の写真にうすい紙を重ねて，一部の石の輪かくをかき写し，**図9**のような図を作りました。次に，あいている部分に，自分で積むつもりになって石積みの絵をかいてみました。すると，石の並べ方が規則的であること，大きさを考えて石が配置されていること，石を積む順序に決まりがあることなど，いろいろなことに気がつきました。

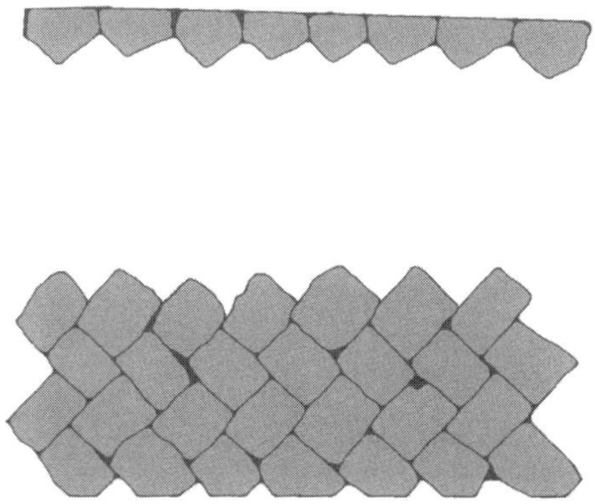

図9

問５　解答用紙の「**問５**」の図の白い部分にうまく合うように，石積みの絵をかきなさい。**図10**のように，石を１つずつかくようにすること。

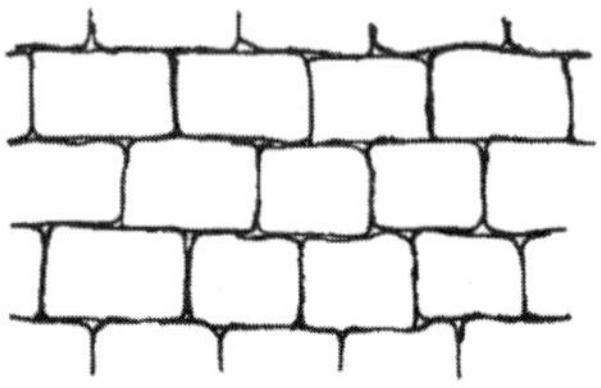

図10

石積みは，裏側にもくふうがされています。

図11は，先生が石積みの裏側のようすを教えるためにかいてくれた絵です。

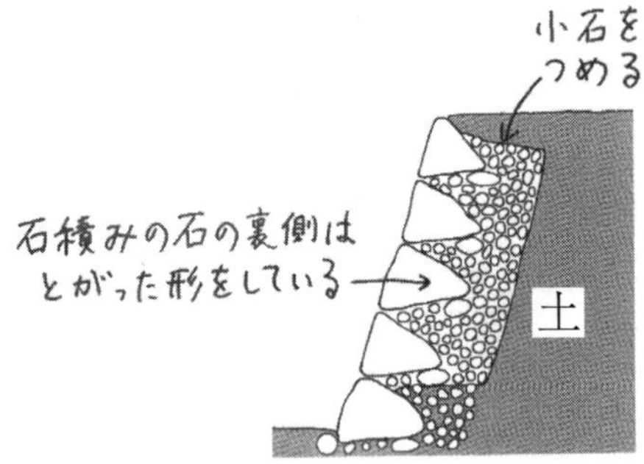

図11

小石をつめた部分は，「積んだ石の重さを分散させて支える」「地しんなどのゆれを吸収して積んだ石を安定させる」などの役割を持っているそうです。そのためには，小石どうしのすき間が多くあって，簡単には動かない状態がよいそうです。

栄一君は，石の重さや体積を調べる実験をしてみました。

使ったもの

・でこぼこの石(**図12**の左)

・なめらかな石(**図12**の右)

・円柱形の容器(**図13**)

　　中の底面積は210 cm^2

図12

はかりかた

①　でこぼこの石を容器の中に，適当な高さで平らになるように入れて，重さをはかりました。

②　ちょうど石の高さと同じ高さになるように水を入れて，重さをはかりました。容器の中に石と水を入れた様子が**図14**です。

③　高さをかえて①，②を８回行いました。

④　でこぼこの石をなめらかな石にかえて，①～③を行いました。

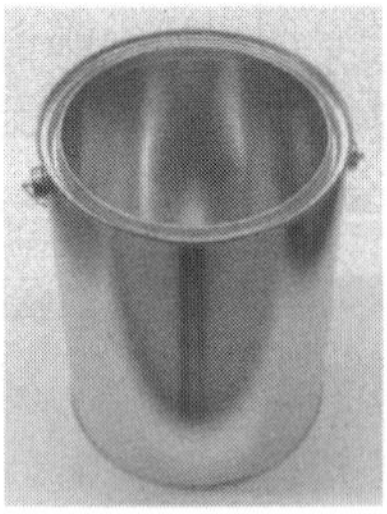

図13

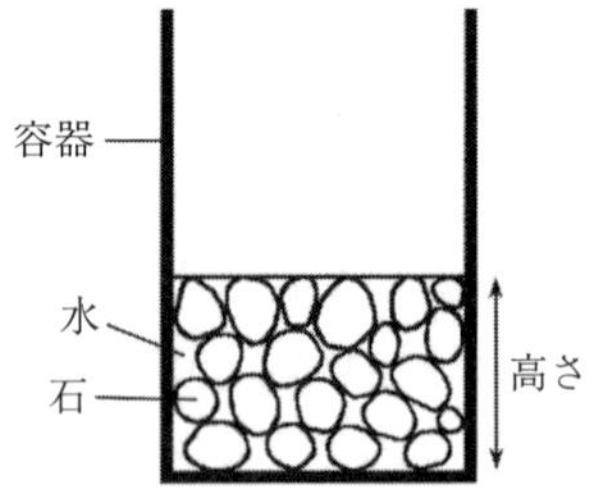

図14

測定結果

はかった数値から，それぞれの高さのときの石の重さと水の重さを計算しました。でこぼこの石についての結果が**表１**です。

問6　**表1**を，横軸に高さ，縦軸に石や水の重さをとったグラフにします。解答用紙の「**問6**」の図には，水の重さのグラフだけがかいてあります。石の重さのグラフをかきなさい。水の重さのグラフと同じように，直線を引きなさい。

表1

高さ (cm)	石の重さ (kg)	石と水の重さ (kg)	水の重さ (kg)
2.4	0.62	0.90	0.28
3.8	1.08	1.47	0.39
5.0	1.47	1.98	0.51
6.1	1.83	2.43	0.60
7.2	2.19	2.88	0.69
8.4	2.58	3.40	0.82
9.6	2.97	3.88	0.91
10.5	3.27	4.27	1.00

問7　横軸に高さ，縦軸に石や水の体積をとったグラフをかきます。以下の(1)～(3)を，解答用紙の「**問7**」の図にかきなさい。

(1)　**問6**のグラフから，**表1**のそれぞれの高さのときに容器に入っていた水の体積がわかります。高さに対する水の体積の関係を表す直線をかき，そばに(1)と書きなさい。ただし，水1Lの重さを1kgとします。

(2)　容器に石を入れずに水だけを入れた場合の，高さに対する水の体積の関係を表す直線をかき，そばに(2)と書きなさい。

(3)　**表1**のそれぞれの高さのときに容器に入っていた石の体積を考えます。高さに対する石の体積の関係を表す直線をかき，そばに(3)と書きなさい。

問8　でこぼこの石の，1 cm^3 あたりの重さは何gですか。四捨五入して小数第一位まで答えなさい。

問9　石を容器に入れたときの，石どうしのすき間について考えます。

(1)　容器の中にでこぼこの石を高さ10cmまで入れたとき，容器の底から10cmまでの部分の体積のうち石の体積の割合は何%ですか。四捨五入して整数で答えなさい。

(2)　なめらかな石を使った実験の結果を**問6**と同様のグラフにすると，**図15**のようになりました。容器の中になめらかな石を高さ10cmまで入れたとき，容器の底から10cmまでの部分の体積のうち石の体積の割合は何%ですか。四捨五入して整数で答えなさい。

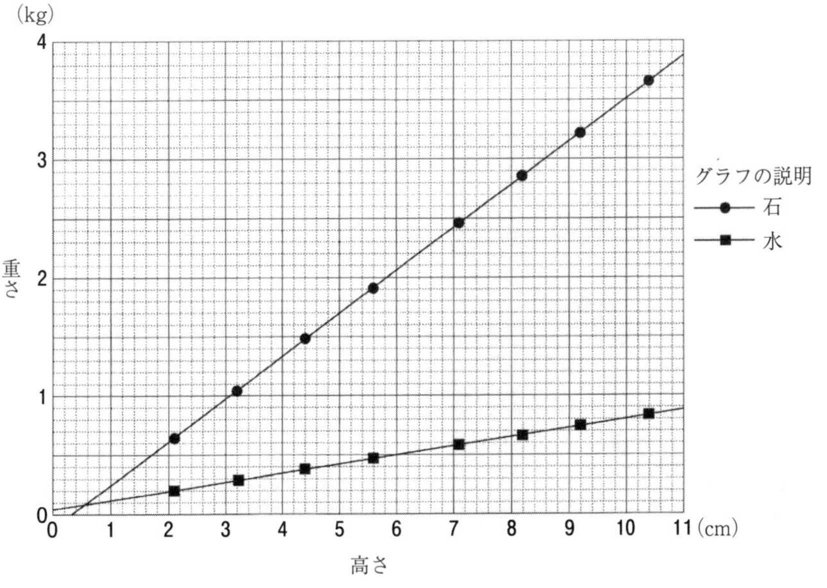

図15

問10　容器に入れたときにすき間がより多くできるのは，でこぼこの石となめらかな石のどちらだと考えられますか。

問11　石を容器に入れて水を入れたときの水の重さについて考えます。容器の中に，**問10**で答えた石を高さ10cmまで入れ，石の高さと同じ高さになるまで水を入れると，石と水を合わせた重さは石だけの重さの何倍になりますか。四捨五入して小数第一位まで答えなさい。

雨がふると，雨水は地面にしみこんで土の中を通り，石積みの裏側に流れ出てきます。その水は，小石のすき間を通り，最後には石積みの外へ出ます。そのため，石積みには，水をぬくための穴が一定の面積ごとにあけられています。

問12　**図16**のように大きさと形の整ったブロックを積んだ石積みがあります。このブロックの表面は長方形で，辺の長さは25cmと40cmです。水をぬくための穴は，石積みの表面の面積何m^2ごとに1つずつあけられていますか。小数第一位まで答えなさい。なお，写真の外側も，写真と同じ規則で穴があけられているものとします。

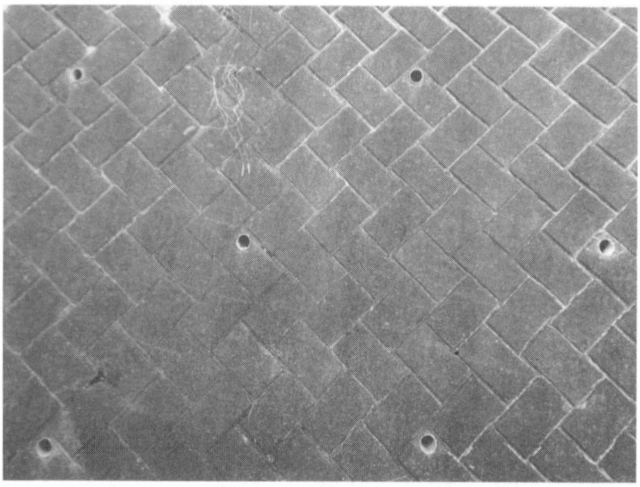

図16

もし，石積みから水が出なくなったら，小石のすき間に水がたまり，その重さで石積みを外向きにおします。そのために，石積みがくずれやすくなるかもしれません。

栄一君は穴からごみを取り出し，家に持って帰りました。

三 次のカタカナの部分を漢字に直しなさい。

1 ユウラン船に乗る。
2 室内をソウショクする。
3 小笠原《おがさわら》ショトウをめぐる。
4 ソシキに属する。
5 数々のコウセキをたたえる。
6 野原をジュウオウにかけめぐる。
7 オンダンな気候。
8 車の運転にシュウジュクする。
9 ヒンジャクな内容の本。
10 親フコウを重ねる。
11 鳥がスをつくる。
12 竹にはフシがある。
13 馬がアバれる。
14 光をアびる。
15 日本記録をヤブる。

た短歌だよ。」
……何でだろう。その感覚、ちょっと分かる気がする。
日本に帰ってから、マレーシアが恋《こい》しいと思うとき、わたしはいつもマレーシアを想像していた。こうしている間にも、マレーシアでも日常がちゃんと回っていると思うと、何だか少し楽になった。
たとえば同じ(注3)コンドミニアムに住んでいたマレーシア人の女の子。屋台でドリアンを切り分けて売っていたおじちゃん。
きっと、それぞれの毎日をちゃんと今日も送っている。
もしかしたら、佐藤先輩が言っているのは、それと似たことなのかもしれない。
「望さんたちに学校の人間関係を相談したわけじゃないんだけどね。たとえ今の教室でたまたま毎日一緒に過ごすことになった同い年の人とうまくいかなくても、それがわたしのすべてじゃない、落ち込《こ》むことないんだって思えたの。歌会がわたしの居場所になってくれてるんだ。そう思えてから強くなれた気がする。それが次の魔法かな。」
ああ、そっか。
佐藤先輩がいつでもどこでも堂々としていられる、その理由はそんなところにあったのか。
カラフルな絵の具が画用紙からはみ出るように、教室の外に広がっている佐藤先輩の交友関係を初めて知った。
「いろんな人と知り合いで、何か、佐藤先輩すごいです。わたしだったら、そんな短歌の集まりを見つけても、そこに一人で飛び込むような勇気ないから。」
「だって親を見返したいんだもん。」
佐藤先輩は③きゅっと表情を引き締《し》めた。
「わたし、短歌で親を見返したい。音楽じゃなくても、わたしはわたしの歌でちゃんと一人前になれるんだって証明したいの。将来は歌人になりたい。」
「歌人になるって、どうすればなれるんですか?」
「短歌の雑誌が募集《ぼしゅう》してる新人賞を取る、とか。」
新人賞だなんて、わたしの日常にはない言葉だったから、今ひとつピンと来なかった。マレーシア語でもなんていうのか分からない。
それでも佐藤先輩なら取れる。理由なんてないけど、確かにそう思った。
「そうしたら周りからも認めてもらえるでしょ。」
早く一人前になりたい、佐藤先輩はつぶやいた。

(こまつあやこ『リマ・トゥジュ・リマ・トゥジュ・トゥジュ』)

(注1) 朋香ちゃん＝誰《だれ》とでも仲良くできる沙弥の級友。
(注2) タンカード＝短歌を書き留めておく専用カードの作中での名称《めいしょう》。
(注3) コンドミニアム＝マンションの一種。

問一 傍線部《ぼうせんぶ》①「それくらい、逃げなんて、佐藤先輩らしくない言葉だ。」とありますが、「わたし」がそのように感じたのはなぜですか。四十字以内で答えなさい。

問二 傍線部②「その次」とありますが、佐藤先輩は「その次」の魔法によってどのように変わりましたか。

問三 傍線部③「きゅっと表情を引き締めた。」とありますが、このとき佐藤先輩はどのような気持ちでしたか。

問四 次の短歌は過去のタンカードに書かれた佐藤先輩の短歌です。どういうことが表現されていると考えられますか。問題文全体の内容をふまえて答えなさい。

白と黒しか押《お》したことない指が行き先ボタンをためらっている

知りたかった。
転校生としての佐藤先輩の顔を知りたかった。
わたしみたいに周りの反応を気にしない。いつも堂々としている。
転校生という条件はわたしと同じなのに、どうしてなんだろう。
「逃《に》げたかったから。」
一瞬《いっしゅん》、聞き間違《まちが》いかと思った。
①それくらい、逃げなんて、佐藤先輩らしくない言葉だ。
「わたし、親の希望で三歳《さい》の誕生日からピアノを始めたの。でも音楽大学の付属中学校に入ったら、自分には全然才能がないことがよく分かったんだ。入学する前はここで一番になってやるなんて思ってたけど、実際は毎日が敗北感でいっぱいだったよ。その場所にい続けるのがつらくて公立に転校したんだよね。それからもしばらくは、自分は逃げたんだっていう負い目でいっぱいだった。」
敗北感。逃げ。負い目。
立て続けにそんな言葉をこぼす佐藤先輩は、わたしが知っている佐藤先輩じゃないみたいだ。
「でも、短歌に出合えた。楽器がなくても、ちゃんと心に音を鳴らしてくれる歌があるんだって知った。音楽じゃない、でもわたしはわたしの歌をつくろうと思った。わたしのやりたいことはこれなんだって、初めてパズルがはまるような感覚がしたの。それが、短歌がわたしにかけてくれた最初の魔法《まほう》。」
「最初の魔法？　②その次があるってことですか。」
「うん、さっき歌会の話したでしょ？　あそこに参加するまでは、友達のいない自分が苦しかった。わたしは別に一人でもいいんだって、強がることで耐《た》えてたけど、一人でいると、周りの目が気になって仕方なかったよ。」
「それ、わたしも一緒《いっしょ》です！　わたしは別に一人でもいいとは思えなくて、なじもうと必死なんですけど……。」
そう、いつも必死だ。
（注1）朋香《ともか》ちゃんにくっついて、顔は笑っていても、こんなこと言ったら変じゃないかなっていつもおびえている。
教室にいるとき、素《す》の自分で話したことなんてあるのかな。
「歌会に行ったら、いろんな人に会えるの。教室だけがすべてじゃないって思える。わたしはそれに救われたの。」
そのときに詠んだ短歌があるんだけど、と佐藤先輩は前置きして、
『それぞれの午後二時四十三分に左の指で歌を唱える』
「何ですか、その中途半端《ちゅうとはんぱ》な時間。」
そう言いながら、わたしは短歌の意味を想像した。
佐藤先輩の短歌はどれもナゾナゾみたい。
「平日の二時半過ぎっていったら、わたしたちはどこで何してる？」
「……学校、ですよね。六時間目のまんなかくらい。」
「そういうこと！」
佐藤先輩はパチンと指を鳴らした。
「六時間目の授業中に、暇《ひま》だから（注2）タンカード開いてぼんやりしてたら、ふと思いうかんだの。たとえばさ、わたしがこうして教室の机にいるとき、望さんは仕事のお客さんのところに向かう電車に乗ってるかもしれないし、大学生はバイトしてるかもしれないし、イラストレーターの人はきっとまた新しいイラストを描いてる。義務教育中の中学生はどうあがいたって中学生でしかいられないんだけど、大人になると人によって全然ちがう。そういうふうに、時間の過ごし方っていろいろなんだなって。でも、生活が全然ちがうのに、みんなが短歌でつながってるって、なんかすごいなって思うんだよね。平日の昼下がりに、日常の仕事や勉強を利《き》き手でやってるけど、実はもう一つの手では短歌を指折って詠んでいる。これはそんなイメージでつくっ

過程を経て理解されるのですか。それを説明している一文の最初の五字を抜き出しなさい。（字数には句読点等もふくみます。）

問二　傍線部②「私たちの心は、時として語られた言葉よりも、声によって動かされているのです。」とありますが、なぜ声は人の心を動かすのですか。五十字以内で答えなさい。

問三　空欄《くうらん》アに入る言葉を漢字三字で答えなさい。

問四　空欄イ・ウに入る言葉として最も適当なものを次の中から選び、それぞれ記号で答えなさい。

1　印象　2　意志　3　理性　4　感覚　5　本能

問五　傍線部a「絶世」、b「機知」の意味として最も適当なものをあとの中から選び、それぞれ記号で答えなさい。

a「絶世」

ア　世の中にいない

イ　国を滅《ほろ》ぼすほどの

ウ　世に知られた

エ　この上ない

b「機知」

ア　その場をなごませる能力

イ　とっさにうまく対応する才能

ウ　複雑な話をくみたてる知恵《ちえ》

エ　相手を骨抜きにする魅力

問六　傍線部③「胎児は羊水を通じて、母親の声や外部の音を聞いています。」とありますが、それがわかるのはなぜですか。五十字以内で説明しなさい。

問七　傍線部④「声はその人そのものなのです。」とありますが、それはどういうことですか。六十字以内で説明しなさい。

二

次の文章を読んで、あとの問に答えなさい。

中学二年の九月にマレーシアから日本の中学校に編入した「わたし」（花岡《はなおか》沙弥《さや》）は、通学を始めてから間もなく中学三年の図書委員である「佐藤先輩《さとうせんぱい》」（佐藤莉々子《りりこ》）から声をかけられ、吟行《ぎんこう》（短歌・俳句などを作るために、名所などに行くこと）に参加することになった。りりしい姿で本の返却《へんきゃく》をうながす佐藤先輩は、学校では「督促《とくそく》女王」というあだなで呼ばれている。問題文は、十月半ばに二人で吟行に出かけた先で出会った佐藤先輩の歌会仲間である望《のぞみ》さんの短歌について、佐藤先輩が「わたし」に説明しているところから始まる。なお、望さんはこの場面ではすでに去ってしまっている。

「歌会ではね、最初に詠《よ》んだ人の名前を伏《ふ》せて、みんなでその歌について感想を言い合うの。それから、作者を明かす。でも望さんはいつもネコの歌を詠むからすぐ分かっちゃうんだ。」

思い出し笑いをする佐藤先輩を見て、わたしは何だかちょっと複雑な気持ちになった。

「いろんな世代の人と友達みたいに話すなんて、何だかすごいですね。」

ちょっと、うらやましかった。

「それが楽しくて参加してるっていうのもある。わたし、クラスに友達いないから。」

さらっと出た言葉に、耳がぴくっと反応する。きくなら今だ。そんな気がした。

「あの、さっき、佐藤先輩は音楽大学の付属から転校してきたって言ってましたよね？　理由とか、そのころのこと、きいてもいいですか？」

母親の声の調子やリズムから、感情や体調、行動まで読み取っています。

そして母親の声をはじめとする外部環境《かんきょう》の「音」は、絶え間なく赤ちゃんの耳から入り、脳に聴覚の神経を作っていきます。ただ寝転《ねころ》がっているように見える新生児は、耳という閉じることのない扉《とびら》から膨大な情報を取り込んで、脳はスーパーコンピュータのようにデータを蓄積《ちくせき》し、分析《ぶんせき》して、神経細胞《さいぼう》を増やし続けているのです。

絶対音感というものをご存知《ぞんじ》の方は多いでしょう。楽器の音でも、グラスをカチンと鳴らす音でも、瞬時《しゅんじ》に「ド♯《シャープ》」とか「ラ」などとわかってしまう能力のことですが、じつはその音感の素質は、すべての赤ちゃんが持っています。

ただ、成長してその素質を開花させるためには、耳から入った音をしかるべき時期(だいたい四歳前後まで)に「音の高さ＝音名」という概念《がいねん》と一致《いっち》させないと、音感としての神経回路はできあがりません。そのため、絶対音感を持つ人は特殊《とくしゅ》だと思われていますが、音と音名を繋《つな》ぐ時期さえ間違わなければ、誰《だれ》もが絶対音感を持って大人になることは可能です。

絶対音感はともかくとしても、新生児は「あらゆる言語のいかなる複雑な発音」も聴き分けるという驚異《きょうい》的な聴覚を持っています。成長に伴《ともな》って母国語にない発音、つまり聴くことのない音に対しては回路が薄《うす》れていきますが、さまざまな声を聞いている限り、「声に含まれる要素を聴き取る能力」は持ち続けています。

そのような聴覚の能力を、ほとんどの方は自覚的に使うことがありません。しかし私たちは「声という音」に含まれる要素を、ほぼ無意識裡にではありますが、確かに読み取っているのです。

声という音は、話し手のじつに多くの情報を含んでいます。どのような情報かというと、身長、体格、顔の骨格、性格、生育歴、体調から心理状態まで。つまり、その人のほぼすべてです。

なぜそんな情報が声に出てしまうのか。その理由は追って説明していきますが、声とはひとりひとりの履歴書《りれきしょ》のようなものなのです。声を形成する要素の二割ほどが、生まれ持った体格・骨格や声帯の長さ、共鳴腔《きょうめいこう》(口腔や鼻腔《びこう》など)の形など、いわゆる先天的な声の素質で、残りの八割は生育環境や性格と、そのときの心身の状態です。ですから履歴書どころか、そのときの体調や心情を実況《じっきょう》放送しているようなものであるとすら言えます。

そして人間の聴覚と脳は、それらをすべて受け取っており、かなりの要素を読み取ることができるのです。

「まさか」と思いますか?

中国には古くから、声で人の体質や性格、生《お》い立ちや既往症《きおうしょう》、さらには親や兄弟の体格・体質までをも読み取る「声相」という易学《えきがく》があります。その人の現在と過去を声から読み取るのはもちろん、未来までもわかってしまうものだと考えられてきました。同じく中国の古代医学書には、声に含まれる音から病気を判断する方法が記されています。

古くから人の声には、当人についての多くの情報が含まれていることが理解されていて、人はそれを意図的に読み取ることで、さまざまな判断をしてきたのです。昔といわず、現代のアメリカの大学でも声から病気を診断《しんだん》する研究が進められています。

読み取る、読み取らないにかかわらず、声にはその人のすべてが出てしまうということは、ちょっと頭の片隅《かたすみ》で憶えておいてください。じつのところ、④声はその人そのものなのです。

(山﨑広子《やまざきひろこ》『声のサイエンス』)

(注)「はじめに」＝問題文が載《の》っている本の前書き。

問一 傍線部《ぼうせんぶ》①「話の内容」とありますが、「話の内容」はどういう場所だと言えるでしょう。

しかし声の「内容」と同時に、私たちは声という「音そのもの」も同時に脳内に取り込んでいます。そしてこの「声という音」は新皮質だけでなく、大脳のもっとも深いところにある旧皮質を刺激するのです。旧皮質はその名のとおり、発生系統としては進化のごく初期の段階でできたもので、本能領域にあたります。ここは危険を察知したり、快・不快を［イ］と関係なく判断したりするところです。最新の研究では、音は脳のほぼ全領域に影響することがわかっています。

声という音は、新皮質と同時に旧皮質に滑《すべ》り込み、「心地よい、悪い、好き、嫌《きら》い」といった本能的な感情を起こさせます。もちろん無意識裡《り》に、です。つまり、顕在《けんざい》意識にも潜在《せんざい》意識にも作用しているわけですね。

ここに声の影響力の秘密があります。言葉を無視して心の奥底《おくそこ》に届き、私たちの感情を揺《ゆ》り動かしてしまう。それが声の知られざる、そして恐《おそ》るべき力です。

唐突《とうとつ》ですが、二〇〇〇年ほど時代を遡《さかのぼ》って、古代エジプトに生きた女王、クレオパトラのお話をしましょう。クレオパトラ七世は一八歳《さい》でプトレマイオス朝最後のファラオとなった女性です。ローマのユリウス・カエサルを、カエサルの死後にはその部下だったアントニウスをも虜《とりこ》にしたa絶世の美女と語り継《つ》がれていますが、クレオパトラを知る文筆家、ローマのプルタルコスは彼女《かのじょ》についてこんなふうに記録しています。

「クレオパトラの容姿は、目をひくほど美しくはない。しかしその声は大変魅力《みりょく》的で、その声色《こわいろ》を聞くだけで快楽であった」

もちろん、b機知に富んだ話術《わじゅつ》にも長《た》けていたのでしょうが、このようにわざわざ記述されるほど、彼女の声は魅力的だったのです。声が理屈抜《りくつぬ》きに［ウ］に作用することを考えると、クレオパトラにまつわる伝説の数々も、妙《みょう》に納得《なっとく》がいくのです。

たかが声にそんな力が？　と思われるでしょうか。

しかし(注)「はじめに」でお伝えしたように、声という音が脳内でどのように作用しているかという研究が進み、近年多くのことが解明されてきています。先ほど、声は脳の本能領域に取り込まれ、人の心を動かすというお話をしましたが、ここからはもう一つの重要な要素である「聴覚」について解説しましょう。

人間の聴覚は、感覚器の中でも大変早くから発達します。胎児《たいじ》の時期、妊娠《にんしん》六か月頃《ごろ》にはほぼ完成していますから、その頃から③胎児は羊水《ようすい》を通じて、母親の声や外部の音を聞いています。羊水の中で聞いていた声はくぐもっていて、生まれ出て空気を通して聞く母の声とはずいぶん違《ちが》うはずですが、新生児は自分の母の声を間違いなく認識し、他の母親の声と聞き分けることが実験によって裏付けられています。それどころか、お腹《なか》の中で聞いていた母の言葉、母国語に特徴的な発音に、生まれてすぐに反応することも確かめられました。この優《すぐ》れた聴覚は、生まれてからもさらに発達を続けます。

視覚は生まれてからしばらくは未発達で、あまり役に立ちません。そのぶんを補うのが聴覚です。胎児のときも生まれてからも、人間にとっての世界の認識は聴覚から始まります。自分を取り巻く音、特に母親の声によって赤ちゃんは、自分のいる場所や守ってくれる人を脳に刻みつけていきます。

そして母親もまた、自分の子どもの声を出産後すぐに記憶《きおく》します。憶えようと意識しなくても、脳にしっかりと刻まれるのです。とても不思議なことですが、眠っている母親にさまざまな赤ちゃんの泣き声を聞かせると、自分の子どもの声だけに身体が反応し、起きてしまうことが実験によって確かめられています。

さて、生まれたばかりの新生児は、言葉はまだわからないものの、

二〇一九年度　栄光学園中学校

【国語】（五〇分）〈満点：七〇点〉

（注意）配付されたもの以外の下じき・用紙は使わないこと。

一　次の文章を読んで、あとの問に答えなさい。

ある実験で、声の特徴《とくちょう》が異なるA・Bの二人に同じ言葉を同じ速度で話してもらい、被験者《ひけんしゃ》にそれを聞いた印象を回答してもらいました。その結果、Aに対しては九〇パーセント超《ちょう》の人が「信頼《しんらい》できそう、リーダーになってほしい、友人になりたい」といった、良い印象を抱《いだ》いたのに対して、Bはそのような票をほとんど獲得《かくとく》することができませんでした。

この実験結果が示すことは、人は声だけで、その人物に対してかなり明確に「好ましい・好ましくない」というイメージを持つということです。実験で、A・Bは否定的なことと肯定《こうてい》的なことの両方を話し、被験者はその二種類の言葉を聞いているのですが、否定的な内容のほうがAにより多くの「好ましい」票が集まりました。つまりAは、否定的なことを言っても好ましい印象を与えることができたのです。

会話でも演説でも、綿密なメモでも取らない限り、人はその内容を一割程度しか憶《おぼ》えていないと言われます。一方でこの実験が示すように、私たちは話し手の印象を、その「声」によって無意識にイメージングしています。もっと話を聞いていたいと思わせたり、逆にもういやだな、さっさと話が終わらないかなと感じさせたりするのも、①話の内容だけではなく、声によるもの、声に含《ふく》まれる音の要素による影《えい》響《きょう》が大きいのだということが、近年の研究によって明らかになってきました。②私たちの心は、時として語られた言葉よりも、声によって動かされているのです。

なぜ声が、そのように人の心を動かすのでしょうか。

その秘密は「聴覚《ちょうかく》と脳」にあります。

聴覚とは、音を受け取る器官である耳から入った音が、脳内で処理される一連の感覚のことをいいます。感覚というものは謎《なぞ》に満ちています。耳や目といった受容器が刺激《しげき》を受け取り、それを脳で処理した結果を感覚といいますが、私たちはそれによって自分を取り巻く世界を認識しているわけです。

視覚はかなり自覚的な感覚器官です。見たくなければ目を閉じればいいし、見たものは絵に描《えが》いたり写真に撮《と》ったりして再現と確認ができる。一方で耳は閉じることができず、眠《ねむ》っているときにも、さらには昏睡《こんすい》状態のときですら音を受け取り続けます。人は閉じることができない耳から絶え間なく膨大《ぼうだい》な音を受け取っていて、それは録音によって再現はできるものの、脳が自覚した音の正確な再現や確認はできません。聴覚は、視覚に比べるとはるかに［ア］的な器官なのです。

たとえば街に出たとき、どれほど多くの音が満ちているでしょうか。木々の葉擦《はず》れ、鳥のさえずり、雑踏《ざっとう》の音、車のエンジン音やクラクション、人の話し声、商店街から流れてくる音楽や宣伝の音など、いちいち自覚して聴《き》いてはいませんよね。聞き流している音がほとんどです。しかし聞き流していても、その音はすべて聴覚を通して脳に取り込《こ》まれています。

人の話を聞くときには、まず話されている内容を理解しようとしますよね。声は耳から大脳の聴覚野《や》を通って、言葉を理解する言語野という部分に送られ、言葉の内容を受け取ります。言語野というのは大脳の新皮質という、人間が人間として進化を遂《と》げていく段階で新しくできた部分にあります。新皮質は理性、つまり知的領域を担《にな》っている

2019年度

栄光学園中学校

▶解説と解答

算　数　(60分)＜満点：70点＞

解　答

1 (1)　41.87cm　(2)　23.08cm　**2** (1)　(例)　解説の図ウ，図エを参照のこと。　(2)　解説の図クを参照のこと。　(3)　①　9本，115cm　②　9本，95cm　(4)　19本　**3** (1)　解説の図④を参照のこと。　(2)　**図5**…解説の図⑤を参照のこと。／**図6**…解説の図⑥を参照のこと。　(3)　15枚　(4)　**最も多いときの枚数**…27枚，**最も少ないときの枚数**…0枚　**4** (1)　7個　(2)　①　(0，10)，(1，9)，(2，8)，(3，7)，(4，6)，(5，5)，(6，4)，(7，3)，(8，2)，(9，1)，(10，0)　②　**最も短くなる組み合わせ**…(9，1)，**かかった時間**…1260秒　(3)　**かかる時間**…1240秒，**考えられる組み合わせ**…(6，5)，(4，8)，(3，9)

解　説

1 **平面図形―図形の移動，長さ**

(1)　正三角形ABCは下の図①のように回転するから，点Bの動いた道すじは太線のようになる。太線部分1か所は半径が10cmで中心角が60度のおうぎ形の弧《こ》であり，これが全部で4か所あるので，点Bの動いた道すじの長さは，$10\times2\times3.14\times\frac{60}{360}\times4=\frac{40}{3}\times3.14=40\times3.14\div3=41.866\cdots$(cm)と求められる。これは，小数第3位を四捨五入すると41.87cmとなる。

図①

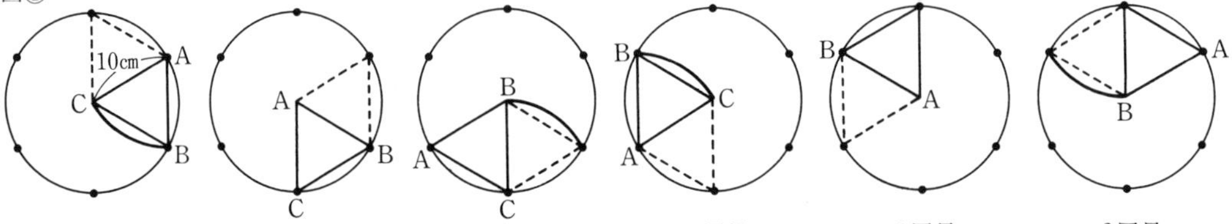

1回目　2回目　3回目　4回目　5回目　6回目

(2)　正方形ABCDは下の図②のように回転するから，点Bの動いた道すじは太線のようになる。図②の1回目の図のように，円周上の6個の点を順に結ぶと正六角形になる。また，多角形の外角の和は360度なので，正六角形の1つの外角は，$360\div6=60$(度)となり，正六角形の1つの内角は，$180-60=120$(度)とわかる。よって，1，3，5回目の太線部分1か所の中心角は，$120-90=30$(度)だから，1，3，5回目に動いた長さの和は，$10\times2\times3.14\times\frac{30}{360}\times3=5\times3.14$(cm)となる。次に，4回目の図で，かげをつけた部分の角の大きさはどちらも45度なので，4回目の太線部分の中心角は，$120-45\times2=30$(度)である。また，正方形ABCDの対角線の長さは14.1cmだから，4回目に動いた長さは，$14.1\times2\times3.14\times\frac{30}{360}=2.35\times3.14$(cm)と求められる。したがって，点Bの動いた道すじの長さは，$5\times3.14+2.35\times3.14=(5+2.35)\times3.14=7.35\times3.14=23.079$(cm)とわかる。これは，小数第3位を四捨五入すると23.08cmとなる。

図②

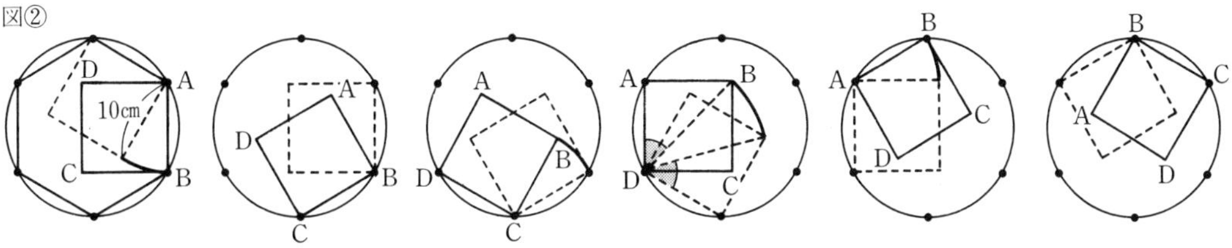

1回目　2回目　3回目　4回目　5回目　6回目

2 立体図形―展開図，構成

(1)　下の図アのように頂点に記号をつけ，これを展開図に移すと，たとえば下の図イのようになる。図イで，外側に出ている辺AB，BC，ADが切られ，面と面が重なっている辺AC，CD，BDは切られていない。よって，図アの辺AB，BC，ADにあたる辺を太線にすると，下の図ウのようになる。なお，頂点の記号の移し方によって，下の図エなども考えられる。

図ア

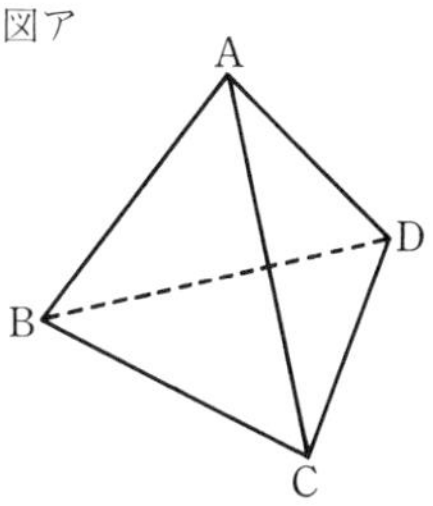

図イ

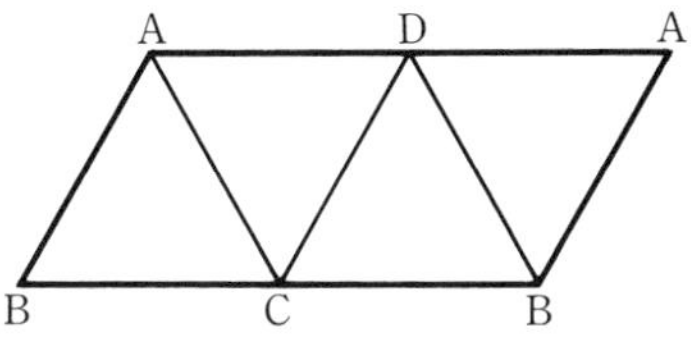

図ウ

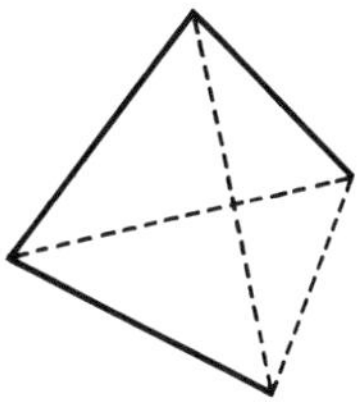

図エ

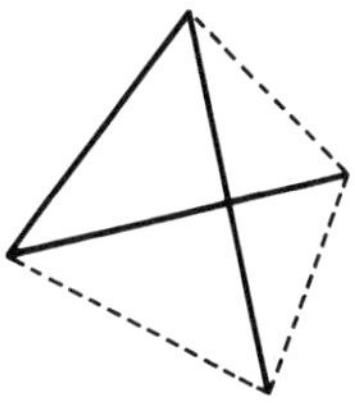

(2)　下の図オのように頂点に記号をつけ，たとえば面ABCDの展開図を下の図カのようにかく。このとき，辺AB，AD，BCは切られていて，辺CDは切られていないから，辺CDに面が重なることになり，下の図キのようになる。面DCGHについても同様に考えると，辺DHに面が重なることがわかる。以下同様に考えると，下の図クのような展開図ができる。なお，向きを変えたり裏返したりして図クと同じになればよい。

図オ

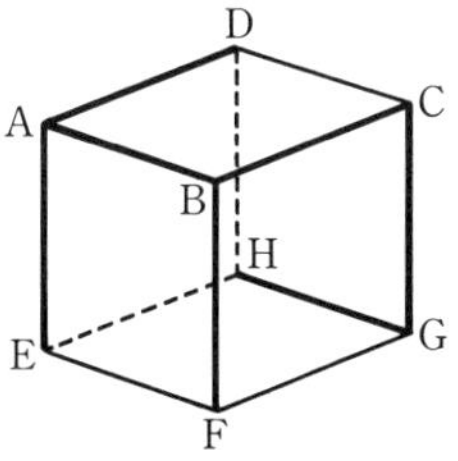

図カ

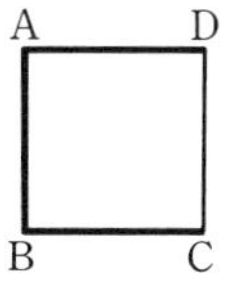

図キ

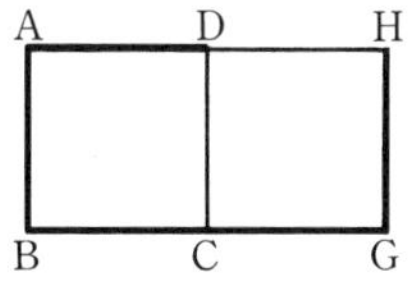

図ク

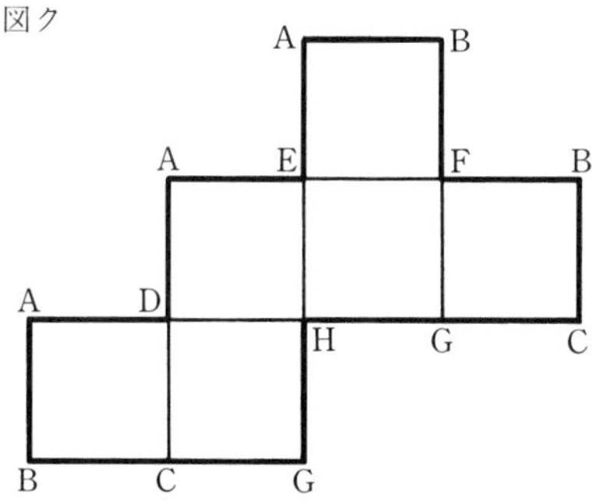

(3)　①　上の図オのような立方体の場合，面の数は6個である。また，展開図を作るとき，面と面が重なる部分に辺が1本ずつあるので，展開図を作るときに切らない辺の数は，面の数よりも1つ少なく，$6-1=5$(本)になる。さらに，立方体の辺の数は全部で，$4\times3=12$(本)だから，展開図を作るときに切る辺の数は，$12-5=7$(本)と求められる。これは，ほかの立体の場合でも同様に考えることができる。五角柱の場合，面の数は，$5+2=7$(個)なので，切らない辺の数は，$7-1=6$(本)である。また，辺の数は全部で，$5\times3=15$(本)だから，切る辺の数は，$15-6=9$

(本)とわかる。このとき，切った辺の長さの合計を最大にするには，できるだけ多く15cmの辺を切ればよいので，下の図ケのような切り方が考えられる。このとき，切った辺の長さの合計は，15×５＋10×４＝115(cm)となる。　② 切った辺の本数は①と同様に９本である。また，切った辺の長さの合計を最小にするには，できるだけ多く10cmの辺を切ればよいから，下の図コのような切り方が考えられる。このとき，切った辺の長さの合計は，10×８＋15×１＝95(cm)となる。

図ケ

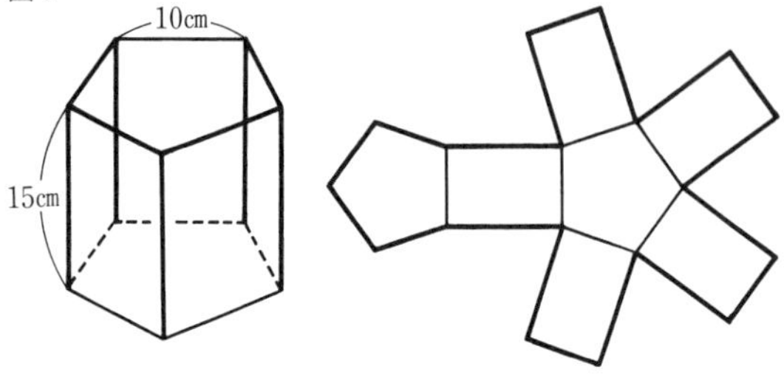

図コ

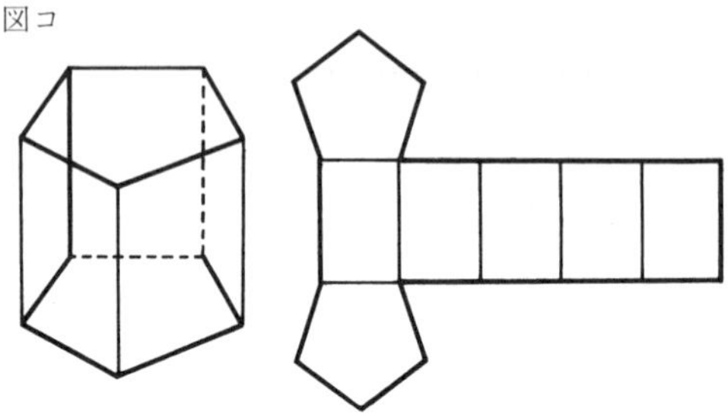

⑷ 問題文中の図７の立体は正十二面体である。面の数は12個なので，切らない辺の数は，12－１＝11(本)である。また，五角形の面が12個あるから，五角形の辺の数の合計は，５×12＝60(本)になる。ただし，このとき１本の辺を２回ずつかぞえることになるので，実際の辺の数は全部で，60÷２＝30(本)である。よって，切る辺の数は，30－11＝19(本)と求められる。

3 図形と規則

⑴ １回目の作業では，下の図①の太線で囲んだ５枚のコマを裏返すから，１回目の作業後には下の図②のようになる。次に，２回目の作業では，図②の太線で囲んだ２枚のコマを裏返すので，２回目の作業後には下の図③のようになる。これで作業は終了になるから，１度も裏返されることのなかったコマは，下の図④の丸で囲んだ７枚のコマである。なお，１度も裏返されることのなかったコマは，図①で太線で囲まれていないコマである。

図①

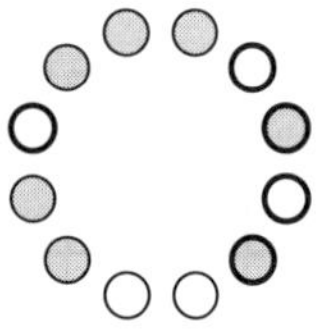

図②

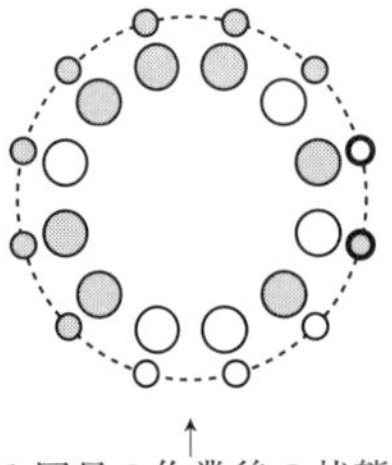

1回目の作業後の状態

図③

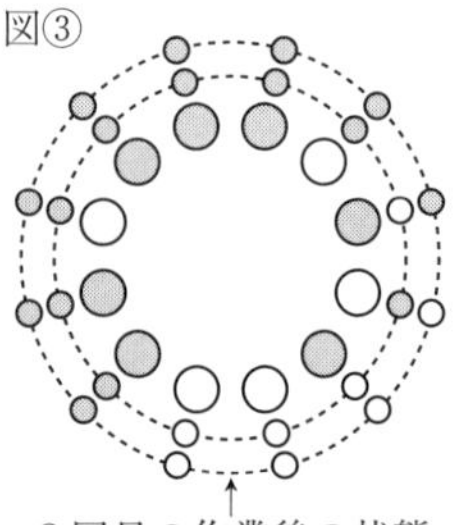

2回目の作業後の状態

図④

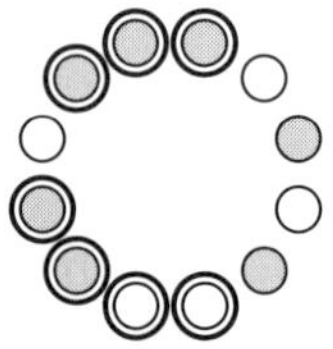

図⑤

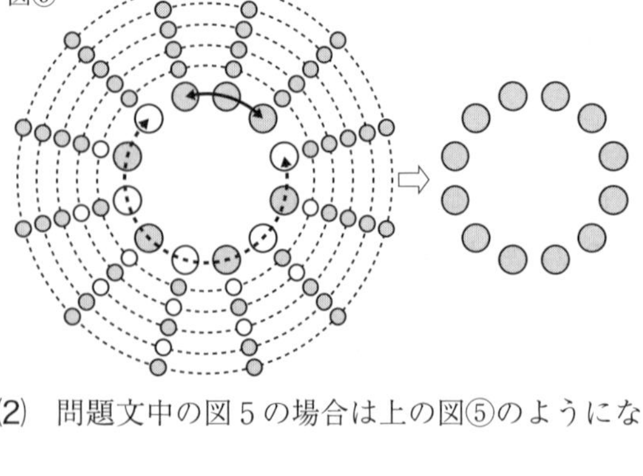

図⑥

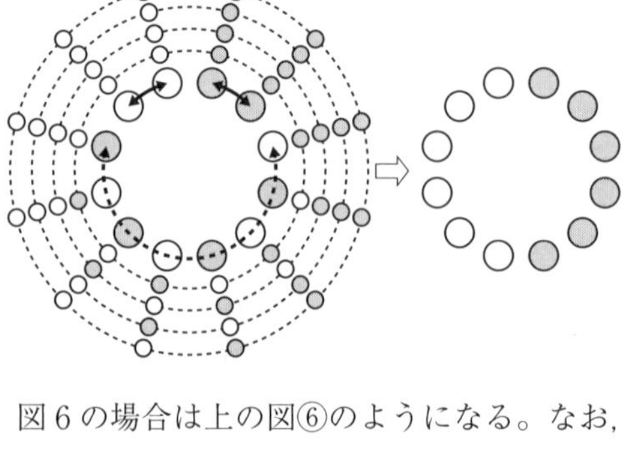

⑵ 問題文中の図５の場合は上の図⑤のようになり，図６の場合は上の図⑥のようになる。なお，

これらの図から，太実線でつないだように同じ色が連続している部分は，１度も裏返されることなく最後まで同じ色のままであることがわかる。また，図⑤，⑥の太点線のように，異なる色が交互《こうご》に並んでいる部分は，１回の作業ですべてのコマが裏返されて，両端《りょうはし》のコマは最後までその色のままである。そのため，図⑤の太点線のように両端が同じ色(白)の場合は，最後にすべてそれとは異なる色(黒)になり，図⑥の太点線のように両端が異なる色の場合は，半分ずつが白と黒になる。

⑶　右の図⑦で，太実線でつないだ３か所は色が変わらない。また，⑵より，太点線㋐でつないだ７枚はすべて黒になり，太点線㋑でつないだ６枚のうち，３枚は白で３枚は黒になる。よって，図⑦のようになるから，最後に黒は15枚になる。

図⑦

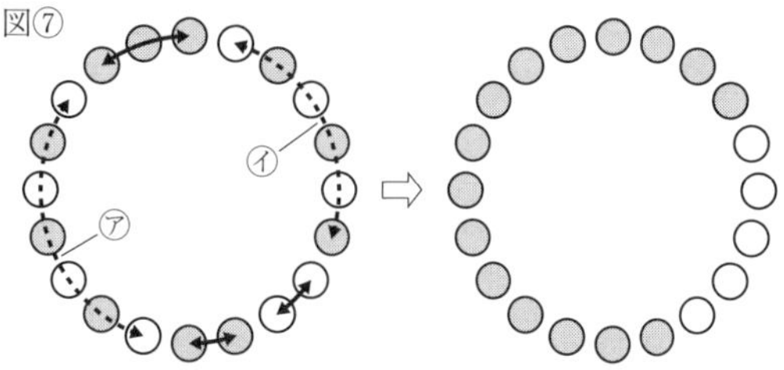

⑷　黒を最も多くするには，下の図⑧のように，連続した２枚の黒の間に白と黒を交互に並べ，残りの部分に余った白を並べればよい(すると，太点線部分はすべて黒になる)。このとき，太点線部分に並ぶ黒の枚数は，15－２×２＝11(枚)であり，白はそれよりも１枚多いので，白の枚数は，11＋１＝12(枚)である。よって，余った白の枚数は，16－12＝４(枚)だから，図⑧のようになり，黒の枚数は，31－４＝27(枚)とわかる。次に，黒を最も少なくするには，下の図⑨のように，白を２枚連続して並べ，残りの部分にはすべて白と黒を交互に並べればよい(このとき，白の方が１枚だけ多くなる)。すると，図⑨のようにすべて白になるので，黒の枚数は０枚となる。

図⑧

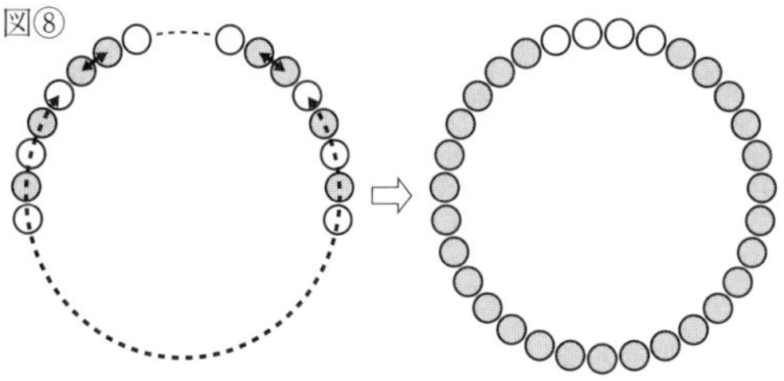

図⑨

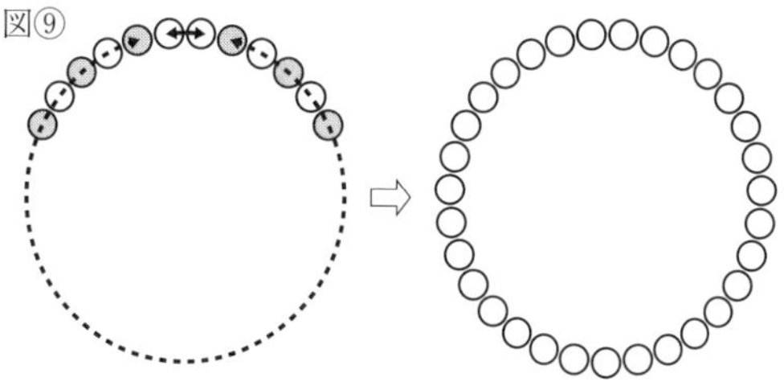

4　つるかめ算

⑴　Ｂ君だけが20個折ったとすると，160×20＝3200(秒)となり，実際よりも，3200－2990＝210(秒)長くなる。Ｂ君のかわりにＡ君が折ると，１個あたり，160－130＝30(秒)短くなるから，Ａ君が折った個数は，210÷30＝７(個)とわかる。

⑵　①　すべてＢ君が折ったとすると，160×10＋120×10＝2800(秒)となり，実際よりも，2800－2500＝300(秒)長くなる。Ｂ君のかわりにＡ君が折ると，ツルの場合もカメの場合も，160－130＝120－90＝30(秒)短くなるので，Ａ君が折った数は，300÷30＝10(個)とわかる。このとき，ツルとカメのどちらを折っても30秒ずつ短くなるから，Ａ君が折ったツルとカメの合計が10個であればよい。よって，Ａ君が折った数の組み合わせは，(０，10)，(１，９)，(２，８)，(３，７)，(４，６)，(５，５)，(６，４)，(７，３)，(８，２)，(９，１)，(10，０)となる。　②　Ａ君が折った数が(０，10)の場合，Ａ君が折った時間は，130×０＋90×10＝900(秒)，Ｂ君が折った時間は，2500－900＝1600(秒)なので，２人が折った時間の差は，1600－900＝700(秒)とわかる。また，Ａ君がツルを１個増やしてカメを１個減らすと，Ａ君が折った時間は，130－90＝40(秒)長くなる。それにともなってＢ君が折った時間は40秒短くなるから，２人が折った時間の差は，40＋40＝80

(秒)縮まる。完成するまでの時間をできるだけ短くするには，この合計ができるだけ700秒に近くなればよい。よって，700÷80＝８余り60より，完成するまでの時間が最も短くなるのは，Ａ君が折った数が(８，２)または(９，１)の場合と考えられる。(８，２)の場合，Ａ君が折った時間は，900＋40×８＝1220(秒)，Ｂ君が折った時間は，2500－1220＝1280(秒)なので，完成するまでの時間は1280秒となる。同様に，(９，１)の場合，Ａ君が折った時間は，900＋40×９＝1260(秒)，Ｂ君が折った時間は，2500－1260＝1240(秒)だから，完成するまでの時間は1260秒となる。したがって，完成するまでの時間が最も短い組み合わせは(９，１)であり，そのときにかかった時間は1260秒である。

(3)　Ａ君の方が１個あたりの時間が短いので，完成するまでの時間をできるだけ短くするには，Ａ君の方が多く折るようにすればよい。そこで，まず，「Ａ君が11個，Ｂ君が９個折る場合」を考える。すべてＢ君が折ったとすると2800秒かかり，Ｂ君のかわりにＡ君が折ると，ツルの場合もカメの場合も30秒短くなるから，Ａ君が折る数を11個にすると，かかる時間の合計は，2800－30×11＝2470(秒)になる。また，完成するまでの時間をできるだけ短くするには，２人が折る時間の差ができるだけ短くなるようにすればよいので，Ａ君が折る時間が，2470÷２＝1235(秒)前後になるようにすればよい。つまり，Ａ君についてまとめると下の図１のようになる。すると，(1235－90×11)÷40＝６余り５より，ツルの数を６個または７個にすればよいことがわかる。そこで，Ａ君が折る個数が(６，５)，(７，４)の場合についてＡ君とＢ君が折る時間を求めると，それぞれ下の図２のようになる。よって，Ａ君が11個，Ｂ君が９個折る場合，かかる時間は最も短くて1240秒となる。次に，「Ａ君が12個，Ｂ君が８個折る場合」を考える。Ａ君が折る数を12個にすると，かかる時間の合計は，2800－30×12＝2440(秒)になるから，Ａ君が折る時間が，2440÷２＝1220(秒)前後になるようにすればよい。つまり，Ａ君についてまとめると下の図３のようになる。すると，(1220－90×12)÷40＝３余り20より，ツルの数を３個または４個にすればよいことがわかる。そこで，Ａ君が折る個数が(３，９)，(４，８)の場合についてＡ君とＢ君が折る時間を調べると，それぞれ下の図４のようになる。よって，Ａ君が12個，Ｂ君が８個折る場合，かかる時間は最も短くて1240秒となる。さらに，「Ａ君が13個，Ｂ君が７個折る場合」を考える。Ａ君が折る数を13個にすると，かかる時間の合計は，2800－30×13＝2410(秒)になるので，Ａ君が折る時間が，2410÷２＝1205(秒)前後になるようにすればよい。ただし，カメの数は10個以下だから，ツルの数は３個以上になる。すると，Ａ君が折る時間は，130×３＋90×10＝1290(秒)以上になるから，1240秒以下にすることはできない。Ａ君が折る数をこれ以上増やしても同様なので，完成するまでの時間は最も短く

図１

(ツル)１個130秒 ⎫ 合わせて
(カメ)１個 90秒 ⎭ 11個で1235秒前後

図２

(６，５)の場合
Ａ君…130×６＋90×５＝1230(秒)
Ｂ君…2470－1230＝1240(秒)
(７，４)の場合
Ａ君…130×７＋90×４＝1270(秒)
Ｂ君…2470－1270＝1200(秒)

図３

(ツル)１個130秒 ⎫ 合わせて
(カメ)１個 90秒 ⎭ 12個で1220秒前後

図４

(３，９)の場合
Ａ君…130×３＋90×９＝1200(秒)
Ｂ君…2440－1200＝1240(秒)
(４，８)の場合
Ａ君…130×４＋90×８＝1240(秒)
Ｂ君…2440－1240＝1200(秒)

て1240秒であり，A君が折る数の組み合わせは，（6，5），（3，9），（4，8）の3通りあることがわかる。

社　会　（40分）＜満点：50点＞

解　答

Ⅰ **問1** ウ　**問2** エ　**問3** 長崎(港)　**問4** 福沢諭吉　**問5** イ　**問6** イ　**問7** 石油　**問8** (例) 煙を出さないので，市街地や地下でも走行できる。　**問9** (1) 富岡　(2) ウ　**問10** ア　**問11** エ　**問12** イ　**問13** 鹿鳴館　**問14** 大隈重信　**問15** 豊洲　Ⅱ **問1** 下の図　**問2** (例) 1955年以降，石炭の消費量は増え続けているが，1975年ごろから，輸入される石炭の量が大きく増えたことにともなって国内産の石炭の量は減り続け，近年では消費量の大部分を輸入炭が占めるようになっている。　**問3** イ　**問4** ウ　**問5** (1) 石油危機(オイルショック)　(2) (例) 2011年3月の東日本大震災のさいに福島第一原子力発電所で発生した重大な放射能事故をきっかけとして，全国の原子力発電所がいったん操業を停止したこと。　**問6** イ　Ⅲ (例) 明治時代以降，石炭は蒸気機関の燃料や暖房用の燃料などエネルギー資源として，また，製鉄の原料として利用されるようになった。その後，高度経済成長期には製鉄の原料としての需要はますます高まったが，燃料としての需要はいったん低下した。しかし，1980年代以降は火力発電の燃料としての需要が再び高まり，その傾向は現在も続いている。

グラフ1

国内産の石炭と輸入された石炭の量

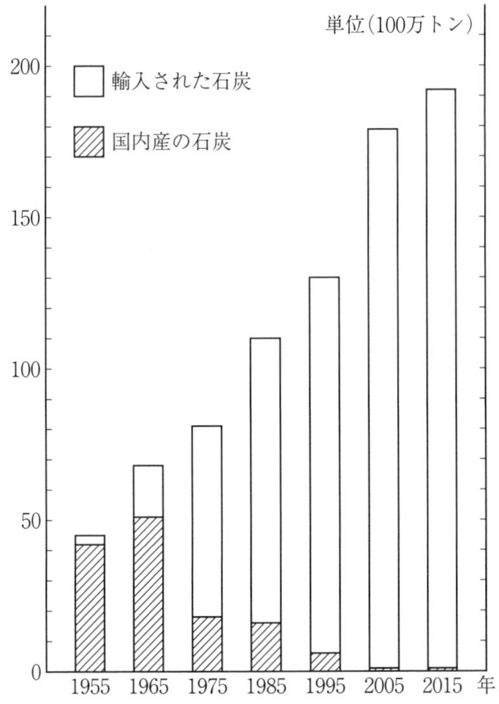

グラフ2

原料炭と一般炭の量

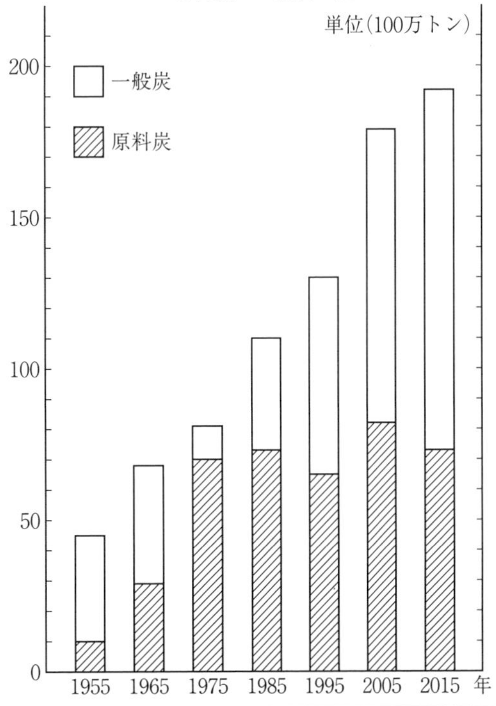

解　説

Ⅰ　石炭を題材とした総合問題

問１　筑前《ちくぜん》国は，おおむね現在の福岡県の北半分にあたる。かつては筑紫《つくし》国の一部だったが，７世紀末ごろに筑前国と筑後国(おおむね現在の福岡県の南半分)に分けられたと伝えられている。なお，アは備前・備中・美作《みまさか》の３国，イは若狭《わかさ》国・越前《えちぜん》国，エは陸前国とよばれていた地域が，おおむね現在の県域となっている。

問２　ペリーが来航した1853年時点の中国の王朝は明ではなく清なので，エがまちがっている。

問３　イは，石炭が上位にあることや，対馬《つしま》藩と朝鮮との貿易で輸入された人参《にんじん》(朝鮮人参，薬として用いる)があることから，長崎港だとわかる。かつて九州北部には，「軍艦《ぐんかん》島」で知られる端島炭鉱や三池炭鉱など，多くの炭鉱が存在した。なお，アは貿易開始当初，日本最大の貿易港として生糸を多く輸出した横浜港があてはまる。ウは昆布《こんぶ》や乾燥《かんそう》ナマコなど，江戸時代に蝦夷《えぞ》地(北海道)との交易で得られたものがふくまれているので，函館港だと判断できる。なお，蚕卵紙とは，カイコガが卵を産みつける厚手の和紙のこと。当時，ヨーロッパでは蚕の病気が広まり，養蚕業が大きな打撃を受けていたことから，良質なカイコガの卵が産みつけられた日本の蚕卵紙がさかんに輸出された。

問４　中津藩(大分県)の下級武士の家に生まれた福沢諭吉は，大阪の適塾で緒方洪庵《おがたこうあん》に蘭学を学び，江戸で蘭学塾(のちの慶應義塾大学)を開いた。1860年，日米修好通商条約批准《ひじゅん》のため，幕府の外国奉行が遣米使節としてアメリカ船でサンフランシスコに渡ったさいには，その護衛艦として同行したオランダ製軍艦咸臨丸《かんりんまる》に乗船し，艦長の勝海舟らとともにアメリカに渡った。その後，２度にわたって欧米視察を行い，それらの体験をもとに『西洋事情』や『学問のすゝ《す》め』などを著した。

問５　1872年，日本で最初の鉄道が開通し，東京の新橋と，開港地となった横浜の間のおよそ29kmを53分で結んだ。なお，1884年には高崎(群馬県)と東京の上野を結ぶ鉄道が開通し，生糸の一大産地であった北関東と東京が鉄道で結ばれた。

問６　19世紀末ごろから，イギリスとロシアは世界各地で領土をめぐって対立を深めていた。こうした状況のもとで，ロシアの南下政策に対する利害が一致した日本とイギリスは，1902年に日英同盟を結んだ。1904～05年の日露戦争のさいには，ロシアを出航した艦隊が，イギリスの支配地域を避《さ》けるためにやむを得ず大回りして日本へ向かったり，思うような補給ができなかったりするという事態が起こった。

問７　1930年代ごろから，蒸気機関に代わってディーゼル・エンジンが船の動力として広く用いられるようになっていった。ディーゼル・エンジンは，石油(軽油や重油など)を燃料とする内燃機関である。

問８　蒸気機関は，水を沸騰《ふっとう》させて得る蒸気の力でエンジンなどを動かす。蒸気機関車の場合，燃料として石炭を用いるので，燃焼させるさいに大量の煙を出す。その結果，沿線地域に煙害をもたらすうえ，長いトンネルの中や地下を走ることには適さない。電車はそうした心配がないので，人口密集地域でも走行できるし，地下鉄をつくることもできる。

問９　(1)，(2)　明治政府は欧米諸国に追いつくために近代化政策をおし進め，殖産興業政策の１つとして，1872年，養蚕業のさかんな群馬県に日本初の官営模範《もはん》工場である富岡製糸場を設立した。富岡製糸場では，フランス人技師ブリューナの指導のもと，フランス製の機械を導入して生糸の生産が行われ，ここで育成された工女がのちに各地でその技術を広めた。

問10　1968年，埼玉県行田市にある稲荷山《いなりやま》古墳から鉄剣が出土した。1978年にX線撮影《さつえい》を行った結果，鉄剣に115の文字が刻まれていることがわかり，「ワカタケル大王」と読み取れる文字があることが判明した。ワカタケル大王は雄略《ゆうりゃく》天皇のことと推定されることから，5世紀(古墳時代)には大和政権が関東地方にまで勢力を広げていたことが証明された。

問11　八幡製鉄所は日清戦争で日本が清(中国)から得た賠償《ばいしょう》金の一部をもとに，多額の政府資金を投入して建設された官営の製鉄所で，1901年に操業を開始した。八幡(現在の北九州市八幡東区)が選ばれた理由としては，鉄鉱石の輸入先であった中国に近かったことや，付近に鉄鋼の生産に必要な石炭や石灰石の産地があったことなどがあげられる。八幡製鉄所が建設された目的は，鉄鋼の国内自給をめざすことにあったので，エがまちがっている。なお，日本が鉄鋼の輸出国になるのは高度経済成長期の1960年代以降である。

問12　「大都市から離れた山岳地帯で大規模に」行われるのは，水力発電である。水力発電は水が落下するエネルギーで発電機を回して発電する方法で，多くは河川の上流部に，水をたくわえるダムとともに建設される。

問13　鹿鳴館《ろくめいかん》は，日本が近代国家になったことを欧米諸国に知らせ，不平等条約の改正交渉《こうしょう》を有利に進めることを目的として，東京の日比谷に建てられた洋館である。明治時代初期に外務卿《きょう》・外務大臣を務めた井上馨《かおる》は，ここで舞踏会《ぶとうかい》などを開いて「鹿鳴館外交」を展開したが，条約改正にはいたらなかった。

問14　大隈重信は肥前藩(佐賀県)出身の政治家で，政府の参議であったが自由民権運動に同調したことから，1881年に辞めさせられて政府を去った。同年，政府が10年後の国会開設を約束すると，翌82年にイギリス流の議会政治を唱えて立憲改進党を結成した。

問15　東京都中央区築地《つきじ》にあった東京中央卸売市場は，2018年10月，東京都江東区豊洲《とよす》に移転した。移転先とされた場所はガス工場の跡地で，敷地《しきち》内の土壌《どじょう》や地下水から多くの有害物質が検出されたため，除去《じょきょ》のための調査や工事，作業が行われた。

Ⅱ　石炭と鉄鋼業・発電のかかわりについての問題

問1　全体の合計はすでに棒グラフで示されているので，表1の「国内原料炭」と「国内一般炭」の合計をグラフ1の「国内産の石炭」の値として，表1の「国内原料炭」と「輸入原料炭」の合計をグラフ2の「原料炭」の値として記入すれば，棒グラフが完成する。「国内産の石炭」の値は棒グラフの左からそれぞれ，42(1955年)，51(1965年)，18(1975年)，16(1985年)，6(1995年)，1(2005年)，1(2015年)となる(単位はいずれも100万トン)。また，「原料炭」の値は棒グラフの左からそれぞれ，10(1955年)，29(1965年)，70(1975年)，73(1985年)，65(1995年)，82(2005年)，73(2015年)となる(単位はいずれも100万トン)。グラフは1目盛りが2なので，これに合わせて区切っていけばよい。

問2　グラフ1からは，1955年以降，国内で消費される石炭の量が増え続けていること，1975年以降，輸入される石炭の量が急増しており，それにともなって国内産の石炭の量が減り続けていること，2005年以降，国内産の石炭の量がきわめて少なく，自給率は1％未満となっていることなどがわかる。こうした変化から，海外から安い石炭がさかんに輸入されるようになったことが，国内の石炭産業の衰退《すいたい》につながったという状況が読み取れる。

問3　日本はオーストラリアから多くの資源を輸入しており，なかでも鉄鉱石はその輸入額の６割以上をオーストラリアから輸入している。2017年におけるわが国の石炭の輸入額の相手国別割合は，オーストラリア62.3%，インドネシア12.9%，ロシア9.0%の順である。統計資料は『日本国勢図会』2018／19年版による。

問4　グラフ２とグラフ３から，グラフ２で「原料炭」の値が増えた年には，グラフ３の鉄鋼(粗鋼)の生産量も増え，減った年には鉄鋼(粗鋼)の生産量も減少していることがわかるので，ウが正しい。

問5　(1)　1973年に第四次中東戦争が起こったさい，アラブの産油国が原油の生産量削減《さくげん》と価格の大幅な引き上げを行ったことから，世界の経済が大きく混乱した。これが第一次石油危機(オイルショック)で，1979年にはイラン革命の影響で第二次石油危機が起こった。この二度の石油危機を受け，政府は石油の備蓄や，石油以外のエネルギーへの転換を進める政策をとるようになった。

(2)　2011年３月に起きた東日本大震災では，東京電力の福島第一原子力発電所が大量の放射性物質を飛散させるという重大事故を起こした。これを受けて全国の原子力発電所は，定期検査の時期をむかえたものから順にいったん操業を停止したため，原子力発電の発電量が大きく落ちこんだ。

問6　ア　石炭火力の発電量は，1965年から1975年にかけていったん減少したが，その後は増加を続けている。　イ　1975年以降，石炭火力の発電量が増えているのは，輸入される石炭の増大を背景としている。　ウ　発電量の合計に占《し》める石炭火力の割合は，1955年が，108÷539×100＝20.0…(%)，1975年が，153÷3876×100＝3.9…(%)となっている。　エ　2015年における発電量の合計に占める石炭火力の割合は，3551÷10412×100＝34.1…(%)で，３割を超《こ》えている。

Ⅲ　石炭の需給の変化についての問題

本文からは，明治時代以降，石炭が蒸気機関の燃料や暖房用の燃料などエネルギー資源として，また，製鉄の原料として利用されるようになったことが読み取れる。また，表から読み取れることなどをもとに，高度経済成長期には製鉄の原料としての需要がますます増えたが，エネルギー革命によってエネルギー源の中心が石炭から石油に代わり，燃料としての需要はいったん低下したこと，1980年代以降は火力発電の燃料としての需要が再び高まり，現在もその傾向が続いていることなどを説明するとよいだろう。

理　科　(40分)　＜満点：50点＞

解　答

問1　ウ　　**問2**　エ　　**問3**　(例)　**実の特徴**…実や種子の大きさが小さい。　**有利な理由**…石積みのすき間に入りこみやすいから。／**実の特徴**…運ばれやすいつくりになっている。**有利な理由**…広い範囲に種子を散らばらせることができるから。　**問4**　(例)　石と石の境の線が一直線でないため，図７よりじょうぶであり，形がある程度そろっていて図８より積みやすい。　**問5**　解説の図①を参照のこと。　**問6**　解説の図②を参照のこと。　**問7**　解説の図④を参照のこと。　**問8**　2.7g　**問9**　(1)　55%　(2)　62%　**問10**　でこぼこの石　**問11**　1.3倍　**問12**　2.4m^2

解　説

石積みについての問題

問１　図２で，生えている植物の種類は，区画１と区画１から区画２まではどちらも１種類となっている。これは，区画１には１種類の植物が生えていて，区画２には区画１と同じ種類の植物が生えているか，または区画２には植物が何も生えていないかのどちらかとなる。区画１から区画３まででは３種類の植物が生えているため，区画３には区画１に生えていた植物とは異なる種類の植物が２種類見られる。区画１から区画４まででは生えている植物の種類が７種類となるので，区画４では区画１から区画３までで見られなかった植物が新たに，７－３＝４（種類）見られることになる。区画５では，区画１から区画４までに見られた種類と同じものしか見られない。このようすにあてはまるものは，ウである。ウでは，区画１や区画１から区画２まででＦの１種類，区画１から区画３まででＦ・Ｇ・Ｚの３種類，区画１から区画４や区画５まででＡ・Ｃ・Ｄ・Ｆ・Ｇ・Ｈ・Ｚの７種類の植物が見られる。区画６以降も図２と生えていた植物の種類の数が合っている。

問２　図３の穂《ほ》に細長い柄《え》が35～40本ほどあり，１本の柄の長さは平均すると30cmに近いと考えられる。また，図４では，柄の10cmの間におよそ30～35個ほどの花がついている。１つの花から１つの種子ができるものとするため，図３の穂にできる種子の数はおよそ，$35\times30\times\frac{30}{10}=3150$（個）や，$40\times35\times\frac{30}{10}=4200$（個）などと求めることができ，エが選べる。

問３　図５の観察カードから，石積みに生えるヤマグワ，カントウタンポポ，ススキの実と，石積みには生えないドングリのなる木であるコナラの実をくらべる。すると，石積みに生える３種類の植物の実（ヤマグワは種子が入ったつぶ）はいずれも小さく，石積みのすき間に入りやすいという特徴《とくちょう》をもつことがわかる。また，ヤマグワの実は動物に食べられることで運ばれて広い範囲《はんい》に散らばりやすく，カントウタンポポやススキの実は風に乗って運ばれやすいように毛が実についていて，広い範囲に散らばりやすいことが考えられる。

問４　図７の積み方は積むのが簡単であるが，図８の積み方にくらべてあまりじょうぶではなく，くずれやすいと述べられている。また，図８の積み方はじょうぶでくずれにくいが，積み上げるのは難しいとある。それらとくらべると，図６の積み方は，図７と図８の積み方の長所を取り入れつつ，短所を改善した積み方になっていると考えられる。石と石の境の線が一直線にならないので図７の積み方よりじょうぶで，図８の積み方より積み上げることが簡単である。

問５　図９の積み方は，石の並べ方が規則的で，大きさを考えて石が配置され，石を積む順序に決まりがある。石積みの表面に見えている，それぞれの石の面は長方形に近い形をしており，同じような大きさである。これらの石は，長方形のそれぞれの辺が水平方向に対してかたむくように積まれていて，同じ段では同じ向きに並べてある。そして，１つ上の段では石が長方形の短い辺を下の段の長い辺とふれ合うように積み重ねてあり，石と石の境界線が一直線にならないように工夫されている。つまり，石のかたむく方向が段ごとに交互に変わっている。この積み方で図９のあいている部分に石積みのようすをかくと，右上の図①のようになる。

図①

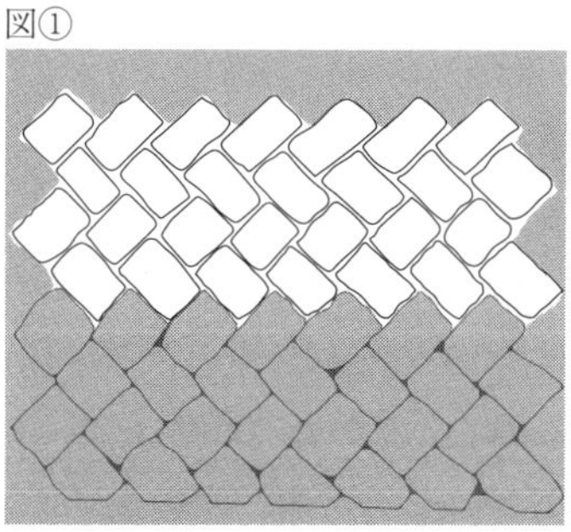

問6　表1より，グラフにそれぞれの高さでの石の重さを○印でかき入れる。そして，すべての○印の近くを通るように直線を引くと，右の図②のようなグラフが得られる。

図②

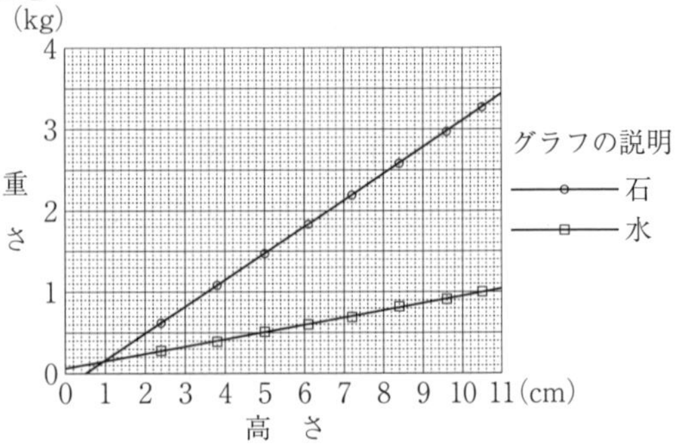

問7　(1)　水1Lの重さが1kgなので，表1のそれぞれの高さにおける水の体積は，下の図③のように水の重さの値と同じになる。よって，グラフは右下の図④の(1)のようになる。　(2)　円柱の容器は中の底面積が210cm^{2}なので，表1の高さ(cm)を用いて容器に水だけを入れた場合の水の体積(L)を求める式は，210×(高さ)÷1000となる。したがって，それぞれの高さでの水だけを入れた場合の水の体積は図③のようになり，高さと水の体積は比例するので，グラフは高さが0cm，体積が0Lの点(原点)から始まる図④の(2)のような直線で表される。　(3)　石の体積は，それぞれの高さでの石と水の体積の和から水の体積を引いて求められる。石と水の体積の和は，水だけをそれぞれの高さまで入れたときの水の体積に等しいので，(2)の直線上の値である。この値から(1)の水の値を引けば，石の体積となる。その値は図③のようになり，これをグラフに表すと図④の(3)のようになる。

図③

高さ(cm)	表1での水の体積(L)	水だけを入れた場合の水の体積(L)	石の体積(L)	石1cm^{3}あたりの重さ(g)
2.4	0.28	0.504	0.224	2.8
3.8	0.39	0.798	0.408	2.6
5.0	0.51	1.05	0.54	2.7
6.1	0.60	1.281	0.681	2.7
7.2	0.69	1.512	0.822	2.7
8.4	0.82	1.764	0.944	2.7
9.6	0.91	2.016	1.106	2.7
10.5	1.00	2.205	1.205	2.7

図④

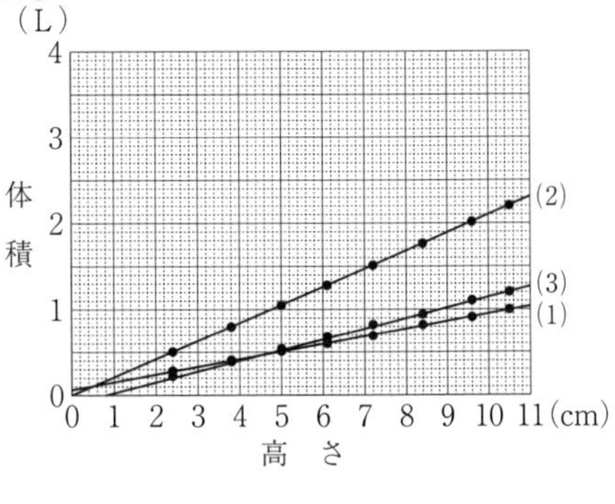

問8　たとえば，高さが10.5cmのときの石の重さが3.27kgで，このときの石の体積が1.205Lであることから，石1cm^{3}あたりの重さは，3.27×1000÷(1.205×1000)＝2.71…より，2.7gと求められる。同様にしてほかの高さでも石1cm^{3}あたりの重さを求めると図③のようになる。したがって，でこぼこの石の1cm^{3}あたりの重さは約2.7gである。

問9　(1)　高さ10cmまで水だけを容器に入れた場合，水の体積は，10×210÷1000＝2.1(L)となり，これは高さ10cmまでの空間の体積と等しい。また，高さ10cmまで石を入れた場合，図②で水の重さは約0.95kgと読み取れ，その体積が0.95Lとなるので，石の体積は，2.1－0.95＝1.15(L)と求められる。よって，石の体積の割合は，1.15÷2.1×100＝54.7…より，55%と求められる。　(2)　図15より，高さ10cmのときの水の重さは約0.8kgと読み取れるので，その体積は0.8Lである。高さ10cmまでの空間の体積は2.1Lだから，石だけの体積は，2.1－0.8＝1.3(L)となる。よって，石の体積の割合は，1.3÷2.1×100＝61.9…より，62%である。

問10　問9より，同じ体積の空間に対する石のしめる体積の割合は，でこぼこの石の方がなめらかな石よりも小さい。このことから，でこぼこの石の方がなめらかな石よりもすき間が多くできるといえる。

問11　でこぼこの石について考える。図②より，高さ10cmでの石の重さは約3.1kg，水の重さは，約0.95kgと読み取れるため，(3.1＋0.95)÷3.1＝1.30…より，石と水の合わせた重さは石だけの重さの約1.3倍と求められる。

問12　図16において，４つの穴でつくる四角形について考える。この四角形はおよそ正方形で，穴と穴の間かくが，25cmの辺が３つ分と40cmの辺が２つ分の合計で，(25×３＋40×２)÷100＝1.55(m)になっている。この四角形の中に，１つの穴につき$\frac{1}{4}$ずつが入っているとみなせるので，４つの頂点に位置する穴を合わせると穴１つ分となる。したがって，1.55×1.55＝2.4025より，石積みの表面の面積2.4m^2ごとに１つの割合で穴があけられていることがわかる。

国　語　(50分)＜満点：70点＞

解　答

一　**問１**　声は耳から　**問２**　(例)　声は音として無意識裡に新皮質と同時に本能領域である旧皮質も刺激し，本能的な感情を起こさせるから。　**問３**　無自覚　**問４**　イ　３　ウ　５　**問５**　a　エ　b　イ　**問６**　(例)　新生児は母の声を間違いなく認識し，母の言葉，母国語に特徴的な発音に生まれてすぐに反応したりするから。　**問７**　(例)　声には話し手の身長，体格，顔の骨格，性格，成育歴，体調から心理状態まで，その人のほぼすべての情報がふくまれるということ。　二　**問１**　(例)　佐藤先輩は周りの反応を気にせず，いつも堂々としている強い人だと思っていたから。　**問２**　(例)　いろんな人と会える歌会という居場所を見つけたことで，学校での人間関係がすべてじゃないと知り，友達がいない苦しみから解放され強くなれた。　**問３**　(例)　親の希望で始めたピアノでは敗北感でいっぱいだったが，今は自分の短歌で一人前になれることを証明し，親を見返したいと強く思う気持ち。　**問４**　(例)　ピアノから逃げ，敗北感や負い目を感じていたころの，将来に対する不安な気持ちが表現されている。　三　下記を参照のこと。

●漢字の書き取り

三　１　遊覧　２　装飾　３　諸島　４　組織　５　功績　６　縦横　７　温暖　８　習熟　９　貧弱　10　不孝　11　巣　12　節　13　暴(れる)　14　浴(びる)　15　破(る)

解　説

一　**出典は山崎広《やまざきひろ》子《こ》の『声のサイエンス―あの人の声は，なぜ心を揺《ゆ》さぶるのか』による。**声は人の本能的な感情を揺り動かしたり，話し手のほぼすべての情報をふくんでいたりするものであるということを，人間の聴覚《ちょうかく》の仕組みを明らかにしながら解説している。

問１　「話の内容」は「言葉」で伝えられるものなので，人間がどのように言葉を認識《にんしき》するかということが述べられている部分に注目する。少し後で，筆者は「人の話を聞くときには，まず話されている内容を理解しようと」すると前置きしたうえで，「声は耳から大脳の聴覚野を通って，言葉を理解する言語野という部分に送られ，言葉の内容を受け取」るのだと，声を言葉として認識する過程を説明している。

問2　筆者が「声」について，「内容」（言葉）と「音そのもの」を区別して説明していることに着目する。「言葉」は，人間が進化していく段階で新しくできた，「新皮質」とよばれる大脳の「知的領域」を担《にな》う場所で受け取られるが，「音そのもの」は，「大脳のもっとも深いところ」の「本能領域」にあたる「旧皮質を刺激《しげき》する」と述べられている。つまり，「声」という「音そのもの」は無意識裡《り》に人間の「心の奥底《おくそこ》に届き」，「本能的な感情を起こさせる」ため，「言葉よりも，声によって動かされている」ということが起きるのである。

問3　同じ段落で，「視覚」と「聴覚」が対比して説明されていることをおさえる。「視覚はかなり自覚的な感覚器官」なので，「見たくなければ目を閉じればいい」し，「見たもの」については「再現と確認」ができるが，「耳は閉じることができず」，常に受け取り続けている膨大《ぼうだい》な音の「正確な再現や確認」もできないと述べられている。よって，「聴覚」は「視覚」とは異なる「無自覚」的な器官だといえる。

問4　問２で検討した内容をおさえる。　**イ**　大脳の新皮質は「理性，つまり知的領域を担っている場所」なのに対し，旧皮質は「本能領域」だと説明されている。よって，旧皮質では「危険」の察知や「快・不快」などが「理性と関係なく」本能的に判断されるのだとわかる。　**ウ**　筆者は「声という『音そのもの』」は，「本能領域」を刺激し，人間の「感情を揺り動かしてしまう」のだと述べている。

問5　**a**　この世にならぶものがないほどにすぐれていること。　**b**　その場の状況《じょうきょう》に応じて，とっさに適切な対応や発言ができる才能のこと。

問6　続く部分で説明されている。筆者は「新生児は自分の母の声を間違《まちが》いなく認識し，他の母親の声と聞き分けることが実験によって裏付けられて」いることと，「お腹《なか》の中で聞いていた母の言葉，母国語に特徴《とくちょう》的な発音に，生まれてすぐに反応することも確かめられ」ているという二つの事実を根拠《こんきょ》に，胎児《たいじ》が「母親の声や外部の音を聞いて」いるのだと述べている。

問7　少し前で，「声という音」は，「身長，体格，顔の骨格，性格，生育歴，体調から心理状態まで」，じつに多くの情報をふくむ，話し手の「ほぼすべて」であり「履歴《りれき》書のようなもの」だと説明されているので，この部分をまとめればよい。

二　**出典はこまつあやこの『リマ・トゥジュ・リマ・トゥジュ・トゥジュ』による。**佐藤先輩《さとうせんぱい》にさそわれて短歌に興味を持った「わたし」が，歌会のことや佐藤先輩が短歌をはじめた理由などを聞いている場面である。

問1　「わたし」は佐藤先輩のことを，同じ「転校生」でいながら自分とは違って「周りの反応を気に」せず，「いつも堂々としている」人だと思っていた。だから，佐藤先輩の「逃《に》げたかった」という言葉に，「わたし」は「一瞬《いっしゅん》，聞き間違いかと思った」のである。

問2　続く佐藤先輩と「わたし」との会話から読み取る。佐藤先輩は，これまで「友達のいない自分」に苦しんでいたが，「いろんな人に会える」歌会という「居場所」を見つけたことで，学校での「うまくいかな」い人間関係に「落ち込《こ》む」必要などないと思え，強くなれたのだと言っている。ピアノから「逃げた」自分に「やりたいこと」を見つけさせてくれたことと，「居場所」となった「歌会」によって精神的な強さを身につけられたことが，「短歌」が佐藤先輩にかけた「最初」と

「次」の「魔法《まほう》」なのだと考えられる。

問3　佐藤先輩は「親の希望」で始めたピアノから「逃げた」ことで，「敗北感」や「負い目」を感じていた。しかし，「短歌」という「やりたいこと」を見つけた今，音楽ではなくても，自分は自分の「歌」でちゃんと一人前になれることを証明し，親を見返し，認めてもらえるようになりたいと強く思って「きゅっと表情を引き締《し》めた」のである。

問4　「白と黒」が何を表しているのかを本文から読み取る。問3でみたように，佐藤先輩は三歳《さんさい》からピアノを始め，音楽大学の付属中学に入ったものの自分には才能がないと思い知らされ，ピアノから逃げてしまっていた。「白と黒しか押《お》したことない」とは，ピアノの鍵盤《けんばん》しか押したことがない，つまりピアノを弾くことから逃げ出し，敗北感や負い目でいっぱいだったころの自分の心境を指している。そんな自分の将来に対する不安や迷いが，「行き先ボタンをためらっている」という表現に込められたのだろうと想像できる。

三　漢字の書き取り

1　あちらこちらを見物して回ること。　**2**　美しくかざること。　**3**　ある海域の中にいくつも集まっている島々。　**4**　ある目的のためにさまざまな人が集まり，役割や機能に分かれてまとめられた仕組み。　**5**　すぐれた成績。りっぱな成果。　**6**　あらゆる方向。　**7**　気候があたたかいこと。　**8**　じゅうぶんに慣れ，上手になること。　**9**　見おとりがして，じゅうぶんではないようす。　**10**　「親不孝」は，子どもが親を大切にしないで心配や迷惑《めいわく》をかけること。　**11**　音読みは「ソウ」で，「営巣」などの熟語がある。　**12**　音読みは「セツ」「セチ」で，「節分」「節会《せちえ》」などの熟語がある。　**13**　音読みは「ボウ」「バク」で，「暴力」「暴露《ばくろ》」などの熟語がある。　**14**　音読みは「ヨク」で，「浴室」などの熟語がある。　**15**　音読みは「ハ」で，「破損」などの熟語がある。

※　学校より，三の2の漢字の書き取りについて，「装飾」の「飾」が教育漢字ではないため，この問題は受験者全員を正解したものとしてあつかうとの発表がありました。

Dr.福井の 入試に勝つ！脳とからだのウルトラ科学

睡眠時間や休み時間も勉強!?

みんなは寝不足になっていないかな？　もしそうなら大変だ。睡眠時間が少ないと，体にも悪いし，脳にも悪い。なぜなら，眠っている間に，脳は海馬《かいば》という部分に記憶をくっつけているんだから。つまり，自分が眠っている間も頭は勉強しているわけだ。それに，成長ホルモン（体内に出される背をのばす薬みたいなもの）も眠っている間に出されている。昔から言われている「寝る子は育つ」は，医学的にも正しいことなんだ。

寝不足だと，勉強の成果も上がらないし，体も大きくなりにくく，いいことがない。だから，睡眠時間はちゃんと確保するように心がけよう。ただし，だからといって寝すぎるのもダメ。アメリカの学者タウブによると，10時間以上も眠ると，逆に能力や集中力がダウンしたという研究報告があるんだ。

睡眠時間と同じくらい大切なのが，休み時間だ。適度に休憩するのが勉強をはかどらせるコツといえる。何時間もぶっ続けで勉強するよりも，50分勉強して10分休むことをくり返すようにしたほうがよい。休み時間は，散歩や体操などをして体を動かそう。かたまった体をほぐして，つかれた脳を休ませるためだ。マンガを読んだりテレビを見たりするのは，頭を休めたことにならないから要注意！

頭の疲れに関連して，勉強の順序にもふれておこう。算数の応用問題や理科の計算問題，国語の読解問題などを勉強するときには，脳のおもに前頭葉という部分を使う。それに対して，国語の知識問題（漢字や語句など）や社会などの勉強では，おもに海馬《かいば》という部分を使う。したがって，それらを交互に勉強すると，１日中勉強しても疲れにくい。

Dr.福井（福井《ふくい》一成《かずしげ》）…医学博士。開成中・高から東大・文Ⅱに入学後，再受験して翌年東大・理Ⅲに合格。同大医学部卒。さまざまな勉強法や脳科学に関する著書多数。

Memo

Memo

2018年度　栄光学園中学校

〔電　話〕（0467）46－７７１１
〔所在地〕〒247－0071　神奈川県鎌倉市玉縄４－１－１
〔交　通〕JR各線－「大船駅」より徒歩15分

【算　数】（60分）〈満点：70点〉

（注意）鉛筆《えんぴつ》などの筆記用具・消しゴム・コンパス・配付された下じき以外は使わないこと。

1　右の図１のような，６つの正方形からなるマス目があります。この正方形の辺を通って，点Ａから点Ｂへ行きます。

点Ａから点Ｂへ最短距離《きょり》で行くときは５つの辺を通ることになりますが，以下の問では最短距離では行かず，７つや９つの辺を通る行き方を考えます。

ただし，同じ辺や頂点は２回以上通ってはいけないこととします。

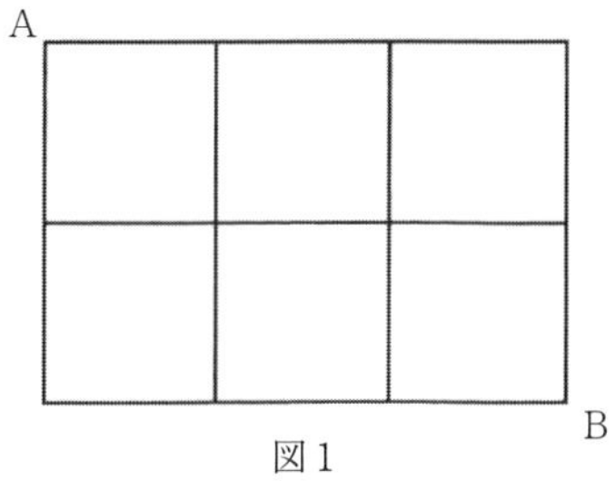

図１

(1)　点Ａを右向きに出発します。下の図２の例のように行くと，点Ａから点Ｂまで７つの辺を通ることになります。この行き方以外に，点Ａを右向きに出発して７つの辺を通って点Ｂへ行く行き方は何通りか答えなさい。

例

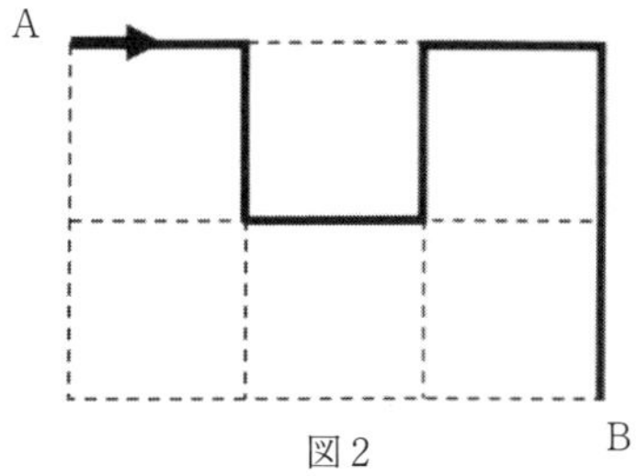

図２

(2)　下の図３のように，点Ａを下向きに出発して，７つの辺を通って点Ｂへ行く行き方をすべてかきなさい。ただし，解答欄《らん》にあるマス目はすべて使うとは限りません。

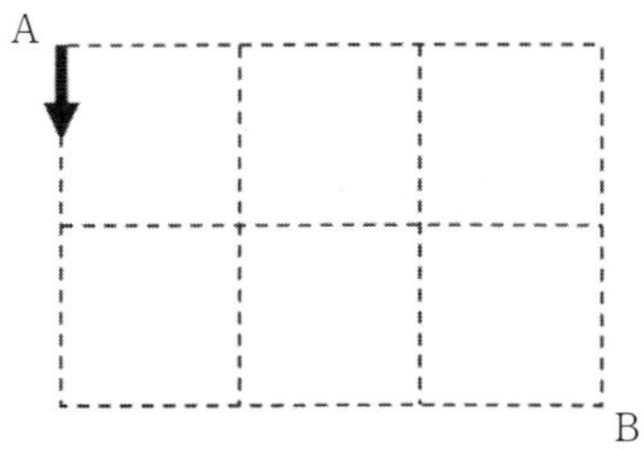

図３

(3)　点Ａから点Ｂまで９つの辺を通る行き方は何通りか答えなさい。
必要なら以下のマス目を使って考えなさい。

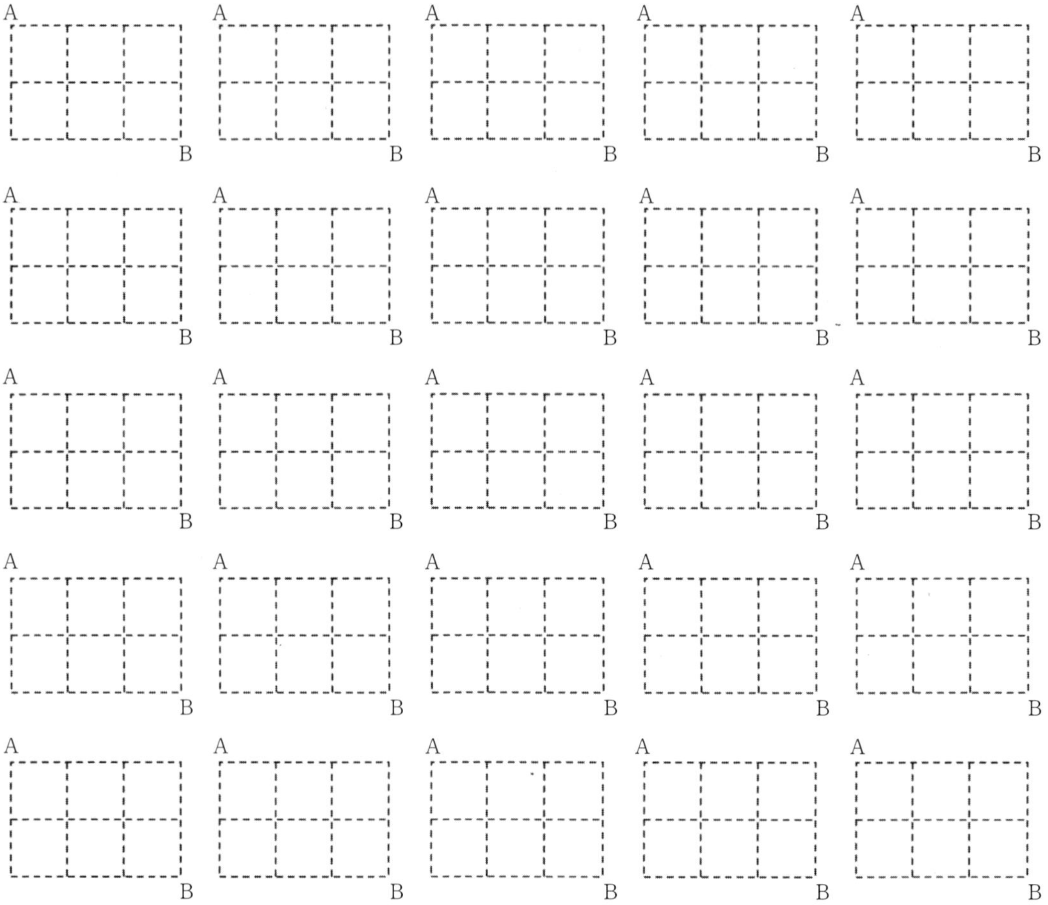

2　1～10，2～11，……のような連続する10個の整数（１以上の整数）について考えます。

(1)　ある連続する10個の整数の平均が34.5のとき，この10個の整数を下の例にならって答えなさい。

（答え方の例）

求めた10個の整数が１～10の場合：(1～10)

(2)　1～10の10個の整数を５個ずつ２つのグループに分け，それぞれの和を計算します。それらの値の差として考えられるものをすべて答えなさい。

(3)　連続する10個の整数を，５個ずつ２つのグループにどのように分けても，それぞれの和の値が等しくなることはありません。その理由を説明しなさい。

次に，連続する10個の整数を１つずつ，式 $\dfrac{\square+\square+\square+\square+\square}{\square+\square+\square+\square+\square}$ の□の中に入れ，この式の値を計算します。その値を X とすることにします。

例えば，9～18を $\dfrac{9+11+12+14+17}{10+13+15+16+18}$ のように入れた場合は，

$\dfrac{9+11+12+14+17}{10+13+15+16+18}=\dfrac{63}{72}=\dfrac{7}{8}$ なので $X=\dfrac{7}{8}$ となります。

(4)　考えられる X の値のうち，最も大きい値を答えなさい。

(5)　X の値が整数となるように，□の中に整数を入れなさい。一通りの場合だけ示せばよいもの

とします。

(6)　$X=\dfrac{11}{14}$ となるとき，□の中に入れた連続する10個の整数は何ですか。考えられるものをすべて求め，下の例にならって答えなさい。

（答え方の例）

求めた10個の整数が1～10と5～14の場合：(1～10)，(5～14)

3　下の図のような，底面の半径が10cm，高さ20cmの円柱の容器と，底面の半径が5cm，高さ10cmの円柱のおもりA，底面の半径が4cm，高さ20cmの円柱のおもりBがあります。

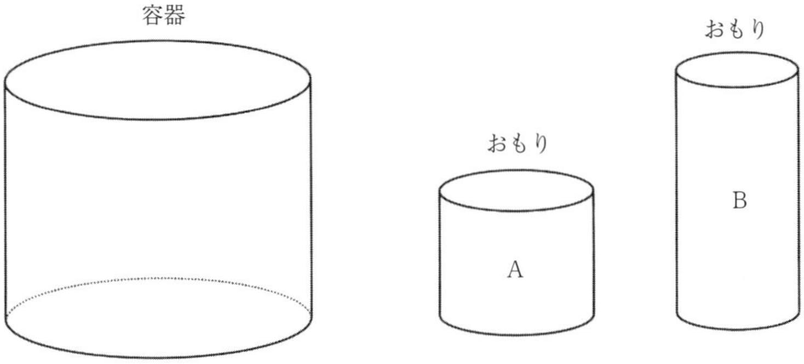

様々な高さまで水が入った容器におもりAとBを入れたときの水位(水面の高さ)の変化について考えます(右図)。ただし，容器の底におもりの底面がぴったり重なるようにおもりを入れます。また，容器の厚さは考えないものとします。

小数点以下がある場合は，四捨五入をして小数第1位まで答えなさい。

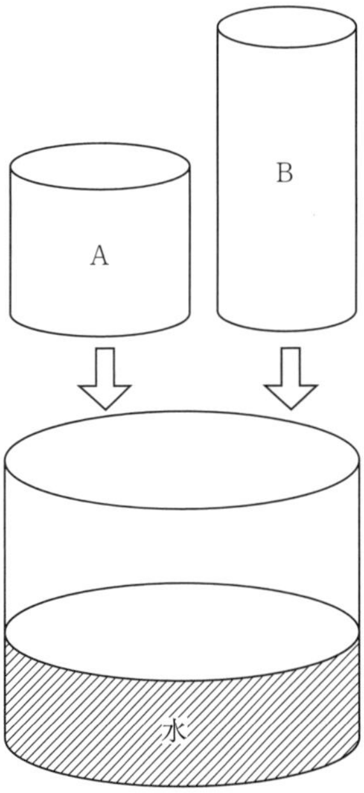

(1)　ある高さまで水が入った容器にAとBのおもりを入れたところ，下の図のように容器はちょうど満水になりました。容器にはもともと何cmの高さまで水が入っていたか答えなさい。

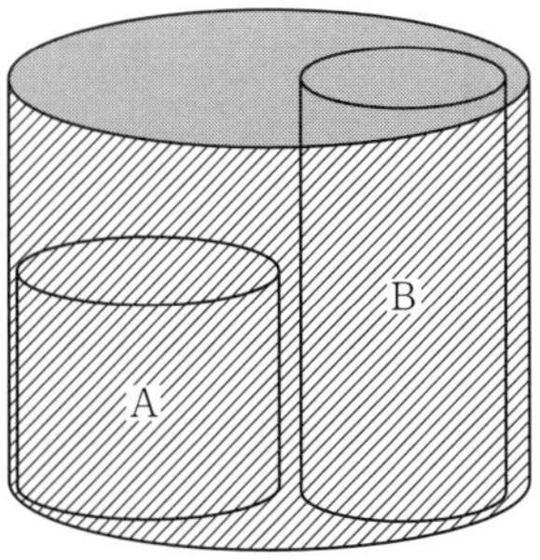

(2)　6cmの高さまで水の入った容器にAとBのおもりを，まずA，その後でBの順に入れました。

①　Aのおもりを入れると水位は何cmになるか答えなさい。

②　Bのおもりを入れると水位は何cmになるか答えなさい。

(3)　ある高さまで水が入った容器に，A，Bの順におもりを入れたときとB，Aの順におもりを入れたときとでは，２つ目のおもりを入れる前と後の水位の差が等しくなりました。容器にはもともと何cmの高さまで水が入っていたか答えなさい。求め方も書きなさい。ただし，水はあふれなかったものとします。

4　１辺の長さが30cmの正方形の透明《とうめい》な３枚のガラス板A，B，Cがあります。図１のように，ガラス板はそれぞれ等分され，色のついている部分と色のついていない部分が交互《こうご》になっています。

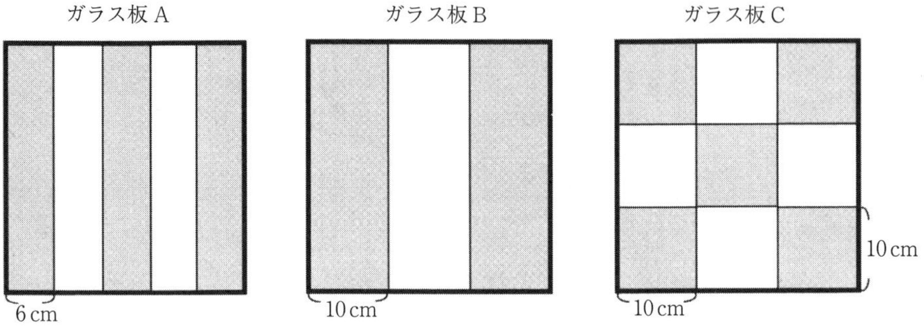

図１

２枚のガラス板を重ねたとき，色のついている部分が重なっていると色は濃《こ》く見えます。

例えば，ガラス板Bとガラス板Cを図１と同じ向きでぴったり重ねると，図２のように色の濃く見える部分が４ヵ所あります。

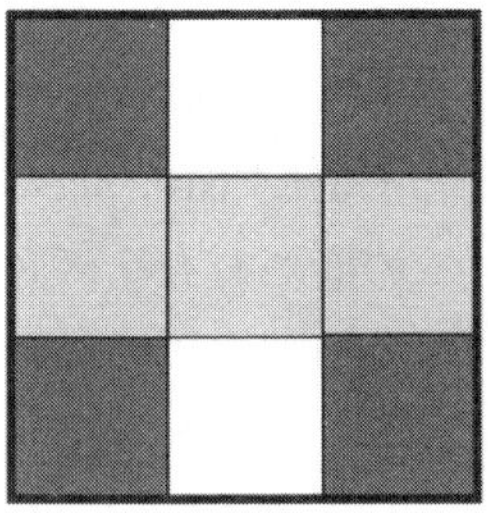

図２

(1)　固定したガラス板Aの上にガラス板Bを図１と同じ向きでぴったり重ね，ガラス板Bを右に秒速１cmで30秒間動かしていきます。

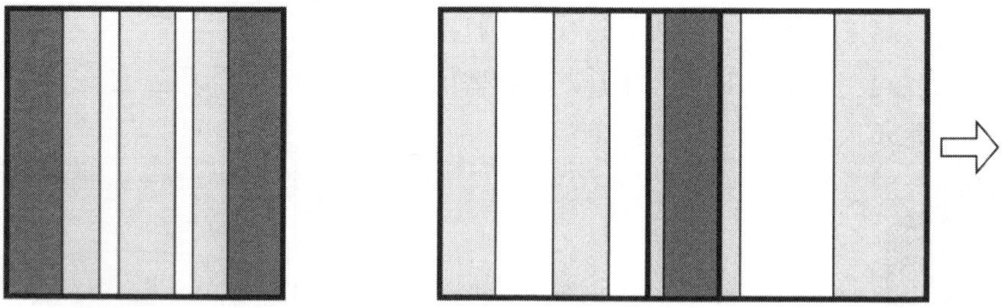

①　５秒後に色の濃く見える部分の面積の和を答えなさい。

②　ガラス板Bを動かしても，色の濃く見える部分の面積の和が変化しないときがあります。それは動かし始めてから何秒後から何秒後の間ですか。考えられるものをすべて求め，下の例にならって答えなさい。

（答え方の例）

３秒後から５秒後の間と，10秒後から13秒後の間の場合：(3～5)，(10～13)

(2)　固定したガラス板Aの上にガラス板Cを図１と同じ向きでぴったり重ね，ガラス板Cを右に秒速１cmで30秒間動かしていくとき，ガラス板Cを動かしても色の濃く見える部分の面積の和が変化しないときがあります。それは動かし始めてから何秒後から何秒後の間ですか。考えられるものをすべて求め，(1)②と同じように答えなさい。

【社　会】（40分）〈満点：50点〉

（注意）　配付されたもの以外の下じき・用紙は使わないこと。

みなさんは，税についてふだん考えることがありますか。税とは，政治をおこなうのに必要な費用として人びとから集めるもののことをいいます。ここでは，税の集め方や使い道の決め方について考えてみることにします。

なお，税として何を集めるか，そして誰が集めるのか，ということは，時代によって異なるので注意が必要です。また，政治をおこなうのに必要な費用を「税」とよぶかどうかも時代によって異なりますが，この問題では時代を問わず「税」とよぶことにします。

1　次の文章を読んで，問に答えなさい。

いつから税は集められてきたのでしょうか。日本列島で税が集められていたことを示すもっとも古い記述は，３世紀につくられた中国《ちゅうごく》の歴史書(「魏志《ぎし》」の倭人伝《わじんでん》)にあります。この書物には，３世紀ころ日本列島にあったとされる①邪馬台国《やまたいこく》について，「租賦《そふ》を収《おさ》む邸閣《ていかく》有り」と書かれています。集められた税をしまうための建物がある，といった意味です。くわしいことはわかっていませんが，この書物の別の部分には，邪馬台国には支配者を意味する「大人《たいじん》」とよばれる人びとと，民衆《みんしゅう》を意味する「下戸《げこ》」とよばれる人びとがいたと書かれていることから，民衆が何らかのものを差し出し，それが支配者の管理する建物に納められていたと考えられています。

奈良《なら》時代になると，天皇《てんのう》や貴族《きぞく》を中心とする政府が，中国の法律を参考にしながら律令《りつりょう》というきまりを制定しました。そして，それにもとづいて戸籍《こせき》に人びとを登録して管理し，税を集めるしくみをつくりました。政府は人びとに口分田《くぶんでん》とよばれる土地を支給して，租《そ》・調《ちょう》・庸《よう》などの税を課しました。また，これとは別に兵士として都や地方の守りにつかせたり，土木工事などの労働をおこなわせたりしました。しかし，②政府が律令のきまり通りに税を集めることは，実際には困難でした。

平安《へいあん》時代にも，政府は律令にもとづいて税を集めようとしました。しかし，地方では，有力者が人びとに土地を切り開かせてその土地を自分のものにし，しだいに勢力を伸ばしていきました。

鎌倉《かまくら》時代や室町《むろまち》時代になると，土地を支配する③武士や寺社などの領主が，土地を耕す領民から税として収穫《しゅうかく》の一部を取り立てました。こうした税は年貢《ねんぐ》とよばれます。また，領民は領主に命令されて土木工事や荷物輸送などの労働をおこなうこともありました。このような労働は，夫役《ぶやく》とよばれます。

戦国《せんごく》時代の終わり，全国を統一した豊臣秀吉《とよとみひでよし》は，支配下に置いた土地にくまなく役人を派遣《はけん》して，④検地《けんち》をおこないました。検地では，土地の面積やその良し悪し，収穫高を調べました。これによって，人びとは土地を耕すことを認められ，そのかわりに，決められた年貢を領主に納める義務を負いました。

⑤江戸《えど》時代になると，将軍《しょうぐん》や大名《だいみょう》などの領主は，豊臣秀吉の時代に成立したしくみを引きついで，領民に対して土地の耕作，山林での木の伐採《ばっさい》，川や海での漁を認めるかわりに年貢を取り立てました。また，地域によっては領民に労働をおこなわせたり，労働のかわりの米などを取り立てたりするところもありました。一方，領民は重い年貢の取り立てに反対して，一揆《いっき》をおこすことがありました。なかでも，1637年におこった⑥島原《しまばら》・天草《あまくさ》一揆はとくに大きなも

のでした。

問１　下線部①について，邪馬台国は卑弥呼《ひみこ》という女王によって治められていました。卑弥呼について「魏志」の倭人伝に記されていることをのべた文としてまちがっているものを，次の**ア～エ**から１つえらび，記号で答えなさい。

ア　30ほどの国をしたがえていた。

イ　中国の皇帝《こうてい》に使いを送り，王の称号《しょうごう》を受けた。

ウ　まじないの力があり，弟が政治をたすけた。

エ　仏教をあつく信仰《しんこう》して，いくつもの寺院を建てた。

問２　下線部②について，なぜ律令のきまり通りに政府が税を集めることが難しかったのか，問題文と次の**文章１～３**をもとに，税の内容や人びとの行動に注意して具体的に説明しなさい。

文章１

租は稲の収穫高の約３％を地方の役所に納める税でした。調は織物や地方の特産物を，庸は都で年間に10日間働くかわりに，布を納める税でした。調や庸については，村で集められた税をまとめて都まで運ぶことも人びとの義務でした。たとえば相模国《さがみのくに》（現在の神奈川県《かながわけん》）と都との往復には平安時代のころで38日かかったとされ，その間に必要な食料は村で負担することになっていました。

文章２

人びとが戸籍に登録された土地からはなれたり，律令で定められた兵士としての義務をのがれたりすることは，律令のきまりでは罪とされていました。このようなおこないには，むち打ちなどの刑罰《けいばつ》が定められていました。

文章３

奈良時代に作成された，税を集めるための台帳によると，山背国愛宕郡《やましろのくにおたぎぐん》（現在の京都府《きょうとふ》）のある村に41人の人びとが登録されているにもかかわらず，実際に村で生活をしていたのは20人だけでした。残りの21人のうち，11人はすでにこの村をはなれてちがう場所で生活をしているとされ，10人は行方不明《ゆくえふめい》になっていました。

問３　下線部③について，鎌倉時代，将軍と主従関係を結んだ武士を御家人《ごけにん》とよびました。御家人は鎌倉の警備をしたり，幕府《ばくふ》のために戦ったりしました。これを「奉公《ほうこう》」とよびます。これに対して，将軍は御家人に「御恩《ごおん》」をあたえました。この「御恩」の内容を説明しなさい。

問４　下線部④について，豊臣秀吉は検地をおこなうにあたって，地域によって不公平が生じないように，あらかじめある工夫をしました。それはどのような工夫か，説明しなさい。

問５　下線部⑤について，江戸時代には，武士が支配する社会を維持《いじ》するために，人びとの身分が武士，百姓《ひゃくしょう》（農民や漁民など），町人（職人や商人）に分けられました。このなかで，百姓が江戸時代の人口に占《し》めるおおよその割合としてもっともふさわしいものを，次の**ア～エ**から１つえらび，記号で答えなさい。

ア　25％　　**イ**　45％　　**ウ**　65％　　**エ**　85％

問６　下線部⑥についてのべた文として正しいものを，次の**ア～エ**から１つえらび，記号で答えなさい。

ア　この一揆には，キリスト教の信者が多数参加していた。

イ　この一揆の中心人物は，大塩平八郎《おおしおへいはちろう》だった。

ウ　この一揆をうけて，幕府は島原・天草の領民の借金を帳消しにした。

エ　この一揆は九州《きゅうしゅう》地方でおこり，中国《ちゅうごく》・四国《しこく》地方に広がった。

2　次の文章を読み，**表**や**図**をみて，問に答えなさい。

明治《めいじ》時代になると，税を集めるしくみが大きく変わっていきます。

新しくできた明治政府は，政治をおこなうために必要な費用を安定的に得るために，人びとに土地所有の権利を保障したうえで，現金で地租《ちそ》を納めさせることにしました。地租は（　A　）の3%とされました。1873年のことです。地租はこのころの政府のもっとも大きな収入源でした。

政府は強い国をつくるために，①産業を発展させようとしました。こうしたことには，多額の費用がかかりました。さらに1894年，朝鮮《ちょうせん》半島をめぐって中国(清《しん》)との戦争が始まりました。日清戦争《にっしんせんそう》です。この戦争の費用は，当時の国家予算の2倍にもなるものでしたが，戦争に勝った日本は，それをこえる額の賠償金《ばいしょうきん》を得ました。②この賠償金は，おもに軍隊の増強に使われましたが，一部は工場の建設にも使われました。

その後日本は，中国東北部(満州《まんしゅう》)に勢力を広げつつあったロシアと対立しました。これを受けて，政府はさらに軍隊を増強するために地租をはじめとする税を引き上げました。

その後始まった日露戦争《にちろせんそう》では，多くの死傷者がでて，日清戦争の何倍もの費用がかかりました。政府は，地租などの引き上げをおこないましたが，それだけでは足りず，外国からの借金もおこなわれました。最終的にはアメリカの仲介《ちゅうかい》で講和条約が結ばれましたが，賠償金を得ることはできませんでした。

日清・日露戦争の後には工業化が進み，それまで中心だった軽工業に加えて重工業も発達して，さまざまな会社が利益をあげるようになっていました。このような状況《じょうきょう》に注目して，政府はさらなる収入を確保しようとしました。

③明治から昭和《しょうわ》のはじめにかけての税収の総額やその内わけをみてみると，政府がどのような税によって収入を確保してきたかということがわかります。

問1　(A)に入る言葉を答えなさい。

問2　下線部①について，産業を発展させるために，明治時代のはじめに政府がおこなったこととしてまちがっているものを，次の**ア**～**エ**から1つえらび，記号で答えなさい。

ア　鉄道を建設した。　　**イ**　外国から技術者を招いた。

ウ　飛行機をつくるための工場を建設した。　　**エ**　電信や電話を開設した。

問3　下線部②について，日清戦争の賠償金を使って福岡県《ふくおかけん》に建設された製鉄所を答えなさい。

問4　下線部③について，次のページの**表**は1870年から1930年までの10年おきの税収総額を示したものです。また，次のページの**図**はそれぞれの年の税収の内わけを示したものです。**表**と**図**をみて，(1)と(2)に答えなさい。

(1)　**図**中の(B)は，輸入品に課される税です。このような税を何とよびますか。答えなさい。

(2)　下の文**い**～**に**を読んで，**表**および**図**から読み取ることができる内容をのべた文として，正しいものには○，まちがっているものには×と，それぞれ答えなさい。

い　税収総額に占める地租の割合は，時期を追うごとに減っている。

ろ　1880年と1910年を比べると，地租として納められた金額は減っている。

は　商品に課された税として納められた金額は，時期を追うごとに増えている。

に　日露戦争より前から，政府は会社の利益に税を課していた。

表　国税収入の総額

年	金額
1870	932万円
1880	5526万円
1890	6611万円
1900	1億3393万円
1910	3億1729万円
1920	6億9626万円
1930	8億3504万円

大蔵省《おおくらしょう》主税局《しゅぜいきょく》『明治初年《めいじしょねん》以《い》降《こう》歳入《さいにゅう》一覧《いちらん》』をもとに作成。

図　国税収入の内わけ（1870年〜1930年の10年おき）

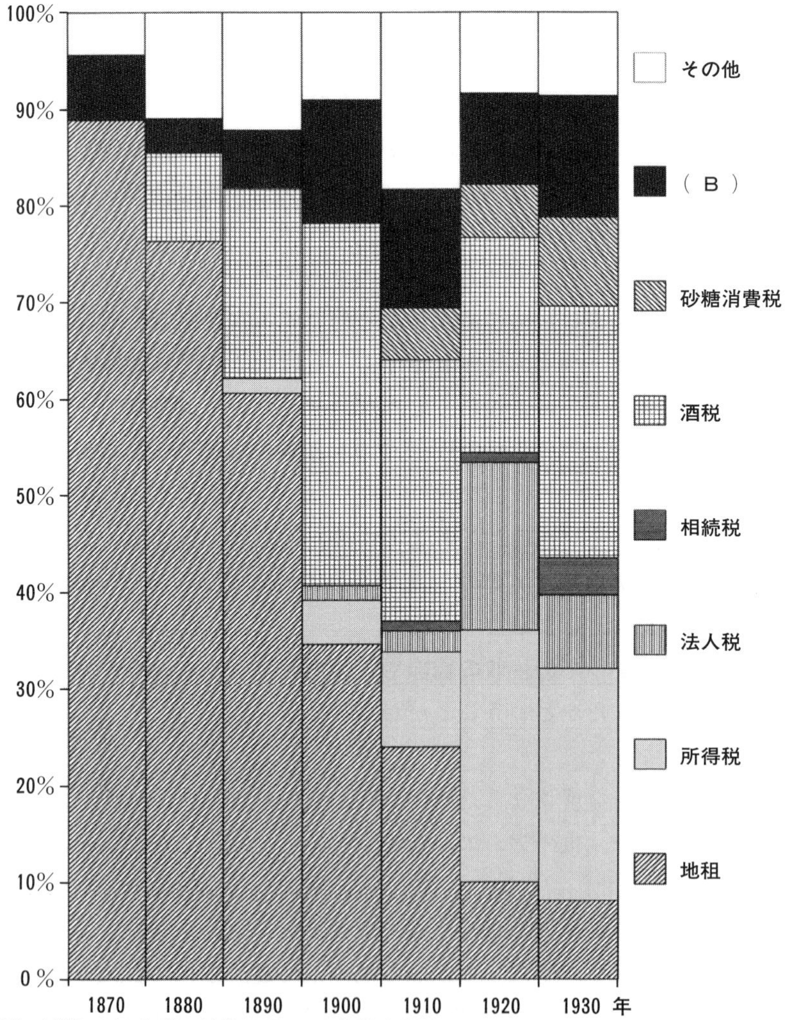

林《はやし》　健久《たけひさ》・今井《いまい》勝人《かつひと》・金澤《かなざわ》史男《ふみお》編『日本財政要覧《にほんざいせいようらん》　第5版』をもとに作成。

（注）　図の「相続税」は，亡《な》くなった人などの財産を引きつぐときに課される税のことです。
「法人税」は，会社の利益に課される税のことです。
「所得税」は，個人の収入に課される税のことです。

3　次の文章を読んで，問に答えなさい。

ここで，税の集め方や使い道を誰がどのように決めるのか，ということに目を向けてみましょう。

①明治政府の中心となっていたのは，江戸幕府を倒《たお》した薩摩藩《さつまはん》出身の（　C　）や長州《ちょうしゅう》藩出身の木戸孝允《きどたかよし》でした。それに対して不満をもつ人びとの一部が，土佐《とさ》藩出身の（　D　）を中心として，1874年に政府に意見書を出して，選挙でえらばれた代表からなる国会をすぐに開くことを求めました。政府はこれを聞き入れませんでしたが，②国会を開くことを求める動きは広がっていきました。これを自由民権運動《じゆうみんけんうんどう》といいます。はじめ，自由民権運動の中心となっていたのは③士族《しぞく》たちでした。さらに，地租を納める多くの地主たちがこの運動に加わりました。

この運動がもっとも活発になったのは，1877年に西南戦争《せいなんせんそう》が終わってからです。政府は1881年，10年後に国会を開くことを約束せざるをえなくなりました。国会が開かれるのに備えて，（　D　）や佐賀《さが》藩出身の大隈重信《おおくましげのぶ》は，それぞれ④政党をつくりました。

一方，政府は（　E　）をヨーロッパに派遣して各国の政治のしくみを調べさせました。そして，1889年，ドイツの憲法を手本にした大日本帝国憲法《だいにほんていこくけんぽう》が制定されました。この憲法には，国民に新たな税を課す場合は法律で定める必要があると書かれています。なお，現在の憲法である日《に》本国憲法《ほんこくけんぽう》にも，同じことが書かれています。

1890年，第1回の国会が開かれました。国会は，貴族院《きぞくいん》と衆議院《しゅうぎいん》で成り立っており，衆議院議員は国民の選挙でえらばれました。しかし，このとき選挙権をあたえられていた人は，国民の1.1％にすぎませんでした。国会では，議員たちが話し合って法律をつくったり，集められた税などをもとに政府が作成した予算案を検討して，予算を決めたりすることになりました。

日清戦争が始まると，国会は政府に協力し，この戦争をおこなうための予算を認めました。また，日露戦争のころに政府が地租などを引き上げましたが，こうした増税も国会が認めたことによって実現したものです。

第一次世界大戦《だいいちじせかいたいせん》のころになると，国内の物価が高くなったことなどで生活が苦しくなった人びとが⑤民衆運動をおこして，政府や地主などにさまざまな要求をするようになりました。しかし，このような人びとの多くは選挙権をあたえられていませんでした。そこで，より多くの人びとに選挙権をあたえるよう求める運動がおこりました。こうした運動のなかには，女性の選挙権を求めるものもありました。1925年，普通選挙法《ふつうせんきょほう》が制定され，1928年に衆議院議員選挙がおこなわれました。このとき選挙権をあたえられていた人は，国民の20％ほどでした。一方，普通選挙法の制定と同じ年に，政治や社会のしくみを大きく変えようとする動きを取りしまるために，⑥新しい法律が制定されました。

1937年に中国との戦争が始まると，国会はこの戦争をおこなうための予算を認めました。1941年にはアメリカやイギリスとの戦争も始まりました。こうした戦争は長く続き，1945年に日本が降伏《こうふく》するまでの間，⑦人びとは戦争優先の生活を求められました。

戦後，民主化のための改革のひとつとして，より多くの人びとに選挙権があたえられ，1946年に戦後はじめての衆議院議員選挙がおこなわれました。このとき選挙権をあたえられた人は，国民の50％ほどになりました。その後，2015年には選挙に関する法律が改正され，現在ではさらに多くの人びとに選挙権があたえられています。

また，戦後新しく制定された⑧日本国憲法によって，人びとには⑨新たな選挙権があたえら

れました。さらに日本国憲法のもとでは，それまで国の強い影響《えいきょう》下にあった⑩都道府県や市町村に自治が保障され，さまざまな権限があたえられています。

問1　下線部①について，1868年，明治政府は，政府の方針を示すために「五か条の御誓文《ごせいもん》」を発表しました。その内容をのべた文としてまちがっているものを，次の**ア**～**エ**から1つえらび，記号で答えなさい。

ア　政治のことは，ひろく会議を開いてみんなの意見を聞いて決めよう。

イ　みんなが心を合わせ，国の政策をおこなおう。

ウ　知識を世界に学び，天皇中心の国を栄えさせよう。

エ　主君，親，夫，年長者，友人をうやまおう。

問2　(**C**)，(**D**)，(**E**)にあてはまる人物を，次の**ア**～**エ**からそれぞれえらび，記号で答えなさい。

ア　板垣退助《いたがきたいすけ》　**イ**　伊藤博文《いとうひろぶみ》　**ウ**　大久保利通《おおくぼとしみち》　**エ**　福沢諭吉《ふくざわゆきち》

問3　下線部②について，この動きが広がっていった背景には，多くの人びとに毎日情報を伝えるメディアの発達がありました。このメディアを答えなさい。

問4　下線部③について，当時の士族のことをのべた文としてまちがっているものを，次の**ア**～**エ**から1つえらび，記号で答えなさい。

ア　政府から，刀をもつ権利をあたえられた。

イ　政府からの米の支給を打ち切られた。

ウ　政府に対して武力を用いた反乱をおこす者もいた。

エ　政府の働きかけに応じて，北海道《ほっかいどう》の開拓《かいたく》をおこなう者もいた。

問5　下線部④について，大隈重信が1882年につくった政党を答えなさい。

問6　下線部⑤について，このころの民衆運動についてのべた文としてまちがっているものを，次の**ア**～**エ**から1つえらび，記号で答えなさい。

ア　米の値下げを求める人びとが，米屋などに押しかけた。

イ　労働者が組合《くみあい》をつくり，賃金の引き上げなどを求めた。

ウ　不平等条約の改正を求める人びとが，役所に集団で押しかけた。

エ　小作人《こさくにん》が組合をつくり，地主に納める土地使用料の引き下げなどを求めた。

問7　下線部⑥について，この法律を答えなさい。

問8　下線部⑦について，アメリカやイギリスとの戦争中に始められたことをのべた文として正しいものを，次の**ア**～**エ**から2つえらび，記号で答えなさい。

ア　人びとが政府の命令で軍需《ぐんじゅ》工場の働き手として動員された。

イ　都市部の子どもたちが，政府のすすめにしたがって農村部などへ疎開《そかい》をした。

ウ　多くの大学生が，陸海軍の部隊に配属され，戦地に送られた。

エ　商品や運送料などの値上げが，政府によって禁止された。

問9　下線部⑧について，日本国憲法の内容をのべた文として正しいものを，次の**ア**～**エ**から1つえらび，記号で答えなさい。

ア　天皇は，主権者であり，この憲法にしたがって国を統治する権限をもつ。

イ　国民は，法律の範囲《はんい》内で言論・著作・出版・集会・結社の自由をもつ。

ウ　天皇は，陸海軍を統率《とうそつ》する。

エ　国会だけが，法律をつくることができる。

問10　下線部⑨についてのべた次の**文章4**の(**F**)～(**I**)に入る言葉をそれぞれ答えなさい。なお，順番は問いませんが，同じ言葉を答えてはいけません。

文章4

> **現在，神奈川県鎌倉市《かまくらし》に住んでいる有権者の栄光太郎《えいこうたろう》さんは，衆議院議員をえらぶ選挙と参議院《さんぎいん》議員をえらぶ選挙のほかに，（　F　）をえらぶ選挙，（　G　）をえらぶ選挙，（　H　）をえらぶ選挙，（　I　）をえらぶ選挙の選挙権をあたえられています。**

問11　下線部⑩について，日本国憲法のもとで，都道府県や市町村にあたえられている権限の内容をのべた文としてまちがっているものを，次の**ア**～**エ**から１つえらび，記号で答えなさい。

ア　住民から税を集める。

イ　予算案を作成して，使い道を決める。

ウ　条例《じょうれい》の制定や改正，廃止《はいし》をおこなう。

エ　犯罪などの事件の裁判をおこなう。

4　これまでの問題文や設問をふまえて，次の問に答えなさい。

問１　**《国会ができる前》**と**《国会ができた後》**との時期について，人びとから集める税の内容を誰がどのように決めていたのか，それぞれ説明しなさい。

問２　国会ができてから現在までの間に，誰に選挙権があたえられたのかということは，変化してきました。どのような人に選挙権があたえられるようになったのか，いくつかの段階にわけて具体的に説明しなさい。

【理　科】　(40分)　〈満点：50点〉

(注意)　配付されたもの以外の下じき・用紙は使わないこと。

栄一君は，**図1**のような走馬灯《そうまとう》を作りました。走馬灯は，絵を切りぬいた筒《つつ》の上部に羽がついた部品をつけて，中にあかりを入れて筒を回転させるものです。

まず，アルミ皿に切れ目を入れて折り，**図2**のような羽を作りました。次に，**図3**のように，そのアルミ皿に紙で作った筒をつけました。これが回転部となります。そして，軸《じく》を台に垂直に立て，アルミ皿の中心を軸の針にのせました。あかりのロウソクは，台の上におきました。

図1　走馬灯

回転部に使ったアルミ皿　　ふちを曲げ，羽を折ったアルミ皿

図2

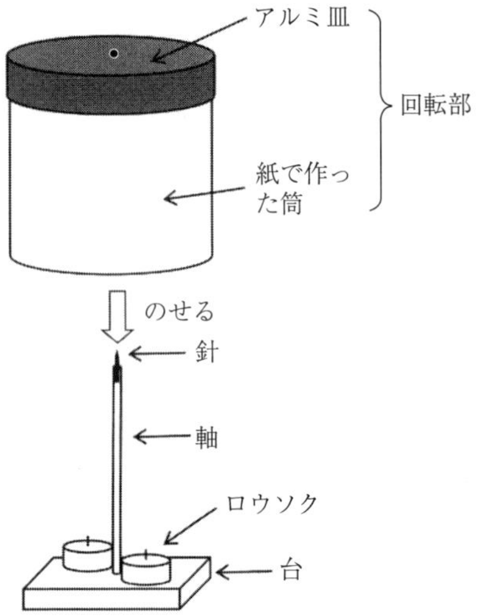

図3　走馬灯の組み立て方

問1　図4は，燃えているロウソクの断面図です。矢印**ア**～**ウ**の部分のロウのすがた(状態)を答えなさい。

問2　ロウソクのしんの材料は，ワタからとれる木綿《もめん》です。木綿はワタのどの部分からとれますか。次の**ア**～**オ**から最も適当なものを選び，記号で答えなさい。

ア　葉　　**イ**　くき　　**ウ**　実　　**エ**　花　　**オ**　根

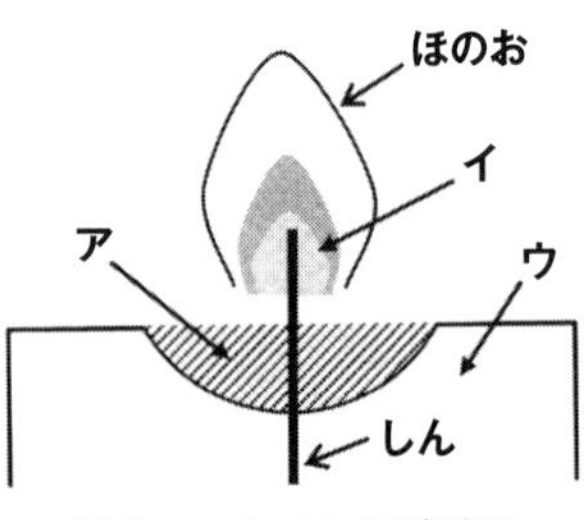

図4　ロウソクの断面図

問3　アルミ皿の材料であるアルミニウムについて，正しいものを次の**ア**～**カ**からすべて選び，記号で答えなさい。

ア． 電気を通す。

イ． 磁石に引きつけられる。

ウ． ボーキサイトが原料である。

エ． 一円玉の材料に使われている。

オ． 塩酸に入れるとあわを出してとける。

カ． 同じ重さで比べると，鉄よりも体積が小さい。

問4　走馬灯の回転部について，次の問**(1)**，**(2)**に答えなさい。

(1)　ロウソクに火をつけると回転部が回転します。そのようすを「空気」と「羽」の二つの言葉を使って説明しなさい。

(2) **図5**は回転部を上から見たようすです。谷折り線(-----)は，羽の折り目を示しています。この回転部が回転する向きを，図の**ア**・**イ**から選び，記号で答えなさい。

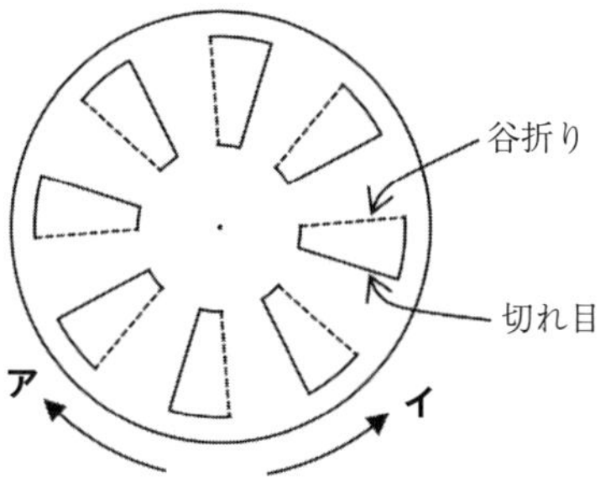

図5　回転部を上から見たようす

栄一君は，2個のロウソクに火をつけて走馬灯を回転させてみました。その回転は想像していたよりも遅いように感じました。そこで，回転を速くする工夫を考え，実験をして速さを比べることにしました。

実験は，速さを比べるために，回転部が10回転するときに何秒かかるかを測定し，この結果を「**回転時間**」としました。ただし，測定は回転の速さが一定になってから行いました。また，次のどの実験でもロウソクの燃え方は同じでした。

まず，栄一君はロウソクの個数を変える実験をしました。

実験の内容を，次のように実験ノートに整理しました。

2月2日

実験1　ロウソクの個数を変えると，回転時間はどうなるか。

[予想]　ロウソクを増やすと速く回ると思う。

[理由]　1

[方法]

・右の図のアルミ皿Aを使う。

・ロウソクを2個で回したときと，4個で回したときとで，回転時間を比べる。

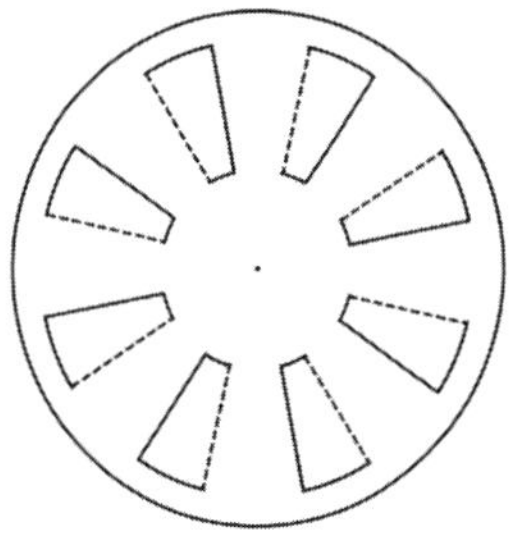

アルミ皿A

[結果]　走馬灯の回転時間

ロウソク	回転時間
2個	44秒
4個	32秒

[結果のまとめ]

回転時間は，ロウソクが2個よりも4個のほうが短くなった。

[結論]　予想のとおり，ロウソクを増やすと，回転が速くなる。

問5　栄一君の実験ノートの，[理由]の空欄《くうらん》 1 に入る文を考えて答えなさい。

次に，筒を外したときと，羽を変えたときについて実験をしました。

実験２　走馬灯の筒を外すと，回転時間はどうなるか。

［予想］　筒を外すと回転が速くなると思う。

［理由］　2

［方法］

・アルミ皿Ａを使う。
・回転部から筒をつけたときと筒を外したときとで回転時間を比べる。
　筒をつけたとき…「筒あり」，筒を外したとき…「筒なし」
・ロウソクが２個と４個のときで実験する。

問６　実験２の［理由］の空欄 2 に入る文を２つ考えて答えなさい。

実験３　走馬灯の羽を変えると，回転時間はどうなるか。

［方法］

・右の図のアルミ皿Ｂとアルミ皿Ｃを使って回転時間を比べる。
・羽を折る角度はアルミ皿Ａのときと同じにする。
・ロウソクが２個のとき，筒ありと筒なしで実験する。
・ロウソクが４個のときでも，実験する。

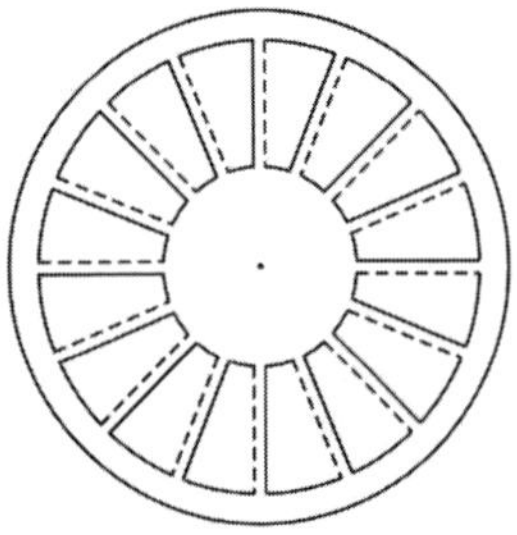
アルミ皿Ｂ

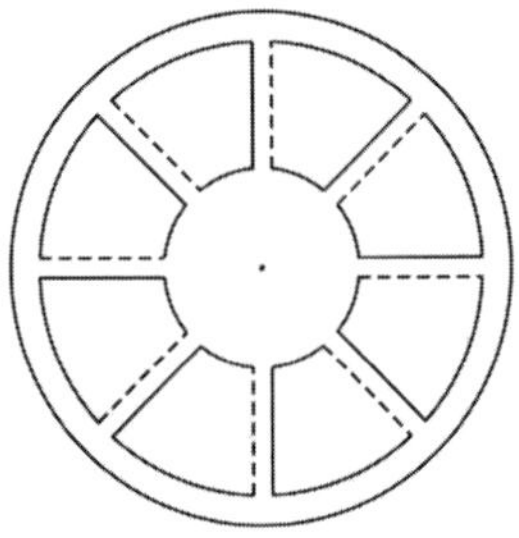
アルミ皿Ｃ

問７　実験３では，アルミ皿の羽と回転の速さについて［予想］と［理由］を考えて，アルミ皿Ｂとアルミ皿Ｃを作りました。次の文章は，アルミ皿の羽の説明です。次のページの**図６**をみて，文章中の空欄（１）～（３）に当てはまる言葉を考えて答えなさい。ただし，同じ数字の空欄には同じ言葉が入ります。

アルミ皿Ａと比べ，アルミ皿Ｂとアルミ皿Ｃはどちらも（　１　）がおよそ２倍になっている。ただし，アルミ皿Ａと比べ，アルミ皿Ｂでは（　２　）が２倍で，（　３　）は同じである。いっぽう，アルミ皿Ａと比べ，アルミ皿Ｃでは（　３　）が２倍で，（　２　）は同じである。実験３では，（　１　）と回転の速さの関係を調べる。

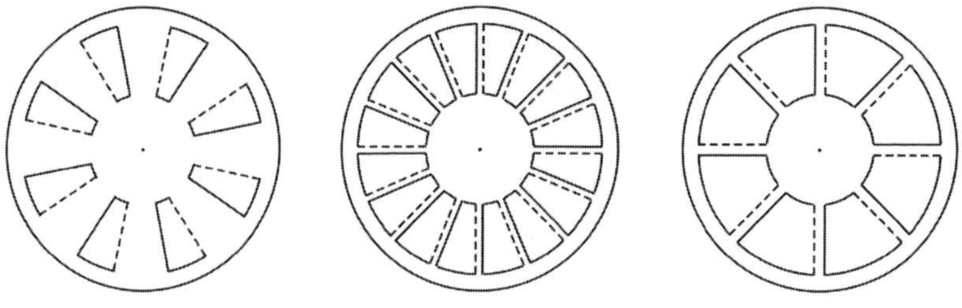

アルミ皿A　　　アルミ皿B　　　アルミ皿C

図6　実験で使ったアルミ皿

[実験1]～[実験3]の結果は，**表1**のようになりました。

表1　走馬灯の**回転時間**

（単位　秒）

ロウソク	**アルミ皿A**		**アルミ皿B**		**アルミ皿C**	
	筒あり	**筒なし**	**筒あり**	**筒なし**	**筒あり**	**筒なし**
2個	44	42	31	30	36	27
4個	32	27	22	17	21	20

[実験2]の結果，走馬灯の筒を外すと**回転時間**は短くなりました。しかし，その差はロウソクを2個から4個に増やしたときほど大きくありませんでした。そこで，結論は「予想に反して，筒を外したときの回転はあまり速くならない。」と考えました。

問8　[実験3]のアルミ皿の羽と回転の速さについて，[結果のまとめ]と[結論]を考えて答えなさい。

栄一君は，ロウソクが1g燃えたときに回転部が回った回数を比べることにしました。これを「**1g回転数**」とします。ロウソク1個を10分間燃やしたとき，ロウソクの重さは0.35g減りました。

問9　**1g回転数**は，次のようにして計算できます。式の空欄[1]～[3]に当てはまる数を答えなさい。ただし，[3]は小数第1位を四捨五入し，整数で答えなさい。

どのロウソクも同じように燃えるので，

1秒間に減るロウソクの重さの合計(g)

＝([1]÷[2])×ロウソクの個数

この実験での**回転時間**は回転部が10回転する時間(秒)を表すので，

1回転あたりに減るロウソクの重さ(g)

＝([1]÷[2])×ロウソクの個数×**回転時間**(秒)÷10

したがって，

1g回転数＝[3]÷ロウソクの個数÷**回転時間**(秒)

1g回転数を**筒あり**の実験結果で計算すると，**表2**のようになりました。

表2　走馬灯の**1g回転数**

（単位　回）

ロウソク	**アルミ皿A**	**アルミ皿B**	**アルミ皿C**
2個	195	276	(1)
4個	134	195	(2)

問10　**表２**の空欄(１)と(２)に当てはまる数を，それぞれ計算して答えなさい。

問11　**表１**と**表２**の値を使い，「**回転時間と１g回転数の関係**」を示すグラフを次のようにかきなさい。グラフに必要なことがらも示しなさい。

・横軸《じく》を「**回転時間(秒)**」，縦軸を「**１g回転数(回)**」とする。

・**表１**の**筒あり**の値を横軸にとり，それぞれに対応する**表２**の値を縦軸にとって，グラフに６個の点をかき入れる。

・グラフの点は，ロウソク２個を○で，ロウソク４個を●で示す。

・○と●の左横か右横にアルミ皿の記号A，B，Cをかき入れる。

例　●A

問12　**問11**のグラフをみて，実験の結果を次のようにまとめました。空欄(１)～(７)に当てはまる言葉や文を答えなさい。

①　回転が最も速いのは(　１　)の場合で，**１g回転数**が最も多いのは(　２　)の場合である。

②　ロウソクを２個から４個に増やすと，どのアルミ皿でも回転の速さは(　３　)。また，**１g回転数**は(　４　)。ただし，(　５　)では**１g回転数**の差は小さい。

③　アルミ皿Aで，ロウソクを２個から４個に増やしたときと，ロウソク２個のまま，アルミ皿Aからアルミ皿Bに変えたときを比べると，回転の速さは(　６　)，**１g回転数**は(　７　)。

栄一君は，ロウソクの個数を増やすのではなくアルミ皿の羽を工夫することで，走馬灯を速く回し，またロウソクの節約もできることに気がつきました。(おわり)

問五　傍線部A・Bの意味として最も適当なものをあとの中から選び、それぞれ記号で答えなさい。

A「やまやま」

ア　本能のおもむくままに行動する様子
イ　ことが実現することを恐《おそ》れる様子
ウ　ことの成り行きにまかせる様子
エ　実際にはできないがそうしたい様子
オ　仕方がないとあきらめる様子

B「もどかしい」

ア　出すぎた態度でおこがましい
イ　どうなるかと心配ではらはらする
ウ　思うようにならなくてじれったい
エ　心が晴れなくてもんもんとする
オ　動作が危なっかしくてたどたどしい

三　次のカタカナの部分を漢字に直しなさい。

1　ニクガンでも見える大きさ。
2　創立者のドウゾウ。
3　地下シゲンにめぐまれる。
4　近所をサンサクする。
5　身のケッパクを証明する。
6　ムソウだにしない出来事。
7　テツボウにぶら下がる。
8　にわとりをシイクする。
9　先生のコウギに出席する。
10　日本画のコテンを開く。
11　木のミキと枝。
12　商店をイトナむ。
13　空が夕日にソまる。
14　検査のために血をトる。
15　友だちに本をカす。

佑の箸《はし》が鈍《にぶ》ってきたのに気づいたのか、理子は、各種調味料を勧めてくれた。

「あのさ」

ソースを回しかけながら、佑は理子にたずねてみることにした。空腹がおさまったおかげか、引っかかっていたことを思いだしたのだ。

「おじいちゃんって、自分がぼけてることわかってんの？」

祖父の口からは、「ぼけてなぞおらん」というセリフを、これまで何回かきいていたから、最後に言い残した、「わしだって、好きでぼけてしまったわけではない」は不思議だったのだ。

すると、理子は意外な返事を返した。

「たまに、ふっとわかるみたいよ」

「へ？　そうなの？」

「うん。だって私たちだって、気分に波があるでしょ。佑だって楽しいときもあれば、落ち込んでしまうときもあるでしょ」

「そりゃあるよ」

遊ぶときは楽しいが、テストは嫌《いや》だ。悪い点数が返ってくると、さらに落ち込む。

「認知症の人は、その差が大きいらしいの。おじいちゃんも支離滅裂《しりめつれつ》なときと、まともなときがあるでしょ」

「あるねえ」

「だから、まともなときには、自分がおかしいことがわかってしまって、あせったり落ち込んだりするんだって、お母さんが言ってた。おじいちゃん、この間泣いてたんだって」

「この間？」

「うん。お母さんが泊《と》まりにいったじゃん？　あとからきいたんだけど、そのとき、夜中仏壇《ぶつだん》の前でごにょごにょ言ってたんだって。『わしはどうしてこんなになってしまったのか』って」

「そうだったのか」

佑は誰かに素手《すで》で、心臓をつかまれたみたいな気になった。ひゅっと体の芯《しん》が引きつって、胸が熱く苦しくなる。

理子が席を立った。こちらも気分がよろしくないのか、浮《う》かない顔をしている。

「昨日返ってきたテストが最悪で。このままじゃまずいから、自習室に行く」

らしい。

「おじいちゃんにとっては、認知症は、ほかの病気になるよりも、辛かったかもしれない。プライドが高いから」

理子は、はーっと重たいため息をついたが、佑にもわかる気がした。祖父はじつにかくしゃくとしていたのだ。ちょっと前までは。

佑は荒《あら》い手つきでコショウを取った。ふたを開けて振りかける。

「ベックション」

④鼻の奥が激しくツンとしたのは、コショウのせいではなかった。

（まはら三桃《みと》『奮闘《ふんとう》するたすく』より）

（注1）林さん＝祖父が通っている介護施設「こもれび」で働くスタッフの一人。

（注2）理子＝佑の姉。中学三年生。

問一　傍線部①「笑顔を張りつけた。」とありますが、どういうことですか。

問二　傍線部②「落ち着いた声になっていた。」とありますが、それはなぜですか。

問三　傍線部③「祖父が言い残していった言葉が引っかかった」とありますが、それはなぜですか。

問四　傍線部④「鼻の奥が激しくツンとした」とありますが、それはなぜですか。

かね」

いや、ちょっとはそうなんですけど。

と一瞬、思いかけたが、佑は祖父を見た。まじまじと。祖父の言い分は、わかるような気がしたのだ。

じっと見た祖父の目は、空洞《くうどう》なんかではなかった。見つめていたのは林さんではなく、自分の足元だったが、黒目にはしっかりと力があった。

林さんもしばらく考え込《こ》むように黙っていたが、ふっと顔を上げた。

「なるほど。わかったわ」

感心したような声を出す。

「そうよね。そうよ。誰だって、誰かの世話になるのは申し訳ないと思っているのよ。それを『どうしたいか』なんてきかれたって、言いづらいわよねえ。こっちは、言ってもらったほうが楽なんだけど、世話をされるほうとすればねえ」

林さんはすっきりしたように笑った。そして、佑に向かって説明してくれた。

「あのね、佑くん。私、今日は大内さんに希望をききに来たの。だって、せっかくこもれびに来てもらっているんだもの。もっと快適に過ごしてもらおうと思ってね。でも、大内さんの言う通りだわ。ありがとう。そう言われて、初めてわかったわ」

林さんにお礼を言われて、祖父は顔を赤くした。よっぽど恥《は》ずかしかったのだろうか。

「うむむ」

と唸《うな》ったあと、

「わ、わしだって、好きでぼけてしまったわけではない」

そう言い残し、せかせかと奥《おく》に引っ込んでしまった。

「申し訳ありません」

林さんに頭を下げた母の向かいで、佑はちょっと首を傾《かし》げた。③祖父が言い残していった言葉が引っかかったのだ。

もう少し様子を見る、と母が残ったので、佑はひとりで家に帰った。

ダイニングでは、(注2)理子《りこ》が焼きそばを食べていた。テーブルには、塩、コショウ、ソース、マヨネーズなどが並んでいる。

母が帰ってこないので、自分で作ったらしいが、ひと目見ただけで、焼きそばがのびきっているのがわかった。

「食べる？」

が、勧《すす》められると、猛烈《もうれつ》にお腹がすいていたことを思いだした。なにしろ、プールの帰りなのだ。

「うん。いただく」

フライパンに残っていた焼きそばを、皿に大盛りにして、かき込んだ。

「うっまー」

見た目通り、のびきってはいたが、かむのもBもどかしいくらいの空腹には、充分《じゅうぶん》おいしかった。

「そう？」

理子は不思議なものを見るように目を細めたが、なにかを思いだしたみたいに、その目を戻《もど》した。

「おじいちゃん、今日、デイサービスに行かなかったんだって？」

「うん。今、心配してデイサービスの人が来てた」

いっぱいの口をもごもごさせながら、佑は答えた。麺《めん》はやわらかいくせに、キャベツとニンジンは固かった。しかも、ちょっと味も薄い。空腹が、あらかたおさまってくると、姉の作った焼きそばの、真の実力が見えてきた。

「味、薄かったら、いろいろあるから」

ア　捕ったウサギは鍋《なべ》で煮《に》たりして、みんなで食べました。
イ　捕ったウサギを受け取る人は、村の長老が決めました。
ウ　捕ったウサギは、みんなで集めて神社に奉納《ほうのう》しました。
エ　捕ったウサギは出荷して、村の金銭収入になりました。
オ　捕ったウサギの数は、制限内におさえられていました。

二　次の文章を読んで、あとの問に答えなさい。

佑《たすく》は小学五年生。近所で独り暮らしをしている祖父に最近、認知症《にんちしょう》の症状が見られるようになった。祖父が転んでケガをし、週に三日、介護施設《かいごしせつ》「こもれび」の入浴サービスを利用することになったので、それに付き添《そ》って行くのが、ちょうど夏休みに入った佑の役割になった。ところが、今日は祖父がどうしても施設に行こうとせず、付き添いの必要が無くなった佑は同級生の一平《いっぺい》とプールで泳いできた。

ただならぬ胸騒《むなさわ》ぎを覚えたのは、祖父の家の前まで来たときだった。玄関《げんかん》ドアが開いていて、中から声がちらっときこえたのだ。通り過ぎる耳に一瞬《いっしゅん》届いた声は、どうやら緊迫《きんぱく》していた。

プールの帰り、佑は祖父の家に寄ることにした。気になったからだ。たとえば一平がごねて学校を休んだら、帰りに様子を見に行く。そんな感じ。

空っぽになったガレージには、見覚えのない軽自動車が止まっていた。

誰《だれ》のだろ？

自転車を止めた佑の耳に、今度ははっきり声がきこえた。

「ぼけてなぞおらん」

祖父の声だ。

「お父さんったら」

それをとりなすような、母の声も。

やっぱ。

佑は思わず玄関に走り込んだ。玄関に立っていた人が振《ふ》り返った。

「あ、こんにちは」

（注1）林さんだった。

「ああ、佑くん」

林さんは①笑顔《えがお》を張りつけた。

「林さんが心配して、来てくださったんだけどね」

一方の母は、眉毛《まゆげ》が下がっていた。困りきった表情で、祖父を見やる。

おじいちゃんたら、こんな調子で。

無言の目くばせがそう言っていた。

「大事なことだから、もう一度言おう。わしはぼけておらんっ！」

佑は母と顔を見合わせた。認知症は、自分が病気だという自覚が薄《うす》いのが症状のひとつであることを、知っていたからだ。だからふたりで首を横に振り合ったのだが、林さんだけはうなずいた。

「そうよ、大内さんはしっかりしてるわよ」

わざとらしい言い方ではなかった。

祖父は黙《だま》った。そのまましばらく間をとったのち、小さく息をついた。そして、言った。②落ち着いた声になっていた。

「ただ、『どうしたいのか』なんてきかれたって、答えられんだけなのだ。こっちだって、人の世話になりたくないのは、Aやまやまなのだ。けれども自分ひとりでは、できないことがあるのも知っている。そこへきて、自分がどうしてもらいたいかを言ったら、強制してるみたいじゃないかね。わしがまるで、横暴な頑固《がんこ》じじいみたいじゃないに設立されたもので、お金を出した人による株主制《かぶぬしせい》をとっていました。その数は一〇〇株に初めから限られており、この株主が組合員ということになるため、株を持たない人は猟ができませんでした。このため、結果的に猟をする人の数も厳しく制限されていました。ただ、今では片野鴨池にやってくるカモの数が少なくなり、坂網で捕れるカモの数もたいへんに減ってしまったため、猟をしたいという人は二〇人ほどになってしまいました。そのため、株は実質的には意味がなくなってしまっています。

　このようなさまざまな制限を設けた背景には、明治時代には片野鴨池のカモ猟が金銭収入の手段として重要な意味を持っていたことがあります。その当時、一株は一五〇俵(九〇〇〇キログラム)のコメと同じ価値があるとされ、実際、猟をおこなうため株を手に入れるには高額な金銭が必要であったと言われています。

　④稲作と狩猟とのかかわりでとくに注目されるのは、種子島や大聖寺の例で示したように、渡《わた》り鳥として冬にやってくるガンやカモを主な猟の対象とする点にあります。前にも述べたように、日本列島には田んぼや用水路・ため池といった人工的な湿地《しっち》が多くあり、そこは多くの水鳥にとって餌を食べたり、羽根を休めたりする場となっています。とくにシベリアなど北の方からやってくる渡り鳥にとっては、冬を越すための場所としてとても大切なところです。

　そのため、田んぼやその周りが、そのまま稲作農民による水鳥の猟場となることが多いのです。しかし、そこは人里でもあるため、銃を使うことは厳しく制限されてきました。手網や鳥もちを用いた素朴《そぼく》な猟の方法が、水田地帯の農家に現代まで伝えられてきたのはそのためです。

　また、銃の使用が制限された背景には、地域に暮らす人びとの信仰《しんこう》が深く関《かか》わっている場合もあります。種子島の場合、昔から渡り鳥の冬越しの場となっている宝満池は、地域の守り神をまつる神社の中にあります。その水は、地域の大切な水田用水でもあります。当然、神社の池では生き物を殺すことは固く禁じられており、またその周辺でも銃砲《じゅうほう》などで大きな音を立てることは強くいましめられてきました。そのため、カモを捕るには、池から離《はな》れた時を狙《ねら》い、しかも大きな音を立てることのない突き網を用いざるをえなかったのです。

　かつて日本の農村では、稲刈りのころにやってくるガンやカモは、イネを食い荒らす害鳥とされてきました。そのため、収穫《しゅうかく》を前にした時期におこなわれるガンやカモの猟は、一部の地域ではイネなどの農作物を守るための行為《こうい》でもありました。

　そういった田畑を守るための狩猟は、水鳥のほかウサギについても見られます。とくに山間の農村では、秋になると「ヤトガリ(野兎狩)」と言って、村人が総出でウサギ狩りをおこなったところもあります。もちろん、［　　　］

(安室《やすむろ》　知《さとる》『田んぼの不思議』より)

問一　傍線部《ぼうせんぶ》①「小さな手網を用いたカモ猟が、農家の人たちなどによりおこなわれています。」とありますが、農家の人たちが農業のかたわら「小さな手網を用いたカモ猟」をおこなうことができるのはなぜですか。五十字以内で説明しなさい。(字数には句読点等もふくみます。)

問二　傍線部②「大聖寺の坂網猟」、傍線部③「種子島の突き網猟」とありますが、二つの猟の目的を、解答欄《らん》に合うようにそれぞれ二十字以内で説明しなさい。(字数には句読点等もふくみます。)

問三　傍線部④「稲作と狩猟とのかかわり」とありますが、日本で稲作と水鳥猟とのかかわりが深いのはなぜですか。

問四　空欄部《くうらんぶ》［　］に入れるのに最も適当なものを次の中から選び、記号で答えなさい。

二〇一八年度 栄光学園中学校

【国 語】（五〇分）〈満点：七〇点〉

（注意） 配付されたもの以外の下じき・用紙は使わないこと。

一 **次の文章を読んで、あとの問に答えなさい。**

現在、鹿児島《かごしま》県南種子町《みなみたねちょう》（種子島《たねがしま》）にある宝満池《ほうまんいけ》の周辺では、「突《つ》き網《あみ》」と呼ぶ、①小さな手網を用いたカモ猟《りょう》が、農家の人たちなどによりおこなわれています。専門の猟師は一人もいません。この猟はここでは昔からおこなわれており、江戸《えど》時代の『種子島家譜《たねがしまかふ》』という記録にも、突き網についての記述があります。

この猟は、昼間のうちは池で休んでいるカモが、周辺の水田地帯に餌《えさ》をとりに行くためにいっせいに飛び立つ夕暮れ時におこなわれます。また反対に、夜通し落ち穂《ぼ》などの餌を食べていたカモが、餌場の田んぼから池に戻《もど》ってくる夜明け時分にもおこなわれます。

その時カモを捕《と》ろうとする人は、池を囲む山の上で待ちかまえ、上空を飛び越《こ》えようとする瞬間《しゅんかん》に突き網を投げ上げて、カモを網に掛《か》けて捕ります。猟のやり方は単純ですが、カモが池のどこからどの方向に向けて飛び立つかを見きわめる必要があるため、豊かな経験と独特なカンが必要とされます。

突き網猟の場合、猟の道具はほぼすべて農家の人が自ら手作りします。また、猟の時間は、夕暮れ時および夜明け前の各十五分間程度で、猟場も日常生活の範囲内《はんいない》にあるため、徒歩や自転車でかんたんに行くことができます。

ですから、一日がかりで、かつボートや猟犬など猟のための装備を多く必要とする銃《じゅう》を使った猟に比べ、はるかに猟の効率はよく、手間もあまりかかりません。この猟をおこなうのは、ほとんどが宝満池の近くに住む農家の人びとで、捕ったカモは自分で食べるほか、親戚《しんせき》への土産《みやげ》にしたりして、すべて自分の家で消費されます。

この例のように、もともと稲作《いなさく》農民による小規模な水鳥猟は、自分たちで食べるためのものでした。また、稲刈《いねか》りが終わっていない田んぼでは、イネを食い荒《あ》らす害鳥と考えられていたカモやガンを退治するためのものでもありました。

しかし、大都市の近郊《きんこう》では、たとえば千葉県我孫子《あびこ》市などにまたがる手賀沼の場合のように、江戸時代以降、カモを江戸や東京へ出荷《しゅっか》するために、稲作農民による水鳥猟が大規模におこなわれるところも出てきます。

加賀百万石《ごく》の城下町として栄えた金沢にほど近い石川県加賀市②大《だい》聖寺《しょうじ》の坂網猟は、その代表的なものでしょう。猟の仕方や使う道具は、③種子島の突き網猟と基本的に同じです。用いる網の形だけでなく、網を支える柄《え》の部分の呼び名なども似ているところが多くあることを考えると、両者の間にはもとは何らかの交流があったと思われます。

ただ、両者のカモ猟でもっとも大きな違《ちが》いは、大聖寺の場合、種子島とは異なり、カモ猟をする人たちにより組合が作られ、それにより猟がさまざまに管理されている点です。猟場となる片野鴨池《かたのかもいけ》の周りの山には、昔から「坂場」と呼ぶ猟場が細かく指定され、それ以外のところでは猟はできないことになっています。また、どの坂場を使うかはくじ引きで決められ、かつ、その坂場の中でも網をかまえる場所を順番で変えていくようにするなど、厳《きび》しい取り決めがあります。

また、種子島では狩猟免許《しゅりょうめんきょ》さえあれば猟は誰《だれ》でもできますが、大聖寺の場合には組合員にしか猟の権利はなく、その組合員になるにもやはりさまざまな取り決めがあります。カモ猟のための組合は明治初期

2018年度

栄光学園中学校

▶解説と解答

算　数　（60分）<満点：70点>

解　答

1 (1)　4通り　(2)　解説の図4を参照のこと。　(3)　11通り　**2** (1)　(30～39)　(2)　1，3，5，7，9，11，13，15，17，19，21，23，25　(3)　（例）　解説を参照のこと。　(4)　$2\frac{2}{3}$　(5)　（例）　$\frac{8+9+10+11+12}{3+4+5+6+7}$　(6)　（3～12），（8～17），（13～22）　**3** (1)　14.3cm　(2)　①　8cm　②　10.1cm　(3)　13.1cm　**4** (1)　①　270cm^2　②　（2～4），（6～8），（10～12），（14～18），（20～24）　(2)　（6～8），（10～12），（20～24）

解　説

1 調べ

図1

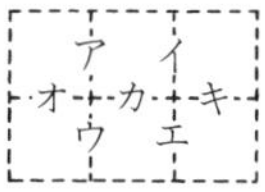

図2

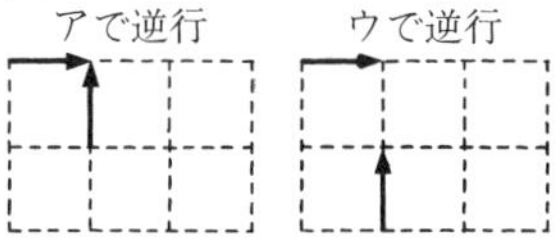

図3

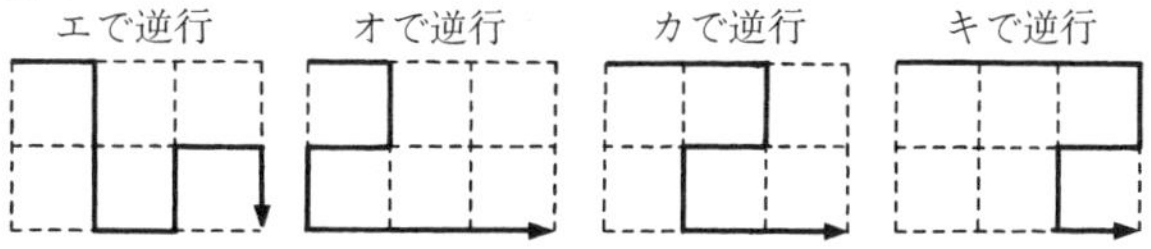

(1)　7つの辺を通って行くとき，上の図1のア～キの中の1つの辺を上向きや左向きに進むことになる。以下，これを逆行と呼ぶことにする。また，外側の辺を逆行すると必ず同じ辺や頂点を2回以上通ることになるから，逆行できるのはア～キの7つの辺だけである。点Aを右向きに出発するとき，問題文中の例で示されたのはイで逆行する場合である。また，上の図2のようにア，ウで逆行することはできないので，考えられるのは上の図3の4通りである。

(2)　(1)の考え方より，点Aを下向きに出発して，7つの辺を通って点Bへ行く行き方は，右の図4の8通りが考えられる（オ，カ，キで逆行する場合はない）。

図4

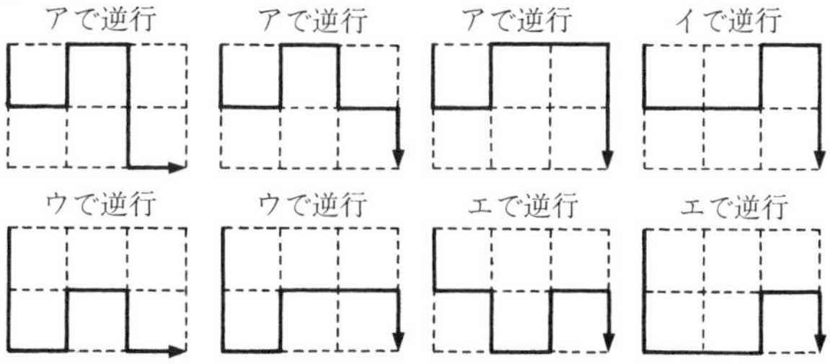

(3)　9つの辺を通る場合は，2つの辺を逆行することになる。アとイ，アとウ，…のように順に調べると，下の図5のようになる。アとウで逆行する場合，点Aから●印の点までは図5のように進み，●印の点から点Bまでは交差点ごとに調べると，3通りの行き方があることがわかる。また，イとエで逆行する場合，●印の点から点Bまでは図のように進み，点Aから●印の点までは交差点ごとに調べると，3通り

図5

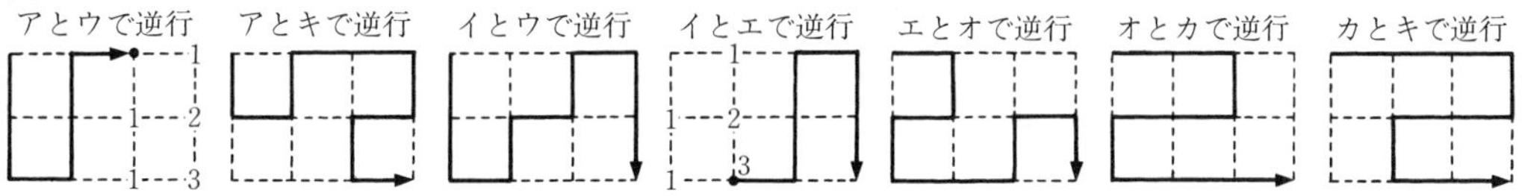

の行き方があることがわかる。これ以外の場合はすべて1通りだから，全部で，3×2＋5＝11(通り)と求められる。

2 整数の性質

(1) たとえば，6個の連続する整数{5，6，7，8，9，10}を考えると，この6個の整数の平均は，中央の2個の整数の真ん中の数，つまり7.5になる。連続する整数の個数が偶数《ぐうすう》個の場合は同様だから，平均が34.5のとき，中央の2個の整数は34と35であり，上の図1のように表すことができる。よって，最小の数は，34－(10÷2－1)＝34－4＝30，最大の数は，35＋4＝39なので，(30～39)となる。

図1

□，□，□，□，34，35，□，□，□，□
（34と35の間に↑34.5）

(2) 差が最も大きくなるのは，一方が{1，2，3，4，5}，他方が{6，7，8，9，10}の場合であり，このときの差は，8×5－3×5＝40－15＝25となる。下の図2のように，この状態から5と6を入れかえると，一方は1ふえ，他方は1減るから，差は2減って23になる。さらに，この状態から6と7を入れかえると，やはり差は2減って21になる。以下同様に，差が1である2つの数どうしを入れかえると，最終的に差は1になる。よって，考えられる差は1，3，5，7，9，11，13，15，17，19，21，23，25である。

図2

1 2 3 4 **5** **6** 7 8 9 10 ＞差25 ➡	1 2 3 4 **6** 5 **7** 8 9 10 ＞差23 ➡	1 2 3 4 **7** 5 6 **8** 9 10 ＞差21 ➡	1 2 3 4 **8** 5 6 7 **9** 10 ＞差19
➡ 1 2 3 4 **9** 5 6 7 8 **10** ＞差17 ➡	1 2 3 **4** 10 **5** 6 7 8 9 ＞差15 ➡	1 2 3 **5** 10 4 **6** 7 8 9 ＞差13 ➡	1 2 3 **6** 10 4 5 **7** 8 9 ＞差11
➡ 1 2 3 **7** 10 4 5 6 **8** 9 ＞差9 ➡	1 2 3 **8** 10 4 5 6 7 **9** ＞差7 ➡	1 2 **3** 9 10 **4** 5 6 7 8 ＞差5 ➡	1 2 **4** 9 10 3 **5** 6 7 8 ＞差3
➡ 1 2 5 9 10 3 4 6 7 8 ＞差1			

(3) 連続する10個の整数の和は，{(最小の数)＋(最大の数)}×10÷2＝{(最小の数)＋(最大の数)}×5で求めることができる。ここで，最小の数と最大の数は，一方が奇数《きすう》で他方が偶数なので，和は必ず奇数になる。よって，この式は，(奇数)×5となるから，必ず奇数になる。したがって，等しい2個の整数に分けることはできない。

(4) 連続する10個の整数のうち，最小の整数を①とすると，最大の整数は(①＋9)となる。また，Xの値が最大になるのは，分子が最大，分母が最小になる場合なので，右の図3のような計算になる。①にあたる整数が大きくなるにつれて，図3の式の値(X)は小さくなるから，Xの値が最大になるのは①が1の場合であり，$1+\frac{25}{5+10}=2\frac{2}{3}$と求められる。

図3

$$\frac{(①+5)+(①+6)+(①+7)+(①+8)+(①+9)}{①+(①+1)+(①+2)+(①+3)+(①+4)}$$

$$=\frac{⑤+35}{⑤+10}=\frac{⑤+10+25}{⑤+10}=\frac{⑤+10}{⑤+10}+\frac{25}{⑤+10}=1+\frac{25}{⑤+10}$$

(5) (2)～(4)より，Xの値が整数になるのは，$\frac{25}{⑤+10}$が整数になるときである。つまり，(⑤＋10)が25の約数になるときなので，考えられるのは，⑤＋10＝25の場合だけである。このとき，①＝(25

−10)÷５＝３だから連続する10個の整数は(３～12)であり，たとえば式は，$\frac{8+9+10+11+12}{3+4+5+6+7}$となる。

⑹　分子の和が11の倍数，分母の和が14の倍数になるので，10個の整数の和は，11＋14＝25の倍数になる。また，(１～10)の和は，(１＋10)×10÷２＝55，(２～11)の和は，(２＋11)×10÷２＝65だから，連続する10個の整数の和は，65−55＝10ずつ大きくなる。よって，小さい順に，55，65，75，…となるので，最小の25の倍数は75とわかる。さらに，10と25の最小公倍数は50だから，両方に共通する数は50ごとにあらわれ，{75，125，175，225，…}となる。次に，和が75になるのは(３～12)の場合であり，和が125になるのはこれよりも，(125−75)÷10＝５ふえた場合なので，(８～17)となる。同様に，和が175になるのは(13～22)，和が225になるのは(18～27)とわかる。さらに，和が75のとき，分子は，75×$\frac{11}{14+11}$＝33，分母は，75−33＝42であり，その差は，42−33＝９となる。同様に分子と分母を求めると，上の図４のようになる。ここで，⑵からわかるように，分子と分母の差は最大でも25である。したがって，条件に合うのは，(３～12)，(８～17)，(13～22)の３通りである。

図４

(１～10)の場合…和55
(２～11)の場合…和65
(３～12)の場合…和75 ➡ $\frac{33}{42}$(差は９)
(８～17)の場合…和125 ➡ $\frac{55}{70}$(差は15)
(13～22)の場合…和175 ➡ $\frac{77}{98}$(差は21)
(18～27)の場合…和225 ➡ $\frac{99}{126}$(差は27)
⋮

3 水の深さと体積

⑴　容器，おもりＡ，おもりＢの底面の半径の比は10：５：４だから，底面積の比は，(10×10)：(５×５)：(４×４)＝100：25：16である。この比を用いると，容器の容積，おもりＡ，おもりＢの体積はそれぞれ，100×20＝2000，25×10＝250，16×20＝320となる。よって，水の体積(上の図１のかげをつけた部分の体積)は，2000−(250＋320)＝1430となるので，はじめの水位は，1430÷100＝14.3(cm)と求められる。

図１

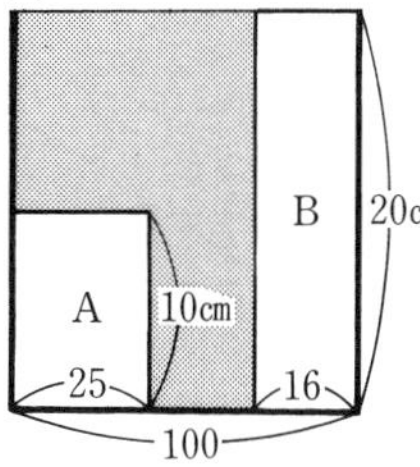

図２

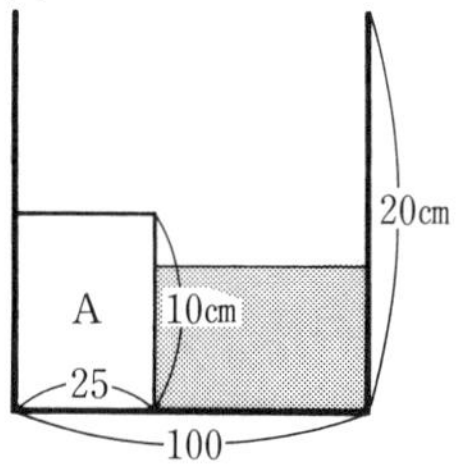

図３

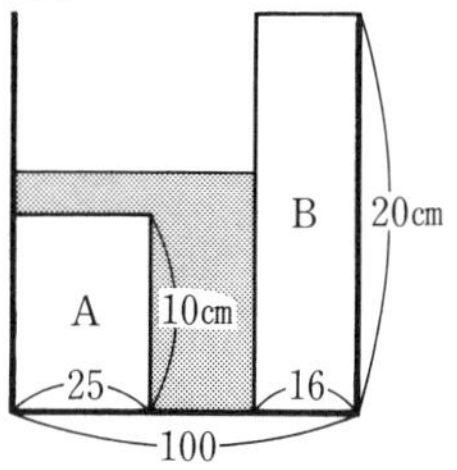

⑵　①　水の体積は，100×６＝600である。上の図２のように，Ａのおもりを入れたときの水位が10cm以下になったと仮定する。このとき，水が入っている部分の底面積は，100−25＝75だから，水位は，600÷75＝８(cm)となる。これは10cm以下なので仮定は正しいことがわかり，求める水位は８cmである。　②　上の図３のように，Ｂのおもりを入れたときの水位が10cm以上20cm以下になったと仮定する。このとき，水とＡの体積の合計は，600＋250＝850であり，この部分の底面積は，100−16＝84だから，水位は，850÷84＝10.11…(cm)と求められる。これは10cm以上20cm以下なので仮定は正しいことがわかり，求める水位は，小数第２位を四捨五入すると10.1cmになる。

図４

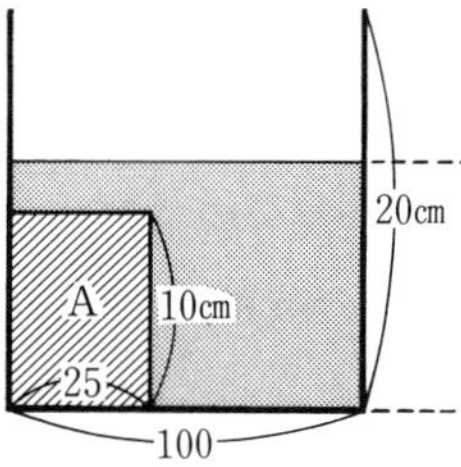

図５

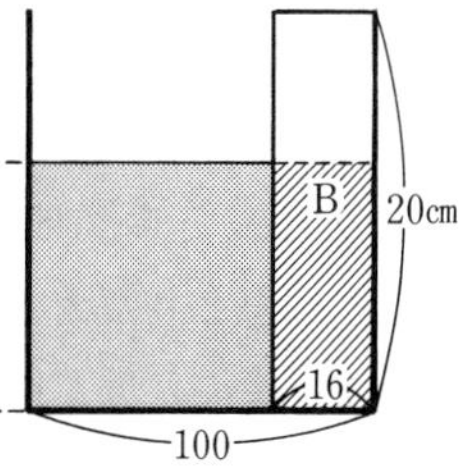

⑶　容器から水があふれることはないから，どちら

の順番で入れても，２つ目の容器を入れ終わった後の水位は同じになる。よって，上の図４，図５のように，１つ目のおもりを入れ終わったときの水位も同じであったことになる。すると，ＡとＢの水の中に入っている部分(斜線《しゃせん》部分)の体積も同じになるので，このときの水位は，$25\times10\div16=\frac{125}{8}$(cm)とわかる。また，図５で水が入っている部分の底面積は，$100-16=84$だから，水の体積は，$84\times\frac{125}{8}=1312.5$となり，はじめの水位は，$1312.5\div100=13.125$(cm)と求められる。これは，小数第２位を四捨五入すると13.1cmとなる。

4 平面図形―図形の移動，調べ

(1) ① Ｂは５秒間で，$1\times5=5$(cm)動くから，Ａの左端を基準にすると，各部分の長さは右の図Ⅰのようになる(太線は色のついている部分を表し，Ｂの(　)の数字はＢの左端を基準にした長さである)。色が濃《こ》く見えるのは２つの太線が重なった部分なので，Ａの左端を基準とすると，５～６cm，12～15cm，25～30cmの，$(6-5)+(15-12)+(30-25)=9$(cm)である。よって，その部分の面積は，$9\times30=270$(cm^2)となる。

図Ⅰ

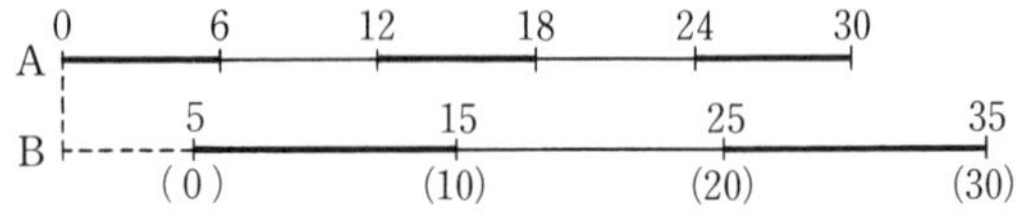

② 右の図Ⅱのようなグラフをかいて調べる。図Ⅱで，横軸《じく》はＢを動かし始めてからの時間を表し，たて軸はＡの左端を基準にした長さを表している。また，かげをつけた部分はＡの色がついている部分を表し，太線で囲んだ部分はＢの色がついている部分を表している。よって，色が濃く見えるのは，かげをつけた部分と太線で囲んだ部分が重なった部分(斜線部分)になる。次に，斜線部分のたて軸方向の長さの和を２秒ごとに調べると，０秒後の，$6+6=12$(cm)から，２秒後の，$6+4=10$(cm)まで，０～２秒後は一定の割合で減る。同様に，４秒後は，$6+2+2=10$(cm)なので，２～４秒後は変わらない。以下同じようにして調べると，斜線部分のたて軸方向の長さの和が変わらないのは，６～８秒後，10～12秒後，14～16秒後，16～18秒後，20～22秒後，22～24秒後とわかる。よって，連続する部分をまとめると，(２～４)，(６～８)，(10～12)，(14～18)，(20～24)となる。

図Ⅱ

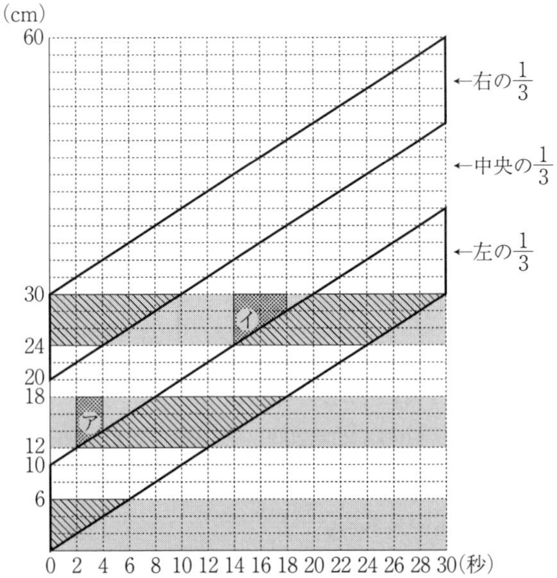

(2) 図Ⅱの斜線部分のたての長さは，色が濃く見える部分の横の長さ(右の図Ⅲの太線部分の長さ)を表している。ここで，ＢとＣをとりかえると右の図Ⅳのようになる。このとき，Ｃの左右$\frac{1}{3}$の部分だけを考えると，色が濃く見える部分の横の

図Ⅲ

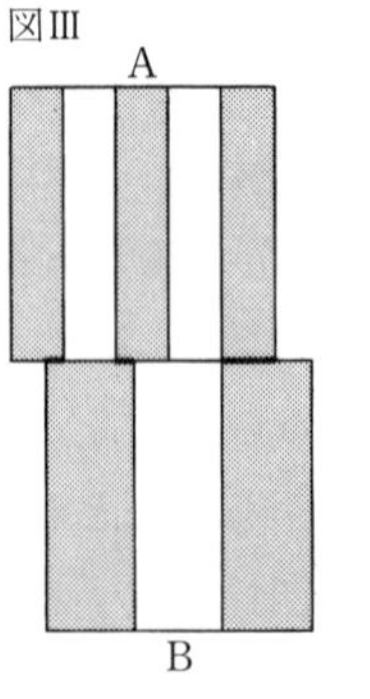

図Ⅳ

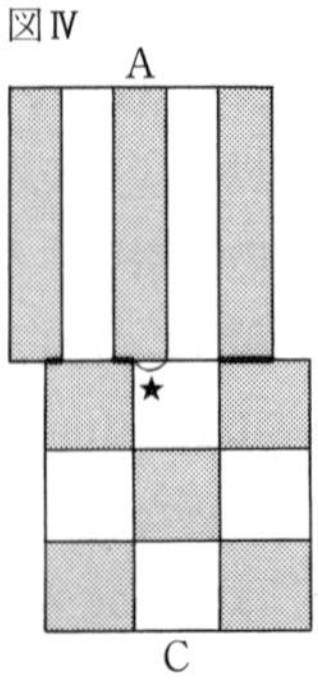

長さはBのときと変わらないが，中央の$\frac{1}{3}$の部分の横の長さ(★の部分の長さ)は変化するので，色が濃く見える部分の面積も変化する。よって，色が濃く見える部分の面積が変化しないのは，(1)の②で求めた5つのうち，中央の$\frac{1}{3}$の部分の横の長さが変化しないものである。すると，図Ⅱで，変化するのは2～4秒後のアの部分，14～18秒後のイの部分だから，色が濃く見える部分の面積が変化しないのは，(6～8)，(10～12)，(20～24)となる。

社会 (40分) ＜満点：50点＞

解答

1 **問1** エ　**問2** (例) 農民には租・調・庸などの税とさまざまな労役や兵役が課され，なかでも調と庸は農民自身の手で都まで運ばなければならなかった。さらに，こうした義務からのがれようとすれば厳しく罰せられた。このような重い負担からのがれようと，住んでいた場所を捨ててちがう場所で生活する農民が多かったため。　**問3** (例) 将軍が御家人に，先祖伝来の領地を保障したり，手がらによって新たに領地をあたえたり，守護や地頭に任命したりすること。　**問4** (例) ますやものさしを統一して，収穫高や面積の基準を明確にした。　**問5** エ　**問6** ア　2 **問1** 地価　**問2** ウ　**問3** 八幡製鉄所　**問4** (1) 関税　(2) **い** ○　**ろ** ×　**は** ○　**に** ○　3 **問1** エ　**問2** **C** ウ　**D** ア　**E** イ　**問3** 新聞　**問4** ア　**問5** 立憲改進党　**問6** ウ　**問7** 治安維持法　**問8** イ，ウ　**問9** エ　**問10** **F～I** 神奈川県知事，神奈川県議会議員，鎌倉市長，鎌倉市議会議員　**問11** エ　4 **問1** (例) 国会ができる前は天皇や貴族，将軍，大名など，その時代の権力者が一方的に決めていたが，国会ができたあとは，国会で国民の代表者である議員たちが話し合い，法律を制定することで，税の内容を決めるようになった。　**問2** (例) 1890年に行われた第1回衆議院議員総選挙のときの選挙権は，直接国税15円以上を納める25歳以上の男子だけにあたえられた。その後，納税額の制限が10円，3円としだいに引き下げられ，1925年には普通選挙法が成立して25歳以上のすべての男子に選挙権が認められた。さらに第二次世界大戦終了直後，衆議院議員選挙法が改正されて20歳以上のすべての男女に選挙権があたえられ，2015年には選挙権の年齢が18歳以上に引き下げられた。

解説

1 税を題材とした歴史の問題

問1 古代中国の歴史書である『魏志《ぎし》』の倭人《わじん》伝には，3世紀の倭(日本)についての記述があり，倭に邪馬台国《やまたいこく》という強国があり，女王の卑弥呼《ひみこ》が30あまりの小国をしたがえていたことや，鬼道《きどう》(まじない)によって政治を行い，弟がそれをたすけていたこと，239年に魏の皇帝に使いを送り，「親魏倭王」の称号と金印，銅鏡などを授《さず》けられたことなどが記されている。したがって，ア～ウは正しい。朝鮮半島を経由して日本に仏教が伝えられたのは6世紀前半であるから，エがまちがっている。

問2 律令制度のもと，農民には，戸籍にもとづいて男女を問わず口分田が支給されたが，収穫高の約3％の稲を地方の役所に納める租のほか，成年男子には各国の特産物などを納める調，都での

10日間の労役の代わりに麻布を納める庸《よう》という税も課された。特に調と庸は，農民がみずから都まで運ばなければならず，そのための食事なども自分で用意しなくてはいけなかったため，重い負担となった。さらに，さまざまな労役や兵役も課され，それらの税からのがれようとすると厳しく罰《ばっ》せられた。このように農民は大きな負担を強いられていたため，住んでいる土地を捨ててちがう場所に逃《に》げる者も少なくなかった。また，成年男子の税負担が多かったため，男子であっても戸籍には女子として登録するなど，戸籍のごまかしも行われるようになった。このように，戸籍にもとづく税の徴収《ちょうしゅう》が難しくなったため，口分田は不足し，律令制度における公地公民制もくずれていった。

問３　鎌倉時代，将軍は御家人に対し，おもに地頭に任命することで先祖伝来の領地を保障した(本領安堵《あんど》)。また，手がらによって新たに領地をあたえたり(新恩給与)，守護や地頭に任命したりした。これが御恩で，御恩を受けた御家人は，奉公をはたす義務があった。このような，土地を仲立ちとした主従関係を封建《ほうけん》制度といい，武家社会の基本的なしくみとして長く続いた。

問４　戦国大名は新たに支配下に置いた地域などで検地を行ったが，多くは家臣や耕作者に領地の面積や米の収穫量などを申告させる指出《さしだし》検地とよばれるものであった。また，地域によって，穀物の量を測るますや，田畑の測量に用いたものさしが異なっていたため，面積や収穫量の基準が一定ではなかった。これに対し，豊臣秀吉は1582年から領地で検地を行うにあたって，ますとものさしを統一した。そして，実際に田畑へ役人を派遣して，検地竿《ざお》とよばれる竿で土地の測量をさせた(竿入《さおいれ》検地)。また，田畑の良し悪《あ》しや予想される米の収穫量などを調べて田畑の生産力を定め，これに面積をかけて求めた石高を，年貢《ねんぐ》の基準とした。

問５　江戸時代の人口における身分の比率は，地域や時代によって異なると考えられるが，百姓の占《し》める割合はおおむね８割程度だったと推定されている。支配者層である武士は10%ほどで，町人は10%未満だったと考えられている。

問６　ア　島原・天草一揆《いっき》(1637～38年)は，領主の課す重税とキリスト教徒への弾圧《だんあつ》に苦しむ島原・天草地方の領民が起こしたもので，キリスト教徒も多数参加していた。　イ　島原・天草一揆でかしらとなったのは，天草四郎(益田)時貞《ときさだ》である。　ウ　幕府は，12万以上の兵力とオランダ船の砲撃《ほうげき》でようやく島原・天草一揆をしずめた。借金の帳消しを求める一揆を徳政一揆というが，島原・天草一揆にはあてはまらない。　エ　島原・天草一揆では，肥前(長崎県)の島原や肥後(熊本県)の天草の領民が，島原半島南部の原城跡にたてこもって幕府軍と戦ったが，同様の一揆がほかの地域に広がることはなかった。

2　**近代における税のしくみを題材とした問題**

問１　1873年に公布された地租改正条例にもとづき，政府は全国の土地を調査して地価を定め，その３%にあたる地租を土地所有者に現金で納めさせるようにした。この政策により，政府は米の収穫量にかかわらず，毎年決まった額の税収を確保できるようになったため，財政が安定した。

問２　明治時代末の1903年，アメリカのライト兄弟が初めての動力飛行に成功すると，第一次世界大戦(1914～18年)では，新兵器として戦闘《せんとう》機が登場した。その後，日本でも民間企業が飛行機生産に乗り出した。よって，ウがまちがっている。アについて，1872年，イギリスの技術を導入して新橋—横浜間に鉄道が開通した。イについて，明治政府は西洋の技術や制度を取り入れるため，欧米諸国から多くの学者や技術者を招いた。彼らは「お雇《やと》い外国人」とよばれ，大学や実業界などで活《かつ》躍《やく》した。エについて，電信は1869年に東京—横浜間で開通し，その後全国に広がっていった。電話は1877年に輸入され，官庁間で実験的に採用。1890年には東京—横浜間で交換《こうかん》業務が開始されている。

問3　日清戦争に勝利した日本は，下関条約により清(中国)から得た賠償《ばいしょう》金の一部に多額の政府資金を加え，八幡《やはた》製鉄所を設立した。福岡県北東部の八幡が選ばれたのは，近くに石炭と石灰石の産地があることと，鉄鉱石の輸入先である中国に近かったためである。

問4　(1)　貿易品に課される税を関税という。一般《いっぱん》に，国内産業の保護と財政収入の確保のため，輸入品に課される。　(2)　**い**　税収総額に占める地租の割合は，1870年には90%近くであったが，その後減り続け，1930年には10%を下回っている。なお，1870年は地租改正の開始前であるから，年貢米などからの収入だと考えられる。　**ろ**　1880年の国税収入は5526万円，地租の割合はおよそ76%なので，金額は，5526(万円)×0.76＝4199.76(万円)である。一方，1910年の国税収入は3億1729万円，地租の割合はおよそ25%なので，金額は，31729(万円)×0.25＝7932.25(万円)となる。よって，金額は増えている。　**は**　「商品に課された税」には，酒税と砂糖消費税があてはまる。1880年から1900年にかけて，国税収入の総額も酒税の割合も増えているので，金額が増えていることになる。また，1910年から1920年にかけて，酒税と砂糖消費税の割合の合計はほぼ横ばい，1920年から1930年にかけてもやや増えただけであるが，その間に国税収入の総額は大きくのびているので，金額も増えているとわかる。よって，正しい。　**に**　会社の利益に課される税である法人税は，日露戦争が始まった1904年より前の1900年に，すでに導入されている。

3　税の集め方やその使い道を題材とした問題

問1　五か条の御誓文《ごせいもん》は1868年3月，天皇が神に誓《ちか》うという形で明治新政府の基本方針を示したもので，アはその1つ目，イは2つ目，ウは5つ目に示された内容として正しい。エは，五箇条の御誓文の翌日に出された五榜《ごぼう》の掲示の第一札にある「五倫《ごりん》の道」の内容である。

問2　**C**　示された4人のうち，薩摩藩(鹿児島県)出身の人物は大久保利通《としみち》。利通は明治新政府の中心となって廃藩置県(1871年)や殖産興業政策をおし進めたが，1878年に暗殺された。　**D**　板垣退助は土佐藩(高知県)出身の政治家で，征韓論(朝鮮を武力で開国させようという考え方)が受け入れられなかったために政府を去ると，1874年に「民選議院設立建白書」を政府に提出して自由民権運動を指導した。1881年には日本初の政党である自由党を結成し，その後は政界で活躍した。
E　1881年に「国会開設の詔《みことのり》」を出して10年後の国会開設を約束した政府は，翌82年，伊藤博文をヨーロッパに派遣して各国の憲法や政治制度を調べさせた。

問3　明治時代に入ると，印刷技術が向上したことから，大都市を中心に新聞が普及《ふきゅう》した。1870年には日本語で書かれた初めての日刊新聞である「横浜毎日新聞」が発行され，以後，政治評論を中心とした多くの新聞が刊行されるようになった。1874年に新聞「日新真事誌」が「民選議員設立建白書」を掲載するなど，新聞が人びとにあたえる影響を重くみた政府は，1875年に新聞紙条例を定めて政治や政府への批判を禁止するなど，弾圧の動きを強めた。

問4　明治時代に入ると，一般武士は士族とされ，少しずつ特権がうばわれていった。1876年には廃刀令《はいとうれい》が出され，士族の帯刀は全面的に禁止された。

問5　1881年，早期の国会開設を主張して参議を辞めさせられた大隈重信は，翌82年，立憲改進党を結成して初代党首となった。前年に板垣退助らが結成した自由党がフランス流の急進的な民主主義を主張したのに対し，立憲改進党はイギリス流の穏健《おんけん》な立憲君主制をすすめる立場をとっていた。

問６　第一次世界大戦が起きた大正時代には，労働者たちが待遇改善を求めて起こす労働運動や，小作人たちが小作料の引き下げを求めて起こす農民運動がさかんになり，全国的な組織である日本労働総同盟や日本農民組合などもつくられた。また，大戦末期の1918年には，富山県で始まった米騒動《そうどう》が全国各地に広がった。したがって，ア，イ，エは正しい。条約改正は明治時代末期の1911年に達成されているから，ウがまちがっている。

問７　1925年に普通選挙法とともに制定された治安維持法は，普通選挙法の実施などにともなって活発になると予想された社会主義運動を取りしまるための法律で，のちには自由主義者や平和主義者にも適用されるようになったが，戦後の1945年に廃止された。

問８　1941年にアメリカ・イギリスとの間で太平洋戦争が始まると，1945年の終戦まで，人びとは戦争優先の苦しい生活を強いられた。開戦当初，大学生は徴兵が免除《めんじょ》されていたが，戦局の悪化から，1943年には文系の学生が召集され，戦場に送られるようになった(学徒出陣)。また，アメリカ軍による日本本土への空襲《くうしゅう》が本格化した1944年からは，都市部の子どもたちを集団で農村などに移住させる学童疎開《そかい》も行われるようになった。したがって，イとウが正しい。アは1938年の国家総動員法や1939年の国民徴用令などにもとづいて，エは1939年の価格等統制令などにもとづいて，それぞれ行われるようになったことがらである。

問９　日本国憲法は第41条で国会を「国の唯一《ゆいいつ》の立法機関」と位置づけているので，エが正しい。ア～ウは，いずれも大日本帝国憲法の内容。

問10　参政権には，国会議員や地方自治体の長である知事・市町村長，地方議会議員をえらぶ権利である選挙権と，それぞれに立候補する権利(被選挙権)のほかに，憲法改正の国民投票をする権利や，最高裁判所裁判官の国民審査をする権利もふくまれる。神奈川県鎌倉市に住む有権者は，神奈川県の知事と県議会議員，鎌倉市の市長と市議会議員をえらぶ権利を持っている。

問11　日本国憲法第76条の規定により，裁判を行う司法権は，裁判所のみにあたえられているので，エがまちがっている。

[4]　税の集め方や選挙権の移り変わりについての問題

問１　[1]や[2]の問題文からもわかるように，税の内容は長い間，天皇や貴族，将軍，大名など，その時代における権力者が一方的に決めるものであった。しかし，[3]の問題文より，明治時代には，大日本帝国憲法の規定にもとづき，「国民に新たに税を課す場合は法律で定める」必要があり，帝国議会では「議員たちが話し合って法律をつくったり，集められた税などをもとに政府が作成した予算案を検討して，予算を決めたりする」ことになった。つまり，国会ができてからは，税の内容を法律で定めるようになったのである。そしてその法律は，国民が選挙でえらんだ議員で構成される国会が制定するのだから，国民の代表者である議員たちが話し合いによって税の種類や集め方，その使い道などを決めることになったといえる。

問２　第１回衆議院議員総選挙から続いた制限選挙の時代，男子のみによる普通選挙の時代，すべての青年男女に選挙権が認められるようになった時代の３つの段階についてそれぞれ説明するほか，2015年に選挙権年齢が引き下げられたことにも必ずふれること。

理 科 (40分)＜満点：50点＞

解 答

問1 **ア** 液体 **イ** 気体 **ウ** 固体 **問2** ウ **問3** ア，ウ，エ，オ **問4** (1) (例) 温められた空気が上昇し，アルミ皿の羽のすき間を通りぬけるときに羽をおして回転させる。 (2) イ **問5** (例) 温められた空気の量と勢いが増すから。 **問6** (例) 回転部の重さが軽くなり，動きやすくなるから。／まわりのより多くの空気が温められて上昇するから。 **問7** (例) **1** 羽の面積の和 **2** 羽の数 **3** 羽の１枚あたりの面積 **問8** **結果のまとめ**…(例) 回転時間は，ロウソクの個数や筒があるかないかの条件が同じとき，アルミ皿Ｂとアルミ皿Ｃではおよそ等しくなった。 **結論**…(例) 予想のとおり，羽の面積の和が等しければ，羽の数や羽の１枚あたりの面積が異なっていても回転の速さはほとんど変わらない。 **問9** **1** 0.35 **2** 600 **3** 17143 **問10** **1** 238 **2** 204 **問11** 解説の図を参照のこと。 **問12** **1** ロウソク４個のときのアルミ皿Ｃ **2** ロウソク２個のときのアルミ皿Ｂ **3** 速くなる **4** 減る **5** アルミ皿Ｃ **6** (例) どちらも同じくらい速くなり **7** (例) アルミ皿Ｂに変えると多くなり，ロウソクを増やすと少なくなる

解 説

走馬灯のしくみについての問題

問1 ロウソクは，マッチなどの火をしんに近づけると，固体のロウ(ウ)がとけて液体のロウ(ア)になり，その液体のロウがしんを伝わって上がっていき，しんの先端《せんたん》でロウの気体(イ)になり，このロウの気体が燃えてほのおとなる。

問2 木綿は，ワタの実の中にある種子のまわりについている繊維《せんい》をとったものや，それをつむいで糸などに加工したものをいう。

問3 ア アルミニウムは金属なので，電気や熱を伝えやすい。 イ 磁石にくっつくのは鉄やニッケルなどの一部の金属だけである。 ウ アルミニウムの原料となる鉱石はボーキサイトとよばれ，水酸化アルミニウムという物質を多くふくむ。 エ 一円玉は100％アルミニウムでつくられている。 オ アルミニウムは塩酸や水酸化ナトリウム水溶液《すいようえき》にとけ，水素を発生する。 カ アルミニウムは鉄などよりも軽い金属なので，同じ重さで比べると鉄よりも体積が大きい。

問4 (1) ロウソクを燃やすと空気が温められ，軽くなって上昇《じょうしょう》する。この上昇した空気が羽のところのすき間を通過するときに羽をおして回転部を回転させる。 (2) 羽は谷折りでつくられているので，図５のように真上から見たとき，手前側に飛び出している。図５で，切れ目はそれぞれの羽のアの側なので，下から上昇してくる空気が切れ目のすき間を通るときに羽をおすと，回転部はイの向きに回転する。

問5 ロウソクの個数を増やすと，温められて上昇する空気の量が増え，空気の流れの勢いが強くなるので，回転部は速く回ると予想される。

問6 走馬灯の筒《つつ》を外すと，回転部の重さが軽くなるため，回転は速くなると予想される。また，ロウソクの火に温められる空気や，まわりから流れこむ空気の量が多くなり，羽により大きな力がはたらいて回転が速くなるとも予想できる。筒がなければ，ロウソクのほのおがまわりの新しい空気と十

分ふれ合えるので，ロウソクの燃えかたが勢いよくなり，空気の流れがより強くなることも考えられる。

問７　**１**　アルミ皿Ａは，羽の部分と羽ではない部分がおよそ等間かくになるように交互《こうご》につくってあるのに対し，アルミ皿Ｂやアルミ皿Ｃは，羽の部分ととなりの羽の部分のすき間をつめてほとんど空けないようにしてある。そのため，羽の面積の和(羽の総面積)は，アルミ皿Ｂやアルミ皿Ｃがアルミ皿Ａの約２倍になっていて，アルミ皿Ｂとアルミ皿Ｃではほぼ等しい。　**２**　図６を見ると，アルミ皿Ａで羽ではない部分をアルミ皿Ｂでは新たに羽にしているので，羽の数はアルミ皿Ｂがアルミ皿Ａの２倍になっている。アルミ皿Ｃはアルミ皿Ａと羽の数が同じである。　**３**　図６より，アルミ皿Ａとアルミ皿Ｂでは，１枚の羽の面積が等しい。いっぽう，アルミ皿Ｃはアルミ皿Ａよりも１枚の羽の面積が２倍になっている。

問８　実験３では，アルミ皿Ｂとアルミ皿Ｃを用いて，羽の面積の和と回転の速さの関係を調べているため，羽の面積の和を等しくすれば，羽の数や羽の１枚あたりの面積が異なっていても，回転の速さは等しくなるという予想が立てられる。表１で，アルミ皿Ｂとアルミ皿Ｃについて，ロウソクの個数や筒があるかないかの条件が同じになっているものを比べると，回転時間の差が１～５秒の間になっている。実験１では，回転時間の差が12秒で，回転が速くなると結論し，実験２では，ロウソクの個数が同じときの筒ありと筒なしを比べると回転時間の差が２～５秒で，回転があまり速くならないと結論している。このことから，実験３では，ロウソクの個数や筒があるかの条件が同じとき，アルミ皿Ｂとアルミ皿Ｃの回転時間がおよそ等しく，羽の面積の和が等しければ回転の速さはほとんど変わらないといえる。なお，実験１～３の結果をまとめた表１で，アルミ皿Ｂやアルミ皿Ｃをアルミ皿Ａと比べると，ロウソクの個数や筒があるかの条件が同じとき，羽の面積の和が大きいアルミ皿Ｂやアルミ皿Ｃは羽の面積の和が小さいアルミ皿Ａよりも回転時間が短くなっていて，羽の面積の和を大きくすると，回転の速さが速くなるとわかる。

問９　**１**，**２**　ロウソク１個は10分間，つまり，10×60＝600(秒間)燃やすと重さが0.35ｇ減るので，１秒間に減るロウソク１個の重さは，(0.35÷600)ｇで表される。これにロウソクの個数をかければ，１秒間に減るロウソクの重さの合計が得られる。　**３**　１回転あたりに減るロウソクの重さは，(１秒間に減るロウソクの重さの合計)×(１回転あたりの時間)で求められる。１回転あたりの時間が，｛(回転時間)÷10｝秒で表されることより，１回転あたりに減るロウソクの重さを求める式は，(0.35÷600)×(ロウソクの個数)×(回転時間)÷10となる。１ｇ回転数は，１÷(１回転あたりに減るロウソクの重さ)，つまり，１÷｛(0.35÷600)×(ロウソクの個数)×(回転時間)÷10｝で求められ，これをまとめると，１÷(0.35÷600÷10)＝１÷0.35×600×10＝17142.8…より，17143÷(ロウソクの個数)×(回転時間)という式になる。

問10　**１**　表１より，ロウソクの個数が２個で筒ありのときのアルミ皿Ｃの回転時間は36秒なので，問９で求めた式にあてはめて計算すると，17143÷２÷36＝238.0…より，238である。　**２**　表１より，ロウソクの個数が４個で筒ありのときのアルミ皿Ｃの回転時間は21秒だから，17143÷４÷21＝204.0…より，204となる。

問11　表１，表２より，(回転時間の値，１ｇ回転数の値)の順にまとめると，ロウソクが２個のとき，アルミ皿Ａが(44，195)，アルミ皿Ｂが(31，276)，アルミ皿Ｃが(36，238)である。同様に，ロウソクが４個のとき，アルミ皿Ａが(32，134)，アルミ皿Ｂが(22，195)，アルミ皿Ｃが(21，204)となっている。したがって，横軸《よこじく》は回転時間の最大値44が入るように，縦軸は最大値276が入るように目もりをつくり，ロウソクが２個のときを○，４個のときを●で印すと，右の図などのようなグラフがかける。

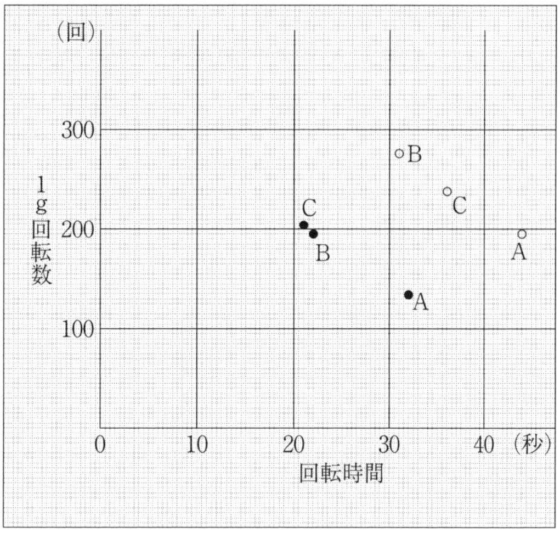

問12　**1**，**2**　右のグラフより，回転が最も速い，つまり回転時間が最小なのは，ロウソク４個のときのアルミ皿Ｃ（●Ｃ），１ｇ回転数が最も多いのは，ロウソク２個のときのアルミ皿Ｂ（○Ｂ）である。　**3**　同じアルミ皿どうしの○と●の位置を比べると，どのアルミ皿もロウソクが４個の●のほうが２個の○よりも回転時間が短くなっているので，回転の速さは速くなっている。　**4**，**5**　どのアルミ皿もロウソクが４個の●のほうが２個の○よりも１ｇ回転数は減少している。ただし，アルミ皿Ｃでは，ロウソクが４個の●と２個の○の差が小さい。　**6**　アルミ皿Ａの○と●の回転時間の差は，44－32＝12(秒)，アルミ皿Ａとアルミ皿Ｂの○の回転時間の差は，44－31＝13(秒)でほとんど差がない。つまり，回転の速さはロウソクの個数を２個から４個に２倍に増やしても羽の面積の和を２倍に増やしても同じくらい速くなり，その変化に差はほとんど見られない。　**7**　１ｇ回転数は，アルミ皿Ａでロウソク２個の○からロウソク４個の●にすると，195－134＝61(回)少なくなり，ロウソク２個の○のまま，アルミ皿Ａをアルミ皿Ｂにすると，276－195＝81(回)多くなっている。したがって，ロウソクの個数を２倍にしても１ｇ回転数が少なくなるが，羽の面積の和を２倍にすると１ｇ回転数が多くなるとわかる。

国語　(50分) ＜満点：70点＞

解答

一　**問１**　(例)　猟の道具は手作りでき，猟の時間も短く，猟場も日常生活の範囲内など，効率がよく，手間もかからないから。　**問２**　**大聖寺の坂網猟**…(例)　江戸や東京へ出荷して金銭収入の手段とする(ため。)／**種子島の突き網猟**…(例)　害鳥を退治すると同時に自分たちで食べる(ため。)　**問３**　(例)　田んぼや用水路・ため池といった人工的な湿地に水鳥が集まる一方で，イネなどの農作物を害鳥から守る必要があったから。　**問４**　ア　二　**問１**　(例)　無理をして笑顔を作り，困っている気持ちをかくしたということ。　**問２**　(例)　自分のことを認知症とみなされたことに腹を立てていたが，林さんから「しっかりしてる」と認められ，冷静さを取り戻したから。　**問３**　(例)　自分はぼけていないと言い続けている祖父が，「好きでぼけてしまったわけではない」と，ぼけていることを認める発言をしたから。　**問４**　(例)　プライドが高い祖父にとって認知症になったことは非常につらいことなのだということを理解して，切ない気持ちになったから。　**問５**　**Ａ**　エ　**Ｂ**　ウ　三　下記を参照のこと。

●漢字の書き取り

三 1 肉眼　2 銅像　3 資源　4 散策　5 潔白　6 夢想　7 鉄棒　8 飼育　9 講義　10 個展　11 幹　12 営(む)　13 染(まる)　14 採(る)　15 貸(す)

解説

一 **出典は安室知《やすむろさとる》の『田んぼの不思議』による。**鹿児島県の種子島《たねがしま》でおこなわれている「突《つ》き網《あみ》」や石川県の大聖寺《だいしょうじ》でおこなわれている「坂網猟《りょう》」などの，日本の農村でおこなわれていたガンやカモなどの水鳥猟について解説している。

問1　第四，第五段落から読み取る。「突き網猟」の場合，「猟の道具はほぼすべて農家の人が自ら手作りし」，「猟の時間は，夕暮れ時および夜明け前の各十五分間程度で，猟場も日常生活の範囲《はんい》内にある」というように，「猟の効率はよく，手間もあまりかか」らないため，農業のかたわらにおこなうことができるのである。

問2　「大聖寺の坂網猟」は，「江戸時代以降，カモを江戸や東京へ出荷《しゅっか》するために，稲作《いなさく》農民による水鳥猟が大規模におこなわれ」たことの「代表的」な例である。これらの猟が「金銭収入の手段として重要な意味を持っていた」こともおさえる。一方，「種子島の突き網猟」は「稲作農民による小規模な水鳥猟」であり，「自分たちで食べるためのもの」であった。それと同時に，「イネを食い荒《あ》らす害鳥と考えられていたカモやガンを退治するためのもの」でもあったことに注意する。

問3　狩猟《しゅりょう》の対象となるのは「渡《わた》り鳥として冬にやってくるガンやカモ」であり，これらの水鳥は，水田地帯の「田んぼや用水路・ため池といった人工的な湿地《しっち》」を「餌《えさ》を食べたり，羽根を休めたりする場」，あるいは「冬を越《こ》すための場所」としていた。そのように，稲作農民にとって水鳥は身近な存在であると同時に，稲刈《か》りのころにやってくるガンやカモの猟は「一部の地域ではイネなどの農作物を守るための行為《こうい》」でもあったために，稲作と水鳥猟のかかわりは深いのだと考えられる。

問4　「ヤトガリ(野兎狩)」は「田畑を守るための狩猟」であり，「金銭収入の手段」としておこなわれるものではないのだから，「種子島の突き網猟」がそうであったように，「みんなで食べました」というアの内容があてはまる。

二 **出典はまはら三桃《みと》の『奮闘《ふんとう》するたすく』による。**小学五年生の佑《たすく》の祖父は認知症《にんちしょう》の症状を見せ始めるが，祖父はそのことをかたくなに否定する。

問1　「張りつけた」という表現に注目する。本当の気持ちからの笑顔《えがお》ではなく，仮面のように「笑顔」の表情になったということ。祖父とのやりとりの中で，本心は佑の母親のように「困りきった」気持ちでいたが，佑に対してはその思いを見せたくなかったために「笑顔」で対応したのだと推測できる。

問2　祖父は周囲が自分のことを認知症とみなしていることに腹を立て，「わしはぼけておらんっ！」と抗議《こうぎ》している。「認知症は，自分が病気だという自覚が薄《うす》いのが症状のひとつ」であることを知っていた佑と母親は「首を横に振《ふ》り合った」が，林さんは「わざとらしい言い方」ではなく「大内さんはしっかりしてるわよ」と，祖父を認知症だと決めつけないような発言をしている。それを聞いたことで，祖父は冷静さを取り戻《もど》したのである。

問3　「祖父が言い残していった言葉」とは，「わ，わしだって，好きでぼけてしまったわけではない」という言葉である。佑はこの言葉が「引っかかった」ために，姉の理子《りこ》に対して「おじいちゃんって，自分がぼけてることわかってんの？」と質問したのである。いつも「ぼけてなぞおらん」と，自分が認知症であることを認めようとしなかった祖父が，認知症であることを認めるような発言をしたので，それが気になったのだと考えられる。

問4　「鼻の奥《おく》が激しくツンとした」とは，涙《なみだ》が出そうになったということ。祖父が，自分が認知症をわずらっていることを自覚していて，夜中，仏壇《ぶつだん》の前で「わしはどうしてこんなになってしまったのか」と言って泣いていたという話を聞いた佑は，祖父が苦しんでいることを知ってショックを受けたと前にある。「プライドが高い」祖父のつらい気持ちを実感して，切ない気持ちになったのである。

問5　**A**　実際にはできないけれども，そうすることを強く望むようす。　**B**　思うようにならなくて，いらいらすること。

三　漢字の書き取り

1　眼鏡や双眼鏡《そうがんきょう》などを使わない，生来の視力。　**2**　人や動物などの姿をかたどって，青銅でつくった像。　**3**　自然界からとれ，いろいろなものをつくるもとになるもの。　**4**　特に目的もなく，ぶらぶら歩くこと。散歩。　**5**　心やおこないにやましいところがなく，きれいなこと。　**6**　夢のようなことを，心に思うこと。　**7**　二本の柱の間に鉄の棒をわたした運動器具。　**8**　動物を飼って育てること。　**9**　大学の授業。　**10**　一人の作品を集めて展示する展覧会。　**11**　音読みは「カン」で，「幹線」などの熟語がある。　**12**　音読みは「エイ」で，「経営」などの熟語がある。　**13**　音読みは「セン」で，「染色」などの熟語がある。訓読みにはほかに「し(みる)」などがある。　**14**　音読みは「サイ」で，「採取」などの熟語がある。　**15**　音読みは「タイ」で，「貸借」などの熟語がある。

Memo

平成29年度　栄光学園中学校

〔電　話〕（0467）46－７７１１
〔所在地〕〒247－0071　神奈川県鎌倉市玉縄４－１－１
〔交　通〕JR各線－「大船駅」より徒歩15分

【算　数】（60分）〈満点：70点〉

（注意）鉛筆《えんぴつ》などの筆記用具・消しゴム・コンパス・配付された下じき以外は使わないこと。

円周率は3.14とします。

1　一辺の長さが10cmの正方形の紙があります。この正方形の内部のどこか１点にピンをさし，その点を中心に紙を１回転させたときにこの紙が通過する範囲《はんい》を考えます。

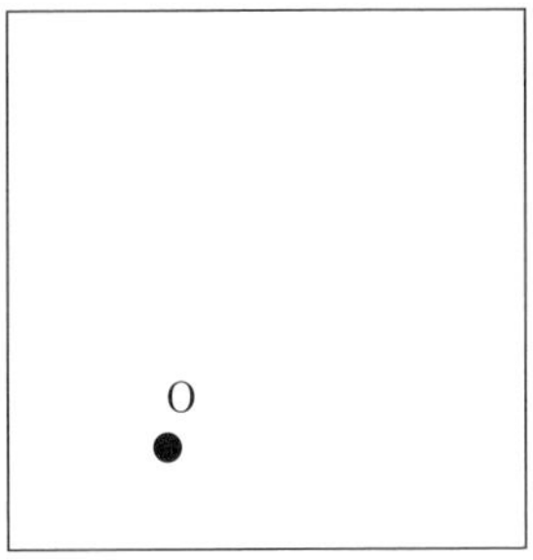

(1)　右図において，点Oにピンをさすとき，正方形の紙の通過する範囲を図にかき，その範囲がわかるように斜線《しゃせん》を引きなさい。

(2)　正方形の紙が通過する範囲の面積が最も小さくなるのは，どこにピンをさしたときですか。ピンの位置を黒丸（●）で示しなさい。また，そのときの面積を求めなさい。

(3)　正方形の紙が通過する範囲の面積が314cm^{2}以下となるようにピンをさします。ピンをさすことができる範囲を図にかき，その範囲がわかるように斜線を引きなさい。

2　次のような５か所の空欄《くうらん》に１～９の数字を入れ，その間の４か所で＋（足す）か×（かける）かを選んで計算するとXが決まります。ただし，空欄には同じ数字を何度入れてもかまいません。

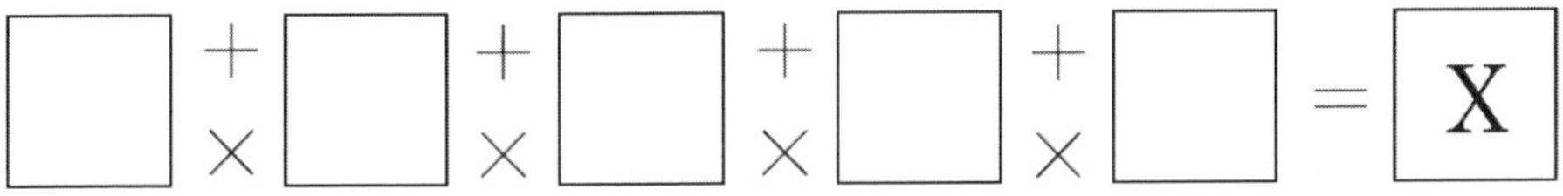

例えば，

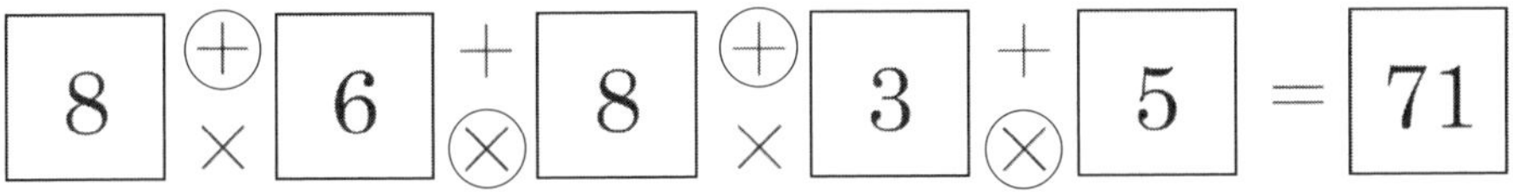

では，8＋6×8＋3×5＝71なので，Xは71と決まります。

このとき，次の問に答えなさい。

(1)　＋（足す）を３個，×（かける）を１個使ってできるXのうちで最も大きい数と最も小さい数をそれぞれ求めなさい。

(2)　１～５の数字を１回ずつ使ってできるXのうちで最も大きい数と最も小さい数をそれぞれ求めなさい。ただし，＋（足す）か×（かける）かを自由に選んでよいものとします。

(3)　次のように数字が入っていて，＋（足す）か×（かける）かが決まっていないとき，真ん中の空欄に入る数字として考えられるものをすべて求めなさい。

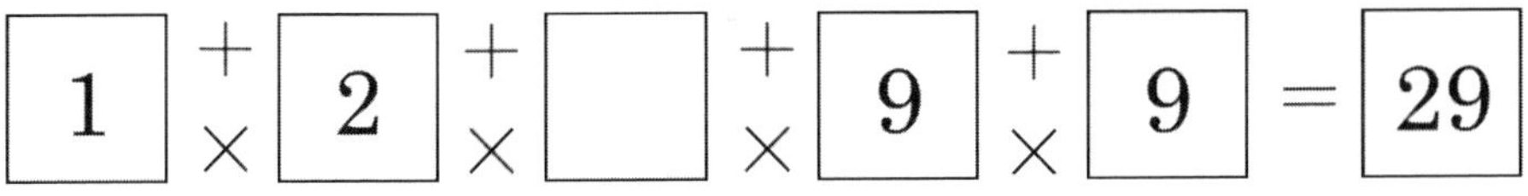

3　立方体のサイコロについて考えます。サイコロの向かい合う面の数字の和は7になります。

(1)　図1は，あるサイコロの展開図です。これを組み立てたものが図2です。図2の空いている面に入る数字を，向きも考えて書き入れなさい。

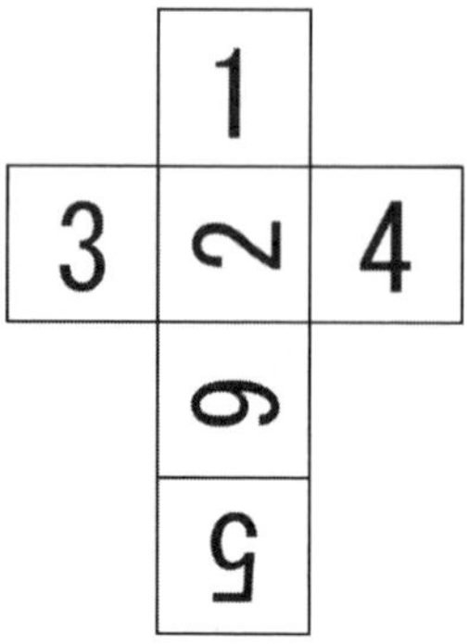

図1

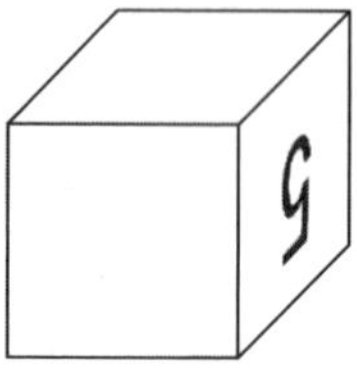

図2

(2)　図3は，あるサイコロを2方向から見た図です。このサイコロの展開図が図4です。図4の空いている面に入る数字を，向きも考えて書き入れなさい。

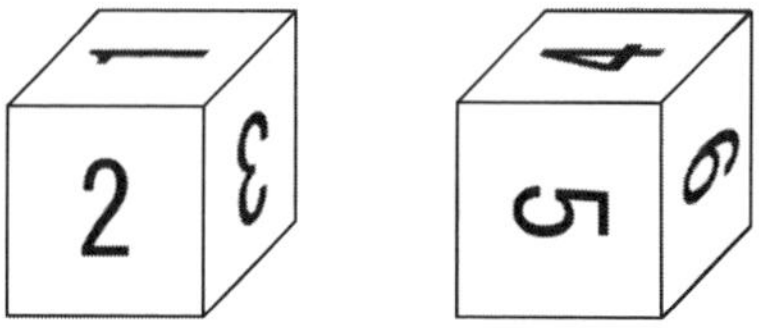

図3

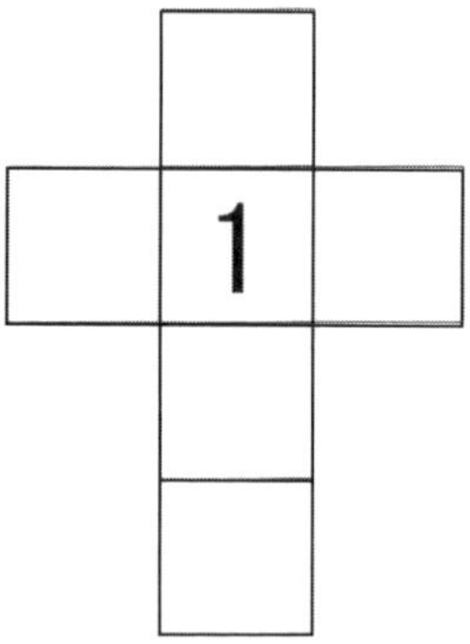

図4

4　横から見たときに下図のような階段があり，1段の高さは20cm，奥行きは25cmです。階段は，下から1段目，2段目，3段目，……とし，Pを1段目の角《かど》と呼びます。この階段に向かってまっすぐ進む人の影を考えます。このとき，次の問に答えなさい。なお，太陽の光は(1)，(2)のいずれの場合も階段に向かう人のちょうど真後ろから当たっているものとします。

身長が160cmのAさんが，階段の端《はし》の地点アから180cm離《はな》れた地点に立ったところ，ちょうどアの位置にAさんの影の頭の先がありました。Aさんはその地点から階段に向かってまっすぐ移動します。

(1)　Aさんの影の頭の先がPの位置にくるのは，Aさんが何cm移動したときか答えなさい。

(2)　最初の位置から80cm移動したとき，Aさんの影の頭の先はどの位置にありますか。「◯段目の△の，角から□cmの位置」という形式で答えなさい。ただし，△には「縦」か「横」かが入ります。例えば，図のQは「3段目の横の，角から15cmの位置」となります。また，考え方も書きなさい。

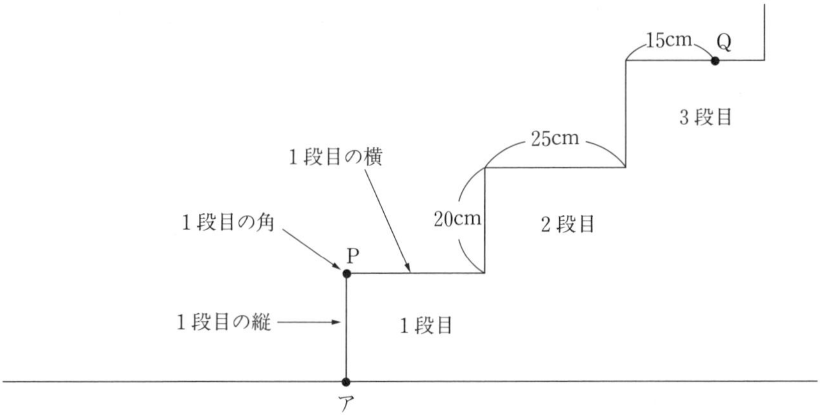

5　点Aを周上にもつ円があり，その円の内側にぴったりとおさまる正多角形(正三角形，正方形，正五角形，……)の頂点について考えます。円の内側に，どの正多角形も点Aを頂点としてもつように，正三角形→正方形→正五角形→……の順にかいていきます。例えば，右図のように正方形までかいたとき，円周上にある点の数は6つとなります。

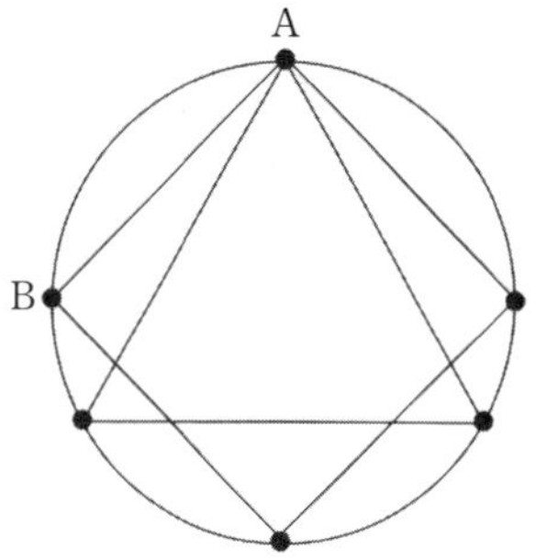

(1)　正六角形までかいたとき，円周上にある点の数はいくつになりますか。

(2)　正十二角形までかいたとき，円周上にある点の数はいくつになりますか。

次に，正九十九角形までかいたときを考えます。

(3)　図中の点Bを頂点にもつ正多角形は何種類ありますか。

(4)　円周上にある点のうち，ちょうど12種類の正多角形の頂点になっているものがいくつかあります。それらの点をすべて図の中に黒丸(●)でかき入れなさい。参考のため，図には12等分の目盛りがかかれていますが，目盛り上にそれらの点があるとは限りません。

【社　会】（40分）〈満点：50点〉

（注意）配付されたもの以外の下じき・用紙は使わないこと。

〈編集部注：実物の入試問題では，**図５**の方眼紙はカラー印刷です。〉

Ⅰ　紙の歴史について，文章を読んで問に答えなさい。

日本で紙がつくられはじめたのは６～７世紀ごろと考えられています。奈良《なら》時代に完成した『日本書紀《にほんしょき》』には，７世紀のはじめに朝鮮《ちょうせん》半島から渡来《とらい》した僧侶《そうりょ》が墨《すみ》や絵の具とともに製紙技術を伝えた，と記されています。紙の材料には，おもに麻《あさ》や楮《こうぞ》などが使われ，手すきで生産されました。紙は貴重品であったため，一度使った紙の裏面《りめん》を使ったり，すき直して利用したりすることもあったようです。これらの紙は，①公文書の作成や②お経《きょう》などに使われました。

問１　下線部①のうち，政府が人びとに田を支給するために作成した文書が正倉院《しょうそういん》に残っています。この文書を何と呼びますか。

問２　下線部②を書き写すことを写経といいます。聖武天皇《しょうむてんのう》は，国ごとに国分寺《こくぶんじ》を建てることや写経をすることを命じました。その理由を説明しなさい。

平安《へいあん》時代になると，貴族《きぞく》たちは，これまでに伝わってきた大陸文化を生かしながら，日本風の文化を育てていきました。これに一役買ったのは国産の紙でした。大陸の紙に比べて日本の紙の質は向上し，貴族たちに使われることになります。強くなめらかで，色どり豊かな紙の登場とともに，③かな文字や④絵巻物《えまきもの》がつくられていきました。また，貴族たちは⑤やしきの中を，紙を使った仕切りでわけることもありました。今日の「屏風《びょうぶ》」や「襖《ふすま》」がこれにあたります。これらには，はじめ大陸からもたらされた紙が使われていましたが，しだいに国産の紙が使われるようになり，日本の風景や四季の移り変わりがえがかれるようになりました。大陸風の絵に対して，このような日本風の絵のことを〔　⑥　〕と呼びます。

問３　下線部③について，平安時代のことを述べた**ア**～**エ**から，まちがっているものを１つ選びなさい。

ア　漢字の形の一部から，かたかながつくられた。

イ　漢字のくずし字から，ひらがながつくられた。

ウ　政府が編集した正式な歴史書は，かな文字で書かれた。

エ　清少納言《せいしょうなごん》はひらがなと漢字を使って『枕草子《まくらのそうし》』を書いた。

問４　下線部④は**図１**のような形をしていました。この形は当時「巻子《かんす》」と呼ばれ，紙でつくられた書物の一般《いっぱん》的な形でした。しかしこの後，書物の形は**図２**のような「冊子《そうし》」となっていきます。「巻子」に比べて，「冊子」がすぐれている点を答えなさい。

図１

図２

問５　下線部⑤について，貴族たちの住宅様式を何と呼びますか。

問6　〔⑥〕にあてはまる語句を答えなさい。

鎌倉《かまくら》時代には，武士たちも紙を使いました。特に武士は自ら開墾《かいこん》した〔　⑦　〕の権利を証明したり，自らの命令を家臣に伝えたりするために文書のやり取りをたびたび行い，それらを保管しました。こうして紙に記録された文書は，寺院や神社などの建物や倉の中などに保存され，現在に伝わっています。

室町《むろまち》時代のころになると，貴族や武士の住居には木の戸だけでなく，⑧木わくにうすい白紙をはったものが広く使われるようになりました。これを今日では障子《しょうじ》と呼んでいます。

問7　〔⑦〕にあてはまる語句を答えなさい。

問8　下線部⑧について，(1)と(2)に答えなさい。

(1)　下線部⑧の利点を答えなさい。

(2)　室町時代において，障子，襖，畳《たたみ》，ちがい棚《だな》などを使った部屋がつくられました。このような部屋を含む建築様式を何と呼びますか。

江戸《えど》時代になると，商売をしたり，幕府《ばくふ》や藩《はん》の指示を受けて村を運営したりするために読み書きをする人が増えました。そのため庶民《しょみん》の中にも紙を日常的に使う人びとが現れました。⑨紙を使った商品を専門に売る人びともいました。また，印刷の技術が向上したことで⑩さまざまな書物が出版され，人びとに読まれるようになりました。⑪版画の印刷技術も進んで，多色刷りも可能となりました。こうして大都市では特に多くの紙が必要になり，一度使われた紙をすき直して利用することもめずらしくはありませんでした。こうした紙は，すき直しが行われた地名から「浅草紙《あさくさがみ》」や「湊紙《みなとがみ》」などと呼ばれ，用を足すときなどに使われました。

問9　下線部⑨として，まちがっているものを**ア**～**エ**から１つ選びなさい。

ア　くし　　**イ**　うちわ　　**ウ**　傘《かさ》　　**エ**　ちょうちん

問10　下線部⑩について，江戸時代の書物のことを述べた**ア**～**エ**から，まちがっているものを１つ選びなさい。

ア　杉田玄白《すぎたげんぱく》たちは，中国《ちゅうごく》語で書かれた医学書を翻訳《ほんやく》して，『解体新書《かいたいしんしょ》』を出した。

イ　町人の姿を生き生きとえがいた芝居《しばい》の脚本《きゃくほん》が数多く出された。

ウ　本居宣長《もとおりのりなが》は，日本の古典を研究して『古事記伝《こじきでん》』を完成させた。

エ　さし絵入りの本や地図などが売られた。

問11　風景や人気の役者をえがいた絵が，下線部⑪のような技術を使って，版画として大量に刷られ安く売られました。このような絵を何と呼びますか。

明治《めいじ》時代になると，⑫政府は近代化のためにさまざまな政策を実行しましたが，その中には多くの紙を必要とするものがありました。また，政治の動きや欧米《おうべい》の新しい考え方は⑬紙を使って多くの人びとに伝えられるようになりました。はじめは，手すきの紙や輸入紙にたよっていましたが，政府や有力な商人たちは，欧米から機械を輸入して国内で大量の紙をつくる工場をたてました。紙の原料も，明治時代の中ごろからは，木材の繊維《せんい》からとったパルプが使われるようになりました。また，印刷技術の向上や，新たな筆記用具の普及《ふきゅう》により，紙の種類は増え，質も向上しました。明治時代のおわりから大正《たいしょう》時代のはじめには，⑭北海道《ほっかいどう》や樺太《からふと》にも大規模な製紙工場がたてられました。このように，はじめは輸入にたよっていた紙の国産化が進みました。また，明治時代のおわりごろには，割れやすいものを包んだり，箱の形に組み立てて中に物を入れたりするための紙が国内ではじめてつくられ，「段ボール」と名付けられま

した。

問12　下線部⑫のうち，地租改正《ちそかいせい》による税の納め方の変化を説明しなさい。

問13　下線部⑬について述べた**ア～エ**から，明治時代のこととしてまちがっているものを１つ選びなさい。

ア　福沢諭吉《ふくざわゆきち》が『学問のすゝ《す》め』を書き，多くの人びとに読まれた。

イ　毎日発行の新聞が，はじめて横浜《よこはま》で創刊された。

ウ　郵便制度がはじまり，手紙のやり取りが増えた。

エ　軍国主義に関わる部分が墨で消された教科書が使われた。

問14　下線部⑭について，北海道や樺太に製紙工場をたてることの利点を，紙の原料に注目して説明しなさい。

II　以下の**図**や**表**をみて問に答えなさい。

図３は，1930年以後の日本の紙類の生産量の移り変わりを示したものです。2015年については，使いみちの内わけを示しました。紙類の生産量は，紙類の消費量とほぼ同じです。

図３　日本の紙類の生産量の移り変わり

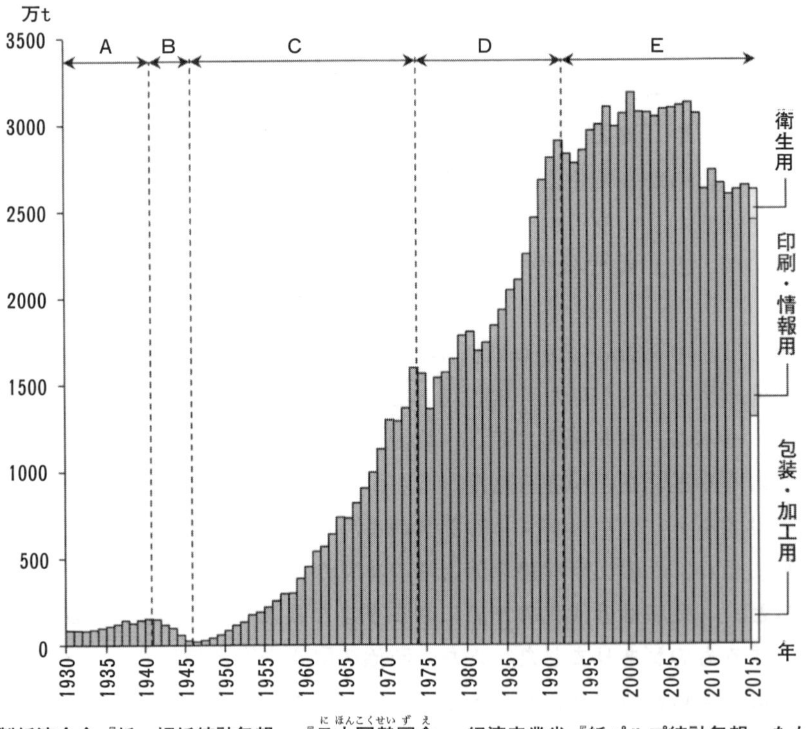

日本製紙連合会『紙・板紙統計年報』，『日本国勢図会《にほんこくせいずえ》』，経済産業省『紙パルプ統計年報』をもとに作成

問１　次の①～④の文は**図３**中の**Ａ～Ｅ**のどの時期にあてはまりますか。記号で答えなさい。同じ記号を２回以上使ってはいけません。

①　石油の値段が急に上がり，紙類の生産量が減った。

②　日中《にっちゅう》戦争がはじまり，紙類の使用が制限された。

③　紙類やパルプの生産工場から廃液《はいえき》が大量に出て，公害が大きな問題になった。

④　連合国《れんごうこく》との戦争の影響《えいきょう》で，紙類の生産が困難になった。

問2　**図3**で2015年の生産量を使いみちにわけてみると，もっとも多いのは包装・加工用です。その中では，段ボール用紙がもっとも多く，生産量全体の35%をしめています。段ボールの利用について，(1)と(2)に答えなさい。

(1)　段ボール箱の利用が急速に増えたのは**図3**の**C**の時期です。この時期に，例えば，みかんの輸送には，木箱にかわって段ボール箱が使われるようになりました。**C**の時期のこととして，まちがっているものを**ア**～**エ**から1つ選びなさい。

ア　渋沢栄一《しぶさわえいいち》が，銀行や多くの会社を設立した。

イ　高速道路が各地に建設された。

ウ　政府が所得倍増計画《しょとくばいぞうけいかく》を発表した。

エ　中学校を卒業したばかりの人が，集団で都会に就職《しゅうしょく》した。

(2)　最近は，包装用以外にも，災害時に避難《ひなん》所の生活で段ボールが利用されます。どのようなことに使われますか。1つあげなさい。

問3　2015年の紙類の生産量のうち，包装・加工用のつぎに多いのは印刷・情報用です。その中では新聞用紙がいちばん多く，紙類の生産量全体の11%をしめていました。新聞について，**図4**をみて(1)と(2)に答えなさい。

図4　新聞の発行部数の移り変わり

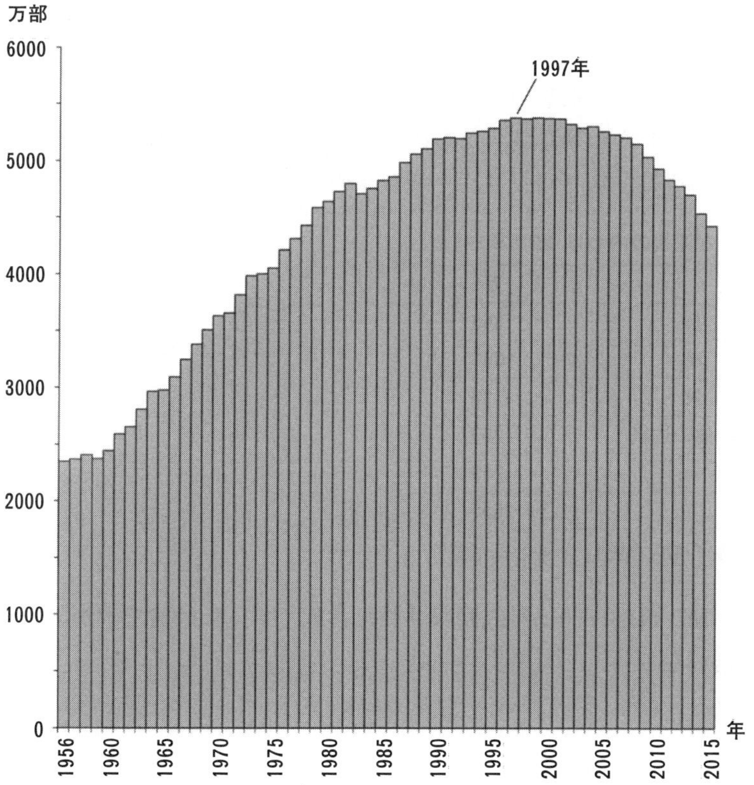

日本統計協会『日本長期統計総覧』および総務省の資料をもとに作成(新聞の発行部数は，新聞協会会員社のみのもの。1955年以前は統計の取り方がちがうので，1956年以後に限った。)

(1) 新聞の発行部数は，**図４**のように1960年から1980年ごろまで増え続けました。このことには世帯の増加が関係しているといわれています。世帯とは，住まいと家計をともにする人びと(１人の場合もある)の単位です。世帯の増加が新聞の発行部数の増加につながる理由を，新聞の入手方法から考えて説明しなさい。

(2) **図４**に示したように，新聞の発行部数は1997年をピークに減り続けています。同じ時期にパソコンなどを用いて情報を取りいれる仕組みとして急速に普及したものがあります。それを何と呼びますか。

問４ 紙類の生産量の中で，衛生用紙は包装・加工用紙や印刷・情報用紙に比べて少ないものの，日常生活に欠かせません。**表１**は，2015年における衛生用紙の生産量の内わけを示したものです。**Ｘ・Ｙ**は何ですか，品目を２つ答えなさい。答えは，順不同でかまいません。

表１　衛生用紙の生産量の内わけ(2015年)

品　目	万t
X	100
Y	44
タオル用紙(キッチンペーパーや手ふき用など)	19
その他の衛生用紙(テーブルナプキン，おむつ用紙など)	10
計	173

経済産業省『紙パルプ統計』，日本製紙連合会『紙・板紙統計年報』をもとに作成

問５ **表２**は，2015年における紙類のおもな原料の内わけを示したものです。**図５**は紙類のおもな原料の内わけの移り変わりを調べたものです。これらをみて(1)と(2)に答えなさい。なお，古紙とは製紙用の原料として回収された紙製品のことです。

表２　紙類のおもな原料の内わけ(2015年)

原　料		万t
古　紙	L	860
	M	390
	N	190
	その他の古紙	260
パルプ		950
計		2650

日本製紙連合会『パルプ統計』をもとに作成

(1) **表２**の**L，M，N**は，2015年に回収された古紙です。**L**は何ですか。正しいものを**ア～エ**から１つ選びなさい。

ア　紙パック
イ　新聞
ウ　雑誌
エ　段ボール

(2) **図5**の2015年のグラフは書きかけです。古紙の内わけがわかるように，**表2**を使い1980年と2000年の例にならって完成させなさい。

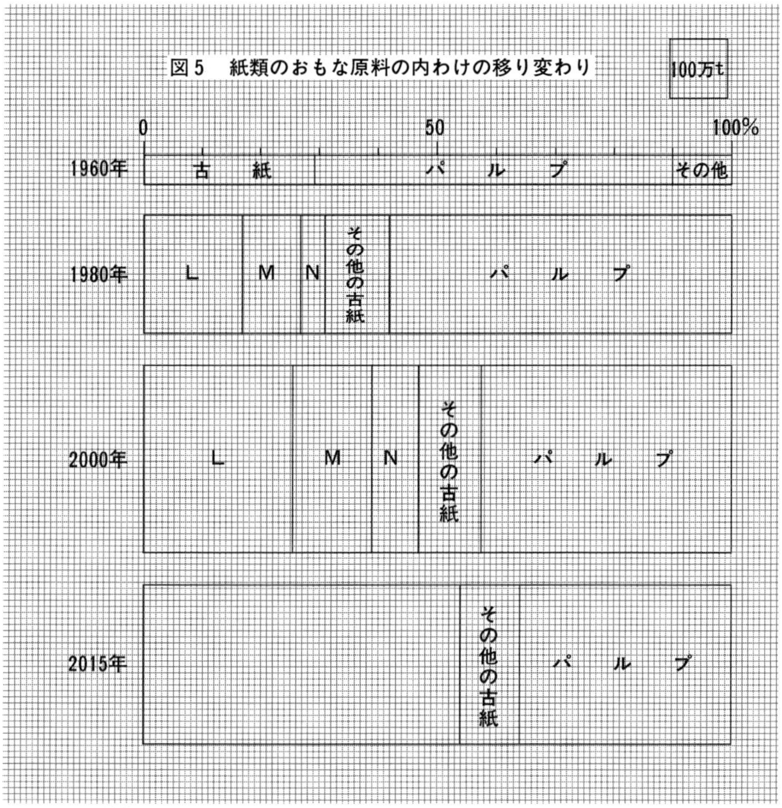

古紙回収促進《そくしん》センター『古紙ハンドブック』，経済産業省『紙パルプ統計年報』，日本製紙連合会『パルプ統計』をもとに作成

III　これまでみてきたように，紙は情報の記録や伝達あるいはそれ以外の使いみちにおいて，私たちの生活の中で広く利用されています。これまでの文章や問題を参考にして問に答えなさい。

問1　情報の記録や伝達において，日本に伝わってから明治時代まで，紙はどのように使われてきましたか。紙を多く使った人びとの移り変わりに注目して説明しなさい。

問2　情報の記録や伝達以外の場面でも，現在私たちは紙の特徴《とくちょう》をいかした製品を使っています。例えば包装用に段ボールを使う場合に，どのような特徴をいかしていますか，説明しなさい。

【理　科】（40分）〈満点：50点〉

（注意）配付されたもの以外の下じき・用紙は使わないこと。

夏，ダムの貯水率が下がり，水不足を心配するニュースを聞いた栄一君は，ダムの働きについて調べました。最も重要な働きは，川の水量を一定に保つことです。大雨が降ったときにはダムに水をため，川の水量が急激に増えないようにして，土砂《どしゃ》くずれや下流での洪水《こうずい》などを防ぎます。また，降水が少ないときにはダムにためた水を少しずつ放出して，川の水量を調節しています。

調べているうちに，「緑のダム」という言葉を見つけました。森林の土はスポンジ状になっていて，雨水をたくわえて少しずつ放出することで，ダムと同じように川の水量を一定に保つ働きがあるため，森林は緑のダムといわれているということです。栄一君は，スポンジが水をたくわえる様子を実験で確かめることにしました。

1　栄一君は透明《とうめい》なまるい筒《つつ》を作って，**図1**のように固定しました。さらに，この筒に密着する大きさのスポンジを筒にいれ，筒の下にビーカーとはかりを置きました。上から水を注ぐとスポンジはしばらくの間水をたくわえ続けましたが，やがてたくわえきれなくなった水がスポンジから流れ落ちだしました。今後，筒に水を注ぐことを「注水」，スポンジから水が流れ落ちることを「放水」と呼ぶこととします。**図1**の装置で，放水された量をはかりで量りました。注水量から放水量を差し引くことで，スポンジにたくわえられた水の量を求めることができます。

栄一君は，毎秒0.8gずつ450秒間，合計で360g注水し，注水開始から900秒後までの放水量を測定しました。この測定を，筒にいれるスポンジの厚さを変えて何度か行いました。

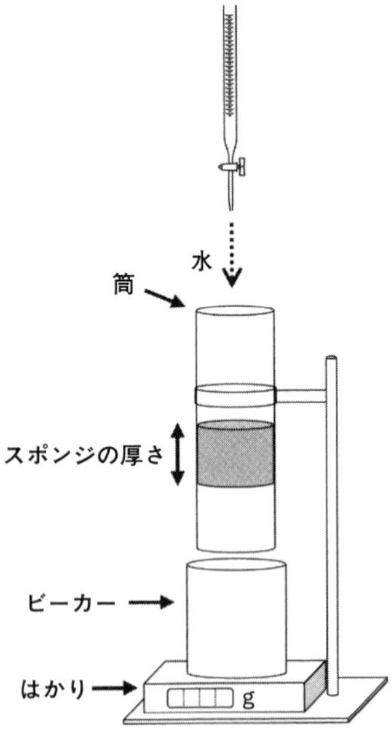

図1　実験装置

右の**表**は，実験の結果を示したものです。

表　実験結果

注水開始からの時間（秒）	放水量（g）		
	スポンジの厚さ 10cm	スポンジの厚さ 15cm	スポンジの厚さ 20cm
0	0	0	0
60	0	0	0
120	0	0	0
180	0	0	0
210	18	0	0
240	42	9	0
270	66	33	0
300	90	57	19
330	114	81	43
360	138	105	67
390	162	129	91
420	186	153	115
450	210	177	139
480	221	194	159
540	223	207	186
600	223	211	194
660	223	214	199
720	223	214	202
780	223	214	204
840	223	214	204
900	223	214	204

問1　下の**ア**～**ウ**それぞれについて，正しいものには○，誤っているものには×と答えなさい。

ア．スポンジの厚さと，注水開始から放水が始まるまでの時間は比例する。

イ．スポンジの厚さが2倍になると，実験終了時までの放水量は半分になる。

ウ．注がれた水は，時間をかけても全量が放水されるわけではない。

問2　スポンジの厚さ10cm，15cm，20cmそれぞれの場合について，注水開始後360秒から390秒までの30秒間の放水量を答えなさい。

問3　前のページの文章中の下線部と**問2**の結果から，わかることを書きなさい。

栄一君は**表**の数値から，注水開始からの時間と，スポンジにたくわえられた水の重さの関係を表すグラフを作りました(**図2**)。

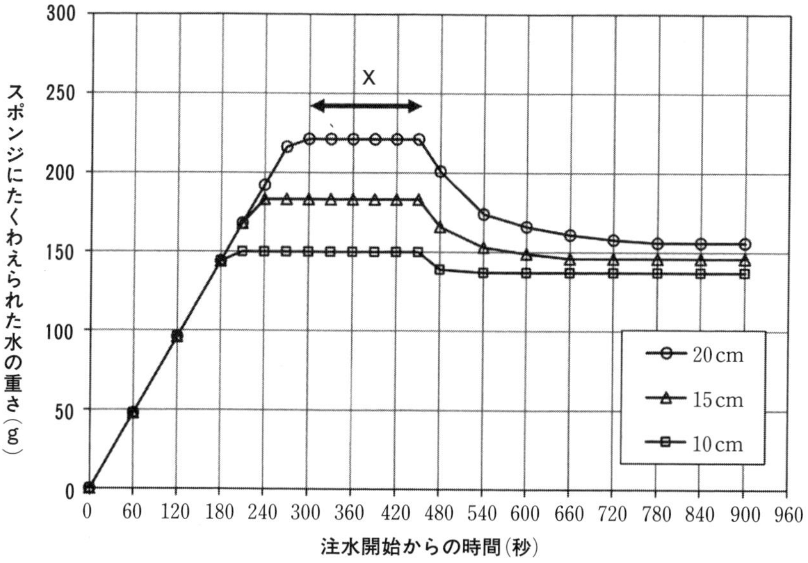

図2　注水開始からの時間と，スポンジにたくわえられた水の重さの関係

問4　厚さ20cmのスポンジでの結果に注目します。**図2**の**X**の**範囲**《はんい》(注水開始後300秒から450秒まで)で起こっていることの説明として正しいものを下の**ア**～**エ**から1つ選び，記号で答えなさい。

ア．注水していて，放水も起こっている。

イ．注水しているが，放水は起こっていない。

ウ．注水していないが，放水は起こっている。

エ．注水していなくて，放水も起こっていない。

問5　厚さ20cmのスポンジが実験中にたくわえた水の重さの最大値と，測定終了時にたくわえていた水の重さを，**図2**と**表**を参考に答えなさい。また，注水が終わってから放水が終わるまでにかかった時間として最も適当なものを下の**ア**～**キ**から1つ選び，記号で答えなさい。

ア．50秒くらい　　**イ．**100秒くらい

ウ．170秒くらい　　**エ．**250秒くらい

オ．320秒くらい　　**カ．**370秒くらい

キ．410秒くらい

問 6　厚さ 10cm のスポンジについても**問 5** と同様に，実験中にたくわえた水の重さの最大値と測定終了時にたくわえていた水の重さを答えなさい。また，注水が終わってから放水が終わるまでにかかった時間として最も適当なものを，**問 5** の**ア**～**キ**から 1 つ選び，記号で答えなさい。

問 7　スポンジが厚くなると，水のたくわえ方はどのように変化すると考えられますか。**問 5** と**問 6** の答え，および**図 2** に注目して答えなさい。

スポンジを使った実験では，スポンジにしみこんでたくわえられる水に注目し，水が蒸発することについては考えませんでした。しかし，森林に降った雨の一部は，土から直接蒸発したり植物を通って蒸発したりして空気中にもどっていくはずです。森林から蒸発して空気中にもどっていく水の量を量ることは無理だと思ったので，鉢《はち》に植えた植物で実験することにしました。

2　栄一君は，鉢 4 つとオクラの苗《なえ》 2 本を用意しました。すべての鉢に土をいれ，**A** と **C** の鉢にはオクラの苗を 1 本ずつ植え，**B** と **D** の鉢には何も植えませんでした。オクラの苗はどちらも 15 g でした。4 つの鉢は，雨があたらない風通しのよいところに置きました。

7/9 (7 月 9 日)の朝，すべての鉢にたっぷり水をやりました。翌日からは，**A** と **B** には毎朝水をやり，**C** と **D** には水をやりませんでした。

A：オクラあり　毎朝水をやる　　B：オクラなし　毎朝水をやる　　C：オクラあり　水をやらない　　D：オクラなし　水をやらない

7/10 から毎朝 **A**～**D** の重さを量りました。**A**～**D** の重さというのは，それぞれの鉢と，鉢にいれた土と，土にふくまれる水と，オクラの苗の重さの合計です。**A** と **B** は，水をやる前と後にそれぞれ量りました。

次のページの**表**は実験の結果を示したものです。毎日の天気ものせてあります。どの鉢も翌日の朝までに重さが減りました。蒸発した水の分だけ重さが減ったと考えました。

C のオクラは，7/20 ころまでは順調に成長していましたが，その後だんだん元気がなくなり，8/1 の朝にはしおれてしまいました。このため，実験は 8/1 の朝で打ち切り，8/1 以降は，**C** のオクラにも水をやるようにしたら元気を取りもどしました。

表　実験結果

日付	重さ（g）						天気
	A		B		C	D	
	水やり前	水やり後	水やり前	水やり後			
7/10	1823	1835	1820	1830	1835	1827	晴れ
7/11	1791	1840	1794	1840	1791	1789	晴れ
7/12	1786	1843	1796	1841	1740	1746	晴れ
7/13	1784	1857	1799	1848	1687	1703	雨
7/14	1823	1867	1827	1863	1660	1684	晴れ
7/15	1797	1864	1827	1862	1606	1644	雨
7/16	1831	1884	1848	1868	1584	1628	くもり
7/17	1821	1868	1840	1865	1549	1598	くもり
7/18	1782	1865	1831	1865	1501	1563	晴れ
7/19	1760	1884	1830	1866	1445	1527	晴れ
7/20	1770	1868	1821	1860	1379	1480	くもり
7/21	1781	1880	1828	1865	1336	1446	雨
7/22	1856	1883	1858	1872	1325	1439	雨
7/23	1854	1890	1860	1873	1310	1429	くもり
7/24	1802	1878	1842	1871	1272	1407	晴れ
7/25	1787	1881	1839	1869	1243	1382	くもり
7/26	1792	1872	1844	1872	1222	1362	くもり
7/27	1767	1881	1835	1869	1207	1341	くもり
7/28	1758	1865	1837	1863	1194	1322	晴れ
7/29	1712	1851	1821	1854	1179	1300	晴れ
7/30	1689	1845	1814	1851	1165	1280	晴れ
7/31	1687	1843	1809	1858	1154	1261	晴れ
8/ 1	1702	1848	1832	1856	1143	1243	くもり

図1は，**A**と**B**について，毎日の蒸発量を計算しグラフにしたものです。その日の朝に水をやった後の重さと翌日の朝に水をやる前の重さの差を，その日の蒸発量とします。たとえば，7/10の朝から7/11の朝までに減った重さが，7/10の蒸発量ということになります。

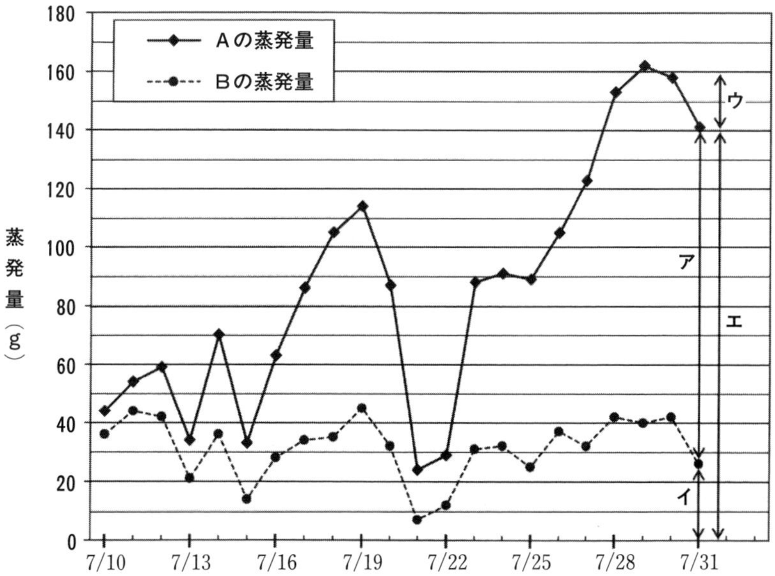

図1　AとBの蒸発量

Aと**B**はどちらも水を毎朝やっているので，

Aと**B**のちがいはオクラが植えられているかどうかです。つまり，**A**と**B**を比べることで土が水を十分たくわえている場合の，オクラの葉から蒸発する水の量について調べることができます。

問1　植物の体から水が水蒸気となって出ていくことを何といいますか。漢字2字で答えなさい。

問2　(1)　**A**の蒸発量は土からの蒸発量と葉からの蒸発量の合計，**B**の蒸発量は土からの蒸発量だけです。土からの蒸発量は**A**と**B**でほぼ等しいと考えると，7/31の**A**の葉からの蒸発量に相当するのは，**図1**の**ア**～**エ**のどれですか。

(2)　天気は日によって異なりますが，**A**と**B**では共通です。雨の日の蒸発量は，晴れやくもりの日に比べてどうなりますか。7/20～7/24の結果に注目し，下の**ア**～**カ**から最も適当なものを1つ選び，記号で答えなさい。

ア．土からの蒸発量は多くなるが，葉からの蒸発量は少なくなる。

イ．土からの蒸発量は少なくなるが，葉からの蒸発量は多くなる。

ウ．土からの蒸発量も葉からの蒸発量も少なくなる。

エ．土からの蒸発量も葉からの蒸発量も多くなる。

オ．土からの蒸発量は少なくなるが，葉からの蒸発量は天気とは関係がない。

カ．土からの蒸発量は多くなるが，葉からの蒸発量は天気とは関係がない。

(3)　7/14の**A**の葉からの蒸発量は，土からの蒸発量の何倍でしたか。**図1**から読み取り，下の［　　］の中から最も近いものを選び，答えなさい。

7/18と7/29についても，**A**の葉からの蒸発量が土からの蒸発量の何倍だったか，同様に答えなさい。

$\frac{1}{5}$倍	$\frac{1}{3}$倍	$\frac{1}{2}$倍	1倍	2倍	3倍	4倍

(4)　葉からの蒸発量を土からの蒸発量で割った値が，(3)で答えたように変化するのはなぜですか。原因として考えられることを答えなさい。

図2は，**C**と**D**について，毎日の蒸発量を計算しグラフにしたものです。**C**と**D**では，その日の朝の重さと翌日の朝の重さの差を，その日の蒸発量とします。

7/20ころまでは**C**のオクラも元気で，**A**のオクラと特にちがいは見られませんでした。しかし，**C**と**D**には水をやっていないので，土にたくわえられている水の量は**A**や**B**に比べ少なくなっています。

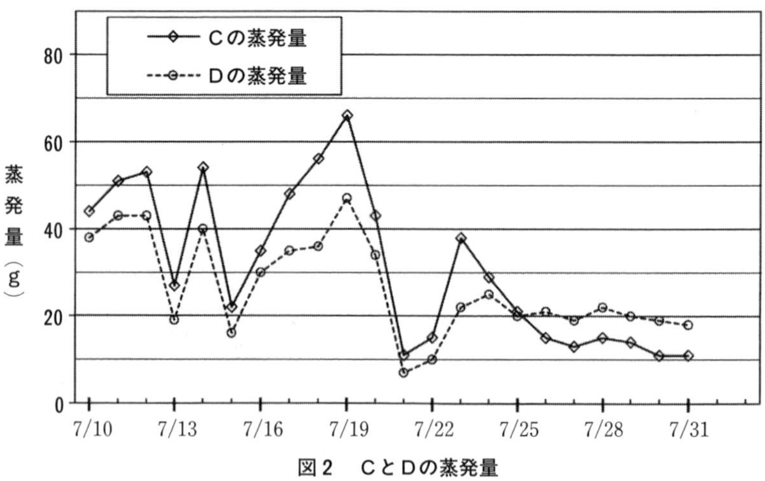

図2　CとDの蒸発量

問3　(1)　7/18のCの葉からの蒸発量は，土からの蒸発量の何倍でしたか。**図2**から読み取り，下の　　の中から最も近いものを選び，答えなさい。7/18の土からの蒸発量はCとDでほぼ等しいと考えます。

$\frac{1}{5}$倍　　$\frac{1}{3}$倍　　$\frac{1}{2}$倍　　1倍　　2倍　　3倍　　4倍

(2)　7/18のBとDの蒸発量がほぼ等しかったので，この日の土からの蒸発量はA～Dのすべてで等しかったと考えられます。このことをふまえ，**問3**(1)の答えと，**問2**(3)の7/18についての答えから，わかることを書きなさい。

3　若い木の多い森林は，何十年も経《た》つと木が大きくなったり，落ち葉が積もって土になることで土の層が厚くなったりして，成熟していきます。日本には，このような成熟した森林がたくさんあり，森林大国といわれています。

森林が，「若い木の多い森林」から「成熟した森林」へと変わっていくと，川の急激な増水が起こりにくくなると考えられます。それは，森林の緑のダムとしての働きがどう変化するからですか。今までの問題をふまえて答えなさい。

た」とか「大変なことになっていたかもしれないんだぞ」とは言われたけど、それで終わりだった。少なくとも、ぼくのほうは……。というのも、ヴィクトールには続きがあったからだ。ぼくがシャワーを浴びていると、父さんと母さんが、ヴィクトールにこう言っているのが聞こえてきたのだ。

「ヴィクトール、あなたは弟だけど、あなたがちゃんとお兄ちゃんを見てあげなくちゃだめでしょ。いい？ 父さんと母さんがいないときに、ふたりだけで外に出るのは、ぜったいにやめてちょうだい。もしテオが車いすから落ちたり、たおれたりしたら、ひとりじゃどうすることもできないのよ。あなたがちゃんとしてないといけないの。お願いよ」

④それを聞いて、ぼくは頭がかっとなった。

（クロディーヌ・ル・グイック＝プリエト作 坂《さか》田《た》雪《ゆき》子《こ》訳
『テオの「ありがとう」ノート』ＰＨＰ研究所）

（注1） ニコラのさわぎ＝年少のニコラが、ベッドでおもらしをしたこと。

（注2） 指導員＝「ぼく」の生活を指導する立場の職員。

問一 傍線部①「『ありがとう』なんて呼吸のようなものだ」とありますが、どういうことですか。

問二 傍線部②「クリスティーヌは不思議そうに、ぼくを見た。」とありますが、なぜ「不思議そう」だったのですか。

問三 傍線部③「絶体絶命。」とありますが、なぜ「絶体絶命」なのですか。

問四 傍線部④「それを聞いて、ぼくは頭がかっとなった。」とありますが、「ぼく」はなぜ「頭がかっとなった」のですか。

三 **次のカタカナの部分を漢字に直しなさい。**

1 飛行機のモケイを作る。
2 美しいガイロジュが並ぶ。
3 それぞれのリョウイキを守る。
4 両者の差はレキゼンだ。
5 事態にゼンショする。
6 相手の失敗をキョヨウする。
7 月は地球のエイセイだ。
8 辞書をハイシャクする。
9 ムザンなありさまとなった。
10 平和をキキュウする。
11 耳をウタガう。
12 解くのがヤサしい。
13 畑をタガヤす。
14 むだをハブく。
15 目がサめる。

気がした。だいたい、指導員は集団生活がどういうものかわかっているんだろうか？　一年中、他人と顔をつきあわせる生活なんてしたことがないくせに……。ほとんど毎日、自分の家に帰っているくせに……。ひょっとして、ぼくがただふざけて、世話してくれる人にお礼を言わなくなったとでも思ってるんじゃ……。だめだ！　やっぱりここでやめるわけにはいかない！

　そういうわけで、ぼくはその後も「ありがとう」を言わない生活を続けた。

　ところがお説教から一週間後、今度は運動療法の時間に、クリスティーヌとシャンタルに厳しくしかられた。トイレに連れていってくれた職員に、ぼくがお礼を言わなかったからだ。たぶん、ふたりともぼくの態度にもうがまんがならなかったのだろう。そもそも、運動療法室に入ったときから空気がピリピリしていた。それが、ついに爆発《ばくはつ》したのだ。

　翌朝、ふたたび指導員がやってきた。ただし、今回ははっきり言われた。ぼくの態度の悪さに、みんな、いいかげんうんざりしているという。これまでのことを謝《あやま》って態度を変えないかぎり、運動療法に行ってはいけないことになった。おまけに、今日の午後三時に両親と三人でカウンセラーと面談しろと言う。

　運動療法に行かなくてもいいのは、それだけなら罰《ばつ》というより、むしろごほうびだ。でも実際はもっと複雑だった。運動療法に行かなくなると、まずお医者さんをはじめ、ここの関係者全員がそのことを知る。そうなると、施設長も首をつっこんでくるだろう。リハビリをしないのならここを出ていってくださいと言われる可能性もある。要するに、やっかいなことになりそうだった。そのうえ、父さんと母さんに会ったら、しかられるだろうし……。といってももちろん、やんわりとだろうけど。でも、ぼくにはそっちのほうがこたえた。

　父さんと母さんに最後にしかられたのは、二月の冬休みに弟のヴィクトールと映画を見た日のことだ。その日、母さんは、ぼくとヴィクトールを映画館まで送ってくれて、映画が終わるころに、また迎《むか》えにくることになっていた。でも、約束の時間より少し早く映画館を出られたので、ぼくは「マクドナルドでコーラを飲もう」とヴィクトールをさそった。それから、となりのゲームセンターにも入ってみた。

　そのあとは映画館にもどったけれど、結局、迎えにきた母さんには会えなかった。どこかで、すれちがってしまったのだ。それならそうで、思いきり楽しんじゃえ。そう思って、ぼくはヴィクトールとふたりで、もう一本映画を見た。ヴィクトールも口では「えー」なんて言っていたけれど、楽しそうだった。

　映画が終わって外に出ても、ぼくたちはたくさんふざけあった。何せ、ふたりだけで外に出るのは、初めてだったのだ。すれちがう人たちは、ぼくたちを少し不思議そうな目で見ていた。きっと、どっちが保護者の役目をはたしているのか、よくわからなかったからだろう。どう見ても、まだ七歳のヴィクトールは、ぼくの介助《かいじょ》をするには小さすぎるし、車いすのぼくは、小さい弟の面倒《めんどう》をみるには体が不自由すぎるから。

　でも、そういう目で見られると、ぼくはイライラした。だから、花《はな》柄《がら》のスパッツの太った女の人が「かわいそうに」って顔をしたときには、べえっと舌を出してやった。女の人はあわてて逃げていった。

　そのうち暗くなってきて、さすがにヴィクトールが家に帰りたがったので、ぼくは家に電話をかけた。みんな、ひどく心配していた。母さんは、あちこちにＳＯＳを出していて、父さんも会社から帰っていた。おまけに、警察にまで連絡《れんらく》されていた。最悪だった。帰ったら、こってりしかられそうだった……。

　ところが、そうはならなかった。もちろん、「心配でたまらなかっと思う。だからぼくは、たいてい、かばんの中に本かゲーム機を入れていた。ただ、問題はひとりでそれを取り出せないってことだ。〈直立練習〉をしながら、ぼくは迷った。何もたのまずに、このまま退屈しつづけるか、それとも、「ありがとう」や「すみません、……してもらえませんか」を使わないでたのんでみるか……。でも、それから十五分もすると、もう退屈でいやになってきた。そこで、手のあいているシャンタルに、マンガを出してもらうことにした。

「シャンタル、かばんから『アステリックス』を出して」

シャンタルは、だまってマンガを出してくれた。ぼくが礼儀正しくたのむことに慣れているせいで、いつもと何かがちがうことに気づいていないようだ。さらに、シャンタルは角度を調節できるテーブルを持ってきてくれた。そこにマンガをのせて、ぼくが読みやすいようにしてくれる。なんて、いい人だろう！　でも、ぼくはここでも「ありがとう」を言わなかった。すると、さすがにシャンタルもおどろいたようだ。

「あら、『ありがとう』はないの？」

③絶体絶命。ぼくはマンガに熱中しているふりをして、答えなかった。ほかの子の世話があったので、シャンタルもそれ以上は何も言ってこなかった。

そのあとは、とくに何ごともなく一日が終わった。ぼくが礼儀正しくするのをやめたことに、だれも気づかなかったのだ。ベッドの中でぼくは思った。結局、「ありがとう」なんて、そんなに必要なさそうじゃないか。みんな、ほとんど気にしてないし……。

ところが、そうでもなかった。何日か続けていると、どうも居心地《いごこち》が悪くなってきたのだ。とくに、療法士のクリスティーヌとシャンタルは、「あら、『ありがとう』は？」とか「何か言うのを忘れてない？」と、しつこかった。はじめは聞こえないふりで通したけれど、ふたりともなかなかあきらめようとしない。しかたなく、ぼくはこのふたりには「ありがとう」を言うことにした。

でも、一日に言える「ありがとう」の数にはかぎりがある。だって、弟のヴィクトールと同じ数にすると決めたのだから。そうしたら、午後三時すぎにはいつも、一日分の「ありがとう」を使いきってしまった。それでも夜までなんとか逃げきらないと。ぼくは何か手伝ってもらっても、ふざけたり、だまったままでいたりして、どうにか切りぬけていた。ほかにどうしようもなかったから。正直に「悪いけど、もう『ありがとう』は言いたくないんだ。うんざりしてるから」なんて言ったりしたら、すぐにカウンセラーの相談室行きになるだろうし……。

こうして、ぼくが「ありがとう」を言わなくなってから二週間。ある日、朝食のテーブルに(注2)指導員がやってきた。指導員は、いっしょに朝ごはんを食べながら、集団生活の心得について、あれこれお説教をしはじめた。規則を守ることは大切だとか、世話してくれる人たちがどれだけ親切で献身《けんしん》的かとか、ずっと話している。そして最後に、ぼくに向かって「きみを信じてるよ」と言った。何か念でも押すように……。

その瞬間、ぼくは理解した。みんな、ぼくがわざと「ありがとう」を言わないでいることに気づいていたんだ。このまま続けると、みんなにきらわれそうだった。こんなこと、もうやめようかな……。ぼくはそう思いかけた。このごろ、まわりの人の態度が変わってきて少しさみしくなっていたから、よけいにくじけそうだった。エヴリーヌは前みたいに冗談《じょうだん》を言わなくなったし、療法士もあまり話しかけてこない。

とはいえ、この二週間ずっとがんばってきたのに、ちょっと指導員にお説教されたくらいですぐやめるというのも、何かがちがうような思われたって、かまわない。

でも、口で言うのは簡単だけど、いざやるとなったらなかなかむずかしい。何しろ、ぼくは生まれつき両足と左手が不自由で、今、十二歳《さい》だというのに十年間も車いすで過ごしている。そんな人間にとって、礼儀正しくすることは、もはや体の一部だ。①「ありがとう」なんて呼吸のようなものだし、いきなりやめるのは大変だ。

そんなことを考えていると、ようやくエヴリーヌが部屋にきた。(注1)ニコラのさわぎでおそくなったからか、どことなく気が立っている。ぼくは、おとなしくかばんに入れてほしいものを伝え、かばんを電動車いすのうしろに引っかけてもらうと、レバーを押《お》して出発した。ちなみに、車いすの名前は、アルベール。いつもいっしょだから、いつのまにかぼくは車いすに話しかけるようになっていて、それで名前をつけたんだ。

エヴリーヌの勤務時間は、ぼくが学校からもどる前に終わる。だから、部屋を出るとき、ぼくは小声で「また明日」とあいさつした。でも、「ありがとう」はわざと言わなかった。エヴリーヌは忙《いそが》しくて、何も気づいていないようだった。

そのあと、学校ではとくに何もなかった。授業が終わり、昼食後は運動療法《りょうほう》と〈直立練習〉が待っていた。この時間はなかなかハードだ。たとえば、ほとんど泳げない人に、プールを何度も泳いで往復させるようなものなんだ。療法士は厳しくて、まったく手かげんしてくれない。

いつものように、ぼくは運動療法室に着いた。

「こんにちは!」

「どう、元気?」

「ばっちりです」

担当のクリスティーヌは、まだセバスチャンという年少の子の訓練をしていた。ぼくはじっと待った。こんなとき、いつもなら、ほかのだれかにお願いして、靴《くつ》とセーターをぬがせてもらい、準備にできるだけ時間がかからないようにする。でも、今日は何もお願いしないでいた。だんだん退屈《たいくつ》になってくる。セバスチャンは、今日が初めて三輪車に乗る訓練だったらしく、おもしろがってなかなかやめそうになかった。しばらくして、やっとセバスチャンが訓練をやめた。ようやく、クリスティーヌがぼくのほうを向く。

「ちょっと、テオ、何やってるの? 準備できてないじゃない」

「終わるのを待ってたから」

②クリスティーヌは不思議そうに、ぼくを見た。でも、とくに何も言わなかった。たぶん、ぼくがただぼーっとしていたとでも思ったんだろう。

そのあとの訓練では、ぼくはふつうにしゃべって、言われたことをきちんとやった。しばらくして訓練が終わると、クリスティーヌはぼくを車いすに乗せてくれた。ふだんならここで、「また明日」だけじゃなくて、「ありがとう」を言うところだ。でも、ぼくはやっぱり「ありがとう」は言わないでおいた。さっと逃《に》げるようにして、次の〈直立練習〉を担当するシャンタルのところに向かう。

〈直立練習〉はむずかしくはないけど、退屈だ。この訓練では、全身をかたどった、石膏《せっこう》の台のなかに固定されて、その台ごと体を起こされる。つまりそれが、〈直立〉ということ。そのまま一時間ほうっておかれるから、すぐにあきてくる。

もちろん、いっしょに練習している人はいる。でも、それがいつでも友だちだとはかぎらない。機嫌《きげん》の悪い大人とか(大人は、たいてい機嫌が悪い!)、ミニカーで遊びたがる年少の子とか、うまく話のできない知的障がいの子とかといっしょのときもある。そんなときは、一時間が何百年にも思えて、二度と台からおりられないんじゃないか

の攻撃《こうげき》を避《さ》けることはできない。それでは、どうすれば良いのだろうか。

その方法こそが、強い毒ではなく、逆に弱い毒を使うという方法なのである。

完全に昆虫の攻撃を防御しようとすると、昆虫の方も本気になってその防御を破ろうとしてくるから、最後には防御網《もう》は突破されてしまう。そればかりか、せっかく作った毒を逆に利用されてしまったのでは、やりきれない。

それでは植物はどうすれば良いのだろうか。

完全にやりこめようとするよりも、少しは食べられても、やられたふりをしながら被害《ひがい》が大きくならないように食い止める方が現実的である。そこで、植物はいくつかのアイデアで対抗《たいこう》している。

その一つが昆虫の成長を促進《そくしん》させることにある。

イノコヅチという植物には、昆虫の脱皮《だっぴ》を促《うなが》す成長ホルモンのような物質が含《ふく》まれているという。脱皮をさせて昆虫の成長を手伝うことは、ずいぶん昆虫にとってありがたいことのように思える。どうして、植物は憎らしい害虫のために、親切にもそんな物質を作らなければならないのだろう。

④じつは、これこそがイノコヅチの高度な作戦である。

イノコヅチの葉を食べるイモムシは成長の過程で何度か脱皮を繰り返して成虫になる。ところが、この物質を食べると体内のホルモン系が攪乱《かくらん》を起こし、大して体も大きくならないうちに脱皮を繰り返して早く成虫になってしまうのだ。こうして、葉っぱの上で過ごす成長期間を短くすることでたくさん食べられるのを防ごうというのである。いやなお客は、さっさとお土産《みやげ》を渡《わた》して早々と帰ってもらおうということなのである。

ただ追い払《はら》おうとすれば、昆虫の反撃にあう。そこで、昆虫に食べられるふりをして追い払っているのである。何とも手が込《こ》んだ方法である。

（稲垣栄洋《いながきひでひろ》『たたかう植物――仁義なき生存戦略』）

問一　傍線部《ぼうせんぶ》①「昆虫の中には、特定の種類の植物しか食べないという偏食家が多い。」とありますが、なぜ、そうなるのですか。次の空欄《らん》に合うように四十五字以内で答えなさい。（字数には句読点もふくみます。）

すべての植物は毒を作っていて、昆虫はそのことに対応していかなければならない以上、（四十五字以内）

問二　傍線部②「この繰り返し」とありますが、このような状況《じょうきょう》を何と表現しますか。解答欄に合うように適切な言葉を入れて答えなさい。

問三　傍線部③「悪知恵がはたらく」とありますが、ジャコウアゲハの場合、どのような点で「悪知恵がはたらく」と言えるのですか。

問四　「ジャコウアゲハ」と「ヘクソカズラヒゲナガアブラムシ」とに共通するのはどのような点ですか。

問五　傍線部④「じつは、これこそがイノコヅチの高度な作戦である。」とありますが、それはどのような作戦ですか。

二　次の文章を読んで、あとの問に答えなさい。

「ぼく」はふだん施設《しせつ》で暮らし、時おり自宅などに外泊《がいはく》している。施設内には、居住棟《とう》や学校・小児《しょうに》科《か》棟などがあり、「ぼく」はそれらを行き来している。

ぼくはついに、大きな決心をした。礼儀《れいぎ》正しい子は今日で終わりにする。「ありがとう」も「すみません」も、これからは弟のヴィクトールと同じくらいしか言わない。まわりから、礼儀がなっていないと

そして、ジャコウアゲハは体内に溜《た》めた毒に守られながら、のうのうと葉を食べ続けるのである。芋虫《いもむし》にとって天敵は鳥である。そのため、一般《いっぱん》に芋虫の類《たぐ》いは、葉の裏に隠《かく》れながら葉を食べていたり、昼間の間は隠れていて、暗くなってから這《は》い出てきて葉を食べたりする。ところが、毒で守られたジャコウアゲハは鳥に襲《おそ》われる心配がない。そのため、昼間から葉の上で堂々と葉を食べているのである。

また、ふつうの芋虫は、葉と同じ緑色をしていて身を隠しているが、ジャコウアゲハは違《ちが》う。黒色に赤い斑点《はんてん》という目立つ色で、自分の存在をアピールしている。警戒《けいかい》色と言われるが、食べられるものなら食べてみろとばかりに鳥に見せつけているのである。

こうしてウマノスズクサから奪《うば》った毒をジャコウアゲハが簡単に手放すはずがない。憎《にく》たらしいことに、ジャコウアゲハは成虫になっても、幼虫のときに蓄えた毒成分を持ち続けている。そして、ジャコウアゲハの成虫も黒い羽に赤い斑点という毒々しい警告色をしているのである。

ジャコウアゲハは他のチョウと比べると、ひらひらとゆっくりした羽の動きで悠々《ゆうゆう》と空を飛んでいる。これも、他のチョウと誤って食べられないように、わざと目立たせて有毒なチョウであることを鳥にアピールしているのである。

それだけではない。ジャコウアゲハは次世代の卵を産むときに、卵の表面に毒成分を塗《ぬ》り付けて、ウマノスズクサに産み付ける。そして、卵から孵《かえ》った幼虫は、まず自分の卵の殻《から》を食べ毒を手に入れる。そしてその後は、毒草のウマノスズクサを食べて毒を補給していくのである。こうして、体内に取り入れたウマノスズクサの毒を、生涯《しょうがい》を通じてフル活用しているのである。

（中　略）

ヘクソカズラも毒成分で身を守る植物である。

ヘクソカズラの名前は「屁《へ》」と「糞《くそ》」に由来している。つまり、「屁糞かずら」なのである。

ヘクソカズラの名前の由来は、悪臭《あくしゅう》を放つことによる。この臭《にお》い成分がペテロシドと呼ばれる物質である。このペテロシドは硫黄《いおう》化合物の一種で、分解するとメルカプタンという臭《くさ》いにおいのする揮発性のガスになる。こうして身を守っているのである。

ところが、これだけ臭いにおいで身を守っているにもかかわらず、ヘクソカズラには害虫が色々とついている。ヘクソカズラヒゲナガアブラムシという長い名前のアブラムシも、ヘクソカズラにつく害虫の一つである。

やっかいなことに、このアブラムシは、悪臭成分をものともせずにヘクソカズラの汁《しる》を吸ってしまう。それどころか、このアブラムシは、悪臭成分を自らの体内に溜めこんでしまうのだ。こうして、アブラムシは外敵から身を守るのである。

アブラムシの天敵はテントウムシである。しかし頼《たの》みのテントウムシも、臭いにおいのするアブラムシは食べようとしない。臭いにおいで身を守るというヘクソカズラの戦略は完全に裏目に出てしまっているのである。

アブラムシは、目立たないように植物と同じ緑色をしているものが多いが、このアブラムシはよく目立つピンク色をしている。こうして、そのまずさを誇示《こじ》しているのである。

まさに、ジャコウアゲハがよく目立つ色をしていたのと、まったく同じである。

植物にとって昆虫は敵として手強《てごわ》い。昆虫は世代交代が早いため、さまざまな発達を遂《と》げやすい。そのため、せっかく苦労して強力な毒成分を蓄えても、ついには毒成分に対する対応策を発達させて、防御システムを突破してしまうのだ。毒で撃退《げきたい》するという手段では、昆虫

平成二十九年度
栄光学園中学校

【国語】（五〇分）〈満点：七〇点〉

（注意）配付されたもの以外の下じき・用紙は使わないこと。

一　次の文章を読んで、あとの問に答えなさい。なお、問題作成上、中略したり表記を改めたりしたところがあります。

「蓼《たで》食う虫も好き好き」という諺《ことわざ》がある。

タデという植物は、とても辛味《からみ》がある。しかし、そんなタデでさえも、ちゃんとそれを食べる害虫がいる。そのように、人の好みはさまざまであるという意味である。

植物はさまざまな物質で身を守っているが、必ずと言っていいほど、その植物を害する昆虫《こんちゅう》が存在する。しかも、①昆虫の中には、特定の種類の植物しか食べないという偏食《へんしょく》家が多い。

たとえば、モンシロチョウの幼虫のアオムシは、キャベツなどアブラナ科の植物だけを食べる。他の植物は食べることができないのである。同じように、アゲハチョウの幼虫は、ミカンなどの柑橘《かんきつ》類だけをエサにしている。一方、アゲハチョウの仲間でもキアゲハは、ニンジンやパセリなどセリ科の植物しか食べることができない。

このように、昆虫の中には決まった植物しか食べられないものが多い。

どうして、昆虫たちは、こんなにも偏食家なのだろうか。

すべての植物は、昆虫に食べられないように毒を作り、それに応じて昆虫はその毒に対応して進化していく。すると植物はさらに新たな毒を作り、昆虫はその毒に対応する。もう、こうなると乗りかかった舟《ふね》、今さら新しい植物に手を出して一から突破《とっぱ》する方法を組み立てるよりも、少し工夫《くふう》して今まで食べてきた植物を食べる方が早い。そして、昆虫は植物の防御《ぼうぎょ》を突破し、一方の植物も再び新たな防御法を作る。②この繰《く》り返しによって、ある植物とある昆虫が一対一のライバル関係のように進化していくのである。

こうなると他の昆虫は置いてけぼりである。他の昆虫たちは、とても進化した防御システムを突破することはできない。そして、ずっと戦いを繰り返してきたライバルとなる昆虫だけが、まさに戦いの最中の段階にあって、かろうじてその植物を食べることができるのである。

このように一対一の関係で、進化が進んでいくことは「共進化」と呼ばれている。

ところが、世の中には③悪知恵《わるぢえ》がはたらく生き物もいるものである。植物がせっかく作った毒を、逆に利用する悪いやつまで現れた。

ウマノスズクサは、アリストロキア酸という毒成分で身を守っている毒草である。驚《おどろ》くことにジャコウアゲハというチョウの幼虫は、この毒草をエサにしているのだ。そして、あろうことか、ジャコウアゲハはウマノスズクサの毒を、自らの体内に蓄《たくわ》えてしまうのである。捕《ほ》食《しょく》者である鳥は、この毒のせいでジャコウアゲハの幼虫を食べることはない。

こうしてジャコウアゲハは、ウマノスズクサの毒で身を守るのである。

毒は身を守るのに最高の防御物質だが、毒を作りだすことは簡単ではない。そこで、ジャコウアゲハは、ウマノスズクサが苦労して作り上げた毒を横取りしてしまうのである。

ウマノスズクサは、自分の身を守るために毒成分を生産した。それなのに、好き放題食べられた挙句《あげく》に、せっかく作った毒まで取り上げられてしまうのだから、本当にやりきれないだろう。

平成29年度

栄光学園中学校　▶解説と解答

算　数　(60分)　<満点：70点>

解　答

1 (1)　解説の図１を参照のこと。　(2)　**ピンの位置**…右の図，**面積**…157cm^2　(3)　解説の図３を参照のこと。　2 (1)　**最も大きい数**…108，**最も小さい数**…４　(2)　**最も大きい数**…121，**最も小さい数**…14　(3)　２，５，８，９　3 (1)　解説の図①を参照のこと。　(2)　解説の図④を参照のこと。　4 (1)　22.5cm　(2)　２段目の横の，角から10cmの位置　5 (1)　12個　(2)　46個　(3)　24種類　(4)　解説の図２を参照のこと。

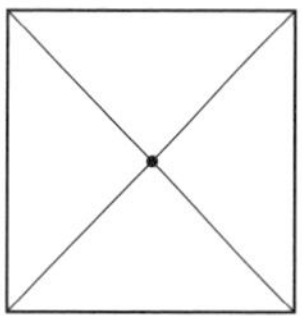

解　説

1　平面図形―図形の移動，面積

図１

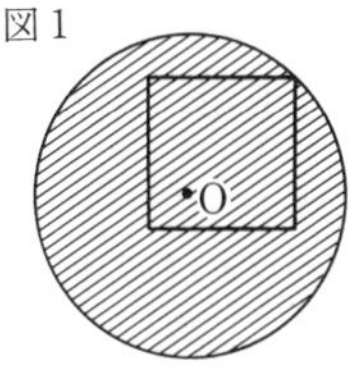

図２

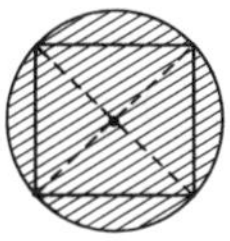

図３

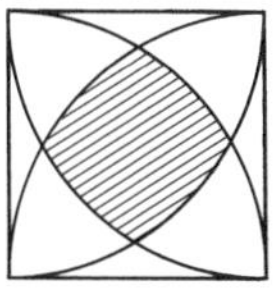

(1)　点Oを中心に，点Oからの距離《きょり》が最も大きくなる点までの長さを半径とする円になるから，正方形の紙の通過する範《はん》囲《い》は左の図１のようになる。

(2)　正方形の紙が通過する範囲の面積が最も小さくなるのは，正方形のどの頂点からも等しい距離にある点を中心として回転させたときである。つまり，上の図２のように，正方形の対角線の交点にピンをさしたときである。また，そのときの円の半径を□cmとすると，正方形の面積は，10×10＝100(cm^2)なので，□×□÷２×４＝100より，□×□＝100÷４×２＝50となる。したがって，このとき，正方形の紙が通過する範囲の面積は，□×□×3.14＝50×3.14＝157(cm^2)になる。

(3)　314÷3.14＝100＝10×10より，正方形の紙が通過する範囲の面積が314cm^2以下となるのは，ピンをさす点から最も離《はな》れた頂点までの長さが10cm以下になるときである。つまり，ピンをさす点は正方形のすべての頂点から10cm以内の範囲にあるから，ピンをさすことができる範囲は左上の図３の斜線《しゃせん》部分である。

2　調べ

(1)　「＋」を３個，「×」を１個使ってできるXのうちで最も大きい数は，９×９＋９＋９＋９＝108，最も小さい数は，１×１＋１＋１＋１＝４である。

(2)　１～５の数字を１回ずつ使ってできるXのうちで最も大きい数は，５×４×３×２＋１＝121，最も小さい数は，５＋４＋３＋２×１＝14である。ほかに，５×１＋４＋３＋２＝14なども考えられる。

(3)　９×９＝81＞29より，最後の計算の記号は「＋」だから，右の図のAの部分の結果は，29－９＝20になる。さらに，Aの

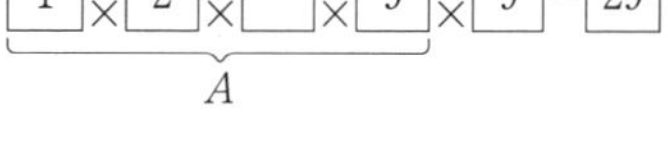

部分の最後の記号が「＋」のとき，[1] $\stackrel{+}{\times}$ [2] $\stackrel{+}{\times}$ □＝20－９＝11なので，１＋２＋８＝11，１＋２×５＝11，１×２＋９＝11より，真ん中の空欄《くうらん》に入る数字は８，５，９となる。また，*A*の部分の最後の記号が「×」のとき，[1] $\stackrel{+}{\times}$ [2] $\stackrel{+}{\times}$ □×９＝20より，真ん中の空欄には２が入り，１×２＋２×９＝20となる。したがって，真ん中の空欄に入る数字として考えられるものは，２，５，８，９である。

3 立体図形─展開図

図①

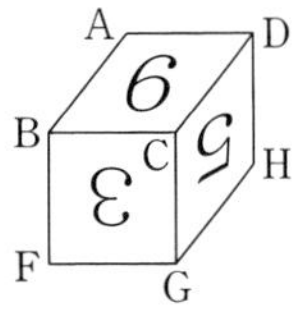

図②

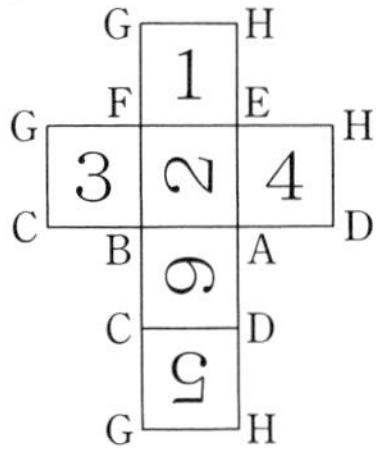

図③

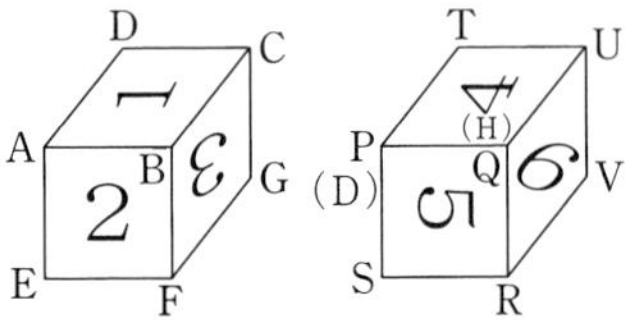

図④

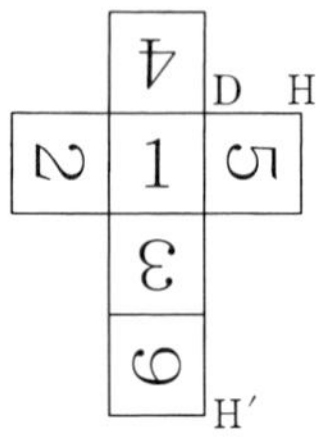

(1)　上の図①のように，立方体の各頂点にＡ～Ｈの記号をつける(見えていない頂点はＥ)。次に，上の図②の展開図の５の面の各頂点に図①と同じ記号をつけると，残りの面の記号もすべて決まる。さらに，面BCGFの数字は３で，GCが左，FBが右の辺なので，３の向きも決まる。面ABCDの数字６についても同様である。よって，空いている面に入る数字とその向きは図①のようになる。

(2)　上の図③のように，一方の立方体の各頂点にＡ～Ｈの記号をつけると(見えていない頂点はＨ)，１と６，２と５，３と４の面がそれぞれ向かい合うから，もう１つの立方体の頂点Ｐは，１と４と５の面が共有する頂点Ｄであり，頂点Ｑは４と５と６の面が共有する頂点Ｈである。すると，上の図④の展開図で，１の右上の頂点がＤ，Ｄの右の頂点がＨと決まる。まず，図④の１の右の面には，HDを左側にして５を書く。１の左の面には，１の面と共有する辺を上側にして２を書き，１の下の面には，１の面と共有する辺を下側にして３を書く。次に，１の上の面には，頂点Ｄを左上側にして４を書く。最後に残った面は，Ｈ′がＨと重なるので，Ｈ′を左下にして６を書けばよい。以上より，図④のように数字を書き入れることができる。

4 平面図形─相似

図１

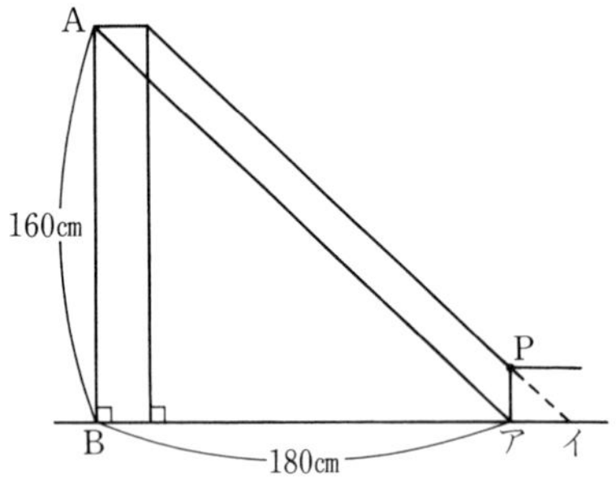

図２

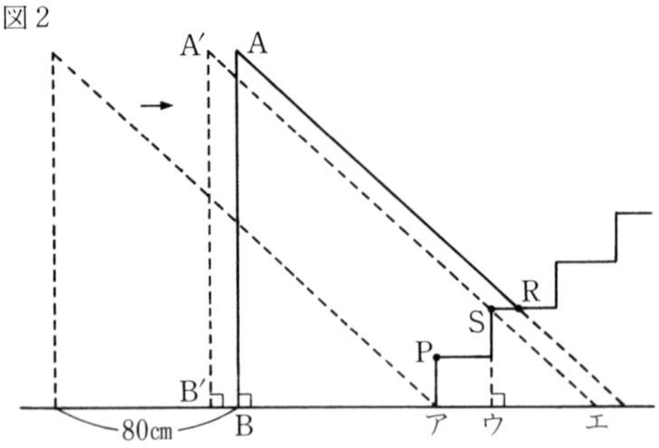

(1)　上の図１で，三角形Ｐアイと三角形ABアは相似だから，Ｐア：アイ＝AB：Ｂア＝160：180＝８：９である。よって，アイの長さは，$20\times\frac{9}{8}=22.5$(cm)なので，Ａさんの影《かげ》の頭の先がＰの位置にくるのは，Ａさんが22.5cm移動したときである。

(2)　上の図２で，三角形Ｓウエは(1)の三角形ABアと相似だから，Ｓウ：ウエ＝８：９より，ウエ＝$20\times2\times\frac{9}{8}=45$(cm)である。よって，Ａさんの影の頭の先が２段目の角Ｓの位置にくるのは，

Aさんが，アエ＝25＋45＝70(cm)移動したときなので，最初の位置から80cm移動したとき，Aさんの影の頭の先は，２段目の横の，角から，80－70＝10(cm)の位置にあるとわかる。

5 調べ，条件の整理

⑴　正三角形の頂点をA_1，A_2，正方形の頂点をB_1，B_2，B_3，正五角形の頂点をC_1，C_2，C_3，C_4，正六角形の頂点をD_1，D_2，D_3，D_4，D_5とすると，正六角形までかいたとき，右の図１のようになる。ここで，円周の長さを１とすると，AからA_1，D_2までの長さはそれぞれ$\frac{1}{3}$，$\frac{2}{6}=\frac{1}{3}$だから，A_1とD_2は重なり，同様に，B_2とD_3，A_2とD_4も重なる。よって，このとき，円周上にある点の数は，３＋３＋４＋(５－３)＝12(個)となる。

図１

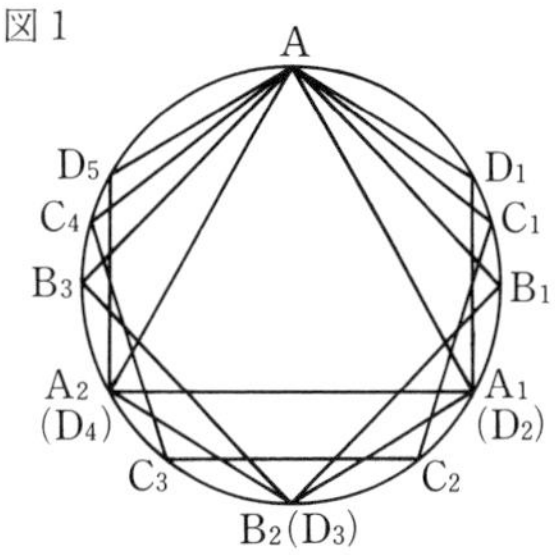

⑵　円周の長さを１として，点Aから正多角形の各頂点までの長さを求めるとき，約分して同じ数になるものは同じ位置になる。ここで，⑴に加えて正七角形をかくと，点Aから各頂点までの長さはそれぞれ$\frac{1}{7}$，$\frac{2}{7}$，$\frac{3}{7}$，$\frac{4}{7}$，$\frac{5}{7}$，$\frac{6}{7}$なので，円周上の点の数は６個増える。次に，正八角形をかくと，$\frac{2}{8}$，$\frac{4}{8}$，$\frac{6}{8}$は約分できるから，点の数は$\frac{1}{8}$，$\frac{3}{8}$，$\frac{5}{8}$，$\frac{7}{8}$の４個増える。同様に，正九角形をかくと，$\frac{1}{9}$，$\frac{2}{9}$，$\frac{4}{9}$，$\frac{5}{9}$，$\frac{7}{9}$，$\frac{8}{9}$の６個増え，正十角形をかくと，$\frac{1}{10}$，$\frac{3}{10}$，$\frac{7}{10}$，$\frac{9}{10}$の４個，正十一角形をかくと，$\frac{1}{11}$～$\frac{10}{11}$の10個，正十二角形をかくと，$\frac{1}{12}$，$\frac{5}{12}$，$\frac{7}{12}$，$\frac{11}{12}$の４個それぞれ増える。よって，正十二角形までかいたとき，円周上にある点の数は，12＋６＋４＋６＋４＋10＋４＝46(個)となる。

⑶　AからBまでの長さは$\frac{3}{4}$なので，正九十九角形までかいたとき，$\frac{3}{4}=\frac{6}{8}=\frac{9}{12}=\cdots=\frac{72}{96}$より，点Bを頂点にもつ正多角形は，正方形，正八角形，正十二角形，…，正九十六角形の全部で，96÷４＝24(種類)ある。

⑷　99÷12＝８余り３より，ちょうど12種類の正多角形の頂点になっているとき，それらは正八角形，正十六角形，正二十四角形，…，正九十六角形である。つまり，これらの正多角形の頂点の点Aからの長さは$\frac{1}{8}$の倍数になる。ただし，$\frac{2}{8}$，$\frac{4}{8}$，$\frac{6}{8}$のように約分できるものは，正方形などの頂点にもなるから，ふさわしくない。よって，分母が８で約分できないものは，$\frac{1}{8}$，$\frac{3}{8}$，$\frac{5}{8}$，$\frac{7}{8}$なので，これを円周上にかき入れると右の図２のようになる。

図２

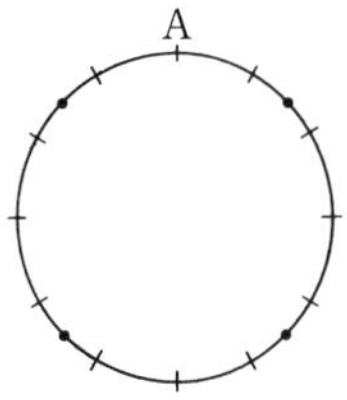

社　会　(40分)　＜満点：50点＞

解　答

Ⅰ　**問１**　戸籍　**問２**　(例)　皇族や貴族間の争いやききん，疫病などの社会不安が広がる中で，仏の力で国が安らかに治まることを願ったから。　**問３**　ウ　**問４**　(例)　最初から開いていかなければならない巻子と異なり，読みたいところをすぐに開くことができる点。　**問５**　寝殿造　**問６**　大和絵　**問７**　土地　**問８**　⑴　(例)　光を通すので，明かり取りの役割をはたす。(軽いので，取り外しが容易である。)　⑵　書院造　**問９**　ア　**問10**　ア　**問11**　錦絵　**問12**　(例)　それまでの米などの現物を納める年貢と異なり，地租は土地所有者が現金で納めることとされた。　**問13**　エ　**問14**　(例)　紙の生産に必要なパルプの原料となる針葉樹が豊富にある。　Ⅱ　**問1**　①　D　②　A　③　C　④　B　**問2**　⑴　ア　⑵　(例)　仕切りに使う。(床に敷く。)　**問3**　⑴　(例)　日本では新聞は戸別の宅配により購読するのが一般的であるので，核家族化が進んで世帯数が増えたことが，新聞の発行部数の増加につながった。　⑵　インターネット　**問4**　トイレットペーパー，ティッシュペーパー　**問5**　⑴　エ　⑵　右の図

紙類のおもな原料の内わけ

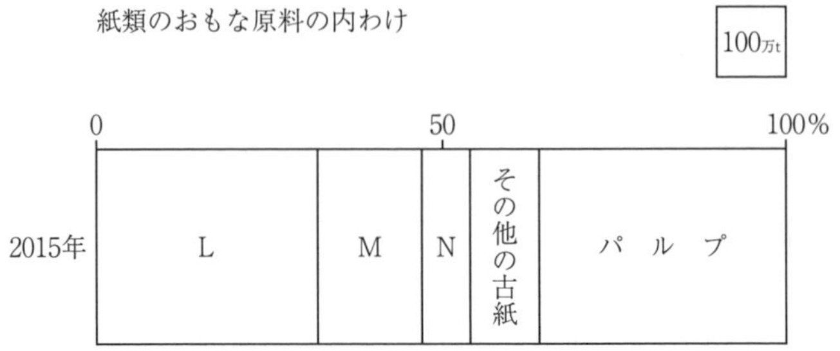

日本製紙連合会『パルプ統計』をもとに作成

Ⅲ　**問1**　(例)　日本に紙が伝わった飛鳥時代ごろには，紙は僧侶が用いるお経や，役人による役所の文書など限られた目的のために使われた。平安時代には，貴族たちが書物や絵画，絵巻物など文化的な表現をするために用いられ，鎌倉時代には，武士たちが土地の権利書や命令を伝える文書などをつくるために紙を使った。江戸時代になると紙は庶民の間にも広まり，多くの書物が出版され，多色刷りの版画も広まったことで，一度に多くの人へ同じ情報を伝えるために紙が使われるようになった。明治時代になると，政府がさまざまな文書や学校の教科書などに多くの紙を使うようになったほか，商人たちにより出版事業が起こされ，たくさんの新聞・雑誌・書籍が発行されたことで，政治の動きや新しい考え方などをさらに多くの人びとへ同時に伝えるために紙が用いられるようになった。　**問2**　(例)　折り曲げやすく，箱の形にしやすい。(厚さがあるので，中身を保護することができる。／軽くて，持ち運びがしやすい。／丈夫であり，重ねてもこわれにくい。)

解　説

Ⅰ　紙を題材とした歴史の問題

問1　律令制度のもとで政府が作成した，班田収授《はんでんしゅうじゅ》と氏姓《しせい》確認のための基本台帳を戸籍《こせき》という。6年ごとに作成され，これをもとに農民に口分田が支給された。670年に天智《てんじ》天皇がつくらせた庚午年籍《こうごねんじゃく》が最初のものとされる。なお，調(地方の特産物を納める税)や庸《よう》(労役につく代わりに布を納める税)の徴収《ちょうしゅう》のために個人の特徴までくわしく記した計帳《けいちょう》は，毎年作成された。

問2　仏教を厚く信仰した聖武天皇は，741年に国分寺建立の詔《みことのり》を出し，地方の国ごとに国分寺と国分尼《に》寺を建てさせ，「金光明経《こんこうみょうきょう》」と「法華経《ほっけきょう》」という経典を写経することを命じた。聖武天皇がこのような政策を進めたのは，皇族や貴族間の争いがしばしば起こり，ききんや疫病《えきびょう》も広がるなど社会不安が続く中で，仏の力で国が安らかに治まることを願ってのことであった。

問3　平安時代前半には，国の正式な歴史書として『続日本紀《しょくにほんぎ》』『日本後紀』『続日本後紀』『日本文徳《もんとく》天皇実録』『日本三代実録』がつくられ，奈良時代の『日本書紀』と合わせて「六国史《りっこくし》」とよばれた。これらはすべて中国の歴史書にならい，漢文・編年体(年代の順を追ってできごとを記していく形式)で書かれていたから，ウがまちがっている。

問4　巻子《かんす》は紙を横長につなぎ，両端《りょうたん》に軸《じく》をつけてこれを巻き取っていく形式の書物。最初から

順に読んでいくしかないので，読みたいところをすぐに開くことができないが，大きさをそろえた紙をとじた冊子《そうし》ではそれを容易に行うことができる。また，読むたびに開いたり巻き取ったりすることをくり返す巻子に比べ，冊子は紙が傷みにくいと考えられる。

問5　平安時代の貴族の住まいに用いられた建築様式を寝殿造《しんでんづくり》という。主人の住む寝殿とよばれる建物を中心に，家族の住む対屋《たいのや》などを透渡殿《すきわたどの》という廊下《ろうか》でつなぎ，屋敷の南側に池のある庭園を設けることなどを特色とした。

問6　平安時代に発達した日本の風景や四季の移り変わりなどをえがいた絵画は，それまでの中国風の「唐絵《からえ》」に対し，「大和絵《やまとえ》」とよばれた。襖《ふすま》や屏風《びょうぶ》にえがかれ，貴族の屋敷に飾《かざ》られることも多かった。

問7　鎌倉時代の武士たちは開発領主(自ら開墾《かいこん》してその土地の所有者となった者)としての面も持ち，領地の拡大につとめており，土地の権利を証明する文書を作成・保管するなど，領地の管理も重要な仕事であった。

問8　(1)　木の戸と異なり，障子《しょうじ》は間接的に光を通すので，部屋の明かり取りの役割をはたす。また，直射日光をさえぎるので，夏の暑さをやわらげるはたらきもある。さらに，木の戸よりも軽いため取り外しがしやすく，紙が破れても貼《は》りなおせばよいので修繕《しゅうぜん》が容易であるという利点もある。　(2)　書院造は室町幕府の第８代将軍足利義政が京都東山に建てた銀閣(慈照《じしょう》寺)に用いられたことでよく知られている建築様式で，禅宗《ぜんしゅう》の書斎《しょさい》の影響から，襖・障子などを用い，床《とこ》の間やちがい棚《だな》を備えており，今日の和風住宅のもととなった。

問9　うちわとちょうちんは，いずれも竹などでできた枠《わく》に紙を貼ってつくる。また，伝統的な傘《かさ》(和傘)は，竹の骨組みに油紙(柿渋《かきしぶ》や亜麻仁油《あまにゆ》などを塗《ぬ》った紙)を貼ってつくる。くしは竹や柘植《つげ》，べっこうなどでつくられるから，アがまちがっている。

問10　18世紀半ば，前野良沢《りょうたく》や杉田玄白《げんぱく》らはオランダ語の医学解剖《かいぼう》書『ターヘル・アナトミア』を苦心のすえに翻訳《ほんやく》し，『解体新書』として出版した。したがって，アがまちがっている。

問11　江戸時代に発達した絵画である浮世絵は，当初は肉筆画(実際に手でえがかれたもの)であったが，やがて錦絵《にしきえ》とよばれる多色刷りの版画がつくられるようになった。錦絵は絵師，彫師《ほりし》，摺《すり》師《し》など多くの人の共同作業によってつくられる作品で，役者絵や美人画，風景画などがえがかれ，人びとの人気を集めた。

問12　明治政府は1873年，地租改正とよばれる税制・土地制度の改革をはじめた。これは，全国の土地を調査して地価を定め，その３％にあたる地租を土地所有者に現金で納めさせるようにしたもの。それまでの年貢《ねんぐ》は米などの農産物を納めたが，収穫量の一定割合を税として納めるものであったため，収穫量が落ちると年貢の量も減少した。それに対し，地租は収穫量に関わらず一定額の税を納めるものであったから，毎年決まった額の税収が入るようになり，政府の財政が安定した。

問13　ア　『学問のすゝ《(す)》め』は1872～76年に刊行された福沢諭吉の著作(全17編)で，実学(社会生活で実際に役立つ学問)の重要性などを説き，人びとに大きな影響をあたえた。　イ　日本語による国内最初の日刊新聞は，1870年に発刊された「横浜毎日新聞」である。　ウ　郵便制度は前島密《ひそか》の立案により，1871年，官営事業として創業された。　エ　GHQ(連合国軍総司令部)の指示により，軍国主義に関わると判断された部分を墨《すみ》で消した教科書が使われたのは，第二次世界大戦終結直後のこと(昭和時代)である。

問14 明治時代以降，国内でもパルプを原料とした洋紙が生産されるようになった。当時はパルプの原料としておもに針葉樹が使われていたが，北海道や樺太《からふと》にはエゾマツやトドマツなどの針葉樹が豊富にあることから，多くの製紙工場が建てられた。

Ⅱ 紙類の生産を題材とした問題

問１ ① 石油の値段が急に上がったのは，第一次石油危機が起きた1973年のこと。その影響で日本では高度経済成長が終わり，経済の低迷がしばらく続いた。ここでは1974～75年に紙類の生産量が減少しているのが，その影響と考えられる。 ② 日中戦争がはじまったのは，1937年のことである。 ③ 製紙・パルプの工場から流出した廃液《はいえき》が原因の公害が問題になったのは，高度経済成長期の1960年代ごろ。特に，静岡県富士市の田子の浦で発生したヘドロ公害がよく知られる。 ④ 「連合国との戦争」とは，日本がアメリカ・イギリスに宣戦布告してはじまった太平洋戦争のことで，1941～45年のできごと。

問２ (1) Cのうち，特に1950年代後半から1970年代はじめまでは高度経済成長が続いた時期であり，イ～エはいずれもその時期にあてはまる。渋沢栄一《しぶさわえいいち》は明治時代，第一国立銀行や大阪紡績《ぼうせき》など多くの銀行や会社の設立に関わり，日本の資本主義の確立に大きく貢献《こうけん》した人物であるから，アがまちがっている。 (2) 段ボールは，波状に加工した紙をボール紙(板紙)とよばれる厚紙ではさんで接着させた紙製品。おもに包装用や梱包《こんぽう》用に使われるが，軽くて丈夫であることから，災害時には避難所で，床に敷いたり仕切りとして使用されたりしている。

問３ (1) 高度経済成長が続いていた1960年代以降，日本では夫婦のみ，もしくは夫婦と未婚の子ども，父親もしくは母親とその未婚の子どもからなる核家族が増え，全世帯の６割以上を占《し》めるようになり，それが世帯数の増加につながった。日本では新聞は戸別の宅配で購読される場合が多いため，世帯数の増加がそのまま新聞の発行部数の増加につながったと考えられる。 (2) 世界中のコンピューターを回線でつなぎ，情報の発信や受信ができるようにしたしくみをインターネットという。1990年代以降，多くの家庭にパソコンが普《ふ》及《きゅう》し，インターネットを通して情報を取り入れることが一般的になり，新聞を購読しない人も増えてきたことから，2000年代以降，新聞の発行部数は減少を続けている。

問４ 衛生用紙の中心となるのはトイレットペーパーとティッシュペーパーで，生産量でもこの２つが大きな割合を占めている。なお，表１のXはトイレットペーパー，Yはティッシュペーパーがあてはまる。

問５ (1) リサイクルの考え方が広まっていることもあり，紙類の原料のうち古紙の占める割合が年々増加してきているが，その中で最も割合が大きいのは，もともと生産量が多く，また，回収率も非常に高いことで知られる段ボールである。なお，Mは新聞，Nは雑誌があてはまる。 (2) 紙類の原料に占める割合は，L(段ボール)が，860÷2650×100＝32.45…より，約32％となる。同様に計算すると，M(新聞)は約15％，N(雑誌)は約７％となっている。解答用紙の方眼の１目盛りが１％であるから，目盛りに合わせて区切っていけばよい。

Ⅲ 紙の使いみちについての問題

問１ 「紙を多く使った人びとの移り変わりに注目して」とあるので，その観点からまとめること。本文にあるように，紙のおもな使い手は，古代には僧侶《そうりょ》や貴族であり，鎌倉時代以降は武士がそれに加わった。江戸時代には庶民《しょみん》の間でもさまざまな用途で紙が使われるようになり，さらに，明治時代に政府や民間業者による需要《じゅよう》が高まると，大量の紙が生産されるようになっていった。以上の点をふまえて，「情報の記録や伝達」に注目しながら，それぞれの時代における紙の使われ方について述べる。

問2　段ボールが包装用・梱包用に適しているのは，「折り曲げやすく，箱の形にしやすい」「厚さがあり，衝撃《しょうげき》を吸収するので，中身を保護することができる」「軽くて，持ち運びが便利である」「丈夫であり，重ねてもこわれにくい」といった特徴があるからである。

理科　（40分）＜満点：50点＞

解答

1　**問1**　**ア**　×　**イ**　×　**ウ**　○　**問2**　**10cm**…24ｇ　**15cm**…24ｇ　**20cm**…24ｇ　**問3**　（例）　注水開始後360秒から390秒までの30秒間は，スポンジの厚さにかかわらず，注水量と放水量が等しくなっている。　**問4**　ア　**問5**　**最大値**…221ｇ　**終了時**…156ｇ　**時間**…オ　**問6**　**最大値**…150ｇ　**終了時**…137ｇ　**時間**…ア　**問7**　（例）　スポンジが厚くなると，たくわえられる水の量の最大量は多くなるが，最終的にたくわえられる水の量はスポンジの厚さが変化してもほとんど変わらない。　**2**　**問1**　蒸散　**問2**　(1)　ア　(2)　ウ　(3)　**7/14**…1倍　**7/18**…2倍　**7/29**…3倍　(4)　（例）　月日が経つにつれ，オクラが成長し葉が増えたから。　**問3**　(1)　$\frac{1}{2}$倍　(2)　（例）　土の中にたくわえられている水の量が多いほど，オクラは成長し，葉からの蒸発量が多くなっている。　**3**　（例）　成熟した森林は，若い木の多い森林よりも土の層が厚く，一時的にたくわえることができる水の量が増えて，その水を放水し終えるまでの時間がおそくなるから。また，森林の植物が十分に成長しており，土の中に水が多くあるときに蒸散による水の蒸発量が多くなるから。

解説

1　**スポンジが水をたくわえる様子の実験についての問題**

問1　**ア**　表で放水が始まる時間は，スポンジの厚さが10cm，15cm，20cmではそれぞれ，180～210秒の間，210～240秒の間，270～300秒の間となっていて，注水開始から放水が始まるまでの時間はスポンジの厚さと比例していない。　**イ**　どのスポンジの厚さでも，注水を終えた450秒後からしばらく時間が経つと，放水量が変化しなくなっている。このときの値が実験終了時までの放水量といえ，スポンジの厚さが10cmの場合は223ｇ，20cmの場合は204ｇである。よって，スポンジの厚さが2倍になっても放水量は半分にはなっていないことがわかる。　**ウ**　どのスポンジの厚さでも，注水を終えた450秒後からしばらく時間が経つと，放水量が変化しなくなり，放水はとまっている。また，注水量はすべて360ｇであるが，実験終了時までの放水量はどの場合も360ｇより少なくなっている。これらのことから，注水した全量が放水されるわけではないといえる。

問2　スポンジの厚さが10cmの場合，360秒後から390秒後までの放水量は，162－138＝24（ｇ）である。同様に，スポンジの厚さが15cmの場合は，129－105＝24（ｇ），20cmの場合は，91－67＝24（ｇ）と求められる。

問3　30秒間に注水される量は，0.8×30＝24（ｇ）であるから，問2より，360～390秒の間はどのスポンジの厚さでも注水量と放水量が等しくなっていることがわかる。

問4　注水は450秒後まで行われているので，Xの範囲《はんい》では注水されている。この間スポンジにたくわえられた水の重さが変化していないのは，注水された水の重さと等しい水が同時に放水されているからである。

問5　スポンジの厚さが20cmの場合，注水が終わる450秒後までに放水した水の重さは139gとなっている。注水した水の重さは全部で360gであり，図2のXの範囲ではスポンジがたくわえた水の重さが最大となるので，最大値は，360−139=221(g)と求められる。測定終了時までに放水した水の重さは204gであるから，測定終了時にスポンジがたくわえていた水の重さは，360−204=156(g)となる。また，あらたな放水が行われなくなった時間は注水開始から720秒後と780秒後の間なので，注水が終わった450秒後から放水が終わるまでにかかった時間は，720−450=270(秒)と，780−450=330(秒)の間と考えられる。

問6　問5と同様にして求めると，スポンジの厚さ10cmのときは，スポンジがたくわえた水の重さの最大値が，360−210=150(g)，測定終了時にたくわえていた水の重さが，360−223=137(g)となる。注水が終わってから放水が終わるまでの時間は，480−450=30(秒)から，540−450=90(秒)の間となる。

問7　図2や問5，問6より，スポンジの厚さが20cmのものの方が10cmのものよりもたくわえた水の重さの最大値は大きいが，測定終了時の最終的にたくわえられる水の量には大きな差がないことがわかる。

2　土や葉からの水の蒸発についての問題

問1　植物がおもに葉にある気こうから水を水蒸気の形で空気中に放出することを，蒸散という。

問2　(1)　図1の7/31において，Aの蒸発量は(ア+イ)にあたり，これは葉からの蒸発量と土からの蒸発量の合計である。そのうちBの蒸発量にあたるイは土からの蒸発量なので，葉からの蒸発量に相当するのはアである。　(2)　図1より，7/21と7/22はどちらも天気が雨で，7/20と7/23のくもりの日や7/24の晴れの日に比べBの蒸発量が少なくなっていて，土からの蒸発量が少なくなっているとわかる。また，Aの蒸発量とBの蒸発量の差より求められる葉からの蒸発量も，雨の日の方がくもりや晴れの日よりも少なくなっている。　(3)　7/14のAの蒸発量は70g，Bの蒸発量は約36gと読み取れる。よって，Aの葉からの蒸発量は，70−36=34(g)で，土からの蒸発量の，34÷36=0.94…より，1倍である。同様に求めると，7/18のAの葉からの蒸発量は土からの蒸発量の，(105−35)÷35=2(倍)，7/29のAの葉からの蒸発量は土からの蒸発量の，(162−40)÷40=3.05より，3倍となる。　(4)　(3)では，いずれの日も天気は晴れで，値の変化は天気によるものではない。植物が成長して葉の数が増えると，葉からの蒸発量は多くなる。一方，土からの蒸発量は，植物が成長してもあまり大きく変化しない。そのため，(3)では月日が経つにつれて植物が成長し，Aの葉からの蒸発量を土からの蒸発量で割った値が大きくなっていると考えられる。

問3　(1)　7/18のCの蒸発量は約56g，Dからの蒸発量は約36gと読み取れる。よって，Cの葉からの蒸発量は土からの蒸発量の，(56−36)÷36=0.55…より，約$\frac{1}{2}$倍である。　(2)　7/18において，土からの蒸発量に対する葉からの蒸発量は，Aがおよそ2倍，Cがおよそ$\frac{1}{2}$倍である。このことから，土にたくわえられている水が多いAの方がオクラは大きく成長し，葉からの蒸発量が多いことがわかる。

3 森林の緑のダムとしての働きについての問題

成熟した森林は若い木の多い森林に比べて，土の層が厚くなる。これは，1の実験におけるスポンジの厚さに相当し，実験の結果から，土の層が厚いほど，たくわえる水の量の最大値が大きくなることがわかる。また，実験で注水終了時から放水が終了するまでの時間は，スポンジの厚さが厚いほど長くなっている。このことから，成熟した森林は，吸収した水をゆっくりと時間をかけて放水するといえ，大雨が降った後などに川の急な増水を起こりにくくするのに役立つと考えられる。また，若い木の多い森林よりも成熟した森林の方が，植物が十分に成長しており，2の実験より，土の中にたくわえられている水の量が多いときに，植物の蒸散による水の蒸発量が多くなるといえる。このことにより，地中にしみこんだ水を植物の体を通して蒸発させることができ，森林から川へ流れこむ水の量が過剰《かじょう》になることを防ぐ役割をはたせると考えられる。

国語 (50分) ＜満点：70点＞

解答

一 **問1** (例) (すべての植物は毒を作っていて，昆虫はそのことに対応していかなければならない以上,)今まで食べてきた植物の防御を突破する共進化を繰り返すことで，一対一の関係ができあがるから。 **問2** いたち(ごっこ) **問3** (例) エサであるウマノスズクサが作る毒成分を自らの体内に蓄えることで，捕食者である鳥から身を守っている点。 **問4** (例) あえて目立つ色をして，自分が有毒であることや，自分のまずさを誇示することで，外敵から身を守っている点。 **問5** (例) イモムシの脱皮を促す物質を作り，早く成虫にすることで，葉をたくさん食べられないようにする作戦。 二 **問1** (例) 「ありがとう」という言葉を無意識のうちに使っていたということ。 **問2** (例) 訓練の前，いつもは靴とセーターをだれかにぬがせてもらい，準備にできるだけ時間がかからないようにしていたのに，今日はしていなかったから。 **問3** (例) 「『ありがとう』はないの？」と促されたことで，「ありがとう」と言わなければならないような立場に立たされたから。 **問4** (例) 体が不自由なために，自分は一人前としてあつかわれないのだということを知らされて，腹立たしく，くやしい気持ちになったから。 三 下記を参照のこと。

●漢字の書き取り

三 1 模型 2 街路樹 3 領域 4 歴然 5 善処 6 許容 7 衛星 8 拝借 9 無残 10 希求 11 疑(う) 12 易(しい) 13 耕(す) 14 省(く) 15 覚(める)

解説

一 **出典は稲垣栄洋《いながきひでひろ》の『たたかう植物—仁義なき生存戦略』による。**体内に毒を持ち昆虫《こんちゅう》による被《ひ》害《がい》を防ごうとする植物と，その毒に対応する昆虫との関係を説明している。

問1 続く部分で，「特定の種類の植物しか食べない」昆虫の具体例を示した後，「どうして，昆虫たちは，こんなにも偏食《へんしょく》家なのだろうか」と問題提起をしていることに注目する。筆者は，「すべての植物は，昆虫に食べられないように毒を作り，それに応じて昆虫はその毒に対応して進化していく」と述べた上で，植物がさらに「新たな毒」を作る進化を遂《と》げたときにも，昆虫にとっては「今さら新しい植物に手を出して一から突破《とっぱ》する方法を組み立てるよりも，少し工夫《くふう》して今まで食べてきた植物を食べる方が早い」ため，「ある植物とある昆虫が一対一のライバル関係のように進化していく」と説明している。つまり，植物と昆虫が「一対一の関係」で「共進化」した結果，「特定の種類の植物しか食べない」状態になるのだと読み取れる。

問２　「この繰《く》り返し」とは，昆虫が「植物の防御《ぼうぎょ》を突破」すると，植物も再び「新たな防御法を作」り，さらに昆虫はその防御法に対応するというように，たがいに進化を繰り返す状況《じょうきょう》を指す。この状況には，たがいに同じようなことの繰り返しで，いつまでもきりがないことを表す「いたちごっこ」が合う。

問３　すぐ続けて，ウマノスズクサとジャコウアゲハの関係が具体的に示されている。ジャコウアゲハはエサとしているウマノスズクサが作る「アリストロキア酸という毒成分」を「自らの体内に蓄《たくわ》えて」，つまり，「ウマノスズクサが苦労して作り上げた毒を横取りして」，「捕食《ほしょく》者である鳥」から身を守っている。こうしたジャコウアゲハのありさまを，「悪知恵《わるぢえ》がはたらく」と表現しているのである。

問４　ジャコウアゲハとヘクソカズラヒゲナガアブラムシの共通点は，「目立つ色で，自分の存在をアピールしている」という点である。具体的には，どちらもあえて「毒々しい警告色」「ピンク色」といった「目立つ色」をして，自分が有毒であること，あるいは，まずい昆虫であることを誇《こ》示《じ》することで，外敵から身を守っているのである。また，ジャコウアゲハはウマノスズクサから，ヘクソカズラヒゲナガアブラムシはヘクソカズラから毒成分を取り入れて体内に溜《た》め，外敵から身を守っているので，これをふくめてまとめてもよい。

問５　「イノコヅチの高度な作戦」と言える「これ」とは，「昆虫の脱皮《だっぴ》を促《うなが》す成長ホルモンのような物質」を作り，「脱皮をさせて昆虫の成長を手伝う」ことを指す。その結果，イノコヅチの葉を食べるイモムシは「大して体も大きくならないうちに脱皮を繰り返して早く成虫になってしまう」ので，イノコヅチは葉を「たくさん食べられる」のを防ぐことができるのである。これは，「少しは食べられても，やられたふりをしながら被害が大きくならないように食い止める」ことで昆虫に対抗《たいこう》する植物の例にあたる。

二　**出典はクロディーヌ・ル・グイック＝プリエト作，坂田雪子《さかたゆきこ》訳の『テオの「ありがとう」ノート』による。**生まれつき両足と左手が不自由で，ふだん施設《しせつ》で暮らしている「ぼく」（テオ）は，礼《れい》儀《ぎ》正しい子でいるのは今日で終わりにしようと決心する。

問１　ここでの「呼吸」は，自分で意識して行っていることではなく，無意識に行われていることのたとえとして用いられている。「生まれつき両足と左手が不自由で，今，十二歳《さい》だというのに十年間も車いすで過ごしている」「ぼく」にとって，他人から助けてもらったときなどに「ありがとう」と言うことは，「呼吸」のように無意識のまま当たり前にすることになってしまっていたというのである。

問２　「ぼく」のようすを見たクリスティーヌが，「ちょっと，テオ，何やってるの？　準備できてないじゃない」と言っていることに注目する。今までの「礼儀正しい」「ぼく」なら，「ほかのだれかにお願いして，靴《くつ》とセーターをぬがせてもらい，準備にできるだけ時間がかからないように」していた。ところが，今回はそれをしていなかったので，クリスティーヌが「不思議そう」な反応を示したのだと考えられる。

問3　「絶体絶命」は，追いつめられて，どうにもならない状態になること。「ぼく」は何かあっても軽々しく「ありがとう」と言わない決心をした。クリスティーヌのときには，「ありがとう」と言わないで済んだのに，シャンタルのときには「ありがとう」を言わないことに対して，「あら，『ありがとう』はないの？」と，暗に「ありがとう」と言うことを促されたのである。「ありがとう」と言うべきか，それとも決心どおりにわざと言わないでおくかどうかをせまられてしまったので，「絶体絶命」だと思っているのだと読み取れる。

問4　「それ」とは，父さんと母さんが弟のヴィクトールに，「あなたは弟だけど，あなたがちゃんとお兄ちゃんを見てあげなくちゃだめでしょ」「もしテオが車いすから落ちたり，たおれたりしたら，ひとりじゃどうすることもできないのよ」と話していたことである。自分が「生まれつき両足と左手が不自由」であるために，常にだれかが助けてあげなければいけない存在としてみなされていること，つまり，一人前の人間としてあつかわれていないことを知らされたために，「頭がかっとなった」ということをおさえる。この腹立ちや，くやしい気持ちがつのって，「ぼく」に「礼儀正しい子は今日で終わりにする」という決心をさせたのである。体が不自由だから，だれかに助けてもらわなければ何もできず，そのたびに「ありがとう」や「すみません」を当然のように言わなければならないのは，一人前の人間としてあつかってもらえていないことの裏返しだと「ぼく」は考えたのだと推測できる。

三　漢字の書き取り

1　本物の形やしくみをまねて作ったもの。　**2**　街の通りにそって植えられている樹木。　**3**　あるものごとが関係している範囲《はんい》。　**4**　非常にはっきりとしているようす。　**5**　適切な方法で，ものごとを処理すること。　**6**　許せる程度であるとして受け入れること。　**7**　惑星《わくせい》のまわりをまわっている星。　**8**　「借りる」のへりくだった言い方。　**9**　いたましいようす。　**10**　強く願い求めること。　**11**　音読みは「ギ」で，「疑問」などの熟語がある。　**12**　音読みは「エキ」「イ」で，「易者」「安易」などの熟語がある。　**13**　音読みは「コウ」で，「耕作」などの熟語がある。　**14**　音読みは「セイ」「ショウ」で，「反省」「省略」などの熟語がある。訓読みにはほかに「かえり(みる)」がある。　**15**　音読みは「カク」で，「自覚」などの熟語がある。訓読みにはほかに「おぼ(える)」がある。

Dr.福井の

入試に勝つ！脳とからだのウルトラ科学

記憶に残る“ウロ覚え勉強法”とは？

人間の脳には，ミスしたところが記憶に残りやすい性質がある。順調にいっているときの記憶はあまり残らないが，まちがえて「しまった！」と思うと，その部分がよく記憶されるんだ(これは，脳のヘントウタイという部分の働きによる)。その証拠に，おそらくキミたちも「あの問題を解けたから点数がよかった」ことよりも，「あの問題をまちがえたから点数が悪かった」ことのほうをよく覚えているんじゃないかな？

この脳のしくみを利用したのが“ウロ覚え勉強法”だ。もっと細かく紹介すると，テキストの内容を一生懸命覚え，知識を万全にしてから問題に取り組むのではなく，テキストにざっと目を通した程度(つまりウロ覚えの状態)で問題に取りかかる。もちろんかなりまちがえると思うが，それを気にすることはない。まちがえた部分はよく記憶に残るのだから……。言いかえると，まちがえながら知識量を増やしていくのが“ウロ覚え勉強法”なのである。

ここで，ポイントが2つある。1つは，ヘントウタイを働かせて記憶力を上げるために，まちがえたときは「あ～っ！」とわざとらしく驚くこと。オーバーすぎるかな……と思うぐらいでちょうどよい。

もう1つのポイントは，まちがえたところをそのままにせず，ここできちんと見直すこと(残念ながら，驚くだけでは覚えられない)。問題の解説を読んで理解するのはもちろんだが，必ずテキストから見直すようにする。そうすれば，記憶力が上がったところで足りない知識をしっかり身につけられるし，さらにその部分がどのように出題されるかもわかってくる。頭の中の知識を実戦で役立てられるようにするわけだ。

Dr.福井(福《ふく》井《い》一成《かずしげ》)…医学博士。開成中・高から東大・文Ⅱに入学後，再受験して翌年東大・理Ⅲに合格。同大医学部卒。さまざまな勉強法や脳科学に関する著書多数。

Memo

Memo

平成28年度　栄光学園中学校

〔電　話〕（0467）46－７７１１
〔所在地〕〒247－0071　神奈川県鎌倉市玉縄４－１－１
〔交　通〕JR各線－「大船駅」より徒歩15分

【算　数】（60分）〈満点：70点〉

（注意）鉛筆《えんぴつ》などの筆記用具・消しゴム・コンパス・配付された下じき以外は使わないこと。

1　１辺の長さが30cmの正方形ABCDを，その向きを保ったまま（回転することなく）動かしたとき，正方形の辺が通過した部分について考えます。次の問に答えなさい。

⑴　図１のように，点Aを，まっすぐ点Oまで動かしたとき，正方形の辺が通過した部分は，図２のしゃ線部分のようになります。この部分の面積を求めなさい。

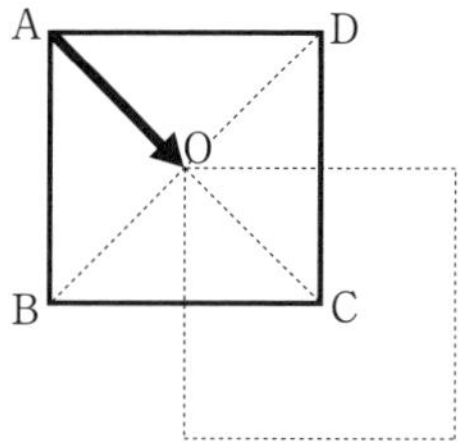

図１

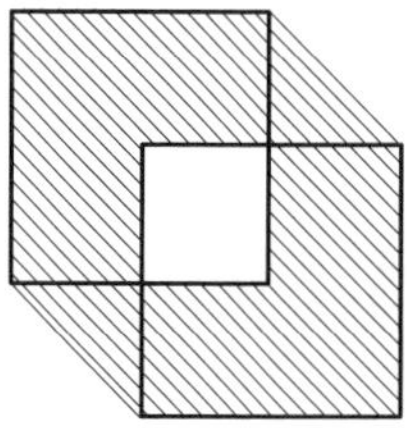
図２

⑵　下の図３のように，正方形ABCDが長方形の中に入っています。正方形と長方形のたてと横の辺の向きは同じで，正方形がその向きを保ったまま長方形の中を動きます。正方形が動けるところをすべて動くとき，正方形の辺が通過できる部分の面積を求めなさい。

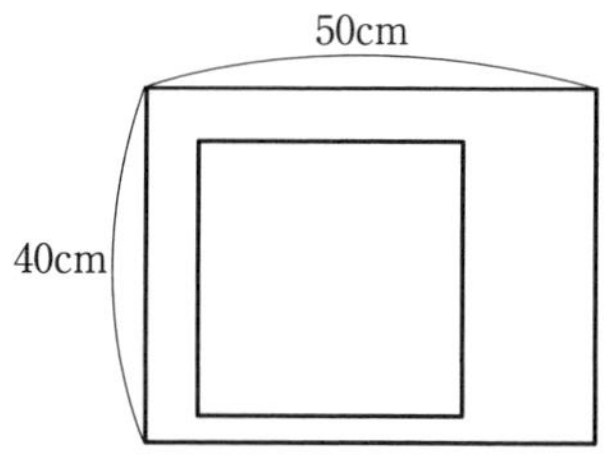

図３

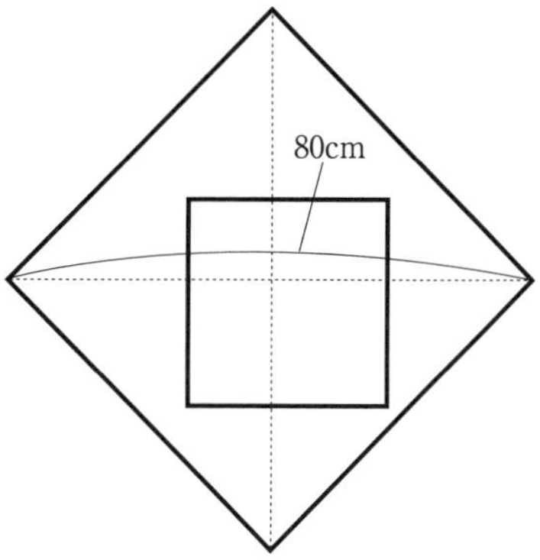

図４

⑶　右上の図４のように，正方形ABCDが大きな正方形の中に入っています。正方形ABCDのたてと横の辺の向きは，大きな正方形の対角線の向きと同じで，正方形ABCDはその向きを保ったまま大きな正方形の中を動きます。正方形ABCDが動けるところをすべて動くとき，正方形ABCDの辺が通過できる部分の面積を求めなさい。

⑷　図５のように，正方形ABCDが円の中に入っていて，正方形はその向きを保ったまま円の中を動きます。正方形が動けるところをすべて動くとき，正方形の辺が通過できる部分の面積を求めなさい。求め方も書きなさい。

ただし，１辺の長さが30cmの正三角形の高さは26cmであるものとします。また，円周率は3.14とします。

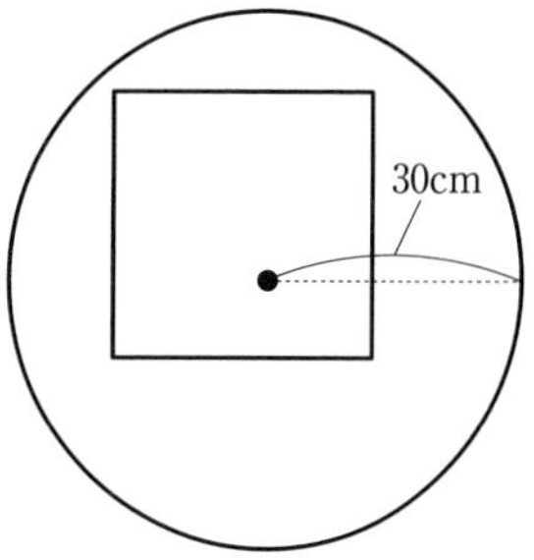

図５

2　整数のすべての位の数字を足したりかけたりすることを考えます。例えば，345の場合，すべての位の数字を足すと12，かけると60になります。次の問に答えなさい。

(1)　すべての位の数字を足すと，40になる７ケタの整数を考えます。

(a)　最も大きい整数，３番目に大きい整数をそれぞれ答えなさい。

(b)　最も小さい整数，３番目に小さい整数をそれぞれ答えなさい。

(2)　すべての位の数字をかけると，96になる４ケタの整数を考えます。
最も大きい整数，３番目に大きい整数をそれぞれ答えなさい。

(3)　すべての位の数字を足してもかけても，36になる整数があります。
それらの整数は何ケタですか。ケタ数として考えられるものをすべて答えなさい。

3　図１のような立方体があります。（●は辺の真ん中の点）。この角《かど》をいくつか切り取った立体を考えます。角を切るときは，その周りにある立方体の３つの辺の真ん中の点を通る平面で切り取ります。例えば，Aの角を切り取る場合は，図２のように切り取るものとします。

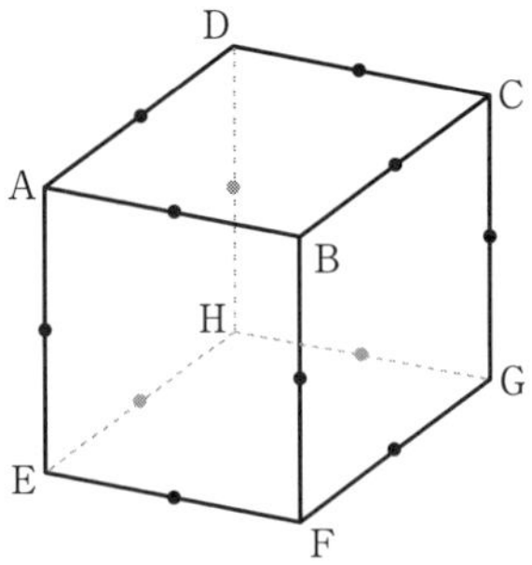

図１

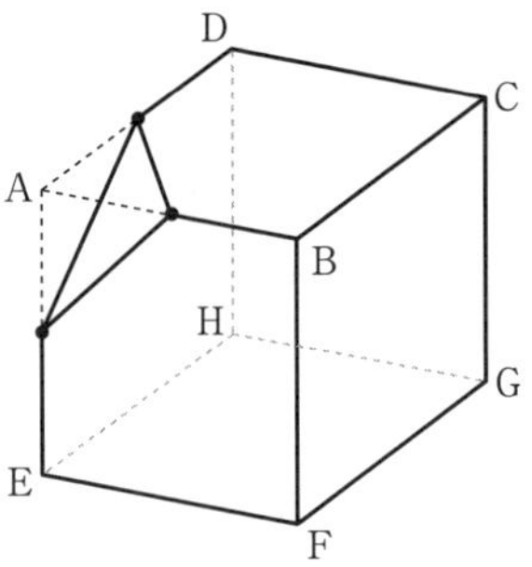

図２

立方体の８つの角のうち，いくつかの角を切り取った立体の頂点の数を考えます。例えば，図２のようにAの角のみ切り取った立体の頂点の数は10個です。次の問に答えなさい。

(1)　２つの角を切り取った立体の頂点の数はいくつですか。考えられるものをすべて答えなさい。

(2)　３つの角を切り取った立体の頂点の数はいくつですか。考えられるものをすべて答えなさい。

(3)　４つの角を切り取った立体の頂点の数はいくつですか。考えられるものをすべて答えなさい。

(4)　Aの角とCの角を切り取った立体から，さらに１つか２つの角を切り取ったところ，頂点の数が13個になる立体ができました。切り取った角の組み合わせとして考えられるものを，答え方の例にならってすべて答えなさい。
答え方の例：（B），（B，D）

4　A町とB町を結ぶ鉄道があります。A町からB町へ向かう上り電車は秒速15ｍの速さで４分間隔《かんかく》で走っており，B町からA町へ向かう下り電車は秒速12ｍの速さで４分30秒間隔で走っています。電車の長さは180ｍです。

A町とB町の間の地点Cに踏切《ふみきり》があります。どの電車が踏切を通るときも，先頭が地点Cを通過する30秒前から，最後《さいこう》尾《び》が地点Cを通過したのち10秒後まで踏切は閉まっていて，それ以外のときは開いています。

ある時刻に地点Cを上り電車と下り電車の先頭が同時に通過しました。次の問に答えなさい。

(1)　地点Cを先頭が同時に通過してから何秒後に踏切は開きますか。

(2)　(1)の次に踏切が閉まるとき，踏切は何秒間閉まっていますか。

(3)　地点Cを先頭が同時に通過してから次に先頭が同時に通過するまで，何分何秒かかりますか。

(4)　地点Cを先頭が同時に通過してから次に先頭が同時に通過するまでの間に踏切が閉まってい

る時間は，合計で何分何秒ですか。求め方も書きなさい。

【社　会】（40分）〈満点：50点〉

（注意）配付されたもの以外の下じき・用紙は使わないこと。

昔，木は万物《ばんぶつ》をつくっている5つの元素(木火土金水)の一つと考えられていました。いまも，いろいろなところに使われています。

ここでは，木について調べてみることにします。

Ⅰ　日本では，昔から木を使って建物をつくってきました。文章を読んで問に答えなさい。

①縄文《じょうもん》時代につくられていた住居には，すでに木が使われていました。弥生《やよい》時代には，住居のほかに，物見やぐらや②倉庫を木でつくっていました。7世紀になると，③現存する最古の木造建築が建てられました。8世紀には，大和国《やまとのくに》とその周辺では木が切り尽《つ》くされたといわれるほど，④奈良で木が使われました。

武士の館《やかた》も木造でした。室町《むろまち》時代に完成した⑤書院造《しょいんづくり》は，武士の住宅に用いられただけでなく，現在の和室にも受けつがれています。

⑥戦国《せんごく》時代から江戸《えど》時代のはじめにかけて，大名が町をつくるために木がたくさん使われました。

日本人は風呂《ふろ》好きだといいます。江戸時代には，江戸の町で浴室がある家は少なかったので，多くの町人は⑦銭湯を利用しました。浴室がある家でも浴槽《よくそう》は木でできていました。浴室付きの住まいが普及《ふきゅう》するのは，第2次世界大戦後のことです。いまでは，浴槽は木だけでなくプラスチックや金属でつくられるようになっています。

明治《めいじ》時代になると，東京には石や（ A ）でつくられた洋風の建物があらわれて人びとの目をひきました。現在では，大きな建物はコンクリートづくりが多くなっています。

問1　下線部①について(1)と(2)に答えなさい。

(1)　下線部①の住居のあとをみると，数人が横になれるような穴の内側に，何か所か穴がほられています。内側の穴は，何を立てるためのものですか。

(2)　下線部①の時代には，ブナ，クリ，ナラ，シイなどの実は，人びとの重要な食料でした。これらの実のうち生で食べられないものには，アクをぬくためにどのようなことをしていましたか。

問2　下線部②には，食料を貯蔵するためにどのような工夫がされていましたか。説明しなさい。

問3　下線部③がある寺院を答えなさい。

問4　下線部④では，たくさんの木を使って何が建てられましたか。当時の政治や文化を考えて答えなさい。

問5　下線部⑤を用いた建物のうち，足利義政《あしかがよしまさ》が京都の東山《ひがしやま》に建てたものを答えなさい。

問6　下線部⑥について(1)と(2)に答えなさい。

(1)　下線部⑥の例として，織田信長《おだのぶなが》や徳川家康《とくがわいえやす》が全国統一の拠点《きょてん》とした町をそれぞれあげなさい。

(2)　信長や家康が拠点とした町には共通した特徴《とくちょう》があります。その特徴を考えて，それらの町を建設するために木がたくさん使われた理由を説明しなさい。

問7　下線部⑦を利用した町人の多くは何とよばれる住宅に暮らしていましたか。

問8　(A)にあてはまるものを答えなさい。

II　木は，産業や生活に必要な施設《しせつ》をつくるのにも使われてきました。文章を読んで問に答えなさい。

弥生時代の人びとは，稲作《いなさく》のために木であぜをつくって水田を区切っていました。①農具も木製のものを使っていました。

木はかんがいのためにも使われました。室町時代には，木でつくられた(B)の力を使って田に水をひいていました。

江戸時代には，飲み水を確保するために川の上流から町へ水をひくことがありました。水をひくための管は，木でつくられました。

川にかける橋も，鉄橋ができるまでは木造の橋でした。奈良時代には行基《ぎょうき》という僧《そう》が橋をつくっています。橋は川を渡《わた》るのに便利ですが，江戸時代には，②幕府は大きな川にわざと橋をかけなかったことがあります。

明治時代になると，政府は③電信のために電信線を各地にはりめぐらせましたが，電信柱は木でつくられていました。また，④鉄道の線路をしくために，木をたくさん使いました。

問1　下線部①にはどのようなものがありますか。2つ答えなさい。

問2　下線部②のことがあったために，江戸時代の人びとはどのようにして大きな川を渡りましたか。

問3　下線部③は，最初にどことどこの間で開通しましたか。

問4　下線部④について，レールの下にしいた木のことを何といいますか。

問5　(B)にあてはまるものを答えなさい。

III　木は，乗り物をつくるのにも使われてきました。文章を読んで問に答えなさい。

人やものを運ぶものも木でつくられていました。縄文時代には，人びとは①丸木船で海へ出ました。

船による海外との交流もありました。古墳《こふん》時代から平安《へいあん》時代まで，日本が中国《ちゅうごく》や朝鮮《ちょうせん》との交流を通してすすんだ文化を取り入れることができたのも，船を使えたからです。

江戸時代のはじめには，船をつくる技術がすすみました。②沿岸航路が整備されて，大阪には各地から船で年貢米《ねんぐまい》などがたくさん運びこまれました。

明治時代になると，政府は造船業や海運業を奨励《しょうれい》しました。第2次世界大戦後には，日本は造船量で世界1位になりました。現在では，船をつくる材料は，木のほかに鉄やプラスチックが多くなっています。

陸上では，木でつくった車が使われました。③平城京《へいじょうきょう》や平安京では，貴族や天皇は(C)という車に乗っていました。

鎌倉《かまくら》時代の武士は，馬に乗りました。室町時代には，馬や車を使って荷物を運ぶことを仕事にする人がいました。

江戸時代には車輪を使わずに，④人が担《かつ》いで運ぶ乗り物がありました。これにも木が使われていました。大名のものは豪華《ごうか》で，外から中が見えないようになっていましたが，庶民《しょみん》が利用したものでは丸見えでした。

明治時代以後，日本では人や動物の力ではなく，機械によって動く乗り物が使われるようになりました。いま，日本で人を運ぶのによく使われている乗り物は自動車です。自動車には，鉄がたくさん使われています。

問１　下線部①を，縄文時代の人びとはどのようにつくりましたか。使った道具をあげて説明しなさい。

問２　下線部②を使って北海道の産物を大阪へ運んだり，大阪から米などを北海道に運んだりした船を何といいますか。

問３　下線部③があったところから大量に発掘《はっくつ》され，手紙や荷札に木が使われたことを示すものを何といいますか。

問４　下線部④は何ですか。

問５　（**C**）にあてはまる乗り物を答えなさい。

Ⅳ　木は，機械や道具をつくるのにも使われてきました。文章を読んで問に答えなさい。

古墳時代に①はた織りの技術が渡来人《とらいじん》によって伝えられました。昔は木の道具を使っていましたが，のちに鉄製の機械が使われるようになりました。

お椀《わん》やお盆《ぼん》などの工芸品にも木が使われています。それらの工芸品には②つやを出したり，腐《くさ》るのを防いだりするために，木からとった樹液を塗《ぬ》ることがあります。この技術は縄文時代からありましたが，江戸時代には各地の特産品に使われていました。

筆記具にも木が使われています。③第１次世界大戦がはじまってから第２次世界大戦が終わるまでの間に，小学校では，子どもたちが鉛筆《えんぴつ》を使うようになりました。

問１　下線部①は何をすることですか。説明しなさい。

問２　下線部②の樹液を何といいますか。

問３　下線部③の期間にあたることとして正しいものを，ア～オから１つ選びなさい。

ア　条約改正交渉《こうしょう》の結果，関税自主権を回復する条約を結んだ。

イ　東京でオリンピックが開かれた。

ウ　20才以上の国民が国会議員の選挙権をもつようになった。

エ　郵便制度がはじまり，木製の郵便ポストが設置された。

オ　ラジオ放送がはじまった。

Ⅴ　表１は，都道府県のうち，2013年の木材生産量で上位10位までを示したものです。上位10位までの道や県で全国の６割が生産されています。上位の道や県に共通する特色を考えて表１の（**D**）に入る県を，ア～オから１つ選びなさい。

ア　愛知

イ　岩手

ウ　沖縄

エ　島根

オ　和歌山

表１　都道府県別木材生産量

万m^3

北海道	335
宮　崎	171
（ **D** ）	137
秋　田	111
熊　本	95
大　分	93
青　森	78
鹿児島	70
福　島	70
愛　媛	50

林野庁『木材需給《じゅきゅう》報告書』をもとに作成

Ⅵ　図や表をみて問に答えなさい。

図1，図2および表2に使われている言葉の意味は，次の通りです。

「丸太」は，板や角材に加工して住宅や家具に使われたり，細かくくだいて「チップ」にしたりします。「チップ」をほぐしたものが「パルプ」です。

「しいたけ原木」は，しいたけを栽培《さいばい》するために使われる木材です。

「製材」は，板や角材をつくることです。

「合板」は，木材をうすくむいた板をはりあわせてつくる板です。

図1　日本の木材生産量の変化

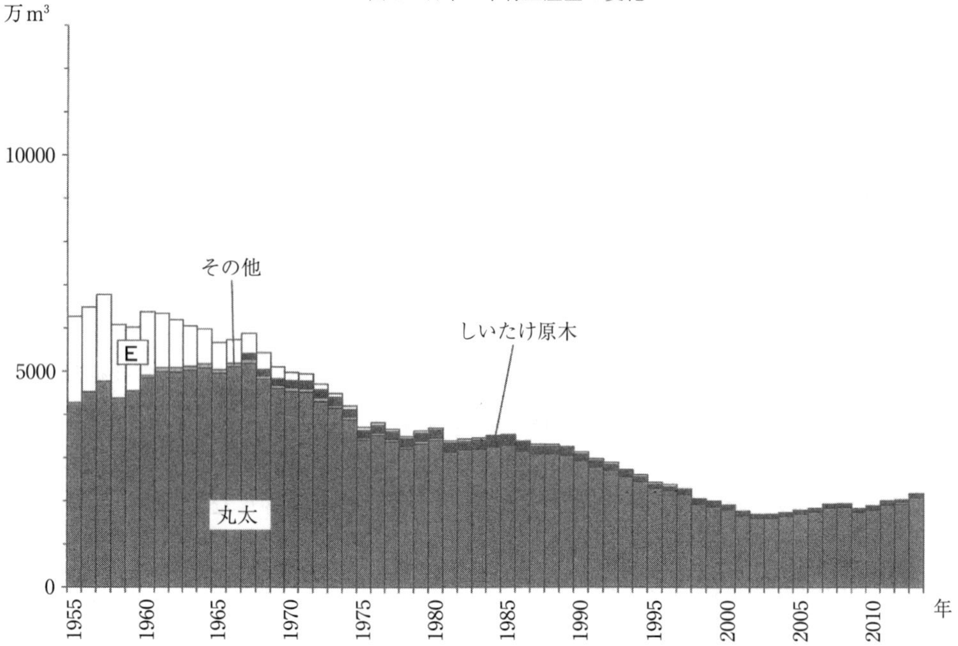

林野庁『木材需給表』をもとに作成

問1　図1は，日本の木材生産量の変化を示したものです。図1をみて(1)と(2)に答えなさい。

(1)　Eは，1955年から1970年ごろにかけて減りました。Eは何をつくるために使われた木材の量を表していますか。

(2)　日本の木材生産量がここ50年ほどの間，グラフでみられるような変化をしている理由として正しいものを，ア～オから2つ選びなさい。

ア　木を伐採《ばっさい》しつづけたため，森林の面積が減ってきた。

イ　森林を保護するため，木の伐採への規制がきびしくなってきた。

ウ　林業は仕事がきびしいわりに生活が苦しく，後継者《こうけいしゃ》が減ってきた。

エ　日本の木材は高くなり，輸入品と競争するのがむずかしくなってきた。

オ　日本の木材は品質が悪くなり，輸入品よりも売れなくなってきた。

問2　日本国内に供給される木材の量は，生産量に輸入量を加えた供給量になります。図2は図1に輸入量を加えて日本の木材供給量の変化を示したものです。(1)と(2)に答えなさい。

図2　日本の木材供給量(国内生産量＋輸入量)の変化

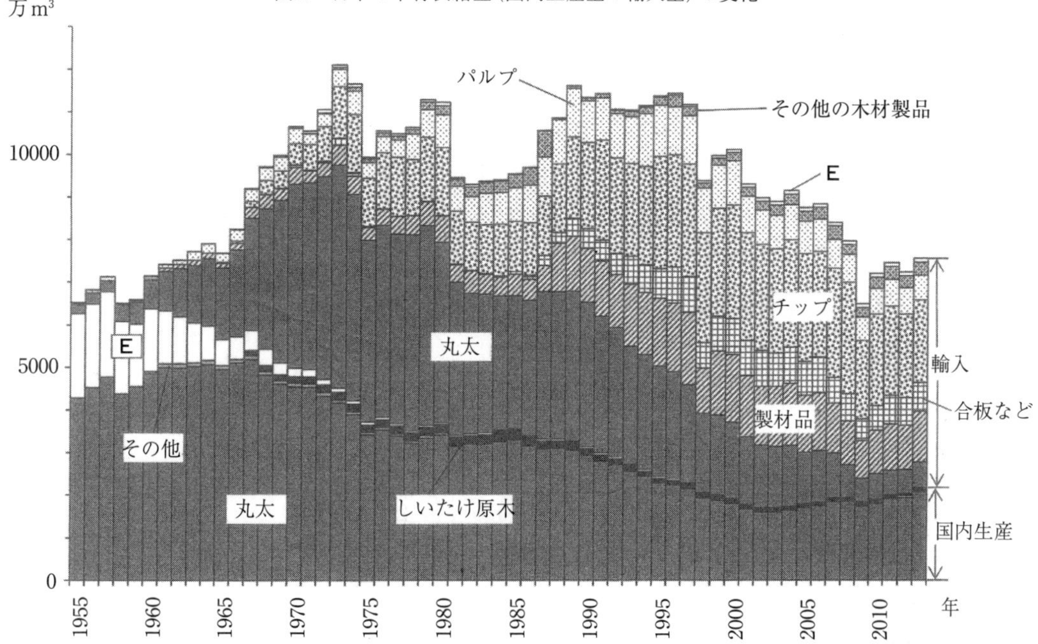

林野庁『木材需給表』をもとに作成

(1)　図2をみると，木材供給量がほぼ2倍にまで増えた期間があります。その期間のことについてまちがっているものを，ア～オから2つ選びなさい。

ア　国民総生産が，アメリカについで世界2位になった。

イ　震災《しんさい》による原子力発電所の事故で，しいたけ原木が大量に被《ひ》ばくした。

ウ　政府が，自分の土地をもたない農民に農地を安い値段で分けあたえた。

エ　テレビや洗濯機《せんたくき》，冷蔵庫などの電化製品が普及していった。

オ　都市に人口が集中し，団地がさかんに建てられた。

(2)　2013年については，木材の使われ方の内訳を調べて表2にまとめました。解答用紙の図にしてみると使われ方の特徴がわかります。輸入品の部分にならって図を完成させなさい。

表2　木材の使われ方の内訳(2013年)　万m³

輸入品　5372											
木材製品					丸太					E
製材品	パルプ・チップ	合板など	その他の木材製品	計	製材用	パルプ・チップ用	合板用	その他用	計	計
1184	2517	673	304	4678	470	1	124	2	597	97

国内生産品　2175								
丸太					丸太以外			
製材用	パルプ・チップ用	合板用	その他用	計	E	しいたけ原木	その他	計
1206	488	326	63	2083	24	39	29	92

林野庁『木材需給表』をもとに作成

〈編集部注：実物の解答用紙の図はカラー印刷です。〉

※なお，弊社のホームページには，カラー印刷の解答用紙の図を収録してあります。必要な方はアクセスしてください。

Ⅶ　日本で古くから木材がよく利用されてきたのは，どのような理由からですか。これまでの問題から木の特色を考えて説明しなさい。

【理　科】（40分）〈満点：50点〉

（注意）配付されたもの以外の下じき・用紙は使わないこと。

1　生きものの養分のたくわえ方について，問に答えなさい。

問１　植物は種子やいも等に養分をたくわえます。次の表は４つの植物の私たちが食べる部分について，100ｇ当たりに含《ふく》まれる主な成分の量を示したものです。表の①～④に当てはまるものを，下のア～エからそれぞれ選び，記号で答えなさい。

食品に含まれている成分の量　　単位(g)

食品名	水分	たんぱく質	脂肪《しぼう》(油)	炭水化物
①	79.8	1.6	0.1	17.6
②	15.5	6.8	2.7	73.8
③	4.7	19.8	51.9	18.4
④	12.5	35.3	19.0	28.2

「日本食品標準成分表2010」による

ア．米(生の玄米《げんまい》)

イ．ゴマ(種子)

ウ．ジャガイモ(生のいも)

エ．大豆(種子)

問２　下の図は，受精してから12時間たったメダカのたまごのようすです。たまごにたくわえられている養分は主にどこにありますか。図のア～エから１つ選び，記号で答えなさい。

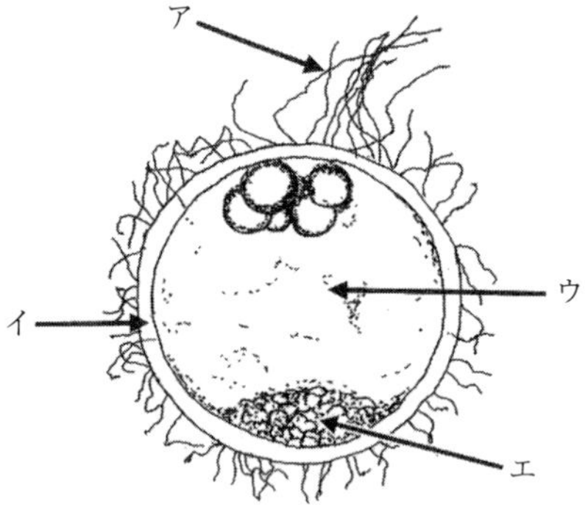

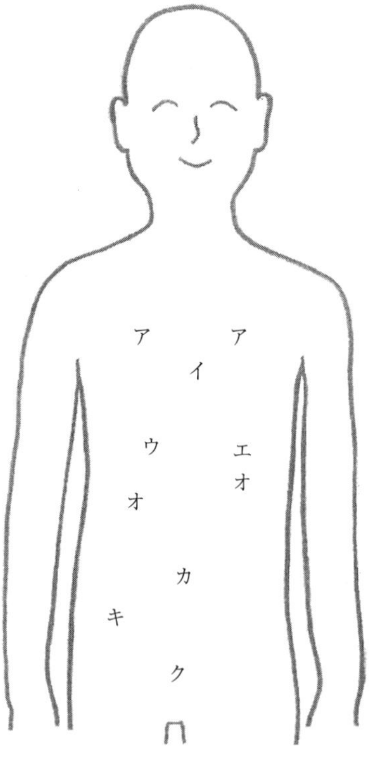

問３　⑴　ヒトが小腸で吸収した養分の一部をたくわえる臓器の名前を答えなさい。

⑵　右の図は，ヒトの体を前から見たときの臓器の位置を示しています。⑴で答えた臓器の位置は図のア～クのうちどれですか。最も適当なものを選び記号で答えなさい。ただし，ア～クはそれぞれが臓器のおよその位置に対応し，２つ同じ記号があるものは，その臓器が２個あることを示します。

2　栄一君は家にあった２種類のコンデンサーに手回し発電機で電気をためて，模型の自動車を走らせてみました。

栄一君は自動車を作りました。大きさのちがう２種類のコンデンサーをのせ，それぞれに電気をため，どちらか一方のコンデンサーを使って走らせることができます。２つのコンデンサーを区別するために，小さいほうを**コンデンサー小**，大きいほうを**コンデンサー大**とします。下の写真１は栄一君が作った自動車です。写真２は実験に使った手回し発電機です。

写真１

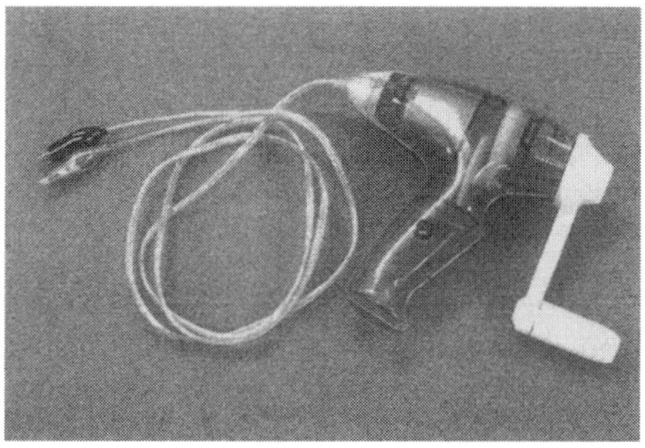

写真２

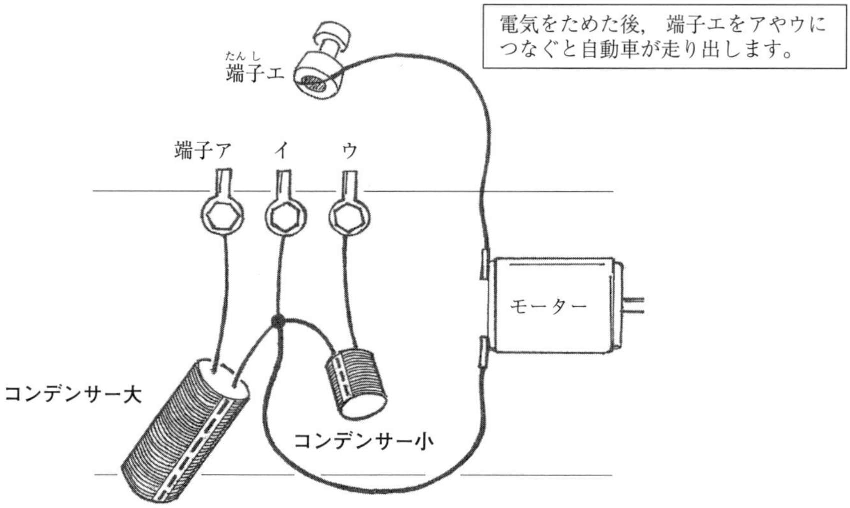

図１

問１　**コンデンサー小**に電気をためるためには，手回し発電機の＋極と－極をどの端子につなげばよいですか。それぞれ図１の端子ア～ウから選び，記号で答えなさい。

栄一君は電気のため方と自動車が走る距離《きょり》の関係を調べました。実験の方法は次の通りです。

実験１

［１］　手回し発電機を１秒間に２回転の速さで10回まわして，**コンデンサー小**に電気をためる。

［２］　**コンデンサー小**を使って自動車を走らせて，ためた電気を使いきって自然に止まるまでに走った距離を測定する。

［３］　手回し発電機をまわす回数を10回ずつ増やし，100回になるまで，手順［１］［２］と同じように測定する。

［４］　手回し発電機をまわす速さを１秒間に１回転にかえて，手順［１］～［３］と同じように測定する。

この結果から，手回し発電機をまわした回数と自動車が走った距離の関係をグラフにしたものは，図２の通りです。なお，まわさずにおいた場合は，走らなかったので，まわした回数０回のときの走った距離は０ｍにしてあります。

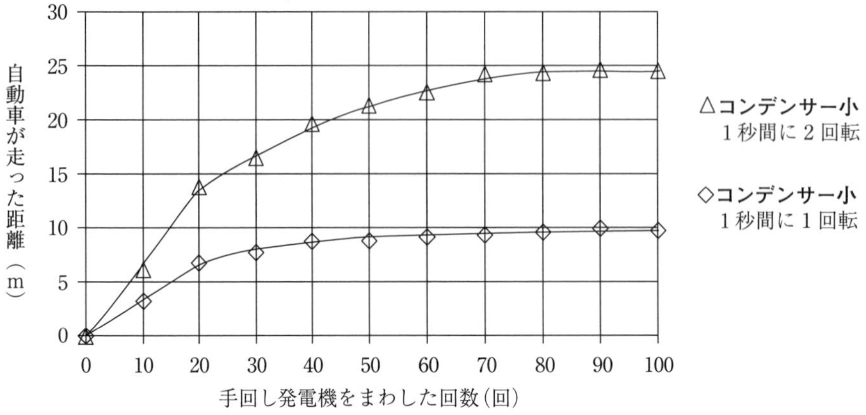

図２

問２　図２について書いた次の文章中の(１)～(３)に入る適当な語句を答えなさい。

・どちらのグラフも，手回し発電機をまわす回数を０から増やしていくと，はじめのうちは自動車が走る距離は(　１　)。あとのほうでは走る距離は(　２　)。

・手回し発電機をまわす回数が同じなら，１秒間に２回転の速さで電気をためたほうが自動車が走る距離は(　３　)。

コンデンサーをかえると自動車が走る距離がどうなるかを調べました。実験の方法は次の通りです。

実験２

［１］　手回し発電機を１秒間に２回転の速さで10回まわして，**コンデンサー大**に電気をためる。

［２］　**コンデンサー大**を使って自動車を走らせて，ためた電気を使いきって自然に止まるまでに走った距離を測定する。

［３］　手回し発電機をまわす回数を10回ずつ増やし，100回になるまで，手順［１］［２］と同じように測定する。

実験１と**実験２**の結果から，手回し発電機をまわした回数と自動車が走った距離の関係を２つのコンデンサーで比べたグラフは，次ページの図３の通りです。

問３　**コンデンサー大**のグラフは**コンデンサー小**のグラフと比べてどのような特ちょうがありますか。図３を見てわかることを答えなさい。

栄一君は，**実験２**をしているときに，２つのコンデンサーでは自動車の走るようすがちがうことに気がつきました。そこで，コンデンサーによって，同じ距離を走るのにかかる時間がどうちがうかを調べました。実験の方法は次の通りです。

実験３

［１］　手回し発電機を１秒間に２回転の速さで70回まわして，**コンデンサー小**に電気をためる。

［２］　**コンデンサー小**を使って自動車を20ｍ走らせて，スタート地点(Ａ)から５ｍの地点(Ｂ)，10ｍの地点(Ｃ)，15ｍの地点(Ｄ)，20ｍの地点(Ｅ)のそれぞれを通過するまでの時間を測定する。

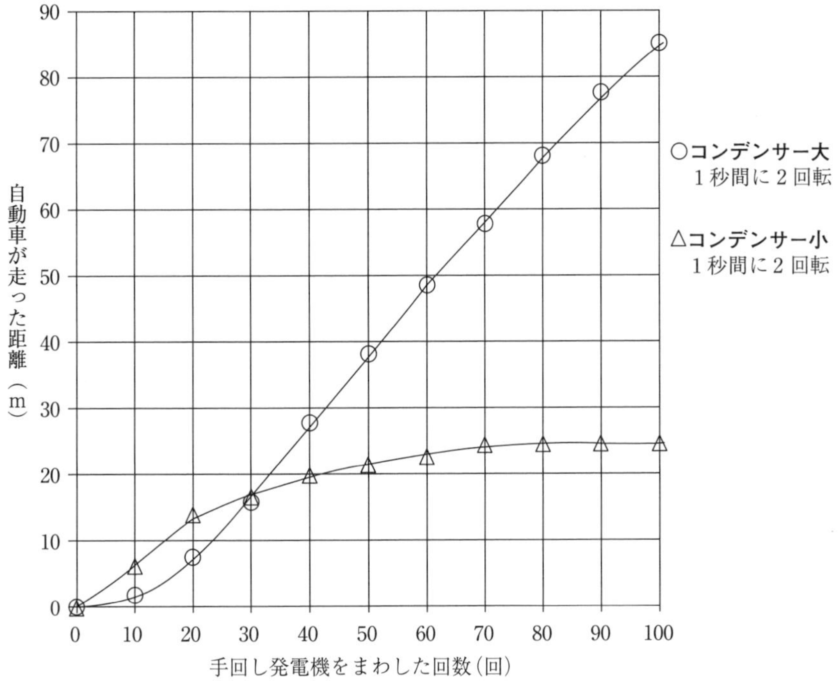

図3

［3］ **コンデンサー大**についても，手順［1］［2］と同じように測定する。

実験3の結果は，右の表の通りです。

表　各地点を通過するまでの時間　　単位(秒)

地点	コンデンサー小	コンデンサー大
A	0	0
B	3.5	4.3
C	7.2	8.6
D	11.9	13.0
E	20.5	17.6

問4　A～B，B～C，C～D，D～Eの各区間を走るのにかかった時間(秒)を示すグラフをかきなさい。ただし，横軸《よこじく》はAからの距離(m)とし，例えばA～Bの区間の値《あたい》は，2.5mのところにかきなさい。**コンデンサー小**を△印，**コンデンサー大**を○印でかき，折れ線グラフにすること。

問5　区間の長さをその区間を走るのにかかった時間で割ったものを「平均の速さ」といいます。**コンデンサー小**を使って自動車を走らせたときの，B～CとD～Eの各区間の平均の速さを求めなさい。ただし，答は小数第2位を四捨五入して小数第1位までとすること。

問6　**コンデンサー大**を使ったときに比べて**コンデンサー小**を使ったときは，自動車の走るようすはどのようにちがいますか。**実験3**の結果からわかることを答えなさい。

実験で使った**コンデンサー大**と**コンデンサー小**は，手回しラジオ(防災用ラジオ)と理科の授業で作ったおもちゃの自動車からそれぞれ取り出したものです。おもちゃの自動車には**コンデンサー小**がついていました。

問7　おもちゃの自動車に**コンデンサー小**が使われているのはなぜですか。栄一君の実験の結果から考えられることを2つ答えなさい。

こから「僕」のどのような気持ちがわかりますか。

問五　傍線部⑤「秘密の木までたどり着くと、かごの中の虫を次々と雑木林に放してしまった。」とありますが、「僕」がこのようなことをしたのはなぜですか。

三　次のカタカナの部分を漢字に直しなさい。

1 町のビカンをそこねる。
2 各国のシュノウ。
3 ユケツをする。
4 キリツを守る。
5 受賞をジタイする。
6 シナンのわざ。
7 道路をカクチョウする。
8 わずかなゴサ。
9 エイダンを下す。
10 イシツ物を受け取る。
11 争いをサバく。
12 一家をササえる。
13 計画をネる。
14 経験をツむ。
15 海にノゾむ町。

た。約束の時間よりも早すぎたせいにちがいない。しばらく待ってからもう一度呼んでみようと思った僕は、今日の収穫《しゅうかく》を想像した。たとえ途中《とちゅう》であまりつかまえられなくても、鉄塔山の秘密の木まで行けば、樹液に虫が群がっているだろう。僕の秘密の木には……。そう、僕だけの秘密の木には……。

「山口君。」

③さっきよりも小さな声で、僕はもう一度呼んだ。近所に迷惑《めいわく》にならないためだと自分に言い聞かせ、返事がないことを期待して。

階段に腰《こし》をおろした僕の横で、心地《ここち》よい風にふかれて犬も静かにふせている。返事がなかったから仕方がない、と自分を説きふせて、里山の細い道を登っていく僕の姿が思い出される。あの日は、鉄塔山まで何の収穫もなかったが、想像していたとおり、例の秘密の木でつがいのカブト虫や大きなクワガタをつかまえたのだ。獲物《えもの》をとらえて有《う》頂天《ちょうてん》だった僕は、足どりも軽く里山から下りてきた。山口君の家の前までは、約束のことも忘れて。

「ずいぶんおそかったね。寝坊したの？」

山口君は、僕がやってきたのが里山の方からであるとわかっているはずなのに、そうたずねた。

「……。い、いや、朝呼んだのに、返事なかったからさ。一人で……。」

④僕は、獲物の入った虫かごを背中の後ろにかくしながら、上目づかいにかれの顔を見て言った。山口君の表情がちょっとくもった。僕はすぐに目をそらした。

「おかしいなあ。五時ちょっと前から家の前で待ってたのに。」

「ご、ごめん。朝早くて寝《ね》ぼけてたから、時間まちがえたのかな……。また今度行こうよ。」

「まあ、いいか。親友には、うそつくなよ。じゃあ、今日はもう一眠《ひとねむ》りするから、またな。」

山口君が家の中に入ると、僕は一目散に走り出した。――山口君とはとても仲がいい。でも、かれは時々僕をからかうことだってあるじゃないか。でも、僕のことを親友だと公言していた。今だって、僕のうそを見ぬいていたのに責めなかった。僕だって、山口君が親友だと思っている。でも、僕は秘密の木を知られたくなかった。――いろいろな思いが、僕の頭の中をかけ回った。

その晩あまりよく眠れなかった僕は、翌朝早く、飼育箱の中の虫を全部虫かごに入れて、もう一度鉄塔山に出かけた。やぶをかき分けて、⑤秘密の木までたどり着くと、かごの中の虫を次々と雑木林に放してしまった。

あのあと間もなく、父の転勤で僕はこの町をはなれたが、山口君には住所も知らせず、手紙を書くこともなかった。階段を下りた僕は、古い記憶《きおく》をたよりにかれの家をさがしてみた。しかし、様変わりした風景の中で、とうとう見つけることはできなかった。

（本文は、本校国語科による。）

問一　傍線部①「僕はまんざらでもなかった。」とありますが、どういうことを言っているのですか。その理由をふくめて説明しなさい。

問二　傍線部②「ランドセルを投げ出して、きれいにほこりをぬぐうと、虫が生活するためのかれ葉や木くずをていねいに底にしきつめ、いつでも虫を入れられるように準備を整えた。」とありますが、ここから「僕」のどのような気持ちがわかりますか。

問三　傍線部③「さっきよりも小さな声で、僕はもう一度呼んだ。」とありますが、なぜ「さっきよりも小さな声」で呼んだと考えられますか。

問四　傍線部④「僕は、獲物の入った虫かごを背中の後ろにかくしながら、上目づかいにかれの顔を見て言った。」とありますが、こょっと楽しみでもあった。

だから、犬の散歩が僕の役目になったことについて、①僕はまんざらでもなかった。

里山の奥《おく》の一番高い所に電波の中継《ちゅうけい》用の鉄塔が立っていたので、町の人々はそこを鉄塔山と呼んでいた。小学生のころの僕は、夏休みなどには母に弁当まで作ってもらってそのあたりまで出かけ、カブト虫やクワガタをつかまえて遊んだ。新しい家の窓からは、その鉄塔山の変わらぬ姿が見えたので、いつか行ってみようと思っていた。

町の中心部から鉄塔山の頂上までは、少年時代の僕にはずいぶん遠く思われたのに、今日の僕には案外近く感じられた。それは、大人と子供の距離《きょり》感のちがいとばかりは言えなかった。かつては、里山の曲がりくねった細い道を登っていったのに、鉄塔山以外はすっかりくずされて、ふもとまで広がる住宅地の中を、よく整備された道路がまっすぐにのびている。最後はやぶの中をかき分けて山頂に立つ鉄塔を囲むフェンスのところまでやっとたどり着いたのに、今では頂上へ登る階段まで作られていた。昔よりも道のりが近くなったのは確かだった。そして、ここまでの風景のあまりの変化に気を取られ、その階段を上がって頂上に着くまで、僕は時間がたつのも忘れていた。

少し急な階段で汗《あせ》ばんだ額《ひたい》を、山頂の風がなでていく。かつては雑木林にさえぎられて、昼間でもうす暗かったのに、今日は僕の住む町を一望することができた。やぶを分けいった雑木林の中に、カブト虫やクワガタの集まる樹液がよく出る木があって、僕はそれを友だちにも秘密にしていた。しかし、あの日以来ここに来たことのなかった僕に、これほど風景の変わってしまった今となっては、その場所を見つけ出すことなどとうていできるはずがなかった。

いつもいっしょに遊んでいる仲よしの山口君が、夏休みが始まったらすぐにカブト虫をとりに行こうとさそってきたのは、五年生の終業式の三日前だった。カブト虫やクワガタは、夏の少年たちにとって、欠かせぬおもちゃだった。大きさを比べ合ったり、たがいに戦わせたり。夏休みになればみんながとりにいくから、山があらされる前にできるだけ早くつかまえにいこうというのが、山口君の提案だった。昼間は土にもぐってしまうカブト虫は早朝の方がつかまえやすいのを知っている僕らは、終業式の翌日の朝五時に、山口君の家の前で待ち合わせることになった。

終業式が終わり、待ち合わせの約束を確認《かくにん》して家に帰るとすぐに、しまいこんであった飼育箱を物置から取り出した。少しほこりをかぶっていたが、どこもこわれてはいない。②ランドセルを投げ出して、きれいにほこりをぬぐうと、虫が生活するためのかれ葉や木くずをていねいに底にしきつめ、いつでも虫を入れられるように準備を整えた。最近では、夏になるとデパートやスーパーマーケットで、プラスチック製の飼育箱がカブト虫まで入れて売られているが、当時は自分たちで作ったのだ。僕のものは、前年父が古い木箱を使って作ってくれた、両手でかかえるほどの大きな飼育箱だった。僕は、準備をしながら、この箱の中でカブト虫やクワガタがえさのスイカの汁《しる》を吸っている姿を想像していた。

休みの日には寝坊《ねぼう》ができるのに、こういう日には必ず早く目が覚める。大人になった今だってそうだ。いつも学校へ行くのに母に起こされてばかりいるにもかかわらず、その日は四時に目が覚めてしまった。はやる気持ちをおさえきれない僕は、早々と家を出た。里山に入る道の手前にある山口君の家までは十分とかからないから、僕がかれの家の前に立ったのは、四時半くらいだと思われる。あたりはまだうす暗かった。

「山口君。」

家の外から、近所を気づかって小さな声で呼んだが、返事はなかっは、成長するとともに、児島湾の外へと移動しているようだ。

この地域では、ウナギは旭川の中で初めの数年間を過ごし、大きく成長してから児島湾に降りてくる。一方アナゴは、赤ちゃんの時から児島湾で成長し、大きくなると児島湾の外へ出ていく。その結果、児島湾ではアナゴよりもウナギの体長のほうがずっと大きいことになる。大きなウナギと小さなアナゴは、エサをめぐって激しく争うことなく、児島湾の中で共存しているようだ。ウナギとアナゴの回遊生態の微妙《びみょう》なちがいから、彼らが競争しないでもすむような、絶妙なバランスが生み出されている。

（海部健三《かいふけんぞう》『わたしのウナギ研究』）

（注1）シラスウナギ＝ウナギの幼魚期の名称《めいしょう》。
（注2）旭川＝岡山県中央部を流れ、児島湾に注ぐ川。
（注3）淡水＝塩分をほとんどふくまない水。
（注4）汽水＝海水と淡水のまざりあった低塩分の海水。
（注5）問題文よりも前の箇所《かしょ》で、筆者は児島湾のウナギの食べ物について説明している。
（注6）アナジャコ＝河口や沿岸の干潟《ひがた》の泥《どろ》の中に穴を掘《ほ》って住む生物。
（注7）問題文よりも前の箇所で、筆者はシラスウナギについて説明している。

問一　傍線部《ぼうせんぶ》①「児島湾と旭川で捕れるウナギとアナゴについて、その生態を比較してみた。」とありますが、どういうことがわかったのですか。53行目までを読んで答えなさい。

問二　傍線部②「同じエサを食べる動物どうしが同じ場所に住んでいると、エサをめぐって競争になることが多い。」にもかかわらず、児島湾のウナギとアナゴは実際には競争していないと筆者は述べています。その理由を解答欄《らん》に合うように三十字以内で答えなさい。（字数には句読点等もふくみます。）

問三　傍線部③「エネルギーのむだづかいだ。」とありますが、どういう点が「むだづかいだ」と言えるのですか。

問四　傍線部④「なぜ児島湾ではウナギの方が大きく、アナゴの方が小さいのか。」とありますが、なぜ児島湾にすむウナギとアナゴの大きさが違うのですか。

二　次の文章を読んで、あとの問に答えなさい。

今日は、鉄塔山《てっとうやま》あたりまで行ってみようかな——犬を散歩に連れ出した僕《ぼく》は、少し遠出をしてみようという気になった。

小学生のころに暮らしていたこの町にもどってきたのは半年前。新しい家に引っ越《こ》してきた時に、近所のペットショップで見かけた子犬を、二人の子供たちに強くせがまれ、いつも電池の切れたおもちゃを放っておくかれらに、えさと散歩の世話を約束させて新しい家族を迎《むか》えることになった。小学五年生の兄と三年生の妹は、昔この町で過ごしたことのある僕とはちがって知り合いや友だちもおらず、犬がいればいくらかは気持ちが安らぐだろうと思ったからだ。しかし、そんな親の心配は無用だったらしく、たくさんの友だちがすぐにできて、電池が切れたわけではないのに、最近は犬のことなどあまりかまわなくなった。はじめのうちは二人で争って散歩に連れていったのに、今では世話をするのはすっかり妻や僕の役目になってしまった。

僕がほかの土地で生活している間に、この町はすっかり変わってしまった。町の中心部にあった魚屋や八百屋などの小さな商店はほとんど姿を消し、大きなスーパーマーケットや大型家電店が進出していた。町の周囲にあって子供たちの自然の遊び場となっていた小高い山や林や水田や小川——いわゆる里山と呼ばれる風景も、マンションや住宅地にけずり取られていた。そんな町中を、犬の散歩のついでに歩き回り、昔なつかしい場所を発見したり変化におどろいたりするのは、ちウナギの場合は、胃から出てきたエサのうち、約七五パーセントがアナジャコだったが、アナゴもおよそ六〇パーセントはアナジャコで占《し》められていた。

児島湾を住み場所としているウナギとアナゴでは、行動時間だけでなく、エサの種類も共通していた。やはり、彼らは児島湾の中で、食べ物をめぐって互いに競争しているのだろうか。

②同じエサを食べる動物どうしが同じ場所に住んでいると、エサをめぐって競争になることが多い。競争では、競争相手に勝つためにエネルギーを使うので、その分自分が成長したり、子孫を残したりするためのエネルギーは減ってしまう。つまり、生物にとって、競争は基本的に損なのだ。多くの場合、生物は競争をしないですむように、バランスをとっている。たとえば、住む場所、行動時間、食べ物などを、異なる種類の生き物と、少しだけ生きかたをずらすことによって、競争を避《さ》ける。ウナギとアナゴも、競争ばかりしていたら、③エネルギーのむだづかいだ。彼らは、本当に競争しているのだろうか。

よくよく調べてみると、やはりちがいが見つかった。食べているエサの大きさがちがうのだ。ウナギとアナゴの胃の中から出てきたアナジャコの、一番大きな足の部分〈第一脚《きゃく》の指節《しせつ》と呼ばれる部分〉の大きさを比べてみると、アナゴよりも、ウナギの胃から出てきたアナジャコのハサミの方が大きいことがわかった。どうやら、ウナギの食べているアナジャコは、アナゴが食べているアナジャコよりも大きいようだ。エサの種類は同じでも、大きさがちがうということは、ウナギとアナゴの食べているエサは異なっているということになる。食べているものがちがうのだからウナギとアナゴが競争しているとは考えにくい。やはり彼らは、競争にむだなエネルギーを使うことなく、仲よく共存していたのだ。

なぜ、ウナギとアナゴの食べているエサの大きさが異なるのか。それは、児島湾に生息しているウナギとアナゴの大きさが異なるからだ。児島湾で捕れたウナギの平均体長はおよそ五五センチで、最も小さいウナギは三四センチだった。これにたいして、同じく児島湾で捕れたアナゴの平均体長は三五センチで、最も大きいアナゴは五三センチだった。つまり、ウナギは体が大きいために、大きいアナジャコを食べ、アナゴは体が小さいために、小さいアナジャコを食べているということだ。

アナゴは、成長すると八〇センチ以上にまで大きくなる。一方のウナギも、生まれた時から体長が三〇センチ以上あるわけではない。シラスウナギの平均体長はおよそ六センチで三〇センチに育つまでには三年程度かかる。それでは、④なぜ児島湾ではウナギの方が大きく、アナゴの方が小さいのか。

その理由は、ウナギとアナゴの回遊生態のちがいにあるようだ。(注7)本章第2節で紹介したように、児島湾に進入したシラスウナギは、一度児島湾を通り過ぎ、旭川などの河川を数キロメートル上ったところに落ち着く。一部のウナギは、ここから数年かけて児島湾まで移動するため、児島湾にウナギが入るときは、すでに体長が三〇センチ以上にまで成長しているのだ。

アナゴはどうだろうか。アナゴの産卵《さんらん》場も、ウナギと同じように遠い海の中にある。海で生まれたアナゴの赤ちゃん(やはり葉っぱの形をしているので、ウナギと同じようにレプトセファルスと呼ばれる)は、陸地の近くにやってくる。その後、ウナギは川を数キロメートルさかのぼるが、アナゴは川にはあまり進入しないで、汽水の中でも塩分の高い場所で成長するようだ。成長すると、アナゴは八〇センチを超《こ》える大きさになるけれど、児島湾で捕《つか》まえた一番大きいアナゴは、五三センチでしかなかった。児島湾で育ったアナゴ

平成二十八年度 栄光学園中学校

【国　語】（五〇分）〈満点：七〇点〉

（注意）配付されたもの以外の下じき・用紙は使わないこと。

一　次の文章を読んで、あとの問に答えなさい。

現在、ウナギの値段はどんどん高くなっている。その理由は、養《よう》殖《しょく》に使う（注1）シラスウナギがあまり捕《と》れなくなったからだ。ウナギの値段が高くなると、アナゴの値段も高くなる。その理由は、形が似ているからではない。調理法が似ているからだ。ウナギもアナゴも、どちらも火を通して、甘《あま》めの味付けで食べることが多い。ウナギならば蒲焼《かばやき》で、アナゴなら煮《に》アナゴだ。アナゴが蒲焼にされることもある。たとえばお寿司屋《すしや》さんでウナギのお寿司を注文したときに、「最近仕入れ値が高くなったので、ウナギはありません」と言われたら、どうするか。ウナギの代わりにアナゴを注文する人が多いのではないか。

生物としてのウナギとアナゴも似ているのか。日本の河川《かせん》や沿岸に住んでいるニホンウナギとマアナゴを比べてみると、まず、形が似ている。どちらも「ウナギ目《もく》」という、細長い形をした魚の仲間だ。形が似ている動物どうしは、食べ物も共通している場合が多い。食べ物が共通する動物どうしは、限られた食物をめぐって競争する。ウナギとアナゴも競争しているのか。

岡山県《おかやまけん》の児島湾《こじまわん》では、ニホンウナギも捕れるし、マアナゴも捕れる。同じ場所に住んでいる似た形の魚どうしは、互《たが》いに競争しているかもしれない。そこで、①児島湾と（注2）旭川《あさひがわ》で捕れるウナギとアナゴについて、その生態を比較《ひかく》してみた。

ウナギは（注3）淡水《たんすい》から（注4）汽水にかけて生息しているが、アナゴは汽水から海水にかけて生息している。だから、ウナギとアナゴが出会うのはおもに汽水域だ。汽水域である児島湾には、ウナギもアナゴも豊富に存在する。児島湾を住み場所としているウナギとアナゴについて、行動している時間帯と食べ物が一致《いっち》している場合には互いに資源を奪《うば》い合っている可能性が高い。しかし、行動時間と食べ物のうち、どちらかが大きく異なっている場合には、同じ場所でウナギとアナゴが共存することも可能なはずだ。

行動する時間は、胃の中に残っている食べ物を利用して調べることができる。ウナギもアナゴも、夜にエサを食べる、夜行性の魚だと考えられている。夜中にエサを食べたら、次の日の朝はまだお腹《なか》がいっぱいで、夕方になったらお腹がすくのではないだろうか。

そこで、午前中に捕れた魚と、午後に捕れた魚の胃の中にどの程度エサが残っているのか、比べてみた。夜行性で夜にエサを食べるのなら、午前中に捕れた魚の方が、午後に捕れたものよりも、胃の中にエサが残っている場合が多いはずだ。比較の結果、ウナギもアナゴも午前中に捕った魚の胃にはエサが残っていたが、午後に捕った魚の胃からは、あまりエサが見つからなかった。やはり、ウナギもアナゴも夜行性で、夜にエサを探しているのだ。

食べているエサの種類はどうだろうか。エサは動物が生きていくうえで、欠かすことのできない重要なもののひとつだ。児島湾に住んでいるウナギとアナゴでは、行動時間が共通していた。もしも、エサも共通しているようであれば、彼《かれ》らは互いに激しく競争している可能性が高くなる。（注5）本章の第4節で紹介《しょうかい》したように、児島湾のウナギは、ほとんど（注6）アナジャコばかり食べている。

それでは、アナゴはどうだろうか。児島湾で捕れたアナゴの胃の中身を見てみると、やはりアナジャコが出てくることが多かった。

平成28年度

栄光学園中学校

▶解説と解答

算　数　（60分）＜満点：70点＞

解　答

1 (1)　1575cm^2　(2)　1800cm^2　(3)　2200cm^2　(4)　2438cm^2　**2** (1)　(a)　**最も大きい整数**…9999400，**3番目に大きい整数**…9999301　(b)　**最も小さい整数**…1039999，**3番目に小さい整数**…1049899　(2)　**最も大きい整数**…8621，**3番目に大きい整数**…8431　(3)　25，26，28，29，30ケタ　**3** (1)　11，12個　(2)　12，13，14個　(3)　12，13，14，16個　(4)　（E），（G），（B，F），（D，H），（B，E），（B，G），（D，E），（D，G）　**4** (1)　25秒後　(2)　85秒間　(3)　36分０秒　(4)　13分29秒

解　説

1 **図形の移動，面積**

図①

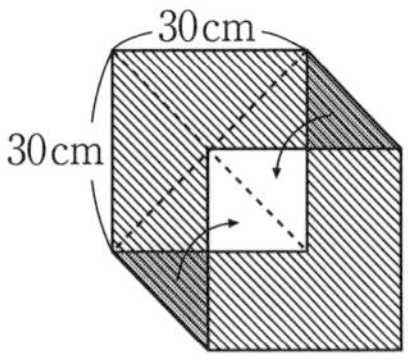

図②

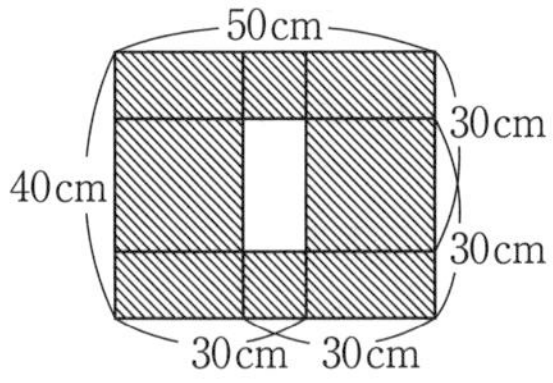

図③

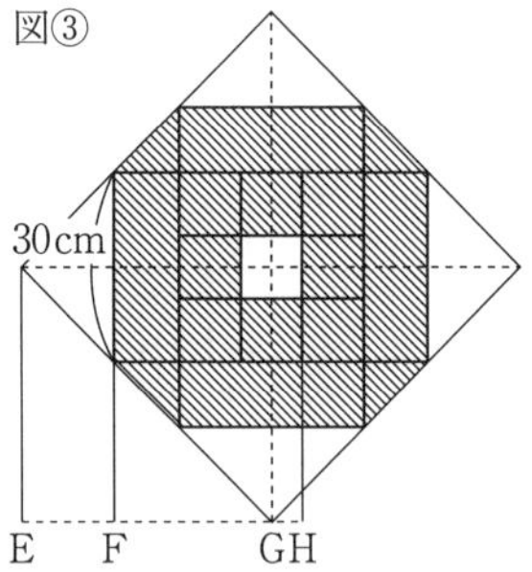

図④

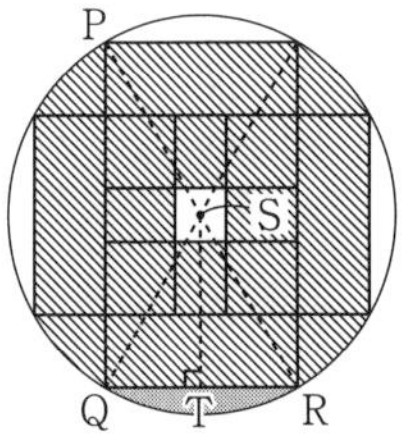

(1)　上の図①のようにかげをつけた部分を移動すると，２つの正方形が重なった形になる。重なりの部分は１辺の長さが，30÷２＝15(cm)の正方形だから，しゃ線部分の面積は，30×30×２－15×15＝1575(cm^2)と求められる。

(2)　正方形の辺が通過できるのは，上の図②のしゃ線部分になる。中央の白い長方形は，たての長さが，30×２－40＝20(cm)，横の長さが，30×２－50＝10(cm)なので，面積は，20×10＝200(cm^2)である。よって，しゃ線部分の面積は，40×50－200＝1800(cm^2)と求められる。

(3)　正方形の辺が通過できるのは，上の図③のしゃ線部分になる。EFの長さは，30÷２＝15(cm)，FHの長さは30cm，EGの長さは，80÷２＝40(cm)だから，GHの長さは，15＋30－40＝５(cm)とわかる。よって，中央の白い正方形は，１辺の長さが，５×２＝10(cm)だから，面積は，10×10＝100(cm^2)となる。また，四すみの白い三角形１個の面積は，30×15÷２＝225(cm^2)なので，白い部分の面積の和は，100＋225×４＝1000(cm^2)と求められる。さらに，図形全体の面積は，80×80÷２＝3200(cm^2)だから，しゃ線部分の面積は，3200－1000＝2200(cm^2)とわかる。

(4)　正方形の辺が通過できるのは，上の図④のしゃ線部分になる。三角形SQRは１辺の長さが30cmの正三角形なので，STの長さは26cmであり，PQの長さは，26×２＝52(cm)とわかる。よっ

て，中央の白い正方形は，１辺の長さが，30×２－52＝８(cm)だから，面積は，８×８＝64(cm^2)となる。また，おうぎ形SQRの面積は，$30\times30\times3.14\times\frac{60}{360}$＝150×3.14＝471($cm^2$)，三角形SQRの面積は，30×26÷２＝390(cm^2)なので，かげをつけた部分の面積は，471－390＝81(cm^2)となる。さらに，図形全体の面積は，30×30×3.14＝900×3.14＝2826(cm^2)だから，しゃ線部分の面積は，2826－(64＋81×４)＝2438(cm^2)と求められる。

2 素数の性質

(1) (a) 40÷９＝４余り４より，上４ケタを９にすると，残りは４になる。これを下３ケタに大きい順に分けると，右の図１のようになる。よって，最も大きい整数は9999400，３番目に大きい整数は9999301である。 (b) 下４ケタを９にして，残りの４を上３ケタに小さい順に分けると，最も小さい整数は1039999となる。次に，この整数を，各位の和を変えずに少しだけ大きくする。そのためには，一万の位を１増やし，かわりに千の位を１減らせばよいから，２番目に小さい整数は1048999となる。さらに，この整数を，各位の和を変えずに少しだけ大きくするためには，千の位を１増やし，かわりに百の位を１減らせばよいので，３番目に小さい整数は1049899となる。

図１

最も大きい整数…9999400
２番目に大きい整数…9999310
３番目に大きい整数…9999301

最も小さい整数…1039999
２番目に小さい整数…1048999
３番目に小さい整数…1049899

(2) 右の図２から，96を素数の積で表すと，２が５個と３が１個になることがわかる。これらを組み合わせてできる最も大きい１ケタの整数は，２×２×２＝８だから，千の位が８の場合を考える。このとき，残りの素数は{2，2，3}であり，これらを組み合わせてできる最も大きい１ケタの整数は，２×３＝６なので，百の位が６の場合を考える。このとき，残りの素数は２だから，最も大きい整数は8621，２番目に大きい整数は8612となる。次に，{2，2，3}を組み合わせてできる２番目に大きい１ケタの整数は，２×２＝４なので，百の位が４の場合を考える。このとき，残りの素数は３だから，３番目に大きい整数は8431となる。

図２

2)96
2)48
2)24
2)12
2)　6
　　3

(3) 右の図３から，36を素数の積で表すと，２が２個と３が２個になることがわかる。よって，各位の積が36になるかけ方のうち，１をふくまないものは右の図４の６通りある。このとき，どのケタに１を追加しても積は変わらないので，これらに１を追加して各位の和が36になるようにすればよい。４×９の場合，各位の和は，４＋９＝13だから，１を，36－13＝23(個)追加すると各位の和が36になり，ケタ数は，２＋23＝25(ケタ)になる。同様に，６×６の場合は，２＋(36－12)＝26(ケタ)，２×２×９の場合は，３＋(36－13)＝26(ケタ)，２×３×６の場合は，３＋(36－11)＝28(ケタ)，３×３×４の場合は，３＋(36－10)＝29(ケタ)，２×２×３×３の場合は，４＋(36－10)＝30(ケタ)になるので，考えられるケタ数は，25，26，28，29，30である。

図３

2)36
2)18
3)　9
　　3

図４

２ケタ：	４×９	(各位の和は13)
	６×６	(　〃　12)
３ケタ：	２×２×９	(　〃　13)
	２×３×６	(　〃　11)
	３×３×４	(　〃　10)
４ケタ：	２×２×３×３	(　〃　10)

3 立体図形―構成

(1) 右の図①のように，切り口の三角形が離《はな》れている

図①

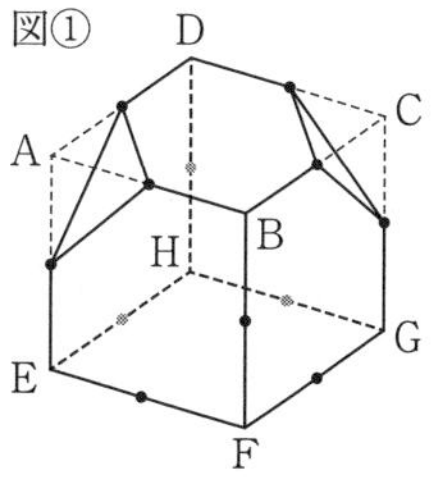

図②

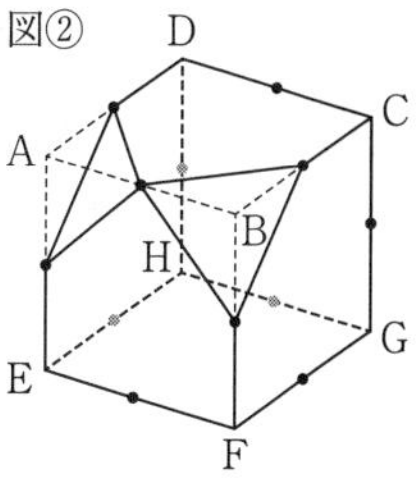

場合と，上の図②のように，切り口の三角形の頂点が重なっている場合がある。図①のような切り方をするとき，1つの角を切り取ることによって，1個の頂点が減り，新しく3個の頂点ができるから，頂点の数は，3－1＝2(個)増える。よって，図①の頂点の数は，8＋2×2＝12(個)である。また，図②の場合，Aの角を切り取ることによって頂点の数は2個増えるが，Bの角を切り取るとき，1個の頂点が減り，新しく2個の頂点ができるので，頂点の数は，2－1＝1(個)増える。したがって，図②の頂点の数は，8＋2＋1＝11(個)だから，考えられる頂点の数は，11，12個である。

(2)　右の図③のように3つの三角形がすべて離れている場合と，右の図④のように2つの三角形だけが重なっている場合と，右の図⑤のように3つの三角形がすべて重なっている場合がある。

図③
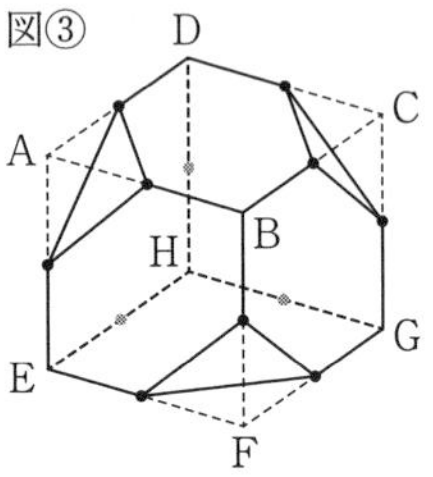

図④
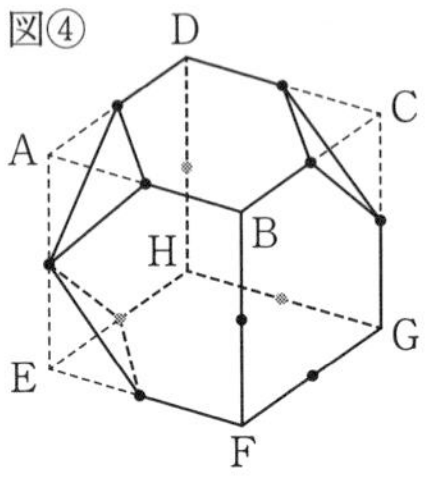

図⑤
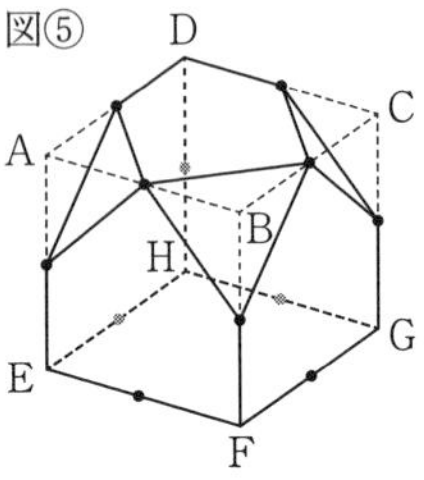

図③は図①からFの角を切り取ったものなので，頂点の数は図①よりも2個増えて，12＋2＝14(個)となる。同様に，図④は図①からEの角を切り取ったものだから，12＋1＝13(個)，図⑤は図②からCの角を切り取ったものなので，11＋1＝12(個)となる。よって，考えられる頂点の数は，12，13，14個である。

図⑥
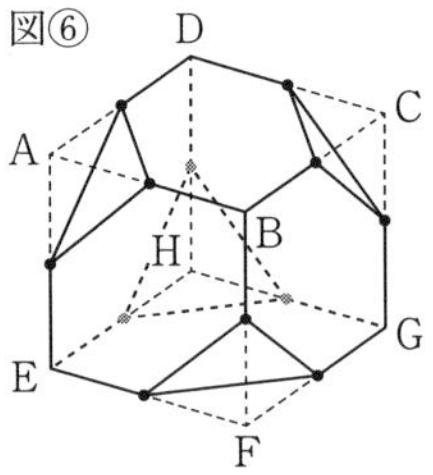

｛1，1，1，1｝

図⑦
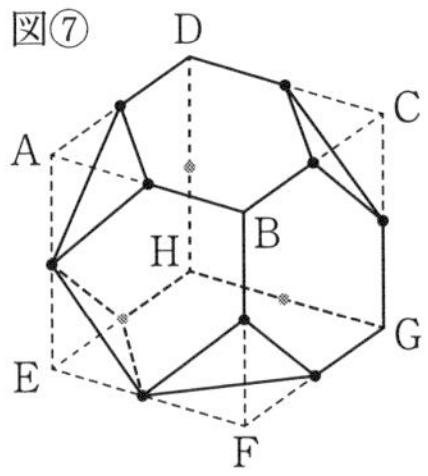

｛3，1｝

図⑧
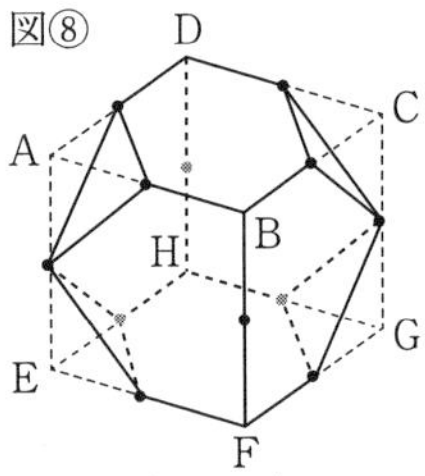

｛2，2｝

図⑨
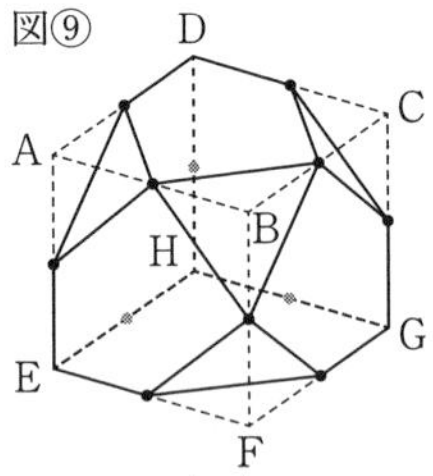

｛4｝

図⑩
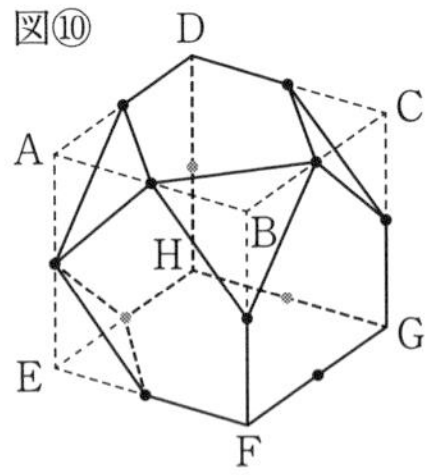

｛4｝

図⑪
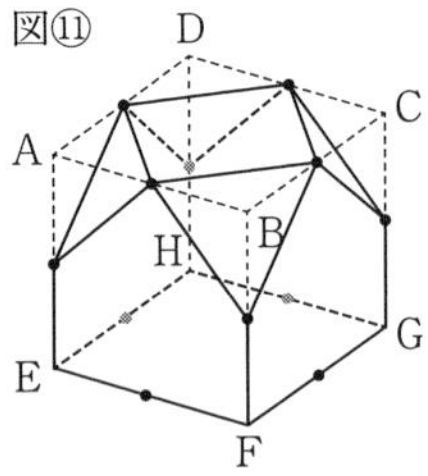

｛4｝

(3)　重なっている三角形の数に注目して，図③の場合を｛1，1，1｝，図④の場合を｛2，1｝，図⑤の場合を｛3｝のように表すことにすると，4つの角を切り取る場合の表し方は，｛1，1，1，1｝，｛2，1，1｝，｛3，1｝，｛2，2｝，｛4｝の5種類が考えられ，それぞれ右の図⑥～図⑪のようになる(｛2，1，1｝となることはなく，｛4｝となる図は3種類ある)。図⑥は図③からHの角を切り取ったものだから，14＋2＝16(個)，図⑦は図④からFの角を切り取ったものなので，13＋1＝14(個)，図⑧は図④からGの角を切り取ったものだから，13＋1＝14(個)，図⑨は図⑤からFの角を切り取ったものなので，12＋1＝13(個)，図⑩は図⑤からEの角を切り取ったものだから，12＋1＝13(個)となる。また，図⑪は図⑤からDの角を切り取ったものであるが，このとき頂点の数は変わらないので，図⑪の頂点の数は12個とわかる。よって，考えられる頂点の数は，12，13，14，16個である。

(4)　Aの角とCの角を切り取った立体は図①である。また，3つの角を切り取った立体のうち，頂点の数が13個になるのは図④のような場合である。このようになるのは，図①からEまたはGの角を切り取る場合なので，この場合の組み合わせは，（E），（G）となる。次に，4つの角を切り取った立体のうち，頂点の数が13個になるのは図⑨，図⑩のような場合である。このようになるのは，図①からBとF，DとH，BとE，BとG，DとE，DとGの角を切り取る場合だから，この場合の組み合わせは，（B，F），（D，H），（B，E），（B，G），（D，E），（D，G）となる。

4　通過算，周期算

⑴　下り電車の方がおそいから，踏切《ふみきり》が開くのは，下り電車の最後尾が地点Cを通過した10秒後である。地点Cを先頭が通過してから下り電車の最後尾が地点Cを通過するまでの時間は，180÷12＝15(秒間)なので，踏切が開くのは地点Cを先頭が通過してから，15＋10＝25(秒後)とわかる。

⑵　上り電車と下り電車を別々に考える。地点Cを先頭が同時に通過した時間を0秒とすると，次に上り電車の先頭が地点Cを通過するのは，4×60＝240(秒後)であり，踏切が閉まるのはその30秒前だから，240−30＝210(秒後)となる。また，上り電車が地点Cを通過するのにかかる時間は，180÷15＝12(秒間)であり，踏切が開くのはその10秒後なので，踏切が開くのは，240＋12＋10＝262(秒後)となる。同様に，次に下り電車の先頭が地点Cを通過するのは，4×60＋30＝270(秒後)であり，踏切が閉まるのはその30秒前だから，270−30＝240(秒後)となる。また，下り電車が地点Cを通過するのにかかる時間は15秒間であり，踏切が開くのはその10秒後なので，踏切が開くのは，270＋15＋10＝295(秒後)となる。つまり，踏切が閉まっているのは上の図1の太線部分である。よって，⑴の次に踏切が閉まるのは，210秒後から295秒後までの，295−210＝85(秒間)である。

図1

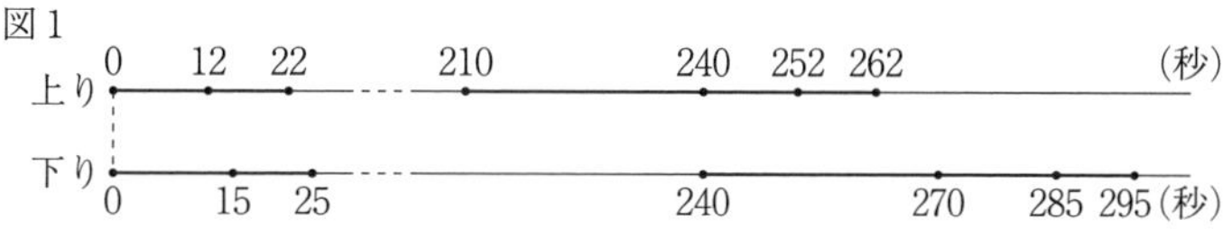

⑶　上り電車の先頭は240秒ごと，下り電車の先頭は270秒ごとに地点Cを通過するから，次に先頭が同時に通過するまでの時間は，右の図2より，240と270の最小公倍数の，10×3×8×9＝2160(秒間)である。これは，2160÷60＝36より，36分0秒となる。

図2

```
10) 240  270
 3)  24   27
      8    9
```

⑷　⑶の時間までに，上り電車は0～240秒後と同じ動きを，2160÷240＝9(回)くり返す。また，踏切が閉まっている時間は1回あたり，12＋10＋30＝52(秒間)なので，上り電車が通過することによって閉まっている時間の合計は，52×9＝468(秒間)となる。同様に，下り電車は0～270秒と同じ動きを，2160÷270＝8(回)くり返し，踏切が閉まっている時間は1回あたり，15＋10＋30＝55(秒間)だから，下り電車が通過することによって閉まっている時間の合計は，55×8＝440(秒間)となる。次に，上り電車と下り電車の両方が通過することによって閉まっている時間を調べると，図1から，1回目は0～22秒後の22秒間，2回目は240～262秒後の22秒間とわかる。また，⑶で求めた2160秒後の前後にもあり，これは下の図3のように，2130～2160秒後の30秒間となる。さらに，その1つ前に通過する場合(上り電車は，2160−240＝1920(秒後)の前後，下り電車は，2160−270＝1890(秒後)の前後)を調べると図3のようになるから，1890～1915秒後の，1915−1890＝25(秒間)も同時に閉まっていることがわかる。よって，同時に閉まっている時間の合計は，22＋22＋25＋30＝99(秒間)なので，踏切が閉まっている時間は全部で，468＋440−99＝809(秒間)と求められる。これは，809÷60＝13余り29より，13分29秒となる。

図3

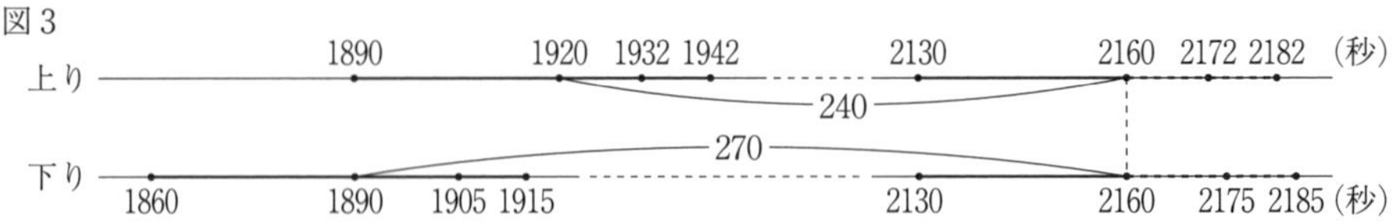

〔注意〕 2160秒後の前後で同時に閉まっている時間は，2182－2130＝52(秒間)であり，1890秒後の前後で同時に閉まっている時間は25秒間である。25は52の半分以下だから，さらに前を考える必要はない。同様に，２回目(240～262秒後)の後も考える必要はない。

社　会　(40分)＜満点：50点＞

解　答

Ⅰ **問１** ⑴　柱　⑵　(例)　皮をむいて水にさらす。　**問２**　(例)　湿気を防ぐために床を高くし，ねずみが入らないようにねずみ返しを設けた。　**問３**　法隆寺　**問４**　(例)　寺院(東大寺やその大仏)　**問５**　銀閣　**問６**　⑴　安土，江戸　⑵　(例)　城下町が形成され，家臣の武士や町人たちの住宅がたくさんつくられたから。　**問７**　長屋　**問８**　レンガ
Ⅱ **問１**　(例)　田げた，すき　**問２**　(例)　人足の肩に乗って渡ったり，船に乗って渡ったりした。　**問３**　東京と横浜の間　**問４**　まくらぎ　**問５**　水車　**Ⅲ** **問１**　(例)　磨製石器を用いて，丸太をくりぬいてつくった。　**問２**　北前船　**問３**　木簡　**問４**　かご　**問５**　牛車　**Ⅳ** **問１**　(例)　はたを使って糸を織り，布をつくること。　**問２**　うるし　**問３**　オ　**Ⅴ**　イ　**Ⅵ** **問１**　⑴　木炭　⑵　ウ，エ　**問２**　⑴　イ，ウ　⑵　右の図　**Ⅶ**　(例)　日本では昔から，さまざまな道具や建築物，乗り物などを木でつくってきた。これは，日本が森林資源に恵まれており，木が入手しやすかったことや，木が加工しやすく，耐久性にすぐれているという特性をもっていたことによると考えられる。(日本は昔から良質な木に恵まれ，川などを利用することで運びやすかったこと，また，木は加工が比較的容易であったことなどから，生活を支える重要な資源として利用されてきたと考えられる。)

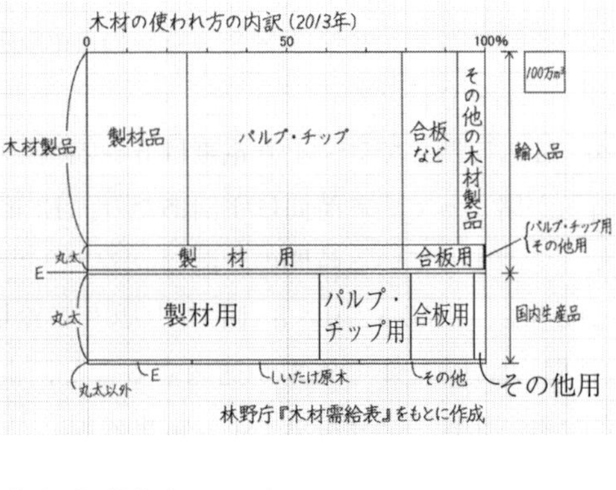

解　説

Ⅰ　木を使った建物を題材とした歴史の問題

問１　⑴　縄文時代の人びとが住んでいたのは竪穴《たてあな》住居。地面を数十センチほり下げて床《ゆか》とし，そのまわりに柱を立てて草などで屋根をふいた建物で，縄文時代から奈良時代ごろまで日本の庶民《しょみん》の一般的な住居であった。住居のあとからみつかる穴は，柱を立てるために用いたものである。
⑵　ブナ・ナラ・シイなどのブナ科の植物の実は一般に「ドングリ」とよばれる(クリもブナ科の

植物であるから，その実もドングリの一種)。ドングリの多くはそのままでは渋《しぶ》みが強すぎて食用に適さないため，渋ぬき(アクぬき)をする必要がある。渋みの主成分は水に溶《と》けるタンニンであるので，皮をむいた実を一定時間，水にさらしておけば取り除くことができる。

問2　弥生時代に本格的に稲作がはじまると，収穫した米を貯蔵するために高床(式)倉庫がつくられ，地面からの湿気を防ぐために床を高くし，ねずみが入らないように床の下側の部分と柱の間には，ねずみ返しとよばれるしかけが設けられた。

問3　現存する最古の木造建築物は，7世紀はじめに聖徳太子が斑鳩《いかるが》(奈良県)に建立した法隆寺。7世紀半ばに焼失し，その後再建されたと考えられているが，金堂と五重塔《とう》を中心としたこれらの建築物は，現存する世界最古の木造建築としてユネスコ(国連教育科学文化機関)の世界文化遺産に登録されている。

問4　仏の力で国を安らかに治めようとする考え方を鎮護《ちんご》国家といい，7世紀後半から8世紀にかけて，朝廷はこの考え方にもとづき，多くの寺院を建て，さまざまな仏教儀式を行った。寺院の建築のために多くの木材が使われたが，特に東大寺とその大仏を建立したさいには多くの木材を必要とし，大仏建立に用いる銅を溶かすためにも大量の木炭が必要とされたことから，大和《やまと》(奈良県)周辺では多くの木が伐採《ばっさい》された。

問5　書院造は室町時代に禅宗の僧の書斎《しょさい》の形式から生まれた建築様式で，部屋をふすまや障子《しょうじ》で仕切り，畳《たたみ》をしきつめ，床《とこ》の間を設けることなどを特色としており，現代の和風建築のもととなった。室町幕府の第8代将軍足利義政が京都の東山に別荘として建てた銀閣には書院造が取り入れられており，銀閣に隣接する東求堂《とうぐどう》の同仁斎《どうじんさい》とよばれる部屋は，代表的な書院造の建築物として知られる。

問6　(1)，(2)　織田信長は琵琶《びわ》湖(滋賀県)東岸の安土に五層七重の天守閣《てんしゅかく》をもつ城を築き，天下統一の根拠地にするとともに，城下に家臣を住まわせ，商工業者を集めることで城下町を築いた。また，豊臣秀吉から関東地方を領地としてあたえられた徳川家康は，江戸を根拠地として城を築くとともに，やはり城下に家臣を住まわせ，町人の住む地区を設けることで城下町を築いた。そうした武士や町人などの住居を建てるために，多くの木材が必要とされたのである。

問7　江戸時代の町人には家屋敷をもつ「家持《いえもち》」と借家人である「店借《たながり》」という区別があった。銭湯を利用する町人はおもに店借であり，彼らの多くは，一つの細長い建物を数軒《すうけん》の住居に仕切った長屋とよばれる住宅に暮らしていた。

問8　明治時代初期，政府により東京・銀座にレンガ(煉瓦)づくりの街並みが建設されると，石やレンガを用いた西洋風の建築物が各地でつくられるようになった。

Ⅱ　木とさまざまな施設を題材とした問題

問1　稲作が広まった弥生時代には，田げたやすき，くわなどの木製の農具が用いられた。田げたは，水田に入るときに，泥《どろ》に足がめりこまないようにはく大きなげたのこと。

問2　江戸時代，幕府は江戸を防衛する目的から，東海道の大井川や富士川，天竜川などに橋をかけなかった。それらの川を渡るさい，富士川や天竜川では渡し船が利用されたが，大井川では人足《にんそく》の肩に乗ったり，人足が担《かつ》ぐ蓮台《れんだい》(2本の棒の上に板をかけたもの)に乗ったりして川を渡った。人足は，力仕事をする労働者のこと。

問3　電信とは文字や数字を符号化し，電気信号に変換して送付するもの(電報)。日本では1869年，東京―横浜間に電信線が架設《かせつ》され，電報の取りあつかいがはじまった。

問4　鉄道のレールの下にしく木をまくらぎ(枕木)という。レールの間隔《かんかく》を一定に保つとともに，レールにかかる列車の荷重を分散させるはたらきをする。かつては木でつくられていたが，現在では一般にコンクリート製のものが用いられている。

問5　室町時代には川の水を田にひくかんがい用の水車が普及《ふきゅう》した。この時代の水車は水流の力で回るものであったが，江戸時代になると人が乗って足で踏《ふ》んで回す踏車《ふみぐるま》という小型の水車も使われるようになった。

Ⅲ　木と乗り物を題材とした歴史の問題

問1　丸木船(丸木舟)とは１本の木をくりぬいてつくった小型の舟のこと。各地の縄文時代の遺跡からは，ムクノキやクリなどの木でつくられた長さ数メートル前後のものが出土しており，火で丸木を焼いて焦《こ》がし，磨製《ませい》石器を用いてくりぬいたと考えられている。

問2　江戸時代には，蝦夷《えぞ》地(北海道)や東北地方から日本海沿岸を西に向かい，瀬戸内海を通って大阪にいたる西廻《にしまわ》り航路が整備された。この航路を利用して蝦夷地と大阪の間を往復した船は特に北前船とよばれ，昆布《こんぶ》やニシンといった蝦夷地の産物を大阪に運び，沿岸各地で仕入れた米や塩，酒などを蝦夷地方面に運んだ。

問3　平城京からは大量の木簡《もっかん》が出土している。木簡は木製の札に墨《すみ》で文字を書いたもので，当時は紙が貴重品であったことから，紙の代わりとして役所の記録や手紙，荷札などに用いられた。地方から都へ送られる調(各地の特産物を納める税)の内容などを示す荷札として使われた例がよく知られる。

問4　江戸時代に使われた人が担いで運ぶ乗物はかご(駕籠，駕篭)で，柄《え》とよばれる長い木の棒に人が座る部分をつるし，前後からこれを担いだ。乗る人の身分や用途によって，さまざまな形態のものがあった。

問5　古代～中世に天皇や貴族は，屋形車を牛にひかせる牛車《ぎっしゃ》を利用していた。

Ⅳ　木と機械・道具を題材とした問題

問1　はた織りとは，はたを使って樹皮などの植物繊維《せんい》，綿や生糸，麻などでできた糸を織り，布をつくることをいう。日本には弥生時代に大陸から伝わったとされるが，古墳時代には渡来人によってよりすぐれた技術が伝えられた。

問2　お椀《わん》やお盆《ぼん》などの工芸品に塗《ぬ》られる樹液はうるし(漆)。うるしはウルシ科の落葉高木の名称であるが，その木から採取した樹液も「うるし」とよばれる。日本では昔から広く栽培され，その樹液は木製の工芸品にさかんに利用された。

問3　アは1911年，イは1964年，ウは1945年12月，エは1871年，オは1925年のできごと。第１次世界大戦がはじまったのは1914年，第２次世界大戦が終わったのは1945年８月のことであるから，その間の時期にあてはまるのはオだけである。

Ⅴ　日本の木材生産についての問題

上位の道県に共通する特色として考えられるのは，第１位の北海道を除くと東北地方と九州地方の県が大部分を占《し》めていることや，面積が広く山地の占める面積が高い道県であることなどである。よって，岩手県があてはまる。

Ⅵ　木材の生産と輸入についての問題

問1 (1) 1960年代以降，生産量が大きく減ったのは木炭(薪炭材《しんたん》)をつくるための木材。木炭は古代から燃料として広く用いられてきたが，1960年代以降，石油やガスがエネルギー源として普及していった(エネルギー革命)ことから，消費量・生産量が激減した。 (2) 日本の木材生産量が減少をつづけた理由としては，林業は仕事がきびしいわりに収入が少ないため，あとを継《つ》ぐ若い人が少ないことや，外国から安い木材が大量に輸入されるようになり，価格の面で競争が激しくなったことから，経営がさらに苦しくなっていることなどがあげられる。

問2 (1) 図2からは，1955年から1970年代はじめにかけて，木材供給量が2倍近くになっていることがわかる。この時代は日本の高度経済成長期にあたるから，ア，エ，オは正しい。イの「震災による原子力発電所の事故」とは，2011年3月11日におきた東日本大震災とそれによってひきおこされた福島第一原子力発電所の事故のこと，ウは1946年にはじまった農地改革のことである。

(2) 解答用紙の図では，縦軸《たてじく》に輸入品・国内生産品の割合と，それぞれにおける「木材製品」・「丸太」・「E(木炭)」，「丸太」・「丸太以外」の量の割合が示されており，横軸にはそれぞれの木材の使われ方の内訳が示されている。そのうち，国内生産品の「丸太」の使われ方の内訳が未記入となっているから，その部分を記入することになる。国内生産品の「丸太」の消費量(2083万m^3)に占める，それぞれの使われ方の量の割合は，「製材用(1206万m^3)」が57.9%，「パルプ・チップ用(488万m^3)」が23.4%，「合板用(326万m^3)」が15.7%，「その他用(63万m^3)」が3.0%になる。方眼の1目盛りが1%を表しているので，それらの数値にもとづいてグラフを完成させる。

Ⅶ 日本の木材利用についての問題

問題文から，日本では古くから筆記具などの日用品や工芸品，農具やはた織りなどの道具のほか，建物や橋，電柱，船，かごなどが木でつくられてきたことがわかる。このようにさまざまな分野で木が材料として用いられてきたのは，わが国が森林資源に恵まれ，木が入手しやすいことや，木材は加工しやすく，耐久《たいきゅう》性にすぐれているといった理由によるものと考えられる。

理 科 (40分) <満点：50点>

解 答

1 **問1** ① ウ ② ア ③ イ ④ エ **問2** ウ **問3** (1) かん臓 (2) ウ 2 **問1** **＋極**…ウ **－極**…イ **問2** **1** (例) 増加する **2** (例) 一定の値に近づく **3** (例) 長くなる **問3** (例) 自動車の走った距離は，手回し発電機をまわす回数が30回まではコンデンサー小より短いが，30回をこえるとコンデンサー小より長くなり，90回まではまわす回数に応じてほぼ一定の割合で増える。 **問4** 解説の図を参照のこと。 **問5** **B～C**…毎秒1.4m **D～E**…毎秒0.6m **問6** (例) はじめの速さはコンデンサー大を使ったときより速いが，コンデンサー大を使ったときには速さが少しずつ遅くなっていくのに対し，短時間のうちに速さが遅くなってしまう。 **問7** (例) 少ない電気でもすぐに走り出すようにするため。／すぐに遅くなるので，せまい場所でも利用できるから。

解説

1 生きものの養分のたくわえ方についての問題

問1　植物は，光合成でつくった養分を茎《くき》や根，葉，種子などにたくわえる。米の場合は，イネの種子にたくわえられたでんぷん(炭水化物)を食用としていて，②のように炭水化物の割合が非常に大きい。ゴマの種子には③のように脂肪《しぼう》分が多く含《ふく》まれていて，種子からゴマ油をとることができる。ジャガイモのいもは地下の茎に養分がたくわえられたもので，そのおもな成分はでんぷんである。①のように生のいもには水分が多く含まれている。大豆(ダイズの種子)には④のようにたんぱく質が多く含まれていて，「畑の肉」ともよばれる。

問2　たまごを産んでふえる動物は，ふつうたまごの中に養分をたくわえている。メダカの場合はウに養分がたくわえられていて，たまごの中で子メダカが成長する間とふ化直後２〜３日の間の養分となる。なお，アはたまごを水草などにくっつけるための付着毛，イはたまごを包む膜《まく》，エはメダカのからだに育っていく胚《はい》である。

問3　(1)　小腸で毛細血管中の血液に吸収された養分は，門脈という血管を通りかん臓へ向かう。かん臓では養分の一部を一時的にたくわえ，空腹時などには血液中に養分を放出し，血液中の養分の量を一定に保つ。　(2)　アの肺とイの心臓は，横かく膜によってその下側にある臓器とへだてられていて，かん臓は肺のすぐ下側のウに位置する。

2 コンデンサーの性質についての問題

問1　コンデンサー(電解コンデンサー)は，足の長いほうが＋極，短いほうが－極である。また，コンデンサーの外側の面に－極側を示す帯状の表示が書かれているものもある。手回し発電機を用いてコンデンサーに電気をためる場合，手回し発電機の＋極側をコンデンサーの＋極に，手回し発電機の－極側をコンデンサーの－極につなげばよい。

問2　**1，2**　図２を見ると，手回し発電機を１秒間に２回転の速さでまわしたときも，１秒間に１回転の速さでまわしたときも，はじめのうちはまわす回数が増えるにつれて自動車が走った距離《きょり》は増えている(長くなっている)。そして，まわす回数がある程度増えていくと，その距離はほぼ一定の長さになる。これはコンデンサーにたくわえることができる電気の量に限りがあるためである。
3　手回し発電機をまわす回数が同じときは，１秒間に２回転の速さでまわしたときのほうが，１秒間に１回転の速さでまわしたときよりも，自動車が走った距離が長くなっている。

問3　図３で，手回し発電機をまわした回数が30回までは，コンデンサー大よりコンデンサー小を用いたほうが，自動車が走った距離が長い。また，手回し発電機をまわす回数が30回をこえると，コンデンサー大のほうでは，手回し発電機をまわす回数が90回までの間，自動車が走った距離がほぼ一定の割合で増え続けていて，コンデンサー小のほうでは，発電機をまわす回数を増やしても，自動車が走った距離は一定の値に近づくだけでほとんど増えていない。

問4　A〜B，B〜C，C〜D，D〜Eの各区間を走るのにかかった時間

	A〜B	B〜C	C〜D	D〜E
コンデンサー小で走るのにかかった時間(秒)	3.5	3.7	4.7	8.6
コンデンサー大で走るのにかかった時間(秒)	4.3	4.3	4.4	4.6

を，コンデンサー小とコンデンサー大についてそれぞれ求めると，上の表のようになる。たとえば，B〜Cの区間を走るのにかかる時間は，(C地点を通過するまでの時間)－(B地点を通過するまで

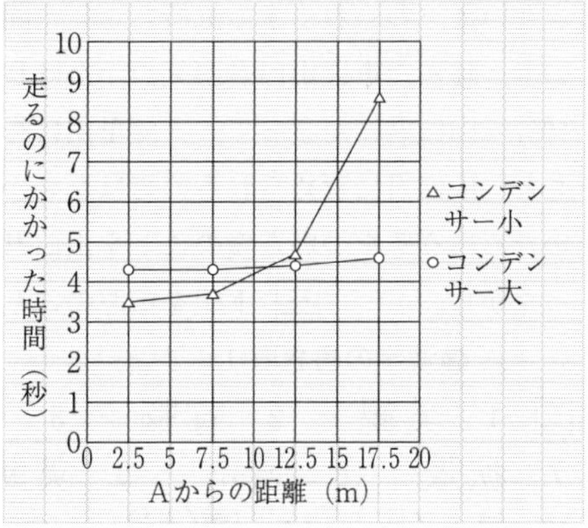

の時間）で求められる。各区間で走るのにかかった時間は区間の中央になり，たとえばA～Bの区間では横軸《よこじく》の値が2.5mのところ，B～Cの区間では，2.5＋５＝7.5（m）となる。Aからの距離は最大で17.5m，各区間を走るのにかかる時間は最大で8.6秒なので，横軸は１目もりを2.5m，たて軸は最小目もりを0.1秒などにしてグラフの目もりをつくるとよい。そして，グラフに表の数値を，コンデンサー小は△，コンデンサー大は○で印をかきこみ，それぞれを直線で結んで折れ線グラフにすると，上の図のようになる。

問５　B～Cの区間では５mを3.7秒で走っているので，平均の速さは，５÷3.7＝1.35…より，毎秒1.4mと求められる。同様にして求めると，D～Eの区間では，平均の速さが，５÷8.6＝0.58…より，毎秒0.6mである。

問６　問４のグラフより，コンデンサー大を使ったときには，自動車の速さがほぼ一定で少しずつ遅くなっている。一方，コンデンサー小を使ったときでは，はじめの11mほどまでコンデンサー大を使ったときより速くなっているが，そのあとはグラフで走るのにかかった時間が急激に増えていることから，速さが急速に遅くなっていることがわかる。

問７　おもちゃの自動車は広い場所で長距離を走らせるという使い方よりも，部屋の中などの比較《ひかく》的せまい場所で走らせる場合が多いと考えると，走り出したあとにすぐに遅くなるほうが遊びやすいと考えられる。また，コンデンサー小のほうが電気をいっぱいまでためるまでの時間が短く，すぐに電気をためて走らせることができる。つまり，少量の電気ですぐに走り出すので遊びやすい。さらに，コンデンサーが小さくて軽いほうが，おもちゃの自動車は動きやすく有利であるということも考えられる。なお，防災用の手回しラジオでは，長時間電源が確保できることが必要なので，コンデンサー大のほうが便利である。

国語　（50分）＜満点：70点＞

解答

一　**問１**　（例）　ウナギもアナゴも夜行性で，エサの種類も共通していたこと。　**問２**　（例）　（児島湾のウナギとアナゴは）エサの種類は同じだが，食べているエサの大きさが異なる（から。）　**問３**　（例）　自分が成長したり，子孫を残したりするために使うべきエネルギーを，競争相手に勝つために使うことで減らしてしまう点。　**問４**　（例）　ウナギは旭川で大きく成長してから児島湾に入るが，アナゴは児島湾で育ち，成長すると児島湾の外へ移動するというように，回遊生態がちがうから。　**二**　**問１**　（例）　すっかり変わってしまった町中を歩き回り，昔なつかしい場所を発見したり変化におどろいたりするのは楽しかったので，犬の散歩は必ずしもいやではなかったということ。　**問２**　（例）　早くたくさんのカブト虫やクワガタをつかまえに行きたいと，わくわくする気持ち。　**問3**　（例）自分の秘密の木のことを知られたくなかったので，呼んだ声に山口君が気づかなければ，それを口実に一人で行けると思ったから。　**問4**　（例）山口君にだまって一人で里山に行き，カブト虫やクワガタをとってきたことへの後ろめたさと，山口君に責められるのではないかという不安。　**問5**　（例）秘密の木を知られたくないためにうそをついた僕のことを山口君が責めなかったことで，山口君をうらぎりたくないと思ったから。　三　下記を参照のこと。

●漢字の書き取り

三　1　美観　2　首脳　3　輸血　4　規律　5　辞退　6　至難　7　拡張　8　誤差　9　英断　10　遺失　11　裁(く)　12　支(える)　13　練(る)　14　積(む)　15　臨(む)

解説

一　**出典は海部健三《かいふけんぞう》の『わたしのウナギ研究』による。**岡山県の児島湾《こじまわん》に生息するウナギとアナゴの生態を比較《ひかく》し，共通する点やちがいについて説明している。

問1　筆者は，「児島湾を住み場所としているウナギとアナゴ」について「行動している時間帯と食べ物」に注目して生態を比較している。「行動している時間帯」については「ウナギもアナゴも夜行性で，夜にエサを探している」ことがわかり，「食べているエサの種類」についてはウナギもアナゴもほとんどが「アナジャコ」であり，「エサの種類も共通していた」ことがわかったと述べられている。

問2　生物が「競争を避《さ》ける」ためには，「住む場所，行動時間，食べ物など」をずらす必要があるが，それらに共通する点の多い児島湾のウナギとアナゴについて筆者が調べてみたところ，「ちがい」も見つかっている。その「ちがい」とは「食べているエサの大きさ」であり，「エサの種類は同じでも，大きさがちがう」ということは，エサが異なっているということになるので，「ウナギとアナゴが競争しているとは考えにくい」と結論づけている。

問3　少し前の部分に「競争では，競争相手に勝つためにエネルギーを使うので，その分自分が成長したり，子孫を残したりするためのエネルギーは減ってしまう。つまり，生物にとって，競争は基本的に損なのだ」とある。本来エネルギーは「自分が成長したり，子孫を残したりするため」に使うべきなので，「競争」でエネルギーを使うのは「むだづかいだ」ということになる。

問4　傍線《ぼうせん》部④よりあとの段落で，理由が説明されている。ウナギとアナゴの大きさがちがう理由は「回遊生態のちがい」で，ウナギが「旭川《あさひがわ》の中で初めの数年間を過ごし，大きく成長してから児島湾に降りてくる」のに対して，アナゴは「赤ちゃんの時から児島湾で成長し，大きくなると児島湾の外へ出ていく」。この「回遊生態の微妙《びみょう》なちがい」によって，「児島湾ではアナゴよりもウナギの体長のほうがずっと大きいことになる」のである。

二　**出典は本校国語科作成の物語文による。**小学校のころに暮らしていた町にもどってきた「僕」が，親友の山口君とカブト虫やクワガタをとりに行こうと約束したときのことを思い出している。

問1　「まんざらでもない」は，“必ずしもいやだというわけではない”ということ。文のはじめに「だから」とあり，その前の段落に「まんざらでもなかった」理由が書かれている。「僕」がほかの土地で生活している間に町は「すっかり変わって」しまっていたが，「そんな町中を，犬の散歩のついでに歩き回り，昔なつかしい場所を発見したり変化におどろいたりするのは，ちょっと楽しみでもあった」ために，犬の散歩もそれほどいやなことではなかったのだとわかる。

問2　「ランドセルを投げ出」すほど急いで飼育箱を手入れするようすからは，早く虫とりに行きたいという気持ちが読み取れる。また，「両手でかかえるほどの大きな飼育箱」の中にカブト虫やクワガタがいるのを想像しているところからは，カブト虫やクワガタをたくさんつかまえたいという期待も読み取れる。虫とりに行くときは「早く目が覚め」てしまうほど「はやる気持ち」になってしまうことからもわかるように，翌日の虫とりのことを考えてわくわくした気持ちになっているのである。

問3　「僕」は「近所に迷惑《めいわく》にならないためだと自分に言い聞かせ，返事がないことを期待して」小さな声を出している。親友である山口君にさえも「秘密の木を知られたくな」いと思っていた「僕」は，呼んだ声が聞こえず，山口君が出てこなければ，それを口実にして一人で「秘密の木」に行き，虫をたくさんつかまえられると考えた。そのため，わざと「小さな声」で呼んだのである。

問4　「僕」は山口君をしっかり呼ばないまま一人で鉄塔山《てっとうやま》の秘密の木に向かい，「獲物《えもの》をとらえて有頂天」になって帰って来たところで，山口君に会ってしまった。「獲物の入った虫かごを後ろにかくし」たのは，うそをついて一人でカブト虫やクワガタをとってきたことを後ろめたく感じたためであり，「上目づかいにかれの顔を見」たのは，山口君が「ぼくのうそを見ぬいて」責めてくるのではないかと不安になったからだと考えられる。

問5　直前の部分で語られた「僕」の「いろいろな思い」に注目する。「でも，かれは時々僕をからかうことだってあるじゃないか」「でも，僕は秘密の木を知られたくなかった」と，自分の行動を正当化しようとする気持ちがある一方で，「僕のことを親友だと公言」し，「僕のうそを見ぬいていたのに責めなかった」山口君を，「僕」も親友だと思っており，うそをついて親友をうらぎったという後ろめたさも感じている。うそを見ぬいていたのに「僕」を責めなかった山口君に対するすまない気持ちや，親友である山口君をうらぎってしまったという思いの強さから，昨日うそをついてとってきたカブト虫やクワガタをもとの場所に放しに行ったのだと推測できる。

三　漢字の書き取り

1　美しいながめ。　**2**　国や組織などの中心となる人のこと。　**3**　手術などで血が足りなくなった人の体に，ほかの人の健康な血液や血液成分を送りこむこと。　**4**　集団や組織などをふさわしい状態に保つための決まり。　**5**　すすめられたことをえんりょして，断ること。　**6**　非常に難しいこと。　**7**　範囲《はんい》や面積を広げて大きくすること。　**8**　実際の値と，計測・計算したときの値とのちがい。　**9**　大事なことを，思い切ってきっぱりと決めること。　**10**　品物やお金を落としたり忘れたりすること。　**11**　音読みは「サイ」で，「裁判」などの熟語がある。ほかに「た(つ)」という訓読みもある。　**12**　音読みは「シ」で，「支柱」などの熟語がある。　**13**　音読みは「レン」で，「練習」などの熟語がある。　**14**　音読みは「セキ」で，「積雪」などの熟語がある。　**15**　音読みは「リン」で，「臨海」などの熟語がある。

Dr.福井の

入試に勝つ！ 脳とからだのウルトラ科学

寝る直前の30分が勝負！

みんなは，寝る前の30分間をどうやって過ごしているかな？　おそらく，その日の勉強が終わって，くつろいでいることだろう。たとえばテレビを見たりゲームをしたり――。ところが，脳の働きから見ると，それは効率的な勉強方法ではないんだ！

実は，キミたちが眠っている間に，脳は強力な接着剤を使って海馬《かいば》(脳の，知識をためる倉庫みたいな部分)に知識をくっつけているんだ。忘れないようにするためにね。もちろん，昼間に覚えたことも少しくっつけるが，やはり夜――それも“寝る前”に覚えたことを海馬にたくさんくっつける。寝ている間は外からの情報が入ってこないので，それだけ覚えたことが定着しやすい。

もうわかるね。寝る前の30分間は，とにかく勉強しまくること！　そうすれば，効率よく覚えられて，知識量がグーンと増えるってわけ。

では，その30分間に何を勉強すべきか？　気をつけたいのは，初めて取り組む問題はダメだし，予習もダメ。そんなことをしても，たった30分間ではたいした量は覚えられない。

寝る前の30分間は，とにかく「復習」だ。ベストなのは，少し忘れかかったところを復習すること。たとえば，前日の勉強でなかなか解けなかった問題や，１週間前に勉強したところとかね。一度勉強したところだから，短い時間で多くのことをスムーズに覚えられる。そして，30分間の勉強が終わったら，さっさとふとんに入ろう！

ちなみに，寝る前に覚えると忘れにくいことを初めて発表したのは，アメリカのジェンキンスとダレンバッハという２人の学者だ。

Dr.福井(福《ふく》井《い》一成《かずしげ》)…医学博士。開成中・高から東大・文Ⅱに入学後，再受験して翌年東大・理Ⅲに合格。同大医学部卒。さまざまな勉強法や脳科学に関する著書多数。

Memo

Memo

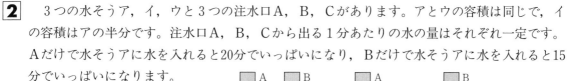

平成27年度　栄光学園中学校

〔電　話〕（0467）46－７７１１
〔所在地〕〒247-0071　神奈川県鎌倉市玉縄４－１－１
〔交　通〕JR各線－「大船駅」より徒歩15分

【算　数】（60分）〈満点：70点〉

（注意）鉛筆・消しゴム・コンパス・配付された下じき以外は使わないこと。

1　オセロの駒《こま》(片面が白，もう片面が黒の円形の駒)を何枚か円状に並べ，時計回りに２つ飛ばしで裏返していくとき，次の問に答えなさい。

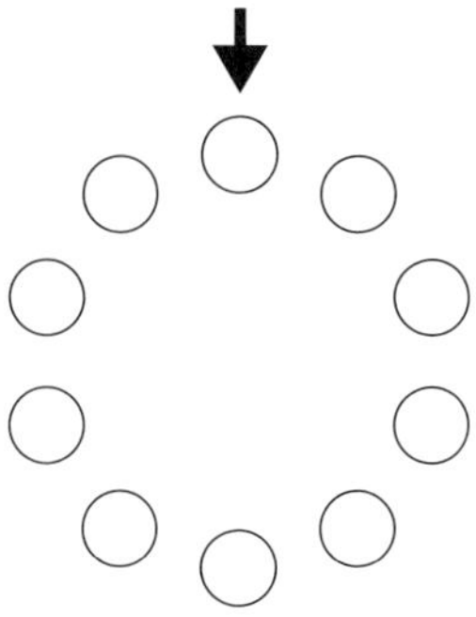

図１

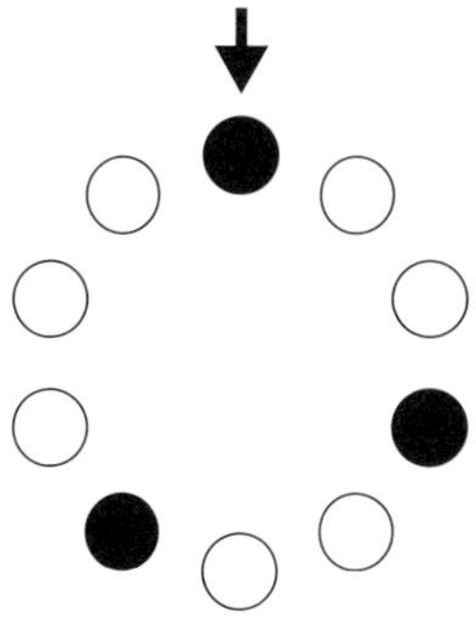

図２

(1)　10枚の駒を，すべて表が白になるように並べ(図１)，矢印の指す駒から裏返していきます。例えば，３回裏返すと図２のようになります。

①　図１の配置から10回裏返すと駒の白黒の配置はどのようになるか，図２にならってかきなさい。

②　図１の配置から何回裏返すと再び図１の配置にもどるか答えなさい。

③　図１の配置から2015回裏返すと駒の白黒の配置はどのようになるかかきなさい。

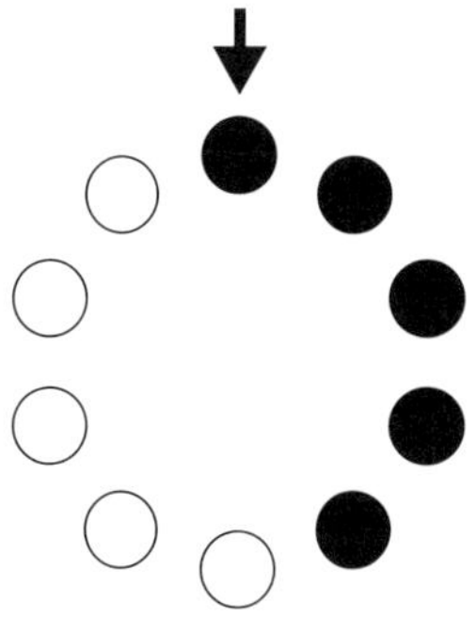

図３

(2)　10枚の駒を図３のように並べ，矢印の指す駒から裏返していきます。これを続けていくとき，黒の枚数は最多で何枚になるか答えなさい。また，初めてそうなるときの駒の白黒の配置はどうなるかかきなさい。

(3)　何枚かの駒を並べて裏返していったとき，50回で再び元の配置にもどりました。このとき，駒は何枚ありましたか。考えられるものをすべて答えなさい。

2　３つの水そうア，イ，ウと３つの注水口Ａ，Ｂ，Ｃがあります。アとウの容積は同じで，イの容積はアの半分です。注水口Ａ，Ｂ，Ｃから出る１分あたりの水の量はそれぞれ一定です。Ａだけで水そうアに水を入れると20分でいっぱいになり，Ｂだけで水そうアに水を入れると15分でいっぱいになります。

(1)　図１のようにＡ，Ｂから空の水そうアに同時に水を入れはじめると，何分でいっぱいになるか答えなさい。

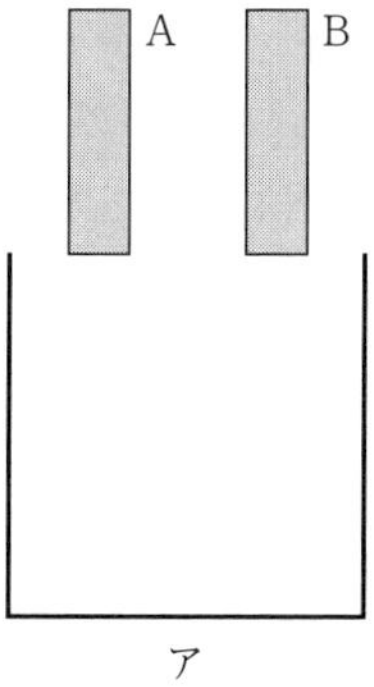

図１

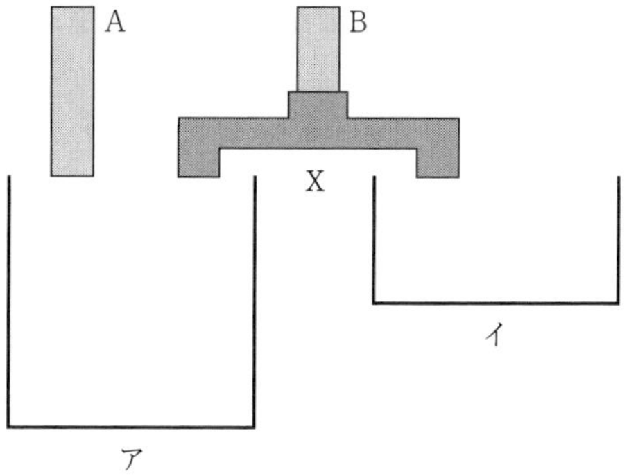

図２

注水口の先につなぐことのできる３つの装置Ｘ，Ｙ，Ｚがあります。これらは，それぞれ一定の割合で水を分けることができます。

⑵　前ページの図２のようにA，Bから空の水そうア，イに同時に水を入れはじめると，アとイはちょうど同じ時間でいっぱいになりました。このとき，かかった時間を答えなさい。また，装置Xによって，Bからアとイに分けられた水の量の比を答えなさい。

⑶　図３のように，装置Y，Zをつなぎます。装置ZはCの水をイとウに１：３の割合で分けます。A，B，Cから空の水そうア，イ，ウに同時に水を入れはじめると，ア，イ，ウはちょうど同じ時間でいっぱいになりました。このとき，装置Yによって，Bからアとイに分けられた水の量の比を答えなさい。

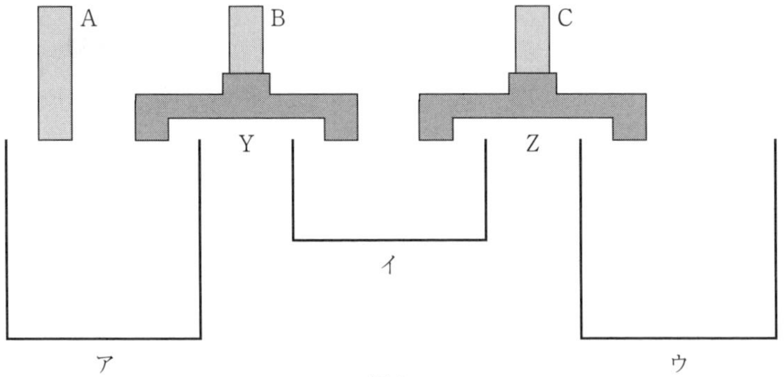

図３

3　お店で品物を買うときにかかる消費税について考えます。ただし，１円未満は切り捨てとします。

現在の消費税率は８％です。例えば，711円の品物を買うときにかかる消費税は，711×0.08＝56.88 ですから56円となります。消費税を含《ふく》む前の価格（711円）を「税抜《ぬ》き価格」，消費税を含む価格（767円）を「税込《こ》み価格」ということにします。

㈠　税抜き価格A円の品物の税込み価格は10000円である。

㈡　税抜き価格B円である品物は，税込み価格もB円である。

⑴　Aに入る数を答えなさい。

⑵　Bに入る数をすべて答えなさい。ただし，０円の商品は考えないものとします。

消費税が現在の８％から10％に上がった場合を考えます。

㈢　税抜き価格C円の品物の税込み価格は，消費税が10％に上がっても８％のときと変わらない。

㈣　税抜き価格D円の品物の税込み価格は，消費税が10％に上がると８％のときよりも100円上がる。

⑶　Cに入る数として考えられるものを，例にならってすべて答えなさい。

（答え方の例）　答えが，32円，33円，34円，35円，126円，127円，128円，145円，146円，250円のとき，

「32～35，126～128，145，146，250」

⑷　Dに入る数のうち，もっとも大きいものを答えなさい。

4　図１のように底面の半径が10cmの円柱状のケーキがあります。ケーキの上には同じ形のイチゴが６個のっています。図２はこのイチゴを拡大したもので，もっともふくらんだ部分は半径１cmの円になっています。

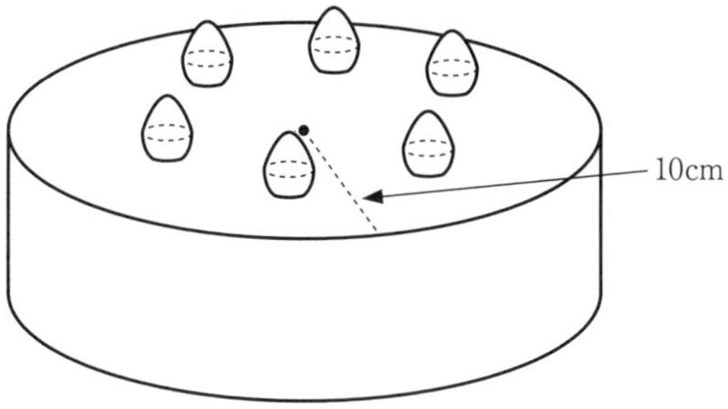

図１

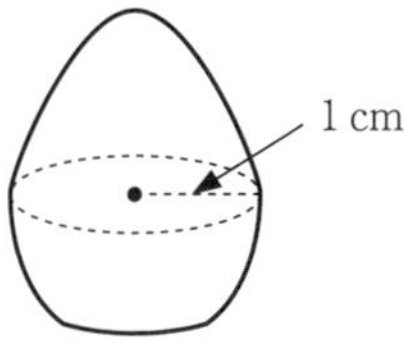

図２

ケーキの中心から５cmの距離《きょり》にイチゴの中心がくるように，等間隔《とうかんかく》にイチゴを置きます。上から見ると図３のように見えます。

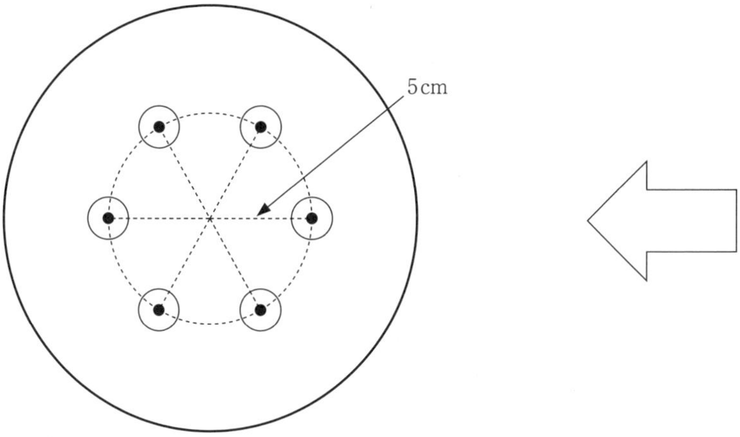

図３

このケーキを十分離《はな》れたところから見ます。

(1)　このケーキを図３の右側の矢印の方向の真横から見たとき，イチゴの位置はどのように見えるか，(あ)～(う)から選びなさい。

(あ)

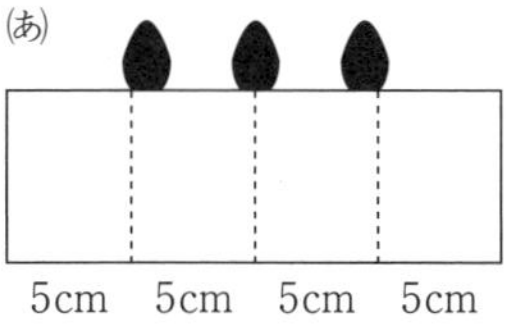

(い)

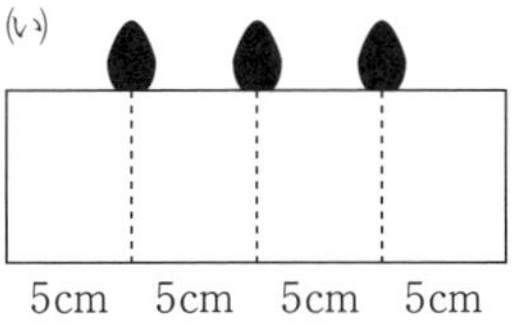

(う)

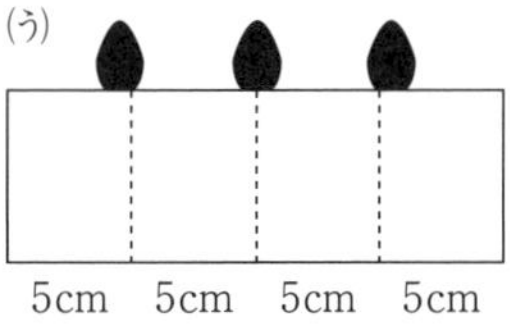

(2)　このケーキを様々な方向の真横から見たとき，見ることができるものを(え)～(け)から２つ選びなさい。

(え)

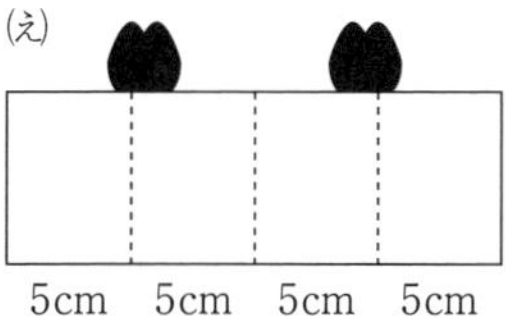

(お)

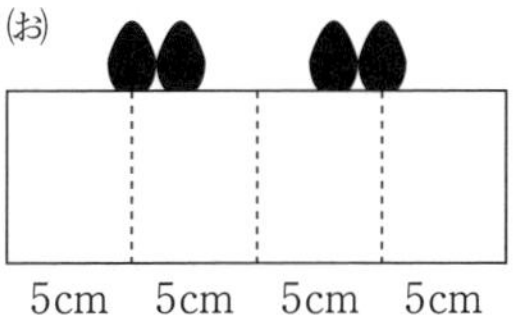

(か)

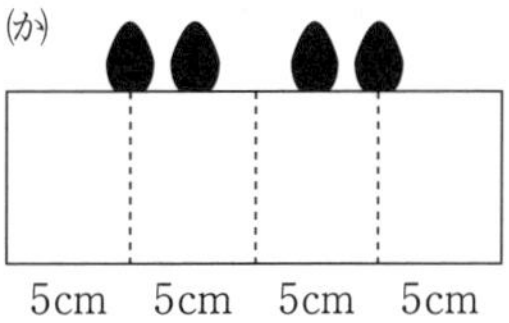

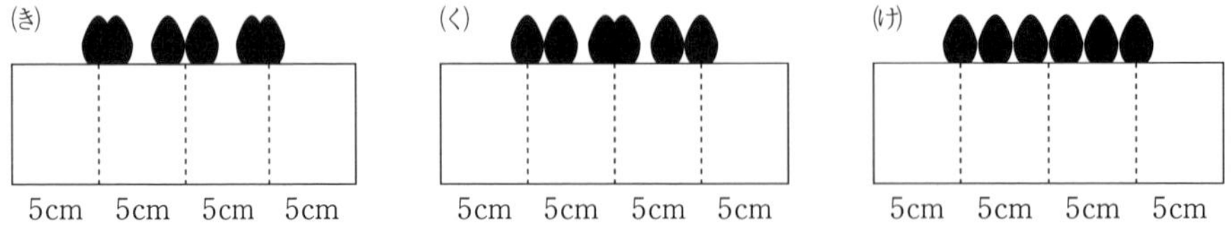

イチゴをのせたケーキを，上の面が同じ形の扇形《おうぎがた》になるように等分することを考えます。ただし，イチゴは移動させたり切ったりしてはいけないものとします。

そこで図4の角Aを測ると24°だったので，角Bは$60°-12°\times 2=36°$になります。

したがって，例えば8等分の場合，イチゴがのっていない扇形のケーキができるはずですが，その中心角は$360°\div 8=45°$なので，8等分することはできません。

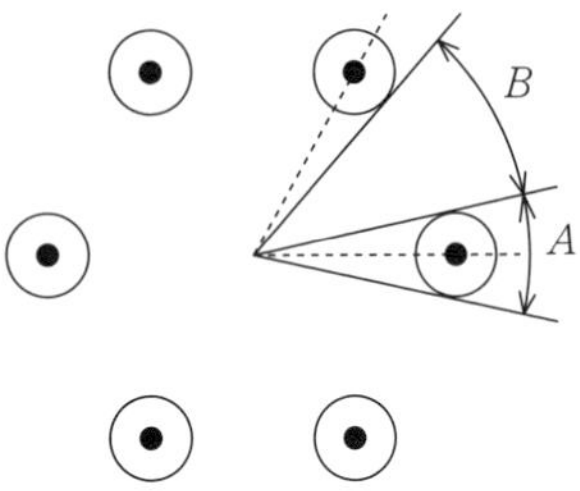

図4

(3) ケーキを13等分以上にすることはできません。その理由を答えなさい。

(4) ケーキは何等分することができますか。考えられるものをすべて答えなさい。

【社　会】（40分）〈満点：50点〉

（注意） 配付されたもの以外の下じき・用紙は使わないこと。

〈編集部注：実物の入試問題では，地図はカラー印刷です。〉

Ⅰ　次の文章を読んで，下の問に答えなさい。

日本では，東京《とうきょう》・大阪《おおさか》・名古屋《なごや》を中心とする①三大都市圏《さんだいとしけん》に全人口の半分以上が集中しています。②これらの都市圏がふくまれる平野にはいずれも大きな河川《かせん》が流れています。東京圏では荒《あら》川や利根《とね》川，大阪圏では淀《よど》川，名古屋圏では木曽《きそ》川，長良《ながら》川，揖斐《いび》川がそのような河川です。

昔日本を治めた人びとも，明治時代以降の政府も，こうした河川には特に気を配ってきた歴史があります。

たとえば，1660年に江戸幕府は，淀川や大和《やまと》川の上流にあたる山城《やましろ》・大和・伊賀《いが》で山々の木の根を掘《ほ》り出さないことなどを指示しました。これは，燃料や木材として利用するために人びとが③木の根を掘り出していたところ，下流で洪水《こうずい》が起こったからです。

また，1783年に浅間《あさま》山が噴火《ふんか》した後，④利根川では大洪水がひんぱんに起こるようになりました。利根川の洪水は江戸にも大きな影響《えいきょう》を与えたので，江戸幕府は洪水のたびに堤防《ていぼう》の修理などの工事をさせました。

人びとはこのような大きな河川の流域を開発し，利用してきました。

問1　下線部①について，三大都市圏の中で，全人口にしめる割合が最も大きい東京圏は，東京都，神奈川《かながわ》県，埼玉《さいたま》県，千葉《ちば》県からなります。東京圏の人口が全人口にしめるおおよその割合として，最もふさわしいものを次のア～エから1つえらび，記号で答えなさい。

ア　10%　　イ　30%　　ウ　50%　　エ　70%

問2　下線部②について，日本では大きな河川の下流や河口の近くに平野が広がっています。このような平野(低地と台地)が日本の国土にしめるおおよその割合として，最もふさわしいものを次のア～エから１つえらび，記号で答えなさい。

ア　5％　　イ　25％　　ウ　55％　　エ　75％

問３　下線部③について，山々の木の根を掘り出すことによって，なぜ洪水が起こるのでしょうか。また，その山々において，木の根を残しておくことのほかにどのような対策が考えられますか。説明しなさい。

問４　下線部④について，もう少しくわしく述べた次の文中の（A）に入る言葉を書きなさい。

浅間山噴火の時に噴《ふ》き上げられた（　A　）が，関東平野の広い地域に降り積もり，数年かけて雨などによって利根川に流れ込《こ》んだことで川底が上がってしまい，1786年には江戸時代最大の利根川洪水が起こりました。

問５　文中の三大都市圏には，日本を代表する工業地帯がふくまれます。それらは，京浜《けいひん》工業地帯（東京都，神奈川県），阪神《はんしん》工業地帯（大阪府，兵庫《ひょうご》県），中　京《ちゅうきょう》工業地帯（愛知《あいち》県，三重《みえ》県）の３つの工業地帯です。表１は，これらの工業地帯の2012年の製造品出荷《しゅっか》額です。表中の①～③にあてはまる工業地帯の組み合わせとして正しいものを，次のア～エから１つえらび，記号で答えなさい。

表１　三大工業地帯の製造品出荷額（2012年）

①	50兆3698億円
②	30兆6598億円
③	25兆9564億円

（『日本国勢図会《ずえ》 2014/15年版』をもとに作成）

ア　①―京浜工業地帯　②―中京工業地帯　③―阪神工業地帯

イ　①―中京工業地帯　②―京浜工業地帯　③―阪神工業地帯

ウ　①―中京工業地帯　②―阪神工業地帯　③―京浜工業地帯

エ　①―京浜工業地帯　②―阪神工業地帯　③―中京工業地帯

II　次の文章を読み，７ページの**地図**を見て，あとの問に答えなさい。

ここで私たちの目を，名古屋圏に向けてみましょう。愛知県西部・岐阜《ぎふ》県南部・三重県北東部にまたがる平野は，濃尾《のうび》平野と呼ばれています。この濃尾平野の南西部は，木曽三川《きそさんせん》と呼ばれる①木曽川・長良川・揖斐川が流れています。そこは，②川の恩恵《おんけい》を受ける反面，三川が合流して強い勢いになり，昔から水害が起きやすい土地でした。この三川は，洪水を起こすと流れるところが変化したり，二つに分かれて下流で合流したり，となりの川に合流して流れることがありました。

そこで，まわりを川で囲まれた地域の人びとは，水害を防ぐために川沿いには堤防を築き，集落や田畑の上流や下流も堤防で囲いました。このように，集落と田畑を堤防で囲んだところを輪中《わじゅう》と呼びます。木曽三川の下流域では，こうした輪中がいくつもできました。またこのような輪中には，その中の水を川に捨てるためのしかけが設けられました。

こうした輪中では，何度も堤防を直したり，となりあう輪中と堤防をつなげて輪中を大きくしたりしていましたが，③それでも水害がたびたび起こりました。人びとはふだん暮らす家より高いところにもう一つ家をつくり，そこに食　糧《しょくりょう》をたくわえたり，避難《ひなん》に使う小舟《こぶね》を吊《つる》したりするようになりました。

こうした輪中の一つである高須《たかす》という集落の人びとは，1746年に次のような内容の手紙を江戸幕府に出しました。

「東には木曽の山，北西には高い山が連なり，多くの川が流れてきます。木曽川は揖斐川へ合流して流れてゆきます。木曽川は洪水のたびに土砂を押《お》し流して来るので川底が埋《う》まり，常に水位が高くなります。…（中略）…木曽川と揖斐川を河口まで分けて，海に流れ込むようにしてください。」

（『岐阜県治水史』に収められている高須輪中の人びとの手紙をもとに作成）

高須に限らず，いくつもの輪中の人びとが，何度も幕府に手紙を書いて，洪水を防ぐための河川工事をしてくれるようにと頼《たの》みました。

そこで幕府は，このような人びとの願いをうけて河川工事にとりかかることにしました。そのような工事の中でも大規模だったのが，幕府が1754年から④薩摩藩《さつまはん》に行わせた工事でした。⑤薩摩藩がこのような工事を行うことになったのは，幕府によってこのような義務を負わされていたからです。薩摩藩はこの工事に多くの藩士を送りました。工事費用は約40万両に達し，幕府も約1万両を負担しましたが，残りは薩摩藩が負担しました。この工事では，木曽川と揖斐川が合流する地点に堤防を築いたり，二つの河川をつなぐ川の水量を調節するためのしかけを設けたりしました。

それでも三つの川の流れを完全に分けることはできず，この地域の工事は明治政府にひきつがれてゆきます。明治政府は多くの予算を投じ，⑥オランダ出身の技師《ぎし》デ＝レーケの力を借りて，さらなる工事を行いました。この工事は1887年に始まって1912年に完成しました。これにより，木曽三川は分かれて流れるようになって水害は大きく減りました。

問1　下線部①について，木曽川の水源となっている山脈は，木曽山脈ともう1つあります。正しいものを，次のア～エから1つえらび，記号で答えなさい。

ア　奥羽《おうう》山脈　　イ　越後《えちご》山脈　　ウ　飛騨《ひだ》山脈　　エ　日高《ひだか》山脈

問2　下線部②について，木曽川は，上流の山々から重要な特産物を運ぶのに使われていました。それは何ですか。答えなさい。

問3　下線部③について，川を挟《はさ》んでいくつも輪中ができると，かえって水位が高くなり水害が起きやすくなってしまいます。それはなぜですか。説明しなさい。

問4　下線部④について，薩摩藩の藩名にもなっている薩摩は，現在の都道府県でいうと何県にふくまれますか。答えなさい。

問5　下線部⑤について，幕府が大名に負わせていたほかの義務として，正しいものを，次のア～オから**2つ**えらび，記号で答えなさい。

ア　江戸城を修理すること

イ　オランダと貿易すること

ウ　大宰府《だざいふ》を防衛すること

エ　参勤交代をすること

オ　国分寺《こくぶんじ》を建てること

問6　下線部⑥について，デ＝レーケが日本で活やくした時期，近代化をめざす政府は高い給料を払《はら》って多くの外国人を雇《やと》いました。それは何のためですか。説明しなさい。

問7　江戸時代に整備された東海道《とうかいどう》では，**地図**中の宮《みや》から桑名《くわな》までの間，人びとは陸地を通らずに船を使うことが普通《ふつう》でした。なぜ陸地を避《さ》けたのですか。説明しなさい。

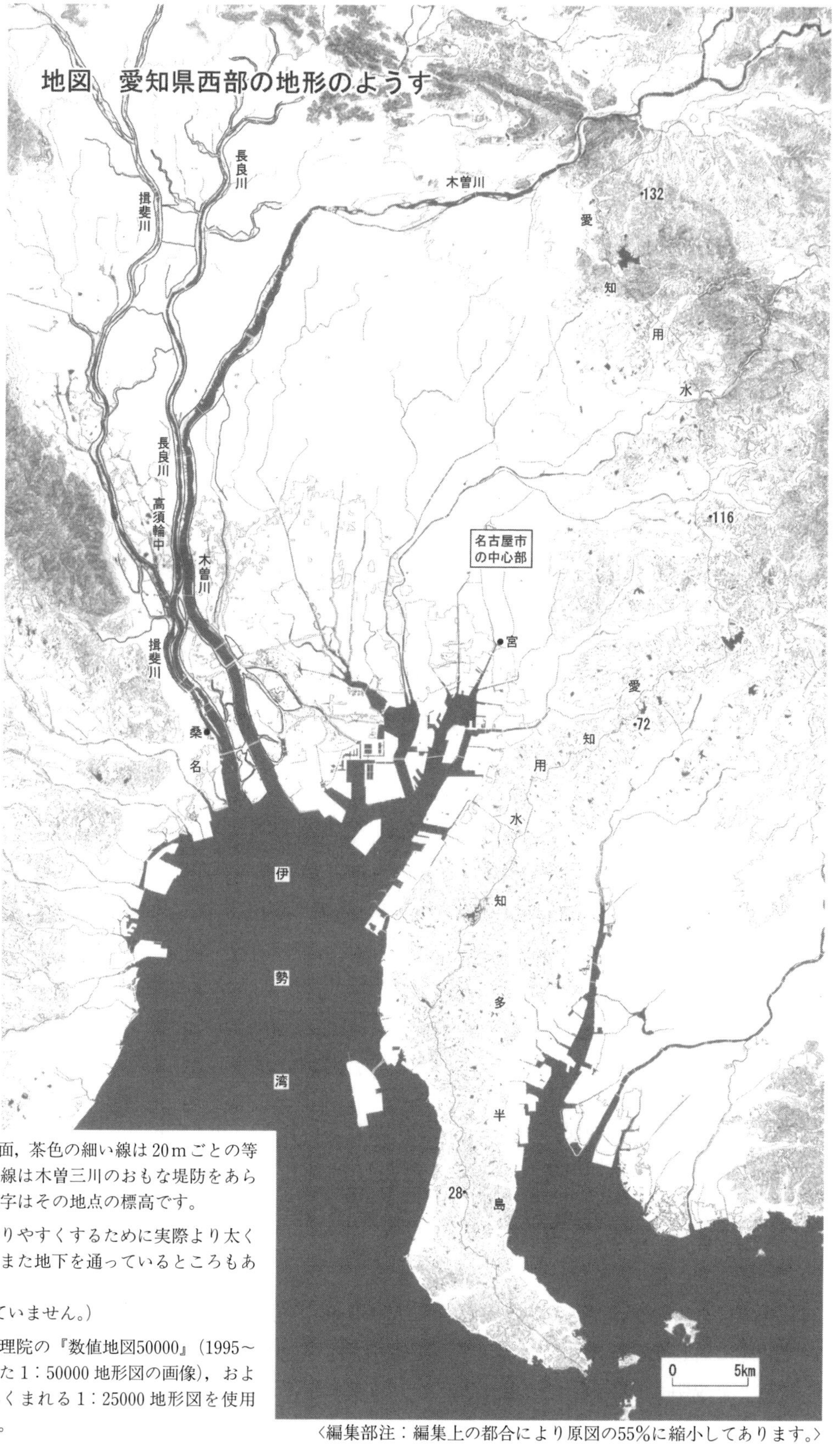

地図　愛知県西部の地形のようす

地図中，青色は水面，茶色の細い線は20ｍごとの等高線，茶色の太い線は木曽三川のおもな堤防をあらわしています。数字はその地点の標高です。

愛知用水は，わかりやすくするために実際より太く示してあります。また地下を通っているところもあります。
（地図では区別していません。）

この地図は国土地理院の『数値地図50000』（1995～2009年に発行された１：50000 地形図の画像），およびこのはんいにふくまれる１：25000 地形図を使用して作成しました。

〈編集部注：編集上の都合により原図の55％に縮小してあります。〉

Ⅲ　次の文章を読み，前のページの**地図**を見て，下の問に答えなさい。

現在の愛知県には，人口約227万人の名古屋市があり，県の中央部には①自動車生産の一大拠点《きょてん》となっている都市があります。一方，愛知県では農業もさかんで，2012年の農業産出額は3000億円を超《こ》え，全国6位です（「あいち県勢要覧2015」による）。作物の収穫《しゅうかく》量に注目してみると，2012年では②（　A　）が全国1位，トマトが全国4位，玉ねぎが全国4位です（『日本国勢図会　2014/15年版』による）。また，伊勢湾《いせわん》につき出る知多《ちた》半島では，洋らん，きく，カーネーションなど，花の栽培《さいばい》もさかんです（愛知県農林水産部農林政策課《せいさくか》監修《かんしゅう》「よくわかるあいちの農業2014」による）。

知多半島は，古くから③水不足に悩《なや》まされてきた地域です。特に1944年から1947年にかけて，相次《あいつ》ぐ水不足にくわえて地震《じしん》も起こり，人びとの間では不安が広がっていました。このころ，知多半島の農民が中心となって，この地域の水不足を解消するために活動するグループが結成《けっせい》されました。こうしたグループが，県や政府を訪ねたり手紙を出したりして，熱心に働きかけたこともあり，政府は木曽川から知多半島へ水を流す用水路の建設を決めました。この用水路を，④愛知用水《あいちようすい》といい，1961年に完成しました。愛知用水をつくるための費用は400億円を超え，このうち約17億円を海外からの借金でまかないました。工事にはアメリカの技術者も協力し，工事に使う大型機械の多くはアメリカから輸入されました。全長100 kmを超える用水路は，5年ほどの工事で完成しました。⑤愛知用水は，現在も愛知県の産業や生活を支えています。

問1　下線部①について，この都市を答えなさい。

問2　下線部②について，（A）には，ある作物が入ります。この作物は，名古屋周辺で昔からさかんに栽培されてきました。この作物を次のア～エから1つえらび，記号で答えなさい。

ア　キャベツ　　イ　じゃがいも

ウ　茶　　エ　ぶどう

問3　下線部③について，知多半島の人びとは，愛知用水ができるまでは，ある工夫《くふう》をして水を確保していました。その工夫は，**地図**から読み取ることができます。どのような工夫ですか。答えなさい。

問4　下線部④について，愛知用水はどのような地形のところを通っていますか。**地図**に示した等高線や標高に注目して答えなさい。

問5　下線部⑤について，表2は，愛知用水ができたころ（1963年）と，完成から50年目（2010年）における愛知用水の水の使われた量と用途《ようと》の割合を示したものです。愛知用水の使い道がどのように変化しましたか。また，それはなぜですか。表2と**地図**を見て，説明しなさい。

表2　愛知用水の年間使用水量と用途別割合

		1963年	2010年
年間使用水量		1.4億m³	4.5億m³
用途別割合	農業に用いる	65%	20%
	水道水に用いる	9%	26%
	工業に用いる	26%	54%

（独立行政法人水資源機構愛知用水総合管理所ホームページをもとに作成）

Ⅳ　木曽三川の下流域と知多半島に住む人びとは，それぞれどのような問題をかかえ，それらの問題に対して自分たちでどのような工夫をしてきましたか。これまでの問題を解いてわかったことを説明しなさい。

Ⅴ　前のページのⅣで答えた問題は，三川分流工事や愛知用水の建設によって大きく改善されました。これらの工事は，行われた時代や場所は異なりますが，工事を始めるにあたって**《地域に住む人びと》**と**《幕府や政府》**がそれぞれ果たした役割に注目すると，共通することもあります。それはどのような役割ですか。ⅡとⅢの問題文や，これまでに答えた内容をもとに説明しなさい。

【理　科】（40分）〈満点：50点〉

（注意）配付されたもの以外の下じき・用紙は使わないこと。

1　栄一君は，「豆苗(とうみょう)」という野菜を食べました。

豆苗は，エンドウマメの苗《なえ》です。店で売られているふくろには，種子をたくさん並べて発芽させた苗が入っています。豆苗には子葉や根も付いていますが，くきや葉だけを切り取って食べます。くきや葉を切り取ったあとも新しいくきや葉が成長するので，それをもう一度食べることができます。下の写真と図1は，豆苗のようすです。豆苗のからだのつくりを見ると，子葉からのびた1本のくきの先に芽や葉が付いています。また，くきの途中《とちゅう》にもいくつか芽が付いています。

横から見たようす

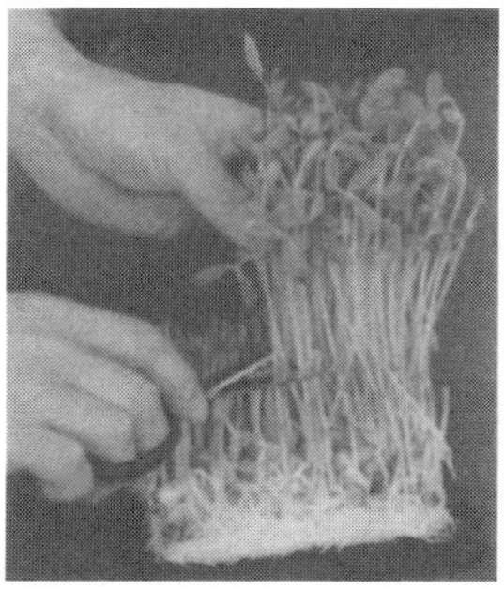

切り取っているところ

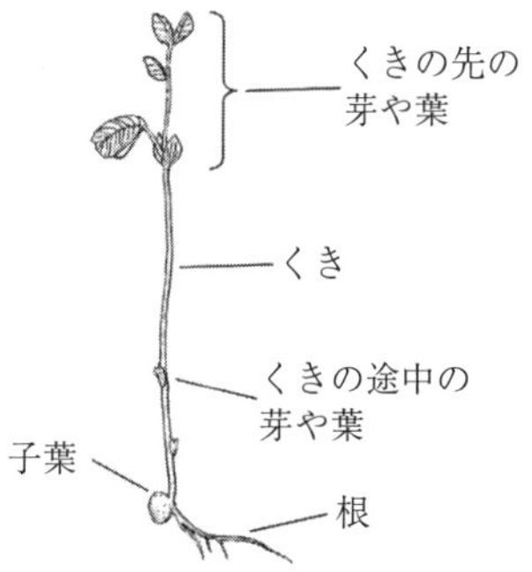

図1　1本の豆苗のスケッチ

問1　植物の種子が発芽するために必要な条件を3つ答えなさい。

問2　(1)　エンドウマメとインゲンマメの子葉のはたらきは同じです。発芽したあと子葉はどのように変化していくか答えなさい。

(2)　下のア～カの植物は，①発芽のあと2枚の子葉を横に広げるもの，②子葉を1枚しか持たず横に広げないものに分けられます。①にあてはまるものをすべて選び，記号で答えなさい。

ア　アサガオ　　イ　ホウセンカ

ウ　イネ　　　　エ　トウモロコシ

オ　ヘチマ　　　カ　エノコログサ

豆苗が2回も食べられることを知った栄一君は，1回目も2回目もたくさん食べたいと思いました。そこで次のような予想をして，実験をしてみることにしました。

「1回目にたくさん切り取りすぎると，その後の成長が悪くなって，2回目に食べられる量が少なくなってしまうのではないだろうか？　そうだ，1回目に切り取る量と2回目に切り取ることができる量との関係を，重さを測って確かめてみよう。」

実験の方法は次の通りです。

［1］ 実験には，全部で12ふくろの豆苗を使う。それらを4ふくろずつ3つのグループA，B，Cに分ける。

［2］ 豆苗のくきを，グループごとに同じ高さで切る(1回目)。切る高さは根の下から，Aは6 cm，Bは9 cm，Cは12cmとする(図2)。

［3］ 切り取った部分の重さを，1ふくろぶんずつ測定する。また，残りの部分を，水を入れた容器で育てる(図3)。水を毎日とりかえ，肥料はあたえずに育てる。

［4］ 7日間育てたあとに，新しくのびたくきを切る(2回目)。1回目の切り口と同じ高さで切る。切り取った部分の重さを，1ふくろぶんずつ測定する。

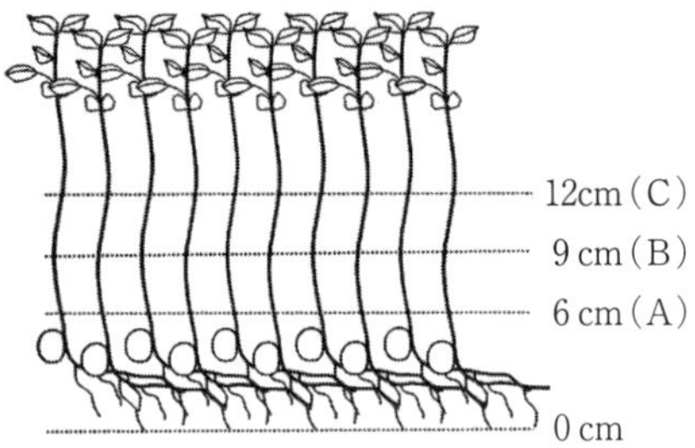

図2

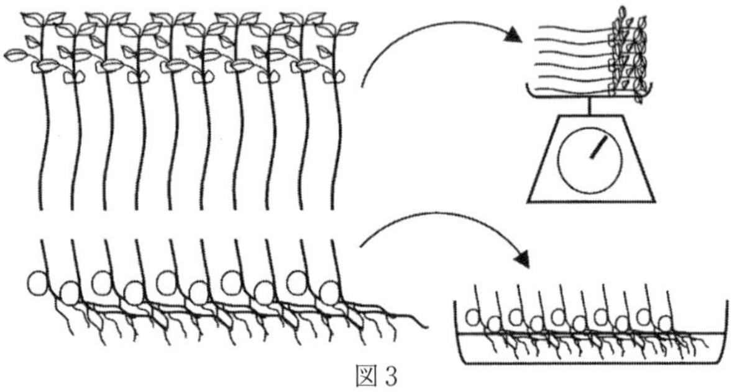
図3

この実験で，栄一君は次のようなことを観察しました。

［1］ 下から6 cmでくきを切ると，くきの途中の芽がなくなってしまった。3日後にくきの付け根に新しい芽ができて，そこから新しいくきや葉が成長した(図4)。

［2］ 下から9 cmや12 cmでくきを切ると，残った芽から新しいくきや葉が成長した。芽が2個以上残ったときは，新しいくきや葉はその中で一番高いところの芽から成長した(図5)。

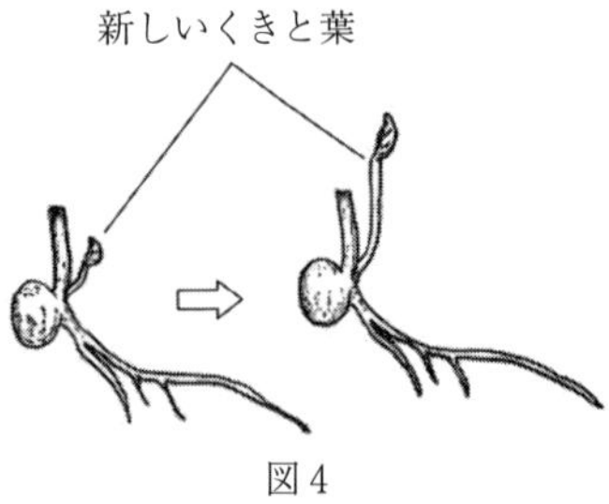

図4

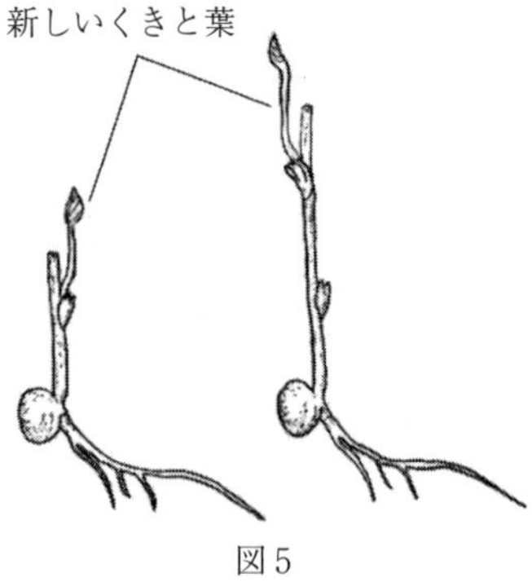

図5

重さを測定した結果は，下の表のようになりました。

表 豆苗を切り取った部分の1ふくろずつの重さ

グループ名と切った高さ	グループA 6 cm		グループB 9 cm		グループC 12cm	
	1回目	2回目	1回目	2回目	1回目	2回目
切り取った部分の1ふくろずつの重さ(g)	104	27	66	52	48	53
	107	30	67	51	50	53
	91	39	78	53	61	52
	97	33	87	54	56	50
平均(g)	(ア)	32	(イ)	53	(ウ)	52

問3　この実験で豆苗を育てるときに，そろえなければならない条件にはどのようなものがありますか。「実験の方法」で説明されている「水のあたえ方」「肥料のあたえ方」のほかに，２つ考えて答えなさい。

問4　豆苗が，葉がなくなっても成長をするのは，なぜでしょうか。エンドウマメの子葉のはたらきをふまえて説明しなさい。

問5　表の(ア)～(ウ)に入る数値を計算して答えなさい。小数第一位を四捨五入して求めなさい。

問6　切り取った部分の重さを測定した結果を，棒グラフで表しなさい。グラフには各グループの，１回目の平均，２回目の平均，１回目の平均と２回目の平均の合計を示しなさい。

栄一君は，実験の結果を，次のようにまとめました。

まとめ１「グループAでは，最初に予想したように，１回目に切り取った量が多く，２回目の量が少なかった。」

まとめ２「グループBとグループCでは，１回目に切り取った量はちがったけれど，２回目に切り取ることができた量は同じくらいだった。」

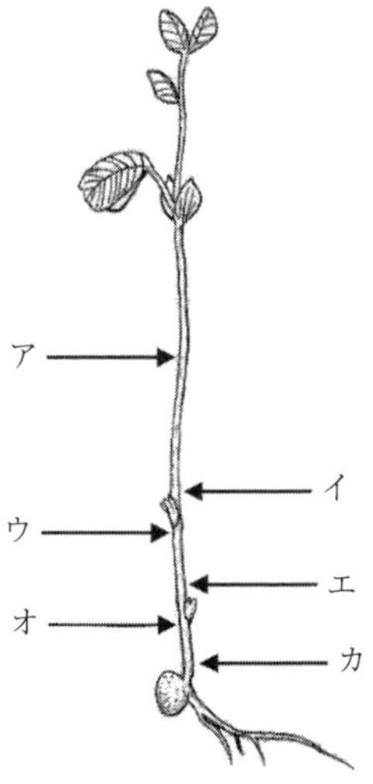

図６

問7　上の**まとめ１**で，「２回目の量が少なかった」のはなぜですか。栄一君の観察の結果をもとにして，その理由を答えなさい。

問8　豆苗を１回目も２回目もなるべくたくさん食べるためには，くきをどの位置で切ればよいですか。今回の実験をふまえて考え，図６のア～カから１つ選び，記号で答えなさい。また，選んだ理由を，栄一君の実験の結果や豆苗のからだのつくりをふまえて説明しなさい。ただし，育てる期間は７日間とし，切り取る高さは１回目と２回目で同じとします。

2　とろみのついたスープは，なかなか冷めずしばらく熱いままです。そこで栄一君は片栗粉《かたくりこ》でとろみをつけたお湯の温度の下がり方を調べる実験をしてみました。

実験は次のような方法で行いました。

［１］　ビーカーに水を400mL入れる。

［２］　温度計を２本用意し，図１のように１本は液面近くに，もう１本は水の真ん中あたりに固定する。液面近くの温度計を「温度計うえ」，真ん中あたりの温度計を「温度計なか」と呼ぶこととする。

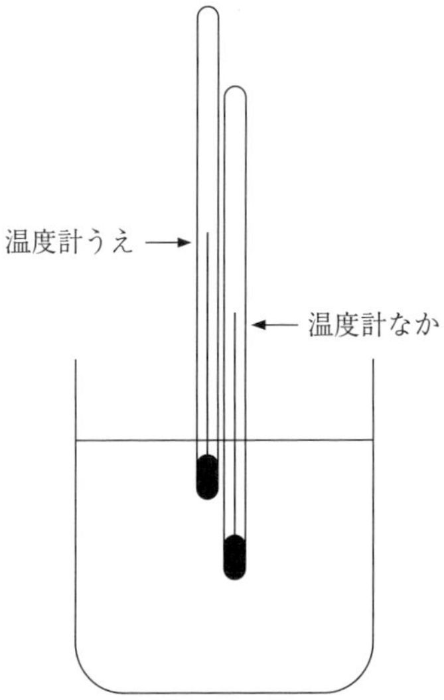

図１　温度の測定方法

［３］　85℃くらいまで加熱する。

［４］　片栗粉12ｇを少量の水でといて［３］の湯に加え，全体を軽くかき混ぜる。

［５］　温度の下がり方を，２本の温度計で測定する。

［６］　片栗粉の量を６ｇにして［１］～［５］と同様の実験を行う。

［７］　水400mLだけの温度の下がり方を同様に測定する。

実験結果は，下の図２のようになりました。

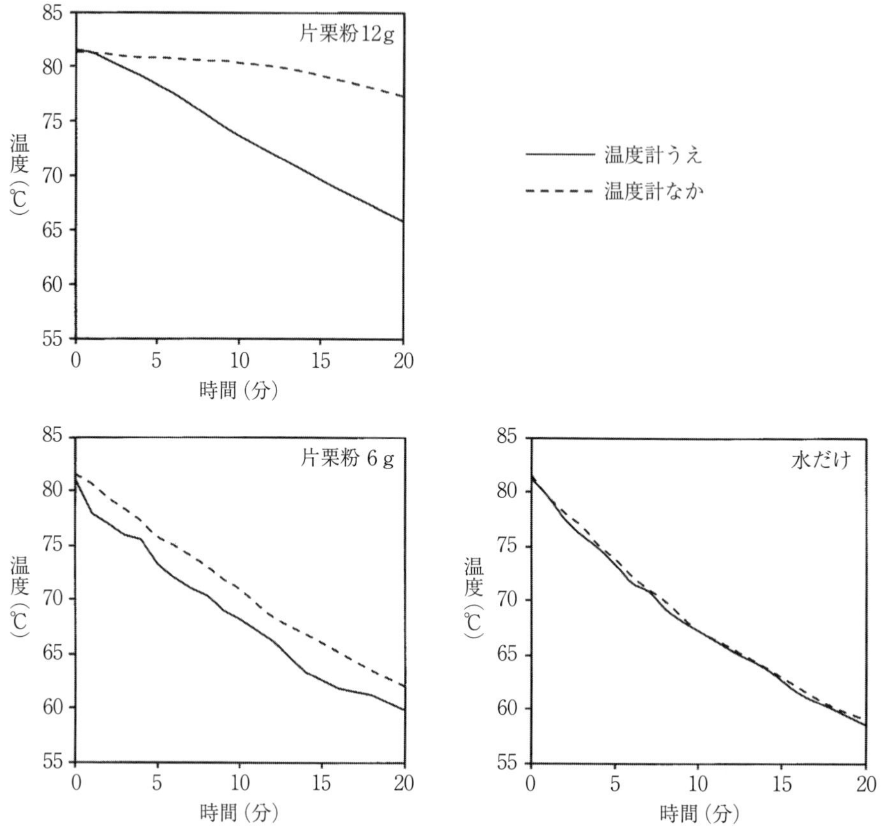

図２　片栗粉を加えた水と，水だけの場合の温度の下がり方

問１　水だけのグラフで，位置による温度の差がほとんどなかったのは，すばやく熱が伝わったからです。この熱の伝わり方を何と言いますか。漢字２文字で答えなさい。

問２　片栗粉６gと12gのグラフで，「温度計うえ」の方が「温度計なか」に比べて早く温度が下がるのはなぜだと考えられますか。

問３　片栗粉12gを入れた場合の温度の下がり方には，片栗粉６gを入れた場合や水だけの場合と比べてどのような特ちょうがありますか。

章太はぶっきらぼうにいって、もってきた重箱をえんがわにおいた。

「まあまあ……」

と、その子のかあさんらしい人が立ってきたが、章太は、

「さよなら」

といってかけだした。

何かいっているのをせなかにきいたが、章太はとちゅうで、ぐんとスピードをあげた。④章太の心がすっとかるくなった。

（灰谷《はいたに》健《けん》次郎《じろう》『海になみだはいらない』）

（注1）かんなくず＝木をかんなで削《けず》って出たくず。

（注2）きびすをかえす＝引き返す。あともどりをする。

問一　傍線部①「章太は先に立って歩きだした。」とありますが、なぜ章太はこのように行動したのですか。

問二　傍線部②「章太の名誉をいくらかでもかいふくするようなことをいってくれた」とありますが、なぜ小宮山先生の発言が名誉を回復するのですか。

問三　傍線部③「ついてないなあ。」とありますが、「ついてない」とはどういうことを指して言っていますか。

問四　傍線部④「章太の心がすっとかるくなった。」とありますが、それはなぜですか。

三

次のカタカナの部分を漢字に直しなさい。

1　夜空のセイザ。
2　ウチュウのかなた。
3　県の新しいチョウシャ。
4　高いバイリツの試験。
5　ピアノのドクソウ。
6　ヨクアサまで待つ。
7　夕暮れのジョウケイ。
8　広大なコクソウ地帯。
9　産業カクメイの歴史。
10　肉をレイゾウする。
11　魚のホネ。
12　教えにシタガう。
13　キビしい指導。
14　勇気をフルう。
15　税金をオサめる。

「章太くんでもそんなことをすることがあるの？」

と、②章太の名誉《めいよ》をいくらかでもかいふくするようなことをいってくれたが、章太はそのとき、もう死んでしまいたいくらいの気もちだった。

教室のざわめきがおさまってから、小宮山先生はいった。

「新しいお友だちをしょうかいします。まちむら・かよさんです。こういう字を書きます」

そういって小宮山先生は黒板に、「町村佳与」と大きく書いた。

「町村さんはずっと都会にいて、いなかのくらしはまったく知らないそうです。環境《かんきょう》がきゅうにかわるとだれでも心ぼそいものでしょう。とくべつになかよくしてあげてくださいね」

小宮山先生はそういった。

章太は、今にも泣きだしそうな声で、へびがいるの、といったその子を思いうかべた。

章太はその日、みんなよりひとあし早く学校を出て、いつもとはちがう道を通って家へ帰った。

その子に会うとこまるという気もちだった。そんなことまでしたのに——。

夕飯のすこし前、かあちゃんが章太をよんだ。

「町村さんのお家に、これをもっていってあげなさい」

そういって、赤飯のはいった重箱《じゅうばこ》を章太にわたそうとした。

章太がびっくりしてとまどっていると、

「あんた、町村さんのお家を知ってるのでしょ。きょう、町村さんのおとうさんとおかあさんがひっこしのごあいさつにこられて、あんたのこと話しておられたワ。町村さんのお嬢《じょう》さんといっしょのクラスになったんでしょ」

と、かあちゃんはいった。

かあちゃんが章太に重箱をおしつけようとしたので、章太は、

「いややで。ぼく、いかへん」

といった。

「どうしたの。この子。へんな子ねえ」

と、かあちゃんはいうし、

「章ぼうらしくないねえ」

と、章太のばあちゃんもいった。

けっきょくは、章太はとうちゃんにげんこつを一つもらって、しぶしぶその子の家へおつかいにいった。

（③ついてないなあ。ぼく不幸や）

章太は口の中でぶつぶついいながら歩いた。

その子の家について、大きな声で、

「ごめんください」

といったのに、だれも出てこなかった。しかたがないので、章太は明かりのもれているえんがわの方にまわった。

ガラスごしに中のようすを見て、章太はびっくりした。

その子と、見おぼえのあるひげの人が手をうしろにくんで、口につけた牛乳びんをぶらぶらさせながら、「ぞうさんぞうさん」のあそびをやっていたのだった。

そばで、その子のかあさんらしい人がわらっていた。

章太がもう一ど、

「ごめんください」

といったら、その子はこっちを見て、かわいい悲鳴をあげ、それから、あわててひげの人のうしろにかくれた。

「いややわあ。はずかしいわあ」

と、その子がいった。

「かあさんから」

といって（注2）きびすをかえした。そして、かけた。
なにかとてもおしい気もちだったが、そんな気もちをふりきるように全速力でかけた。

すこしもほんとうのように思えないのに、ちゃんとほんとうになっていくことってあるんだなあと章太が思ったのは、つぎの日、その女の子とふたたび会ったときだ。
しかし、そのとき、おまけがついた。
おまけというのは、ふだんの章太らしくないことをしているところを、その子に見られてしまったというありがたくないおまけだった。
日ごろ、章太はみんなにまじってわるふざけをするというようなことは、ほとんどない。
ほんとうにその日は運がわるかったというよりしかたなかった。
「ぞうさんぞうさん、おはなが長いのね」というあそびをやっていたのだ。
からの牛乳びんを口におしあてて、うんといきをすいこむと、牛乳びんは口にくっついておちなくなる。
まわりのものが、
「ぞうさんぞうさん、おはなが長いのね……」
という童謡《どうよう》をうたうと、それにあわせて、口にくっついた牛乳びんをぶらぶらふるというわけだ。
くるしくなって、いきをすいこむ力がなくなると、牛乳びんがおっこちて、その子の負けというあそびだった。
すこしでも長く、牛乳びんをくっつけておこうとして、みんな四苦八苦する。そのときの顔がすごくおもしろいのだった。
そのあそびは、章太がだんぜん強かった。あたりまえだ。毎日海にもぐっているから、ほかの子にくらべてばつぐんに、肺活量がある。
そのときの章太は、十三人も勝ちぬいていた。
「ぞうさんぞうさん、おはなが長いのね。そうよ、ぞうさんは……」
みんなむちゅうだった。
先生が教室にはいってきたことに気がつかなかった。
「これこれ。みんな、何をしているの？」
担任の小宮山《こみやま》先生の声で、おおかたの子はあわてて机の前にすわった。
むちゅうになって、声えんをおくっていた何人かと、ぞうさんになって、きそいあっていた章太と進一《しんいち》には、先生の声がきこえなかった。むせきにんなものだ。今までみんなで楽しんでいたのに、いすにすわったものは、とりのこされた章太たちを見て、くすくすわらっている。
「これ。章太くん。進一くん」
小宮山先生の大きな声で、びっくりしてふりむくと、あの子が、先生とならんで立っていたのだった。
その子は章太に気がついていたのか、章太の顔を見てすこしわらっていた。
章太はすごくはずかしかった。
あわてていすにすわったのだが、その章太の顔を見て、みんな、どっとわらった。
十三人勝ちぬいてきたということは、ずいぶん長い時間、牛乳びんを口にくっつけていたことになる。
章太の口のまわりには、牛乳びんの口の形が、くっきりとついていたというわけだ。
小宮山先生までわらいころげている。
章太はどんな顔をしていいのかわからない。
やっとわらいをおさめた小宮山先生は、

それで、①章太は先に立って歩きだした。

歩きながらその子に、

「へび、きらい？」

ってきいてしまった。まぬけだなあと章太は思った。

(そんなことあたりまえじゃないか。どうかしているぞ)

章太はあわてて、

「どこへいくの？」

と、また、きいた。

その子は、前と同じようにごめんなさいといった。

よく、ごめんなさいっていう子だなと章太は思った。しかし、それはとても感じがよかった。

「坂井《さかい》さんのお家《うち》の夏みかん畑のすみに、古いお家があるでしょ。そこ」

その子の声はすこし明るくなっていた。

「お化け屋敷《やしき》？」

ときいて、章太はまた、しまったと思った。

坂井さんというのは、ひさしくんの家の名前で、その子のいう古い家はずっと前から空き家だったのだ。

ひさしくんのおじさん一家がすんでいたところだが、都会に出てしまってからずっとだれもすんでいない。

あれはててお化けが出そうなところだから、章太たちは、きもだめしをするのにつかったことがあるのだ。

章太がお化け屋敷？　とたずねたので、その子はへんな顔をした。

こわそうな顔じゃなくて、へんな顔をしたので、章太はすこしほっとした。

「あそこ、空き家だけど……」

その子はちょっとわらった。

「そこ、わたしのお家になったの。もうすんでる」

その子はそういった。

章太はびっくりして、その子の顔をまじまじと見た。

その子はちょっと首をかしげて、どうしたの、というふうに、章太を見かえした。

章太はどうしてか、むねがどきどきした。

「ほんと？」

とたずねた。ちょっと声がかすれた。

「ほんと」

と、その子はいった。とてもすなおな感じだった。

その子の家にきてみると、(章太にとってはお化け屋敷なのだが)家の中からかなづちの音がした。

「ただいま」

その子が家の中にむかってそういったら、

「おう」

と声がして、あごにいっぱいひげをはやした人が、やねうらのまどから顔をつき出した。ひげに(注1)かんなくずがついていた。

章太を見て、

「やあ」

といった。目がとてもやさしい人だった。章太はちょっと頭をさげた。

「あのね、おとうさん……」

その子がそういいかけた。

章太はどうしてか、その子がそのひげの人に、自分のことをきっと話すだろうと思った。

章太はあわてて、

「さようならァ」

二　次の文章を読んで、あとの問に答えなさい。

小学四年生の章太《しょうた》は、島で生まれ育った少年である。腕《うで》のよい漁師だった「トクじい」からもぐりを教わったため、もぐりの腕なら誰《だれ》にも負けない。学校《がっこう》から帰ると、毎日のように海にもぐって遊んでいる。

章太がその女の子をはじめて見たのは、県道からひさしくんの家の夏みかん畑にいく、ほそい道のとちゅうだった。

見たことのない子だなと思いながら通りすぎようとしたら、泣くような声で、

「へび……が……いる……の」

といった。

見ると二メートルほど先に、大きなヤマカガシがねそべっていた。

章太はヤマカガシのしっぽをつかまえると、それを、頭の上でぶんぶんふりまわして遠くへなげとばした。

その子はおびえたようにそれを見ていた。

章太がゆきかけたら、その子は、

「ありが……とう……」

といった。

やっぱり声がふるえていた。

章太はちょっとしんぱいになった。なんにも知らない子らしい。

章太は二、三歩近づいて、その子に声をかけた。

「あのへび、ヤマカガシっていうんだけど知ってる?」

ううんと、その子は首をふった。

色のすごく白い子だった。

「アオダイショウってへび、知ってる?」

やっぱりその子は首をふった。

その子の目は、いちばんいいときの海のようにすきとおって、ふかい色をしていた。

すこし、まぶしくなって章太は声がかすれた。

「マムシって……へび……知ってる?」

その子はじっと章太の目を見て、首だけふった。

「マムシは気をつけたほうがいいよ。どくへびだから。だけど、マムシを知らなかったらしようがないなあ……」

章太はこまった。

「つちのこって知ってる?」

やっと、その子はこっくり首をおった。

つちのこは、じっさいにいない動物だけれど、まぼろしの怪物《かいぶつ》といわれて、よく少年雑誌にその絵がのっている。

「つちのこみたいにずんぐりしているへびだから、じきわかるよ。頭も三角だから……」

その子は泣きだしそうな顔になった。

「このへんに……いるの?」

「うん。ときどき……」

章太は親切でいったつもりだったが、よぶんなことをいったような気がした。それで、

「めったに出てこないから……」

といいわけがましくいった。

その子はおびえきってしまった。もう、半分泣きだしそうだった。

章太のせなかにかくれるように、よりそってきた。

どうしようと章太は思った。

ちょっと勇気を出して章太はいった。

「どこへいくの? ぼく、いっしょについていってあげてもいいよ」

その子は、ごめんなさいといった。

結果を招いてしまったのではないかと思います。

ただ、ありがたいのは、漁師さん側にも、③そういうことをいってくれる人が出てきたことです。私もあちこちの海をいろいろ見て歩くと、「これはまずかった。この港をつくったから、この海域が悪くなって海藻が生えなくなったのではないか。魚がとれなくなったのではないか」ということを感じるわけです。

それ以来、ずっと胸を痛めてきましたが、いみじくも漁師さんの側からもそういう発言が出だしているのが、いまの日本の海だと思います。

日本の国を豊かにしようと思って、工業化を進めてきた結果、④自然の海がなくなってきたということです。自然の海というのは何の役にも立っていないようで、よく見ていると役に立っているのです。砂浜一つひとつにしても、また干潟一つにしても、じっと観察すれば非常に役に立っているのです。水の浄化《じょうか》になっていたり、生き物たちの産卵《さんらん》場や育成場になっていたりすることが見えてきます。日本の海は、日本が島国だけに、工業化に伴う海の埋め立ての占《し》める割合が大きかったのが特徴《とくちょう》だったように思います。

（渋谷《しぶや》正信《まさのぶ》『海のいのちを守る―プロ潜水士の夢―』）

（注1）　まず＝本文には書かれていないが、筆者はこの文章の後に「国外の海」について述べている。

（注2）　懺悔＝過去の自分のあやまちなどを他者に告白すること。

（注3）　斜路＝舟を海から引き揚げたりおろしたりするためにつくられた斜面。スロープ。

問一　傍線部《ぼうせんぶ》A「大仰な」B「いみじくも」の意味として最も適当なものをあとの中から選び、それぞれ記号で答えなさい。

A「大仰な」

ア　重大な　　イ　おおげさな

ウ　おおざっぱな　　エ　不正確な

オ　わざとらしい

B「いみじくも」

ア　意外にも　　イ　おどろいたことに

ウ　はっきりと　　エ　不思議なことに

オ　まことにうまく

問二　傍線部①「埋め立てが進みました。」とありますが、昔はなぜこれほどまでに「埋め立て」をおし進めたのでしょうか。

問三　傍線部②「防波堤をつくったので、潮の流れが変わって」とありますが、これ以外に漁師さんがあげている、海産物がとれなくなった原因を二つ答えなさい。

問四　傍線部③「そういうこと」とはどういうことですか。二十字以内で答えなさい。（字数には句読点等もふくみます。）

問五　傍線部④「自然の海がなくなってきた」とありますが、筆者の考える「自然の海」とはどのようなものですか。

していた高齢《こうれい》の漁師さんでした。私も縁《えん》があって、増毛の海の調査をずっと続けていて、十年近くになっていました。

その日の調査が一段落して、港で次の準備をしていたところ、その漁師さんが漁を終えて港に帰ってきました。船揚場《ふなあげば》があって、漁師さんが舟《ふね》を揚《あ》げていたのですが、その方は年をとっていたので、その作業が大変そうにみえました。それで、そばに行って舟を支えたりして(注3)斜路《しゃろ》に引き揚げるのを手伝いました。

すると、その漁師さんが「あんた方《がた》、何やってるのさ」と北海道弁で聞いてきました。「海藻《かいそう》を増やすのにどうやったらいいか、調査をやってるんです」。「ふーん」といって、「増毛もだめになったもんな。いや、だめになったべ」。「昔は、増毛は(魚介類がとれて)すごかったんですよね」というと、「うん、昔は山のように魚がとれた。でも港が立派《りっぱ》になればなるほど、魚とれなくなるんだ」と、その漁師さんがBいみじくも、そういったのです。

港が立派になればなるほど、何か知らんけど魚とれなくなるんだよな、と洩《も》らしたわけです。現役《げんえき》の年のいっている漁師さんの口から、はっきりとその言葉が聞かれました。

そして、②防波堤《ぼうはてい》をつくったので、潮の流れが変わって魚もすみづらくなって、どんどん魚がとれなくなってきた、といって笑っていました。

潮の流れというのは、私たちが想像する以上に、海の生き物に大きく影響《えいきょう》するようです。人工物をつくって、ある場所の潮の流れがほんのちょっと変わっただけでも、海にとってはそれがかなり大きなダメージになっていくと思われます。

港ができて生活が便利になった半面、どんどん魚がとれなくなってきたという、漁師さんの言葉は、確かに的を射ていると思います。以前、やはり北海道のある漁業組合《くみあい》の方と磯《いそ》焼け(＝海藻が消失して海の中が砂漠《さばく》のようになること)の話をしていたとき、古老の漁師さんがいました。「昔は昆布《こんぶ》もたくさん生えていたし、ウニもたくさんとれた。大学の先生なんかは、いまはウニが増えたから昆布がとれなくなった、というけれど、おれらの小さいころはウニもどっさりいたけど、昆布もたくさん生えてた。これをどうやって説明するんだ」といっていました。

さらに、「確かに水温が上がったせいもあるかもしれないけれど、山から海藻や生き物に必要な栄養分が海に行かなくなったのだろう。だって海岸線に道路ができて、海岸線はコンクリートで固められているのだから、山からの養分も出ていかないんだろう」と、このように漁師さんなりの感覚の話が出ていました。

それから、「昔はタコでもニシンでも、とってきたら、みんな浜でさばいて、さばいたカスや洗ったカスはみんな海に流していたんだ。あれはきっと栄養になっていたのではないか」というわけです。

さらに、「それをいまはあれをやっちゃだめ、これはやっちゃだめで、海にそんなことをしたらすぐ罰《ばっ》せられてしまう。それを全部処理しなければいけない。それも化学薬品を使って処理しなければいけない」と話してくれました。

実は私も、そのことは海に潜《もぐ》りながら敏感《びんかん》に感じていました。私自身もプロの潜水士として、港づくりや防波堤づくりは専門であり、さんざんそれらをつくってきた側ですから、痛いほど漁師さんのいうことがわかるのです。でも、港をつくってほしいというのは、漁師さんたちからの要望でもあったわけです。

日本はこれまで、土地開発として干潟や湾岸を埋め立てたり、魚をとって豊かになるために漁港をつくったり、交通の便をよくしようと思って島や半島の先まで道路をつくったりしてきたのですが、あとになってみると、それが結局は、魚がとれない、海藻が生えないという

平成二十七年度 栄光学園中学校

【国語】（五〇分）〈満点：七〇点〉

（注意） 配付されたもの以外の下じき・用紙は使わないこと。

一 次の文章を読んで、あとの問に答えなさい。

環境破《かんきょうは》壊《かい》などというと、なにかA大仰《おおぎょう》な感じがしないわけでもないのですが、確かに私たち人間は海や山などの自然環境を壊《こわ》したり、悪くしたりするようなことを、開発という名のもとに、さんざん行ってきました。

（注1）まず日本の海から見ていきますと、日本は小さな島国なのに、人間の生活を便利にするということで、海岸線に沿って道路をつくったり、橋をつくったり、港をつくったりしてきました。

日本は工業化が進むにつれて、海がどんどんと埋《う》め立てられて、海岸線が人工化されたものへと変わっていったのです。環境破壊をあえてやったわけではないのですが、国民の生活を豊かにしようということで開発がどんどん進められ、その結果として、私たちの予想をはるかに超《こ》える自然環境の破壊へと至ったと思います。

いま考えてみると、もっと海のことを考えてあげればよかったのではないかというくらい、①埋め立てが進みました。たとえば、東京湾《わん》などはほとんど自然の海岸線がないのではないかと思えるほどで、その大部分が埋め立てによる人工物になってしまっています。

干潟《ひがた》や浅瀬《あさせ》などの砂浜《すなはま》地帯はみんな役に立たないというような考えだったのでしょう。それで干潟を見れば、こんなところはすぐ埋め立てて、経済発展に役に立つ工場を建てたり、飛行場をつくったりしたほうがよいということになり、そういう方向にどんどん進んでいったものと思われます。

こうした埋め立ては、東京湾をはじめ名古屋《なごや》の伊勢《いせ》湾、大阪《おおさか》湾、福《ふく》岡《おか》の博多《はかた》湾など、最初は大都市だけでしたが、やがてそれが大都市近県にも及《およ》び、さらにその後、地方都市へもどんどん進んでいったのです。こうして、全国各地の海も次々と埋め立てられて人工物をつくることになり、結局、自然の海が非常に少なくなってきたというのが、日本の海の現状といえます。

港についても同様です。こんなことをいうと漁師さんは怒《おこ》るかもしれませんが、漁業的に見て、こんなところにも港をつくる必要があったのか、というような場所にまで港をつくりました。漁業の人が数名程度しかいないようなところにも港をつくってきたのです。

港をつくるというのは、漁師さんの船を守るということもあるのですが、一方で、それは潮の流れを変えてしまうことにもなります。漁港をつくったために、その近辺の海の環境が変わってしまったり、悪《あっ》化《か》してしまったりするわけです。そのため当然、魚介《ぎょかい》類がとれなくなってきたということが実際に起きています。私は北海道《ほっかいどう》から沖縄《おきなわ》までずっとそういうところを見させてもらっているので、本当にそれを強く感じます。

このへんで誤解がないように、私自身のやってきたことも付け加えておかねばなりません。私は、港をつくったり、海を埋めたりと、最前線で潜水《せんすい》工事をしてきた張本人です。ですから、海の自然環境に直接手を加えてきた人間だともいえます。ですから、自分は正しいという立場から日本の海の現状を話すつもりはサラサラありません。むしろ、日本中の海の自然環境を何らかの形で破壊してきたことの見直しと（注2）懺悔《ざんげ》の思いも込《こ》めて、現状を自分のためにも見たものです。

あるとき、私は北海道の日本海側にある増毛《ましけ》という漁港で、一人の漁師さんと言葉を交《か》わしたことがありました。その方は古くから漁を

平成27年度

栄光学園中学校

▶解説と解答

算　数　(60分) <満点：70点>

解　答

1 (1) ①　解説の図②を参照のこと。　②　20回　③　解説の図③を参照のこと。　(2)　7枚／図…解説の図⑥を参照のこと。　(3)　25枚，75枚　**2** (1)　$8\frac{4}{7}$分　(2)　時間…$12\frac{6}{7}$分，比…5：7　(3)　3：1　**3** (1)　9260　(2)　1，2，3，4，5，6，7，8，9，10，11，12　(3)「1～9，13～19，25～29，38，39」　(4)　5039　**4** (1)　(あ)　(2)　(か)，(き)　(3)　(例)　解説を参照のこと。　(4)　2等分，3等分，4等分，6等分，12等分

解　説

1 **整数の性質，図形と規則。**

(1)　①　裏《うら》返す駒《こま》に1回目から順に番号をつけると，右の図①のようになる。よって，10回裏返すとすべての駒を1回ずつ裏返すことになるから，右の図②のようになる。　②　11回目は再び矢印の駒から裏返すことになるので，図②の状態からあと10回裏返すと，すべての駒が白になる。よって，初めの配置にもどすためには全部で，10＋10＝20(回)裏返せばよい。　③　20回ごとに初めの配置にもどるから，2015÷20＝100余り15より，2015回裏返したときの状態は，初めの配置から15回裏返したときの状態と同じになる。また，図①から10回裏返すと図②のようになるので，図①から15回裏返したときの状態は，図②から，15－10＝5(回)裏返したときの状態と同じになる。初めの5回で裏返すのは1～5番の駒だから，図②の1～5番の駒を裏返すと，右上の図③のようになる。

図①
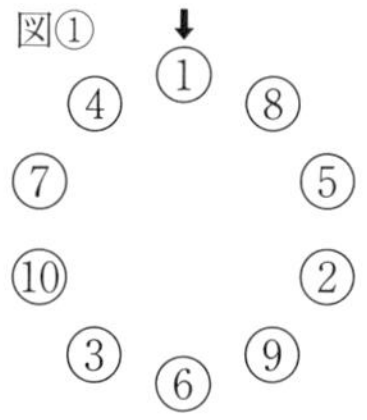

図②
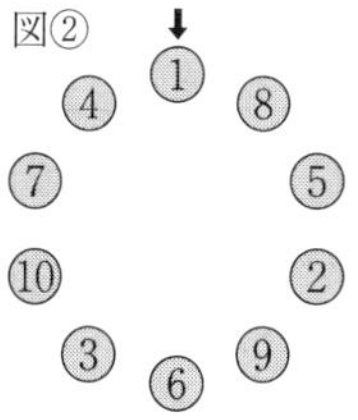

図③
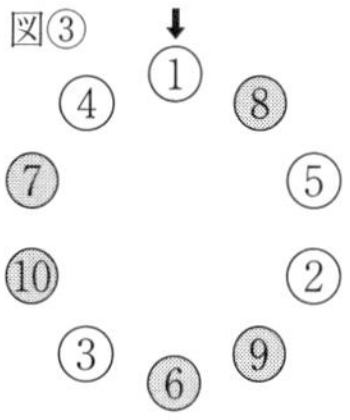

(2)　右の図④で，初めの黒の枚数は5枚である。1～10回目に裏返すとき，1，8，5，2，9番の駒を裏返すときは黒の枚数は1枚減り，6，3，10，7，4番の駒を裏返すときは黒の枚数は1枚増えるので，黒の枚数は右下の表1のようになる。また，10回裏返したときの配置は右上の図⑤のようになる。よって，11～20回目に裏返すときの黒の枚数の増減は，1～10回目のと

図④
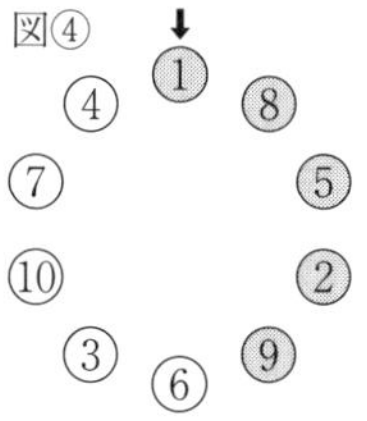

図⑤
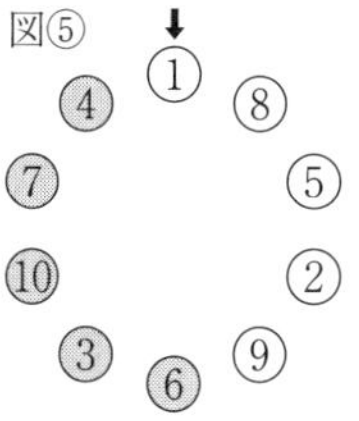

図⑥
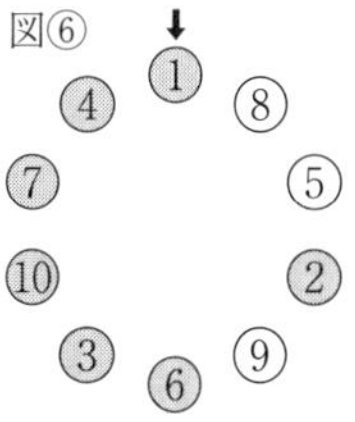

表1

番号	初め	1	2	3	4	5	6	7	8	9	10
黒の枚数(枚)	5	4	3	4	5	4	5	6	5	4	5

−1　−1　+1　+1　−1　+1　+1　−1　−1　+1

きの増減の逆になるから，右の表2のようになる。20回ごとに初めの配置にもどるので，黒の枚数は最多で7枚になることがわかる。また，初めて7枚になるのは図⑤の状態から2回裏返したときだから，上の図⑥のようになる。

表2

番号	初め	1	2	3	4	5	6	7	8	9	10
黒の枚数(枚)	5	6	7	6	5	6	5	4	5	6	5

+1　+1　−1　−1　+1　−1　−1　+1　+1　−1

(3)　駒の枚数が3の倍数でない場合と3の倍数の場合に分けて考える。駒の枚数が3の倍数でない場合は，(1)と同じように考えることができる。つまり，50回で再び元の配置にもどるので，$50 \div 2 = 25$(回)ですべての駒が1回ずつ裏返されることになる。よって，このときの駒の枚数は25枚である(右上の図⑦を参照)。次に，駒の枚数が3の倍数の場合，上の図⑧のように駒の枚数を，$3 \times 25 = 75$(枚)にすると，1～25回目に1～25番の駒を裏返し，26～50回目に再び1～25番の駒を裏返すことによって，元の配置にもどる。したがって，考えられる駒の枚数は25枚と75枚である。

図⑦

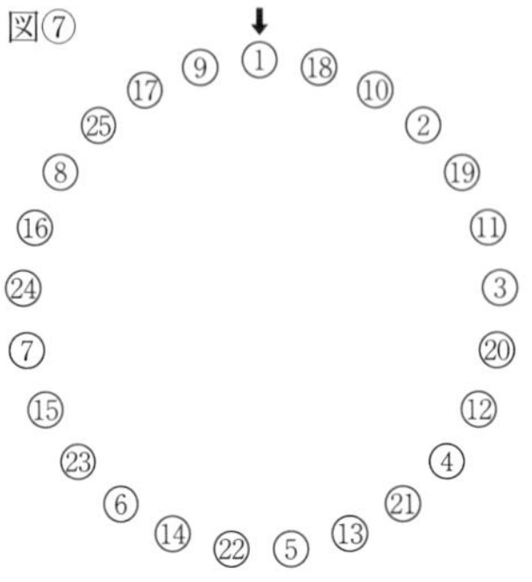

図⑧

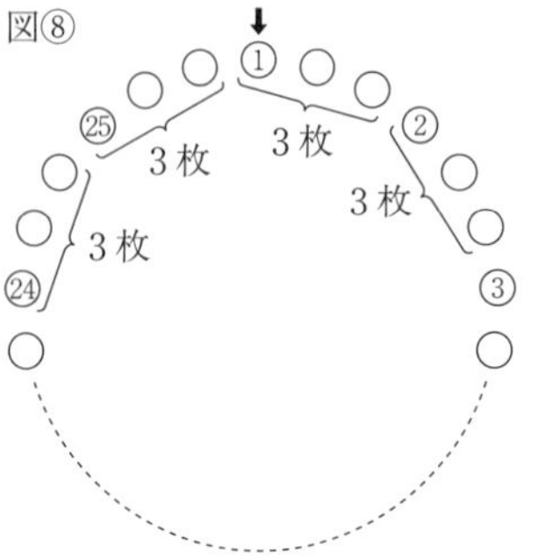

2　仕事算。

(1)　水そうアの容積を20と15の最小公倍数である60とすると，Aから1分間に入る水の量は，$60 \div 20 = 3$，Bから1分間に入る水の量は，$60 \div 15 = 4$となる。よって，A，Bから水そうアに水を入れると，いっぱいになるのに，$60 \div (3+4) = \frac{60}{7} = 8\frac{4}{7}$(分)かかる。

(2)　右の図①のように，装置Xによってアとイに分けられる水の量の割合をそれぞれ毎分x，毎分yとする。水そうイの容積は，$60 \div 2 = 30$だから，A，Bから水そうア，イに入れた水の量の合計は，$60 + 30 = 90$となる。よって，いっぱいになるまでの時間は，$90 \div (3+4) = \frac{90}{7} = 12\frac{6}{7}$(分)とわかる。また，このとき水そうイには$\frac{90}{7}$分で30の水が入ったので，$y = 30 \div \frac{90}{7} = \frac{7}{3}$となる。したがって，$x : y = \left(4 - \frac{7}{3}\right) : \frac{7}{3} = 5 : 7$と求められる。

図①

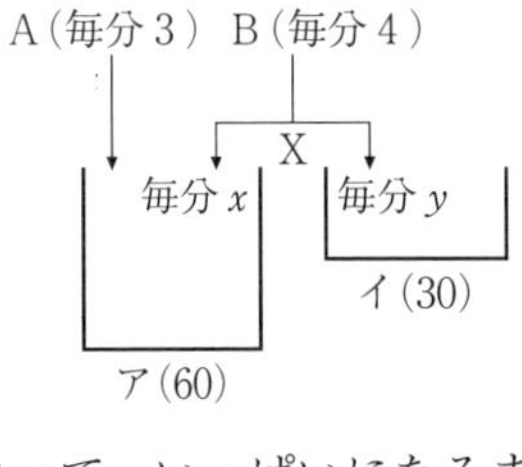

図②

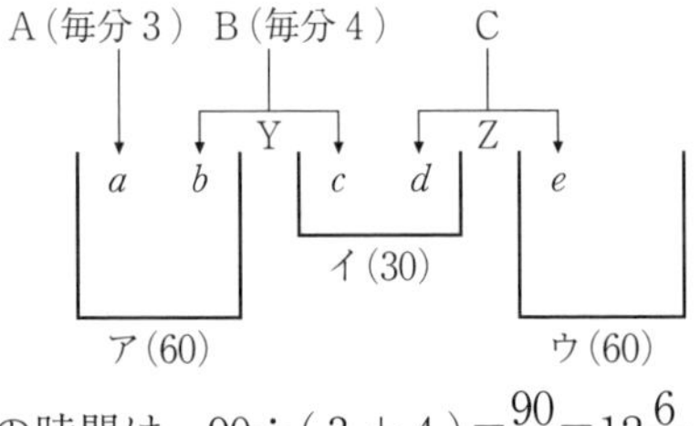

(3)　右上の図②のように，注水口から(または装置によって分けられて)水そうに入った水の量をそれぞれa，b，c，d，eとすると，$e = 60$であり，$d : e = 1 : 3$だから，$d = 60 \times \frac{1}{3} = 20$とわかる。よって，$c = 30 - 20 = 10$と求められる。また，$a + b = 60$なので，$a + b + c = 60 + 10 = 70$となる。さらに，$a : (b + c) = 3 : 4$だから，$b + c = 70 \times \frac{4}{3+4} = 40$となる。したがって，$b : c = (40 - 10) : 10 = 3 : 1$である。

3　割合と比。

(1)　$A \times (1 + 0.08) = A \times 1.08$の値が10000以上10001未満になる。よって，Aの値は，$10000 \div$

1.08＝9259.…以上，10001÷1.08＝9260.…未満の整数だから，9260と決まる。

(2)　消費税がかからない金額を求めればよい。1÷0.08＝12.5より，消費税がかかるのは税抜《ぬ》き価格が13円以上の場合とわかるので，Bに入る数は{1，2，3，4，5，6，7，8，9，10，11，12}である。

(3)　消費税が8％のときは，税抜き価格が12.5円上がるごとに消費税が1円ずつ上がる。また，1÷0.1＝10より，消費税が10％のときは，税抜き価格が10円上がるごとに消費税が1円ずつ上がる。よって，右上の図1のように表すことができるから，消費税が変わらないのはア～エの部分とわかる。ここで，境界線上にある金額の消費税は右側の金額になる(たとえば消費税が8％のとき，税抜き価格が25円の品物の消費税は2円になる)ことに注意すると，Cに入る数は，「1～9，13～19，25～29，38，39」となる。

図1

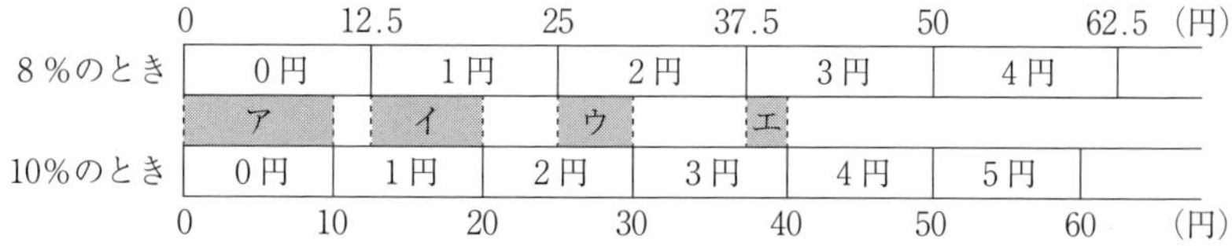

(4)　図1から，税抜き価格が50円のとき，1円未満を切り捨てることなく，消費税の差がちょうど1円になることがわかる。つまり，税抜き価格が50円上がるごとに，消費税の差は1円上がることになる。よって，消費税の差がちょうど100円になるのは，税抜き価格が，50×100＝5000(円)のときである。そこで，図1の税抜き価格を5000円ずつ上げると，8％のときの消費税は，5000×0.08＝400(円)ずつ，10％のときの消費税は，5000×0.1＝500(円)ずつ上がるので，上の図2のようになる。図2で，ア′～エ′の部分の消費税の差は100円だから，Dに入る最も大きい数は5039である。

図2

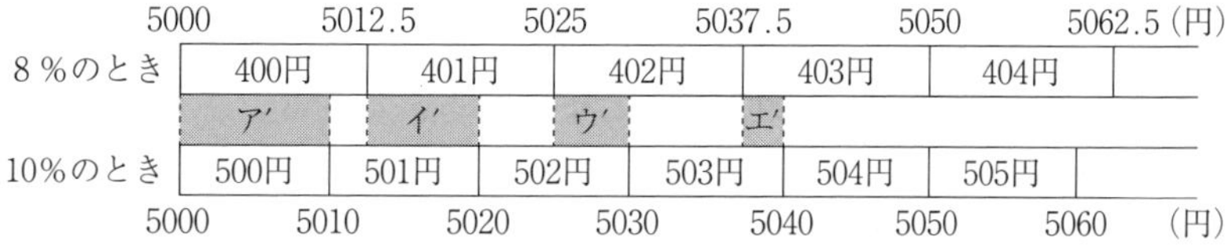

4　立体図形―構成，角度。

(1)　下の図①の矢印の方向から見たとき，斜線《しゃせん》をつけたイチゴの中心は，ケーキの中心と重なって見える。また，かげをつけたイチゴの中心は，ケーキの外側から5cm離《はな》れたところ(図の太点線)よりも内側に見える。よって，正しい図は(あ)である。

(2)　イチゴが4個見える場合と6個見える場合に分けて考える。下の図②の矢印の方向から見たとき，斜線をつけたイチゴの中心は，ケーキの外側から5cm離れた部分に見える。また，★印をつけた三角形は正三角形を半分にした形の三角形だから，アの長さは，5÷2＝2.5(cm)である。さらに，イチゴは半径が1cmの円に見えるので，イの長さは，5－(2.5＋1＋1)＝0.5(cm)とわかる。よって，斜線をつけたイチゴとかげをつけたイチゴは離れて見えるから，4個見える場合は(か)のようになる。次に，下の図③の直線aのように，斜線をつけた2個のイチゴがちょうど接して見えるような方向から見たときを考える。このとき，かげをつけた1個のイチゴの中心を通るように，直線aと平行な直線b，cを引くと，これらの直線はかげをつけたもう1個のイチゴと接することになる。つまり，かげをつけた2個ずつのイチゴはそれぞれ重なって見えるから，6個見える場合は(き)のようになる(直線dのように，かげをつけた2個のイチゴがちょうど接して見えるような方向から見ると，かげをつけたイチゴと斜線をつけたイチゴが重なって見えるので，(く)や(け)のように見えることはない)。

図①

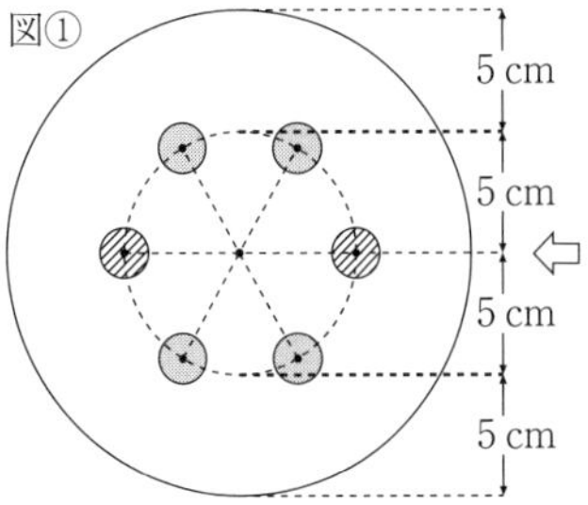

図②

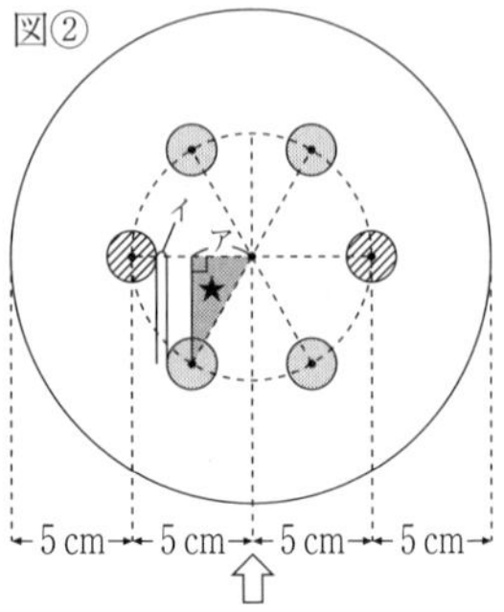

図③

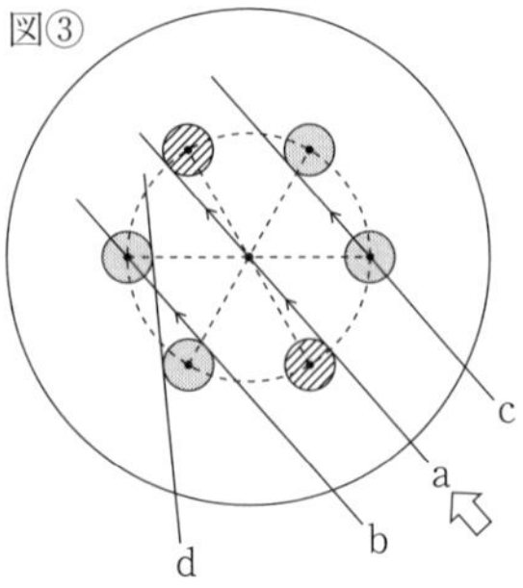

(3)　13等分以上にするには，イチゴがのっていないケーキを，13－6＝7(個)以上作る必要がある。また，右の図④のBの部分は6か所しかないから，Bの部分の少なくとも1か所を2つ以上に分ける必要がある。このとき，分けられた部分の中心角は，36÷2＝18(度)以下となり，Aの部分の中心角よりも小さくなってしまう。よって，13等分以上にすることはできない。

図④

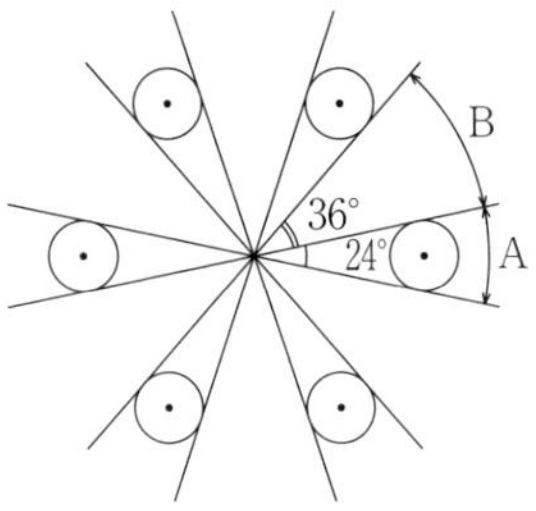

図⑤

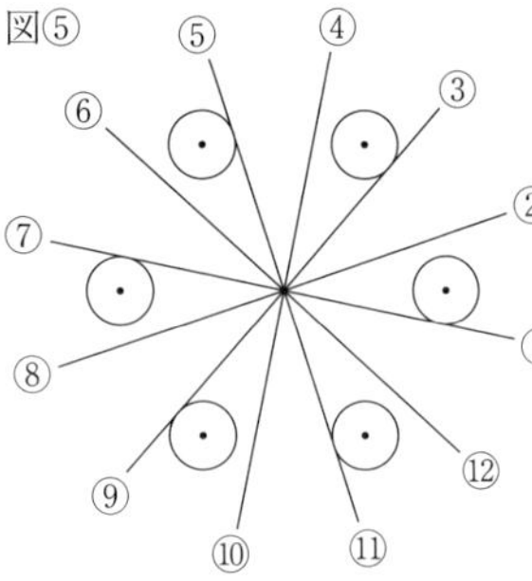

(4)　初めに，右上の図⑤のように①～⑫の直線で12等分する。図⑤で，①⑦だけを残すと2等分され，①⑤⑨だけを残すと3等分され，①④⑦⑩だけを残すと4等分され，①③⑤⑦⑨⑪だけを残すと6等分される。よって，考えられるのは，2等分，3等分，4等分，6等分，12等分となる。なお，7等分，9等分ができない理由は，8等分ができない場合と同じように説明できる。また，5等分の場合，右の図⑥のかげをつけたケーキのように，イチゴが2個のったケーキができることになる。そのケーキの中心角は，24×2＋36＝84(度)以上になるが，5等分したときの1個分の中心角は，360÷5＝72(度)なので，5等分することはできない。さらに，10等分の場合，イチゴがのっていないケーキの数は4個だから，右上の図⑦のかげをつけた部分のように，イチゴがのっているケーキが連続する場所が必ずある。このとき，ケーキ2個分の中心角は84度以上だから，1個分の中心角は，84÷2＝42(度)以上になる。一方，10等分したときの1個分の中心角は，360÷10＝36(度)なので，10等分することはできない。同じ理由で，11等分もできないことが説明できる。

図⑥

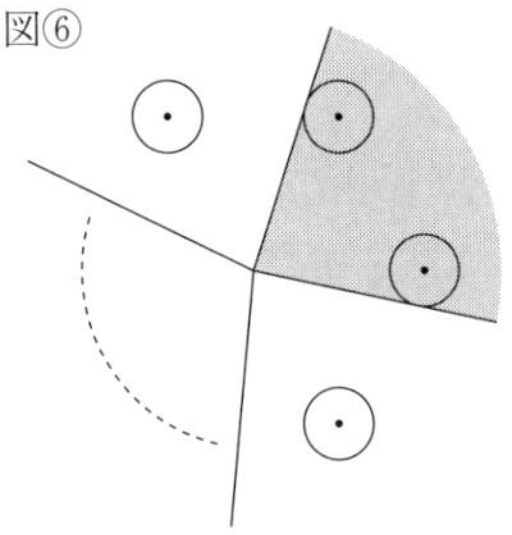

図⑦

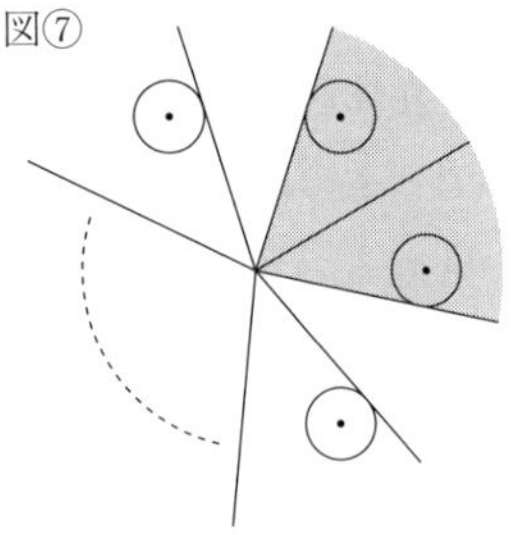

社　会　(40分)＜満点：50点＞

解　答

Ⅰ 問1　イ　　問2　イ　　問3　(例)　木の根を掘り出すと森林が雨水をたくわえられなくなり，大雨が降ると水が一気に川へ流れ込むから。対策としては，森林がよく育つように手入れすることや，植林に努めることが必要となる。　問4　火山灰　　問5　ウ　　Ⅱ 問1　ウ　　問2　ひのき(木材)　　問3　(例)　河川によって運ばれてきた土砂が堆積しやすくなり，川底が浅くなってしまうから。　　問4　鹿児島(県)　　問5　ア，エ　　問6　(例)　西洋の技術や学問を導入し，富国強兵政策を進めるため。　　問7　(例)　陸路には多くの川や水路が入り組んで流れており，川には橋も架けられていなかったから。　　Ⅲ 問1　豊田(市)　問2　ア　　問3　(例)　雨水をためておくため池をつくること。　　問4　(例)　半島中央部の比較的標高の高い丘陵地帯。　　問5　(例)　用水路ができたころは農業用水としての利用が大きな割合をしめていたが，近年は工業用水としての利用の割合が最も多く，生活用水としての利用がこれについでいる。これは，伊勢湾沿岸部の工業地域が発展したことと，名古屋市周辺の宅地開発が進んだことから，工業用水や生活用水の需要が高まったためと考えられる。

Ⅳ (例)　水害に苦しめられてきた木曽三川の下流域に住む人びとは，川沿いに堤防を築き，集落や田畑を堤防で囲む輪中をつくるなどの工夫をしてきた。また，水不足に悩まされてきた知多半島の人びとは，農業用水を確保するのに雨水をたくわえるため池をつくるといった工夫をしてきた。　　Ⅴ (例)　木曽三川の分流工事や愛知用水の建設にあたっては，幕府や県，政府に対して手紙を書いたり，訪ねたりするなど，地域に住む人びとが熱心な働きかけをしたことが幕府や政府を動かし，工事を実現させたといえる。また，いずれの場合も幕府や政府が工事の必要性や公共性の高さを認識し，多くの費用を負担したことで工事を行い，完成させている。

解　説

Ⅰ 三大都市圏と河川を題材とした地理の問題。

問1　2013年10月時点の日本の総人口は約1億2730万人。そのうち，東京の中心から半径50km以内には約3313万人が住んでいるから，イがふさわしい。統計資料は『日本国勢図会』2014／15年版による(以下同じ)。

問2　日本の国土の地形区分別の割合は，山地61.0%，丘陵《きゅうりょう》地11.8%，台地11.0%，低地13.8%，その他2.4%となっている。したがって，台地と低地を合わせると24.8%ということになる。

問3　樹木は山々に根を張ることにより，土と根のすきま，葉を落とした土の表面などに多くの水をたくわえる。そうした水が土中にしみ込《こ》んで地下水となり，わき水として少しずつ流れ出ていく。したがって，多くの樹木があるほど地中に水をたくわえる力が強いことになり，樹木の少ない山は大雨が降ると水が一気に川を流れ下るので洪水が起こりやすく，土を支える木の根が少ないので土砂崩《くず》れも起きやすくなる。こうした被害を防ぐには，山の樹木がよく育つように間伐《かんばつ》や枝打ちなど森林の手入れをしっかり行うことや，植林に力を入れることが必要となる。

問4　1783年に起きた浅間山の大噴火は，溶岩流や火砕《かさい》流などにより周辺の村落に多大な被害を与え，死者は1600人を超《こ》えた。このとき関東平野の広い地域に降り積もった火山灰が雨などにより利根川に流れ込んで川底が上がり，1786年の大洪水を引き起こした。

問５　現在，国内で製造品出荷額が最も多いのは中京工業地帯。1999年に京浜工業地帯を抜いて全国第１位となって以来，その座を守っている。それまで長く第１位であった京浜工業地帯は，近年，出荷額がのび悩み，阪神工業地帯も下回るようになっているが，その理由としては，内陸部や海外に多くの工場が移転したことや，東京都でさかんな出版業が第２次産業から第３次産業に分類変更されたことなどがあげられる。

Ⅱ　濃尾平野の治水を題材とした地理と歴史の問題。

問１　木曽川の本流は飛騨《ひだ》山脈の南西端付近に位置する長野県の鉢盛《はちもり》山(2447m)を水源とし，木曽山脈から流れ下る支流を合わせて両山脈の間の木曽谷を南西に流れ，伊勢湾に注ぐ。下流域には濃尾平野が形成されている。

問２　木曽地方は昔から林業がさかんで，特にひのきの産地として知られる。明治時代末期に鉄道が開通するまでは，切り出されたひのきなどの木材は木曽川を利用して下流に送られていた。

問３　堤防《ていぼう》のない河川では，増水すると川幅が広がり，上流から運ばれてきた土砂が両岸に広く堆《たい》積《せき》しやすい。これに対し，長い堤防が築かれた河川では，川の水が堤防を越えることはめったにないので，水が引いた後で川底に多くの土砂が堆積していくことになる。川を挟《はさ》んで輪中が数多くつくられると，それが堤防の役目を果たすことになるので，土砂の堆積が進んで川底が浅くなり，かえって水害が起こりやすくなる。

問４　江戸時代の薩摩藩は，薩摩・大隅《おおすみ》の２国と日向《ひゅうが》国(宮崎県)の一部を領地としていた。薩摩国は現在の鹿児島県西部，大隅国は同県東部にあたる。

問５　江戸幕府は大名に対し，江戸と領国を１年ごとに往復させる参勤交代を義務づけた。また，このほかに「お手伝普請《ふしん》」と呼ばれる負担があったが，これは幕府が大名に，江戸城などの修築を行わせたり，大河川の堤防工事を行わせたりするものである。18世紀半ばに幕府が薩摩藩に行わせた「宝暦治水《ほうれきちすい》」と呼ばれる木曽三川《さんせん》の治水工事も，そうした負担の１つであった。

問６　明治時代初期，政府は富国強兵政策をおし進めるため，欧米の進んだ技術や学問，制度の導入に努め，政府機関や大学などさまざまな分野で多くの外国人を雇《やと》い入れた。「お雇い外国人」と呼ばれたこうした欧米人の中には，大森貝塚を発見したアメリカの動物学者モースや，フォッサマグナを発見・命名したことで知られるドイツの地質学者ナウマンなどがいる。

問７　江戸時代に整備された東海道のうち，宮(愛知県名古屋市熱田《あつた》区)と桑名《くわな》(三重県桑名市)の間の区間は「七里渡《しちりのわたし》」と呼ばれる海路であった。陸路をとらなかったのは，木曽三川の河口部にあたるこの区間は当時，多くの水路が入り組んで流れる低地となっており，河川に橋も架《か》けられていなかったためである。ただし，悪天候で船が出せない場合などには，より内陸部を通る「佐屋路《さやじ》(佐屋街道)」と呼ばれる脇《わき》街道も利用されるようになっていた。

Ⅲ　愛知県の産業や愛知用水を題材とした地理と歴史の問題。

問１　愛知県中央部にある豊田市は世界的な工業都市として知られ，地域一帯にはトヨタ自動車の本社工場をはじめ多くの関連企業が集まり，典型的な企業城下町となっている。トヨタ自動車の自動車生産が本格的になると，1959年に市名を挙母《ころも》市から豊田市に改称した。

問２　名古屋市近郊は明治時代に国内で最も早くキャベツ栽培が始まった地域であり，愛知県は現在，群馬県と並ぶキャベツの生産県となっている。日本ではキャベツは出荷時期により，夏秋キャベツ，冬キャベツ，春キャベツに分類されるが，愛知県ではおもに冬キャベツが栽培され，気候のおだやかな東三河《みかわ》地域が主産地となっている。

問３　大きな川がない知多半島は，昔から水不足に苦しめられてきた。そのため，地図から判断できるように，半島一帯では水不足に備えて雨水をため，田畑のかんがい用水などに利用するため池が数多くつくられてきた。

問４　地図を見ると，愛知用水は知多半島中央部の比較的標高の高い丘陵地帯を通っていることがわかる。これは，水をできるだけ遠くまで運ぶために高い場所から少しずつ落差をつけて流し，幹線水路から分岐《ぶんき》する支線水路に水を通しやすくするための工夫と考えられる。

問５　愛知用水は農業用水を得ることを目的として建設されたが，現在では工業用水としての利用が最も多く，ついで水道水，農業用水の順となっている。これは，名古屋市近郊の宅地開発や臨海部の工業開発が進むにつれて生活用水，工業用水の需要《じゅよう》が高まり，比較的近くを流れる愛知用水を利用するようになったためである。

Ⅳ　地域がかかえる問題とその解決策について考える問題。

木曽三川の下流域に住む人びとは昔から水害に悩まされてきた。そのため，流域の人びとは問題文中にあるように，これらの川沿いに堤防を築き，集落や田畑を堤防で囲んで輪中を形成するとともに，輪中内の水を川に排水するためのしかけを工夫したりしてきた。一方，昔から水不足に悩まされてきた知多半島の人びとは，地図からわかるように，多くのため池をつくり，かんがいなどに利用してきた。

Ⅴ　地域の課題を改善するために住民や政府・幕府が果たした役割について考える問題。

水害に苦しめられてきた輪中集落の人びとは，何度も幕府に手紙を書いて，洪水を防ぐための河川工事をしてくれるように頼《たの》んでいる。一方，知多半島では，地域の水不足を解消するために結成されたグループが，県や政府を訪ねたり手紙を出したりして熱心に働きかけている。このように，どちらの場合も地域の住民の熱心な働きかけが幕府や政府を動かしたといえる。また，木曽三川の分流工事では，幕府や薩摩藩が費用を負担しており，それを引き継《つ》いだ明治政府も多くの予算を投じている。一方，愛知用水の建設においても政府は海外からの借金もふくめ，多くの予算をつぎ込んでおり，どちらの場合も，幕府や政府が工事の必要性や公共性の高さを十分認識し，ばく大な費用を用意できたことで工事が完成している。工事にあたり，外国から技師を招いたり，機械を輸入したりしていることも，そのような認識の表れということができるだろう。

理　科　（40分）<満点：50点>

解　答

1　問１　水，空気(酸素)，適当な温度　　問２　(1)　(例)　小さくしぼんでいく。　(2)　ア，イ，オ　　問３　(例)　光の当て方／まわりの温度　　問４　(例)　子葉にたくわえられている栄養分を使うから。　　問５　ア…100，イ…75，ウ…54　　問６　解説の図を参照のこと。
問７　(例)　くきの付け根から新しい芽が出て成長するため，十分に成長できなかったから。
問８　切る位置…エ／理由…(例)　芽を１つだけ残して切れば，２回目の成長もよく，１回目と

2回目の合計の重さも最大のものとほぼ等しいから。　**2** 問1　対流　問2　（例）　とろみがついて対流が起こりにくくなり，空気にふれて冷やされた水が液面近くにとどまるから。
問3　（例）　しばらくの間は内部の温度が下がりにくいが，やがて液面近くの温度の下がり方に近づいていく。また，液面近くの温度の下がり方は他と比べてやや小さい。

解　説

1 **植物の発芽と成長についての問題。**

問1　植物の種子が発芽するには，ふつう，水，空気(酸素)，適当な温度の3つの条件が必要である。種子は，適当な温度のもとで水を吸収すると，発芽のためのはたらきが活発になる。そして，さかんに呼吸を行い，種子にたくわえた栄養分を使ってエネルギーを得て発芽する。

問2　(1)　エンドウやインゲンマメの種子は，子葉の部分に発芽のための栄養分をたくわえている。この栄養分は，種子が発芽し葉をつけて光合成を行えるようになるまで使われる。栄養分を使ったあとの子葉はしぼんで小さくなっていく。　(2)　①のように2枚の子葉を持つものは双《そう》子葉類，②のように子葉を1枚しか持たないものは単子葉類という。アサガオ，ホウセンカ，ヘチマは双子葉類，イネ，トウモロコシ，エノコログサは単子葉類のなかまである。

問3　発芽後の植物が成長するには，水，空気，適当な温度のほかに，肥料や光(日光)の条件が必要である。この実験では，水のあたえ方と肥料のあたえ方，それに空気の条件はそろえられているので，ほかに光の当て方とまわりの温度の条件をそろえるとよい。

問4　豆苗《とうみょう》は，種子が発芽した直後のくきや葉を食べる野菜である。種子が発芽した直後は葉の育ちが不十分なため，子葉にたくわえられている栄養分を使って成長している。そのため，葉がなくなっても成長することができる。

問5　各グループの1回目の1ふくろずつの重さをそれぞれすべて足し合わせ，それをふくろの数の4で割って平均を求める。すると，ア～ウはそれぞれ，(104＋107＋91＋97)÷4＝99.75，(66＋67＋78＋87)÷4＝74.5，(48＋50＋61＋56)÷4＝53.75より，100，75，54となる。

問6　グループA～Cの順に，1回目の平均は100，75，54，2回目の平均は32，53，52である。そして，1回目と2回目の平均の合計は，グループAが，100＋32＝132，グループBが，75＋53＝128，グループCが，54＋52＝106と求められる。以上の値を棒グラフに表すと，右の図のようになる。

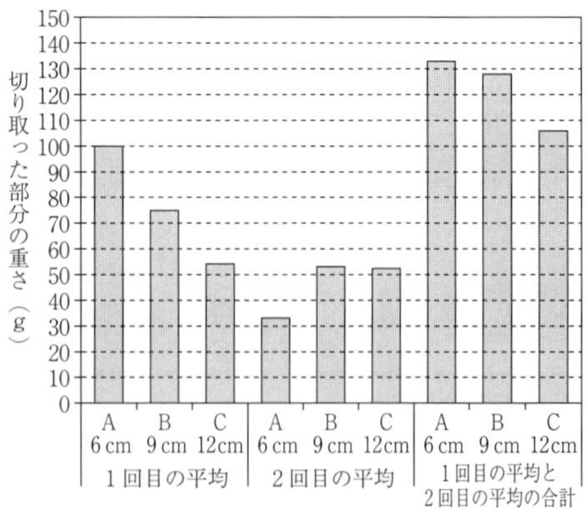

問7　栄一君の観察によれば，グループBやCのように芽を残して切り取った場合には，その芽から新しいくきや葉が成長する。それに対し，グループAのように芽を残さないように切り取る場合には，3日後にくきの付け根からあらたに芽を出し，その芽から新しいくきや葉が成長するので，その分成長が遅くなると考えられる。

問8　表より，1回目の重さは，切った高さが短いほど重くなっている。ただし，1回目にくきの途中の芽を残さないようにして切り取ったとき(グループA)は，1回目の重さは重いが，2回目の重さが最も軽くなっている。くきの途中の芽を残して切ったとき(グループB，C)では，2回目の成長はよくなるが，芽を複数残しても1個だけ残したときとほとんど変わらない。これらのことから，1回目は芽を1個だけ残してエの位置で切ると，1回目に切り取る部分の重さをできるだけ重くすることができると同時に，2回目の成長も大きくすることができるとわかる。そして，1回目と2回目の合計も，1回目に芽を残さず最大限切り取った場合とほぼ等しくなる。これは，問6のグラフを見ても考えられる。

2 熱の伝わり方についての問題。

問1　あたためられた水は，重さは変化しないが体積がふえるので，同じ体積あたりの重さが軽くなる。容器内の水はあたたかい部分が上昇《じょうしょう》し，冷たい部分が下降《かこう》して水が動き，全体に熱が伝わる。このような熱の伝わり方を対流という。

問2　どのビーカーの液体も空気とふれている液面近くから多くの熱が空気中へ逃げていく。問1で述べられているように，水だけのものは対流によって熱がすばやく伝わり，液面近くと液面内部で温度の下がり方がほぼ同じようになる。それに対し，片栗粉6ｇ，12ｇを入れたものは，液面近くの方が液体の内部よりも早く温度が下がっている。これは，とろみがついて対流が起こりにくくなり，液面近くの冷された水があまり動かなくなったことで，液体の内部はあまり冷やされず，液面近くはさらに熱が空気中へ逃げていき冷やされたためと考えられる。

問3　片栗粉12ｇを加えた場合，内部の温度はしばらくの間下がりにくく，やがて液面近くの温度の下がり方に近づいていく。そして，片栗粉6ｇを加えた場合よりも，液面近くと液体の内部の温度の下がり方に差がある。このことから，片栗粉を多く加えることでとろみが増して，対流がより起こりにくくなると考えられる。片栗粉6ｇを加えた場合は，あまりとろみがつかず，液面近くと液体の内部で温度の下がり方に少しちがいは見られるが，水だけの場合と似たような温度の下がり方になっている。また，液面近くの温度の下がり方は，片栗粉を多く加えるほどやや小さくなっていることもわかる。

国　語　(50分)＜満点：70点＞

解　答

一　問1　A　イ　　B　オ　　問2　(例)　国民の生活を豊かにするために，経済発展に役立つ工場や飛行場を砂浜地帯につくったほうがよいとされたから。　　問3　(例)　海岸線をコンクリートで固めたために，山から海藻や生き物に必要な栄養分が海に行かなくなった。／タコやニシンをさばいたり洗ったりしたカスを海に流すことを禁じられたので，海の栄養にすることができなくなった。　　問4　(例)　開発が海の自然環境を破壊したということ。　　問5　(例)　水の浄化や生き物たちの産卵場や育成場となる砂浜や干潟が残されている海。　　二　問1　(例)　章太が先に立って歩けば，女の子も安心するだろうと思ったから。　　問2　(例)　小宮山先生の発言が，章太は日ごろわるふざけをしない子であることを印象づけているから。

問3　(例)　佳与に自分がわるふざけをしているところを見られ，はずかしくて顔をあわせたくないのに，佳与の家に行くはめになったから。　　問4　(例)　自分がした「ぞうさんぞうさん」の遊びを佳与もおもしろがっていたことを知り，少し安心することができたから。

三 下記を参照のこと。

●漢字の書き取り

三 1 星座　2 宇宙　3 庁舎　4 倍率　5 独奏　6 翌朝
7 情景(状景)　8 穀倉　9 革命　10 冷蔵　11 骨　12 従(う)
13 厳(しい)　14 奮(う)　15 納(める)

解説

一 **出典は渋谷正信《しぶやまさのぶ》の『海のいのちを守る―プロ潜水士《せんすいし》の夢』による。**潜水士として，港をつくったり海を埋《う》め立てたりする工事に関わってきた筆者が，開発が海の自然環境《かんきょう》を破壊《はかい》してきた現状を伝え，その見直しをうったえている。

問1　A　おおげさなようす。　　B　表現のしかたや説明などが適切であるようす。

問2　埋め立てが進んだというのは，「人間の生活を便利にするということで，海岸線に沿って道路をつくったり，橋をつくったり，港をつくったり」してきたということである。その背景には，「干潟《ひがた》や浅瀬《あさせ》などの砂浜地帯はみんな役に立たないというような考え」があり，そこを埋め立てて「経済発展に役に立つ工場を建てたり，飛行場をつくったりしたほうがよい」という方向にどんどん進んだからである。

問3　「ウニが増えたから昆布《こんぶ》がとれなくなった」や「水温が上がったせい」は，大学の先生など漁師さん以外の人が唱えている原因なので注意する。漁師さんは，まず海岸線をコンクリートで固めたことで，「山から海藻や生き物に必要な栄養分が海に行かなくなったのだろう」と「漁師さんなりの感覚」で話している。また，「昔はタコでもニシンでも，とってきたら，みんな浜でさばいて，さばいたカスや洗ったカスはみんな海に流していた」と話し，その「カス」が海藻や海の生き物の「栄養になっていたのではないか」と指摘《してき》している。

問4　「そういうこと」の内容は，直前の部分からとらえる。「日本はこれまで，土地開発として干潟や湾岸を埋め立て」，漁港や道路をつくってきたが，そのことが「魚がとれない，海藻が生えないという結果を招いてしまった」ということを指す。筆者は「開発」によって「海の自然環境」が破壊されてきたことをうったえているが，そのうったえと同じような内容が，「港をつくってほしい」と要望していた「漁師さん側」からも発言されるようになったというのである。

問5　筆者が考える「自然の海」とは，「開発」によって埋め立てられる前の「砂浜」や「干潟」のことである。そのような海は「何の役にも立っていない」ように考えられてきたが，実際には「水の浄化《じょうか》になっていたり，生き物たちの産卵場や育成場になっていたり」して，「非常に役に立っている」ことをおさえて解答をまとめる。

二 **出典は灰谷健次郎《はいたにけんじろう》の『海になみだはいらない』による。**島で生まれ育った章太《しょうた》が，都会から引っこしてきた佳与《かよ》という女の子と出会う場面である。

問1　「大きなヤマカガシ」がいただけで，泣きだしそうになって歩けなくなっていた女の子は，章太がマムシのことなど「よぶんなことをいった」ために，すっかり「おびえきってしまった」ことに注意する。章太が「ぼく，いっしょについていってあげてもいいよ」といっているように，女の子がへびがこわいなら，自分が先に立って歩いてあげれば安心するだろうと考えたのだと推測できる。

問２　「章太くんでもそんなことをすることがあるの？」という小宮山《こみやま》先生の言葉は，みんなにまじって「ぞうさんぞうさん」というあそびをしていたことが，章太にしてはめずらしいことであることを感じさせる言葉である。「ぞうさんぞうさん」をしているところを佳与に見られたものの，先生の言葉によって，それが「ふだんの章太らしくない」行動であったことを印象づけることができたので，「名誉《めいよ》をいくらかでもかいふくするようなこと」と感じたのである。

問３　章太は，佳与の家に「赤飯のはいった重箱」を届けにいくことになったことに対して「ついてないなあ」と感じている。佳与に「ぞうさんぞうさん」をしているところを見られ，はずかしさから「もう死んでしまいたいくらいの気もち」になり，「その子に会うとこまるという気もち」で，「みんなよりひとあし早く学校を出て，いつもとはちがう道を通って家へ帰った」のに，佳与の家に行くはめになったので「ついてないなあ」と感じたのだと読み取れる。

問４　章太は「ぞうさんぞうさん」をしていたところを佳与に見られ，そんなあそびをしていたことを，佳与からバカにされるのではないかと不安な気もちになっていたものと考えられる。ところが，佳与の家へ行くと，佳与がおとうさんといっしょに「ぞうさんぞうさん」をして，おかあさんらしい人を笑わせていたので，それを見て，佳与も自分たちと同じように「ぞうさんぞうさん」をおもしろがってくれていたことを知り，少し安心して，はずかしいという思いがうすれていったのである。

三　漢字の書き取り。

１　夜空に輝《かがや》く星をいくつか結びつけて，神や動物などの形に見たてたもの。　２　すべての天体をふくんだ空間。　３　役所の建物。　４　定員数に対する，志願者の割合。　５　楽器を一人で演奏すること。　６　次の日の朝。　７　人の心を動かす光景。　８　穀物がたくさんとれる地域。　９　国の政治体制や世の中のしくみなどががらりと変わること。　10　低い温度で保存すること。　11　音読みは「コツ」で，「骨折」などの熟語がある。　12　音読みは「ジュウ」「ショウ」「ジュ」で，「服従」「追従」「従三位《じゅさんみ》」などの熟語がある。　13　音読みは「ゲン」「ゴン」で，「厳重」「荘厳《そうごん》」などの熟語がある。訓読みにはほかに「おごそ(か)」がある。　14　音読みは「フン」で，「興奮」などの熟語がある。　15　音読みは「ノウ」「ナ」「ナッ」「ナン」「トウ」で，「納入」「納屋」「納得」「納戸《なんど》」「出納《すいとう》」などの熟語がある。

Memo

Memo

Memo

2025年度用
中学スーパー過去問

■編集人 声の教育社・編集部
■発行所 株式会社 声の教育社
〒162-0814 東京都新宿区新小川町8-15
☎03-5261-5061(代) FAX03-5261-5062
https://www.koenokyoikusha.co.jp

※本書の内容についての一切の責任は当社にあります。内容・解説・解答・その他は当社ホームページよりお問い合わせ下さい。

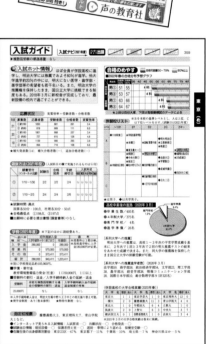

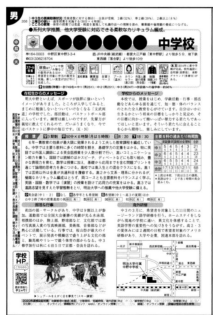

カコを追いかけ
ミライをつかめ
「今の説明、もう一回」を何度でも
web過去問
ストリーミング配信による入試問題の解説動画
もっと古いカコモンないの？
カコ過去問
「さらにカコの」過去問をHPに掲載（DL）
声の教育社
詳しくはこちらから

よくある解答用紙のご質問

01
実物のサイズにできない

拡大率にしたがってコピーすると，「解答欄」が実物大になります。配点などを含むため，用紙は実物よりも大きくなることがあります。

02
A3用紙に収まらない

拡大率164％以上の解答用紙は実物のサイズ（「出題傾向＆対策」をご覧ください）が大きいために，Ａ３に収まらない場合があります。

03
拡大率が書かれていない

複数ページにわたる解答用紙は，いずれかのページに拡大率を記載しています。どこにも表記がない場合は，正確な拡大率が不明です。

04
１ページに２つある

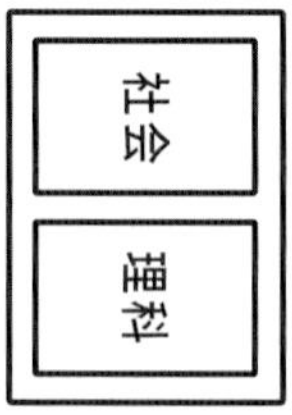

１ページに２つ解答用紙が掲載されている場合は，正確な拡大率が不明です。ほかの試験回の同じ教科をご参考になさってください。

栄光学園中学校

【別冊】入試問題解答用紙編

解答用紙は本体からていねいに抜きとり、別冊としてご使用ください。

※　実際の解答欄の大きさで練習するには、指定の倍率で拡大コピーしてください。なお、ページの上下に小社作成の見出しや配点を記載しているため、コピー後の用紙サイズが実物の解答用紙と異なる場合があります。

●入試結果表

年度	項目	国語	算数	社会	理科	４科合計	合格者
2024（令和６）	配点(満点)	70	70	50	50	240	最高点
	合格者平均点	43.3	48.3	33.8	36.3	161.7	196
	受験者平均点	38.1	38.2	31.5	33.2	141.0	最低点
	キミの得点						149
2023（令和５）	配点(満点)	70	70	50	50	240	最高点
	合格者平均点	50.1	39.8	27.4	33.3	150.6	190
	受験者平均点	45.3	31.2	23.6	27.7	127.8	最低点
	キミの得点						138
2022（令和４）	配点(満点)	70	70	50	50	240	最高点
	合格者平均点	49.5	38.5	36.0	33.9	157.9	193
	受験者平均点	44.9	29.4	34.0	29.9	138.2	最低点
	キミの得点						146
2021（令和３）	配点(満点)	70	70	50	50	240	最高点
	合格者平均点	48.7	43.8	36.4	39.2	168.1	221
	受験者平均点	42.5	34.0	32.3	35.2	144.0	最低点
	キミの得点						155
2020（令和２）	配点(満点)	70	70	50	50	240	最高点
	合格者平均点	41.9	47.9	27.9	36.8	154.5	198
	受験者平均点	36.5	38.1	24.4	32.0	131.0	最低点
	キミの得点						141
2019（平成31）	配点(満点)	70	70	50	50	240	最高点
	合格者平均点	45.0	49.2	39.3	22.7	156.2	196
	受験者平均点	39.0	37.2	36.2	17.5	129.9	最低点
	キミの得点						142
2018（平成30）	配点(満点)	70	70	50	50	240	最高点
	合格者平均点	46.2	44.1	39.4	27.0	156.7	196
	受験者平均点	40.4	36.0	36.6	22.2	135.2	最低点
	キミの得点						143
平成29	配点(満点)	70	70	50	50	240	最高点
	合格者平均点	44.7	55.3	35.5	37.2	172.7	214
	受験者平均点	40.0	43.9	32.4	32.8	149.1	最低点
	キミの得点						159
平成28	配点(満点)	70	70	50	50	240	最高点
	合格者平均点	49.6	41.8	31.2	31.4	154.0	189
	受験者平均点	45.3	32.8	28.5	27.6	134.2	最低点
	キミの得点						140
平成27	配点(満点)	70	70	50	50	240	最高点
	合格者平均点	42.3	47.8	34.6	38.4	163.1	197
	受験者平均点	37.6	40.8	32.2	34.5	145.1	最低点
	キミの得点						150

※　表中のデータは学校公表のものです。ただし、４科合計は各教科の平均点を合計したものなので、目安としてご覧ください。

声の教育社

２０２４年度　栄光学園中学校

算数解答用紙

番号		氏名		評点	/70

1

(1)(ア)	(1)(イ)
(2) □□□□□□	
(3) 回	(4) 回
(5) 回	

2

(1) L	(2) 分 秒後
(3) 分 秒後	

(4) <求め方>

答え　L より多く　L 以下

3

(1)(ア) 個	(1)(イ)
(2)(ア) 個	(2)(イ)
(3)(ア)	

(3)(イ)

一の位	0	1	2	3	4
個数	個	個	個	個	個
一の位	5	6	7	8	9
個数	個	個	個	個	個

4

(1) cm^3	
(2)(ア) 面	(2)(イ) cm^3
(3)(ア)	
(3)(イ) cm^3	

（注）この解答用紙は実物を縮小してあります。200%拡大コピーをすると、ほぼ実物大の解答欄になります。

〔算　数〕70点(推定配点)

1　各３点×６　2　(1)～(3)　各４点×３　(4)　５点＜完答＞　3　各３点×６＜(3)は各々完答＞　4　(1)　３点　(2)　(ア)　３点　(イ)　４点　(3)　(ア)　３点　(イ)　４点

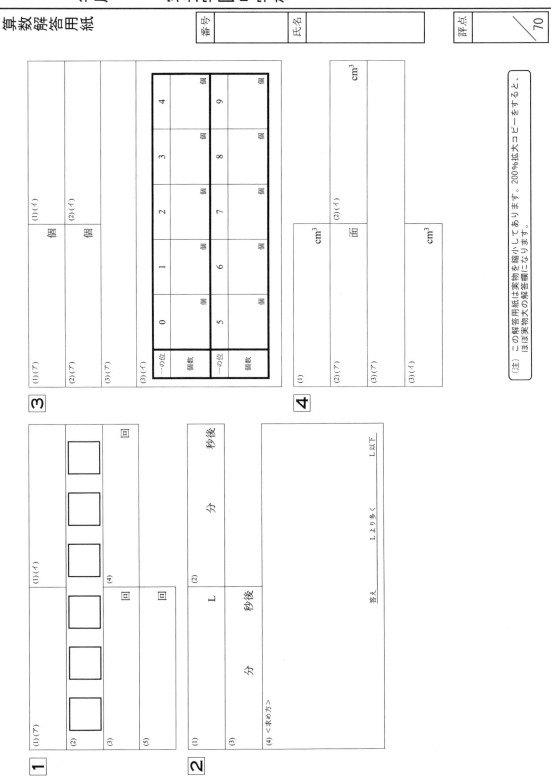

2024年度　栄光学園中学校

社会解答用紙

番号		氏名		評点	/50

1
問1
問2
問3　A

2
問1　B
C
問2
問3
問4
問5

3
問1
問2（1）石見銀山
佐渡金山
（2）
問3

4
問1
問2
問3
問4
問5
問6

5
問1
問2　国名
通貨単位
問3
問4　D
問5　金と比べて
鉄と比べて

6
問1
問2

（注）この解答用紙は実物を縮小してあります。189%拡大コピーをすると、ほぼ実物大の解答欄になります。

〔社　会〕50点(推定配点)

1　各2点×3　2　問1～問4　各1点×5　問5　各2点×2　3　問1　1点　問2　(1)　各1点×2　(2)　2点　問3　2点　4　問1，問2　各2点×2　問3～問6　各1点×4　5　問1，問2　各1点×3　問3　2点　問4　1点　問5　各2点×2　6　各5点×2

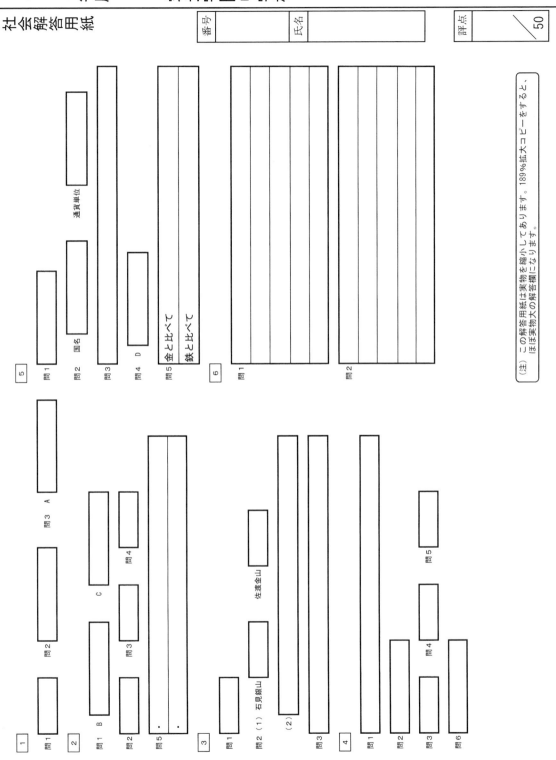

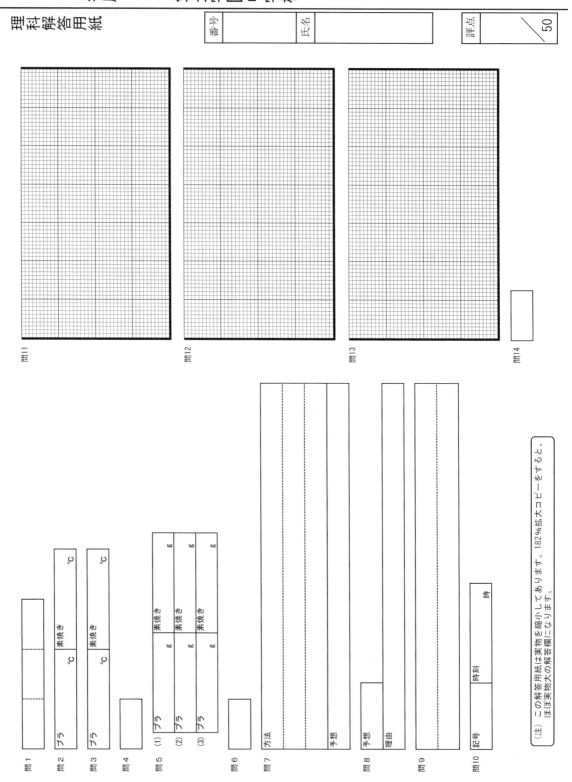

２０２４年度　栄光学園中学校

理科解答用紙

番号　　氏名　　評点　／50

問11

問12

問13

問14

問1

問2　プラ　℃　素焼き　℃

問3　プラ　℃　素焼き　℃

問4

問5
(1)　プラ　g　素焼き　g
(2)　プラ　g　素焼き　g
(3)　プラ　g　素焼き　g

問6

問7　方法　予想

問8　予想　理由

問9

問10　記号　時刻　時

（注）この解答用紙は実物を縮小してあります。182%拡大コピーをすると、ほぼ実物大の解答欄になります。

〔理　科〕50点(推定配点)

問1～問6　各2点×8＜問1，問2，問3は完答，問5は各々完答＞　問7　方法…5点，予想…3点　問8　予想…2点，理由…3点　問9　5点　問10　2点＜完答＞　問11～問13　各4点×3　問14　2点

２０２４年度　栄光学園中学校

国語解答用紙

番号		氏名		評点	/70

一

問一

問二

問三

問四

問五

二

問一

問二

問三

問四

ことによって、思いもよらず、アオイからとげのある反応を示されたから。

問五

三

1	2	3	4	5
6	7	8	9　む	10　う

（注）この解答用紙は実物を縮小してあります。B５→A３（163%）に拡大コピーすると、ほぼ実物大の解答欄になります。

〔国　語〕70点(推定配点)

一　問1，問2　各4点×2　問3　6点　問4　4点　問5　7点　二　問1　8点　問2　6点　問3　8点　問4　9点　問5　4点　三　各1点×10

２０２３年度　栄光学園中学校

算数解答用紙

番号		氏名		評点	／70

1

(1)(ア)　　cm²
(1)(イ)　　cm²
(1)(ウ)　　cm²
(2)　　秒後
(3)　　秒後

2

(1)(ア)　　個
(1)(イ)　　個
(2)(ア)　　個
(2)(イ)　　個
(3)(ア)　　個
(3)(イ)　　個

3

(1)
(2)
(3)

＼	[2]	[3]	[4]	[5]	[6]	[7]	[8]	[9]	[10]
	1	3	2	5					
[11]	[12]	[13]	[14]	[15]	[16]	[17]	[18]	[19]	[20]
[21]	[22]	[23]	[24]	[25]	[26]	[27]	[28]	[29]	[30]

(4) ア
(4) イ
(5)

4

(1)
(2)(ア)　<途中式>
答え
(2)(イ)
(3)(ア)
(3)(イ)
(4)

（注）この解答用紙は実物を縮小してあります。208%拡大コピーをすると、ほぼ実物大の解答欄になります。

〔算　数〕70点(推定配点)

1　(1)　各３点×３　(2)，(3)　各４点×２＜各々完答＞　2　各３点×６　3　(1)～(3)　各３点×３＜(2)，(3)は完答＞　(4)　各２点×２　(5)　３点　4　(1)　３点　(2)　(ア)　４点　(イ)　３点　(3)，(4)　各３点×３＜(3)は各々完答，(4)は完答＞

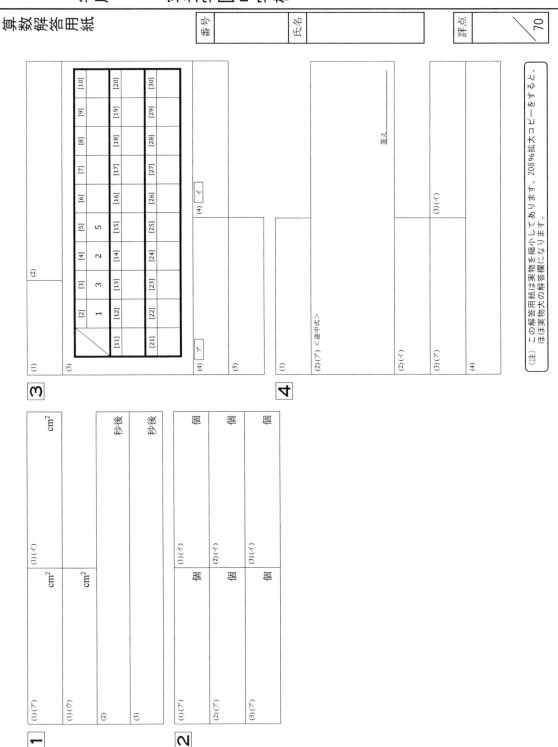

２０２３年度　栄光学園中学校

社会解答用紙

番号　　氏名　　評点　／50

5 問1　問2　問3

6

（注）この解答用紙は実物を縮小してあります。175%拡大コピーをすると、ほぼ実物大の解答欄になります。

1 問1　問2　問3

2 問1　問2

3 問1　問2　→　→　→　→

4 問1　問2 (1) (2)　問3

〔社　会〕50点（推定配点）

1 問1　2点　問2　3点　問3　2点　2 問1　4点　問2　3点　3 各3点×2<問2は完答>　4 問1　2点　問2　各3点×2　問3　4点　5 問1　5点　問2　4点　問3　3点　6 6点

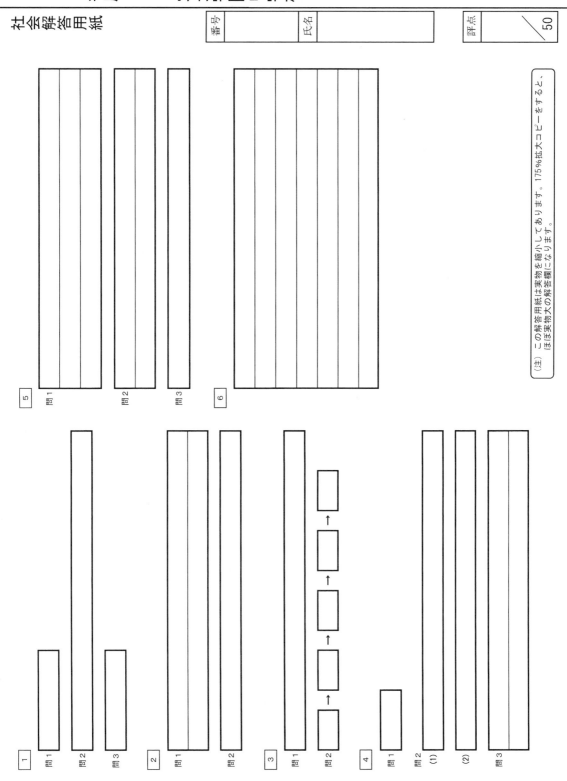

2023年度　栄光学園中学校

理科解答用紙

番号		氏名		評点	/50

問1

問2

問3　g

問4

問5

問6　(1)　(2)　g　(3)　g　(4)

問7　(1)　g　(2)　g　(3)　g

問8　(1)　mL　(2)　mL　(3)　mL

問9

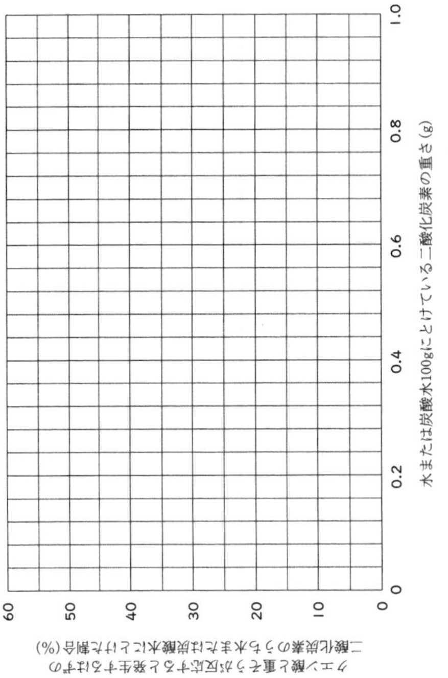

問10　クエン酸と重そうが反応すると発生するはずの二酸化炭素のうち水または炭酸水にとけた割合は、

問11　クエン酸　g　重そう　g

（注）この解答用紙は実物を縮小してあります。200%拡大コピーをすると、ほぼ実物大の解答欄になります。

〔理　科〕50点(推定配点)

問1　2点　問2　4点　問3　3点　問4　5点　問5　3点　問6～問8　各2点×10　問9　5点　問10　4点　問11　各2点×2

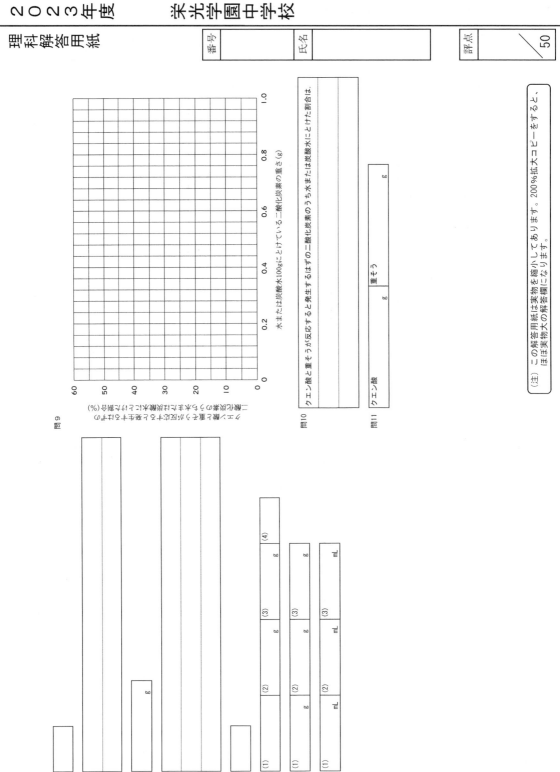

二〇二三年度　栄光学園中学校

国語解答用紙

番号		氏名		評点	/70

一

問一　　　　　と筆者は思っていないということ。

問二

問三

問四

問五

二

問一　a　　b

問二

問三

問四

問五　　　　　という考え。

三

1	2	3	4	5
6	7	8　れる	9　れる	10

（注）この解答用紙は実物を縮小してあります。Ｂ５→Ａ３（163%）に拡大コピーすると、ほぼ実物大の解答欄になります。

〔国　語〕70点(推定配点)

一　問1　6点　問2　4点　問3，問4　各8点×2　問5　4点　二　問1　各3点×2　問2　6点　問3　5点　問4　9点　問5　4点　三　各1点×10

２０２２年度　栄光学園中学校

算数解答用紙

番号		氏名		評点	／70

1

(1)

(2) 式 $\frac{□}{□}+\frac{□}{□}+\frac{□}{□}+\frac{□}{□}+\frac{□}{□}$　計算結果

(3) 式 $\frac{□}{□}+\frac{□}{□}+\frac{□}{□}+\frac{□}{□}+\frac{□}{□}$　計算結果

(4) 式 $\frac{□}{□}\times\frac{□}{□}\times\frac{□}{□}\times\frac{□}{□}\times\frac{□}{□}$　計算結果

(5)

2

(1)(ア)　　　通り

(1)(イ)

(2)(ア)

(2)(イ)　　　回

(3)

(4)　　　通り

3

(1)　　　m

(2)　　　m

(3)　　　分　　　秒

(4)(ア)　　　m

(4)(イ)　　　秒

(5)　　　mのところ

4

(1)　　　倍

(2) 点Pが移動した距離　　　cm　　点Qの位置

(3) 実際のXPの長さ　　　cm　　図5のXPの長さ　　　cm

(4)(ア)

(4)(イ)　　　度

(4)(ウ) ＜記号＞　＜理由＞

(5)　　　度

(注) この解答用紙は実物を縮小してあります。208％拡大コピーをすると、ほぼ実物大の解答欄になります。

〔算　数〕70点(推定配点)

1　各３点×5＜(2)，(3)，(4)，(5)は完答＞　2　各３点×6＜(1)の(イ)，(2)の(ア)，(3)は完答＞　3　(1)～(3)　各３点×3　(4)　各２点×2　(5)　３点　4　(1)～(3)　各２点×5　(4)　(ア)，(イ)　各２点×2　(ウ)　４点＜完答＞　(5)　３点

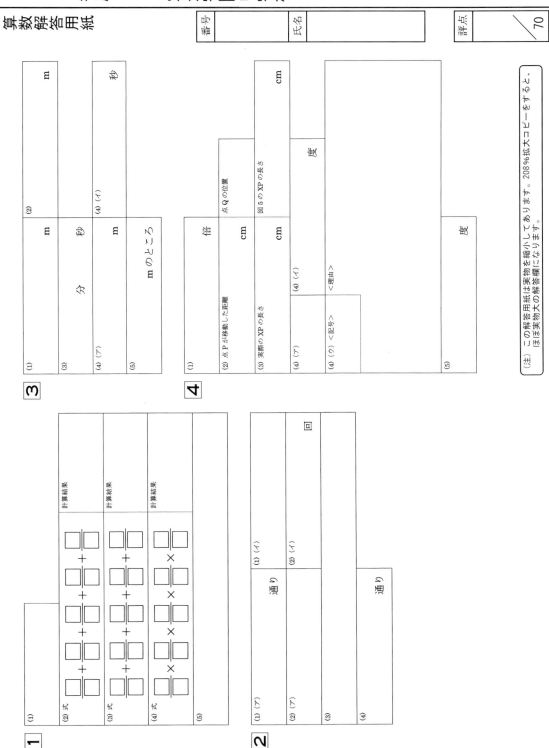

２０２２年度　栄光学園中学校

社会解答用紙

番号		氏名		評点	/50

1

問1

問2

問3

問4

2

問1

問2

問3

問4

3

問1 (a) (b) (c) (d)

問2

問3 (1) (2)

問4

問5

4

問1 1 2 3 4

問2

問3 m

問4

問5 f g

問6

5

(注) この解答用紙は実物を縮小してあります。179%拡大コピーをすると、ほぼ実物大の解答欄になります。

〔社　会〕50点(推定配点)

1 問1～問3　各2点×3　問4　3点　2　各2点×4　3　問1　各1点×4　問2～問5　各2点×5

4 問1　各1点×4　問2，問3　各2点×2　問4　3点　問5　各1点×2　問6　2点　5　4点

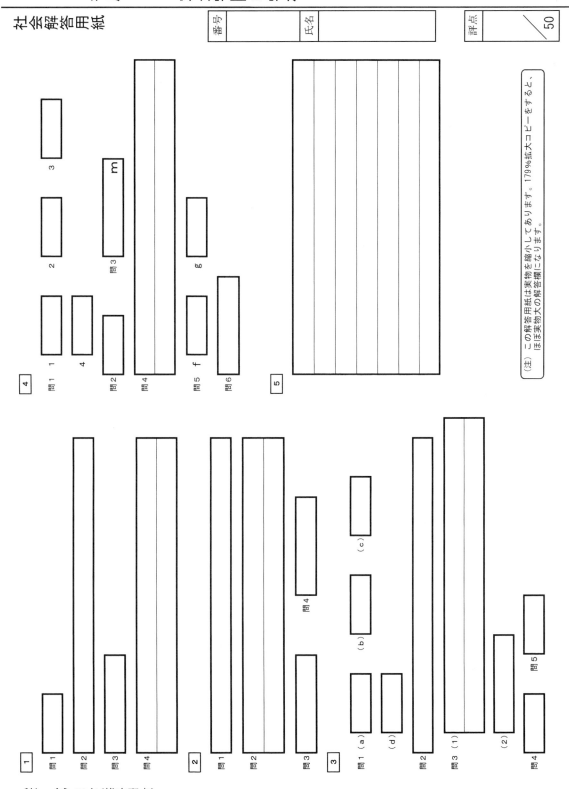

２０２２年度　栄光学園中学校

理科解答用紙

番号		氏名		評点	/50

問１

問２

問３　(1)　(2)　(3)

問４　あ　い

問５

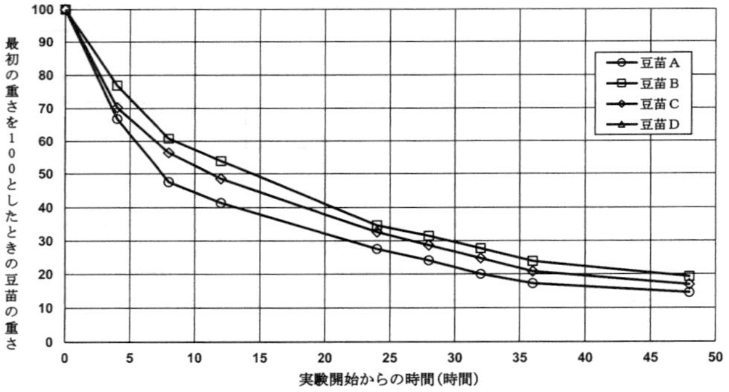

問６　ア　イ　ウ

問７

問８　問題点

解決方法

問９

問10

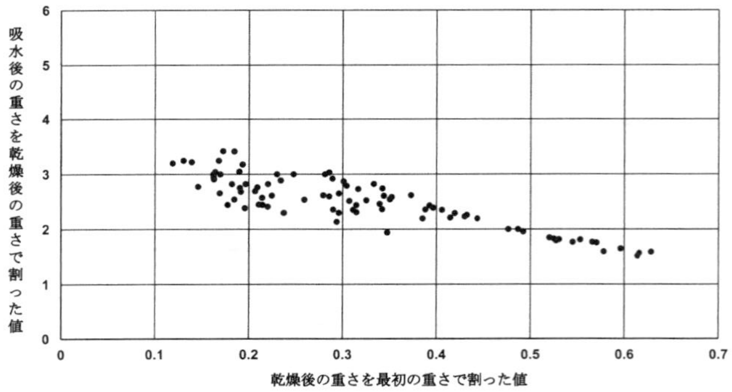

問11

(注)　この解答用紙は実物を縮小してあります。204%拡大コピーをすると、ほぼ実物大の解答欄になります。

〔理　科〕50点(推定配点)

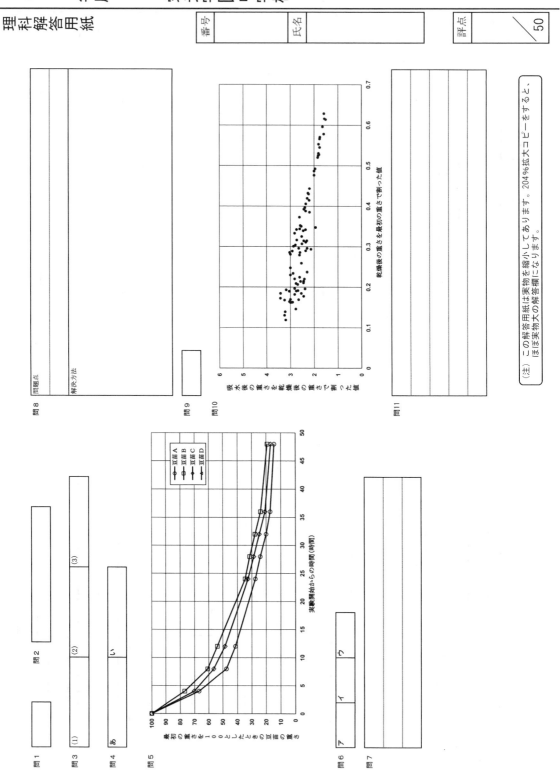

問１，問２　各３点×２<問２は完答>　問３，問４　各２点×５　問５　４点　問６　各２点×３　問７　５点　問８　問題点…３点，解決方法…４点　問９　３点　問10　４点　問11　５点

二〇二二年度　栄光学園中学校

国語解答用紙

番号		氏名		評点	/70

一

問一

問二

問三

問四

二

問一

問二　お葬式のときのおじちゃんとサマーは

から。

問三

問四

問五

三

1	2	3	4	5
6	7	8	9　ます	10　げる

（注）この解答用紙は実物を縮小してあります。B５→A３（163%）に拡大コピーすると、ほぼ実物大の解答欄になります。

〔国　語〕70点（推定配点）

一　問１　各４点×２　問２　８点　問３，問４　各６点×２　二　問１　６点　問２　８点　問３　５点　問４　８点　問５　５点　三　各１点×10

２０２１年度　栄光学園中学校

算数解答用紙

番号		氏名		評点	/70

1

(1)

(2)

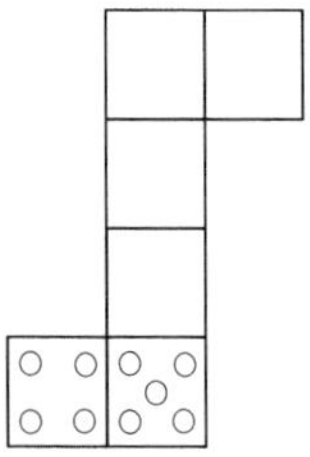

(3)

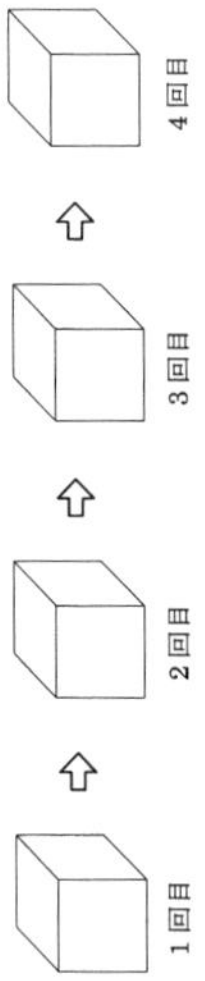

(4)

2

(1) cm^2

(2) ① cm　② cm^2

(3) cm^2

(4) cm

3

(1) 最初の黒い部分 cm　隣の透明な部分 cm

(2)

(3)

(4)

4

(1)

(2)

(3)

(4)

（注）この解答用紙は実物を縮小してあります。200%拡大コピーをすると、ほぼ実物大の解答欄になります。

〔算　数〕70点(推定配点)

1，2　各４点×9<1の(3)，(4)は完答>　3　(1)　各３点×2　(2)～(4)　各４点×3<各々完答>

4　各４点×4<(3)は完答>

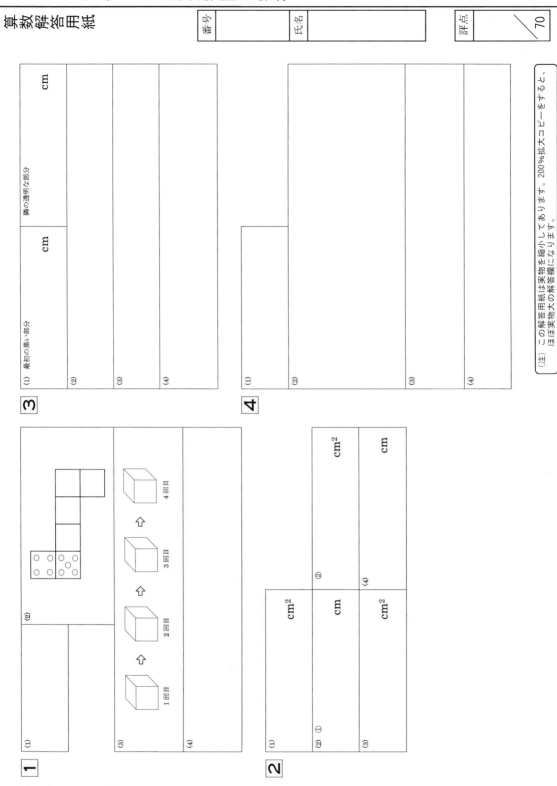

２０２１年度　栄光学園中学校

社会解答用紙

番号		氏名		評点	／50

Ⅰ　問１　問２　⑤　⑥　⑦

Ⅱ　問１　問２　問３　問４　問５　問６　問７　問８　問９　問10　問11

Ⅲ　問１（ａ）（ｂ）（ｃ）　問２　問３（１）（２）　問４　問５

Ⅳ　問１　問２　問３　問４

Ⅴ　問１　問２　問３

Ⅵ

（注）この解答用紙は実物を縮小してあります。179％拡大コピーをすると、ほぼ実物大の解答欄になります。

〔社　会〕50点(推定配点)

Ⅰ　問１　３点　問２　２点<完答>　Ⅱ　問１～問５　各１点×５　問６～問８　各２点×３　問９，問10　各１点×２　問11　３点　Ⅲ　問１～問３　各１点×６　問４，問５　各２点×２　Ⅳ　各２点×４　Ⅴ　問１　２点　問２　３点　問３　２点　Ⅵ　４点

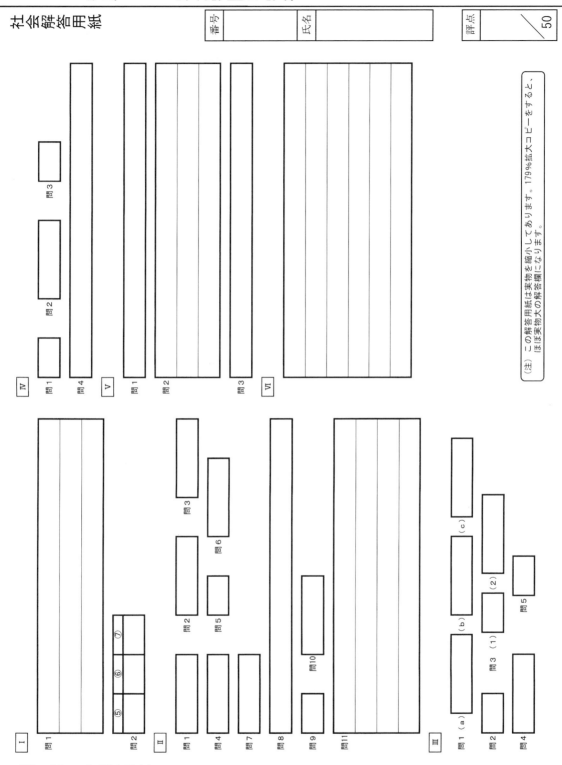

２０２１年度　栄光学園中学校

理科解答用紙

番号　　氏名　　評点　／50

問1

問2　あ　い

問3・問8

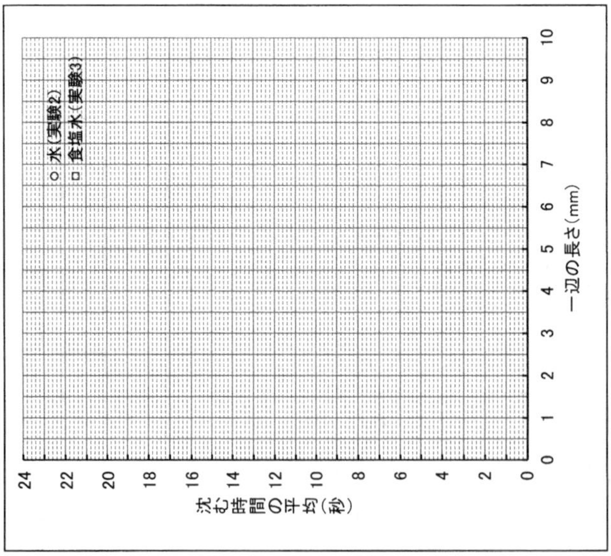

問4 (1)　う　え　お

(2)　か　き　く

け

問5

問6　%

問7　g

問8は問3と同じ解答欄に記入すること。

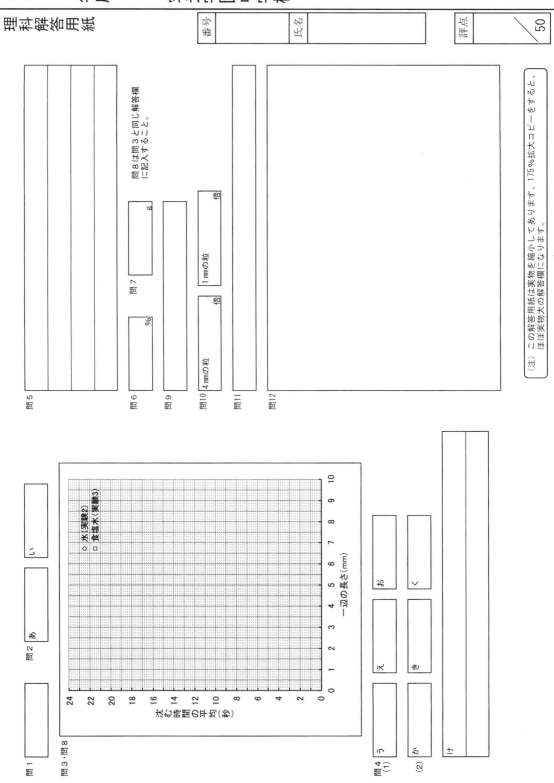

問9

問10　4mmの粒　倍　1mmの粒　倍

問11

問12

（注）この解答用紙は実物を縮小してあります。175%拡大コピーをすると、ほぼ実物大の解答欄になります。

〔理　科〕50点(推定配点)

問1，問2　各2点×3　問3　3点　問4　(1)　2点<完答>　(2)　か～く　各2点×3　け　3点　問5　4点　問6～問11　各3点×7<問9は完答>　問12　5点

二〇二二年度　栄光学園中学校

国語解答用紙

番号		氏名		評点	/70

一

問一

問二

問三　こと。

問四

問五

問六

二

問一　a　b

問二

問三

問四

問五

問六

三

1	2	3	4	5
6	7	8	9	10
11	12　む	13　う	14　れる	15　ばす

（注）この解答用紙は実物を縮小してあります。Ｂ５→Ａ３（163%）に拡大コピーすると、ほぼ実物大の解答欄になります。

〔国　語〕70点（推定配点）

一　問１　４点　問２　７点　問３　４点　問４　７点　問５，問６　各３点×２　二　問１　各３点×２　問２　４点　問３　７点　問４，問５　各３点×２　問６　４点　三　各１点×15

２０２０年度　栄光学園中学校

算数解答用紙

番号		氏名		評点	/70

（注）この解答用紙は実物を縮小してあります。200%拡大コピーすると、ほぼ実物大で使用できます。（タイトルと配点表は含みません）

1

(1) 求め方

答え

(2)

(3)

2

(1) 度

(2) ① 度

② 度

(3) 度

(4) 度

3

(1)

(2) cm

(3) cm

(4) cm

4

(1) ①

	Ⓐ	Ⓑ	Ⓒ	Ⓓ
Ⓔ				
Ⓕ				
Ⓖ				
Ⓗ				

②

	Ⓐ	Ⓑ	Ⓒ	Ⓓ
Ⓔ				
Ⓕ				
Ⓖ				
Ⓗ				

(2)

(3) ①

	Ⓐ	Ⓑ	Ⓒ	Ⓓ
Ⓔ	○	○	△	×
Ⓕ		△	×	
Ⓖ				△
Ⓗ				

②

	Ⓐ	Ⓑ	Ⓒ	Ⓓ
Ⓔ		△	○	○
Ⓕ				
Ⓖ	×	×		
Ⓗ				○

(4)

(5)

〔算　数〕70点(推定配点)

1 (1) 求め方…2点，答え…3点 (2)，(3) 各3点×2 **2** 各3点×5 **3** 各4点×4＜(1)は完答＞ **4** 各4点×7＜(2)，(4)，(5)は完答＞

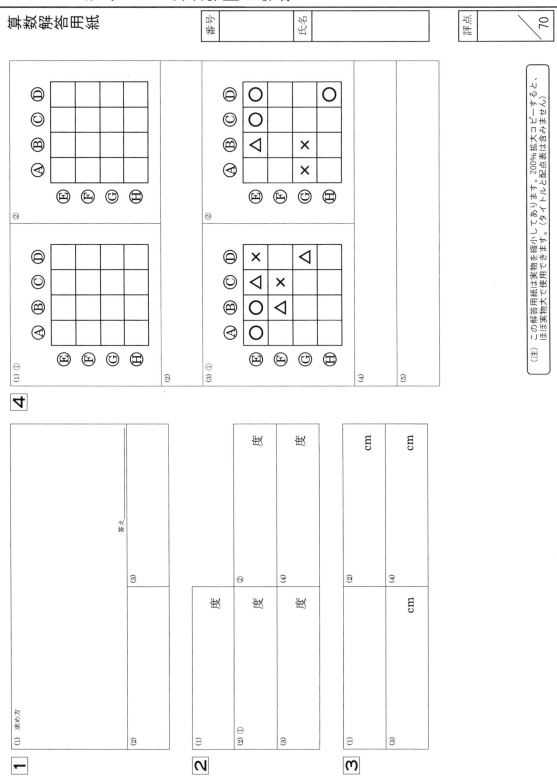

２０２０年度　栄光学園中学校

社会解答用紙

番号　　氏名　　評点　／50

Ⅰ

問1　A　B

問2

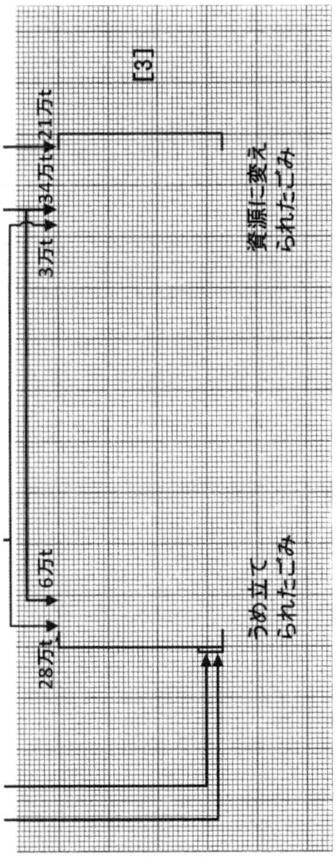

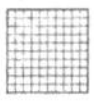
これで10万t

問3

問4　(1)　(2)　法

問5　(1)　(2)　(3)　こと。

Ⅱ

問1　問2　問3

問4　そのままうめ立てる場合　焼却する場合

問5

問6

問7　⇒　利用例　⇒　利用例

Ⅲ

問1　a　b　c　d　問2

問3

Ⅳ

問1

問2

問3

(注) この解答用紙は実物を縮小してあります。204%拡大コピーすると、ほぼ実物大で使用できます。(タイトルと配点表は含みません)

〔社　会〕50点(推定配点)

Ⅰ　問1　各1点×2　問2，問3　各3点×2　問4　各2点×2　問5　(1)　2点　(2)　1点　(3)　2点　Ⅱ　問1，問2　各1点×2　問3　2点　問4　各1点×2　問5～問7　各2点×4<問7は各々完答>　Ⅲ　問1　各1点×4　問2　2点　問3　5点　Ⅳ　問1，問2　各2点×2　問3　4点

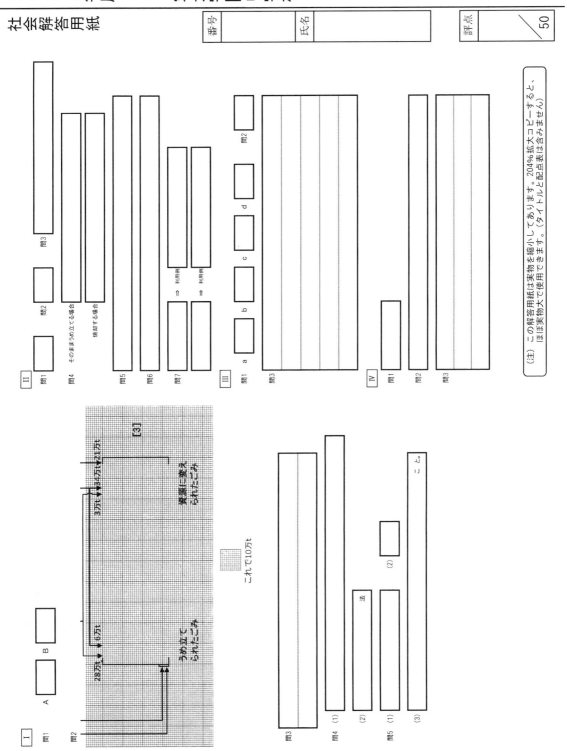

２０２０年度　栄光学園中学校

理科解答用紙

番号		氏名	

評点	／50

1 A　B　C　D

2 問１　問２

3 問１　mm　問２　倍

問３

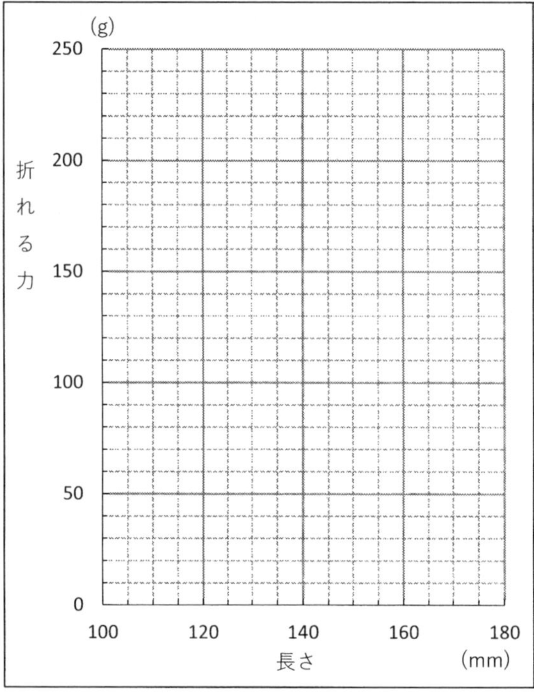

問４

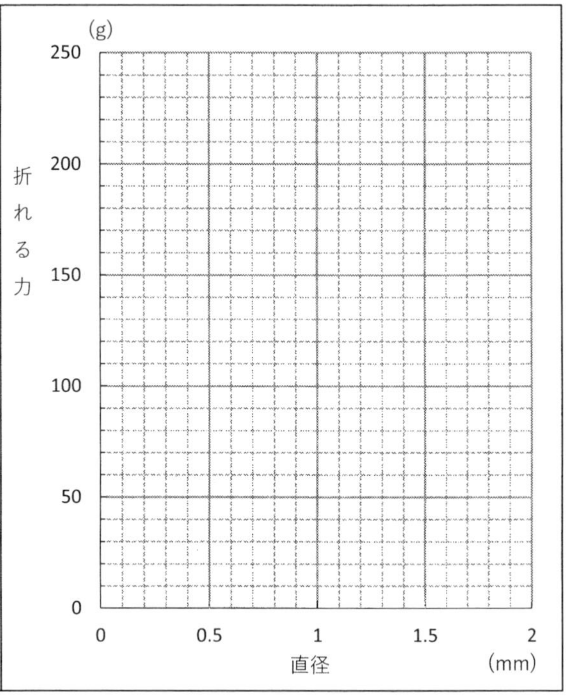

問５　A　B　C　D

問６　①

②

問７　③　④

問８　E　F　G

問９　⑤

（注）この解答用紙は実物を縮小してあります。Ｂ４用紙に127％拡大コピーすると、ほぼ実物大で使用できます。（タイトルと配点表は含みません）

〔理　科〕50点（推定配点）

1，2　各２点×６　3　問１，問２　各３点×２　問３，問４　各４点×２　問５　３点　問６　各３点×２　問７　各２点×２　問８　各３点×３　問９　２点

二〇二〇年度　栄光学園中学校

国語解答用紙

番号		氏名		評点	/70

一

問一

問二

問三　　〜　　ということ。

問四　コーラの看板や「本日三割引き」ののぼりといった視覚刺激によって

ということ。

二

問一　a　b

問二

問三

問四

問五

三

1	2	3	4	5
6	7	8	9	10
11　かる	12　えた	13　ねる	14　める	15　く

（注）この解答用紙は実物を縮小してあります。Ａ３用紙に161％拡大コピーすると、ほぼ実物大で使用できます。（タイトルと配点表は含みません）

〔国　語〕70点（推定配点）

一　問1，問2　各7点×2　問3　4点　問4　7点　二　問1　各3点×2　問2，問3　各5点×2　問4，問5　各7点×2　三　各1点×15

２０１９年度　栄光学園中学校

算数解答用紙

番号		氏名		評点	／70

1

(1)　　cm

(2) 式

答え ＿＿＿＿ cm

2

(1)

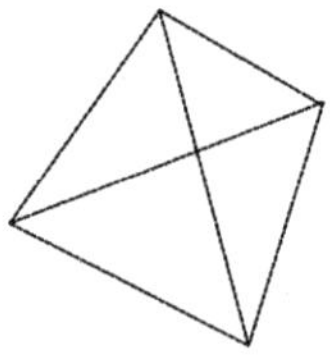

(2)

(3)①　　本　　cm

②　　本　　cm

(4)　　本

3

(1)

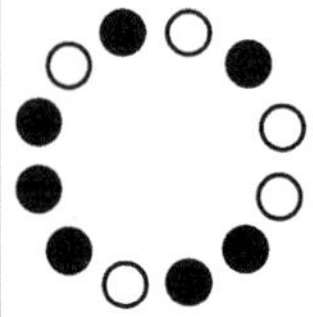

(2)図５

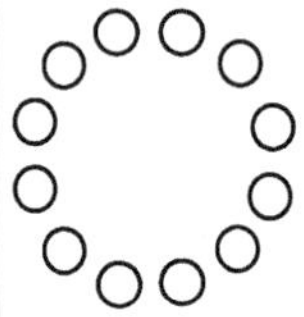

図６

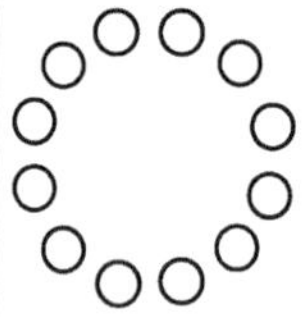

(3)　　枚

(4) 最も多いときの枚数　　枚　最も少ないときの枚数　　枚

4

(1)　　個

(2)①

② 最も短くなる組み合わせ　かかった時間　　秒

(3) かかる時間　　秒　考えられる組み合わせ

（注）この解答用紙は実物を縮小してあります。200％拡大コピーすると、ほぼ実物大で使用できます。（タイトルと配点表は含みません）

〔算　数〕70点（推定配点）

1　(1)　4点　(2)　式…2点，答え…3点　**2**　(1)　4点　(2)　5点　(3)，(4)　各4点×3＜(3)は各々完答＞　**3**　(1)　4点　(2)　各3点×2　(3)，(4)　各5点×2＜(4)は完答＞　**4**　各5点×4＜(2)は各々完答，(3)は完答＞

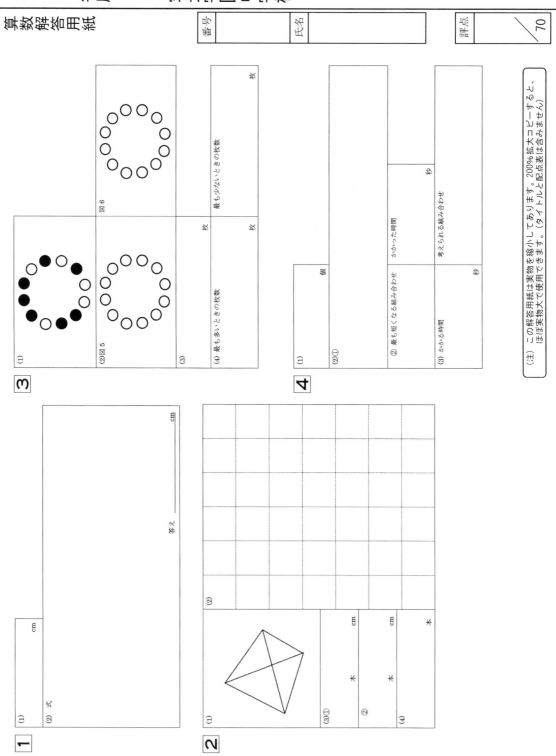

２０１９年度　栄光学園中学校

社会解答用紙

番号　　氏名　　評点　／50

I

問1　問2　問3　港　問4

問5　問6　問7

問8

問9（1）　（2）　問10

問11　問12　問13

問14　問15

II

問1

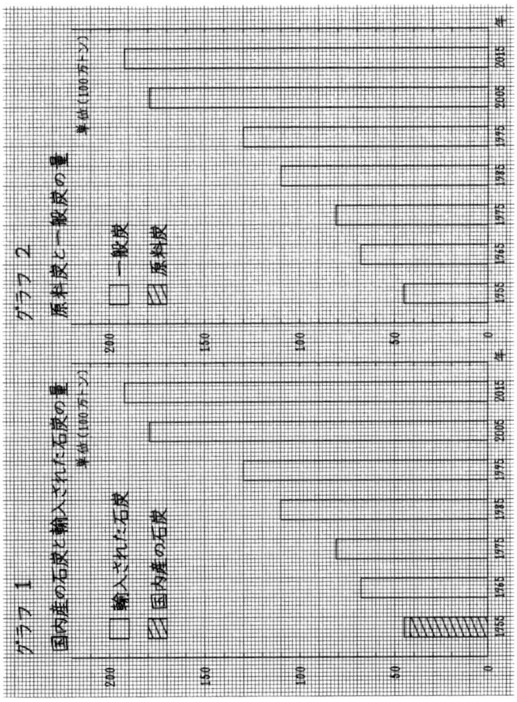

問2

問3　問4

問5（1）　（2）

問6

III

（注）この解答用紙は実物を縮小してあります。192%拡大コピーすると、ほぼ実物大で使用できます。（タイトルと配点表は含みません）

〔社　会〕50点(推定配点)

I　問1，問2　各1点×2　問3，問4　各2点×2　問5，問6　各1点×2　問7　2点　問8　3点　問9〜問12　各1点×5　問13〜問15　各2点×3　II　問1　3点　問2　4点　問3，問4　各2点×2　問5　(1)　2点　(2)　4点　問6　2点　III　7点

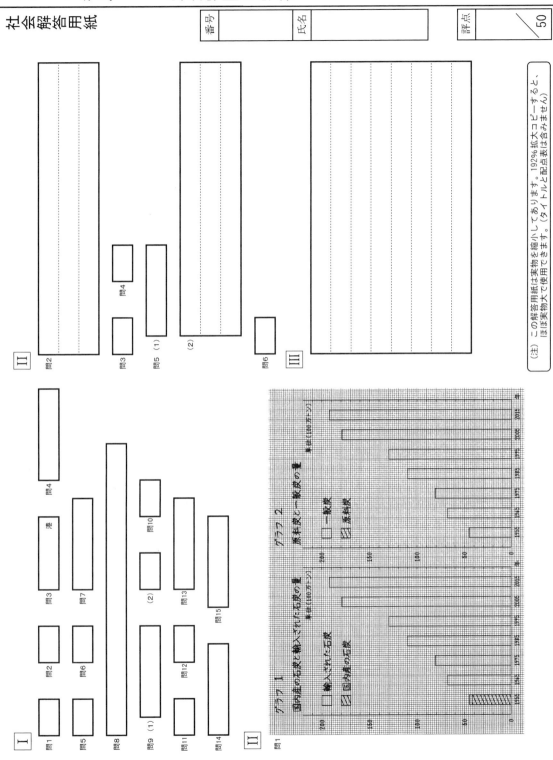

２０１９年度　栄光学園中学校

理科解答用紙

番号　　氏名　　評点　／50

問１

問２

問３

実の特徴	
有利な理由	
実の特徴	
有利な理由	

問４

問５

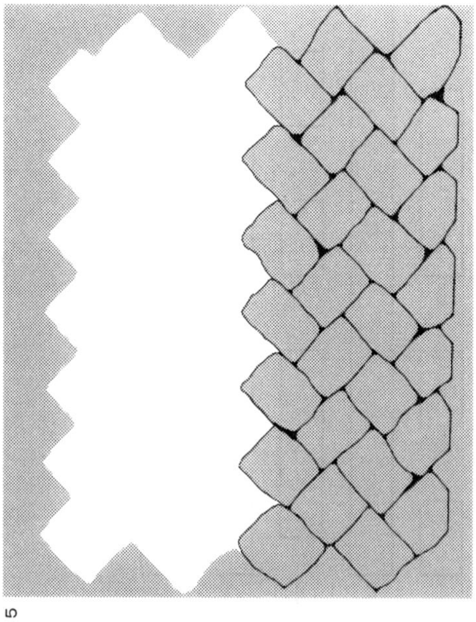

問６

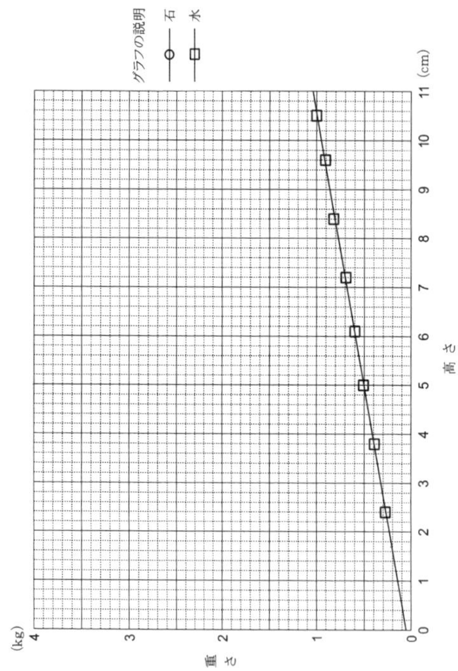

問７

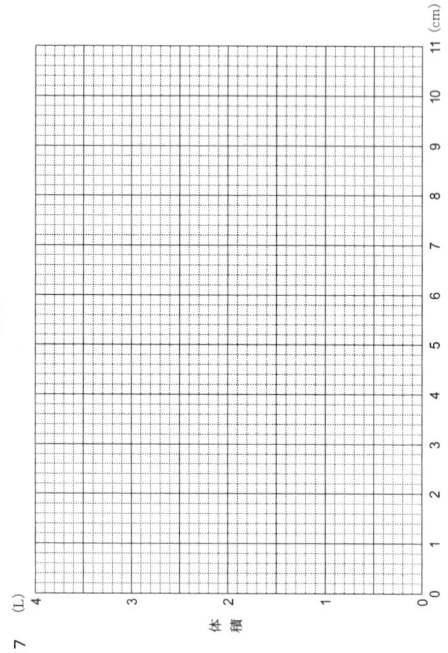

問８　　g

問９　(1)　　%　(2)　　%

問10

問11　　倍

問12　　m²

(注)　この解答用紙は実物を縮小してあります。185%拡大コピーすると、ほぼ実物大で使用できます。(タイトルと配点表は含みません)

〔理　科〕50点(推定配点)

問１，問２　各２点×２　問３　各４点×２＜各々完答＞　問４，問５　各５点×２　問６　６点　問７　(1)，(2)　各２点×２　(3)　３点　問８　３点　問９，問10　各２点×３　問11，問12　各３点×２

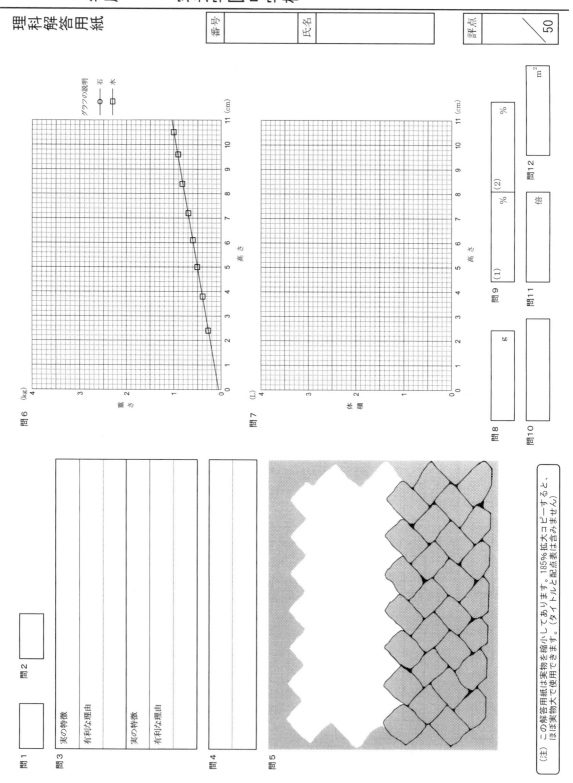

二〇一九年度　栄光学園中学校

国語解答用紙

番号　　氏名　　評点　／70

一

問一

問二

問三

問四　イ　ウ

問五　a　b

問六

問七

二

問一

問二

問三

問四

三

1	2	3	4	5
6	7	8	9	10
11	12	13　れる	14　びる	15　る

(注) この解答用紙は実物を縮小してあります。A3用紙に164%拡大コピーすると、ほぼ実物大で使用できます。(タイトルと配点表は含みません)

〔国　語〕70点(推定配点)

一　問1　3点　問2　6点　問3　3点　問4，問5　各2点×4　問6，問7　各6点×2　二　問1　5点　問2〜問4　各6点×3　三　各1点×15

２０１８年度　栄光学園中学校

算数解答用紙

番号		氏名		評点	／70

（注）この解答用紙は実物を縮小してあります。200%拡大コピーすると、ほぼ実物大で使用できます。（タイトルと配点表は含みません）

1

(1) 例の行き方以外に　　通り

(2)

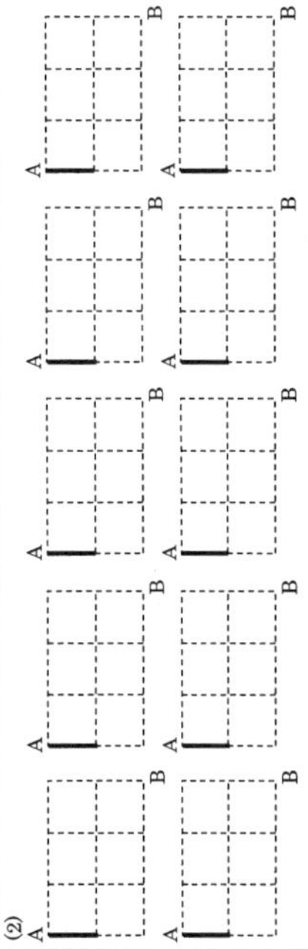

(3)　　通り

2

(1)

(2)

(3)

(4)

(5) □＋□＋□＋□＋□ ／ □＋□＋□＋□＋□

(6)

3

(1)　　cm

(2)①　　cm

②　　cm

(3) 求め方

答え　　cm

4

(1)①　　cm^2

②

(2)

〔算　数〕70点(推定配点)

1　(1)　4点　(2)　5点＜完答＞　(3)　4点　2　(1)，(2)　各4点×2＜(2)は完答＞　(3)　5点　(4)，(5)　各4点×2　(6)　5点＜完答＞　3　(1)，(2)　各4点×3　(3)　求め方…2点，答え…3点　4　(1)　①　4点　②　5点＜完答＞　(2)　5点＜完答＞

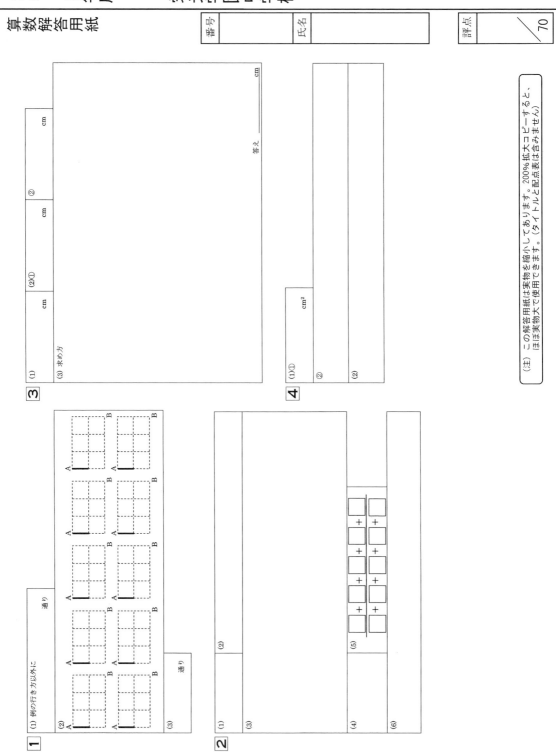

２０１８年度　栄光学園中学校

社会解答用紙

番号		氏名		評点	/50

（注）この解答用紙は実物を縮小してあります。189%拡大コピーすると、ほぼ実物大で使用できます。（タイトルと配点表は含みません）

1
問1
問2
問3
問4
問5
問6

2
問1
問2
問3
問4 (1)
(2) い　ろ　は　に

3
問1
問2 C　D　E
問3
問4
問5
問6
問7
問8
問9
問10 F　G　H　I
問11

4
問1
問2

〔社　会〕50点(推定配点)

1 問1　1点　問2　5点　問3　3点　問4　2点　問5, 問6　各1点×2　2 問1　2点　問2～問4　各1点×7　3 問1, 問2　各1点×4　問3　2点　問4～問11　各1点×12　4 問1　4点　問2　6点

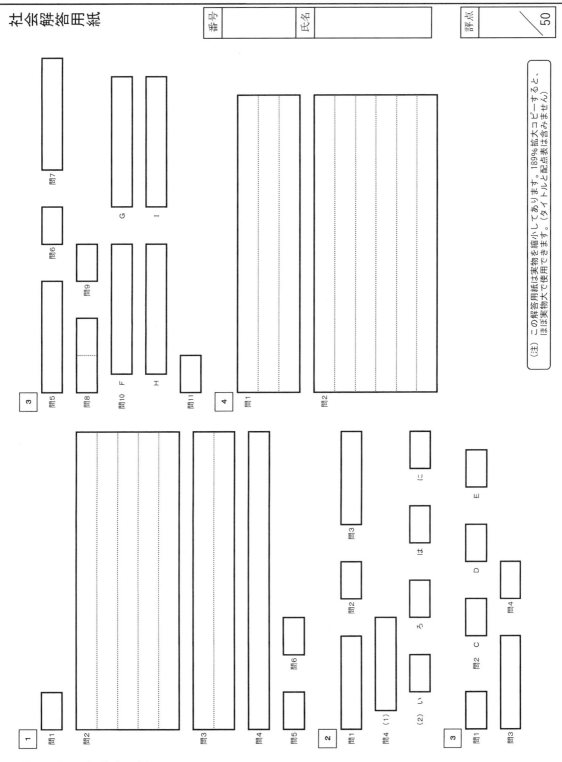

２０１８年度　栄光学園中学校

理科解答用紙

番号 | 氏名 | 評点 /50

問1 ア イ ウ

問2

問3

問4 (1) (2)

問5

問6

問7 1 2 3

問8 結果のまとめ 結論

問9 1 2 3

問10 1 2

問11

問12 1 2 3 4 5 6 7

（注）この解答用紙は実物を縮小してあります。A３用紙に156％拡大コピーすると、ほぼ実物大で使用できます。（タイトルと配点表は含みません）

〔理　科〕50点(推定配点)

問１　各１点×３　問２，問３　各２点×２<問３は完答>　問４　(1)　２点　(2)　１点　問５～問７　各２点×６　問８　各３点×２　問９，問10　各２点×５　問11　５点　問12　各１点×７

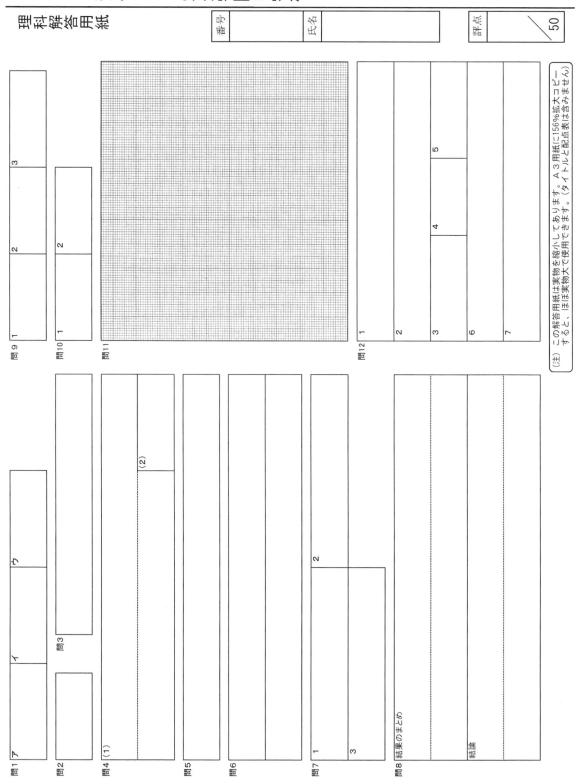

二〇一八年度　栄光学園中学校

国語解答用紙

番号		氏名		評点	/70

一

問一

問二
〈大聖寺の坂綱引〉
ため。
〈種子島の突き綱引〉
ため。

問三

問四

二

問一

問二

問三

問四

問五　A　B

三

1	2	3	4	5
6	7	8	9	10
11	12　む	13　まる	14　る	15　す

（注）この解答用紙は実物を縮小してあります。Ａ３用紙に164%拡大コピーすると、ほぼ実物大で使用できます。（タイトルと配点表は含みません）

〔国　語〕70点(推定配点)

一　問１　９点　問２　各４点×２　問３　６点　問４　４点　二　問１　４点　問２～問４　各６点×３　問５　各３点×２　三　各１点×15

平成29年度　栄光学園中学校

算数解答用紙

番号		氏名		評点	/70

3

(1)

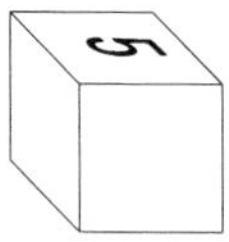

(2)

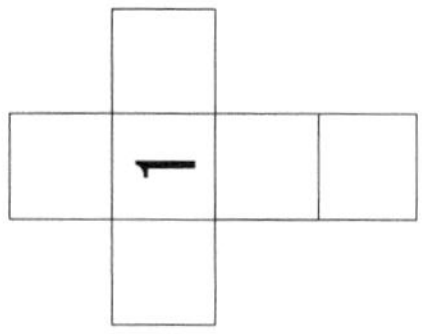

4

(1) cm

(2) 考え方

【　】段目の【　】の，角から【　】cmの位置

5

(1)

(2)

(3)

(4)

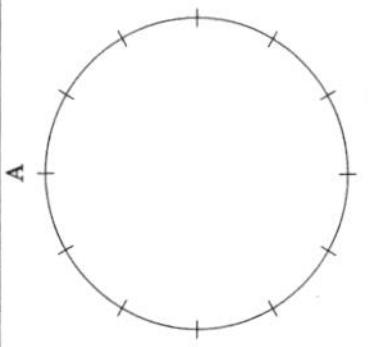

1

(1)

(2) cm²

(3)

2

(1) 最も大きい数　最も小さい数

(2) 最も大きい数　最も小さい数

(3)

(注) この解答用紙は実物を縮小してあります。200%拡大コピーすると、ほぼ実物大で使用できます。(タイトルと配点表は含みません)

〔算　数〕70点(推定配点)

1 (1) 4点 (2) 各3点×2 (3) 4点 2 (1), (2) 各3点×4 (3) 4点<完答> 3 各5点×2 4 (1) 5点 (2) 考え方…2点, 答え…3点 5 各5点×4<(4)は完答>

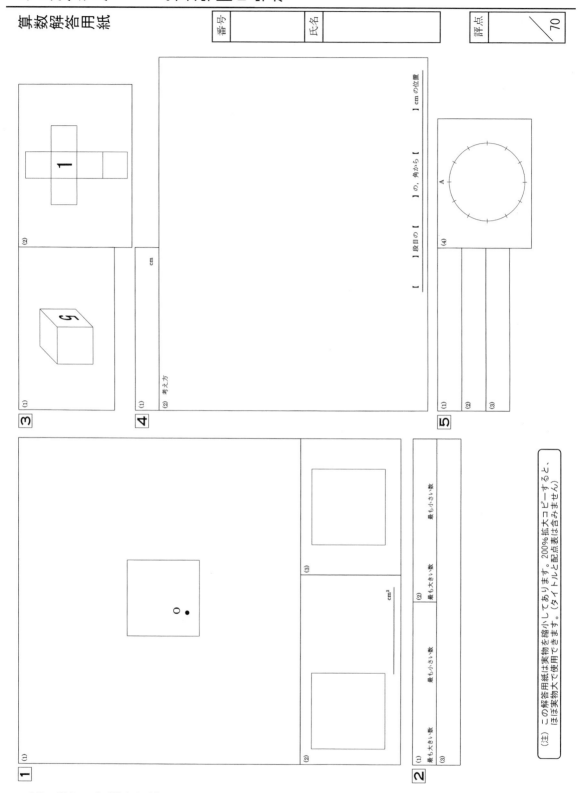

平成29年度　栄光学園中学校

社会解答用紙

番号　　氏名　　評点　／50

I

問1

問2

問3

問4

問5

問6

問7

問8　(1)　(2)

問9

問10

問11

問12

問13

問14

II

問1　①　②　③　④

問2　(1)　(2)

問3　(1)　(2)

問4

問5　(1)　(2)

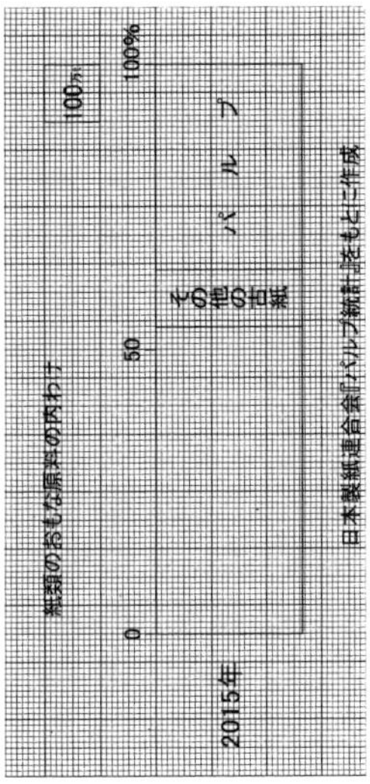

III

問1

問2

(注)この解答用紙は実物を縮小してあります。200%拡大コピーすると、ほぼ実物大で使用できます。(タイトルと配点表は含みません)

〔社　会〕50点(推定配点)

I　問1, 問2　各2点×2　問3　1点　問4〜問7　各2点×4　問8　(1)　2点　(2)　1点　問9〜問11　各1点×3　問12　2点　問13　1点　問14　2点　II　問1　各1点×4　問2　(1)　1点　(2)　2点　問3　各2点×2　問4　各1点×2　問5　(1)　1点　(2)　2点　III　問1　6点　問2　4点

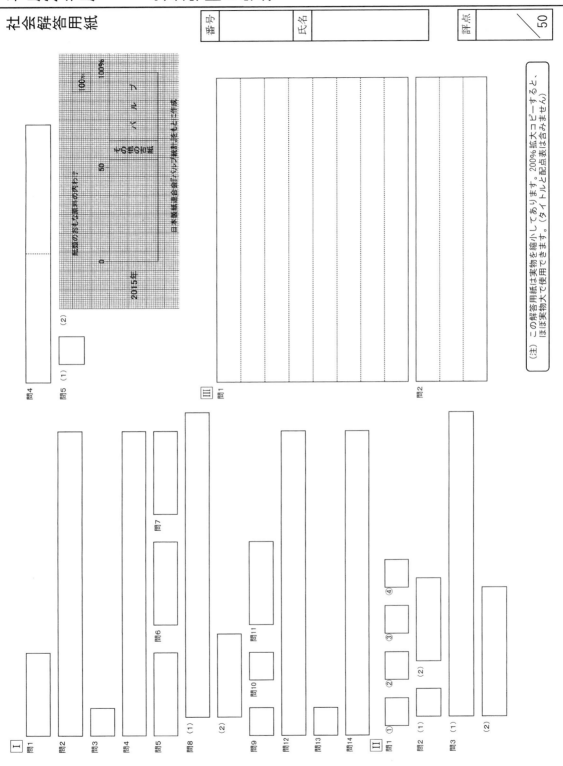

平成29年度　栄光学園中学校

理科解答用紙

番号		氏名		評点	/50

1

問1　ア　イ　ウ

問2　10cm　g　15cm　g　20cm　g

問3

問4

問5　最大値　g　終了時　g　時間

問6　最大値　g　終了時　g　時間

問7

2

問1

問2　(1)　(2)

(3) 7/14　倍　7/18　倍　7/29　倍

(4)

問3　(1)　倍

(2)

3

(注) この解答用紙は実物を縮小してあります。A3用紙に164%拡大コピーすると、ほぼ実物大で使用できます。(タイトルと配点表は含みません)

〔理　科〕50点(推定配点)

1　問1　各1点×3　問2　各2点×3　問3　4点　問4～問6　各2点×7　問7　5点　2　問1　2点　問2　(1)～(3)　各1点×5　(4)　2点　問3　(1)　1点　(2)　3点　3　5点

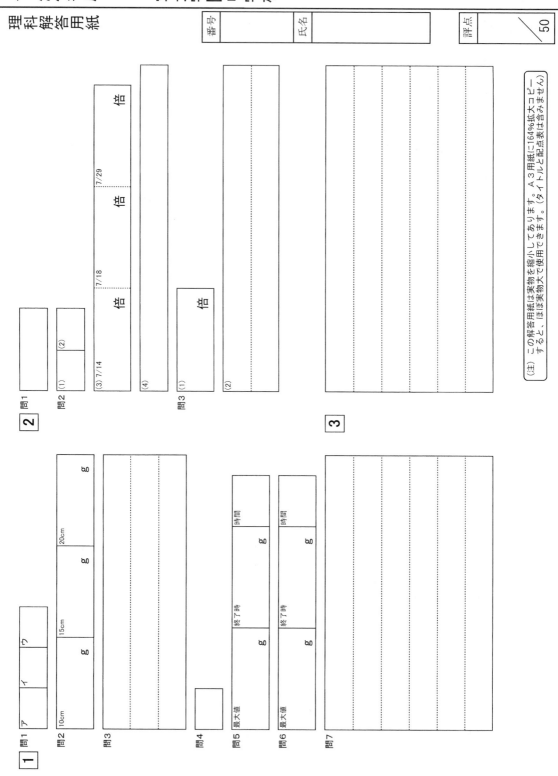

平成二十九年度　栄光学園中学校

国語解答用紙

番号		氏名		評点	/70

一

すべての植物は毒を作っていて、昆虫はそのことに対応していかなければならない以上、

問一

問二　ごっこ

問三

問四

問五

二

問一

問二

問三

問四

三

1	2	3	4	5
6	7	8	9	10
11　う	12　しい	13　す	14　く	15　める

（注）この解答用紙は実物を縮小してあります。Ａ３用紙に161％拡大コピーすると、ほぼ実物大で使用できます。（タイトルと配点表は含みません）

〔国　語〕70点(推定配点)

一　問１　９点　問２　５点　問３～問５　各６点×３　二　問１　５点　問２～問４　各６点×３　三　各１点×15

平成28年度　栄光学園中学校

算数解答用紙

番号		氏名		評点	/70

1

(1) cm²

(2) cm²

(3) cm²

(4) 求め方

必要ならば下図を利用してもよい。

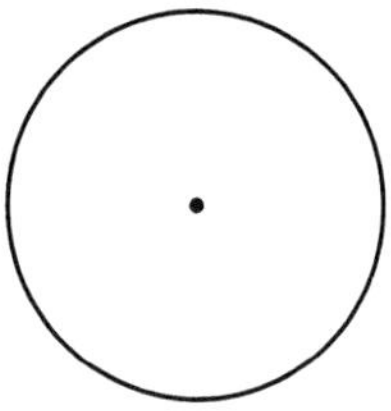

cm²

2

(1) (a) 最も大きい整数　3番目に大きい整数

(b) 最も小さい整数　3番目に小さい整数

(2) 最も大きい整数　3番目に大きい整数

(3)

3

(1)

(2)

(3)

(4)

4

(1) 秒後

(2) 秒間

(3) 分　秒

(4) 求め方

分　秒

（注）この解答用紙は実物を縮小してあります。200%拡大コピーすると、ほぼ実物大で使用できます。(タイトルと配点表は含みません)

〔算　数〕70点(推定配点)

1 (1)～(3)　各4点×3　(4)　求め方…3点，答え…2点　2 各4点×4<(1)は各々完答，(2)，(3)は完答>　3 各5点×4<各々完答>　4 (1)～(3)　各4点×3　(4)　求め方…3点，答え…2点

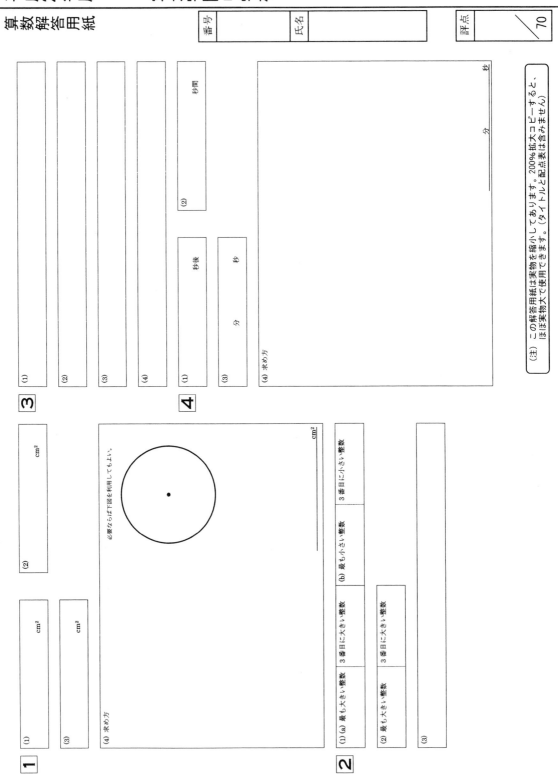

平成28年度　栄光学園中学校

社会解答用紙

番号		氏名		評点	/50

I

問1 (1)　(2)

問2

問3

問4

問5

問6 (1)

(2)

問7

問8

II

問1

問2

問3

問4

問5

III

問1

問2

問3

問4

問5

IV

問1

問2

問3

V

VI

問1 (1)

(2)

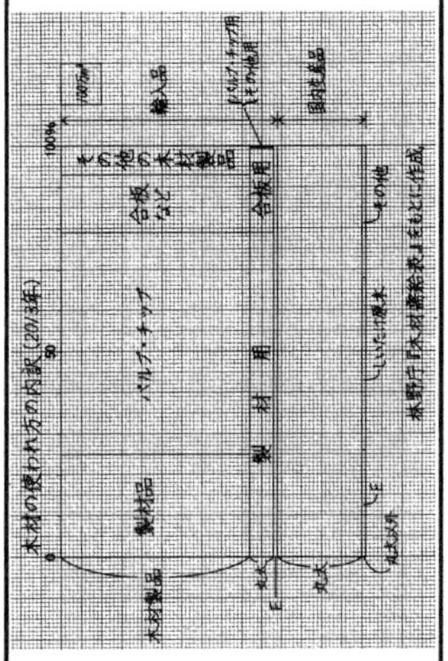

問2 (1)

(2)

VII

(注) この解答用紙は実物を縮小してあります。196%拡大コピーすると、ほぼ実物大で使用できます。(タイトルと配点表は含みません)

〔社　会〕50点(推定配点)

I　問1　(1)　1点　(2)　2点　問2　2点　問3　1点　問4　2点　問5　1点　問6　(1)　各1点×2　(2)　3点　問7，問8　各1点×2　II　問1　各1点×2　問2　2点　問3～問5　各1点×3　III　問1　2点　問2～問5　各1点×4　IV　問1　2点　問2，問3　各1点×2　V　1点　VI　問1　各1点×3　問2　(1)　各1点×2　(2)　3点　VII　8点

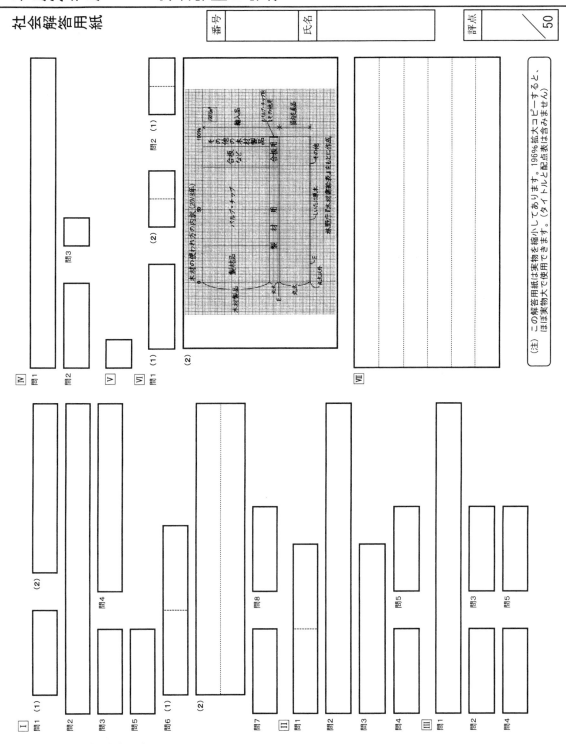

平成28年度　栄光学園中学校

理科解答用紙

番号		氏名		評点	/50

1

問1　①　②　③　④

問2

問3　（1）　（2）

2

問1　＋極　－極

問2　1　2　3

問3

問4

問5　B～C　毎秒　m　D～E　毎秒　m

問6

問7

(注) この解答用紙は実物を縮小してあります。A３用紙に164%拡大コピーすると、ほぼ実物大で使用できます。(タイトルと配点表は含みません)

〔理　科〕50点(推定配点)

1　各２点×7　2　問1, 問2　各２点×5　問3　6点　問4, 問5　各３点×3　問6　5点　問7　各３点×2

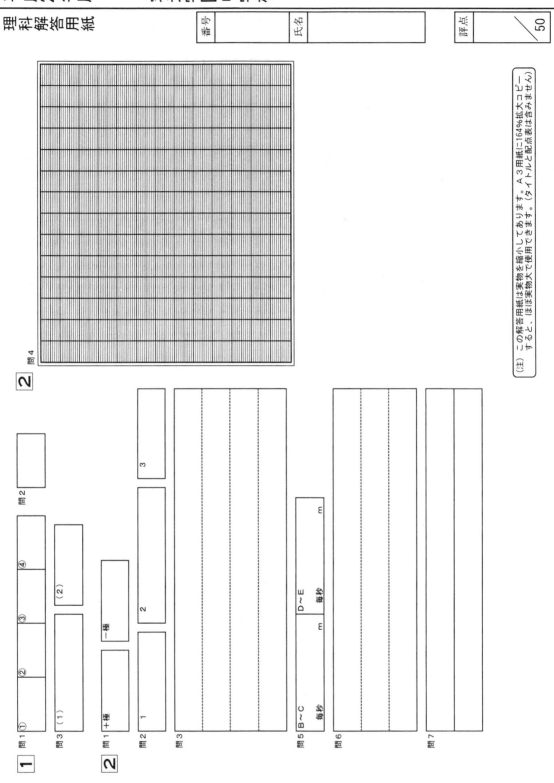

平成二十八年度　栄光学園中学校

国語解答用紙

番号		氏名		評点	/70

一

問一

問二　児島湾のウナギとアナゴは　　　　から。

問三

問四

二

問一

問二

問三

問四

問五

三

1	2	3	4	5
6	7	8	9	10
11　く	12　える	13　る	14　む	15　む

（注）この解答用紙は実物を縮小してあります。Ａ３用紙に154％拡大コピーすると、ほぼ実物大で使用できます。（タイトルと配点表は含みません）

〔国　語〕70点（推定配点）

一　問１～問３　各６点×３　問４　７点　二　各６点×５　三　各１点×15

平成27年度　栄光学園中学校

算数解答用紙

番号　　氏名　　評点　／70

1

(1) ①

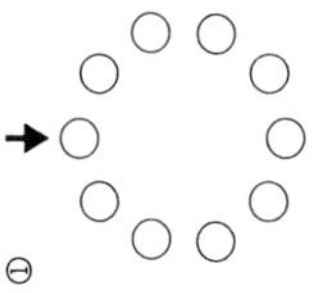

②　　回

③

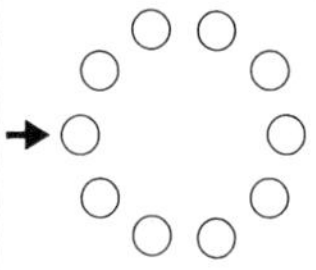

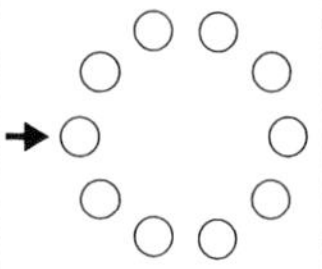

(2)　　枚

(3)

2

(1)　　分

(2) 時間　　分　比　：

(3)　　：

3

(1)

(2)

(3)

(4)

4

(1)

(2)

(3)

(4)

(注) この解答用紙は実物を縮小してあります。200%拡大コピーすると、ほぼ実物大で使用できます。(タイトルと配点表は含みません)

〔算　数〕70点(推定配点)

1～3　各4点×14＜1の(3)，3の(2)，(3)は完答＞　4　(1)，(2)　各3点×2＜(2)は完答＞　(3)，(4)　各4点×2＜(4)は完答＞

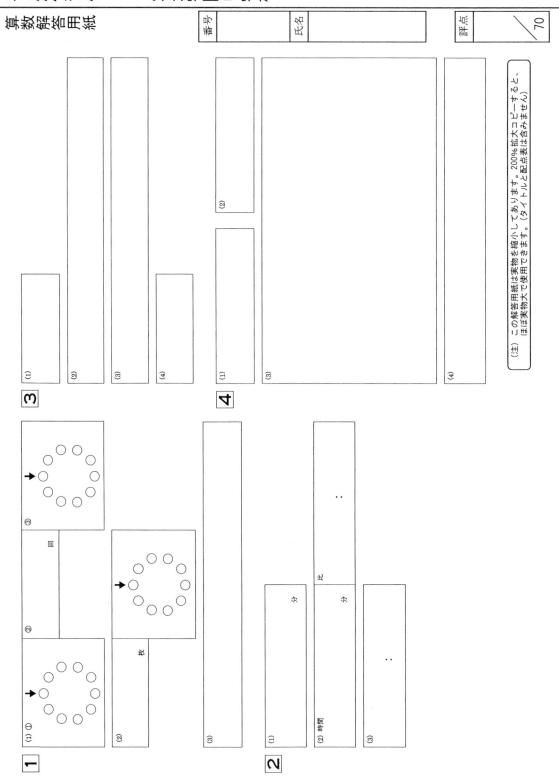

平成27年度 栄光学園中学校

社会解答用紙

番号

氏名

評点 ／50

I

問1 問2

問3

問4 問5

II

問1 問2

問3

問4 県

問5

問6

問7

III

問1 市 問2

問3

問4

問5

IV

V

〔社 会〕50点(推定配点)

I 問1，問2 各2点×2 問3 4点 問4，問5 各2点×2 II 問1〜問6 各2点×6＜問5は完答＞ 問7 4点 III 問1〜問4 各2点×4 問5 4点 IV，V 各5点×2

平成27年度 栄光学園中学校

理科解答用紙

番号

氏名

評点 ／50

1

問1

問2 (1)

(2)

問3

問4

問5 (ア) (イ) (ウ)

問6

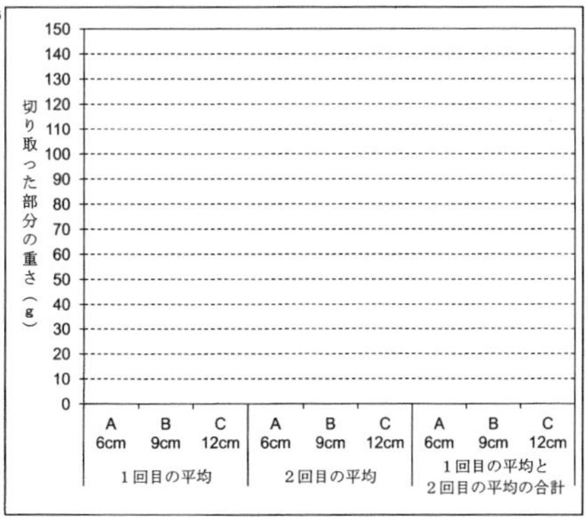

問7

問8 切る位置

理由

2

問1

問2

問3

〔理 科〕50点(推定配点)

1 問1 各2点×3 問2 各3点×2＜(2)は完答＞ 問3 各2点×2 問4 3点 問5 各2点×3 問6 5点 問7 4点 問8 切る位置…2点，理由…4点 2 問1 2点 問2，問3 各4点×2

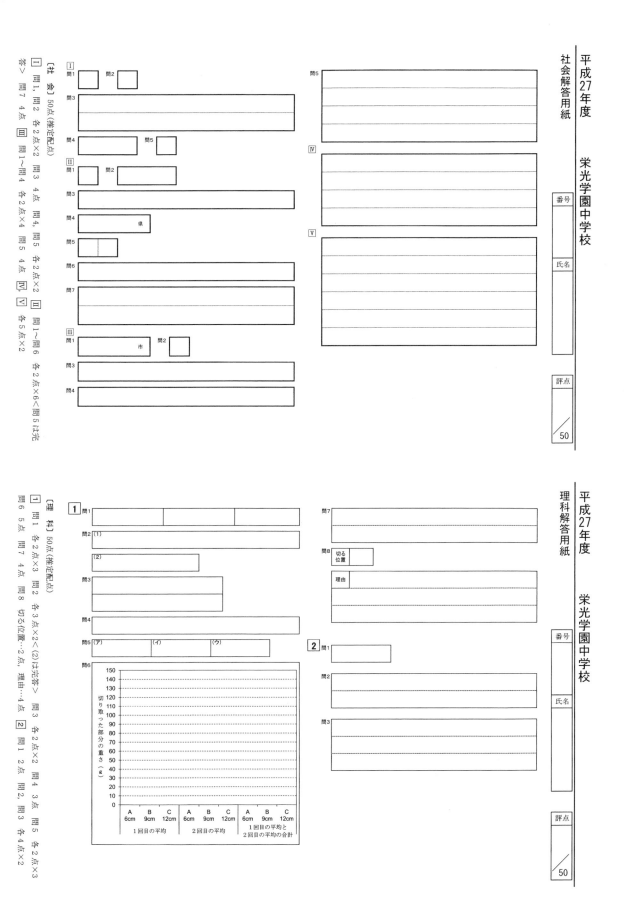

平成二十七年度　栄光学園中学校

国語解答用紙

番号		氏名		評点	/70

一

問一　A　B

問二

問三　1　2

問四

問五

二

問一

問二

問三

問四

三

1	2	3	4	5
6	7	8	9	10
11	12 う	13 しい	14 う	15 める

（注）この解答用紙は実物を縮小してあります。Ａ３用紙に161%拡大コピーすると、ほぼ実物大で使用できます。（タイトルと配点表は含みません）

〔国　語〕70点(推定配点)

一　問１　各２点×２　問２　７点　問３　各６点×２　問４　４点　問５　５点　二　問１　４点　問２　５点　問３，問４　各７点×２　三　各１点×15